本课题研究曾先后得到中国科学院、科技部
和国家自然科学基金的资助，特此鸣谢！

中国现代化报告 2011

——现代化科学概论

何传启　主编

中国现代化战略研究课题组
中国科学院中国现代化研究中心　编

北京大学出版社
PEKING UNIVERSITY PRESS

图书在版编目(CIP)数据

中国现代化报告.2011:现代化科学概论/何传启主编.—北京:北京大学出版社,2011.1
ISBN 978-7-301-18288-8

Ⅰ.①中… Ⅱ.①何… Ⅲ.①现代化建设-研究报告-中国-2011 Ⅳ.①D61

中国版本图书馆CIP数据核字(2010)第249228号

书　　名:中国现代化报告2011——现代化科学概论
著作责任者:何传启　主编
责 任 编 辑:黄　炜　周月梅
封 面 设 计:常燕生
标 准 书 号:ISBN 978-7-301-18288-8/F·2688
出 版 发 行:北京大学出版社
地　　址:北京市海淀区成府路205号　100871
网　　址:http://www.pup.cn
电　　话:邮购部62752015　发行部62750672　编辑部62752038　出版部62754962
电 子 邮 箱:zpup@pup.pku.edu.cn
印 刷 者:北京宏伟双华印刷有限公司
经 销 者:新华书店
850毫米×1168毫米　16开本　24.75印张　681千字
2011年1月第1版　2011年1月第1次印刷
印　　数:0001—7000册
定　　价:65.00元

中国现代化战略研究课题组

顾　问

周光召　中国科学院
成思危　全国人大常委会
路甬祥　中国科学院
徐冠华　国家科学技术部
陈佳洱　国家自然科学基金委员会
许智宏　北京大学
李主其　国家自然科学基金委员会
郭传杰　中国科学院

课题组组长

何传启　中国科学院中国现代化研究中心
　　　　北京同响时代现代化管理咨询中心

课题组成员(按姓氏笔画为序)

于维栋　中共中央办公厅调研室
马　诚　中国科学院生物科学与生物技术部
叶　青　中国科学院中国现代化研究中心
刘细文　中国科学院文献情报中心
朱庆芳　中国社会科学院社会学研究所
吴述尧　北京同响时代现代化管理咨询中心
张　凤　中国科学院规划战略局
李　宁　美国关岛大学商业和公共管理学院
李泊溪　国务院发展研究中心
杜占元　国家科学技术部
杨　明　中国科学院中国现代化研究中心
杨重光　中国社会科学院城市与环境研究中心
邹力行　国家开发银行
陈　丹　中国科学院文献情报中心
陈永申　国家国有资产管理局
欧阳楠　中国科学院中国现代化研究中心
姜　阳　中国科学院中国现代化研究中心
胡志坚　国家科学技术部政策法规与体制改革司
赵学文　国家自然科学基金委员会
郗小林　中国工程院研究室
董正华　北京大学世界现代化进程研究中心
谢文蕙　清华大学经济管理学院
裘元伦　中国社会科学院欧洲研究所
靳　京　中国科学院中国现代化研究中心

序　一

科学无国界，科学家有祖国。现代化是中国的国家目标，是全国人民的共同期盼。研究现代化规律，创新现代化理论，促进现代化建设，是中国科学家的一份历史责任。

从18世纪工业革命算起，世界现代化已经走过了两个半世纪。在现代化进程中，科学和技术发挥了先导和引领作用。从蒸汽机、内燃机、电动机到计算机，从电力网、广电网到互联网，科学和技术的重大突破，引领和推动了现代化和人类文明的革命性进步。在19和20世纪，经典现代化是从农业文明向工业文明的历史性转变；在21世纪，新型现代化将是从工业文明向知识文明的历史性转变。一个崭新的人类文明形态——知识文明时代即将到来。

在知识文明时代，创新成为发展的主要动力，知识成为引领发展的主要因素，个性化创造和全球化生产的有机结合成为主要的生产方式，社会和谐与环境友好成为社会发展的主要目标。在新的历史时期，中国科学家应该做出自己的新贡献。

《中国现代化报告》已经走过十年历程，今年的报告是第十一本报告。今年报告以现代化现象为研究对象，以现代化科学为主题，内容丰富，逻辑严谨。首先，它系统介绍了现代化科学的基本概念、主要特点和研究方法。其次，系统讨论了现代化科学的一般原理和十种理论流派，包括经典现代化理论、第二次现代化理论、反思性现代化理论、后现代化理论、综合现代化理论和全球化理论等。其三，简要分析了六个层次、六个领域、三个部门的现代化和现代化政策。其四，简要讨论了现代化科学的实际应用，包括国家发达的原理和方法，以及发达国家、发展中国家和中国发达的战略选择。其五，完成2008年世界131个国家和中国34个地区现代化的定量评价等。这些研究对我国现代化建设无疑具有重要参考价值。

在中国实现现代化的伟大历史进程中，我们面临诸多的重大挑战和繁重任务。中国科学家需要努力拼搏，不断创新，做出无愧于民族、无愧于时代的历史贡献！

全国人大常委会副委员长
中国科学院　院长

2010年11月20日

序　二

科学是人类的共同财富，科学家是国家的战略资源。现代化科学是一门新兴交叉科学。它的基本任务是阐述人类文明的前沿变化和国际竞争，解释国家发达的原理和方法。现代化科学既可加深我们对文明规律的认识，也可提供国家宏观决策的科学依据。

16 世纪以来，新兴科学不断涌现，科学中心屡次转移，先后在意大利、英国、法国、德国和美国形成了世界科学中心，并为这些国家的繁荣奠定了科学基础。例如，17～18 世纪，科学中心落户英国，重大成果包括《自然哲学的数学原理》和蒸汽机的发明等，英国成为第一次工业革命和第一次现代化的主要发源地和世界强国；19 世纪，科学中心落户德国，重大成果包括内燃机的发明和相对论等，德国成为第二次工业革命的主要发源地和欧洲工业强国。20 世纪，科学中心落户美国，重大成果包括分子生物学和互联网的发明等，美国成为信息革命和第二次现代化的主要发源地和世界强国。历史反复证明，科学是文明进步的源泉，创新是国家发达的动力。

2001 年以来，中国现代化战略研究课题组连续完成了十本《中国现代化报告》，本报告是第十一本报告。今年报告的主题是现代化科学，主要内容分为四个部分。首先，简要介绍了现代化科学的基本概念、基本特点和研究方法。其次，系统分析了现代化科学的主要内容，包括它的一般理论、现代化史、分段现代化、分层现代化、领域现代化、部门现代化和现代化政策。其三，简要讨论了现代化科学的实际应用，包括国家发达的原理和方法，以及发达国家、发展中国家和中国发达的战略选择。其四，完成 2008 年世界现代化评价，包括世界 131 个国家和中国 34 个地区的第一次现代化程度、第二次现代化指数和综合现代化指数等。毫无疑问，这些研究结果对于我国的科学发展和现代化建设都有积极作用。

现代化不仅是中国的国家目标，而且是世界交叉科学的前沿课题。现代化科学的出现，不仅是一门新学科，而且蕴涵一种新希望。中国的现代化建设和民族复兴将更具科学性。

中国科学院院士 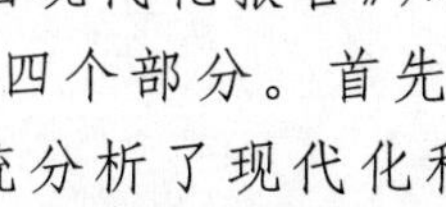

2010 年 11 月 20 日

前　言

根据邓小平同志的“三步走”发展战略，我国将在2050年前后达到世界中等发达水平，基本实现现代化。全面实现现代化，预期要到21世纪末。如何科学地认识现代化规律，理性地借鉴国际经验，避开现代化的主要陷阱，加速中国现代化进程，是我们面临的一个重要挑战。

一般而言，现代化是18世纪以来的一个世界现象，是现代文明的一种前沿变化和国际竞争，它包括现代文明的形成、发展、转型和国际互动，文明要素的创新、选择、传播和退出，以及追赶、达到和保持世界先进水平的国际竞争和国际分化；达到和保持世界先进水平的国家是发达国家，其他国家是发展中国家，两类国家之间可以转换；在过去300年里，发达国家的比例不到20%，发展中国家的比例超过80%；在大约50年里，发达国家降级为发展中国家的概率约为10%，发展中国家升级为发达国家的概率约为5%。很显然，现代化是动态的。

俗话说，“条条道路通罗马”。如果您不知道罗马在哪里，您很难走到罗马。现代化是中国的国家目标。如果多数中国公民，特别是青年公民，不知道什么是现代化，不知道现代化的特征，不知道现代化的规律，不知道现代化目标的内涵，那么，中国很难实现现代化。

为了早日实现现代化，建议将“现代化科学”列为重点学科，设立中国现代化研究基金，建设中国现代化研究院，在高校开设现代化理论课程；研究现代化规律，普及现代化知识，培养现代化人才，加快现代化建设。中国实现现代化之日，就是中华民族伟大复兴之时。

《中国现代化报告》前十本报告主题分别是：现代化与评价、知识经济与现代化、现代化理论、地区现代化、经济现代化、社会现代化、生态现代化、国际现代化、文化现代化和世界现代化概览。本报告的主题是“现代化科学概论”。在总结前十本报告的基础上，系统介绍现代化科学的基本概念、基本内容和实际应用，阐述国家发达的原理和方法。

本报告主要目的有四个：(1) 为关心现代化的读者提供一本“现代化科学”的科普读物；(2) 为大学开设“现代化理论”选修课提供一本参考教材；(3) 为从事现代化研究的学者提供一个分析基础；(4) 为中国现代化建设提供科学的决策参考。

本报告是课题组当前研究水平的集中反映，主要内容包括如下几点：

(1) 系统介绍了现代化科学的基本概念、基本结构、主要特点和研究方法。

(2) 系统介绍了现代化科学的一般理论，包括现代化的定义、过程、结果、动力和模式。

(3) 系统介绍了现代化科学的十个理论流派，包括经典现代化理论、依附理论、世界体系理论、第二次现代化理论、反思性现代化理论、后现代化理论、继续现代化理论、综合现代化理论、多元现代性理论和全球化理论。

(4) 简要分析了六个层次的现代化(世界、国际、国家、地区、机构和个体)、六个领域的现代化(经济、社会、政治、文化、生态和个人)、三个部门的现代化(农业、教育和科技)和现代化政策(包括现代化评价、现代化战略和措施等)。

(5) 简要分析了现代化科学的实际应用，分析了国家发达的原理和方法，讨论了发达国家、发展中国家和中国发达的战略选择。

(6) 完成2008年世界现代化评价，包括世界131个国家的第一次现代化程度、第二次现代化指数和综合现代化指数；完成2008年中国34个地区的现代化评价。

本报告和前十本报告一样，世界现代化指数评价注意了如下几个方面：

(1) 有限目标。现代化是动态的和综合的，涉及人类生活各个领域的深刻变化。本报告仅对经济、社会、文化和环境现代化进行评价，没有涉及政治领域的现代化。

(2) 评价方法的科学性。现代化评价是对一个非线性大系统的动态过程进行评价，评价方法包括定性评价、定量评价和综合评价等。基于目前的条件，本报告采用定量评价。

(3) 评价指标的合理性。选择评价指标有四个原则：其一，具有代表性的关键指标，避免指标相互重叠；其二，可以获得连续的官方统计数据，避免随机波动；其三，具有可比性，能够反映发展水平；其四，对评价指标进行相关性分析，保证指标的合适性。

(4) 评价数据的权威性和一致性。评价数据采用国际权威机构和官方统计机构公布的数据；其中，世界现代化评价以世界银行的《2010 年世界发展指标》的系列数据为基本数据来源，中国地区现代化评价以《中国统计年鉴 2010》的系列数据为基本数据来源。

(5) 评价结果的相对性。世界现代化进程评价，不同国家统计方法和统计指标有一定差异；有些年份有些国家数据不全等，这些对评价结果有一定影响。故评价结果是相对的。

(6) 评价结果的客观性。本报告的数据来源是权威的，现代化评价方法没有采用"加权系数"，减少人为因素的影响，计算全部由计算机完成，评价结果具有连续可比性。影响现代化的因素很多，评价结果更多反映一种趋势。在分析和引用结果时，要非常慎重。

本项研究始终得到中国现代化战略研究课题组顾问们的热情关怀、爱护和指导。全国人大常委会副委员长、中国科学院路甬祥院长和科技部原部长徐冠华院士分别为本报告撰写序言。特此，向诸位顾问表示衷心的感谢和诚挚的敬意！

本研究先后得到科技部、国家自然科学基金委员会和中国科学院有关领导和部门的大力支持，得到中国科学院中国现代化研究中心理事会的大力支持。中国科学院文献情报中心和北京同响时代现代化管理咨询中心给予了许多的帮助。北京大学出版社在很短时间内完成了本报告的编辑出版工作。特此，课题组向有关领导、单位、学者及有关工作人员表示诚挚的谢意！

本报告是集体劳动的成果。报告前言、综述、第一、第二和第三章由何传启执笔，第四章和附录由张凤执笔；课题组对报告内容进行了多次讨论和修改。

本报告包含 350 多张图表和大量数据，在处理过程中难免出现遗漏和错误；有些观点只是一家之言。敬请读者随时联系，不吝赐教。我们将不断改进工作和提高研究质量。

中国现代化战略研究课题组　中国科学院中国现代化研究中心

2010 年 10 月 26 日

目　录

下篇 世界和中国现代化评价

附 录

图表目录

综述 国家发达的原理和方法

18世纪工业革命以来，一些国家走在世界前列，达到和保持了世界先进水平，成为发达国家；一些国家没有走在世界前列，没有达到世界先进水平，成为发展中国家；发达国家可以降级为发展中国家，发展中国家可以升级为发达国家；两类国家之间可以转换，地位转移有一定概率。这个现象简称为国家发达现象。

国家发达现象是现代化过程的一个伴生现象，是现代化的一种表现形式。本报告的主题是"现代化科学概论"，通过系统介绍现代化科学的基本概念、主要内容和实际应用，分析国家发达的原理和方法，为现代化建设提供科学依据。

一、现代化科学的基本概念

现代化科学是关于现代化现象的一门新兴交叉科学。现代化现象是18世纪工业革命以来的一种客观现象，它包括现代文明的前沿变化和国际竞争、文明进步和国际分化、生活质量提高和一些副作用等。现代化科学涉及现代化现象、现代化研究和现代化理论，涉及现代文明的世界前沿和国家发达的科学原理等。

1. 什么是现代化

在英文里，"现代化"一词大约出现于18世纪(1748～1770年)。在中文里，"现代化"一词大约出现于20世纪初。在18～19世纪，"现代化"是一个普通词。在20世纪，"现代化"逐步成为一个专业词。在21世纪，"现代化科学"诞生。

目前，现代化没有统一定义，大致有三种解释和六层含义。

首先，现代化的基本词义，指不同词典对"现代化"的解释。根据韦伯斯特英文词典，现代化有两种基本词义。(1) 现代化是一种行为：成为现代的、适合现代需要的行为，即实现现代化的行为。(2) 现代化是一种状态：具有现代特点的、满足现代需要的状态，即实现现代化后的状态。现代化可用作动词、名词和形容词。通俗地说，最新的、最好的和最先进的就是现代化的。

其次，现代化的理论解释，指现代化理论对"现代化"的解释。现代化理论是关于现代化的特征和规律的系统阐述。现代化理论有不同流派，不同流派的理论对现代化的解释有所不同。关于现代化的理论解释，目前没有统一认识。

其三，现代化的政策解释，指在国家相关政策中对"现代化"的解释，包括推进现代化的各种战略和措施等。一般而言，不同的现代化理论有不同的政策含义，在不同时期国家现代化有不同的政策，现代化的政策解释是与时俱进的。

其四，现代化的六层含义。第二次现代化理论认为，现代化大致有六层理论含义。它们分别是：现代化既是一种文明变化，也是一种国际竞争；既是一种文明状态，也是一种文明行为；既是一个历史过程，也是一种文明转型。

在现代化科学里，现代化具有特定的内涵、外延和性质。

首先，现代化的内涵。现代化是18世纪工业革命以来的一种世界现象，是现代文明的一种前沿变化和国际竞争，它包括现代文明的形成、发展、转型和国际互动，文明要素的创新、选择、传播和退出，以及追赶、达到和保持世界先进水平的国际竞争和国际分化；达到和保持世界先进水平的国家是发达国家，其他国家是发展中国家，两类国家之间可以转换。

其次，现代化的外延。现代化包括不同时期、层次、领域、部门和方面的现代化，包括行为与生活、内容与结构、组织与制度、知识与观念的现代化等。

其三，现代化的二重性。(1) 从文明变化角度看，每一个国家的现代化都在前进，都有可能成功。当然，国家进步有快慢，国家水平有高低，成功时间有先后。(2) 从国际竞争角度看，只有部分国家能够达到和保持世界先进水平。在过去300年里，发达国家的比例不到20%，发展中国家的比例超过80%；在大约50年里，发展中国家升级为发达国家的概率约为5%，发达国家保持发达水平的概率约为90%。

2. 什么是现代化科学

现代化科学是关于现代化现象的一门科学，大致有三层含义。

首先，现代化科学是关于现代化现象的事实、特征和规律的知识体系。

其次，现代化科学是关于现代化现象的科学研究活动。

其三，现代化科学是从事现代化研究的理性思维和方法。

一般而言，现代化科学是关于现代化现象的知识体系和科研活动。

通俗地说，现代化科学是关于18世纪以来世界前沿和国家发达的一门科学，是关于现代文明的前沿变化和国际竞争的一门科学。

3. 现代化科学的结构

现代化科学包括现代化知识和现代化研究。现代化知识包括现代化理论和现代化经验。现代化理论包括一般理论、阶段理论、层次理论、领域理论、部门理论和专题理论等；其中，一般理论是其他理论的一种抽象，其他理论是一般理论在不同阶段、层次、领域、部门和专题方面的一种体现。现代化研究是关于现代化现象的一种科学研究，可以分为基础研究、应用研究和开发研究（政策研究）三大类。

现代化科学的学科结构一般包括七个部分：一般理论（一般原理）、现代化史、分段现代化、分层现代化、领域现代化、部门现代化和现代化政策等。

4. 现代化科学的特点

在科学的大家庭里，现代化科学是一名新丁（一门新兴学科）。

现代化科学既是一门交叉科学，又是一门应用科学，还是一门综合科学。

现代化科学既与各门科学有交叉关系，又涉及各门科学的综合运用。

现代化科学大致有16个主要特点，如大交叉、大综合、大尺度和大战略等。

如果说，发展研究是关于发展中国家发展问题的一门交叉科学，那么，现代化科学是关于国家发达现象的一门交叉科学。现代化科学关注世界前沿和国际分化，解释现代文明的世界前沿和达到前沿的过程、国家发达的原理和方法等。

5. 现代化科学的研究范式

研究目的：揭示18世纪以来文明前沿的变化规律和国家发达的科学原理，解释和提供达到世界前沿和国家发达的途径和方法，满足人们对现代化现象的好奇心。

研究对象：现代化现象。现代化科学关注18世纪以来现代文明的前沿变化、达到前沿的过程，关注国家发达和国际分化，它们是现代化科学的主要研究对象。

研究内容：现代化的内涵、特征和规律，国家发达的原理和方法等。一般包括现代化的过程、结果、动力和模式，文明前沿的行为、结构、制度和观念的变化等。

研究步骤：提出问题、概念化、操作化、收集资料、客观分析、结果表述和提出建议。七个步骤可以循序进行、循环进行、交叉进行或有选择地进行。

研究要求：明确研究的目的，界定研究的对象，界定研究的内容，采用科学的方法，客观和没有偏见，完善的科学引文。

6. 现代化科学的研究方法

现代化研究的方法论：实证主义、阐释主义和现实主义等。一般而言，实证研究提供现代化现象的事实和原理，阐释研究提供现代化现象的意义和关联，实用研究提供现代化建设的方法和建议等。此外，批判理论和未来学有很大影响。

自然科学和社会科学的研究方法，可以有选择地采用。例如，观察、调查、模拟、假设、心理分析、统计分析、定量分析、定性分析、模型方法、理论分析、比较分析、历史分析、文献分析、过程分析、情景分析和案例研究等。

现代化研究的坐标分析法是一种综合研究方法，它包括现代化的坐标体系、变量分析和结果表达等。坐标体系包括文明和现代化的时间表、周期表、坐标系和路线图等；变量分析包括范式分析、定量评价、时序分析和截面分析等；结果表达是将现代化定量评价、时序分析、截面分析、范式分析和过程分析的结果标记在现代化坐标系里，构成现代化的坐标图和路线图等。

现代化研究的分析变量。选择分析变量需要考虑三个因素：具有学术或政策意义，便于国际比较和分析；可以获得连续数据或资料。分析变量可以分为不同类型，例如，定性和定量指标，共性和个性指标，上升变量，下降变量，转折变量，长期波动变量，随机变量，地域变量，稳定变量，饱和变量。

二、现代化科学的基本原理

现代化科学是一门新兴科学，但现代化现象是一个历史现象，现代化研究有50多年历史，现代化理论有众多流派。目前，现代化科学的主要内容是基于过去300年的现代化现象和50多年的现代化研究。在21世纪，现代化现象会继续，现代化研究会深入，现代化科学会发展。现代化科学的未来空间是广阔的。

1. 现代化科学的主要内容

从学科结构角度看，目前，现代化科学的主要内容包括七个部分。

(1) 一般理论

现代化科学的一般理论是关于现代化现象的主要特征和基本原理的系统表述，一般包括现代化的定义、过程、结果、动力和模式等方面的阐述。目前，现代化理论有不同流派，不同理论对现代化特征和规律的认识有所不同。第二次现代化理论的一般理论，比较集中地反映了现代化的特点和规律，将在后面专题讨论。

(2) 现代化史

现代化史包括现代化进程、现代化研究史和现代化思想史等。

现代化进程既有共性，也有国别和领域差异。一般而言，18 世纪 60 年代(英国工业革命)可以作为世界现代化的起点，目前尚不能确定它是否有终点。在 18～21 世纪期间，现代化进程的前沿轨迹可以分为两大阶段和六次浪潮。

一般而言，西方的现代化研究是 20 世纪 50 年代开始的。在过去 60 年里，现代化研究大致有三次浪潮：现代化研究、后现代化研究和新现代化研究。中国学者的现代化研究有三次高潮：20 世纪 30 年代的中国现代化讨论、80 和 90 年代的经典现代化研究、90 年代末以来多学科的现代化研究。

经典现代化理论大致诞生于 20 世纪 50～60 年代。20 世纪 60 年代以来，先后大致诞生了 10 种现代化理论和相关理论。它们依次是：经典现代化理论、依附理论、世界体系理论、后现代化理论、生态现代化理论、反思性现代化理论、继续现代化理论、全球化理论、多元现代性理论和第二次现代化理论等。

(3) 分段现代化

在 18～21 世纪期间，现代化过程可以分为两个阶段，不同阶段有不同理论。

在人类文明的世界前沿，第一阶段的现代化(大约 1763～1970 年)简称为第一次现代化，是从农业文明向工业文明、从传统社会向现代社会的转变，主要相关理论包括经典现代化理论、依附理论和世界体系理论等。

第二阶段的现代化(大约 1970～2100 年)简称为第二次现代化，是从工业文明向知识文明、从物质文明向生态文明的转变，主要相关理论包括第二次现代化理论、反思性现代化理论、后现代化理论和继续现代化理论等。

在 20 世纪后期和 21 世纪，发展中国家面临两次现代化的双重挑战，一些发展中国家可以选择两次现代化协调发展的道路，简称为综合现代化路径。主要相关理论包括综合现代化理论、多元现代性理论和全球化理论等。

(4) 分层现代化

现代化发生在人类文明的不同层次，如世界、国际、国家、地区、机构和个体层次等。不同层次的现代化既有共性又有差异，每个层次的现代化都与国家现代化有紧密关系。关于不同层次现代化的特征和规律的理论阐述，简称为分层理论。本报告简要讨论了六个层次现代化的历史进程、基本事实和主要理论。

(5) 领域现代化

现代化发生在人类文明的不同领域，如经济、社会、政治、文化、生态和个人行为领域等。不同领域的现代化既有共性也有差异，现代化一般理论在不同领域的适用性有所不同。关于不同领域现代化的特征和规律的理论阐述，简称为领域理论。本报告简要讨论了六个领域现代化的历史进程、基本事实和主要理论。

(6) 部门现代化

现代化发生在人类文明的各个部门。不同部门的现代化既有共性也有差异，现代化一般理论在不同部门的适用性有所不同。关于不同部门现代化的特征和规律的理论阐述，简称为部门理论。本报告简要讨论了农业、教育和科技现代化。

(7) 现代化政策

现代化政策是现代化理论的一种实际应用。发达国家和发展中国家的现代化政策有较大差别。现代化政策涉及现代化评价、现代化战略和现代化措施等。

现代化战略是基于现代化理论的战略，发展战略是基于发展理论的战略。前者适合于所有国家，后者常见于发展中国家。两者既有联系又有区别。

现代化政策和措施的突出特点是针对性和时效性等。政策创新与措施选择，需要遵循现代化规律，需要适合基本国情和国际环境。发达国家和发展中国家的政策创新和措施选择是不同的。现代化科学包括众多理论，其政策含义各有差别。

2. 现代化科学的一般理论

现代化是一种文明变化，变化是有规律的。目前，关于现代化没有统一理论。这里讨论第二次现代化理论的一般理论，它可以反映现代化科学的一般理论。

(1) 现代化的操作性定义

在现代化科学里，现代化没有统一定义，但有多种操作性定义。根据现代化的理论含义和现代化研究的需要，可以提出现代化的操作性定义。

定义一，现代化是 18 世纪以来人类文明的一种前沿变化和国际竞争，是现代文明的形成、发展、转型和国际互动的前沿过程，是文明要素的创新、选择、传播和退出交替进行的复合过程，是追赶、达到和保持世界先进水平的国际竞争和国际分化；达到和保持世界先进水平的国家是发达国家，其他国家是发展中国家，两类国家之间可以转换，地位变迁有一定概率。

定义二，现代化是 18 世纪以来文明发展、文明转型和国际互动的交集。

定义三，现代化是现代文明的世界前沿，以及达到世界前沿的行为和过程。

第一种定义适用于理论分析，第二种和第三种适用于政策分析和定量评价。

现代化的判断标准。现代化是现代文明的一种前沿变化，满足三个标准的前沿变化才属于现代化。在 21 世纪，现代化的三个判断标准如下：

首先，生产力标准：有利于生产力的解放和提高，又不破坏自然环境。

其次，社会进步标准：有利于社会的公平和进步，又不妨碍经济发展。

其三，人类发展标准：有利于人的解放和全面发展，又不损害社会和谐。

现代化的多面性。例如，现代化既是一种世界潮流，也是一种社会选择；既是一种文明进步，也有副作用；既有共性和现代性，也有个性和多样性；既有国际趋同，也有国际分化；现代化不是一劳永逸的，而是不进则退等。关于现代化的共性和个性的范围和边界，目前没有统一认识。

从文明发展和文明转型角度看，现代化是一个“时间问题”。每一个国家的现代化都在前进，都有可能成功，但成功的时间是不确定的。从世界前沿和国际竞争角度看，现代化是一个“比例和概率问题”。在过去 300 年里，达到和保持世界先进水平的国家所占比例小于 20%；在大约 50 年里，发达国家降级为发展中国家的概率约为 10%，发展中国家达到世界先进水平的概率约为 5%。

(2) 现代化的过程

一般而言，现代化过程大致可以分为两类：前沿过程和追赶过程。两类过程既有联系又有差别，而且相互影响。在公平贸易条件下，两类过程可以相互促进；在不公平贸易条件下，两类过程可能发生相互矛盾，甚至相互抑制。

根据过去 300 年的历史经验，现代化的前沿过程大约有 20 多个特点，如长期性、阶段性、全球性、竞争性和风险性等；它们反映了现代化过程的一般特点。追赶过程大约有 12 个特点，如目标性、多样性、矛盾性、集成性和挑战性等。一般而言，历史阶段不可跨越，技术阶段可以跨越，追赶过程可以降低时间成本。

在 18～21 世纪期间，现代化前沿过程可以分为第一次和第二次现代化两大阶段。第一次现代化是从农业文明向工业文明的转型和国际竞争，包括从农业经济向工业经济、农业社会向工业社会、农业政治向工业政治、农业文化向工业文化的转变等，它的主要特点包括工业化、城市化、民主化、理性化、市场化和福利化等，在不同领域有不同特点。第二次现代化是从工业文明向知识文明的转型和国际竞争，包括从工业经济向知识经济、工业社会向知识社会、工业政治向知识政治、工业文化向知识文化、物质文化向生态文化的转变等，目前它的主要特点包括知识化、信息化、绿色化、全球化、个性化和多元化等，在不同领域有不同特点。

第一次现代化是第二次现代化的基础。第二次现代化在某些方面是第一次现代化的延续和发展，如民主化、理性化和科技进步等；在某些方面是第一次现代化的“反向”或转折，如从工业化到非工业化、从城市化到郊区化、从集中化到分散化、从生态破坏到环境保护等；在某些方面是创新，如知识化、信息化和网络化等。两次现代化的协调发展并向第二次现代化转型的过程是综合现代化。

现代化遵循 10 个基本原则：进程不同步、分布不均衡、结构稳定性、地位可变迁、行为可预期、路径可选择、需求递进、效用递减、状态不重复、中轴转变原则。

如果说，现代文明可以分为初级和高级两个阶段，那么，工业文明是初级现代文明，知识文明和生态文明是高级现代文明。如果说，第一次现代化是从传统文明向初级现代文明的转变，那么，第二次现代化是从初级现代文明向高级现代文明的转变；两次现代化的协调发展和持续向高级现代文明的转变是综合现代化。

(3) 现代化的结果

一般而言，现代化的结果包括现代性、特色性和多样性的形成，包括劳动生产率和生活质量提高、社会进步、政治民主、文化多元、生态变化和人的全面发展，包括国际分化、国家分层和副作用，包括世界前沿、国际体系和国家状态的变化等。

第一次现代化过程的主要结果是第一现代性、特色性、多样性和副作用的形成。第一现代性的主要特点包括：工业化的、城市化的、民主的、法治的、理性的、世俗的、流动的、市场化的、社会福利、高效的、自由的、平等的、现代科学和能源、大众传播和普及义务教育等。第一次现代化的副作用包括：环境污染、贫富分化、经济危机周期和人情淡化等。传统价值部分存在并发挥一定作用。

第二次现代化过程的主要结果是第二现代性、特色性、多样性和副作用的形成。2005 年第二现代性的主要特点包括：知识密集的、信息密集的、网络化的、智能的、全球的、创新的、个性的、多元的、绿色的、生态的、风险性、城乡平衡、环境友好、终身学习和普及高等教育等。目前第二次现代化的副作用包括：网络犯罪、信息鸿沟、国际风险和国际不平等扩大等。传统价值部分存在并发挥一定作用。

从理论角度看，国家现代化的主要目标有三个。其一，完成第一次现代化，实现从农业文明向工业文明的转型。其二，完成第二次现代化，实现从工业文明向知识文明的转型。其三，追赶、达到或保持世界先进水平，走在世界前列。关于前两个目标，所有国家都有可能实现，但完成时间有先后。关于第三个目标，只有部分国家能够达到和保持世界先进水平，发达国家是少数，发展中国家是多数。

从政策角度看，国家现代化的主要目标有两个。其一，国家进步目标：提高生产力和生活质量，促进社会的公平和进步，促进人的全面发展，促进人与自然互利共生等。其二，国际地位目标：追赶、达到或保持世界先进水平；发达国家的政策目标是保持世界先进水平，发展中国家的政策目标是追赶和达到世界先进水平。

在 1950 年以前，没有现代化理论，没有现代化目标；国家现代化的过程是一种"自然发展"，国家现代化的结果是一种"自然结果"。1960 年以来，经典现代化理论对发展中国家的发展政策和国家目标产生了重大影响；1970 年以来，涌现了多种新现代化理论，如生态现代化理论和第二次现代化理论等，它们对发达国家和发展中国家的国家目标都有一定影响；国家现代化的结果与目标之间的联系逐步加强。

(4) 现代化的动力

现代化的动力分析涉及微观和宏观两个层次、动力因素和动力机制两个方面。

在微观层次上，动力因素包括个人心理因素和社会因素等；在宏观层次上，动力因素包括国内因素和国际因素等。一般而言，现代化的动力因素包括创新、竞争、适应、交流、国家利益和市场需求等。其中，创新是现代化的根本来源，竞争是现代化的激励机制，适应是现代化的自调机制，交流是现代化的促进因素，国家利益是国际竞争的主导因子，市场需求是产品创新的主导因素。

在微观层次上，现代化的动力模型主要包括五个模型。其一，创新驱动：创新产生新观念、新制度、新知识和新物品，形成从创新到现代化的正反馈循环驱动。其二，三新驱动：知识创新、制度创新和技术创新的共同作用，推动现代化。其三，双轮驱动：国家利益和市场需求的共同作用，推动现代化。其四，联合作用：创新、竞争、适应和交流的联合作用，推动现代化。其五，四步超循环：文明要素的创新—选择—传播—退出的超循环，推动现代化等。

在宏观层次上，现代化的动力模型主要包括四个模型。其一，创新扩散：重大创新的国内扩散和国际扩散。其二，创新溢出：重大创新的外部效应（对其他领域的影响）。其三，竞争驱动：国际竞争、市场竞争、民主竞选的作用。其四，三元复合互动：新文明—现实文明—文明遗产的复合互动等。

现代化的生产力函数：生产力与技术进步、人均技能和人均资本成正比。

(5) 现代化的模式

现代化具有路径依赖性、路径和模式多样性。在21世纪，现代化大致有三条基本路径和50多种要素组合模式，不同国家和地区可以选择不同路径和发展模式。

第二次现代化路径：从工业文明向知识文明、从物质文明向生态文明的转变；重点是知识化、信息化、绿色化、个性化、多元化和全球化等。

综合现代化路径：两次现代化的协调发展，并持续向知识文明的迈进；重点是新型工业化、新型城市化、新型福利化、知识化、信息化、绿色化和民主化等。

追赶现代化路径：借鉴发达国家的历史经验，先完成第一次现代化，实现从农业文明向工业文明的转变，然后再推进第二次现代化。该路径适合于发展中国家和地区。

现代化没有标准模式，没有最佳模式。在现代化的不同阶段，可以选择不同的现代化要素的组合模式。第一次现代化的要素组合模式有10多种，如工业化优先、民主化优先、城市化优先、经济优先或教育优先等。第二次现代化的要素组合模式有20多种，如知识化优先、信息化优先、生态化优先和协调发展等。综合现代化的要素组合模式有20多种，如工业化优先、知识化优先、信息化优先和协调发展等。

三、现代化科学的实际应用

现代化科学是关于现代文明和国家发达的一门科学。它有两个任务：阐述现代文明的世界前沿和变化规律，解释国家发达的原理和方法。简单地说，前者是它的理论意义，后者是它的实际应用，现代化战略和政策是两者的结合部。

1. 现代化与国家发达

国家是现代化研究和现代化建设的基本单元。在现代化过程中，国家分类、国家分层和国际分化是客观存在的。关于国家分类有多种方法。关于发达国家与发展中国家的国家分类，是基于国家发展水平的一种国家分类。

首先，国家发达是一个世界现象。在国家层次，它是一个国家发展过程，指达到和保持世界先进水平（发达国家水平），国家地位可以变化。在国际体系层次，它是一个国际分化过程，一批国家成为发达国家，其他国家成为发展中国家。

其次，发达国家的分类标准。2005年发达国家的分类标准是：国家现代化水平和主要领域现代化水平进入世界前20名左右，第二次现代化指数、综合现代化指数和主要领域现代化指数达到或超过 80(高收入国家平均值的 80%)等。发达国家并非每一个领域和每一个指标都达到发达水平,发展中国家有可能在某些领域或某些指标达到世界先进水平。一般而言,发达国家 80%以上的指标有可能具有发达水平。

其三,国家发达是一个复合现象。从国家分类角度看,发达国家是一种国家发展水平分类。从国家分层角度看,发达国家是达到世界先进水平的国家。从国际分化角度看,发达国家是处于国际分工高端的国家。当然这是相对的。

2. 国家发达的理论解释

首先,国家发达是一个历史现象,是国家现代化、国际竞争和国际分化的结果。在现代化过程中,发达国家是达到和保持世界先进水平的国家,其他国家是发展中国家;发达国家的比例一般低于 20%,发展中国家的比例一般高于 80%;两类国家不是固定的,而是可以相互转换的。

其次,国家发达与国家水平正相关。一般而言,国家发展水平与国家的创新价值比例成正比,与劳动价值比例成反比;与物化劳动比例成正比,与活的劳动比例成反比;与有效劳动比例成正比,与无效劳动比例成反比;与有效投资比例成正比,与无效投资比例成反比;与高级资产比例成正比,与初级资产比例成反比;与先进技术比例成正比,与落后技术比例成反比等。

其三,国家发达具有二重性。一是相对稳定性。例如,在大约 50 年里,发达国家保持发达水平的概率约为 90%。二是流动性。例如,发达国家可以降级为发展中国家,在大约 50 年里降级概率约为 10%;发展中国家可以升级为发达国家,在大约 50 年里升级概率约为 5%。

其四,国家发达的三个标准:先进生产力、社会进步、人的全面发展。国家发达首先表现为具有先进生产力,生产力、社会进步和人的发展水平都达到世界先进水平的国家才是发达国家。一般而言,生产力指在单位时间里劳动创造的价值,社会劳动创造的总价值包括劳动价值、创新价值、资源价值和环境价值等;其中,劳动价值是普通劳动创造的价值,创新价值是创造性劳动产生的价值,它们是主体价值;在社会总价值中,发达国家创新价值所占比例比较高,发展中国家劳动价值所占比例比较高。第四个标准是环境友好,经济与环境双赢,人与自然互利共生。

其五,国家发达的三个动力:创新、学习和竞争。在技术层面,发达国家既重视创新,也重视学习,发展中国家更加重视学习。在制度层面,发达国家既重视竞争,也重视对市场竞争和收入分配的合理调节,发展中国家对市场竞争和收入分配的调节力度要适度和渐进。

其六,国家发达的一般方法:遵循现代化和国家发达的基本原理,结合自己的国情和国际环境,选择合适的现代化路径、模式、战略和措施。发达国家和发展中国家的方法选择既有共性,又有差别。一般关注四个方面:各尽所能,公平竞争;按贡献分配,按需要调节;按业绩晋升,按民意选择;生财有道,平等互利。

3. 国家发达的战略选择

在21世纪,发达国家要保持世界先进水平,发展中国家要追赶世界先进水平,它们都需要不断做出战略选择。很多时候,选择决定成败。一般而言,国家发达要求在经济、社会、政治、文化、生态和个人现代化六个方面达到世界先进水平,重点在生产力、社会进步和人的全面发展方面达到世界先进水平。

(1) 发达国家的战略选择

目前,世界上大约有20多个发达国家,它们都已经进入第二次现代化。

目标选择:达到和保持在世界前列,现代化指数的世界排名进入前10名。

路径选择:第二次现代化路径。不同领域和不同地区可以选择不同路径。

模式选择:根据国情,选择第二次现代化路径的某种要素组合模式。

重点选择:不同国家、不同领域和不同地区可以选择不同重点。从生产力、社会进步和人的发展三个维度选择重点:大约80%的创新和20%的学习,80%的竞争和20%的调节(有些国家调节比例为30%左右);重点关注四个方面:各尽所能,公平竞争;按贡献分配,按需要调节;民主竞选,凭绩晋升;生财有道,平等互利。

(2) 发展中国家的战略选择

目前,世界上大约有100多个发展中国家,它们的现代化水平有很大差别。

目标选择:分三类。中等发达国家的目标是达到世界先进水平,世界排名进入前20名;初等发达国家的目标分两步走,第一步目标是达到中等发达水平,世界排名进入前40名;欠发达国家的目标分三步走,第一步目标是达到初等发达水平,世界排名进入前80名。

路径选择:不同水平国家可以依据自身条件,分别选择第二次现代化路径、综合现代化路径、追赶现代化路径。

模式选择:根据国情,分别选择三种路径的某种要素组合模式。

重点选择:不同国家、不同领域和不同地区可以选择不同重点。从生产力、社会进步和人的发展三个维度选择重点,可以分为三类。中等发达国家:大约40%的创新和60%的学习,85%的竞争和15%的调节;初等发达国家:大约20%的创新和80%的学习,90%的竞争和10%的调节;欠发达国家:大约10%的创新和90%的学习,95%的竞争和5%的调节;提高创新效率、投资效率和有效劳动比例;公平竞争,合理分配;按业绩晋升,按民意选择;普及义务教育,加快信息化等。

(3) 中国发达的战略选择

目前中国属于初等发达国家(发展中国家的中间水平),处于第一次现代化。

目标选择:分四步走。第一步,完成第一次现代化,进入第二次现代化,世界排名进入前60名。第二步,达到中等发达水平,世界排名进入前40名。第三步,达到世界先进水平,进入世界前20名。第四步,达到世界前列,进入世界前10名。

路径选择:综合现代化路径为主。不同领域和不同地区可以有不同选择。

模式选择:综合现代化路径的某种模式。不同领域和地区可以有不同选择。

重点选择：不同时期、不同领域和不同地区可以选择不同重点。从生产力、社会进步和人的发展三个维度选择重点：在21世纪前20年，大约50%的创新和50%的学习，85%的竞争和15%的调节（可以逐步调整为80%的竞争和20%的调节）；各尽所能，平等互利；公平竞争，凭绩晋升；按贡献分配，按需要调节；普及高等教育，加快信息化，尊重个性和民意选择；实施“小康工程”，消灭绝对贫困，促进社会和谐；建立中国战略技术研究院和中国现代化研究院，组建能源部和国家地区开发署等，提高战略决策的科学性和前瞻性等。

四、世界和中国现代化评价

世界现代化指数反映世界131个国家、不同组国家和世界平均的现代化水平，包括世界第一次现代化程度、第二次现代化指数和综合现代化指数。它体现世界现代化在经济、社会、文化和环境等领域的综合水平。

1. 2008年世界现代化水平

2008年，美国等28个国家已经进入第二次现代化，约占国家样本数的21%；波兰等40个国家全面完成第一次现代化，巴西等26个国家基本实现第一次现代化，全面完成和基本实现第一次现代化的国家约占国家样本的50%。

2008年，美国等21个国家属于发达国家，希腊等28个国家属于中等发达国家，中国等33个国家属于初等发达国家，印度等49个国家属于欠发达国家。

2008年，第二次现代化指数排世界前10名的国家是：美国、瑞典、丹麦、芬兰、日本、挪威、韩国、澳大利亚、德国、荷兰。

2. 2008年中国现代化水平

2008年中国属于初等发达国家，处于发展中国家的中间水平。

2008年中国第一次现代化程度为89%，第二次现代化指数为43，综合现代化指数为41，在131个国家中分别排第69位、第60位和第69位。2008年与2007年相比，中国第一次现代化程度、第二次现代化指数排名和综合现代化指数排名分别提高了1位、3位和3位。2007年中国综合现代化指数为40，排名第72位。

3. 2008年中国地区现代化水平

2008年，中国内地地区发展不平衡；北京进入第二次现代化，其他内地地区都处于第一次现代化；根据第二次现代化指数分组，北京等8个地区为发达地区或中等发达地区，黑龙江等23个地区为初等发达地区。

2008年，中国内地地区现代化的前沿水平已经接近发达国家，部分指标达到发达国家水平。例如，北京和上海的部分指标接近或达到意大利和西班牙的水平。

2008年中国华东和华北沿海地区现代化水平已经达到或超过世界平均水平。

2008年中国香港、澳门、台湾都进入第二次现代化，第二次现代化指数都超过中等发达水平，其中，台湾第二次现代化指数的数值达到世界发达水平。

4. 2009 年中国第一次现代化程度

2009 年，中国第一次现代化程度估计为 92%；上海、北京和天津第一次现代化程度达到 100%；浙江、广东、江苏、福建和辽宁 5 个地区第一次现代化程度达到 95%～98%，超过世界平均水平；内蒙古、湖北、重庆、山东、吉林和宁夏 6 个地区第一次现代化程度达到 90%～92%；河北等 15 个地区第一次现代化程度达到 79%～89%。

2009 年，如果北京、天津、上海、香港、澳门和台湾不参加排名，第一次现代化程度排名前 10 位的地区分别是：浙江、广东、江苏、福建、辽宁、内蒙古、湖北、重庆、山东、吉林。

在现代化的国际赛场上，跑在前面的国家是发达国家，跑在后面的国家是发展中国家。在 21 世纪，发达国家需要保持发达水平，发展中国家会努力赶超发达水平。现代化科学为现代化建设和国家发达提供了基本原理和一般方法。它不仅是一门新科学，更蕴涵一个新希望。中国实现现代化之日，就是中华民族伟大复兴之时。

我们把最好的祝愿献给中国现代化的建设者！

中国现代化战略研究课题组　中国科学院中国现代化研究中心

2010 年 10 月 26 日

上　篇

现代化科学概论

形象地说，现代化运动犹如一场国际马拉松[①]；跑在前面的国家成为发达国家，跑在后面的国家成为发展中国家（图一）；发达国家可以降级为发展中国家，发展中国家可以升级为发达国家。现代化是一种客观现象和世界潮流。现代化科学是关于现代化现象的一门交叉科学。

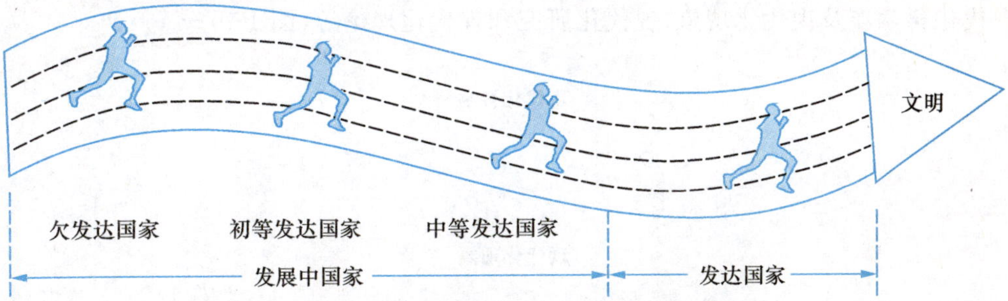

图一　现代化运动犹如一场国际马拉松

一般而言，现代化科学包括七个部分，它们分别是一般理论、现代化史、分段现代化、分层现代化、领域现代化、部门现代化和现代化政策等（图二）。现代化科学的基本任务是描述和解释现代文明的前沿变化和国际竞争，阐述和提供国家发达的原理和方法。现代化科学可以为现代化建设提供科学依据和决策参考。忽视规律往往事倍功半，违背规律往往事与愿违。

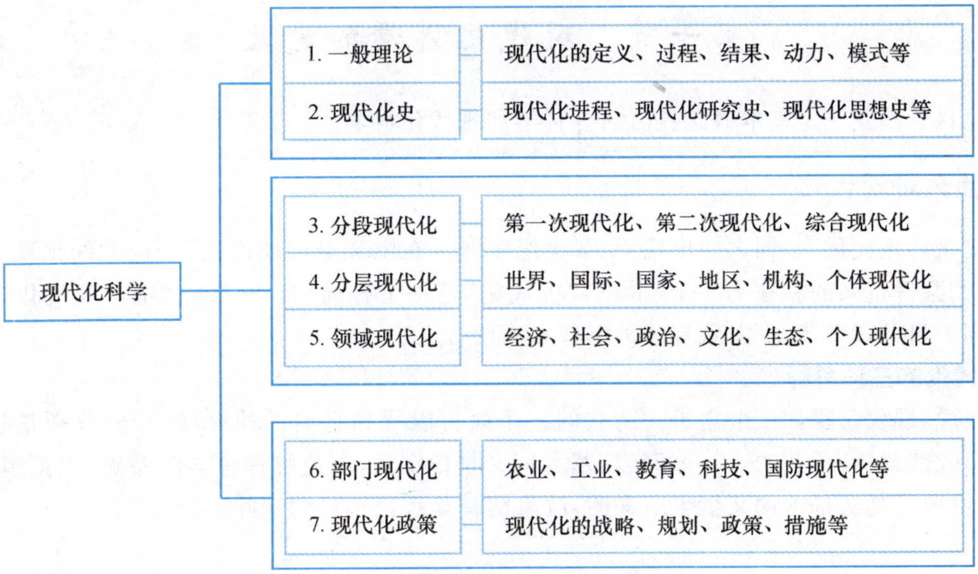

图二　现代化科学的学科结构

注：现代化的一般理论可以简称为现代化理论。

资料来源：何传启，2010.

① 马拉松（Marathon）是国际上非常普及的一个长跑比赛项目，全程距离折合为 42.1951 公里。

第一章　现代化科学的基本概念

现代化科学是关于现代化现象的一门新兴交叉科学。现代化现象是18世纪工业革命以来的一种世界现象，它包括现代文明的前沿变化和国际竞争、文明进步和国际分化、生活质量提高和一些副作用等。现代化科学涉及现代化现象、现代化研究和现代化理论等(图1-1)。

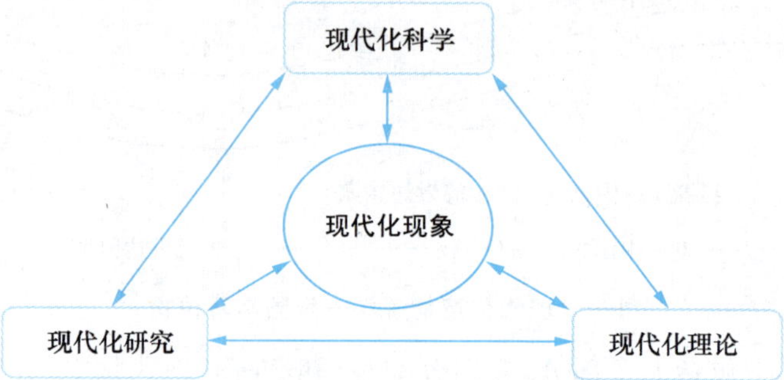

图1-1　21世纪现代化科学与现代化现象的互动

资料来源：何传启，2010.

第一节　现代化科学的定义

现代化科学涉及三个基本概念：现代化、科学和现代化科学。

一、什么是现代化

在英文里，"现代化"一词大约出现于18世纪中叶。在中文里，"现代化"一词大约出现于20世纪初，是从英文翻译过来的。在18～19世纪，"现代化"是一个普通词。在20世纪，"现代化"逐步成为一个专业词。目前，"现代化"大致有三种解释和六层含义。

1. 现代化的三种解释

形象地说，现代化犹如一个盒子。从它的三个面可以看到它的三种解释，它们分别是基本词义、理论解释和政策解释(图1-2)。一般而言，基本词义是稳定的，理论解释有学派差别，政策解释是与时俱进的；理论解释是从基本词义衍生出来的，政策解释是理论解释的实际应用。

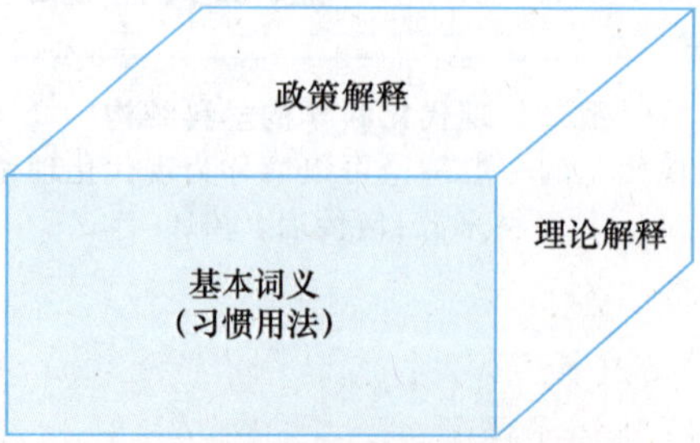

图1-2　现代化的三种解释

(1) 现代化的基本词义

现代化的基本词义是各种词典对“现代化”的定义。

根据英文词典，英文单词“现代化”(modernization)是从单词“现代的”(modern)衍生而来，后者大约出现于16世纪(1585年)，前者大约出现于18世纪(1748～1770)。从“现代的”到“现代化”，它们的基本词义一脉相承。

英文单词“现代化”大致有两个基本词义：行为和状态。

首先，一种行为：成为现代的、适合现代需要的行为和过程，即实现现代化的行为和过程。

其次，一种状态：具有现代特点的、满足现代需要的状态，即完成现代化后的状态。现代特点指大约公元1500年以来出现的新特点和新变化(一般指进步的变化)。

现代化一词的习惯用法很多：用作形容词，如，这是一家现代化的医院；用作动词，如，农业现代化；用作名词，如，教育的现代化等。最新的、最好的、最先进的就是现代化的。

(2) 现代化的理论解释

现代化的理论解释是各种现代化理论对“现代化”的定义。

迄今为止，现代化没有统一定义。20世纪50年代以来，先后出现了一批现代化理论。不同理论对现代化的解释有所不同，不同学科的学者对现代化的理解有所差别。

美国学者本迪克斯：我把现代化理解为社会变迁的一种类型，它起始于英国工业革命和政治性的法国大革命；存在于几个先锋社会(pioneer societies)的经济和政治进步以及继之而来的后进社会的变迁进程之中(Bendix，1967)。

以色列学者艾森斯塔特认为：现代化是社会、经济、政治体制向现代类型变迁的过程。它从17世纪至19世纪形成于西欧和北美，而后扩及其他欧洲国家，并在19世纪和20世纪传入南美、亚洲和非洲(Eisenstadt，1966)。

中国学者罗荣渠认为：广义而言，现代化作为一个世界性的历史过程，是指人类社会从工业革命以来所经历的一场急剧变革，它以工业化为推动力，导致从传统农业社会向现代工业社会的全球性的大转变，它使工业主义渗透到经济、政治、文化、思想各个领域，引起深刻的相应变化；狭义而言，现代化指落后国家迅速赶上先进工业国家水平和适应现代世界环境的发展过程(罗荣渠，1993)。

中国学者何传启认为：现代化是18世纪工业革命以来的一种客观现象，是现代文明的一种前沿变化和国际竞争，它包括现代文明的形成、发展、转型和国际互动，文明要素的创新、选择、传播和退出，以及追赶、达到和保持世界先进水平的国际竞争和国际分化等；在18～21世纪期间，现代化过程可以分为第一次现代化和第二次现代化两个阶段；22世纪还会有新的变化(何传启，1998a，1998b，1999)。

由此可见，不同理论和不同学者的解释不同，反映了现代化的复杂性和多面性。

学者们往往根据研究需要，对现代化进行操作性界定(操作性定义)。

(3) 现代化的政策解释

现代化的政策解释是现代化理论的政策应用，包括推进现代化的各种战略和措施等。

一般而言，不同的现代化理论的政策含义不尽相同；同一个现代化理论在不同国家、不同时期和不同领域的政策含义也不尽相同；现代化的政策含义是与时俱进的。

例如，在发展中国家，在经济领域，经典现代化理论的政策含义是推进工业化、标准化、农业现代化等；在社会领域，它的政策含义是推进城市化、社会福利化、教育现代化等。

目前，发达国家和发展中国家所处的发展阶段不同，国际差距非常明显。现代化理论在发达国家和发展中国家的政策含义有比较大的差别，需要专题研究。

2. 现代化的六层含义

第二次现代化理论认为，现代化大致有六层理论含义（表 1-1）。一般而言，现代化既是一种文明变化，也是一种国际竞争；既是一种文明状态（世界前沿），也是一种文明行为（达到世界前沿的行为）；既是一个历史过程，也是一种文明转型。现代化的六层含义是相互关联的。

表 1-1　现代化的六层含义

方面	基本含义
一种变化	现代化是一种文明变化。现代化是 18 世纪工业革命以来人类文明的一种前沿变化，包括现代文明的形成、发展、转型和国际互动，文明要素的创新、选择、传播和退出等
一种竞争	现代化是一种国际竞争。现代化是 18 世纪以来追赶、达到和保持世界先进水平的国际竞争和国际分化。达到世界先进水平的国家是发达国家，其他是发展中国家，两类国家之间可以流动
一种状态	现代化是一种世界前沿。现代化是 18 世纪以来人类文明的世界前沿（世界先进水平）
一种行为	现代化是一种文明行为。现代化是 18 世纪以来达到人类文明的世界前沿的行为
一个过程	现代化是一个历史过程。现代化是 18 世纪以来达到人类文明的世界前沿的过程。在 18～21 世纪期间，现代化过程可以分为第一次和第二次现代化两个阶段；第一次现代化的典型特征是工业化、城市化和民主化等，第二次现代化的典型特征是知识化、信息化和绿色化等
一种转型	现代化是一种文明转型。其中，第一次现代化是从农业文明向工业文明的转型，包括从农业经济向工业经济、农业社会向工业社会、农业政治向工业政治、农业文化向工业文化的转变等；第二次现代化是工业文明向知识文明、物质文明向生态文明的转型，包括从工业经济向知识经济、工业社会向知识社会、工业政治向知识政治、工业文化向知识文化、物质文化向生态文化的转变等

资料来源：何传启，2010.

从文明变化和文明转型角度看，每一个国家的现代化都会进步和有可能成功，但国家进步有快慢，国家水平有高低，成功时间有先后。在过去 300 年里，国家现代化是不同步的。

从世界前沿和国际竞争角度看，只有部分国家能够达到和保持世界前沿，不同国家成功的概率有差异。在过去 300 年里，发达国家的比例不到 20%，发展中国家的比例超过 80%；在大约 50 年里，发展中国家升级为发达国家的概率约为 5%，发达国家保持地位的概率约为 90%。

二、什么是科学

在西文里，科学（science）一词大约出现于 14 世纪。迄今为止，关于科学没有统一定义。

1. 科学的基本含义

根据科学哲学家关于科学的定义，科学大致有三层含义。

首先，科学是一种知识体系，是关于自然和社会的、得到检验和确证的知识体系。

其次，科学是一种社会活动，是获得上述知识和知识体系的研究活动。

其三，科学是一种思维和方法，是获取上述知识体系的理性思维和方法。

简单地说，科学是关于自然和社会的知识体系和获取这种系统知识的研究活动，是科学知识、科学规律、科学研究、科学思维和科学方法的集合。自然和社会本身不是科学，关于自然和社会的理性研究和确证的知识才是科学。

2. 科学的学科结构

科学的宏伟大厦是由一系列学科组成的，但关于学科分类没有统一方法。例如，基础科学与应用科学，自然科学与社会科学，自然科学、技术科学、社会科学、人文科学和交叉科学等。有些国家把数学、系统科学、逻辑学、统计学和计算科学统称为形式科学(formal sciences)。

首先,自然科学,是关于自然现象的科学,如物质科学、地球科学和生命科学等。

其次,技术科学,是关于工程技术的科学,如材料科学、工程科学和建筑科学等。

其三,社会科学,是关于人类社会的科学,如经济学、社会学、政治学和心理学等。

其四,人文科学,是关于人类状态的科学,如历史学、语言学和文学等。

其五,交叉科学,是复杂现象的跨学科研究,如系统科学、认知科学和环境科学等。

这里的交叉科学,不是指自然科学、技术科学、社会科学或人文科学内部的各种交叉学科,而是指它们之间的跨两个及以上学科的交叉科学,如跨自然科学和社会科学的交叉科学。

3. 科学的研究方法

科学研究的基本方法包括观察、调查、实验和理论解释等。

科学研究通常包括一系列的步骤,下列的四个步骤是普遍采用的。

首先,通过精心的观察或调查,收集真实的信息和数据。

其次,通过逻辑分析和归纳,提出初步的理论概念或理论假设。

其三,通过进一步的实验或观察,检验和修正理论假设。

其四,通过全部检验的理论假设,才可能被接受为一种科学理论。

科学态度是科学活动的灵魂,它强调理性的公正,精确而没有偏见。

三、什么是现代化科学

现代化科学是关于现代化现象的一门科学,是交叉科学的一名新成员。

现代化现象是 18 世纪工业革命以来的一种世界现象,包括现代文明的形成、发展、转型和国际互动的前沿过程,文明要素的创新、选择、传播和退出交替进行的复合过程,以及追赶、达到和保持世界先进水平的国际竞争和国际分化;达到和保持世界先进水平的国家是发达国家,其他是发展中国家,两类国家之间可以流动。通俗地说,现代化现象包括两个部分:(1) 现代文明的世界前沿和前沿变化;(2) 追赶和达到世界前沿的行为和过程。

参考科学的定义,现代化科学有三层含义。

首先,现代化科学是一种知识体系,是关于现代化现象的事实、特征和规律的知识体系。

其次,现代化科学是一种社会活动,是关于现代化现象的科学研究活动。

其三,现代化科学是一种思维和方法,是从事现代化研究的理性思维和方法。

简单地说,现代化科学是关于现代化现象的知识体系和科研活动,包括现代化理论和现代化研究等。形象地说,现代化科学是关于 18 世纪以来的世界前沿和国家发达的一门科学,是关于现代文明的前沿变化和国际竞争的一门科学。现代化科学(modernization science 或 science of modernizations)可以简称为“现学”(Modernizations)。

第二节　现代化科学的特点

在科学的大家庭里,现代化科学是一名新丁。它既是一门交叉科学,也是一门应用科学。它既与各门科学有交叉关系,又涉及各门科学的综合运用。它是一门高度交叉和综合的大科学。

一、现代化科学的结构

现代化是 18 世纪以来的一种文明变化,但是,这并不是说现代化科学是无所不包的。实际上,通过现代化研究获得的、经过检验的、系统化的知识，才是现代化科学的知识；现代化知识和现代化研究构成现代化科学的两大支柱(图 1-3)。

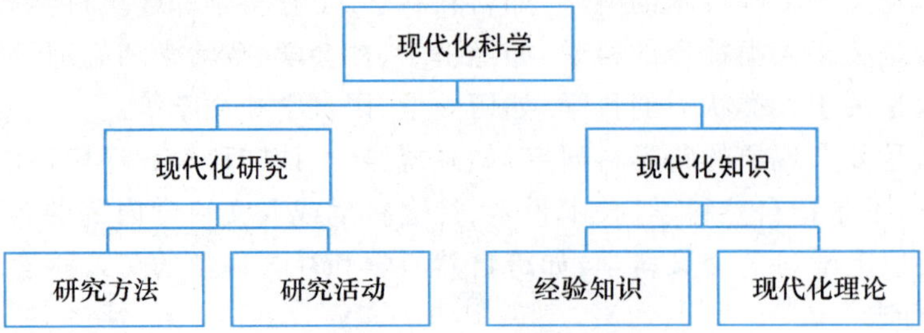

图 1-3　现代化科学的基础结构

1. 现代化研究的结构

根据研究对象和研究性质不同，现代化研究可以分为三个集群(图 1-4)：基础研究、应用研究和开发研究集群。在现代化研究中，基础研究、应用研究和开发研究的分类是相对的。有些时候，它们是交叉的。有些时候，现代化研究是一种多目标的综合性研究。

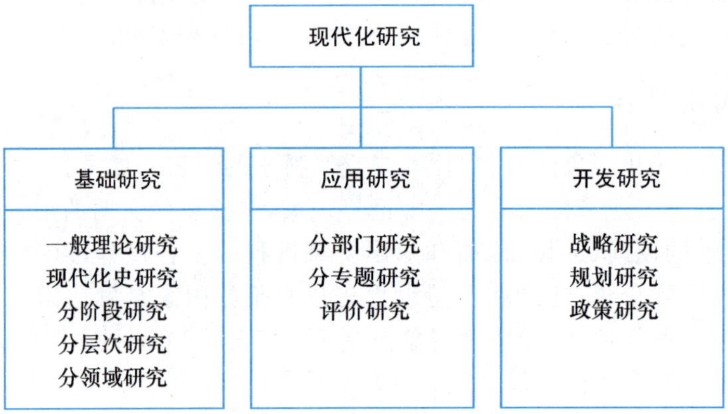

图 1-4　现代化研究的内部结构

基础研究：研究现代化的一般性质和规律；识别人类文明的世界前沿，解释文明前沿的变化规律，解释国家发达的科学原理等。

应用研究：研究现代化的一般方法和途径；识别某个方面的世界前沿，阐述保持或达到世界前沿的途径和方法，阐述国家发达的途径和方法等。

开发研究：研究和提供现代化的战略、规划和政策等。

2. 现代化理论的结构

现代化理论作为一种科学理论，需要遵循科学的规范。一般而言，科学理论具有三个特点：能够准确描述和解释客观现象、能够用于预测和得到检验、形式优美和简明。现代化理论一般包括关于现代化的定义、过程、结果、动力和模式的系统阐述，而且是可以检验的。迄今为止，现代化研究已有 50 多年历史，产生了大量的现代化理论，且不同理论之间存在一定的逻辑关系(图 1-5)。

3. 学科结构

根据科学的定义，系统化的现代化研究和现代化理论，是建立现代化科学的基本条件。综合集成现代化研究和现代化理论的结构，可以提出现代化科学的学科结构(图二)。

现代化科学的学科结构大致分为七个部分：一般理论(现代化理论)、现代化史、分段现代化、分层

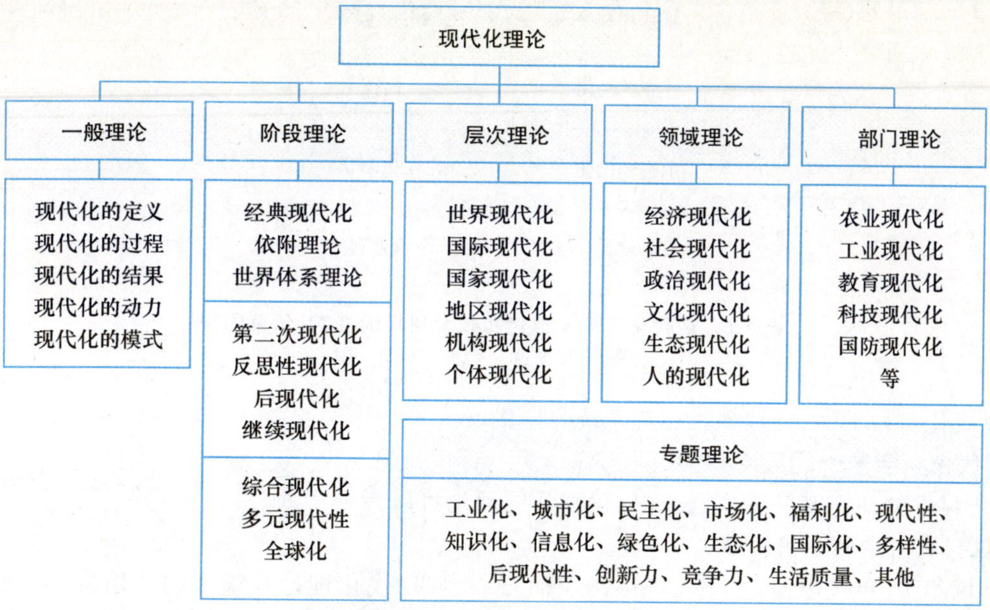

图 1-5　现代化理论的大厦

注：理论的分类是相对的。综合现代化不是现代化的第三阶段，而是与现代化的第二阶段并行的一条现代化路径，是针对发展中国家的现代化而言的。一般而言，当发达国家进入现代化的第二阶段时，发展中国家有可能处于第一阶段，也有可能采取两次现代化协调发展的模式，后者就是发展中国家现代化的综合现代化路径。

资料来源：何传启，2010.

现代化、领域现代化、部门现代化和现代化政策等。

二、现代化科学的性质

现代化科学具有多重属性，包括交叉性、实用性和综合性等。

1. 现代化科学是一门交叉科学

现代化科学既有大量的外部交叉，也有丰富的内部交叉。

(1) 现代化科学的内部交叉

首先，内部学科交叉。例如，领域现代化与部门现代化有交叉等。

其次，研究交叉。现代化科学的基础研究与应用研究之间有交叉，应用研究与开发研究有交叉。

其三，理论交叉。现代化科学的分层理论与领域理论、分段理论与领域理论之间有交叉。

其四，研究与理论的互动。现代化研究是现代化理论的来源，后者是前者的一个产品。现代化理论为现代化研究提供研究框架或指导。现代化研究与现代化理论是相互促进的。

其五，理论与实践的互动。现代化理论为现代化实践提供理论指导，现代化实践为现代化理论提供研究对象，它们相互作用和相互促进。

(2) 现代化科学的外部交叉

首先，现代化科学与自然科学和技术科学的交叉。例如，经济现代化与高技术、生态现代化与生态学、农业现代化与农业科技的交叉等(图 1-6)。

其次，现代化科学与人文科学和社会科学的交叉。例如，现代化科学与历史学、经济现代化与经济学的交叉等。

其三，现代化科学与其他交叉科学的交叉。例如，地区现代化与经济地理、生态现代化与环境科

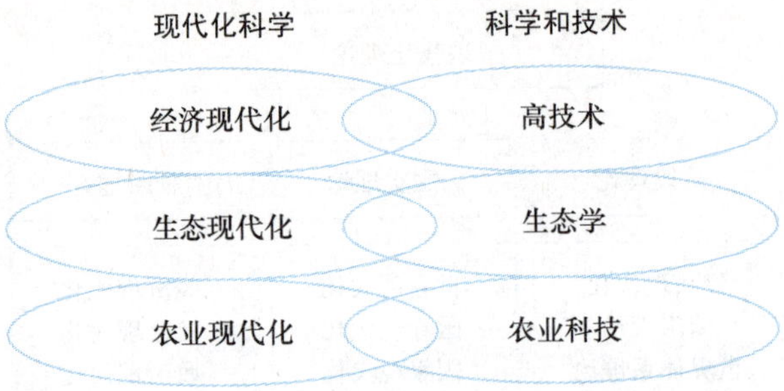

图 1-6　现代化科学与自然和技术科学的交叉(示意图)

资料来源:何传启，2010.

学、科技现代化与科学学、管理现代化与系统科学的交叉等。

2. 现代化科学是一门应用科学

现代化科学的知识来源于实践，现代化科学的理论可以指导实践。

(1) 现代化科学的实用价值

在 20 世纪 70 年代以前，对于发展中国家而言，经典现代化理论有很大的实用或参考价值；对于发达国家而言，经典现代化理论在国际政策领域有实际价值，在国内政策中没有现实价值，因为那时它们已经完成了经典现代化，经典现代化理论的许多概念来自发达国家的历史经验。

20 世纪 70 年代以来，新出现的现代化理论，包括后现代化理论、生态现代化理论、反思性现代化理论、多元现代性理论和第二次现代化理论等，对发达国家和发展中国家都有很大的实用和参考价值，因为它们反映了世界潮流和前进方向。

事实上，新的现代化理论对于发达国家的实用价值是非常明显的。主要原因有两个：首先，发达国家已经完成经典现代化，国家发展需要有新的理论指导或思想参考。其次，发达国家绝大多数是民主国家。周期性的民主选举，为新的现代化理论的应用提供了试验田。例如，欧洲绿党在竞选过程中，就以生态现代化理论作为自己的一个政策纲领。

(2) 现代化科学与发展研究的区别

现代化科学与发展研究的差别表现在许多方面(表 1-2)。简单地说，现代化科学是一种发达研究，关注人类文明的世界前沿和国家发达的原理；发展研究是关于发展中国家的研究，关注第三世界的发展和政策，两者既有交叉又有不同。关于发展研究，目前没有统一定义。

表 1-2　现代化科学与发展研究的学科比较

方面	现代化科学	发展研究
学科分类	交叉科学的一门学科	社会科学的一门学科，一门交叉学科
学科特点	发达研究(advancement study) “发达学”(science of advancement) 研究文明前沿，历史、现实与未来的三结合 关注人类文明的世界前沿和国际分化	发展研究(development study) “发展学”(science of development) 研究第三世界，应用性研究 关注发展中国家的国家发展和国际关系
研究对象	18 世纪以来人类文明的前沿变化和国际竞争 现代文明的形成、发展、转型和国际互动 追赶、达到和保持世界先进水平的国际竞争	20 世纪以来发展中国家的变化 发展中国家的发展问题 发展中国家的经济、社会和政治发展

（续表）

方面	现代化科学	发展研究
研究重点	国家发达的科学原理与一般方法 人类文明的世界前沿和长期趋势 发达国家为什么是发达国家 发达国家如何保持发达水平 发展中国家如何成为发达国家等	第三世界国家和地区的发展与政策 西方“社会科学知识”在第三世界的应用 发展中国家的经济发展、政治发展和现代化 发展理论、发展管理、发展政策 区域研究(area study)等
研究方法	多学科的、跨学科的、交叉的研究 自然科学与社会科学的交叉和综合研究 分阶段、分层次、分领域的研究等 分析逻辑:国际比较、竞争观、相对性 基于“文明和物理时间”的国际比较，以世界前沿为参照	多学科的、跨学科的、交叉的研究 社会科学与人文科学的交叉和综合研究 分国家、分地区、分领域的研究等 分析逻辑:历史比较、进步观、绝对性 基于“物理时间”的历史比较
主要理论	经典现代化理论、后现代化理论、生态现代化理论、反思性现代化理论、多元现代化理论、第二次现代化理论等	经典现代化理论、依附理论、世界体系理论、国家理论、发展理论、不平衡发展理论、均衡发展理论、发展经济学等
适用范围	发达国家和发展中国家等	发展中国家、第三世界等

注:“文明时间”是以人类文明的前沿轨迹标识的时间。
资料来源:何传启，2010.

如果说，发展研究是关于发展中国家的一门科学，那么，现代化科学是关于国家发达的一门科学。发展研究关注发展中国家的变化，关注第三世界的发展；现代化科学关注发达国家如何保持发达水平，发展中国家如何成为发达国家，关注人类文明的世界前沿及其变化等。

3. 现代化科学是一门综合科学

一般而言，现代化现象是一个复杂现象，现代化系统是一个复杂大系统，现代化科学是一门复杂的科学。现代化科学具有综合性大科学的许多特点，如大交叉、大综合、大尺度、大理论和大战略等(表 1-3)。

表 1-3　现代化科学的 16 个特点

编号	特点	特点的说明
1	大交叉	现代化科学与各门科学都有交叉，是一门高度交叉的科学
2	大综合	现代化科学涉及各门科学的综合应用，是一门高度综合的科学
3	大尺度	许多现代化研究是大尺度、大跨度、大范围的科学研究
4	大理论	现代化理论是一种宏观理论(大理论)，解释人类文明的宏观变迁
5	大战略	现代化科学阐述人类文明的发展趋势，提供国家发展的战略选择
6	复杂性	现代化是一种复杂现象，现代化科学是一门复杂性科学
7	前沿性	现代化涉及世界前沿和达到前沿的过程，现代化科学是专门研究世界前沿的科学
8	实用性	现代化是一个实践问题，现代化理论政策含义丰富，现代化科学是一门应用科学
9	国际性	现代化是一种世界现象，涉及 18 世纪以来的国际互动、国际分化和国际追赶
10	开放性	现代化是一个动态过程，现代化研究没有学科限制，它对各类学科都是开放的
11	实证性	有些现代化研究是实证性研究，包括定量研究和案例分析等
12	阐释性	有些现代化研究带有浓厚的阐释性色彩
13	描述性	有些现代化研究是描述性的
14	多样性	现代化理论是多元的，迄今没有公认的统一的理论
15	层次性	现代化理论是分层的，国家是现代化的基本单元
16	经验性	有些现代化理论是历史经验的归纳和总结

三、现代化科学的意义

现代化科学是一门战略科学，它帮助我们认识现代文明的世界前沿和国际竞争，理解国家发达的原理和方法，培养大局观念和战略思维。它的意义包括理论、实践和社会意义。

首先，理论意义是认识和解释现代化现象。具体包括：认识18世纪以来人类文明的世界前沿，揭示世界前沿的变化规律，解释国家发达的科学原理等。

其次，实践意义是提供国家发达的原理和方法。具体包括：提供国家发达所需的知识、原理、方法和对策，为国家战略和规划研究提供理论基础和历史经验，培养现代化建设的综合型和战略型人才等。

其三，社会意义是满足人们对现代化现象的好奇心。它可以回答人们关心的问题，例如，为什么有些国家是发达国家，发达国家如何保持发达水平，发展中国家如何成为发达国家等。

在18世纪以前，所有国家都是农业文明国家。18世纪以来，工业文明崛起，世界结构改变；除少数国家外，农业文明国家走向相对衰落，工业文明国家走向持续繁荣。在20世纪，工业文明国家多数属于发达国家，农业文明国家都是发展中国家。那么，为什么20世纪工业文明国家多数是发达国家、农业文明国家是发展中国家？21世纪国家发达的原理和方法是什么？现代化科学将研究和回答这些问题。

第三节　现代化科学的方法

现代化科学的研究方法，既来自社会科学，也来自自然科学，有时是综合研究。

一、现代化科学的研究范式

在20世纪里，现代化研究属于社会科学或人文科学的一个分支，一般采用社会科学或历史学的研究范式。在21世纪里，现代化科学是一种交叉科学，可以借鉴社会科学和自然科学的研究方法，逐步形成自己的研究范式和分析结构（图1-7）。

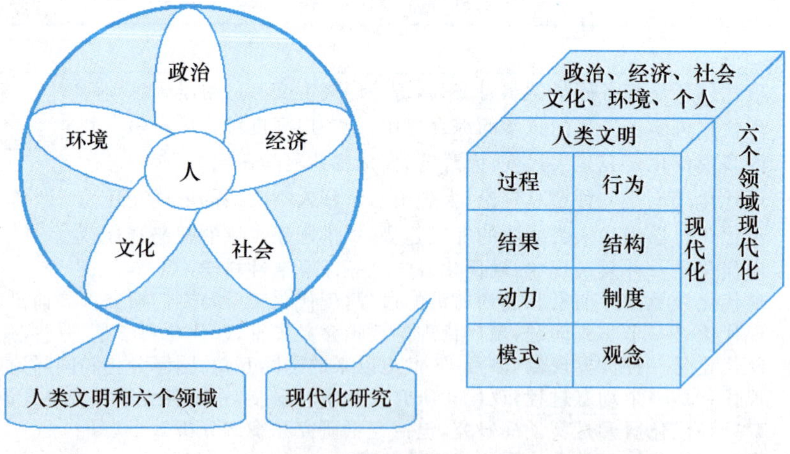

图1-7　人类文明与现代化的分析结构（示意图）

注：人类文明既是一个有机整体，又是国家文明的一个集合。关于人类文明和现代化的科学研究，可以分领域和分国家进行。主要领域包括经济、社会、政治、文化、环境和个人等。六个领域是并行的，它们既相对独立又相互交叉。这种分析结构是一种操作性界定；它也许并不完备，但作为一个分析框架，仍有意义。

1. 现代化研究的研究目的

(1) 学术目的

首先,获取现代化现象的知识,包括经验知识和理论知识等,建立现代化科学的知识体系和研究范式。其中,现代化经验知识包括现代化现象的事实、特征和经验等;现代化理论知识包括各种现代化理论,涉及现代化现象的共性、规律和原理等。

其次,不同的研究项目,可能有不同的具体的学术目的。

其三,培养现代化研究的专业人才,是现代化研究的一个学术目的。

(2) 实用目的

首先,提供现代化知识、方法和对策等。其中,现代化知识包括经验知识和理论知识,如基础理论和历史借鉴等,可以作为现代化决策的参考或依据;现代化方法和对策包括现代化路径、战略、规划和政策建议等。

其次,培养现代化建设的综合型和战略型人才,特别是掌握现代化知识的高级管理人才。

其三,满足人们对现代化现象的好奇心,回答人们关心的现代化问题,例如,哪些国家是发达国家?它们为什么是发达国家?我们国家是什么水平?发达国家能够保持发达水平吗?发达国家会不会降级为发展中国家?发展中国家能够升级为发达国家吗?等等。

2. 现代化科学的研究对象

显而易见,现代化现象是现代化科学的研究对象。

一般而言,现代化是18世纪以来的一种文明变化;文明是公元前3500年以来人类发展的成就总和,文明变化涉及人类生活的所有方面。现代化科学如果把18世纪以来人类文明的所有变化都作为研究对象,那是不可能的,也是不科学的。事实上,现代化科学关注18世纪以来人类文明的世界前沿、达到前沿的过程和行为,它们是现代化科学的主要研究对象。

3. 现代化科学的研究内容

现代化现象是一种复杂的世界现象,可以和需要从不同角度进行研究。根据研究的目的和性质的不同,可以对现代化科学的研究内容进行分类(表1-4)。

表1-4　现代化科学的研究内容的分类

分类的依据	研究内容的描述
概念研究	现代文明前沿的形成、发展、转型、国际互动 现代文明要素的创新、选择、传播、退出等
过程和行为研究	四个方面:现代化的过程、结果、动力、模式 四个要素:行为、结构、制度、观念的现代化 相互作用:不同领域和不同要素的相互作用等
结果研究	四种结果:现代性、特色性、多样性、副作用 四种分布:地理结构、国际结构(水平结构和国家分层)、人口结构、领域结构等
研究问题	理论问题:世界前沿、长期趋势、文明转型、国际分化等 应用问题:国际竞争、国际经验、国际追赶、前沿创新等
研究性质	基础研究:世界前沿和前沿变化的特征和规律,国家发达的科学原理等 应用研究:达到和保持世界前沿的方法和途径,国家发达的基本方法等 开发研究:现代化的战略、规划和政策等

4. 现代化科学的研究矩阵

首先,研究范围与研究单元(unit)的研究矩阵。一般而言,现代化科学的实证研究,需要明确研究范围和研究单元，它们可以组成一个研究矩阵（表 1-5）。研究范围（scale）可以是全球、国家或地区范围等，研究单元可以是世界、国家或地区等。国家是现代化研究的基本单元。

表 1-5 研究范围与研究单元的研究矩阵

		研究范围		
		全球范围	国家范围	地区范围
研究单元	世界	世界层面的现代化	—	—
	国家	全球范围的国家现代化	某国的国家现代化	—
	地区	全球范围的地区现代化	某国的地区现代化	某地的地区现代化

其次，研究对象与研究内容的研究矩阵。一般而言，现代化科学需要明确研究对象和研究内容，它们可以组成结构矩阵。例如，如果不考虑时间和空间维度，现代化科学的研究对象一般包括现代化和六个领域现代化等；如果不考虑其他研究内容，现代化科学的研究内容包括四个方面和四个要素研究等；它们可以组成一个结构矩阵（表 1-6）。时间维度和空间维度的研究对象与研究内容的结构矩阵可以类推。

表 1-6 研究对象与研究内容的研究矩阵

研究内容		研究对象		
		文明	经济、社会、政治、文化、个人	环境（自然和国际环境）
		现代化	五个领域的现代化	生态现代化、国际现代化
要素	行为与生活	行为现代化	五个领域的行为现代化	生态和国际互动的行为现代化
	结构与组成	结构现代化	五个领域的结构现代化	生态和国际互动的结构现代化
	制度与组织	制度现代化	五个领域的制度现代化	生态和国际互动的制度现代化
	观念与知识	观念现代化	五个领域的观念现代化	生态和国际互动的观念现代化
方面	过程	现代化的过程	五个领域的现代化过程	生态和国际现代化的过程
	结果	现代化的结果	五个领域的现代化结果	生态和国际现代化的结果
	动力	现代化的动力	五个领域的现代化动力	生态和国际现代化的动力
	模式	现代化的模式	五个领域的现代化模式	生态和国际现代化的模式

注：一般而言，生态现代化是国家现代化与自然环境之间的相互作用（生态互动）和国家现代化的生态转型，国际现代化是国家现代化与国际环境之间的相互作用（国际互动）。

其三，分领域研究与分部门研究的研究矩阵（表 1-7）。一般而言，现代化科学的分领域研究包括六个领域研究，每一个领域又包括或涉及一些部门。分领域研究和分部门研究可以组成一个研究矩阵，反映了现代化科学的内部交叉。

表 1-7 分领域研究与分部门研究的研究矩阵

分部门研究	分领域研究						
	政治现代化	经济现代化	社会现代化	文化现代化	人的现代化	生态现代化	国际现代化
政府现代化	*						
国防现代化	*						*
外交现代化	*						*
立法现代化	*						
司法现代化	*						

（续表）

分部门研究	分领域研究						
	政治现代化	经济现代化	社会现代化	文化现代化	人的现代化	生态现代化	国际现代化
农业现代化		*				*	
工业现代化		*				*	
服务业现代化		*				*	
人口现代化			*		*	*	*
卫生现代化			*		*		
社保现代化			*				
能源现代化		*	*			*	
运输现代化		*	*			*	
信息现代化		*	*	*			
贸易现代化		*		*			*
金融现代化		*					
旅游现代化		*	*	*	*	*	*
科技现代化		*		*		*	*
教育现代化			*	*	*		
文化现代化				*	*		*
体育现代化			*	*	*		*
环境现代化						*	*

注：* 表示该领域现代化与主要的部门现代化的交叉。国际现代化属于“跨国层次”的现代化。

5．现代化研究的六个要求

现代化研究应该遵循科学规范，理性地、系统地、客观地、不带偏见地进行。一般而言，现代化研究有六个基本要求（表 1-8）。

表 1-8　现代化研究的六个要求

序号	要求	主要内容
1	明确研究的目的	明确研究的目的、意义和性质
2	界定研究的对象	选择和确定研究对象，包括时间、地理和行为主体的界定等
3	界定研究的内容	选择和确定研究内容，关注文明前沿、国际分化和国际追赶等
4	采用科学的方法	实验观察、资料采集和整理、资料和结果分析等，都采用科学的方法
5	客观和没有偏见	对象选择、内容选择、资料采集、资料分析和结果分析等，都没有偏见
6	完善的科学引文	客观、系统、全面地介绍和引用前人的相关工作

二、现代化科学的一般方法

现代化研究一般以国家为基本研究单元，可以合理延伸到世界和地区层面等。

1．现代化研究的方法论

现代化科学可以从不同角度进行研究，不同角度的研究可以有不同的方法论。

从科学角度研究现代化，可以采用实证主义的研究方法，揭示现代化的客观事实和基本规律，建立客观的和没有偏见的因果模型。

从人文角度研究现代化，可以采用阐释主义的研究方法，描述现代化的意义和关联，建构现代化现象的话语和理念。

从政策角度研究现代化，可以采用现实主义的研究方法，归纳现代化现象的因果关系和价值导向，提出现代化的解释模型和政策建议。

在现代化科学里，实证研究、阐释研究和实用研究的区分是相对的，有些时候会交替采用三种方法论，有些时候会同时采用三种方法论。一般而言，实证研究提供现代化现象的事实和原理，阐释研究提供现代化现象的意义和关联，实用研究提供现代化现象的选择和建议。

现代化科学的研究和理论，还受到批判理论和未来学的很大影响。

2. 现代化研究的主要方法

现代化科学是一门交叉科学，自然科学和社会科学的诸多研究方法，都可以作为它的研究方法。例如，观察、调查、模拟、假设、心理分析、统计分析、定量分析、定性分析、模型方法、理论分析、比较分析、历史分析、文献分析、过程分析、情景分析和案例研究等。

现代化研究有许多的研究类型，不同研究类型可以采用不同研究方法(表 1-9)。

表 1-9 现代化研究的主要类型

编号	类型	特点和方法
1	事后分析	在现代化现象发生后进行研究，是对现代化进程和结果的研究
2	事先分析	在现代化现象发生前进行研究，是对现代化前景和战略的研究
3	系统分析	从现代化的源头到末尾进行系统研究。现代化的源头是创新，现代化的末尾是现代化的结果。从创新到现代化的系统研究，是一种多学科的交叉研究
4	单维研究	对现代化现象进行单维度、单学科的研究
5	交叉研究	对现代化现象进行两维度或多维度、跨学科的交叉研究
6	综合研究	对现代化现象进行多维度、多学科的综合研究
7	历史研究	现代化现象的历史研究，时序、截面、过程、前沿、范式、文献和历史分析等
8	现实研究	现代化现象的现状研究，层次、截面、统计、比较、前沿分析、社会调查、案例研究等
9	前景分析	现代化现象的前景分析，回归、趋势分析、线性和非线性外推、目标逼近和情景分析等

现代化现象的前沿分析。前沿分析包括现代化的世界前沿的识别、比较和变化分析等。通过分析世界前沿的特征、水平和变化等，研究文明前沿的变化规律和国家发达的基本原理。

现代化现象的过程分析。过程分析包括现代化过程的阶段、特点、内容和原理分析，前沿过程和追赶过程分析等。

现代化过程的阶段分析，旨在识别和描述现代化过程的主要阶段和阶段特征等，分析方法包括定性和定量分析等。现代化过程的阶段划分，应该与人类文明进程的阶段划分相协调。

现代化过程的结果分析。过程的结果与它的时间跨度紧密相关，与起点截面和终点截面(或分析截面)紧密相关(图 1-8)。在不同历史截面，现代化有不同的指标、水平和特征；通过两个截面的指标、水平和特征的比较，可以分析在两个截面之间的现代化的主要结果。截面比较包括定量和定性比较等。一般而言，现代化过程的结果是时间的函数，现代性是时间的函数。

在起点截面 a 和终点截面 b 之间，现代化进程的结果＝截面 b－截面 a

简化的数学表达式：$f_{b-a}=f_b-f_a$

其中，f 为现代化状态函数，f_{b-a} 为状态的变化，f_b 为截面 b 的状态，f_a 为截面 a 的状态。

三、现代化科学的坐标分析法

现代化科学的坐标分析法主要包括三个步骤和六个部分(表 1-10)。其主要特点是：时序分析与截面分析相结合，定量分析与定性分析相结合，分析方法和结果表达的模型化、图形化、数量化、系统

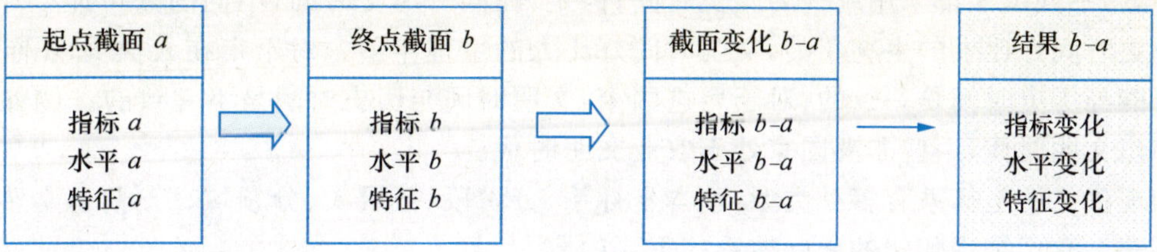

图 1-8　现代化过程的结果分析

注:从起点截面 a 到终点截面 b,现代化过程的主要结果包括指标变化(新增的指标、消失的指标)、水平变化(原有指标的水平变化、新增指标的水平变化)和特征变化(新增的特征、消失的特征)等,包括现代性、特色性、多样性和副作用等。现代化过程的有些变化,有可能消失在过程中,在结果里没有体现。

性、实证性和科学性等。三个步骤和六个部分相互关联和相互支持,形成现代化的连续的、系列的时间坐标图和截面分布图,从而相对直观和系统地刻画现代化的进程和分布。这种方法,可以应用到现代化科学的全部研究领域。

表 1-10　现代化研究的坐标分析方法

序号	主要步骤	六个部分	注释
1	建立坐标系	现代化的坐标体系	确定坐标系的横坐标和纵坐标
2	变量分析	范式分析、定量评价、时序分析和截面分析	分析现代化的各种变量
3	表达结果	现代化的坐标图和路径图	将分析结果标记到坐标系上

资料来源:中国现代化战略研究课题组等,2006.

1. 建立现代化的坐标体系

现代化的坐标体系是坐标分析的核心内容,包括文明和现代化的时间表、文明和现代化的周期表、文明和现代化的坐标系、文明和现代化的路线图等。

文明和现代化的坐标系由横坐标和纵坐标组成。横坐标可以是历史时间、文明时间等,纵坐标可以是文明水平、现代化水平、现代化指标水平等。文明时间是根据人类文明的"前沿轨迹"所标识的一种时间刻度(表 1-11)。

表 1-11　文明时间与历史时间的对照表

文明时间	历史时间(大致时间)	文明时间	历史时间(大致时间)
原始文化时代	250 万年前～公元前 3500 年	工业文明时代	1763～1970 年
起步期	250 万年前～20 万年前	起步期	1763～1870 年
发展期	20 万年前～4 万年前	发展期	1870～1913 年
成熟期	4 万年前～1 万年前	成熟期	1914～1945 年
过渡期	1 万年前～公元前 3500 年	过渡期	1946～1970 年
农业文明时代	公元前 3500 年～公元 1763 年	知识文明时代	1970～2100 年
起步期	公元前 3500 年～前 500 年	起步期	1970～1992 年
发展期	公元前 500 年～公元 618 年	发展期	1992～2020 年
成熟期	公元 618 年～1500 年	成熟期	2020～2050 年
过渡期	1500～1763 年	过渡期	2050～约 2100 年

注:历史时间指自然的物理时间,文明时间指根据人类文明的"前沿轨迹"所标识的一种时间刻度。
参考资料:何传启,1999.

在世界上，不同国家都采用统一的历史时间；但是，在同一历史时间，不同国家可能处于不同的文明时间。历史时间好比人的生物年龄，文明时间好比人的生理年龄。对于走在人类文明前列的国家，文明时间可能与历史时间是一致的；对于后进国家，文明时间与历史时间是不一致的。例如，2000 年，美国处于知识文明时代，一些非洲国家处于农业文明时代。

文明和现代化的坐标系有多种类型：基本坐标系、分阶段、分层次、分领域、分部门、分专题和单指标的坐标系等。它们是现代化的坐标体系的重要内容。

如果将现代化进程评价、时序分析、截面分析、范式分析和一般过程分析的结果，标记在现代化的坐标系里，就可以构成现代化的坐标图、路线图等。现代化的坐标图和路线图，既有基本图，也有分阶段、分层次、分领域、分部门、分专题和分指标的分解图，它们可以组成一个现代化的坐标图和路线图的系统，全方位地表征现代化的进程和分布。

2. 坐标分析的四种方法

(1) 现代化研究的范式分析

一般而言，现代化研究不仅要有单要素分析，而且要有整体分析。不能只见树木，不见森林。现代化研究的整体分析，就是分析现代化的整体变化。那么，如何分析现代化的整体变化呢？目前没有通用方法。一种选择是借鉴科学哲学的"范式"概念，分析现代化的"范式"变化，建立现代化研究的范式分析。它是一种兼具实证性和阐释性的分析方法。

科学哲学家库恩在《科学革命的结构》一书中提出了"范式"的概念，认为成熟科学的发展模式是"范式Ⅰ——科学革命——范式Ⅱ"。简单地说，范式指科学共同体公认的范例，包括定理、理论和应用等。在科学发展史上，一种范式代表一种常规科学(成熟的科学)，从一种范式向另一种范式的转变就是科学革命。在科学哲学领域，尽管还存在争议，范式和科学革命被认为是解释科学进步的一种有力理论。

借鉴库恩的"范式"思想，可以把与经济、社会、政治、文化、环境管理和个人行为的典型特征紧密相关的"文明类型"理解为一种"文明范式"(表 1-12)。依据这种假设，文明发展可以表述为"文明范式Ⅰ——文明革命(文明转型)——文明范式Ⅱ"，或者"文明类型Ⅰ——文明革命(文明转型)——文明类型Ⅱ"。这样，可以抽象地认为，文明发展表现为文明范式的演变和交替，现代化表现为现代文明范式的形成和转变。反过来说，可以用文明范式和范式转变为分析框架，讨论文明特征和现代化特征的定性变化。

表 1-12　人类历史上的文明范式及其代表性特征

项目	原始文化	农业文明	工业文明	知识文明
历史时间	人类诞生至公元前 3500 年	公元前 3500 年至公元 1763 年	公元 1763 年至 1970 年	公元 1970 年至约 2100 年
经济特征	狩猎采集	农业经济	工业经济	知识经济
社会特征	原始社会	农业社会	工业社会	知识社会
政治特征	原始民主	专制政治	民主政治	多元政治
文化特征	原始文化	农业文化	工业文化	网络文化
个人特征	部落生活方式	农村生活方式	城市生活方式	网络生活方式
环境特征	自然崇拜 部落互动	适应自然 国际关系等	征服自然 国际战争等	人与自然互利共生 国际依赖等

注：本表的四种文明范式分类，是文明范式分类的一种分类方式。

关于人类文明的分类有不同方法(1-13)。依据社会生产力水平进行分类，人类文明主要有四种基本类型：原始文化、农业文明、工业文明和知识文明。本报告采用这种分类。

表 1-13　文明类型与社会类型

分法	社会类型的举例	文明类型的举例
三分法	传统社会、现代社会、后现代社会	传统文明、现代文明、后现代文明
四分法	原始社会、农业社会、工业社会、知识社会 原始社会、农业社会、工业社会、信息社会 原始社会、农业社会、工业社会、生态社会	原始文化、农业文明、工业文明、知识文明 原始文化、农业文明、工业文明、信息文明 原始文化、农业文明、工业文明、生态文明
五分法	原始社会、奴隶社会、封建社会、资本主义社会、社会主义社会	原始文化、奴隶文明、封建文明、资本主义文明、社会主义文明
六分法	狩猎采集社会、园艺社会、游牧社会、农耕社会、工业社会、后工业社会	狩猎采集文化、园艺文化、游牧文明、农耕文明、工业文明、后工业文明

注：信息社会和生态社会是知识社会的两个组成部分，信息文明和生态文明是知识文明的两个组成部分。

一般而言，人类文明的发展是不同步的，国家内部发展也是不平衡的。当某个国家进入某种主文明形态时，它的内部可以存在一些社会生产力水平比主文明形态的生产力水平低或者高的文明形态；它们的规模相对较小，可以统称为亚文明形态。国家的主文明形态和亚文明形态是相对的，不是绝对的，可以相互转换。

(2) 现代化研究的定量评价

现代化是一种文明变化，包括定性变化和定量变化。其中，定量变化可以定量评价。例如，《中国现代化报告》提出了一批现代化过程的定量评价模型，包括第一次现代化、第二次现代化、综合现代化、地区现代化、经济现代化、社会现代化、文化现代化、生态现代化和国际现代化等的评价方法，并完成 1950 年以来 131 个国家的现代化定量评价。

(3) 现代化研究的时序分析

现代化研究的时序分析是现代化坐标分析的重要内容。它旨在通过分析比较现代化的时间系列数据、特征、资料和变化，揭示现代化的长期趋势及其变化规律。时序分析主要用于现代化的历史进程研究，可以作为一种趋势分析。

首先，选择分析指标。一般选择关键指标进行分析。可以从三个方面选择：现代化的综合指标，行为、结构、制度和观念现代化，经济等六个领域的现代化等。行为和结构的分析指标，多数是定量指标；制度和观念的分析指标，多数是定性指标。

其次，选择分析的国家样本。目前，世界上有 190 多个国家。如果条件许可，可以对每一个国家进行时序分析。如果条件不许可，或者根据研究目的，可以选择若干国家进行时序分析。

其三，选择分析的时间范围。一般的时间跨度约为 300 年(1700 年至今)。

其四，采集和建立分析指标的时序数据和资料。一般而言，定量指标采用权威部门的统计数据或著名学术机构的相关数据；定性指标应采用比较科学客观的研究资料。

其五，系统分析现代化的定量指标的变化和长期趋势等。

其六，系统分析现代化的定性指标的长期趋势和特征等。

(4) 现代化研究的截面分析

现代化研究的截面分析是现代化坐标分析的重要内容。它旨在通过分析比较现代化的不同时间截面的数据、特征、资料和变化，揭示或阐释现代化的结构特征及其规律等。截面分析主要用于现代化的现状研究和历史进程研究。

首先，选择分析变量。同时序分析一样，从三个方面选择关键指标进行分析。

其次，选择分析国家和国家分组。世界范围的现代化研究的截面分析，可以包括全部国家（有数据的国家）。为便于表述截面特征，可以对国家进行分组，并计算每组国家的特征值。

其三，选择分析截面。可以根据研究目的和需要选择截面。

其四，采集和建立分析指标的截面数据和资料。一般而言，定量指标采用权威部门的统计数据或著名学术机构的相关数据；定性指标应采用比较科学客观的研究资料。

其五，定量分析需要计算每组国家某个变量的“特征值”。计算方法大致有三种：“中值法”、“算术平均值法”和“回归分析法”。《中国现代化报告》采用第二种方法——算术平均值法。

其六，单个截面的系统分析。主要分析截面的结构特征、水平特征和性质特征，包括国家经济水平与现代化变量的截面“特征关系”和统计关系，制度和观念的截面特征等。关于截面特征的分析，可以是定性、定量或综合分析。

其七，多个截面的比较分析。两个或多个截面之间的比较，包括结构比较、水平比较、特征比较和性质比较等，还可以计算分析指标的变化速率等。

3. 坐标分析的分析变量

（1）选择分析变量的原则

由于现代化科学的研究对象非常复杂，一项研究不可能对它的所有方面和全部过程进行分析。比较合理和有效的方法是选择有限的关键变量进行分析。分析变量的选择，需要考虑三个因素：具有学术或政策意义，便于国际比较和分析，可以获得连续数据或资料。

（2）分析变量的性质

现代化研究的分析变量，包括定量和定性指标、共性和个性指标（表 1-14）。定量指标，多数可以通过统计资料获得数据；没有统计数据的定量指标（新现象），需要专题研究。一般而言，制度和观念变化是定性指标，可以定性分析，缺少统计数据。有些时候，定性指标可以通过社会调查，转换成相应的定量指标。例如，世界价值观调查项目，通过统计调查问卷的结果，研究世界观念变化。共性指标是反映现代化的共性、普遍特征和要求的指标，如人均收入和平均寿命等，多数为定量指标。个性指标是反映现代化的个性、特殊性和多样性的指标，多数为定性指标，如社会保障模式等；部分为定量指标，如人均资源等。

一般而言，人均指标、结构指标、效率指标和共性指标，可以用于现代化的定量评价；总量指标、增长率指标、定性指标和个性指标，可以用于现代化的特征分析。

（3）分析变量的类型

现代化研究的分析变量，根据长期趋势和变化特点的不同，可以大致分为八种类型。

① 上升变量：有些变量随时间而上升，其数值会发生短期波动。

② 下降变量：有些变量随时间而下降，其数值会发生短期波动。

③ 转折变量：有些变量经历上升和下降（或者下降和上升）两个阶段。

④ 长期波动变量：有些变量长期在一定范围内波动，运动没有明显的方向性，趋势很平缓。

⑤ 随机变量：有些变量的变化是随机的，趋势不明显。

⑥ 地域变量：有些变量的变化趋势存在明显的地域差异和多种形式，没有统一趋势。

⑦ 稳定变量：有些变量的变化幅度非常小，或几乎没有明显变化，如国土资源等。

⑧ 饱和变量：在上升或下降变量中，有些变量的数值已经饱和或接近饱和，数值不再发生变化或变化不大。例如，许多国家的小学普及率已经达到 100%。

一般而言，上升和下降变量可以用于现代化评价，转折变量和波动变量用于政策分析。

表 1-14 现代化研究的分析变量的主要类型

类型		解释	举例
定量指标	综合指标	若干个单项指标经过模型计算合成一个综合指标	人类发展指数
	总量指标	指标数值反映总量	人口、GDP
	人均指标	指标数值反映人均量	人均 GDP
	结构指标	指标数值反映结构比例	农业劳动力比例
	效率指标	指标数值反映单位产出	劳动生产率
	增长率指标	指标数值反映年度变化率	人均 GDP 的增长率
	前沿指标	指标数值反映世界先进水平	发达国家人均国民收入
	平均指标	指标数值反映世界平均水平	世界平均人均国民收入
	末尾指标	指标数值反映世界末尾水平	欠发达国家人均国民收入
	差距指标	指标数值反映国际差距	人均 GDP 的最大差距
定性指标	制度指标	制度的特征和变化	养老保险制度
	观念指标	观念的特征和变化	环境保护观念
两类指标	共性指标	反映现代化的共性、普遍特征和要求的指标	人均收入、平均寿命
	个性指标	反映现代化的个性、特殊性和多样性的指标	人均资源、饮食文化

本章提要

现代化是 18 世纪以来的一种客观现象。现代化科学是一门新兴的交叉科学。

1. 什么是现代化

在英文里，现代化单词大约出现于 18 世纪(1748～1770 年)。在 18～19 世纪，现代化是一个普通词。在 20 世纪，现代化逐步成为一个专业词。在 21 世纪，现代化科学诞生。

现代化没有统一定义。目前，它大致有三种解释：基本词义、理论含义和政策含义。

现代化有两种基本词义。其一，一种行为：成为现代的、适合现代需要的行为和过程(实现现代化的行为和过程)。其二，一种状态：具有现代特点的、满足现代需要的状态(实现现代化后的状态)。现代特点指大约 1500 年以来出现的新特点和新变化(一般指进步的变化)。现代化可以用作动词、名词和形容词。通俗地说，最新的、最好的和最先进的就是现代化的。

现代化的理论含义：不同理论有不同解释，社会学家和历史学家的解释有所不同。

现代化的政策含义：现代化理论的实际应用，需要与时俱进。

第二次现代化理论认为，现代化大致有六层理论含义。一般而言，现代化既是一种文明变化，也是一种国际竞争；既是一种文明状态(世界前沿)，也是一种文明行为(达到世界前沿的行为)；既是一个历史过程，也是一种文明转型。现代化的六层含义是相互关联的。

现代化的内涵：现代化是 18 世纪工业革命以来的一种世界现象，是现代文明的一种前沿变化和国际竞争，它包括现代文明的形成、发展、转型和国际互动，文明要素的创新、选择、传播和退出，以及追赶、达到和保持世界先进水平的国际竞争和国际分化；达到和保持世界先进水平的国家是发达国家，其他国家是发展中国家，两类国家之间可以转换。

现代化的外延：现代化包括不同时期、层次、领域、部门和方面的现代化，包括行为与生活、内容与结构、组织与制度、知识和观念的现代化等。

现代化的二重性。其一，从文明变化和文明转型角度看，每一个国家的现代化都会进步和有可能成功，但国家进步有快慢，国家水平有高低，成功时间有先后。在过去 300 年里，国家现代化是不同步的。其二，从世界前沿和国际竞争角度看，只有部分国家能够达到和保持世界前沿，不同国家成功的概率有差异。在过去 300 年里，发达国家的比例不到 20%，发展中国家的比例超过 80%；在大约 50 年里，发展中国家升级为发达国家的概率约为 5%，发达国家保持发达水平的概率约为 90%。

2. 什么是现代化科学

现代化科学可以简称为"现学"，是关于现代化现象的一门科学，大致有三层含义。

首先，现代化科学是关于现代化现象的事实、特征和规律的知识体系。

其次，现代化科学是关于现代化现象的科学研究活动。

其三，现代化科学是从事现代化研究的理性思维和方法。

一般而言，现代化科学是关于现代化现象的知识体系和科研活动。

通俗地说，现代化科学是关于 18 世纪以来世界前沿和国家发达的一门新兴科学。

3. 现代化科学的结构

现代化科学包括现代化知识和现代化研究。现代化知识包括现代化的各种理论和经验知识。通过现代化研究获得的、经过检验和系统化的知识，才是现代化科学的知识。现代化研究分为基础研究、应用研究和开发研究（政策研究）。

现代化科学的学科结构一般包括七个部分：一般理论（现代化理论）、现代化史、分段现代化、分层现代化、领域现代化、部门现代化和现代化政策等。

4. 现代化科学的特点

在科学的大家庭里，现代化科学是一名新丁（一门新兴学科）。

现代化科学既是一门交叉科学，又是一门应用科学，还是一门综合科学。

现代化科学既与各门科学有交叉关系，又涉及各门科学的综合运用。

目前，现代化科学大致有 16 个主要特点，如大交叉、大综合、大尺度和大战略等。

如果说，发展研究是关于发展中国家的一门科学，那么，现代化科学是关于国家发达的一门科学。现代化科学关注发达国家如何保持发达水平，发展中国家如何成为发达国家，解释人类文明的世界前沿和达到世界前沿的过程、国家发达的原理和方法。

5. 现代化研究的基本范式

研究目的：揭示 18 世纪以来人类文明的世界前沿的变化规律和国家发达的科学原理，解释和提供达到世界前沿和国家发达的途径和方法，满足人们对现代化现象的好奇心。

研究对象：现代化现象。现代化科学关注 18 世纪以来人类文明的世界前沿、达到前沿的过程和行为，关注国家发达和国际分化现象，它们是现代化科学的主要研究对象。

研究内容：现代化的内涵、特征和规律，国家发达的原理和方法等。一般包括现代化的过程、结果、动力和模式，文明前沿的行为、结构、制度和观念的变化等。

研究步骤：提出问题、概念化、操作化、收集资料、客观分析、结果表述和提出建议。七个步骤可以循序进行、循环进行、交叉进行或有选择地进行。

研究要求：明确研究的目的、界定研究的对象、界定研究的内容、采用科学的方法、客观和没有偏见、完善的科学引文。

6. 现代化研究的一般方法

现代化研究的方法论：实证主义、阐释主义和现实主义等。一般而言，实证研究提供现代化现象的事实和原理，阐释研究提供现代化现象的意义和关联，实用研究提供现代化建设的方法和建议等。批判主义和未来主义有很大影响。

自然科学和社会科学的研究方法，可以有选择地采用。例如，观察、调查、模拟、假设、心理分析、统计分析、定量分析、定性分析、模型方法、理论分析、比较分析、历史分析、文献分析、过程分析、情景分析和案例研究等。

前沿分析包括现代化的世界前沿的识别、比较和变化分析等。

过程分析包括现代化过程的阶段、特点、内容、原理和结果分析，前沿和追赶过程分析等。

7．现代化研究的坐标分析

现代化研究的坐标分析是一种综合研究方法。它包括坐标体系、变量分析和结果表达等。

现代化的坐标体系：包括文明和现代化的时间表、周期表、坐标系和路线图等。坐标系的横坐标可以是历史时间、文明时间等，纵坐标可以是文明水平、现代化水平、现代化指标水平等。文明时间是根据人类文明的“前沿轨迹”所标识的一种时间刻度。

坐标分析的变量分析：范式分析，定量评价，时序分析，截面分析。

坐标分析的结果表达：将现代化定量评价、时序分析、截面分析、范式分析和一般过程分析的结果标记在现代化的坐标系里，可以构成现代化的坐标图、路线图等。

分析变量的选择：需要考虑三个因素，即具有学术或政策意义，便于国际比较和分析，可以获得连续数据或资料。

分析变量的类型：定性和定量指标，共性和个性指标，上升变量，下降变量，转折变量，长期波动变量，随机变量，地域变量，稳定变量，饱和变量。

第二章　现代化科学的主要内容

现代化科学是一门新兴科学，但现代化现象是一个历史现象，现代化研究有 50 多年历史，现代化理论有众多流派。目前，现代化科学的主要内容是基于过去 300 年的现代化现象和 50 多年的现代化研究。在 21 世纪，现代化现象会继续，现代化研究会深入，现代化科学会发展。

第一节　一般理论

一般而言，现代化理论是关于现代化现象的特征和规律的系统阐述。目前，现代化理论有不同流派，不同流派对现代化现象的认识和阐述有所不同。这里讨论第二次现代化理论的一般理论，它包括现代化的定义、过程、结果、动力和模式五个方面的基本内容(图 2-1)。

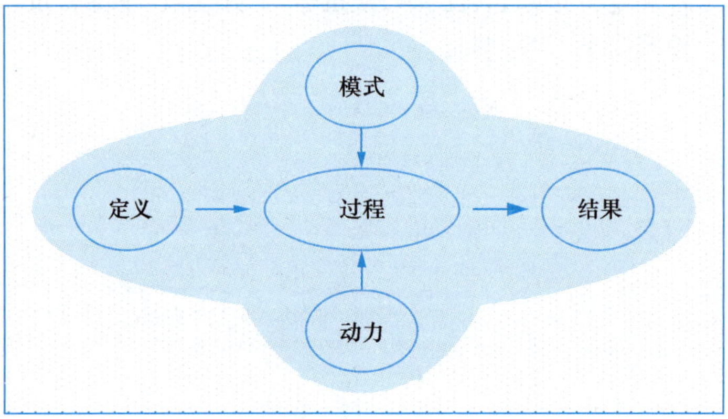

图 2-1　现代化的一般理论(结构图)

一、现代化的定义

在现代化科学里，现代化没有统一定义，但有多种操作性定义。这些操作性定义各有特点。虽然单个定义可能并不完备，但反映了现代化的某种特征，适合和满足了现代化研究的需要。

1. 现代化的操作性定义

第二次现代化理论认为，现代化有六层含义。根据理论含义和研究需要，可以提出现代化的操作性定义。一般而言，现代化的理论含义是丰富的，研究需求是多元的，现代化的操作性定义必然是多样的。这里简要叙述三种操作性定义(表 2-1)。

表 2-1　现代化的操作性定义

项目	操作性定义	应用
定义一	现代化是 18 世纪以来人类文明的一种前沿变化和国际竞争(图 2-2)，是现代文明的形成、发展、转型和国际互动的前沿过程，是文明要素的创新、选择、传播和退出交替进行的复合过程，是追赶、达到和保持世界先进水平的国际竞争和国际分化；达到和保持世界先进水平的国家是发达国家，其他是发展中国家，两类国家之间可以转换	理论分析

（续表）

项目	操作性定义	应用
定义二	现代化是18世纪以来文明发展、文明转型和国际互动的交集（表2-2）	定量评价
定义三	现代化是现代文明的世界前沿，以及达到世界前沿的行为和过程（图2-3）	政策分析

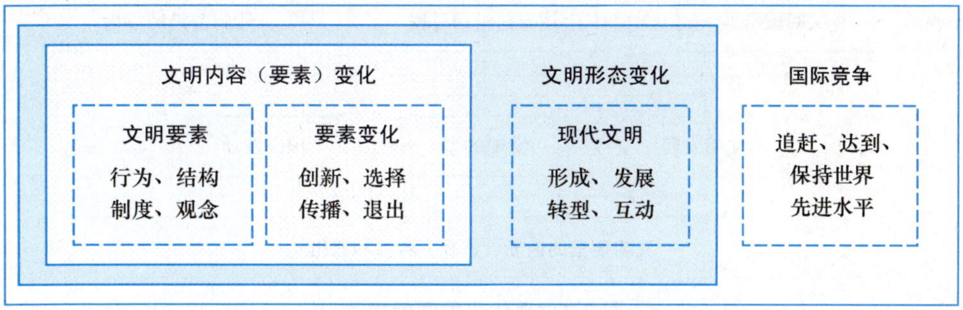

图2-2　现代化的结构模型：两层次变化和国际竞争

表2-2　现代化的概念模型

假设和推论	主要的内容
主要假设	
假设一	文明进步指有利于生产力的解放和提高、社会的公平和正义、人的解放和发展的文明变化
假设二	文明正向适应指对提高生产力、社会进步和人的全面发展没有负面影响的文明调适
假设三	文明转型指从农业文明向工业文明、从工业文明向知识文明和物质文明向生态文明的转变
假设四	国际互动包括国际合作、国际交流、国际竞争和国际冲突等，不包括国际战争
主要推论	
模型一	文明发展≈文明进步＋文明正向适应（质量和水平提高＋规模和范围扩大）
模型二	现代化≈文明发展×文明转型×国际互动（国际体系和国家地位变化）

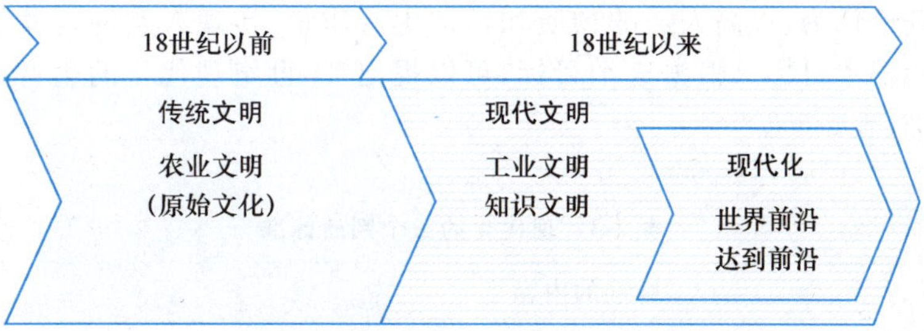

图2-3　文明与现代化的关系（示意图）

注：从世界层面分析，有些国家走在现代文明的世界前列，成为发达国家；有些国家没有走在现代文明的世界前列，成为发展中国家。从国家层面分析，发达国家的文明前沿，既是自己的文明前沿，有可能也代表了人类文明的前沿；发展中国家的文明前沿，只是自己的文明前沿，一般不代表人类文明的前沿，发展中国家的文明前沿的变化也是一种国际追赶。当然这是相对的，发达国家有落后的因素，发展中国家也有先进的因素。

很显然，现代化是一个高度复合的概念，包括文明变化和国际竞争，包括文明前沿、达到文明前沿的过程和行为，包括文明发展、文明转型和国际互动，包括文明要素的创新、选择、传播和退出等；各部分之间有内在逻辑关系（图2-4）。现代化的三种定义是相互关联的。

在18～21世纪期间，现代化具有多面性。一般而言，现代化有起点，起点时间有先后；有前沿，前

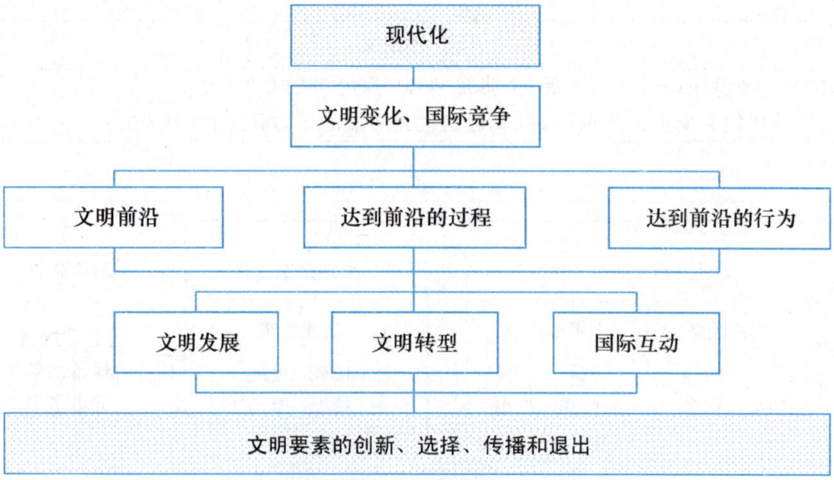

图 2-4 现代化的逻辑模型

资料来源：何传启，2010.

沿是动态的和多元的；有过程，过程是非线性的和多路径的；有结果，结果有共性也有多样性。如果没有世界大同，现代化就会长期存在；目前尚不能确定它是否有终点。

一般而言，现代化现象具有 8 个特点。首先，现代化既是一种文明变化，也是一种文明竞争。其次，现代化既是一种世界潮流，也是一种社会选择。其三，现代化既是多维度的，又是高度交叉的。其四，现代化既需要国内视角，也需要国际视角。其五，现代化既有文明进步，也有副作用。其六，现代化既有共性和现代性，也有个性和多样性。其七，现代化既有国际趋同，也有国际分化。其八，现代化不是一劳永逸的，而是不进则退。关于现代化的共性与个性、现代性与特色性（多样性）的范围和边界，目前尚没有统一认识。

2. 现代化的判断标准

现代化是一种文明变化，但是，并非所有的文明变化都是现代化。

第二次现代化理论认为，提高人类的物质和精神生活质量，实现人类的自我解放和全面发展，是人类文明和现代化的根本目标。根据这个目标，可以提出 21 世纪现代化的生产力、社会进步和人类发展的三个判断标准（表 2-3）。

表 2-3 现代化的三个判断标准

标准	标准的内容	备注
标准一	有利于生产力的解放和提高，又不破坏自然环境	生产力标准
标准二	有利于社会的公平和进步，又不妨碍经济发展	社会进步标准
标准三	有利于人的自由解放和全面发展，又不损害社会和谐	人类发展标准

注：本表是第二次现代化的三个判断标准。在 20 世纪 60 年代以前，生态意识比较缺乏；第一次现代化的三个判断标准是：有利于生产力的解放和提高，有利于社会的公平和进步，有利于人的解放和发展。

现代化的三个判断标准是一种定性标准，具有一定的模糊性。因为，关于社会公平和人类全面发展没有统一认识。社会公平包括机会公平、过程公平和结果公平等。但是，过程公平和结果公平很难或不可能同时实现，因为人类个体能力存在很大差异，过程公平会导致结果不公平，结果公平会导致过程不公平。这就是所谓的“公平悖论”。在不同民族或文化模式中，关于社会公平和人类全面发展的理解，存在许多的差异。

3. 现代化的基本类型

关于现代化的基本类型，可以有多种分类方法。例如，根据现代化的关键因素和外延进行分类等（表 2-4）。不同阶段的现代化的类型会有所不同，例如，第一次现代化有创新型、跟进型、嫁接型和学习型四种类型（表 2-5），第二次现代化的类型正在形成中。

表 2-4　现代化的基本类型

编号	分类依据	现代化的类型
1	起步时间	先发型现代化、后发型现代化
2	知识来源	内源型或外源型现代化，创新型现代化、学习型现代化、跟进型现代化等
3	主要特点	主动型或被动型现代化，市场型或计划型现代化，领先型或追赶型现代化等
4	地理区域	东亚现代化、中东现代化、东欧现代化、拉美现代化、非洲现代化等
5	文明要素	文明行为、结构、制度和观念的现代化等
6	研究对象	分段现代化、分层现代化、领域现代化、部门现代化、专项现代化等

表 2-5　第一次现代化的四种类型

类型	知识来源	观念来源	制度来源	工业化发生	代表国家
创新型	自主创新为主	自主创新为主	自主创新为主	自发的、内生的	英国、法国
跟进型	创新和学习	学习和创新	学习和创新	外部扩散和自觉发展	南欧国家、日本
嫁接型	被动学习	外部输入	外部强加(嫁接)	外部输入	一些原殖民地国家
学习型	主动学习	学习	主动模仿	受激引进	拉美国家

资料来源：何传启，1999.

二、现代化的过程

现代化是一个历史过程。关于现代化过程的起点和终点，目前没有统一认识。一般而言，在 18～21 世纪期间，现代化过程可以分为两大阶段，不同阶段有不同特点，不同国家的阶段划分有所不同；现代化过程可以分为两种类型：一类是现代化进程的前沿轨迹，称为前沿过程；一类是追赶世界前沿的过程，称为追赶过程；两类过程既有联系又有区别，而且相互影响。

这里简要讨论现代化过程的阶段、特点、内容和原则，关于它的动力和模式将在后面专题讨论。

1. 现代化过程的主要阶段

现代化是 18 世纪以来人类文明的一种深刻变化，现代化过程的阶段划分，应该与人类文明进程的阶段划分相协调，现代化遵循人类文明的发展规律。

(1) 人类文明进程的阶段和特点

从人类诞生到 21 世纪末，人类文明进程的前沿轨迹可以分为四个时代：工具时代、农业时代、工业时代和知识时代；每一个时代又包括四个阶段：起步期、发展期、成熟期和过渡期；人类文明进程包括四个时代 16 个阶段（表 2-6）。

表 2-6 人类文明进程和现代化过程的周期表(人类文明的前沿轨迹)

发展阶段	大致时间*	大约跨度	主要特征	备注
工具时代	250 万年前～0.55 万年前	250 万年	原始文化、原始经济、原始社会	人类诞生 社会化
起步期	250 万年前～20 万年前	230 万年	旧石器早期、狩猎采集、原始人群	
发展期	20 万年前～4 万年前	16 万年	旧石器中期、狩猎采集、血缘氏族	
成熟期	4 万年前～1 万年前	3 万年	旧石器晚期、狩猎采集、母系社会	
过渡期	1 万年前～0.55 万年前	0.5 万年	新石器时期、作物栽培、父系社会	
农业时代	公元前 3500～公元 1763 年	5260 年	农业文明、农业经济、农业社会	农业化 文明化
起步期	公元前 3500～前 500 年	3000 年	古代文明、种植养殖、奴隶制	
发展期	公元前 500～公元 618 年	1100 年	古典文明、封建制	
成熟期	公元 618～1500 年	900 年	东方文明繁荣、欧洲中世纪	
过渡期	1500～1763 年	260 年	欧洲文明崛起、文艺复兴传播	
工业时代	1763～1970 年	210 年	工业文明、工业经济、工业社会	第一次现代化 工业化 城市化 非农业化
起步期	1763～1870 年	110 年	第一次工业革命、机械化	
发展期	1870～1913 年	40 年	第二次工业革命、电气化	
成熟期	1914～1945 年	30 年	家庭机械电器化、福利化	
过渡期	1946～1970 年	20 年	第三次产业革命、自动化、电子计算机	
知识时代	1970～2100 年	130 年	知识文明、知识经济、知识社会	第二次现代化 知识化 生态化 非工业化
起步期	1970～1992 年	20 年	第一次信息革命、微电脑、知识化	
发展期	1992～2020 年	30 年	第二次信息革命、网络化、绿色化	
成熟期	2020～2050 年	30 年	生物设计和克隆、新生物学革命	
过渡期	2050～2100 年	50 年	新型运载工具、新物理学革命	

注:* 文明时间和文明进程都是基于人类文明前沿的时间轨迹的描述。人类文明进程是不同步的。
资料来源:何传启,1999.

人类文明进程是不同步的,人类文明的前沿水平与末尾水平差距很大。如果以人类文明的经济发展水平为横轴,以社会发展水平为纵轴,可以建立人类文明的坐标系(图 2-5)。根据经济和社会发展水平,不同国家可以在人类文明的坐标系上找到自己的位置。

人类文明进程是非线性的。在过去 250 万年里,人类文明的发展水平在持续提高,但发展方向发生了三次重大转折。如果以生产力结构为横轴,以生产力水平为纵轴,可以描绘人类文明前沿轨迹的路线图(图 2-6)。根据生产力结构和水平,不同国家可以在人类文明的路线图上找到自己的位置,可以据此推断自己的过去和未来,可以进行国际比较和历史比较。

(2) 现代化过程的主要阶段

现代化过程可以分为前沿过程和追赶过程,两种过程的阶段划分有所不同。

首先,前沿过程的阶段。在 18～21 世纪期间,现代化的前沿过程可以分为第一次现代化和第二次现代化两大阶段,第一次现代化包括起步、发展、成熟和过渡四个时期和机械化等三次浪潮,第二次现代化包括起步、发展、成熟和过渡四个时期和信息化等三次浪潮(表 2-7)。

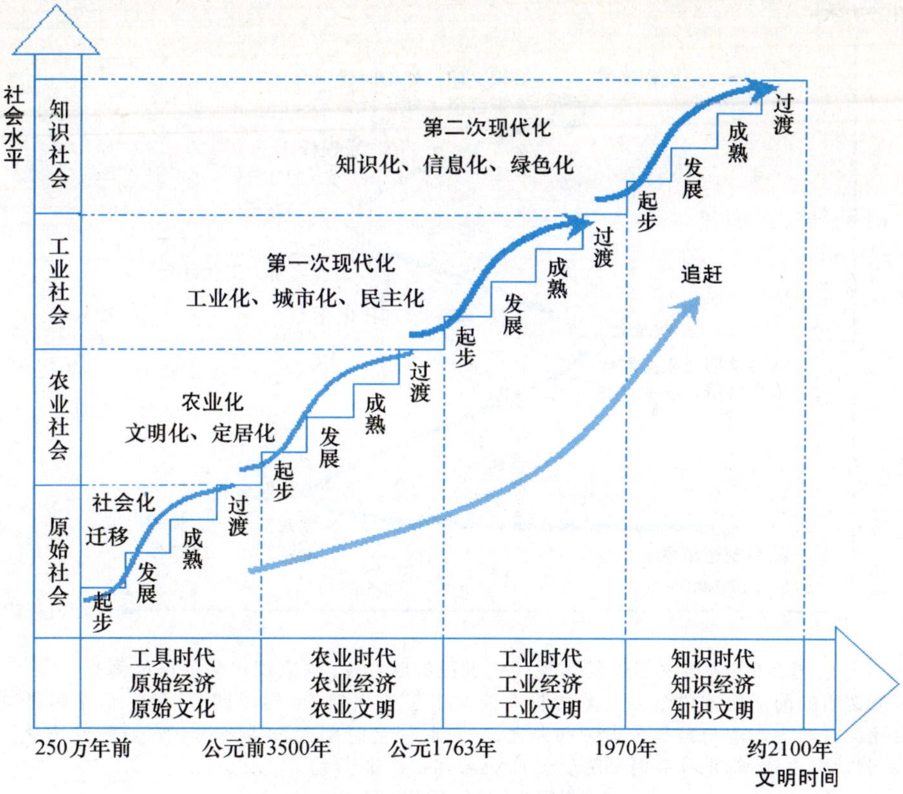

图 2-5　人类文明进程和现代化过程的坐标系(世界现代化的坐标系)

注:依据人类文明的前沿轨迹建立。

资料来源:何传启,2003.

表 2-7　现代化前沿过程的阶段

项目	第一次现代化阶段	第二次现代化阶段
时间	约 1763～1970 年	约 1970～2100 年
内容	从农业文明向工业文明、传统文明向现代文明的转变	从工业文明向知识文明、物质文明向生态文明的转变
	农业社会向工业社会、农业经济向工业经济、农业政治向工业政治、农业文化向工业文化的转变等	工业社会向知识社会、工业经济向知识经济、工业政治向知识政治、工业文化向知识文化、物质文化向生态文化的转变等
周期	起步期、发展期、成熟期、过渡期	起步期、发展期、成熟期、过渡期
浪潮	机械化、电气化、自动化	信息化、仿生化、体验化

其次,追赶过程的阶段。现代化的追赶过程的阶段划分,既有共性,也有国际差异。

追赶过程的大阶段划分与前沿过程基本一致,但追赶路径大致有四条。第一条是跟踪路径,第二条是赶超路径,第三条和第四条是有限追赶路径(表 2-8)。

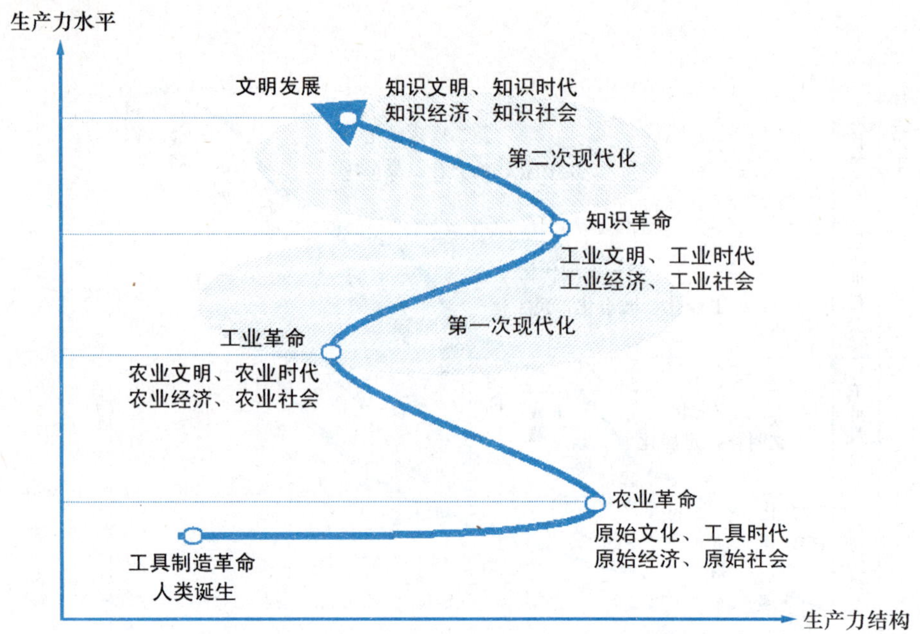

图 2-6 人类文明进程和现代化过程的路线图(国家现代化的路径图)

注:依据人类文明的前沿轨迹描绘。人类文明中轴发生了三次转换,形成四个时期,每个时期文明结构不同。横轴刻度:原始社会时期为农业与狩猎采集劳动力之比,农业社会时期为狩猎采集与农业劳动力之比,工业社会时期为工业与农业劳动力之比,知识社会时期为物质产业与知识产业劳动力之比。

资料来源:何传启,2003.

表 2-8 现代化追赶过程的路径

路径	主要阶段	备注
跟踪路径	第一次现代化、第二次现代化	学习前沿过程,两次现代化先后进行
赶超路径	第一次现代化、综合现代化	综合现代化是两次现代化的协调发展
有限追赶路径	第一次现代化、综合现代化、第二次现代化	在中间过程,插入综合现代化
有限追赶路径	综合现代化、第二次现代化	适合 1980 年以后启动现代化的国家

在追赶过程中,两次现代化的六次浪潮的内容不可缺省,但它们的时间顺序可以发生变化。六次浪潮可以循序推进,也可以多次浪潮同时推进。例如,1960 年开始现代化的国家,没有必要先进行机械化后进行电气化,可以同时推进机械化、电气化和自动化,相当于三次浪潮内容同时推进,三次浪潮融合起来,浪潮表现不明显。其他可以类推。

2. 现代化过程的主要特点

(1) 前沿过程的一般特点

现代化进程的世界前沿,在有些领域和方面是单元的,在有些领域和方面是多元的。现代化前沿过程既有共性和现代性,又有个性和多样性。《中国现代化报告 2010》归纳了它的主要特点,它们是目前已经认识的特点(表 2-9)。有些时候,前沿过程的特点可以代表现代化过程的特点。关于现代化的共性与个性、现代性与特色性(多样性)的范围和边界,目前尚没有统一认识。

表 2-9 现代化前沿过程的 22 个特点

编号	特点	现象举例或说明
1	长期性	一个长期的过程。现代化从 18 世纪延续至 21 世纪,22 世纪还会有新变化
2	阶段性	一个有阶段的过程。18～21 世纪的现代化分为第一次和第二次现代化两个阶段
3	不同步	一个不同步的过程。不同国家和不同领域的现代化是不同步的
4	不均衡	一个不平衡的过程。不同国家和不同领域的现代化水平有差异
5	可预期	一个可以预期的过程。现代化过程是有规律的和部分可预期的
6	可选择	一个可选择的过程。有些世界前沿是多元的,它们的前沿和路径是可以选择的
7	多路径	一个多路径的过程。世界前沿过程的路径有时是单一的,有时是多样性的
8	路径依赖	一个路径依赖的过程。现代化的路径选择,受国家的客观条件和国际环境的影响
9	全球性	一个全球的过程。它从西欧开始,逐步扩散到全球
10	互动性	一个国际互动的过程。不同国家现代化、前沿过程与追赶过程等可以相互影响
11	竞争性	一个国际竞争的过程。它包括达到和保持世界先进水平的国际竞争
12	风险性	一个具有风险的过程。例如,发达国家有可能降级为发展中国家
13	可逆性	一个可以暂停或倒退的过程。它可以发生短期的停顿、中断或倒退
14	系统性	一个系统的过程。不同领域和方面的现代化,相互作用,相互影响
15	复合性	一个多元复合过程。它包括经济等六个领域的创新、选择、传播和退出等
16	两面性	一个既有共性又有个性的过程。它的阶段、内容和特点有共性和多样性
17	革命性	一种革命性的变化。它可以与从原始文化向农业文明的转型相比拟
18	创新性	一个包含创新的过程。创新是现代化的源泉和动力
19	进步性	一个包含进步的过程。它包括生产力和生活质量的提高、人的全面发展等
20	适应性	一个包含适应的过程。它不仅有进步,而且有适应性变化,如家庭规模的变化等
21	冲突性	一个包含多种冲突的过程。例如,传统与现代的冲突、利益冲突等
22	副作用	一个有副作用的过程。不同阶段有不同副作用,如环境污染、贫富差距扩大等

(2) 追赶过程的一般特点

一般而言,前沿过程的特点,同样适用于追赶过程。追赶过程存在一些自己的特点(表 2-10)。

表 2-10 现代化追赶过程的 12 个特点

编号	特点	现象举例或说明
1	不平等性	一个国际不平等的过程。发达国家处于强势地位,发展中国家处于弱势地位
2	不稳定性	一个不稳定的过程。文明的快速转型可能激发多种社会和经济矛盾
3	矛盾性	一个充满矛盾的过程。在追赶前沿与社会稳定之间,需要不断做出选择
4	多样性	一个更加多样的过程。追赶过程的多样性超过了前沿过程
5	目标性	一个目标导向的过程。往往以世界前沿和世界先进水平为目标导向
6	被动性	一个包含被迫变化的过程。例如,被迫接受发达国家制定的国际规则
7	主动性	一个包含主动选择的过程。可以根据自己特点选择路径、模式和技术等
8	开拓性	一个包含局部创新的过程。可以根据自己特点进行路径创新等
9	学习性	一个可以借鉴国际经验的过程。可以借鉴先行者的过程经验
10	集成性	一个包含内容集成和阶段融合的过程。可以把几次浪潮内容集中起来同步推进
11	跨越性	一个可以跨越技术阶段的过程。例如,跨过蒸汽机时代进入内燃机时代
12	挑战性	一个升级机会有限的过程。发展中国家赶上世界前沿的概率约为 5%

(3) 两大阶段的主要特点

在 18～21 世纪期间，现代化的前沿过程可以分为第一次和第二次现代化两大阶段。两大阶段的主要内容不同，它们的主要特点有所不同，不同领域的特点有所不同(表 2-11)。

表 2-11　两次现代化的主要特点

项目	第一次现代化	第二次现代化
时间	约 1763～1970 年	约 1970～2100 年
综合	工业化、城市化、民主化、福利化	知识化、信息化、绿色化、全球化
经济	工业化、市场化、标准化、非农业化	知识化、生态化、全球化、非工业化
社会	城市化、福利化、流动化、普及义务教育	信息化、郊区化、绿色化、普及高等教育
政治	民主化、法治化、科层化、集中化、制度化	知识化、国际化、分散化、个性化
文化	世俗化、理性化、大众化、物质价值	多元化、网络化、产业化、生活质量
生态	经济主义、征服自然、生态破坏	保护环境、互利共生、经济与环境双赢
个人	开放化、平等化、成就感、个人价值	终身学习、个性化、幸福感、自我实现
副作用	环境污染、贫富分化等	网络犯罪、信息鸿沟等
其他	部分传统价值持续存在并发挥作用	部分传统价值持续存在并发挥作用

注：第二次现代化的特点是截至 2005 年的特点，未来它还会有新发展。

首先，第一次现代化的主要特点(截至 1970 年)。例如，工业化、城市化、民主化、科层化、制度化、理性化、世俗化、机械化、电气化、自动化、标准化、专业化、市场化、集中化、分化与整合、流动化、福利化、高效化、非农业化(农业比例下降)、现代科学和能源、大众传播和普及义务教育等；它的副作用包括环境污染和贫富分化等。

其次，第二次现代化的主要特点(截至 2005 年)。例如，知识化、信息化、服务化、网络化、数字化、智能化、全球化、创新化、个性化、多样化、多元化、分散化、绿色化、生态化、非物质化(物质和能源密度下降)、非工业化(工业比例下降)、郊区化、城乡平衡、终身学习和普及高等教育等，它的副作用包括网络犯罪和信息鸿沟等。

其三，两次现代化的关系。第一次现代化是第二次现代化的基础。第二次现代化在某些方面是第一次现代化的延续和发展，如民主化、理性化和科技进步等；在某些方面是第一次现代化的“反向”或转折，如从工业化到非工业化、从城市化到逆城市化、从集中化到分散化、从生态破坏到环境保护等；在某些方面是创新，如知识化、信息化和网络化等。

3. 现代化过程的内容和原理

现代化是一种文明变化和国际竞争，包括文明内容、文明形态和国际体系的变化等。现代化过程的基本原理不仅包括文明内容、文明形态和国际体系变化的主要机理和基本原则，还包括它们的动力和模式等；现代化遵循 10 个基本原则。关于动力和模式将在后面专题讨论。

(1) 文明内容现代化的主要机理

文明内容现代化是现代化过程的一个基本内容。文明内容包括各种文明要素，如行为、结构、制度和观念等。一般而言，文明内容现代化是文明要素的创新、选择、传播和退出交互进行的复合过程，它包括文明要素的创新、选择、传播的双向循环和文明要素的可逆退出过程，这些过程共同组成一个超循环(图 2-7)。这些过程的突出特征是多样性。

首先，文明要素创新具有多样性(图 2-8)。文明要素创新是文明内容现代化的一种形式和一条路径。要素创新具有形式和路径的多样性。例如，行为创新、生活创新、组成创新、结构创新、制度创新、

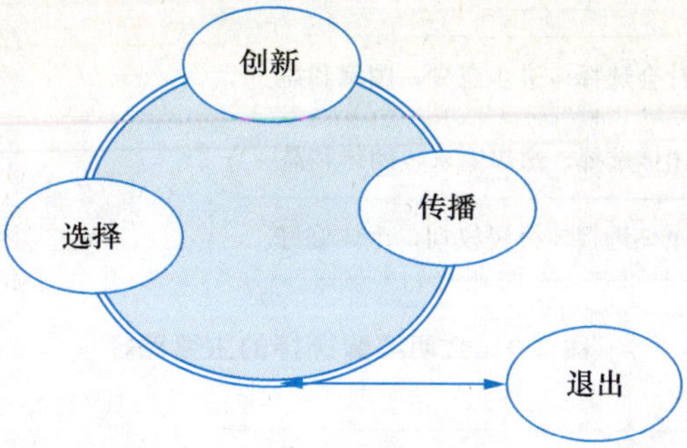

图 2-7　文明内容现代化的超循环模型(四步超循环)

观念创新和文明要素的组合创新等。这里的“组成”指与结构相应的结构单元，包括器物和知识等，组成创新包括器物创新(技术创新)和知识创新等。在要素创新中，技术创新、知识创新、制度创新和观念创新的作用非常突出，需要重点讨论。

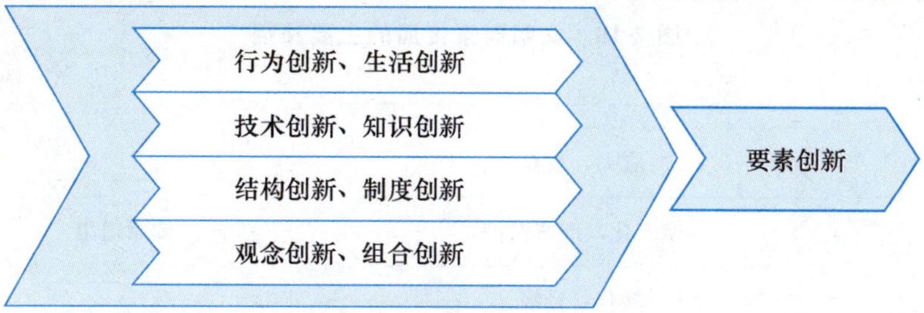

图 2-8　文明要素创新的主要路径

技术创新是文明要素创新和文明内容现代化的一种形式和一条路径。一般而言，技术创新是技术发明的首次成功的商业应用并获得商业利益的过程，它包括新产品、新工艺、新方法、技术的显著性变化、技术要素的组合创新等。技术有很多种类，如固化的技术、独立的方法和技术诀窍等。不同类型的技术创新有不同特点。

知识创新是文明要素创新和文明内容现代化的一种形式和一条路径。一般而言，知识创新是在世界上首次发现、发明、创造或应用某种新知识，它包括科学发现、技术发明、知识创造、新知识首次应用和知识要素的组合创新等。知识有许多类型，如科学知识、技术知识、社会知识、人文知识、综合知识、编码知识、非编码知识等。不同类型的知识创新有不同特点。

制度创新是文明要素创新和文化内容现代化的一种形式和一条路径。一般而言，制度创新是创立一种新制度，这种新制度是世界上首次出现的。制度有许多类型，如政治、经济、社会、文化和环境制度等；不同类型的制度创新有不同特点。

观念创新是文明要素创新和文明内容现代化的一种形式和一条路径。一般而言，观念创新是提出一种新观念，这种新观念是世界上首次出现的。观念有许多类型，如政治、经济、社会、文化、环境和人生观念等；不同类型观念的创新有不同特点。

其次，要素选择具有多样性(图 2-9)。要素选择是文明内容现代化的一个重要环节。

其三，要素传播具有多样性(图 2-10)。要素传播是文明内容现代化的一种形式和一条路径。

其四，要素退出具有多样性(图 2-11)。要素退出是文明内容现代化的一种形式和一种路径。

(2) 文明形态现代化的主要机理

文明形态现代化是现代化过程的一个基本内容。一般而言，文明形态现代化是现代文明的形成、

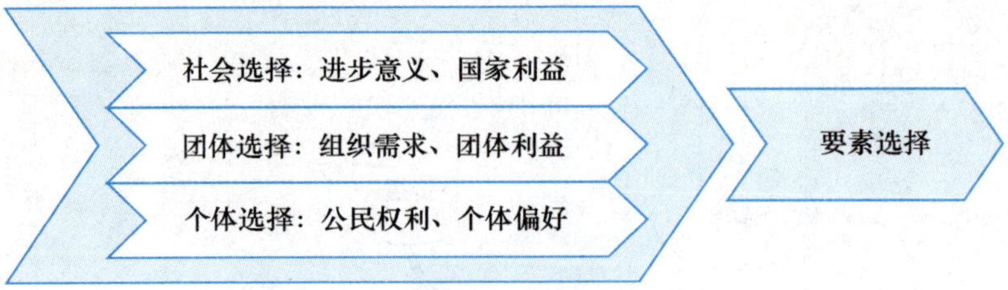

图 2-9 文明要素选择的主要路径

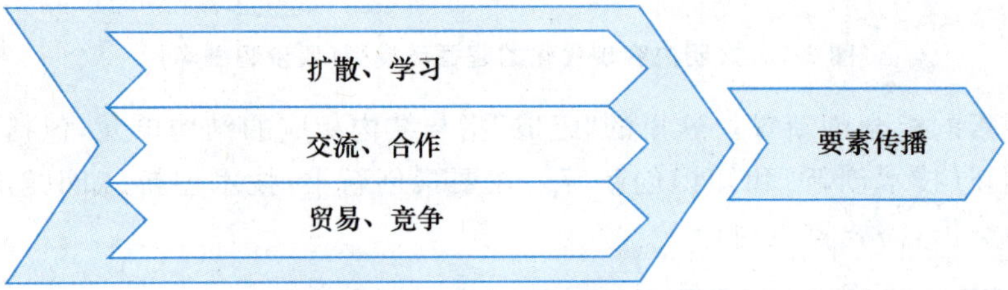

图 2-10 文明要素传播的主要路径

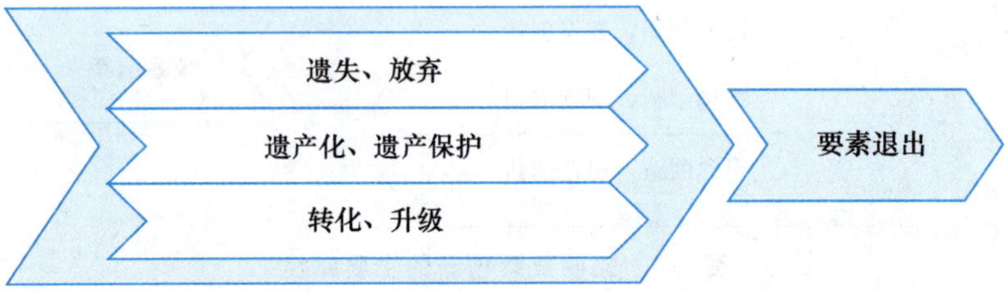

图 2-11 文明要素退出的主要路径

发展、转型和国际互动的复合过程，每个方面都具有路径、内容或形式的多样性。

首先，现代文明形成有三条路径（图 2-12）。现代文明形成是文明形态现代化的重要内容。现代文明的形成与传统文明、文明创新、文明扩散和交流紧密相关。

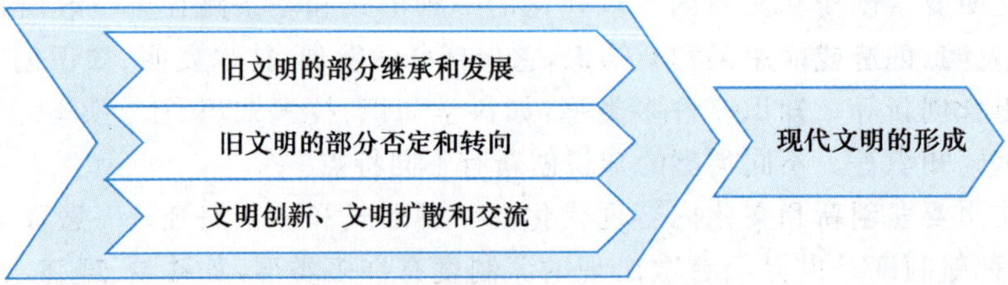

图 2-12 现代文明的三个来源

传统文明的作用大致有三种：① 积极作用，有些传统文明要素是创新的原料，有些传统文明要素如文明遗产可以增加文明多样性等；② 消极作用，有些传统文明要素会阻碍文明创新等；③ 中性作用，如影响现代化的路径选择和文明创新的方向选择等。

文明创新是现代文明形成和发展的一条路径，包括文明内容创新、文明形态创新和文明体系创新等。文明体系创新是现代化的一种表现形式，是文明遗产、现实文明和新文明之间的复合互动过程（图 2-13）；它包括文明创新、文明交流、文明扩散、文明学习、文明退出和文明遗失等多种作用路径。文明体系创新的宏观表现主要是现实文明的结构变化，它包括传统文明比例下降、现代文明比例先升后降、后现代文明比例上升等。

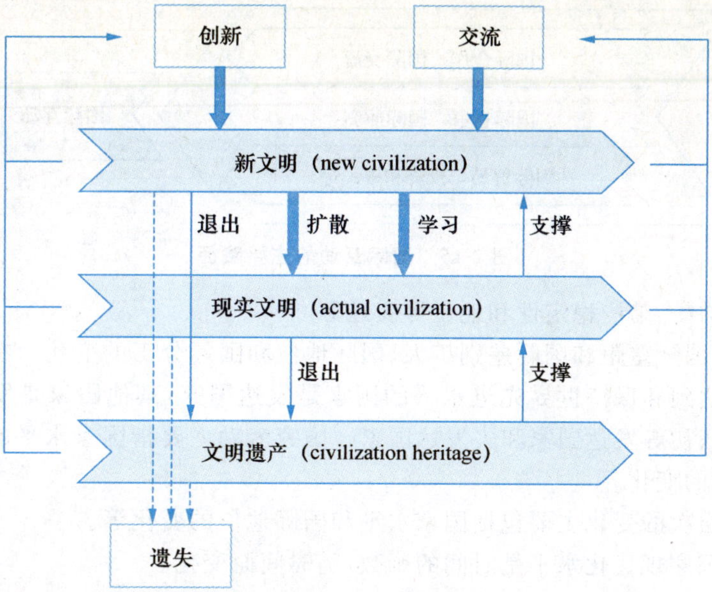

图 2-13　文明体系创新的复合互动模型(三类文明复合互动)

注:文明遗产大致相当于文化遗产,包括普通文化遗产、濒危非物质文化遗产和失效传统知识等。

其次,文明发展是一种文明变化,包括文明进步和文明适应等。在第一次现代化过程中,符合三个条件的文明变化属于文明发展。三个条件分别是:有利于生产力的解放和提高,有利于社会的公平和进步,有利于人的解放和发展。在第二次现代化过程中,这三个条件需要有所补充,增加经济、社会与自然之间的和谐关系。

其三,文明转型具有多样性(图 2-14)。文明转型是文明形态现代化过程的重要内容。文明转型是一个长期和渐进的过程。在这个过程中,不同文明形态所占的比例会发生变化;当新文明形态超过旧文明形态的时候,文明转型就基本完成。

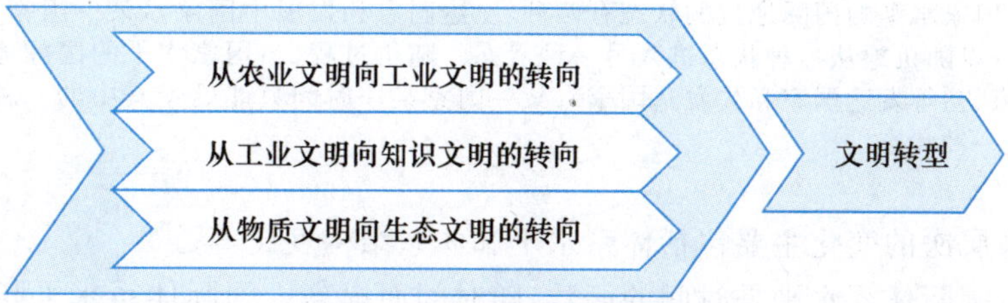

图 2-14　文明转型的主要路径

其四,国际互动具有多样性(图 2-15)。国际互动是文明形态现代化过程的重要内容。如果国际互动是平等的,那么,国家之间可以相互促进。如果国际互动是不平等的,那么,从短期看,有些国家获利,有些国家受损;从长期看,国家之间可能相互抑制。

(3) 国际体系变化的主要机理

关于国际体系没有统一定义。一般而言,国际体系指相互作用和相互依存的诸多单位的最大聚合体,当前这一体系包含整个地球上的国家(Buzan, Little, 2000)。现代化过程的国际体系是以“国家现代化为结构单元”的国际体系,可以简称为现代化体系。

国际体系变化是一个国际分化、国家分层、国家流动和结构变迁的多元复合过程,发生在结构单元和国际体系两个层次上,前者是后者的基础。国际体系变化一般遵循四个基本原则,它们分别是:

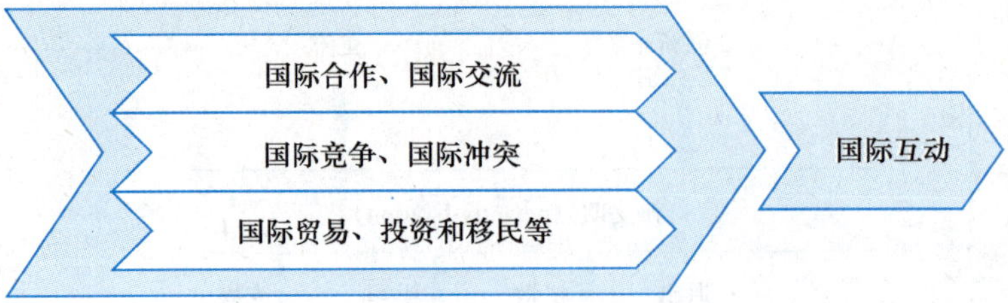

图 2-15　国际互动的主要路径

进程不同步、分布不均衡、结构稳定性和地位可变迁等。

国际分化一般指国际差距和国际差别扩大、国际地位和国际分工的变化。在这里，国家分层主要指国家水平的分层，达到和保持世界先进水平的国家是发达国家，其他国家是发展中国家；发展中国家包括中等发达国家、初等发达国家和欠发达国家。国家流动主要指国家水平的国际地位变化，包括世界排名和国家分组的变化。

首先，结构单元层次的变化主要包括国家水平和国际地位的变化等。

国家水平变化：国家现代化水平是时间的函数，随时间而变化。

世界排名变化：世界排名的变化与它的初始水平和相对速度正相关。相对速度指两国现代化速度之差。

国家分组变化：国家分组的变化是随机的，只能在几种状态之间变动，可以进行马尔科夫链分析(图 2-16)。国家分组的变化具有一定概率，与时间跨度有关。例如，在大约 50 年里，发达国家降级为发展中国家的概率约为 10%，发展中国家升级为发达国家的概率约为 5%；中等发达国家和初等发达国家的地位变化的概率约为 40%，欠发达国家升级的概率约为 10%。

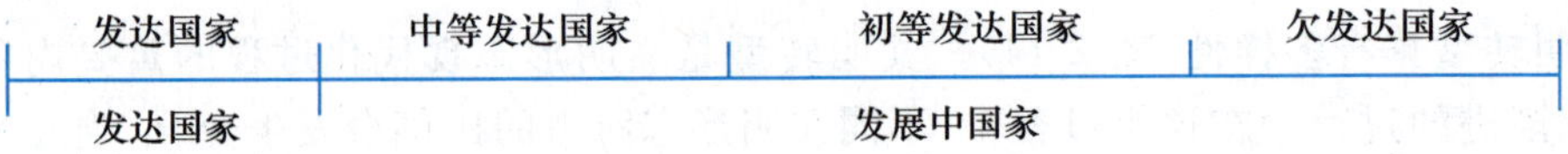

图 2-16　国家水平的国际地位的几种状态(马尔科夫链)

注：随机过程一：国家水平的国际地位的状态有两种(发达国家和发展中国家)，某一国家某一时间只能处于其中的一种状态，国家可以随机地从一种状态进入另一种状态。随机过程二：国家水平的国际地位的状态有四种(发达国家、中等发达国家、初等发达国家和欠发达国家)，某一国家某一时间只能处于其中的一种状态，国家可以随机地从一种状态进入另一种状态。

其次，国际体系层次的变化主要包括体系水平和体系结构变化等。

体系水平变化：国际体系水平是时间的函数，随时间而提高。国际体系水平与它的结构单元的现代化水平和阶段正相关。

体系结构变化：国际体系结构具有相对稳定性。一般而言，发达国家的比例约为 15%，发展中国家的比例约为 85%；在 50 年里，发达国家仍然为发达国家的概率约为 90%，发展中国家仍然为发展中国家的概率约为 95%。

上述现代化过程的主要原理，一般适用于前沿过程，基本适用于追赶过程；在不同领域和不同阶段的适用性可能有所差别，在不同层次的适用性可能有较大差别，需要专题研究。

(4) 现代化过程的基本原则

现代化过程一般遵循 10 个基本原则(表 2-12)，分别涉及文明内容、文明形态和国际体系变化，涉及现代化的进程、分布、结构、水平、路径、需求、效用、行为、状态和中轴等。

表 2-12　第二次现代化理论的 10 个基本原则

原则	内容或解释	备注
进程不同步	现代化的进程是不同步的，不同国家、领域和要素的现代化进程都是不同步的	国际体系
分布不均衡	现代化的分布是不均衡的，现代化的空间、领域和要素的横向和纵向分布都不均衡	
结构稳定性	现代化的分布结构是相对稳定的，发达国家比例小于 20%，发展中国家比例大于 80%	
地位可变迁	现代化的国际地位是可以变化的，发达国家降级概率约 10%，发展中国家升级概率约 5%	
行为可预期	现代化的行为是可以部分预期的，行为决策具有有限的理性（有限理性原理）	文明内容
路径可选择	现代化的路径是可选择的，路径选择受自身历史和条件的制约（路径依赖性）	
需求递进	现代化的社会需求是递进的，需求Ⅰ—满足—需求Ⅱ（马斯洛的需求层次理论）	
效用递减	现代化的政策效用是递减的，创新Ⅰ—效用变化—创新Ⅱ，效用周期，效用固化	
状态不重复	现代化的状态是变化的，变化是不重复的，状态Ⅰ—变迁—状态Ⅱ	文明形态
中轴转变	现代化的中轴是变化的，不同领域有不同中轴（贝尔的中轴原理）	

资料来源：中国现代化战略研究课题组等，2006.

原则一，进程不同步原则。空间不同步，即不同国家的现代化的起步和速度各不相同。领域不同步，即不同领域的现代化是不同步的。要素不同步，即文明要素的现代化是不同步的。

原则二，分布不均衡原则。空间分布不均衡，即国家和地区现代化的纵向分布和横向分布是不均衡的。领域分布不均衡，即不同领域的现代化的纵向分布和横向分布是不均衡的。要素分布不均衡，即文明要素的现代化的纵向分布和横向分布是不均衡的。

原则三，结构稳定性原则。空间结构稳定性，即国家和地区现代化的纵向和横向分布的分布结构是相对稳定的。领域结构稳定性，即不同领域的现代化的纵向和横向分布的分布结构是相对稳定的。要素结构稳定性，即文明要素的现代化的纵向和横向分布的分布结构是相对稳定的。

一般而言，发达国家的比例小于 20%，发展中国家的比例大于 80%；在 100 年里，发达国家保持发达国家地位的概率约为 90%，发展中国家保持发展中国家地位的概率约为 95%。

现代化的国际结构大致遵循人们常说的 20/80 法则。

原则四，地位可变迁原则。国家和地区现代化的相对水平、相对地位和相对差距是可变的。各个领域的现代化的相对水平、相对地位和相对差距是可变的。文明要素的现代化的相对水平、相对地位和相对差距是可变的。地位转移有一定概率。在 100 年里，发达国家降级为发展中国家的概率约为 10%，发展中国家升级为发达国家的概率约为 5%。

原则五，路径可选择原则。现代化路径是可以选择的；路径选择具有一定的路径依赖性；路径的可选择性是相对的和有条件的，存在路径锁定现象；路径选择与社会成就有紧密关系，路径选择具有很高的机会成本。

俗话说，条条道路通罗马，每个人都可以走自己的路；但是，并非每个人都能在规定时间内到达罗马。事实上，在可以预期的时间内，有些人一辈子都到不了罗马。发达国家和发展中国家的国际地位的稳定性，可能与路径依赖和路径锁定有紧密关系。

原则六，行为可预期原则。现代化行为是可以部分预期的；行为可预期性是相对的和有条件的；行为可预期性与社会成就有紧密关系；行为的可预期性将提高，因为信息技术的发展将促进信息的获取。

根据诺贝尔经济学奖得主西蒙的“有限理性”原理，由于风险、不确定性和信息不完全的存在，人的行为决策往往是“寻求满意的选择”，而不是“追求最优的选择”（西蒙，1989）。人的行为理性是有限的。这是行为可预期原则的行为学基础。

原则七，需求递进原则。现代化过程的社会需求是递进的。一种需求的满足，并不意味着社会进步的终结，而是意味着新的需求的产生。需求Ⅰ—满足—需求Ⅱ的循环递进，是现代化过程的一个重要机理。

原则八，效用递减原则。在现代化过程中，社会政策和创新的效用，将出现三种变化。第一种变化：效用递减。社会政策和创新的效用，随时间而递减，最后趋向无效。这不是说社会政策是无效的，而是说它已经完成了历史使命。第二种变化：效用周期。有些社会政策和创新的效用，具有生命周期，经历上升和下降的两个阶段，最后趋向无效。第三种变化：效用固化。有些社会政策和创新的效用，经历上升和饱和的两个阶段，最后，变为社会制度的组成部分，长期发挥稳定的作用。效用递减原则，说明了效用递减和效用周期的下降阶段的特点。

政策创新Ⅰ—效用变化—政策创新Ⅱ的循环递进，是现代化的一个重要机理。

原则九，状态不重复原则。现代化过程是一系列文明状态的集合，一个文明状态是一组文明变迁的集合。在这个过程，没有两个文明状态是完全一样的。文明状态Ⅰ—变迁—文明状态Ⅱ的循环递进，是现代化的一个重要机理。由此推论，历史经验的意义是相对的。

原则十，中轴转变原则。现代化过程是一种中轴转换。美国社会学家贝尔认为（Bell，1973），不同社会有不同的中轴原理和中轴结构；中轴原理是在一切逻辑中作为首要逻辑的动能原理，中轴结构是其他结构环绕在它的周围的一种组织结构；社会的每一个方面都有一个中轴原理起支配作用；从前工业社会向工业社会、从工业社会向后工业社会的转变，包含社会中轴的转变。一般而言，中轴原理是社会的核心规则和过程，中轴结构是社会的核心结构；现代化过程既是中轴原理转变的过程，也是中轴结构转变的过程。

三、现代化的结果

根据现代化的理论含义和实证研究，现代化的结果包括现代性、特色性和多样性的形成，包括劳动生产率和生活质量提高、社会进步、政治民主、文化多元、生态变化和人类全面发展，包括国际分化、国家分层和副作用，包括世界前沿、国际体系和国家状态的变化。

一般而言，现代化过程的结果是时间的函数，随时间而变化，可以从世界前沿、国际体系和国家状态三个层次进行分析（图 2-17）。现代化结果不仅与现代化过程的时间跨度紧密相关，与它的起点截面、终点截面（分析的终点）和地理范围紧密相关，还与现代化目标紧密相关。

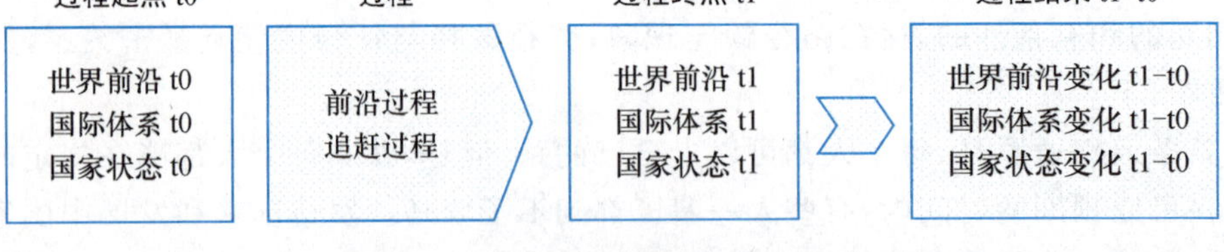

图 2-17　现代化过程和结果的分析结构

注：一般而言，过程结果等于过程终点与过程起点之间的差别（过程结果＝终点截面 t1－起点截面 t0）。现代化在不同时期可以有不同的指标、水平和特征。现代化结果包括指标、水平和特征的变化。

1. 世界前沿的变化

在现代化过程中，世界前沿就是现代化的前沿，它与现代性紧密相关。关于现代性没有统一定义。1970 年以前，现代性（第一现代性）是关于工业化国家的结构和特征的一种理论概括。1970 年以后，有人提出后现代性或第二现代性，是对世界前沿的结构和特征的一般理论概括。现代性的研究方法大致有两种方法：阐释主义的思辨、实证主义的归纳。如果没有明确的时间边界和地理范围，关于现代性的讨论更多是一种思辨。一般而言，世界前沿的变化，可以从理论和实践两个角度来认识。两个角度的认识，不是彼此孤立的，而是相互支持的。

(1) 世界前沿变化的理论分析

首先，现代化过程的前沿轨迹。根据第二次现代化理论，在 18～21 世纪期间，现代化过程的前沿轨迹可以分为第一次现代化和第二次现代化两个阶段，两次现代化有不同内容和特征（表 2-13）。在不同历史截面，世界前沿的内容和特征是不同的。

表 2-13　人类文明和现代化的世界前沿（内容和特征举例）

项目	文明共性	传统性	第一次现代化世界前沿 第一现代性的形成	第二次现代化世界前沿 第二现代性的形成
时间	公元前 3500 年以来	公元前 3500 年～ 公元 1763 年	约 1763～1970 年	约 1970～2100 年
文明	—	农业文明	工业文明	知识文明
经济	分工、交换、货币	农业经济，手工的	工业经济，工业化	知识经济，知识化
社会	家庭、教育、犯罪	农业社会，家族的	工业社会，城市化	知识社会，信息化
政治	政府、外交、权力	农业政治，封建的	工业政治，民主化	知识政治，国际化
文化	语言、文学、艺术	农业文化，宿命论	工业文化，理性化	知识文化，网络化
生态	改变或适应环境	开发或适应自然	经济主义、征服自然	保护环境、互利共生
个人	性别角色、礼仪	保守的、等级的	开放性、平等性	终生学习、幸福感

注：文明共性指在人类文明进程中始终存在的文明要素，它们的内涵或特点可能会发生变化。一般而言，现代化过程的内容与结果是紧密相关的。现代性既是对现代化过程的结果的一种理论概括，也部分反映了现代化的前沿过程的内容及其特点。传统性与现代性不是完全对立的，而是相对的，代表不同阶段的特点。

参考资料：何传启，2003；North，1981；Brown，1991.

其次，现代化过程的世界前沿变化。一般而言，通过比较现代化过程的起点截面和终点截面的世界前沿的差别，可以认识世界前沿的变化。在 1970 年以前，现代化过程的世界前沿尚处于第一次现代化阶段，世界前沿变化主要是第一现代性的变化。1970 年以后，现代化过程的世界前沿进入第二次现代化阶段，世界前沿变化主要是第二现代性的变化。

(2) 世界前沿变化的实证分析

首先，世界前沿变化主要是发达国家前沿变化的一个集合。通过比较现代化过程的起点截面和终点截面（分析截面）的发达国家的前沿差别，可以认识世界前沿的变化。例如，1970 年的发达国家是完成第一次现代化的国家，它们的前沿集合代表了当年的世界前沿，它们与 1763 年世界前沿的差别（第一现代性）反映了这段时间的世界前沿变化；2005 年的发达国家主要是进入第二次现代化的国家，它们的前沿集合代表了当年的世界前沿，它们与 1970 年世界前沿的差别（第二现代性）代表了这段时间的世界前沿变化（表 2-14）。

表 2-14 现代化过程的三个历史截面的世界前沿(内容和特征举例)

项目	传统性	第一现代性	第二现代性
时间	约 1763 年	约 1970 年	约 2005 年
范围	世界	完成第一次现代化的国家	处于第二次现代化的国家
经济	手工的、分散的、自给自足	工业化的、市场化的、高效的、科学的	知识密集的、信息密集的、绿色的、全球的
社会	家族的、稳定性、教育不普及	城市化的、社会福利、普及义务教育	知识密集的、网络化的、普及高等教育
政治	专制的、封建的、宗教的	民主的、法治的、职业的、集中的	知识密集的、国际的、个性的、分散的
文化	宗教的、迷信的、宿命论	世俗的、理性的、大众传播、物质主义	多样性、网络化的、文化产业、生活质量
生态	开发和适应自然、因地而异	经济主义、环境污染、生态破坏	环境友好、互利共生、经济与环境双赢
个人	保守的、等级的、家族价值	开放的、平等的、流动的、个人价值	终生学习、创新的、个性的、自我实现

注:第二现代性是一幅没有完全展开的图画。两种现代性分别反映了两次现代化的部分内容和特点。
参考资料:何传启，2003.

其次,从世界前沿变化角度分析,现代化过程的主要结果包括现代性、特色性、多样性和副作用的形成,包括劳动生产率和生活质量提高、社会进步、政治民主、文化多元、生态变化和人类全面发展等。

第一次现代化过程的主要结果是第一现代性、特色性、多样性和副作用的形成。1970 年第一现代性的主要特点包括:工业化的、城市化的、民主的、法治的、理性的、世俗的、集中的、流动的、市场化的、社会福利、专业化的、高效的、开放的、自由的、平等的、现代科学和能源、大众传播和普及义务教育等。第一次现代化的副作用包括:环境污染、贫富分化、经济危机周期和人情淡化等。

第二次现代化过程的主要结果是第二现代性、特色性、多样性和副作用的形成。2005 年第二现代性的主要特点包括:知识密集的、信息密集的、网络化的、智能的、国际的、全球的、创新的、个性的、多元的、分散的、社区的、绿色的、生态的、有机的、风险性、郊区化的、城乡平衡、环境友好、终身学习和普及高等教育等。目前第二次现代化的副作用包括:网络犯罪、信息鸿沟、国际风险和国际不平等扩大等。

其三,两种现代性的关系。在某些方面,第二现代性是第一现代性的延续和发展,如民主的、个性的和科学的等;与此同时,第一现代性的部分特点如理性的、世俗的等持续存在。在某些方面,第二现代性是对第一现代性的"反向",如分散的对集中的、非工业化的对工业化的、郊区化的对城市化的、环境友好对生态破坏等。在某些方面,第二现代性是新出现的特点,如知识的、信息的、网络的、智能的和普及高等教育等。在某些方面,第二现代性是对传统性的"回归",如社区的、分散的、自然的和有机的等。当然,这种"回归"不是退回到传统性,而是建立在现代信息和交通网络的基础上,地理距离的影响下降,全球变成一个"信息化地球村"。

2. 国际体系的变化

通过比较现代化过程的起点截面和终点截面(分析截面)的国际体系的差别,可以认识国际体系的变化。国际体系变化包括体系组成、结构、水平和特征的变化,可以定性和定量分析。

(1) 国际体系变化的定性分析

首先,国际体系的文明组成和结构。例如,在现代化过程的国际体系中,文明共性长期存在,传统性、第一现代性和第二现代性的比例随时间而变化(图 2-18)。

在第一次现代化过程中,第一现代性逐步形成和扩散;在国际体系的文明结构中,第一现代性的比例提高,传统性的比例下降,文明共性持续存在和有所变化。

在第二次现代化过程中,第二现代性逐步形成和扩散;在国际体系的文明结构中,第二现代性的比例提高,第一现代性的比例下降,传统性的比例很小,文明共性持续存在和有所变化。

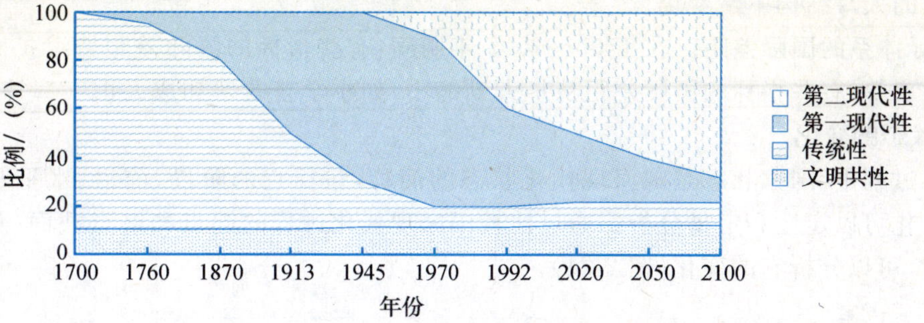

图 2-18　1700～2100 年现代化过程的国际体系的文明结构

注：文明包括文明共性、传统性（农业文明）、第一现代性（工业文明）和第二现代性（知识文明）等。

其次，国际体系的水平变化。在 1763～1970 年期间，在国际体系中，进入第一次现代化和完成第一次现代化的国家数量逐步增加。1970 年以来，在国际体系中，进入第二次现代化和完成第一次现代化的国家的数量和比例增加，处于传统农业社会的国家数量和比例减少。

(2) 国际体系变化的定量分析

首先，国际体系的阶段结构。在 1700～1970 年期间，进入第一次现代化的国家数量增加。1970 年以后，进入第二次现代化的国家数量增加（图 2-19）。国际体系的阶段结构随时间变化。

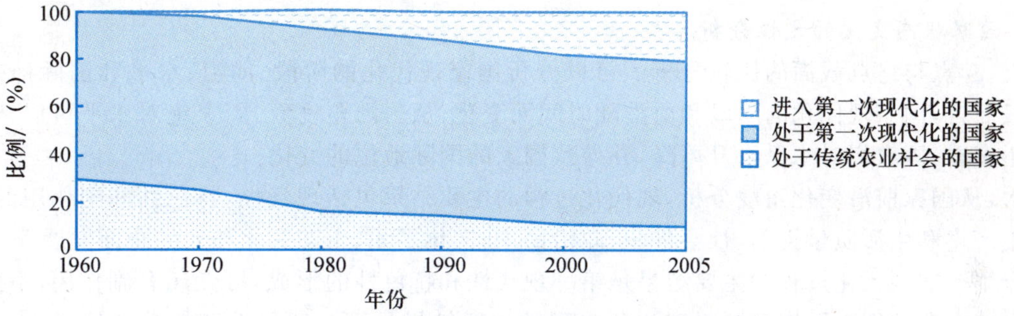

图 2-19　1960～2005 年现代化过程的国际体系的阶段结构

其次，国际体系的水平结构。例如，在 1700～2005 年期间，发达国家比例小于 20%，发展中国家比例大于 80%；发展中国家包括中等发达国家、初等发达国家和欠发达国家。国际体系的水平结构具有相对稳定性（图 2-20）。

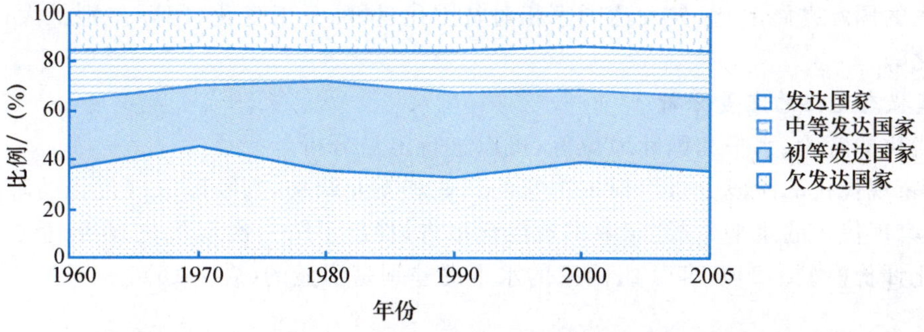

图 2-20　1960～2005 年现代化过程的国际体系的水平结构

其三，国际体系的人口结构。例如，在 1960～2005 年期间，发达国家人口比例下降，发展中国家人口比例上升；进入第二次现代化的人口数量和比例上升，处于传统农业社会的人口数量和比例下降。国际体系的人口结构不断变化。

其四,国际体系的国际差距。在 1700～2005 年期间,有些指标的国际差距持续扩大,如人均国民收入和经济效率等;有些指标的国际差距从扩大到缩小,如小学普及率和成人识字率等。

3. 国家状态的变化

在现代化过程中,国家状态是国家现代化状态的简称,包括它的阶段、前沿、水平和国际地位等。国家状态的变化可以定性和定量分析。通过比较国家现代化过程的起点和终点截面(分析截面)的国家状态的差别,可以分析它的变化(图 2-21)。

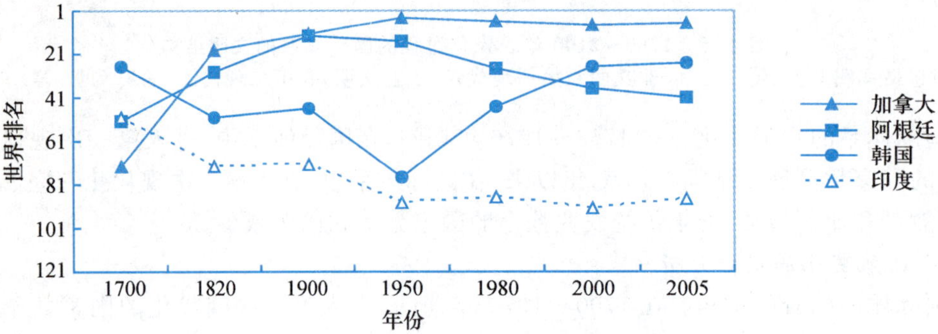

图 2-21 1700～2005 年国家的国际地位变化

(1) 国家状态变化的定性分析

首先,起点与终点截面的比较分析。可以分析国家现代化的阶段、前沿、水平和国际地位的变化等。一般而言,国家现代化的阶段和前沿随时间而变化;从国内角度看,国家绝对水平可以持续提高;从国际角度看,国家相对水平可升可降,并导致国家的国际地位的变化。

其次,从国家前沿变化角度分析,现代化过程的主要结果包括现代性、特色性和副作用的形成,包括劳动生产率和生活质量提高、社会进步、政治民主、文化多元、生态变化和人的全面发展等。

国家第一次现代化过程的主要结果是第一现代性和特色性的形成,可能还有副作用,不同国家的副作用可能有所差别。国家第二次现代化过程的主要结果是第二现代性和特色性的形成,可能还有副作用,不同国家的副作用可能有所差别。发展中国家的综合现代化的主要结果包括第一现代性、第二现代性和特色性的形成;第一现代性的比例先升后降,第二现代性的比例不断增加;可能还有副作用,不同国家的副作用可能有所差别。

其三,从国际地位变化角度分析,现代化过程的结果包括国际分化和国际流动等。例如,经济效率和国民收入的国际差距变化,欠发达国家相对贫困化;国际分工变化,国际差别扩大;国家排名和国家分层的变化等。

(2) 国家状态变化的定量分析

国家现代化的阶段、水平和国际地位等,可以进行定量分析。

首先,国家现代化的阶段分析。根据国家的产业和就业结构,判断国家现代化的阶段。

其次,国家现代化的水平分析。《中国现代化报告》提出了第一次现代化评价、第二次现代化评价和综合现代化评价模型。2005 年 4 组国家的水平的差别是明显的(表 2-15)。

表 2-15 2005 年四组国家的现代化水平

国家	FMI	SMI	IMI	人均 GNI	国家	FMI	SMI	IMI	人均 GNI
发达国家					初等发达国家				
美国	100	109	96	43 560	巴西	95	47	52	3550
日本	100	102	94	38 950	南非	87	40	42	4770
德国	100	93	93	34 870	中国	86	40	38	1740
法国	100	92	90	34 600	泰国	81	36	35	2720
英国	100	91	90	37 740	埃及	85	35	34	1260
中等发达国家					欠发达国家				
希腊	100	70	71	19 840	印度	65	26	28	730
葡萄牙	100	68	69	17 190	肯尼亚	54	25	24	540
捷克	100	68	63	11 220	尼日利亚	55	25	23	560
波兰	100	60	60	7160	尼泊尔	47	20	22	270
智利	98	57	58	5870	布隆迪	38	15	17	100

注:FMI 为第一次现代化程度,SMI 为第二次现代化指数,IMI 为综合现代化指数。人均 GNI 单位为美元。
资料来源:中国现代化战略研究课题组等,2008.

其三,国家现代化的国际地位分析。《中国现代化报告》提出了发达国家、中等发达国家、初等发达国家和欠发达国家的分类标准。例如,在 50 年里,发达国家降级的概率约为 10%,欠发达国家升级为初等发达国家的概率约为 10%。

其四,国家现代化的差距分析。比较起点和终点的国家现代化的国际差距和地区差距的差别,可以分析它的国际差距和地区差距的变化。

(3) 世界范围的国家现代化的主要结果

从世界范围的国家现代化过程看,国家现代化的结果主要包括现代性、特色性和多样性的形成、国家水平和国际地位变化以及副作用等。在任何历史截面,没有两个国家的现代化结果完全一样,国际差别有大有小,不同国家各有特色。不同国家现代化的共性结果组成现代性;不同国家的特色性、持续存在的部分传统性和副作用等,组成现代化结果的表现形式的多样性。相对而言,如果说现代性反映了现代化的本质属性,那么,特色性主要反映了现代化的形式多样性和环境适应性。

4. 现代化过程的国家目标

一般而言,国家是现代化的基本行为主体。现代化结果与目标的关系,是逐步形成的。

(1) 从理论角度分析国家目标

从理论角度看,国家现代化的主要目标有三个。

第一个目标:完成第一次现代化,完成从农业文明向工业文明的转型。

第二个目标:完成第二次现代化,完成从工业文明向知识文明的转型。

第三个目标:是一个动态目标,指追赶、达到或保持世界先进水平。

一般而言,第一个目标和第二个目标的实现,是一个"时间问题",不同国家都可以完成两次现代化,但完成的时间会有先后;第三个目标的实现是一个"比例和概率问题",只有部分国家能够达到和保持世界先进水平,在过去 300 年里发达国家的比例小于 20%;在大约 50 年里,发达国家保持世界先进水平的概率约为 90%,发展中国家达到世界先进水平的概率约为 5%。

(2) 从政策角度分析国家目标

从政策角度看,国家现代化的主要目标有两个。

第一个目标是国家进步目标:提高生产力和生活质量,促进社会的公平和进步,促进人的全面发展,促进人与自然互利共生等;这些目标可以具体化。

第二个目标是国际地位目标:追赶、达到或保持世界先进水平。发达国家的政策目标是保持世界先进水平。发展中国家的政策目标是追赶和达到世界先进水平。

(3) 现代化目标与现代化结果的关系

首先,在 1950 年以前,国家现代化过程的结果与目标,一般没有关系。那时,没有现代化理论,现代化知识没有普及。

其次,1960 年以后,在许多发展中国家,现代化理论对国家发展目标和国家现代化过程产生了重大影响,现代化结果与目标是紧密关联的。

其三,1970 年以后,现代化研究诞生了一批新理论,如后现代化理论、生态现代化理论、反思性现代化理论、多元现代性理论和第二次现代化理论等。这些理论与国家政策目标有紧密关系,不仅对发展中国家有影响,而且影响了发达国家的政策议程。例如,生态现代化成为欧洲绿党的主要竞选纲领;知识经济、知识社会和相关的第二次现代化理论等影响了世界议程。

其四,现代化科学是一门应用科学。现代化研究和现代化理论,不仅可以服务政府政策制定,而且可以为竞选纲领和发展战略提供政策选择。现代化结果与目标的关系,会越来越紧密。

四、现代化的动力

现代化过程的动力分析,可以从微观和宏观两个层次进行,涉及动力因素和动力机制两个方面。现代化过程的动力学属于现代化的一种基本原理。

1. 现代化过程的动力因素

现代化是一个复杂过程,必然受到许多因素的影响。不同因素的作用不同。有些因素有促进作用,有些有抑制作用。促进作用比较大的影响因素,可以称为现代化过程的动力因素。

(1) 微观层次的影响因素

一般而言,微观因素包括个人心理因素和社会因素等。

首先,心理因素。现代化是由人完成的,人的行为受心理因素的影响。例如,好奇心、好胜心、虚荣心、上进心、事业心、恐惧感、荣誉感、成就感、责任感、民族感等。人往高处走,水向低处流。这些因素必然影响人的行为和现代化。

其次,社会因素。现代化是一种社会行为,受社会因素的影响。例如,知识、制度、观念、结构、历史、传统、家庭、组织、利益、权力、地位、稀缺、资本、资源、市场、创新、适应、交流、合作、冲突和竞争等。它们影响社会选择和社会行为,影响现代化。

(2) 宏观层次的影响因素

一般而言,宏观因素包括国内因素和国际因素等。

首先,国内影响因素。如经济、社会、政治、文化、科技、教育、自然环境等。

其次,国际影响因素。如国际体系、国际地位、国际地理、国际互动、全球化等。

(3) 现代化的主要动力因素

首先,动力因素。例如,创新、竞争、适应、交流、国家利益和市场需求等。创新是现代化的根本来源,竞争是现代化的激励机制,适应是现代化的自调机制,交流是现代化的促进因素,国家利益是国际竞争的主导因子,市场需求是产品创新的主导因素。

其次,国家差别。在发达国家,创新作用比较突出;在发展中国家,交流作用比较突出。

2. 现代化过程的动力模型

现代化的动力因素如何发挥作用呢?需要建立动力模型,解释现代化的动力机制(表 2-16)。

表 2-16　现代化过程的动力模型

编号	动力模型	备注
1	创新驱动模型：创新产生新观念、新制度、新知识和新物品	微观层次模型
2	三新驱动模型：知识创新、制度创新和技术创新的共同作用	
3	双轮驱动模型：国家利益和市场需求的共同作用	
4	联合作用模型：创新、竞争、适应、交流的联合作用	
5	四步超循环模型：文明要素的创新—选择—传播—退出的超循环	
6	创新扩散模型：重大创新的国内扩散和国际扩散	宏观层次模型
7	创新溢出模型：重大创新的外部效应(对其他领域的影响)	
8	竞争驱动模型：国际竞争、市场竞争、民主竞选的作用	
9	三元复合互动模型：新文明—现实文明—文明遗产的复合互动过程	
10	生产力函数：生产力与技术进步、人均技能和人均资本成正比	定量模型

(1) 微观层次的动力模型

首先，现代化过程的创新驱动模型(图 2-22)。创新是现代化的根本来源。创新产生新观念、新制度、新知识和新物品，它们形成新文化和新生活，从而推动新文明和现代化；在每一个阶段都有信息反馈，形成从创新到现代化的正反馈循环驱动。

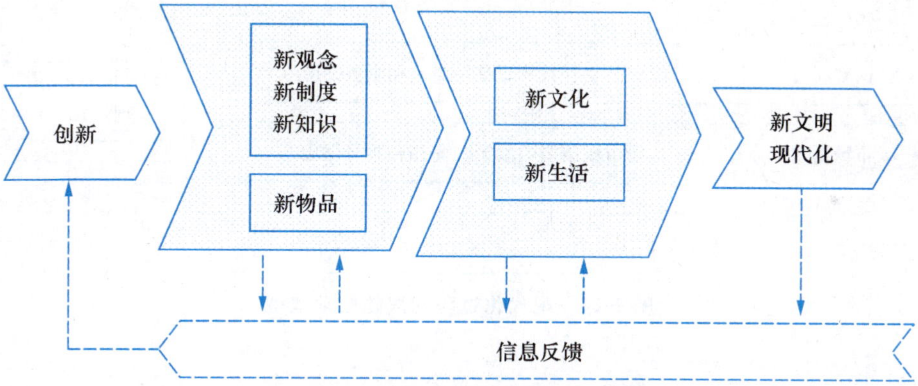

图 2-22　现代化过程的创新驱动模型

注：创新指在世界上首次引入一种新东西、新概念或新变化；这种新是知识产权意义上的新，不是地理或时间意义上的新；创新有许多类型或表现形式。虚线为信息反馈，实线为作用路径。后同。

其次，现代化过程的三新驱动模型(图 2-23)。知识创新和制度创新联合作用导致新科技，技术创新和新科技导致新产业(产品)，新产业导致新经济，新经济促进新社会，新社会促进现代化；现代化促进知识创新、技术创新和制度创新；在模型每一步都有信息反馈，形成从三种创新到现代化的正反馈循环驱动。

其三，现代化过程的双轮驱动模型(图 2-24)。现代化过程是国家利益和市场需求共同驱动的。国家利益推动了维护国家利益的政策、商品和服务供应，市场需求推动了适应国内和国际市场需要的政策、商品和服务供应；它们共同推动了现代化进程；在过程的每一个阶段都有信息反馈，形成一个正反馈循环驱动。

其四，现代化过程的联合作用模型(图 2-25)。现代化过程是一个复合过程，是多种动力因素联合作用的结果，包括创新、竞争、适应和交流等，它们的联合作用促进文明发展和文明转型，从而推动现

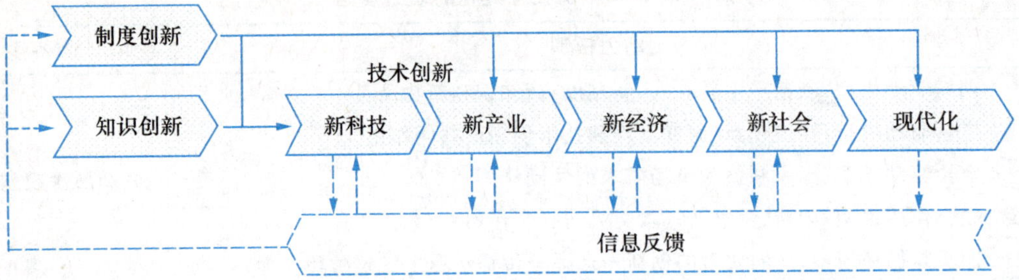

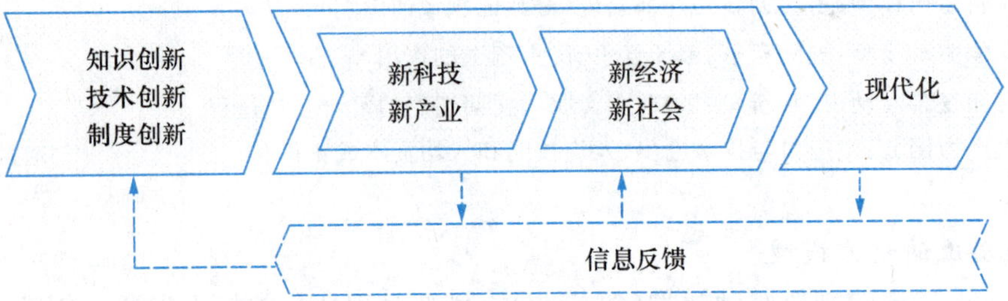

图 2-23 现代化过程的三新驱动模型

注：知识创新包括科学发现、技术发明、知识创造和新知识首次应用，制度创新是创立一种新制度，它们发生在模型的每一步。技术创新指技术发明的首次成功商业应用，主要是从新科技到新产业的过程。

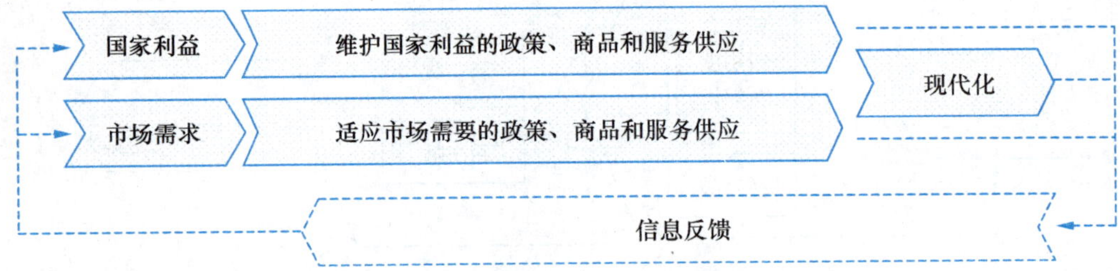

图 2-24 现代化过程的双轮驱动模型

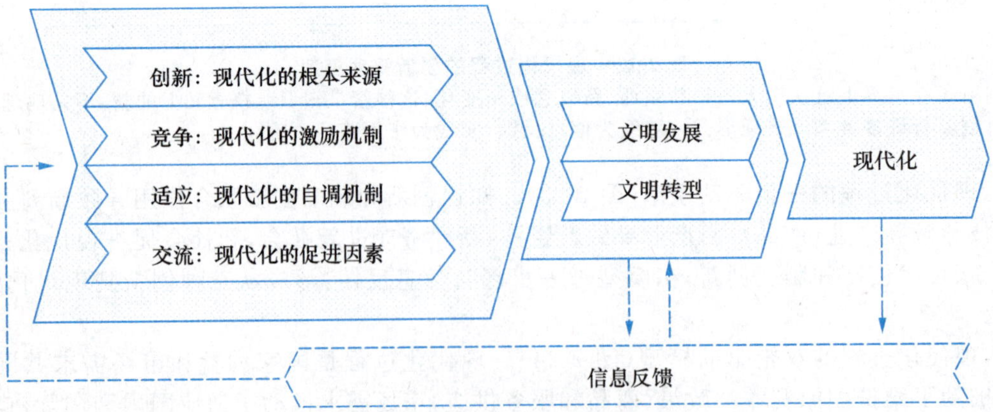

图 2-25 现代化过程的联合作用模型

代化，并在每一个过程都有信息反馈，形成一个正反馈循环驱动。

某个国家的现代化，也许是多种因素和多个模型的联合作用，也许是某个模型起主导作用。在发达国家和发展中国家，现代化过程的动力机制有所不同；在现代化的不同阶段和不同领域，现代化过程的动力机制有所不同。上述动力模型，只是现代化过程的动力原理的部分内容。

(2) 宏观层次的动力模型

首先，现代化过程的创新扩散模型(图 2-26)。现代化过程是大量创新的集合，所有创新不可能由一个国家完成；一个重大创新完成后，必然会在国内和国际扩散，从而促进文明发展和文明转型，推动现代化；并在每一个阶段都有信息反馈，形成从创新到现代化的正反馈循环。

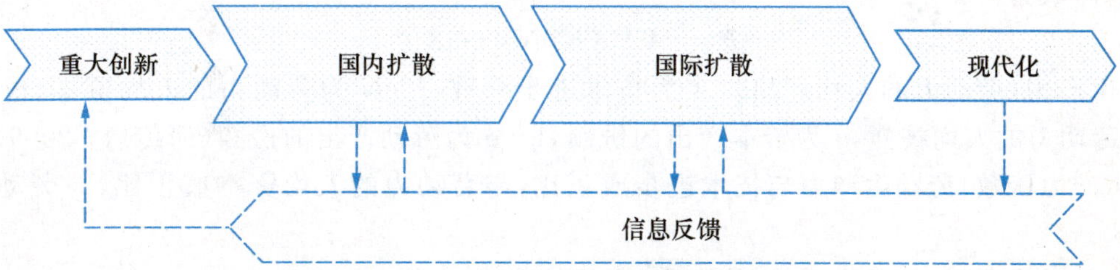

图 2-26　现代化过程的创新扩散模型

其次，现代化过程的创新溢出模型(图 2-27)。现代化过程的不同领域有不同的创新；一个领域的重大创新，必然推动该领域的现代化；一个领域的重大创新和现代化，可以产生溢出效应，影响或拉动其他领域的创新和现代化；从而促进文明发展和文明转型，推动现代化；并在每一个阶段都有信息反馈，形成从创新到现代化的正反馈循环。

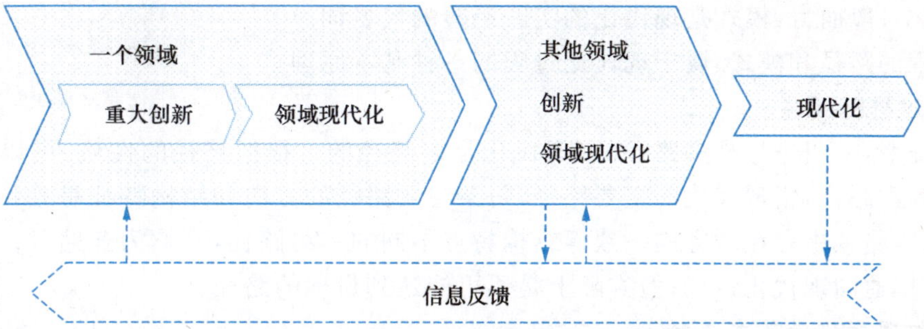

图 2-27　现代化过程的创新溢出模型

其三，现代化过程的竞争驱动模型(图 2-28)。现代化过程是一个竞争过程，主要竞争包括国际竞

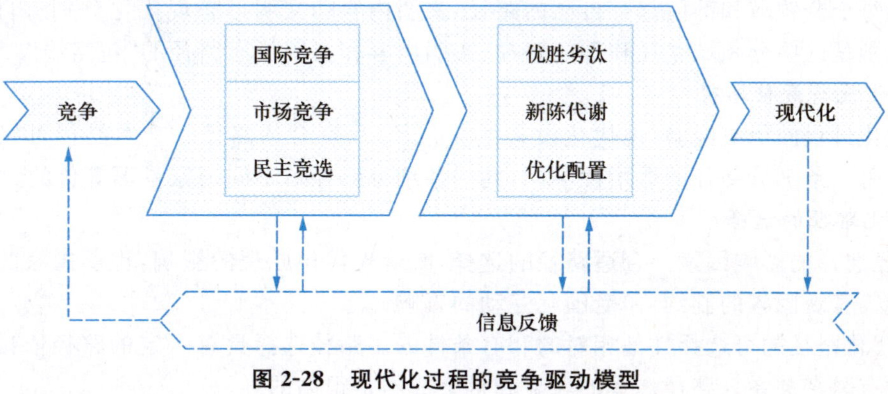

图 2-28　现代化过程的竞争驱动模型

争、市场竞争和民主竞选等，它们导致了优胜劣汰、新陈代谢和资源优化配置等，从而促进文明发展和文明转型，推动现代化；并在每一个阶段都有信息反馈，形成从竞争到现代化的正反馈循环。

(3) 现代化动力的定量模型

现代化有三个判据：有利于生产力的解放和提高、有利于社会的公平和进步、有利于人的自由解放和全面发展。第一个判据可以量化，可以建立相应的数学模型。

柯布-道格拉斯生产函数为：

$$Y = A \times K^{a} \times L^{1-a} \tag{1}$$

其中，Y 为产出，A 为技术进步乘数，K 为资本，L 为劳动，a 为资本产出的份额，$1-a$ 为劳动产出的份额。生产力函数为：

$$P = A \times (K/N)^{a} \times S^{1-a} \tag{2}$$

其中，P 为生产力(劳动力的人均产出)，A 为技术进步乘数，K/N 为劳动力的人均资本，N 为劳动力人数，S 为劳动力的人均技能，a 为资本产出的份额，$1-a$ 为劳动产出的份额(何传启，2009)。

根据生产力函数，劳动生产力与技术进步成正比，与劳动力的人均资本成正比，与劳动力的人均技能成正比。

现代化的动力因素：技术进步、人均资本、人均技能。

五、现代化的模式

现代化是一个历史过程，具有时间跨度和发展路径。不同国家的现代化，有自己的发展路径和阶段模式。发展路径指在现代化的起点与终点(目标)之间的道路，它具有方向性、阶段性和结构特征。现代化的模式是现代化的发展路径的一个历史截段，是现代化的关键要素的一种组合(配方)，具有时效性和针对性。一般而言，模式是现代化的实践经验的代名词。

现代化过程的路径和模式，属于现代化过程的一种基本原理。

1. 现代化过程的路径

历史已经证明，文明进程是多路径的，现代化是多路径的。根据路径的性质，可以把路径分为三类。第一类是基本路径，指现代化的主要路径，每条主要路径的方向和结构特征是独特的。第二类是细分路径，指基本路径中存在的方向一致但结构特点不同的一组路径，又称为亚路径。第三类是分叉路径，指看似可以通向现代化目标，但实际上是不可能达到目标的路径。

(1) 21 世纪现代化的基本路径

从理论角度分析，21 世纪现代化有三条基本路径(图 2-29)。它们分别是第二次现代化路径、第一次现代化路径和综合现代化路径。综合现代化路径是两次现代化的协调发展，并向第二次现代化转型。现代化的每个分领域和部门都有自己的路径，文明内容和文明形态现代化分别有自己的路径；三条基本路径分别是这些分领域路径和部门路径、文明内容和文明形态路径的“包络线”。

(2) 现代化没有最佳路径

根据现代化过程的历史经验，现代化没有最佳路径，只有合适路径。基本路径可以选择，细分路径可以选择。每一条细分路径的适用性不同，同一条细分路径对不同国家是不等价的。

(3) 现代化路径的选择

首先，路径选择的影响因素。合适路径的选择，既受现代化原理的影响，也受国家的传统、基本条件和外部环境等客观因素的制约，还受国际互动的影响。

其次，现代化路径的可选择性是相对的和有条件的。路径选择具有一定的路径依赖性，路径选择与现代化成就有紧密关系。路径选择的风险和机会成本是很高的。

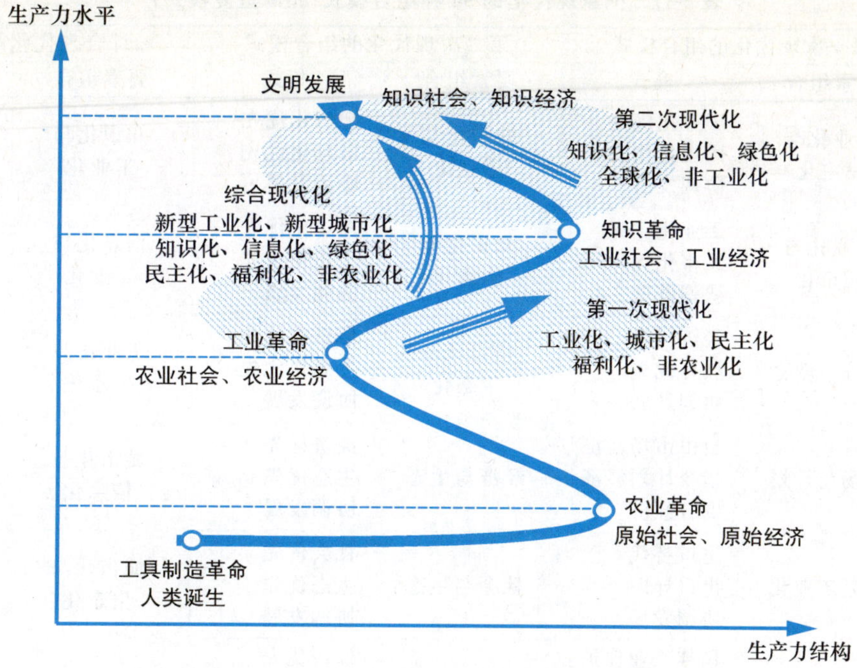

图 2-29　21 世纪现代化的三条基本路径

注:21 世纪第一次现代化路径将受到第二次现代化的影响,多少具有综合现代化的特点。综合现代化路径具有多样性,与起点和目标选择紧密相关。

其三,从政策角度分析,21 世纪国家现代化有三种路径选择。

选择一,第二次现代化路径。适合于已经完成或基本完成第一次现代化的国家。

选择二,追赶现代化路径。先完成第一次现代化,后推进第二次现代化。第一阶段是第一次现代化路径,第二阶段是第二次现代化路径。适合于没有完成第一次现代化的国家。

选择三,综合现代化路径,两次现代化协调发展,并持续向第二次现代化转型。适合于没有完成第一次现代化的国家。

2. 现代化过程的模式

现代化模式是国家现代化过程中某一个历史截段的典型特征的一种抽象表述,或者说是国家现代化路径的一个历史截段的“名称”。现代化包括许多基本要素,如经济、社会、政治、文化、生态、生活、结构、制度和观念等。现代化模式就是这些现代化要素的某种组合。不同国家的不同历史时期具有不同的条件和环境,需要不同的现代化要素组合。如果国家现代化的某一个阶段取得明显的成功或失败,人们就会把这个阶段的路径及其特征归结为“一种模式”。先行国家现代化过程的一些成功模式,往往成为后发国家的参照。

首先,现代化的模式是丰富多彩的(表 2-17)。不同国家和不同阶段,可以创造不同的成功模式或失败模式。它们与历史阶段和客观条件紧密相关。

其次,现代化的模式是相对的,相关模式之间并没有明显的疆界。

其三,不同模式可以交叉进行。几个模式可以组合成一种复合模式。

其四,没有最佳模式,只有合适模式。国家可以选择或创造模式。例如,工业化与民主化的三种组合模式,没有高低之分(图 2-30)。大体而言,在 18～19 世纪,美国和英国采用工业化与民主化协调

表 2-17 国家现代化的 56 种组合模式(扣除重复模式)

编号	第一次现代化的组合模式		第二次现代化的组合模式		综合现代化的组合模式	
	要素组合	模式	要素组合	模式	要素组合	模式
1	工业化与民主化	工业化优先	知识化与信息化	知识化优先	知识化与工业化	知识化优先
2		民主化优先		信息化优先		工业化优先
3		协调发展		协调发展		协调发展
4	工业化与城市化	工业化优先	知识化与生态化	知识化优先	信息化与工业化	信息化优先
5		城市化优先		生态化优先		工业化优先
6		协调发展		协调发展		协调发展
7	经济与教育	经济优先	信息化与生态化	信息化优先	工业化与生态化	工业化优先
8		教育优先		生态化优先		生态化优先
9		协调发展		协调发展		协调发展
10	市场与计划	自由市场经济	经济与生态	经济优先	城市化与信息化	城市化优先
11		指令计划经济		生态优先		信息化优先
12		混合经济		协调发展		协调发展
13	追赶工业化	进口替代	社会与生态	社会优先	城市化与生态化	城市化优先
14		出口导向		生态优先		生态化优先
15		协调发展		协调发展		协调发展
16	国际互动	民族工业保护	经济与社会	经济优先	经济与社会*	经济优先
17		自由贸易		社会优先		社会优先
18		殖民帝国		协调发展		协调发展
19		依附发展	国际互动	高贸易、高投资	国际互动*	高贸易、高投资
20	—	—		中贸易、中投资		中贸易、中投资
21	—	—		低贸易、低投资		低贸易、低投资
22	—	—	经济、社会与生态	协调发展	经济、社会与生态*	协调发展

* 表示这些模式与第二次现代化的模式是重复的。生态化内容见第五节。

资料来源:中国现代化战略研究课题组等,2010.

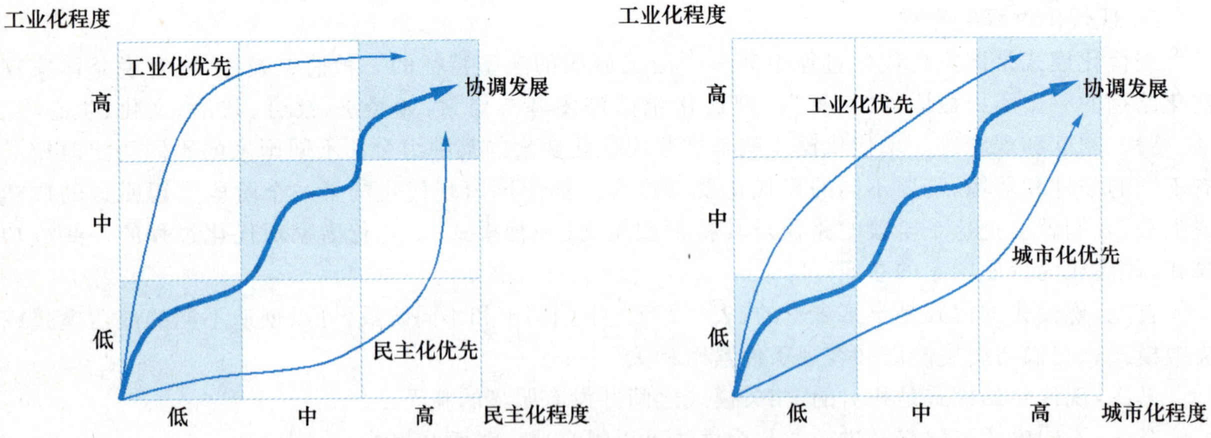

图 2-30 工业化与民主化、工业化与城市化的组合模式(示意图)

发展模式，法国采用民主化优先模式，德国采用工业化优先模式。在20世纪，日本和韩国采用工业化优先模式，印度采用民主化优先模式。同样道理，工业化与城市化的三种组合模式(图2-30)，都有成功的案例，也有不成功的案例。

其五，在经济、社会、政治、文化、个人和生态六个领域，现代化的模式同样是多样的。例如，在经济领域，发达国家经济治理模式有混合市场经济、福利市场经济和社会市场经济等；在社会领域，发达国家的国民教育体制、公共卫生体制和社会福利模式等具有多样性；在政治领域，发达国家的政治体制有君主立宪制、议会共和制和总统共和制等。

第二节　现代化史

现代化史是人类文明史的一个组成部分，是18世纪以来现代文明的前沿轨迹和国际竞争。一般而言，现代化史包括现代化进程、现代化研究史和现代化思想史等，现代化进程可以分为世界现代化进程、国家和地区现代化进程、领域和部门现代化进程等。

一、现代化进程

现代化既是18世纪以来的一个世界潮流和发展方向，又是一个不同国家和领域的现代化的集合。不同国家和领域的现代化进程是不同步的。这里重点讨论现代化进程的前沿轨迹。

1. 现代化进程的主要阶段

现代化进程的阶段划分，与现代化起点和划分标准紧密相关。关于现代化进程的起点没有统一认识，比较普遍的看法是18世纪60年代可以作为现代化进程的起点(专栏2-1)。

专栏2-1　现代化进程的起点

关于现代化前沿的起点没有统一认识。目前大致有三种主要观点：第一种观点，16～17世纪的科学革命是现代化进程的起点；第二种观点，17～18世纪的启蒙运动是现代化进程的起点；第三种观点，18世纪的英国工业革命和法国大革命是现代化进程的起点。其中，第三种观点得到比较多的支持。《中国现代化报告》把18世纪的英国工业革命作为现代化进程的起点。现代化研究可以从18世纪初开始，现代化思想可以追溯到更早。

如果18世纪英国工业革命是现代化进程的起点，那么，起点时间是什么？关于起点时间也没有统一认识，大致有1750、1760、1763和1770年等几种观点。1763年英国人瓦特开始改进蒸汽机，1769年获得蒸汽机专利。蒸汽机的发明和应用是工业革命的典型代表。

一般而言，可以把18世纪60年代(1760或1763年)作为起点时间。如果把它作为现代化进程的前沿起点，那么，这个时间起点与工业时代、工业社会和现代社会的时间起点是基本一致的。

关于现代化进程的阶段划分没有统一认识(图2-31)。根据现代化前沿的特征划分(定性划分)，目前大致有5种观点(表2-18)。根据第5种观点，现代化进程可以分为两大阶段(虽然两个阶段的名称和内容各有差异)，两个阶段的分界点大约是1970年前后(知识和信息革命)。

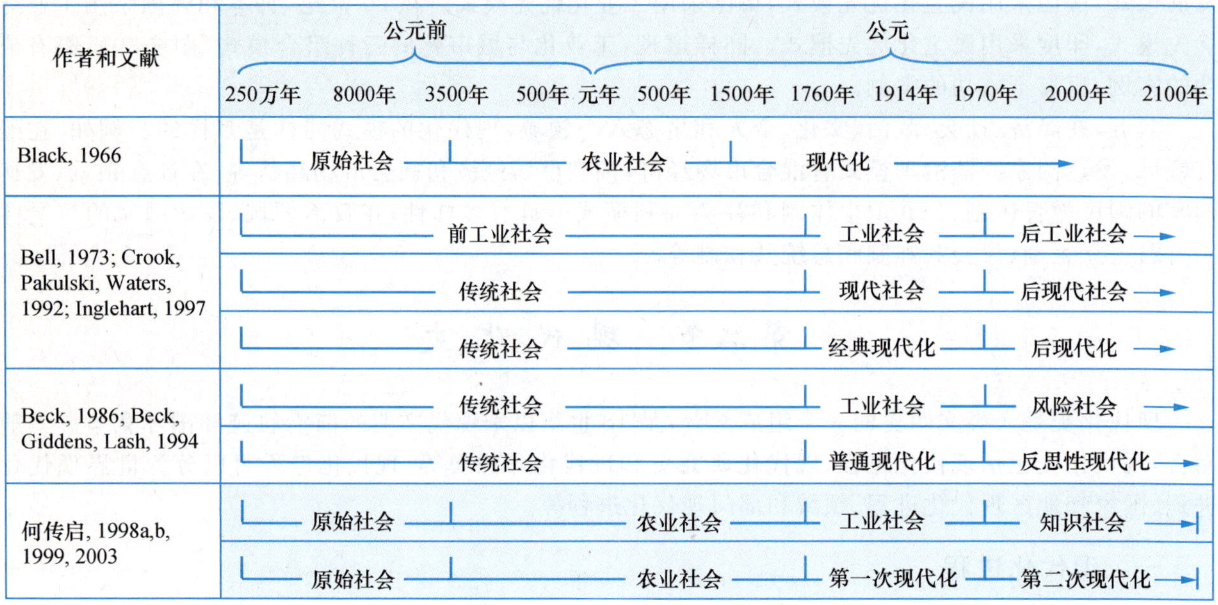

图 2-31 现代化进程的阶段

注：依据现代化前沿轨迹的水平和特征划分阶段，时间节点是相对的。不同国家的现代化进程是不同步的。

表 2-18 现代化进程的阶段划分

阶段划分	内容	备注
三次浪潮	第一次浪潮（1780～1860 年）、第二次浪潮（19 世纪下半叶至 20 世纪初）和第三次浪潮（20 世纪下半叶）（罗荣渠，1993）	经典现代化的内部阶段
四个阶段	现代性的挑战、现代化领导集团的巩固、社会和经济转型、社会整合（Black，1966）	
五个阶段	经济成长的五个阶段：传统社会、为起飞创造前提条件阶段、起飞阶段、向成熟推进阶段和大众消费阶段（Rostow，1960）；后来增加了第六个阶段：生活质量阶段	
四个时期	准备时期、转变时期、高级现代化时期和国际一体化时期（Black，1976）	
两大阶段	经典现代化和后现代化（现代社会和后现代社会）（Crook，Pakulski，Waters，1992；Inglehart，1997） 简单现代化和反思性现代化（工业社会和风险社会）（Beck，1986；Beck，Giddens，Lash，1994） 第一次现代化和第二次现代化（工业社会和知识社会）（何传启，1998a，b，1999，2003）	两次现代化

根据现代化进程的前沿特征和水平划分（定性和定量划分），在 18 至 21 世纪期间，现代化进程可以分为第一次现代化和第二次现代化两大阶段，每一个大阶段又分为起步、发展、成熟和过渡四个小阶段（现代化阶段划分的定量标准见技术注释）。

2. 现代化进程的六次浪潮

根据现代化进程的前沿内涵和特征，现代化进程的两大阶段还可以分为若干次浪潮。《中国现代化报告 2005》提出经济现代化六次浪潮，《中国现代化报告 2006》提出社会现代化六次浪潮（表 2-19）。其中，第五次和第六次浪潮是一种预测。

表 2-19 经济和社会现代化的六次浪潮

浪潮	大致时间	经济现代化	社会现代化	注释
第一次	1763～1870	第一次工业革命、机械化	城市化、社会分化流动	第一次现代化
第二次	1870～1945	第二次工业革命、电气化	电器化、普及义务教育	工业化、城市化、民主化
第三次	1946～1970	第三次产业革命、自动化	福利化、普及中等教育	理性化、福利化、流动化
第四次	1970～2020	知识和信息革命、信息化	网络化、普及高等教育	第二次现代化
第五次	2020～2050	新生物学革命、生物经济	仿生化、生物经济社会	知识化、信息化、生态化
第六次	2050～2100	新物理学革命、文化经济	体验化、文化经济社会	全球化、个性化、多元化

注：依据现代化前沿轨迹的内涵和特征进行划分。第五和第六次浪潮是一种预测。不同国家的现代化进程是不同步的，不同国家的现代化阶段划分可以有所差别。对于先行国家，六次浪潮是先后发生的。对于后发国家，可以两次或多次浪潮的内容同时发生，可以把几次浪潮的内容压缩在同一个时期进行。

3. 现代化进程的重大事件

现代化是现代文明的形成、发展、转型和国际互动的复合过程。关于现代文明没有统一定义。一般而言，现代文明指现代工业文明，广义现代文明还包括知识文明和生态文明等。现代文明的起源可以追溯到欧洲的文艺复兴、宗教改革和科学革命时期。它们既是现代文明的源头，也是现代化的准备阶段。现代文明发展经历了一系列的重大历史事件，它们与现代化阶段紧密相关（图 2-32）。综合起来，现代化进程的前沿轨迹可以分为准备阶段、第一次现代化和第二次现代化，第一次现代化包括 3 次浪潮，第二次现代化包括 3 次浪潮。

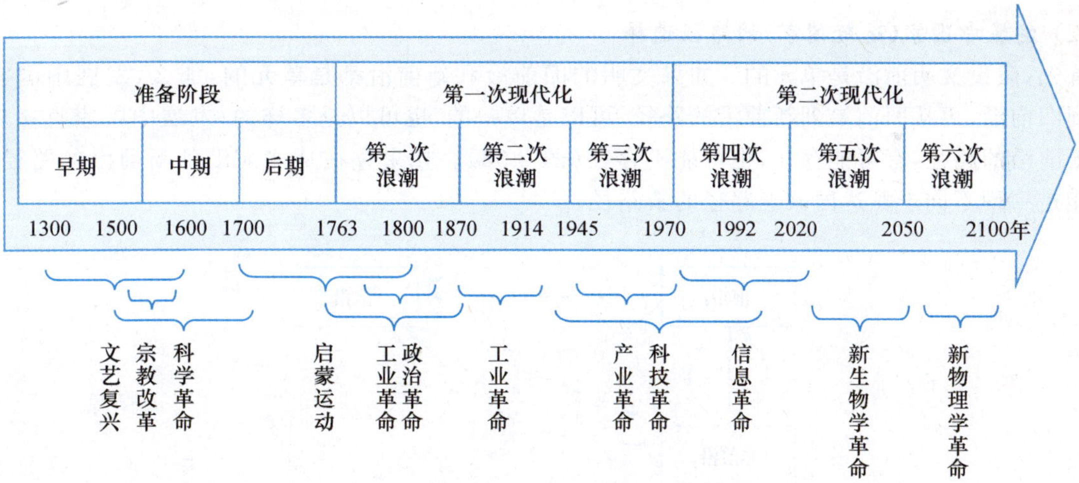

图 2-32 现代化进程的重大事件与阶段划分

注：第一次工业革命的典型特征是机械化，第二次工业革命的典型特征是电气化，产业革命的典型特征是自动化。第五和第六次浪潮是一种预测。不同国家的现代化进程是不同步的。

4. 现代化进程的路径选择

现代化进程的路径选择，与国家水平和文明前沿的特点紧密相关。从现代化的共性特点看，文明前沿一般是单元的；从现代化的多样性特点看，文明前沿也可以是多元的。现代化路径的选择具有多样性，需要遵循现代化的一般规律和符合行为主体的客观条件。

(1) 发达国家(前沿国家)的路径选择

首先,假设文明前沿是单元的。如果文明的旧前沿和新前沿都是单元的,那么,发达国家从旧前沿到新前沿的路径可以是单一的,也可以是多样的(图 2-33)。

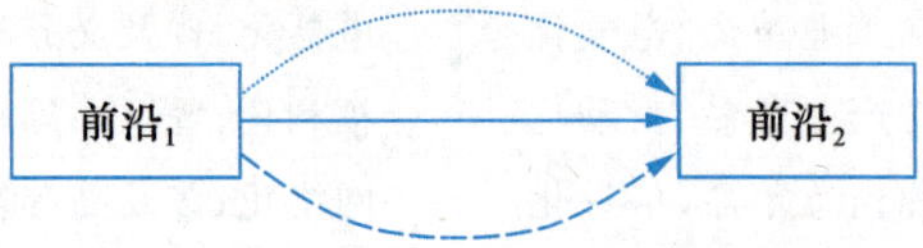

图 2-33　发达国家的现代化路径(前沿是单元的)
注:实线表示单一路径,虚线表示可以选择的路径。

其次,假设文明前沿是多元的。如果文明的旧前沿和新前沿都是多元的,那么,发达国家从旧前沿到新前沿的路径是多样的。如果文明的旧前沿或新前沿之一是多元的,那么,发达国家从旧前沿到新前沿的路径也是多样的(图 2-34)。

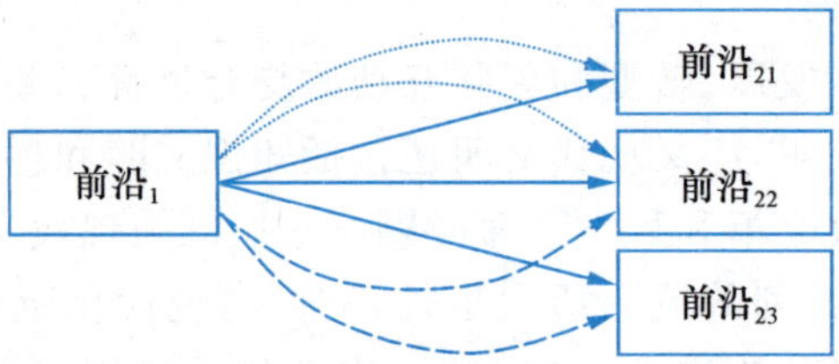

图 2-34　发达国家的现代化路径(前沿是多元的)
注:实线表示单一路径,虚线表示可以选择的路径。

(2) 发展中国家(追赶国家)的路径选择

首先,假设文明前沿是单元的。如果文明的旧前沿和新前沿都是单元的,那么,发展中国家从非前沿到旧前沿、再从旧前沿到新前沿的路径,可以是单一的,也可以是多样的;发展中国家直接从非前沿到新前沿的路径,有可能存在,也可能不存在(图 2-35)。如果存在从非前沿到新前沿的路径,它就有可能是一种不同于发达国家老路径的新路径。

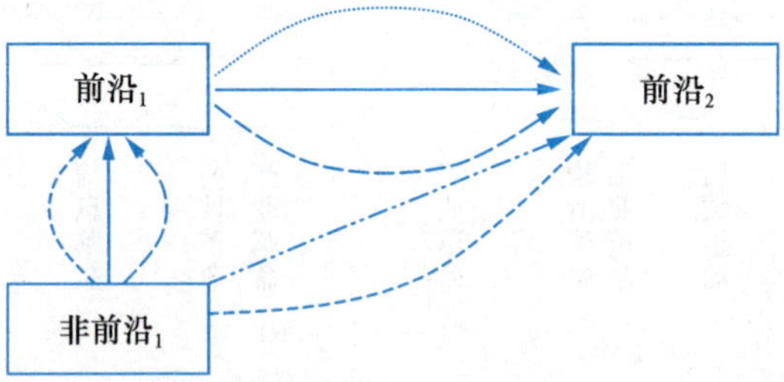

图 2-35　发展中国家的现代化路径(前沿是单元的)
注:实线表示单一路径,虚线表示可以选择的路径或有可能存在的路径。

其次,假设文明前沿是多元的。如果文明前沿是多元的,那么,发展中国家从非前沿到旧前沿、从旧前沿到新前沿的路径都是多样的;有可能存在从非前沿到新前沿的路径。

其三,如果现代化进程是一系列现代化状态的有序排列,那么,发展中国家是否必须经历所有状态呢?从技术进步的角度看,回答是否定的。有些技术状态是必须经历的,有些技术状态可以不经历;发展中国家可以跳过若干的技术状态(表 2-20)。

表 2-20　发展中国家现代化的路径选择

	不可跨越	备注	可以跨越	备注
1	城市化阶段	大阶段不可跨越，可“半城市化”	蒸汽机时代	可以直接进入内燃机时代
2	工业化阶段	大阶段不可跨越，可“半工业化”	电报时代	可以直接进入网络时代
3	知识化阶段	教育普及阶段不可跨越	留声机时代	可以直接进入 CD 时代
4	信息化阶段	大阶段不可跨越，技术可跨越	寻呼机时代	可以直接进入手机时代

注：历史发展的大阶段不可跨越，但路径可以选择；技术阶段可以跨越等。

二、现代化研究史

现代化是一种世界现象，开始于 18 世纪。在 18～19 世纪里，这种现象是普遍存在的，但没有引起学者的特别关注，也没有专门的学术研究。在 20 世纪初，“现代化”作为专业词，开始出现在学术文献中。20 世纪 50 年代以来，现代化研究高潮迭起，理论创新不断涌现(图 2-36)。现代化科学的前期发展有两条主线：现代化研究和现代化理论，它们是相互促进的。

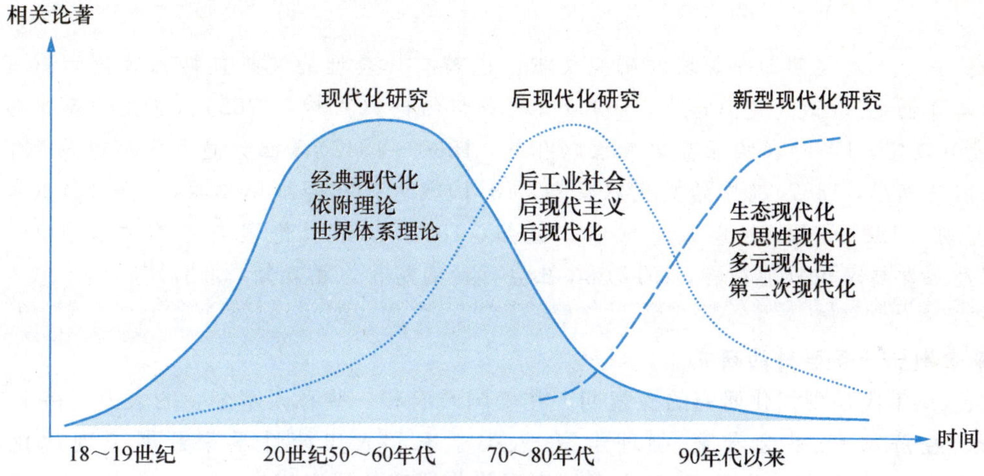

图 2-36　20 世纪现代化研究的三次浪潮

资料来源：何传启，2003.

1. 现代化研究的起源

关于现代化研究的具体源头，目前难以确认。如果不考虑中国学者的早期研究，西方现代化研究的兴起和发展至少有 50 多年历史。关于现代化研究的阶段划分，没有统一认识。

一般而言，现代化研究是 20 世纪开始的。中国学者 20 世纪 30 年代开始讨论现代化问题。美国学者 20 世纪 50 年代开始研究现代化。如果把现代化研究归类于一种人类发展研究，那么，人类发展研究的历史可以追溯到公元前。现代化研究的兴起大致经历了三个阶段(表 2-21)。

表 2-21　现代化研究的起源

阶段	大致时间	研究主题
孕育期	公元前 3 世纪～1950 年	早期发展研究：世界史和人类发展研究、经济等四个领域研究
探索期	1950～1960 年	多学科的研究：发展中国家研究、分领域的研究
成熟期	1960～1970 年	多维度的研究：理论研究、实证研究、分领域的研究

(1) 孕育期——早期发展研究

现代化是18世纪以来人类文明的一种深刻变化，它必然涉及人类文明史和世界史。关于世界史、人类文明史和人类发展的早期研究，可以看作是现代化研究的"史前研究"。虽然这些研究本身不是现代化研究，但它们为现代化研究的诞生提供了历史背景和学术土壤；而且，有些早期学术文献和思想仍有现实意义，对现代化研究有长期影响(专栏 2-2)。

专栏 2-2 早期人类发展研究

关于人类发展研究可以追溯到公元前。探寻人类发展和文明进步规律的努力持续了数千年，积累了大量学术文献。其中，部分早期文献与现代化研究有或多或少的联系，它们的学术影响延续到今天。

首先，关于人类文明史和世界史的研究文献。比较有代表性的西方文献有：《理想国》(柏拉图，公元前3世纪)、《新科学(关于民族共同性的新科学原理)》(维柯，1725)、《风俗论》(论世界各国民族精神、礼仪和风俗习惯)(伏尔泰，1756)、《人类精神进步史表纲要》(孔多塞，1795)、《西方的没落》(斯宾格勒，1918)、《历史研究》(汤因比，1934～1961)和《世界文明史》(Burns，et al，1955)等。

其次，关于人类文明四个领域的研究文献。比较有代表性的文献包括：《政治学》(亚里士多德，公元前3世纪)、《政府论》(洛克，1690)、《社会契约论》(卢梭，1762)、《国民财富的性质和原因的研究》(斯密，1776)、《实证哲学教程》(孔德，1830～1842)、《社会静力学》(斯宾塞，1850)、《资本论》(马克思，1867)、《原始文化》(泰勒，1871)、《古代社会》(摩尔根，1877)、《共同体与社会》(滕尼斯，1887)、《社会分工论》(迪尔凯姆，1893)、《新教伦理与资本主义精神》(韦伯，1904)、《经济发展理论》(熊彼特，1912)和《社会行动的结构》(帕森斯，1937)等。

(2) 探索期——多学科的研究

20世纪50年代是现代化研究的探索期。在美国政府和一些私人基金会的大力支持下，一批年轻的政治学家、经济学家、社会学家、心理学家、人类学家和人口统计学家开展了现代化研究(So，1990)。美国《经济发展和文化变迁》杂志等发表现代化研究的研究成果。

首先，发展中国家研究。代表性文献有《传统社会的消逝：中东现代化》(Lerner，1958)等。勒纳分析了7个中东国家的现代化过程，认为从传统社会向现代社会的转变就是现代化。

其次，经济等分领域研究。代表性文献有《社会系统》(Parsons，1951)、《经济成长的阶段：非共产党宣言》(罗斯托，1960)和《发展中地区的政治学》(Almond，Coleman，1960)等。帕森斯提出了社会系统的五组模式变量，罗斯托提出了经济成长的五个阶段等。

(3) 成熟期——多维度的研究

20世纪60年代是现代化研究的成熟期，一批有长期影响的现代化研究论著相继问世。

首先，理论性研究。代表性文献有《现代化的动力：比较历史研究》(Black，1966)、《现代化：抗拒与变迁》(Eisenstadt，1966)、《现代化：增长的动力》(Weiner，1966)和"传统性和现代性的再思考"(Bendix，1967)等。

其次，经济等分领域研究。代表性文献有《成就社会》(McClelland，1961)、《日本和土耳其的政治现代化》(Ward，Rustow，1964)、《现代化的政治》(Apter，1965)、《现代化和社会结构》(Levy，1966)和《变化社会中的政治秩序》(亨廷顿，1968)等。有些文献发表在70年代，如《走向现代》(人的现代化)(Inkeles，Smith，1974)等。

2. 现代化研究的三次浪潮

在20世纪后50年里，世界范围的现代化研究大致有三次高潮(图2-36)。它们分别是20世纪50～60年代的现代化研究、70～80年代的后现代化研究和90年代以来的新型现代化研究。当然，三次浪潮不是完全独立的，而是高度交叉的，需要交叉讨论。

(1) 第一次浪潮——经典现代化研究

20世纪50～60年代是现代化研究的黄金时代，现代化研究成为人文和社会科学的一个热点，包括多学科和多维度研究等。20世纪70～80年代是第一次浪潮的低谷，经典现代化理论受到广泛批判，依附理论和世界体系理论等新理论崛起(Martinelli, 2005)。20世纪80～90年代是第一次浪潮的调整期。由于东亚现代化的成功、东欧现代化的转型和拉美现代化的转型，现代化理论重新受到重视，但研究方法有调整，观点有修正。有些学者把20世纪50～60年代的现代化研究称为“经典现代化研究”，把70年代末以来的现代化研究称为“新现代化研究”(So, 1990)。这种“新现代化研究”既包括研究方法的调整，也包含一些观点的改变。

(2) 第二次浪潮——后现代化研究

20世纪70～80年代是后现代化研究的高潮期。后现代化研究主要包括三个部分：后工业社会、后现代主义和后现代化研究。虽然后现代主义可以追溯到19世纪，但它的高潮出现在20世纪70～80年代。后现代化研究的高潮延续到90年代。

20世纪70年代，现代化研究主要分为三支：一支继续研究现代化理论(包括发达国家的现代化史、公共政策、经济与民主的关系等)，他们的工作丰富了现代化理论；一支研究发展中国家的现代化，他们的工作修正了经典现代化理论的种种缺陷；一支研究发达国家未来的发展(未来学)，他们提出的新理论五花八门，有后工业社会、后现代主义、后现代化、新现代化、继续现代化、信息社会和知识社会等。后现代化研究属于第三支的一个组成部分。

(3) 第三次浪潮——新型现代化研究

20世纪80～90年代是新型现代化研究的高潮期。新型现代化研究主要包括生态现代化研究、反思性现代化研究、多元现代性研究和第二次现代化研究等。

新型现代化研究，在继承经典现代化研究的社会科学范式的同时，引入自然科学的方法论，借鉴自然科学的有用概念。生态现代化研究、反思性现代化研究和第二次现代化研究，都更加关注自然科学和高技术的社会影响，重视科技的“二重性”：正效应和副作用。

3. 现代化研究的学术批评

关于现代化研究的学术批评来自很多方面，包括主流社会学家和激进社会学家(So, 1990)。特别是在20世纪70～80年代，关于现代化研究的批评之声此起彼伏。

首先，经典现代化研究存在许多缺陷而引起批评，如现代化概念的时间不确定、内涵的宽泛和偏见(对部分国家和富人有利)，现代性和传统性概念的模糊、主观和不对称，现代化理论的笼统和滞后等。其次，发展方向不是单向的而应是多向的，发展路径不是单路径的而应是多路径的。其三，现代化不是线性的，而是非线性的，是局部可逆的，有时具有非连续性。其四，传统价值的意义不能完全否定。其五，不能过于乐观，不能忽视外部因素等。在一些发展中国家，采用经典现代化理论的政策措施并没有取得预期效果。

当然，现代化研究的问题和现代化实践的问题是不同的，需要区别对待。

关于现代化研究的批评，揭示了研究工作的不足，为理论发展和深入研究开辟了新空间。

关于现代化实践中出现的问题，可能是现代化的一种“伴生现象”或“副作用”(副产品)，或者是现代化实践的失误。如果能够事前认识问题，就有可能避免问题发生。现代化先行国家出现的问题，为后发国家提供了历史经验和借鉴。现代化实践中出现的问题，有人称其为“现代病”，如环境污染、生态退化、人情淡漠、国际冲突、贫富差距和经济危机等。实践问题与思想观念有关，副作用不是不可避免的，但要完全避免也是有困难的。

在现代化席卷全球的同时，也存在反现代化思潮(艾恺，1991)。这里不作专门讨论。

三、现代化思想史

虽然现代化研究已经有50多年历史，但是，迄今没有统一的现代化理论。有人认为，现代化理论不仅缺少系统的理论结构，而且缺乏统一的基本定义。在很大程度上，现代化理论是关于现代化研究的学术思想的一种集合，是不同领域学者的研究成果和学术观点的一个集合。

1. 现代化思想的溯源

在人类文明史上，思想发展与社会实践并不总是同步的，有些思想超前于社会，有些思想是社会实践的总结。在现代化研究领域，有些思想就超前于社会实践。现代化大约是18世纪起步的，现代化研究是20世纪开始的，但现代化概念的一些核心思想可以追溯到很早。

一般而言，现代化概念的不同思想有不同源头，18世纪的启蒙运动是西方现代化思想的爆发期，很多思想可以在启蒙运动的文献中找到线索。当然，现代化思想有多个来源，可以追溯到更早时期；如14～16世纪的文艺复兴、16世纪欧洲宗教改革、16～17世纪的科学革命和资产阶级革命、17～18世纪的启蒙运动、18世纪的英国工业革命和法国大革命等。

文艺复兴时期是一个思想解放时期，封建和宗教专制的桎梏逐步被打破，世俗主义、个人主义和人文主义的思想在欧洲传播，一个非教会的、以大城市为中心的社会在欧洲出现。同时，商业革命促进了欧洲资本主义的兴起。随后的科学革命，给欧洲带来了科学知识、科学思想、科学精神和科学方法，为现代化运动准备了知识和人才。

在启蒙运动时期，思想家们收集、整理和传播哲学和科学知识，用理性的目光分析历史。他们的许多思想成为经典现代化理论的内容，如宽容、正义、理性、自由、平等、民主和法治等。“现代化”一词就产生于这个时期(1748～1770)。没有启蒙运动，就没有欧洲的现代化。

在工业革命时期，斯密主张经济自由主义，圣西门向人们描述了工业社会的情景，孔德提出了社会学，斯宾塞推进了社会进化论，马克思提出了科学社会主义学说，迪尔凯姆发表《社会的劳动分工》，韦伯阐述了合理性和官僚制度。政治革命推动了民族主义、自由主义、民主主义、法治主义和社会主义思想的传播和实践。

在20世纪初，一些学者开始研究现代化。例如，1933年中国《申报月刊》刊出“中国现代化问题特辑”，发表26篇文章，探讨中国现代化的困难和道路。1937年，美国学者帕森斯发表《社会行动的结构》。结构功能主义后来成为经典现代化研究的重要理论框架。

20世纪上半叶的现代化研究，只是一些零星的工作，尚没有上升到理论层面。

2. 现代化理论的形成

一般而言，现代化理论的形成是指经典现代化理论的形成。经典现代化理论是现代化理论大家庭的最早成员，但不是唯一成员。这里简要介绍经典现代化理论的形成和演变。

(1) 经典现代化理论的起源

英国学者哈里生认为，经典现代化理论是20世纪50～60年代形成的，它的理论来源主要包括进化主义、扩散理论、结构功能主义、系统理论和互动理论，政治科学、人类学、心理学、经济学和地理学也有贡献；经典现代化理论不是单一理论，而是不同思想的集合；经典现代化理论的起源，可以大致追溯到19世纪的古典进化论(Harrison，1988)。

根据哈里生的观点，对经典现代化理论做出贡献的西方学者有 20 多位，包括古典进化论者、新进化论者、扩散论者、英国结构功能主义学者和社会系统论者等(图 2-37)。

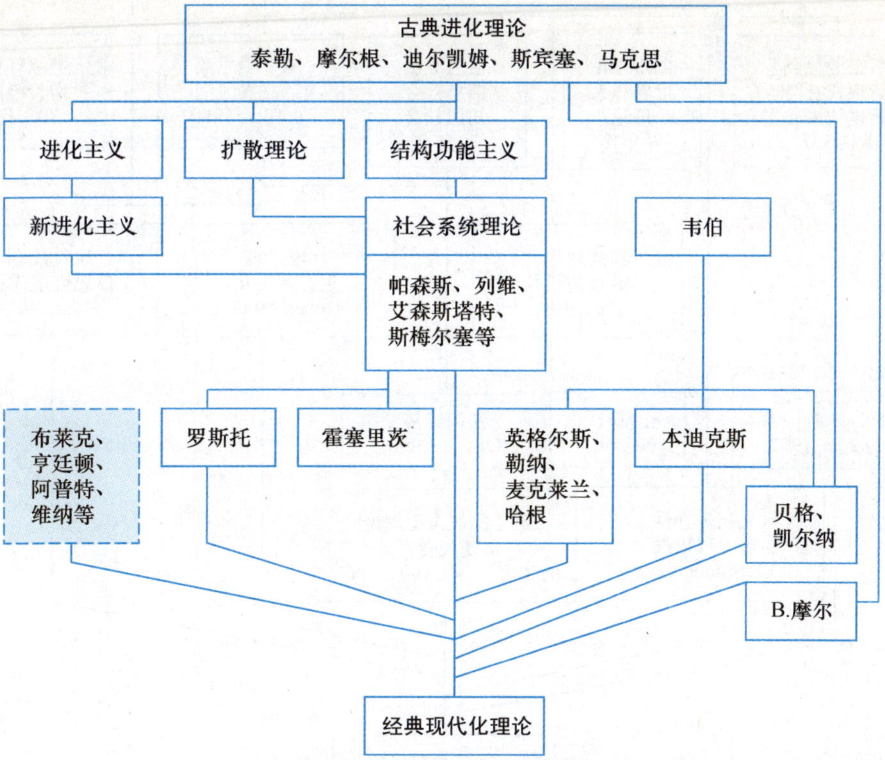

图 2-37 经典现代化理论的形成

注：虚线框中的内容是本书作者添加的。

资料来源：Harrison，1988.

(2) 经典现代化理论的学术挑战

在 20 世纪 60 年代后期，经典现代化理论开始受到广泛批评。批评之声不仅来自外部，也来自从事现代化研究的学者。引人关注的新理论包括依附理论、世界体系理论和后现代主义等，它们都对经典现代化理论持批评或否定态度。

(3) 经典现代化理论的学术演变

20 世纪 70 年代以来，经典现代化研究发生了很大变化，经典现代化理论得到部分修正。在大量案例研究和实证研究的基础上，学者们发现和修正了经典现代化理论的一些片面观点(Black，1976；Harrison，1988；So，1990；Inglehart，1997；Inglehart，Welzel，2005；Martinelli，2005)。例如，世俗化是一个复杂的社会过程，但宗教始终存在并发挥作用；现代化不是线性的，而是非线性的和多路径的；传统性和现代性不是完全对立的，传统价值长期存在并发挥作用；民主与经济的关系不是线性的，而是非线性的和复杂的；东亚的新现代化，儒家文化和出口导向工业化有积极作用；东欧的新现代化，从计划型现代化向市场型现代化的转变等。

3. 现代化理论的演变

现代化理论的演变大致有两种含义：经典现代化理论的演变、其他的现代化理论的发生和演变。上面已经讨论了经典现代化理论的演变，这里讨论其他的现代化理论的发生和演变。总体而言，经典现代化理论是现代化理论的基础，其他理论是后来衍生出来的(图 2-38)。

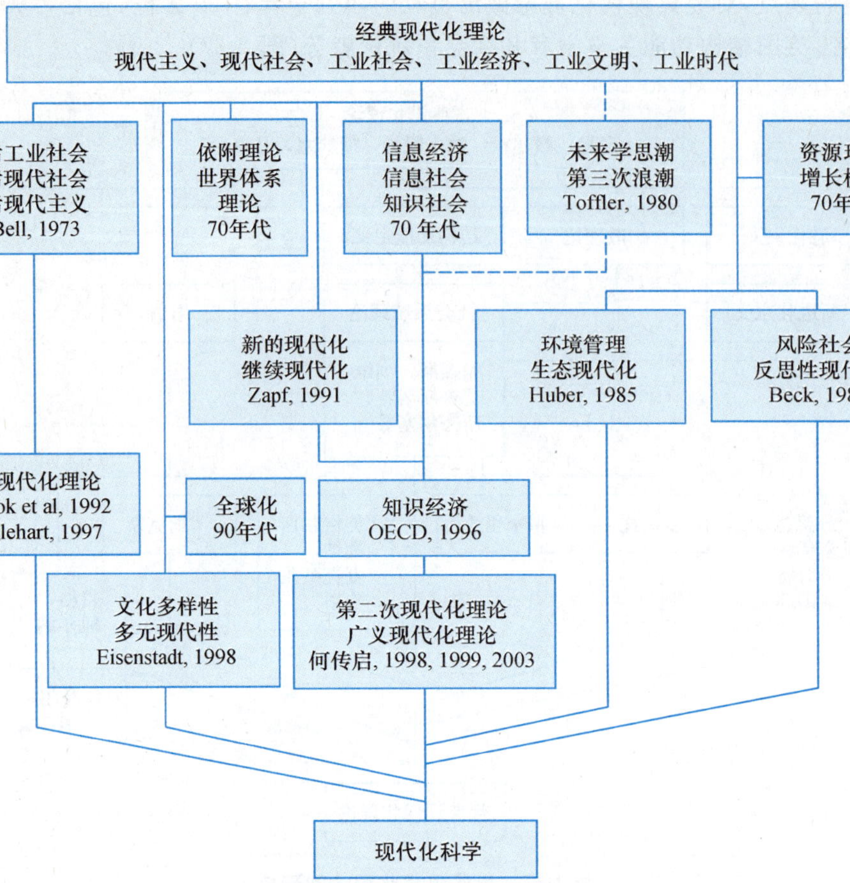

图 2-38 现代化理论的发展(理论谱系)

资料来源：何传启，2010.

(1) 后现代化理论的形成和演变

20 世纪 70 年代，发达国家的未来发展引人关注，涌现出很多新思潮，包括后现代主义和后工业社会等。后现代主义有不同流派。20 世纪 90 年代，后现代化理论基本形成。

(2) 新的现代化理论的形成和演变

20 世纪 80～90 年代初，有些学者坚持现代化研究，提出一些新思想，包括“新的现代化”、继续现代化、生态现代化、反思性现代化、多元现代性和全球化等。后面将专题讨论。

(3) 第二次现代化理论的形成和演变

20 世纪 90 年代末，随着知识经济和知识社会的兴起，第二次现代化理论浮出水面。在 21 世纪初，第二次现代化理论逐步成为一种广义现代化理论，包括两次现代化和综合现代化等。

4. 中国学者的学术贡献

中国学者的现代化研究是比较早的，而且有三次高潮(表 2-22)。在 20 世纪 30 年代，中国学者就开始了中国现代化的学术讨论，但这种学术探索后来中断了。1978 年以后，中国大陆实行改革开放政策，经典现代化研究出现一个高潮，完成一批高质量论著。20 世纪 90 年代末以来，中国自然科学工作者参与现代化研究，中国现代化研究进入多学科研究阶段，何传启教授提出了第二次现代化理论、综合现代化理论、国际现代化理论和现代化科学(何传启，2010)等。

表 2-22　中国学者的现代化研究的三次高潮

项目	早期现代化讨论	经典现代化研究	多学科的现代化研究
大致时间	20 世纪 30 年代	20 世纪 70 末～90 年代中	20 世纪 90 年代末以来
研究议题	中国现代化问题讨论	经典现代化研究 中国现代化研究	新型现代化研究 现代性与后现代性讨论
工作举例	中国现代化论文集(1933) 《现代化》半月刊(1937)	《现代化新论》(1993) 《世界现代化进程研究》丛书	《第二次现代化》丛书(1999～2010) 《中国现代化报告》系列(2001～2010)
文献翻译	—	经典现代化著作的翻译	现代性、后现代性、新现代化著作的翻译

(1) 20 世纪上半叶的中国现代化讨论

在 20 世纪 30 年代，中国学者就开始讨论中国现代化问题(图 2-39)。1933 年上海《申报月刊》推出“中国现代化问题特辑”，包括 10 篇短论和 16 篇专论。它可能是中国出版的第一部现代化论文集。1948 年上海观察社出版《中国文化与现代化进程》(吴世昌，1948)。在 30 年代前后，中国出版了一批现代期刊，如《现代周刊》(1931)、《现代社会》(1932)、《现代政治》(1932)、《现代经济》(1933)和《现代化》(1937)等，这本在太原出版的《现代化》半月刊，有可能是中国第一本以现代化为刊名的杂志。

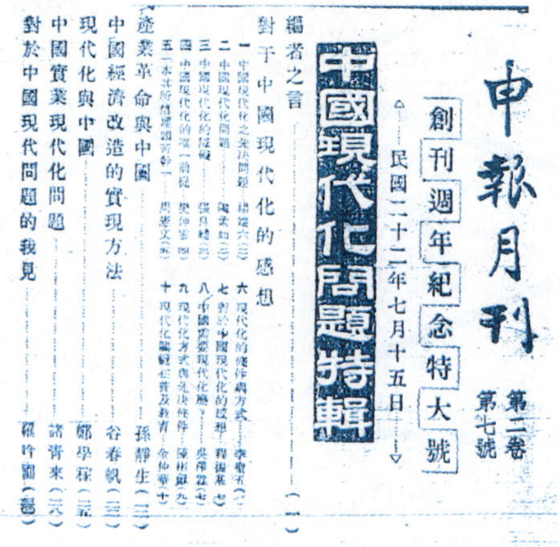

(a)

(b)

图 2-39　中国 30 年代出版的现代化论文集和现代化杂志

注：(a)为 1933 年出版的《申报月刊》现代化论文集；(b)为 1937 年出版的《现代化》半月刊。

(2) 20 世纪下半叶的经典现代化研究

20 世纪 50～70 年代，中国大陆的现代化研究处于低谷，现代化研究的文献比较少见。从 1978 年开始，现代化研究的文献开始增长，出现一批关于经典现代化理论的高水平论著。例如，《从传统到现代》(金耀基，1979)和《现代化新论》(罗荣渠，1993)等。

(3) 20 世纪 90 年末以来多学科的现代化研究

20 世纪 90 年代末以来，中国学者的现代化研究进入“百花齐放”的时期，现代化研究再掀高潮，理论创新和高质量论著不断涌现。例如，1998 年中国学者何传启提出第二次现代化理论(何传启，1998a，b)，1999 年以来出版《第二次现代化丛书》8 本，2001 年以来出版《中国现代化报告》年度报告 10 本等。第二次现代化理论研究采用自然科学和社会科学相结合的研究方法，强调实证研究和定量分析。

第三节　分段现代化

在 18～21 世纪期间，现代化过程的前沿轨迹可以分为第一次和第二次现代化两个阶段，两次现代化的协调发展是综合现代化；不同阶段的现代化既有共性又有差别。

一、第一阶段的现代化

在人类文明的世界前沿，第一阶段的现代化简称第一次现代化，是从农业文明向工业文明的转变，包括从农业经济向工业经济、农业社会向工业社会、农业政治向工业政治、农业文化向工业文化的转型等，它的时间跨度约为 210 年(约 1763～1970 年)(图 2-40)。2005 年发达国家和部分发展中国家已经完成第一次现代化，绝大多数发展中国家尚没有完成第一次现代化。第一次现代化的相关理论包括经典现代化理论、依附理论和世界体系理论等。

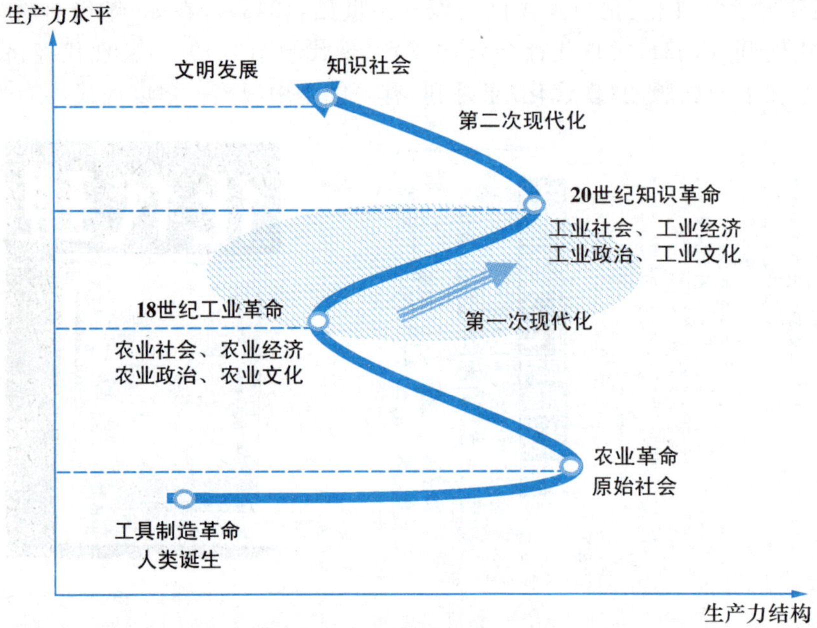

图 2-40　第一次现代化的定位

注：受第二次现代化的影响，21 世纪发展中国家第一次现代化的内容可能发生一些改变。

1. 经典现代化理论

经典现代化理论诞生于 20 世纪 50～60 年代。它是对 18 世纪工业革命以来现代化进程的一种理论阐述。经典现代化理论并不是一个单一理论，而是不同思想的一个集合。《中国现代化报告 2003》和《中国现代化报告 2010》等曾经介绍过经典现代化理论，这里沿用它们的分析结构。一般而言，经典现代化理论包括一般理论和分支理论，而且有不同流派(图 2-41)。这里重点讨论它的一般理论、主要流派、理论修正和局限性。

(1) 经典现代化的定义

在经典现代化理论中，不同学派和不同学者对现代化的理解有所不同(Pandey，1988)，社会学家和历史学家的认识就存在较大差别，他们对现代化的解释也不一样。尽管如此，学者们普遍接受现代化的两个基本内涵：其一，现代化指发达国家工业革命以来发生的深刻变化；其二，现代化指发展中国

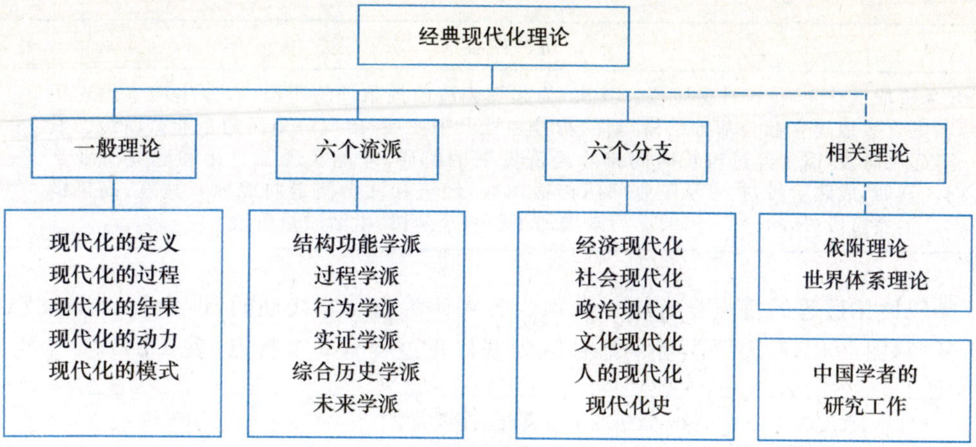

图 2-41　经典现代化理论的结构

注：六个分支分别涉及 5 个领域现代化和现代化史，领域现代化将在第五节讨论。

资料来源：何传启，2003.

家追赶世界先进水平的发展过程。

一般而言，现代化是 18 世纪工业革命以来人类社会的一种深刻变化，是从传统社会向现代社会的转型过程；它既发生在先行国家，也存在于后进国家追赶世界先进水平的过程中。

罗荣渠教授认为，作为人类近期历史发展的特定过程，把高度发达的工业社会的实现作为现代化完成的一个主要标志也许是合适的(罗荣渠，1993)。

(2) 经典现代化的过程

关于经典现代化过程的阶段有不同认识。目前大致有三阶段、四阶段和五阶段等几种观点(表 2-23)。现代化过程的内容包括知识、政治、经济、社会和心理等方面的变化(Black，1966)。关于不同领域的变化，将在第五节领域现代化部分专题讨论。

表 2-23　经典现代化过程的阶段划分

阶段	阶段内容	备注
三阶段	三个阶段。第一阶段以欧洲的西北角(英国、法国、荷兰)为主导，其代表是英国的工业革命和法国的政治革命。第二阶段以欧洲东北角(德国)的急速工业化为主导，政治民主化落后于经济工业化，产生了纳粹法西斯主义灾难。第三阶段的主导者是第二次世界大战后的美国，美国的民主革命和工业革命结合得比较好(Parsons，1951)	世界历史
	三次浪潮。第一次大浪潮是由英国工业革命开端、向西欧扩散的早期工业化过程，大致时间是 18 世纪后期到 19 世纪中叶。第二次大浪潮是工业化向整个欧洲、北美扩散并取得胜利的过程，大致时间是 19 世纪下半叶至 20 世纪初。第三次大浪潮是发达工业世界向高工业化升级与大批欠发达国家启动工业化的过程，大致时间是 20 世纪下半叶(罗荣渠，1993)	世界历史
四阶段	四个阶段。首先，现代性的挑战。现代观念和制度、现代化拥护者的出现，这一切使社会在传统知识范围内遇到了最初的对抗。其次，现代化领导的稳固。权力从传统领袖向现代领袖转移，在这个过程中，尖锐的革命斗争通常可达数代人之久。其三，经济和社会的转型。经济增长和社会变迁达到这一程度：完成社会从农村和农业为主的生活方式转向城市和工业为主的生活方式。其四，社会整合。经济和社会转型导致了整个社会基本结构的重组(Black，1966)	经济和社会发展
	四个时期。准备时期、转变时期、高级现代化时期和国际一体化时期(Black，1976)	世界历史
	四个阶段。起步期、发展期、成熟期和过渡期(何传启，1999)	文明进程

（续表）

阶段	阶段内容	备注
五阶段	五个阶段。首先，传统社会阶段。其次，为起飞创造前提条件的阶段，农业生产率迅速提高，更有效地建立社会基础结构，新的精神在社会中发展，出现一个新的企业家阶级。其三，起飞阶段，需要经过较长时间排除经济发展的障碍，才能实现工业化和建立工业部门。其四，成熟阶段，技术从工业部门传播出去，经济和社会便走向成熟。其五，高额的大众消费阶段(Rostow，1960)。后来增加了第六个阶段：生活质量阶段	经济发展

关于经典现代化过程的特点没有统一认识。有人认为它是非线性的(Inglehart，1997)，有人提出了它的线性模型(图 2-42)。美国学者亨廷顿认为现代化过程有 9 个特点(表 2-24)。

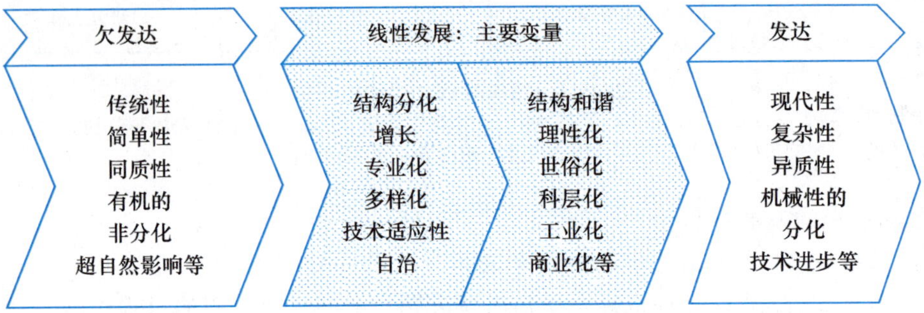

图 2-42　经典现代化过程的线性模型

资料来源：Coetzee，et al，2001.

表 2-24　经典现代化过程的九个特点

特征	解释
革命的过程	从传统社会向现代社会的转变，只能与人类起源的变化和从原始社会向文明社会的变化相比拟
复杂的过程	它实际上包含着人类思想和行为一切领域的变化
系统的过程	一个因素的变化将联系并影响到其他各种因素的变化
全球的过程	现代化起源于欧洲，但现在已经成为全世界的现象
长期的过程	现代化所涉及的整个变化，需要时间才能解决
有阶段的过程	一切社会的现代化过程，有可能区别出不同水平或阶段
趋同的过程	传统社会有很多不同的类型，现代社会却基本是相似的
不可逆的过程	虽然在某些方面可能出现暂时的挫折和偶然的倒退，但在整体上现代化是一个长期的趋势
进步的过程	在转变时期，现代化的代价和痛苦是巨大的；从长远看，现代化增加了人类在文化和物质方面的幸福

资料来源：Black，1976.

经典现代化过程在不同领域有不同特点，例如，经济领域：工业化、市场化、规模化和专业化等；社会领域：城市化、福利化、流动化、社会动员、社会分化、社会整合和普及义务教育等；政治领域：民主化、法治化、集中化、制度化和科层化等；文化领域：理性化、世俗化和大众传播等；个人领域：开放化、平等化、自由化和成就动机等。

马克思认为：工业较发达的国家向工业较不发达国家所显示的，只是后者未来的景象。……一个国家应该而且可以向其他国家学习。一个社会即使探索到了本身运动的自然规律，它还是既不能跳过也不能用法令取消自然的发展阶段。但是它能够缩短和减轻分娩的痛苦（马克思，1975）。这是理解现代化的过程和结果的一个重要思想。

(3) 经典现代化的结果

一般而言，现代化过程的结果与它的基本内容和特征紧密相关，与现代化过程的起点和终点紧密相关。现代性一方面反映了现代化过程的主要结果，另一方面也部分反映了现代化过程的主要内容和特征。学者们把传统农业社会的特点归纳为传统性，把已经完成现代化过程的国家的现代工业社会特点称为现代性；传统性和现代性是相对的，也是不对称的。

不同学者对现代性的认识有一定差别，但现代性具有一些基本特征。现代性在不同领域有不同表现(表 2-25)。关于现代性的争论持续 50 多年，有些观点是事实与理念的一种混合体。

表 2-25　经典现代化的现代性(第一现代性)

领域	传统性	现代性(第一现代性)
经济	小农经济、自给自足、分散的	工业化的、市场化的、专业化的、高效的、科学的
社会	乡村的、家族的、稳定性、教育不发达	城市化的、社会福利、社会流动、普及义务教育
政治	专制的、封建的、宗教的	民主的、法治的、集中的、官僚的(科层化)
文化	宗教的、迷信的、宿命论、自然的、封闭的	理性的、世俗的、功利主义、现代主义、大众传播
个人	保守的、被动的、依赖的、情感的、等级观念、社区价值取向、家族动机	开放性、参与性、独立性、平等性、个人利益取向、成就动机

注：第一现代性既是对第一次现代化结果的一种理论概括，也与第一次现代化过程的内容和特征紧密相关。
资料来源：何传启，2003.

(4) 经典现代化的动力

关于经典现代化发展动力的研究有大量文献。美国密歇根大学殷格哈特教授归纳了经典现代化理论的三种观点(Inglehart，1997)。其一是"经济发展决定论"，主张经济发展决定社会政治和文化的变化，认为工业化是现代化的推动力；受马克思"经济基础决定上层建筑和阶级冲突"思想的影响较大。其二是"文化发展决定论"，认为是文化影响了经济和政治生活，民主化是现代化的推动力；这种观点受德国学者韦伯"新教伦理和理性化"思想的影响较大。其三是综合决定论，认为现代化是政治、经济和文化相互作用的结果。

马克思在《政治经济学批判》一书中提出"经济基础和上层建筑"的著名论断(斯道雷，2006)。"经济基础"包括生产力和生产关系，"上层建筑"包括各种制度以及由这些制度产生的"各种社会意识"；经济基础决定或限制上层建筑的内容和形式，上层建筑反映和确认经济基础。技术进步和社会经济的发展，能够导致政治和文化的变化。这种思想被认为是现代化的"经济决定论"的思想源头。关于现代化就是工业化的观点，是这种思想的一种延伸。

(5) 经典现代化的模式

许多学者认为，经典现代化的发展模式具有多样性和路径依赖性，受历史文化和地理条件等的影响。欧洲学者认为，英国和美国现代化是由民主化和工业化推动的；法国现代化是先有民主化后有工业化；德国现代化是先有工业化后有民主化。布莱克将世界 170 多个国家和地区的现代化分成七种类型(参见"国家现代化过程")(Black，1966)。何传启把经典现代化分成创新型、跟踪型、嫁接型和学习型等四种类型(何传启，1999)。

经典现代化的主要类型包括：先发型与后发型、内生型与外源型、主动型与被动型、市场型与计划型现代化等。拉美现代化、东亚现代化、东欧现代化和中东现代化等各有自己的特点。

(6) 经典现代化理论的主要流派

经典现代化研究的文献非常丰富，其中相当部分是相互重叠或相互验证的文章。除经典现代化理论的一般理论外，如果按研究领域划分，经典现代化理论有六大分支。关于不同领域的现代化，将在第五节讨论。如果按研究方法和特点划分，经典现代化理论可以分为六大学派（表 2-26）。当然，这种划分是人为的，难免有些武断。事实上，有些学者的思想实际是跨学派的，如帕森斯、布莱克和亨廷顿等。

表 2-26 经典现代化研究的六个学派

学派	主要观点或特点	代表人物
结构功能学派	结构功能主义。现代化是从传统社会向现代社会的转变。重点研究现代性和传统性的比较和转换	帕森斯等
过程学派	现代化是从农业社会向工业社会转变的过程，这个过程包括一系列阶段和深刻的变化。重点研究转变过程的特点和规律	罗斯托等
行为学派	现代化必然涉及个人心理和行为的改变，强调人的现代化	英克尔斯等
实证学派	各国的现代化具有不同特点。开展现代化的实证研究	格尔申克隆等
综合学派	现代化涉及人类生活方方面面的深刻变化。比较研究、发展模式研究、定量指标研究等	布莱克等
未来学派	研究未来的发展趋势，重点研究发达国家的发展趋势	贝尔等

资料来源：何传启，1999.

(7) 经典现代化理论的修正

经典现代化理论的修正主要有三个来源：对经典现代化理论的学术批评及其回应、历史和案例研究的新发现和经典现代化的新进展等。一批早期的现代化观念被修正，例如，早期关于现代化是西方化、欧洲化或美国化的观点被修正等（表 2-27）。

表 2-27 经典现代化理论的修正

经典现代化理论的早期观点	经典现代化理论的修正
现代化是一种历史必然	尽管社会经济发展的方向是可以预期的，但过程是不确定的
传统性是现代化的障碍	宗教和其他传统文化遗产长期存在，并发挥作用
现代化是不可逆的	文化现代化是可逆的，现代化是局部可逆的
现代化是线性的	经济、社会和文化发展都不是线性的，现代化是非线性的
现代化是西方化或美国化	这种观点是不对的，东亚现代化有新特点，美国不是世界文化变迁的领导
现代化是历史发展的终点	经典现代化是历史发展的一个阶段，后工业化阶段将是人的发展和解放

资料来源：Inglehart，1997；Inglehart，Welzel，2005.

首先，对经典现代化理论的学术批评及其回应。现代化是多路径的，现代化的“西方模式”存在多样性；传统性和现代性不是完全对立的，而是可以部分共存的；依附理论和世界体系理论既是对经典现代化理论的批判，也可以看成是对经典现代化理论的补充等。

其次，历史和案例研究的新发现。现代化的方向是可以预期的，但过程是不确定的。在现代化过程中，宗教和其他传统文化遗产没有消失，而是长期存在并发挥作用。现代化是局部可逆的，文化现代化是非线性的，关于现代化是西方化或美国化的观念是不成立的（Inglehart，Welzel，2005）。民主与经济的关系不是线性的，而是非线性的和复杂的等。

其三，经典现代化的新进展。20 世纪 60 年代以来，东亚的新现代化，先工业化，后民主化；儒家文化发挥作用，而不是新教文化发挥作用（Borrego，1995）。20 世纪后期东欧事变后，东欧国家开始从计划经济向市场经济转型，从计划型现代化向市场型现代化转变，这种现代化与欧美先行国家的现代化有所不同。

(8) 经典现代化理论的局限性

经典现代化理论在解释发达工业国家18世纪60年代至20世纪60年代的发展过程时比较成功，在解释发展中国家追赶发达工业化水平的过程时也还可用，但在解释发达工业国家20世纪70年代以来的发展时就遇到了麻烦，基本上不适用。在发达工业国家，经典现代化理论遇到的两大挑战是：① 20世纪70年代以来，发达工业国家的工业化出现逆转，进入非工业化轨道；② 发达工业国家的城市化出现逆转，城市人口开始向郊区和乡镇迁移。它们动摇了以工业化、城市化为典型特征的经典现代化理论的经济和社会基础。

2. 依附理论

依附理论是20世纪60年代兴起的一种国际政治经济理论。它试图用核心国家和边缘国家的依附关系，来解释边缘国家的欠发达现象，并把欠发达归咎于外部原因(图2-43)。依附理论文献丰富，支派众多，但迄今为止，尚没有系统的理论表述和完整的理论结构。在现代化理论谱系中，依附理论的地位和作用是有争议的。历史经验表明，不同国家不太可能齐步走，世界现代化过程必然伴随发达和欠发达现象。发达国家是现代化国家，欠发达国家是非现代化国家。既然欠发达现象是现代化的一个客观事实，那么，关于欠发达现象的理论解释，作为经典现代化理论的一个分支理论，应该说是可以成立的。

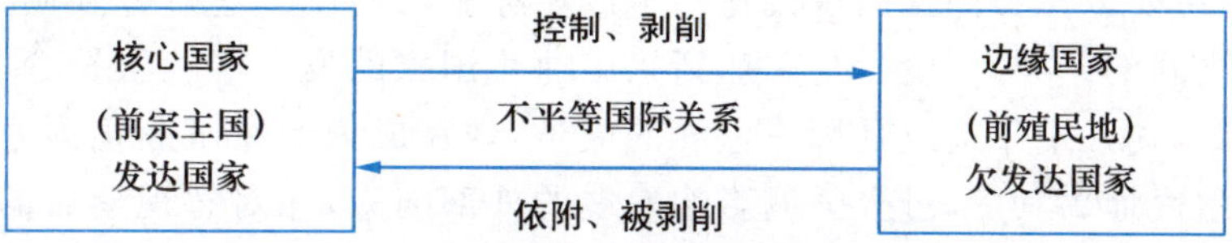

图2-43 依附理论的示意图

(1) 依附思想的兴起

在过去300多年里，欠发达现象普遍和持续存在。虽然关于欠发达(underdevelopment)没有统一定义，但一般而言，欠发达是指国家发展水平大大低于发达国家的一种状态；造成欠发达的原因是多样的，既有外因也有内因。如何解释欠发达现象，是发展经济学和国际政治经济学面临的一个课题，也是被经典现代化理论忽视的一个问题。经济自由主义、马克思主义和"不发达学说"等，对欠发达问题有不同解释；在20世纪60年代末和70年代，依附理论取代结构主义，成为对第三世界不发达的最重要解释(吉尔平，2006)。

(2) 依附理论的观点

20世纪60年代中期出现的依附理论，是经典马克思主义和经济民族主义的一种混合物。它的主要内容包括分析：① 资本主义世界体系的性质和运动；② 发达资本主义国家和欠发达国家之间的关系或联系；③ 依附国本身的内部特征。根据多斯桑托斯的观点："所谓依附，我们指的是若干国家的经济受到它们所依从的另一些国家经济的发展和扩大的制约。"

依附理论认为：资本主义的运动规律和经济矛盾，迫使资本主义向世界经济中的欠发达外围扩张；由于母国消费不足和利润率降低，资本主义国家必然控制和剥削欠发达国家；这就导致工业中心和依附性外围之间的等级统治结构。虽然依附理论形形色色，但有一个共同认识：欠发达国家之所以不够发达，主要源于世界资本主义体系中的外部力量，而非源于这些国家政策本身。欠发达国家的不发达和资本主义的发达，都是国际资本主义扩张的结果。这种历史局面没有根本改变，国际经济和政治权力平衡继续倾斜，有利于发达的资本主义国家。尽管在绝对意义上说处于依附地位的欠发达国家也在前进，但在相对意义上说，它们始终是落后的。关于造成不发达的机理存在不同观点，如剥削论、帝国主义疏忽论和依附性发展论等，但比较普遍的观点是资本主义造成了不发达，依附造成了不发达(吉尔平，2006)。

依附性发展或关联发展是依附理论的新发展。他们承认巴西和韩国等欠发达国家的经济取得的成就，认为在某些条件下依附关系可以导致经济迅速增长，但是这种增长不属于真正的发展，因为它并没有带来民族独立。依附理论还认为，国际资本主义中心和第三世界现有资产阶级显贵合作，把该国纳入世界经济的轨道，阻碍了该国的经济发展、社会福利和政治独立。这些显贵抵制自己特权的丧失，并依靠外部势力维持着政权(吉尔平，2006)。

北京大学尹保云认为(2001)，依附理论大致可以分为三种类型。其一，结构主义依附理论，以普雷维什等人为代表，认为发达国家和发展中国家的关系是一种不平等的“中心—外围”依附关系，它们之间的国际贸易是不平等的，发展中国家应该采取“进口替代的工业化战略”。其二，激进的依附理论，以弗兰克、阿明等人为代表，被认为是新马克思主义在西方发展理论中的反映。该理论认为是资本主义造成了欠发达，主张外围国家与中心国家脱钩，走独立自主的发展道路。其三，依附发展理论，以卡多索、费尔南德斯、埃文斯等人为代表，该理论强调国家的作用，认为发展中国家在“依附”条件下可以获得发展。

(3) 依附理论的局限

首先，依附理论主要以拉美国家的现代化的不成功经验为基础。它过分强调了拉美国家的经验，忽视了发展中国家之间的差异。其次，与东亚新兴工业化国家的发展经验不符合。东亚国家如韩国、新加坡和马来西亚等，在几十年前还是第三世界的成员，现在成为新兴工业化国家。部分东亚国家和拉美国家都曾经是殖民地。其三，过分强调影响发展的外部因素，相对忽视落后的内部原因。把欠发达现象完全归咎于资本主义和外部原因，有失偏颇。其四，过分强调依附的负面效应，忽视与依附相关的国际援助和技术扩散等。其五，忽视资本主义扩张的客观历史作用，如资本主义扩张伴随着工业文明的扩散。其六，缺少系统的理论体系等。

3. 世界体系理论

世界体系理论是20世纪70年代兴起的一种有广泛影响的理论。它试图用中心—半边缘—边缘地区的依附关系、世界劳动分工和阶级冲突等变量来分析世界体系的历史演变，从而解释16世纪以来的世界发展史(图2-44)。世界体系理论的代表人物包括沃勒斯坦和霍普金斯等。

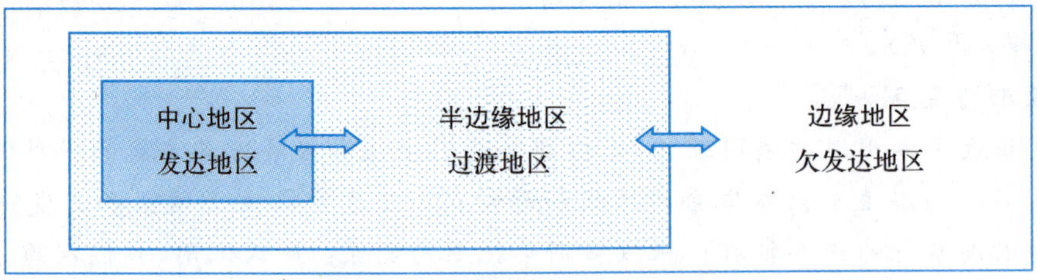

图 2-44 世界体系理论的示意图

关于世界体系理论与现代化理论的关系，目前没有统一认识。世界体系理论的代表人物沃勒斯坦对现代化理论持批评态度(Wallerstein，1976)。现代化理论和世界体系理论都试图解释过去300年的世界史，经典现代化理论是从国家层次上解释的，世界体系理论是从世界体系层次解释的。从现代化研究的角度看，两者的研究内容和研究方法是不同的，但具有一定的互补性。现代化是一个世界运动,必然导致世界体系的变化,世界体系的变化必然影响国家的现代化,但是,经典现代化理论本身缺少世界体系层次的分析。考虑到现代化过程必然导致世界体系的变化,把关于现代化过程的世界体系的理论解释,作为经典现代化理论的一个分支理论是可以的。当然,世界体系理论和依附理论一样,都是一种独立存在和自行演变的学术思想。

(1) 世界体系理论的兴起

世界体系理论的兴起与经典现代化研究和理论批判紧密相关。在 20 世纪 50 和 60 年代,现代化理论认为,如果发展中国家按照现代化模式发展,就能赶上发达国家,实现现代化。在 60 年代后期,有些学者发现,一些按照现代化模式发展的发展中国家,并没有取得预期的成功,如拉美国家早在 19 世纪就开始了现代化运动,但直到 20 世纪 60 年代都没有取得成功;非洲国家的现代化更是困难重重。有些学者开始质疑把现代化作为普遍发展模式的合理性和可行性。70 年代西方学术界掀起一股反"现代化理论"和反"西方化"的思潮。在 20 世纪 60 年代,沃勒斯坦研究了非洲国家如加纳的发展,认识到现代化理论的局限性;70 年代初他开始推出多卷本的《现代世界体系》,把发展中国家纳入到世界整体发展中进行系统研究。

世界体系理论是一个内涵丰富的理论。沃勒斯坦把它分为 10 个方面:周期和趋势、商品链、霸权和竞争、地区性和半边缘性、融入和边缘化、反体系运动、家庭、种族主义和性、科学和知识、地缘文化和文明。这些方面归纳起来涉及三个层次,分别是世界经济体系、世界政治体系和世界文明(王正毅,2006)。

(2) 世界经济体系

沃勒斯坦在《现代世界体系》前三卷中分析了世界体系和世界经济体系。他认为:"世界体系是一个社会体系,它具有范围、结构、成员集团、合理规则和凝聚力。世界体系的生命力由各种冲突构成。"世界经济体系的主要特点如下。

首先,世界体系具有单一的世界经济基础。它是一个具有广泛劳动分工的实体;国际分工包括各种职能性任务的层级体系;阶级和身份集团的出现和作用是世界体系的要素。

其次,劳动分工将世界分成三个地带:中心地区、半边缘地区和边缘地区。中心地区是经济发达地区,边缘地区是经济落后地区,半边缘地区介于中心和边缘地区之间。

其三,资本主义的全球扩张,不断把外围地区融入世界经济体系,并使之边缘化;中心和边缘的不等价交换,保证了资本主义的运行和资本的积累。

其四,资本主义的发展经历着停滞和扩张的长周期运动;扩张期经济增长从中心向边缘扩散,停滞期首先损害的是边缘地区的利益。

其五,国家经济地位是变化的,国家经济地位的地理分布也是变化的。中心和边缘地区不是固定的,边缘地区可以成为中心地区,中心地区也可以变成边缘地区。在停滞期,半边缘国家地位变化比较大。

其六,世界经济体系的发展趋向于扩大不同地区的经济和社会差距,趋向两极分化。

(3) 世界政治体系

沃勒斯坦认为,世界经济体范围内存在多个政治体系,它们保证了资本主义能够一直兴旺。世界政治体系的主要特点如下。

首先,现代国家和国家体系是资本主义经济的独特产物,国家的形式、实力和边界都在不断变化,国家体系一直在扩展。世界体系的国家体系是多重的。

其次,国家体系的变化包括两个对应的过程:核心化过程和边缘化过程。核心化过程指中心地区利用国家机器在世界经济中垄断商品、谋求利润最大化,最终成为核心国家。边缘化过程指边缘地区利用不太先进的技术和不等价交换，逐步成为边缘国家（王正毅，2006）。

其三，国家体系的运行存在周期性，称为霸权周期。资本主义世界体系经历了三个霸权周期，产生了三个霸权国家，即17世纪的荷兰、19世纪的英国和20世纪的美国。

其四，国家体系中的霸权是一种机制，它有三个物质基础。霸权的机制是在大国竞争中，一个大国能够在很大程度上将它的政治、经济、军事、外交和文化上的原则和意愿强加于国家体系中。霸权的物质基础是工农业生产、商业、金融更有效率。霸权的兴衰与这三个经济部门的效率相关。霸权国家先在工农业部门取得优势，然后在国际贸易中取得优势，最后在金融领域占有优势。在三个领域都获得优势，就获得短暂的霸权地位。

其五，霸权统治时期的国家体系是暂时稳定的。政治上追求霸权地位和经济上追求利润最大化一样，是资本主义世界体系的推动力。追求霸权地位是资本主义国家的共同目标。

其六，霸权国家可以运用自己的国家政治机器，为本国资本在世界市场获得最大利润，提供垄断的政治条件。但是霸权的政治职能不是无限的，受到国家体系和竞争国家的制约。

(4) 世界文明

沃勒斯坦认为，当我们将文明看成是不同习惯、结构和文化而讨论不同文明之间的关系时，我们应该将其放在一个历史体系中来分析。自牛顿力学产生以来，追求科学是文明的象征。这一思潮伴随英国工业革命以及资本主义的全球扩张，成为一种具有普遍性的文明，这是资本主义世界体系在文明上的表现。对于核心国家创造的科学文明，边缘国家处于两难境地，很难作出有效的反应（王正毅，2006）。

(5) 世界体系理论的局限

世界体系理论从世界体系层次分析世界发展的历史，无疑是有意义的，是对经典现代化理论的重要补充。它的局限性主要有四个：其一，中心和外围国家的划分没有定量标准；其二，着重从世界体系角度分析世界发展，相对忽视了生产力和科技发展的作用；其三，概念比较混乱，理论自身的矛盾比较多；其四，世界体系层次分析不能反映世界发展和现代化的全貌等。

二、第二阶段的现代化

在人类文明的世界前沿，第二阶段的现代化简称第二次现代化，是从工业文明向知识文明、物质文明向生态文明的转变，包括从工业经济向知识经济、工业社会向知识社会、工业政治向知识政治、工业文化向知识文化、物质文化向生态文化的转型等（图2-45）；它的时间跨度为100多年（约1970～2100年）。2005年大约有28个国家已经进入第二次现代化，其他国家处于第一次现代化或传统农业社会。第二次现代化的相关理论包括第二次现代化理论、反思性现代化理论、后现代化理论和继续现代化理论等。

1. 第二次现代化理论

20世纪90年代，知识经济、知识社会和国家创新体系等新概念引起世界广泛关注，它必然影响世界现代化进程。中国学者何传启提出了第二次现代化理论（何传启，1998a，b，1999）。他把18～21世纪的现代化前沿过程分为第一次和第二次现代化两个阶段；如果说，第一次现代化是以工业经济和工业社会为特征的经典现代化，那么，第二次现代化是以知识经济和知识社会为特征的新型现代化。本章第一节讨论了第二次现代化理论的一般理论，这里重点讨论它的理论结构和分阶段理论。关于它的分层次和分领域理论将在后面讨论。

(1) 第二次现代化理论的结构

第二次现代化理论既是一种广义现代化理论，也是一种文明发展理论（图2-46）。它认为，现代化

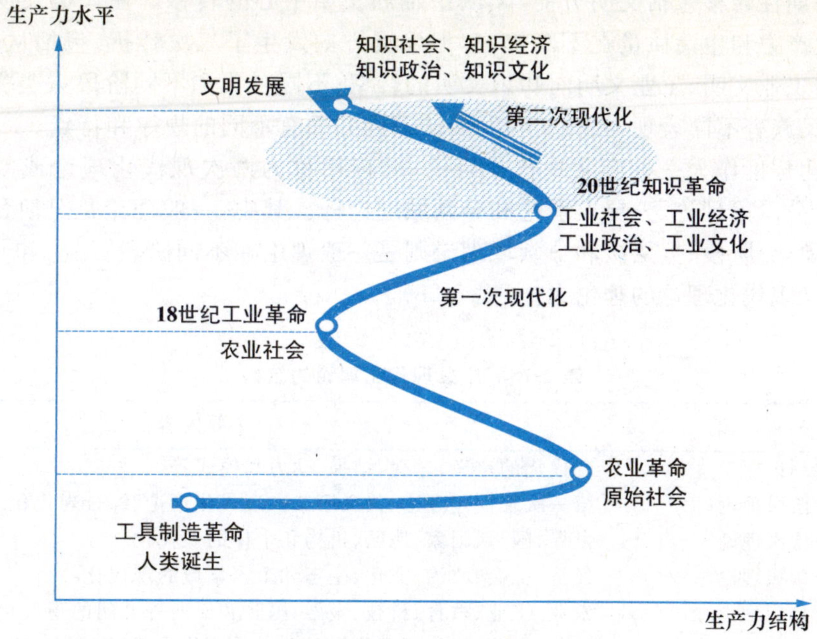

图 2-45　第二次现代化的定位

是人类文明的一种深刻变化，是人类文明的世界前沿、达到世界前沿的行为和过程。它建立了现代化理论与文明发展理论之间的有机联系，包括文明与现代化进程的前沿轨迹的周期表(表 2-6)、坐标系(图 2-5)和路线图(图 2-6)等。

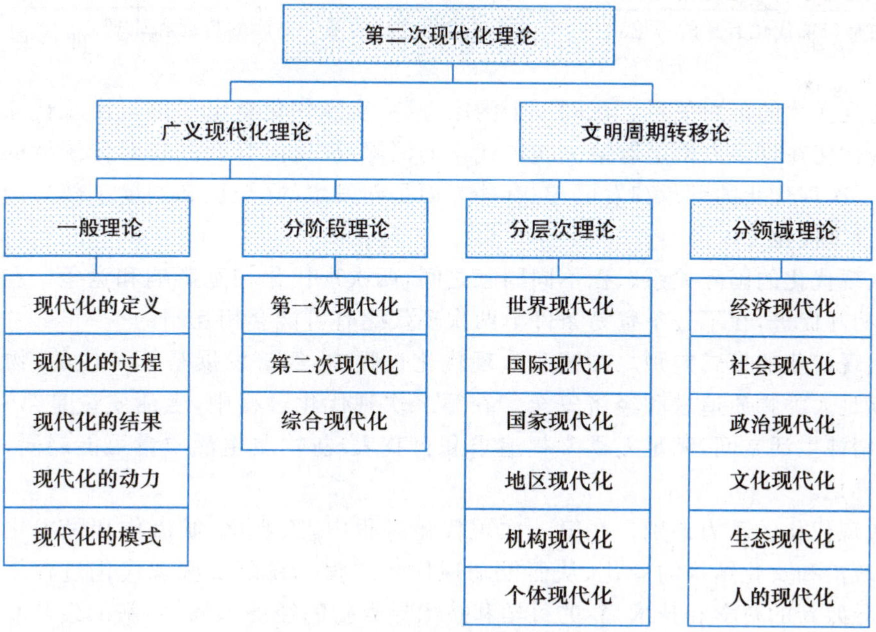

图 2-46　第二次现代化理论的结构

参考资料：何传启，2003.

第二次现代化理论作为一种文明发展理论，可以简称为文明周期转移论。它认为，人类文明既是一个有机整体，又是不同民族和国家文明的一个集合；文明发展是有周期的，发展周期是加速的，周期主题是不同的;周期性转移包括文明方向、文明中轴和文明中心的转移。在人类文明进程中,经济和社会发展水平、生产力和生活质量在不断提高,但发展方向发生了三次转折,包括从原始文化向农业文明、农业文明向工业文明、工业文明向知识文明的转型;不同时代和不同阶段人类文明有不同特征,不同国家和不同民族有不同表现,人类文明发展的不同方面有不同的规律和特点。

第二次现代化理论作为一种广义现代化理论,可以简称为两次现代化理论或复合现代化理论。它包括一般理论、分阶段理论、分层次理论和分领域理论等。其中,一般理论是分阶段、分层次和分领域理论的一种抽象,分阶段、分层次和分领域理论则是一般理论在不同阶段、层次和领域的一种体现,它们共同组成广义现代化理论的理论大厦(表 2-28)。

表 2-28 广义现代化理论的结构

分类	理论	主要内容
一般理论	元理论	现代化的定义、过程、结果、动力和模式等
分支理论	分阶段理论	第一次现代化理论、狭义第二次现代化理论、综合现代化理论
	分层次理论	世界、国际、国家、地区、机构和个体的现代化
	分领域理论	经济、社会、政治、文化、生态和个人领域的现代化
	分部门理论	农业、工业、教育、科技、金融、国防和交通等部门的现代化
相关理论	其他的现代化理论	经典现代化理论、后现代化理论、生态现代化理论、反思性现代化理论等
	社会科学相关理论	发展经济学、发展社会学、发展政治学、国际关系理论等
	人文科学相关理论	文化变迁理论、文化人类学、近现代史、科学哲学、文明理论等
	自然科学相关理论	心理学、生态科学、环境科学、地球科学、生命科学等
	技术科学相关理论	有机农业、清洁能源、清洁生产、绿色制造、绿色化学、高技术等
	综合学科相关理论	系统科学、管理科学、发展研究、复杂性研究、信息化理论等

注:相关理论是与现代化有关的理论,它们阐述了现代化过程的某个方面的特征和原理。

首先,两次现代化的国内关系。在同一个国家,第一次现代化奠定了第二次现代化的物质和社会基础;第二次现代化在许多方面是对第一次现代化的消除或"反向"(有些是对传统性的"回归"),在某些方面是对第一次现代化的继承和发展,在有些方面是新发生的(知识和制度创新);两次现代化的协调发展则是综合现代化。

其次,两次现代化的国际关系。在不同国家之间,两次现代化相互影响和竞争。在公平贸易条件下两次现代化相互促进,在不公平贸易条件下两次现代化有可能会相互制约。

其三,两次现代化的模式差别。在第一次现代化过程中,经济发展是第一位的,物质生产扩大物质生活空间,满足人类物质追求和经济安全。在第二次现代化过程中,生活质量是第一位的,知识和信息生产扩大精神生活空间,满足人类幸福追求和自我表现;物质生活质量可能趋同,但精神和文化生活将高度多样化。

其四,两次现代化的动力差别。在第一次现代化过程中,工业化、城市化和民主化的相互作用导致经济、社会、政治和文化结构的变化,从而推动现代化进程。在第二次现代化过程中,其一,知识创新和制度创新导致新的科学和技术,新的科学和技术导致新的经济和社会,新的经济和社会导致新的现代化;其二,制度创新和知识创新还会导致新的政治和文化,新的政治和文化促进新的现代化;其三,新的现代化会促进新的知识创新和制度创新,知识创新和制度创新的相互作用推动了现代化进程。

(2) 第二次现代化理论的分阶段理论

第二次现代化理论的分阶段理论包括第一次现代化理论、狭义第二次现代化理论和综合现代化理论。综合现代化理论将在后面专题讨论。

首先,第一次现代化理论。第一次现代化与经典现代化是同义词,第一次现代化理论与经典现代化理论是大体一致的。第一次现代化理论包括一般理论、分支理论和相关理论等(表 2-29),其中,一般理论是关于第一次现代化过程的一种系统阐述(表 2-30)。

表 2-29 第一次现代化理论的结构

分类	理论	主要内容
一般理论	元理论	第一次现代化的定义、过程、结果、动力和模式等
分支理论	分层次理论	世界、国际、国家、地区、机构和个体的第一次现代化
	分领域理论	经济、社会、政治、文化、个人领域的第一次现代化
	分部门理论	农业、工业、教育、科技、国防和交通等部门的第一次现代化
相关理论	其他现代化理论	经典现代化理论、依附理论、世界体系理论、多元现代性理论等
	其他相关理论	发展理论、转型理论、进化理论、冲突理论、现代主义等

表 2-30 第一次现代化的一般理论

方面	基本内容
定义	第一次现代化是 18 世纪工业革命以来的一种客观现象,它是工业文明的形成、发展和国际互动的前沿过程,是工业文明要素的创新、选择、传播和退出交替进行的复合过程,是追赶和达到工业文明先进水平的国际竞争等。达到工业文明先进水平(大约 1960 年工业化国家平均水平)的国家是完成第一次现代化的国家,没有达到工业文明先进水平的国家是没有完成第一次现代化的国家
过程	第一次现代化是从农业文明向工业文明、传统文明向现代文明的转型过程,包括从农业社会向工业社会、农业经济向工业经济、农业政治向工业政治、农业文化向工业文化、传统文化向现代文化的转型,遵循 10 个原则(表 2-12),典型特征是工业化、城市化、民主化、市场化和福利化等
结果	第一现代性、特色性、多样性和副作用的形成,以及世界前沿、国际体系和国家状态的变化。第一现代性的特点包括工业化的、城市化的、民主的、理性的、社会福利和普及义务教育等;副作用包括环境污染、贫富分化、周期性经济危机和人情淡化等;部分传统价值持续存在并发挥作用
动力	动力因素包括创新、竞争、适应、交流、技术、资本、国家利益和市场需求等。动力原理包括创新驱动、三新驱动、双轮驱动、联合作用、四步超循环、三类文明复合互动、创新扩散和竞争驱动等(表 2-16)。有三种观点:经济发展决定论、文化发展决定论、政治经济文化综合作用
模式	具有路径和模式的多样性,具有起点依赖性和路径依赖性,大约有 19 种要素组合模式(表 2-17)。发达国家和发展中国家的路径和模式有差别,发达国家彼此之间也有差异

资料来源:中国现代化战略研究课题组等,2004.

其次,狭义第二次现代化理论。狭义第二次现代化理论是关于第二阶段现代化的一种理论,包括一般理论、分支理论和相关理论(表 2-31)。其中,一般理论是关于狭义第二次现代化过程的一种系统阐述(表 2-32)。

表 2-31 狭义第二次现代化理论的结构

分类	理论	主要内容
一般理论	元理论	狭义第二次现代化的定义、过程、结果、动力和模式等
分支理论	分层次理论	世界、国际、国家、地区、机构和个体的第二次现代化
	分领域理论	经济、社会、政治、文化、个人领域等的第二次现代化、生态现代化
	分部门理论	农业、工业、教育、科技、国防和交通等部门的第二次现代化
相关理论	其他现代化理论	后现代化理论、生态现代化理论、反思性现代化理论、全球化理论等
	其他相关理论	文明理论、转型理论、后现代主义、人类生态学、信息化理论等

表 2-32 狭义第二次现代化的一般理论

方面	基本内容
定义	第二次现代化是 20 世纪知识革命以来的一种客观现象,它是知识文明(包括生态文明和网络文明)的形成、发展和国际互动的前沿过程,是知识文明要素的创新、选择、传播和退出交替进行的复合过程,是追赶、达到和保持世界先进水平的国际竞争和国际分化等;达到和保持世界先进水平的国家是发达国家,其他国家是发展中国家,两类国家之间可以转换
过程	第二次现代化是从工业文明向知识文明、物质文明向生态文明的转型过程,包括从工业社会向知识社会、工业经济向知识经济、工业政治向知识政治、工业文化向知识文化、物质文化向生态文化的转型,遵循 10 个原则(表 2-12),典型特征是知识化、信息化、绿色化、全球化和个性化等
结果	第二现代性、特色性、多样性和副作用的形成,以及世界前沿、国际体系和国家状态的变化。第二现代性的特点目前包括知识密集的、信息密集的、全球的、创新的、环境友好和普及高等教育等;副作用包括网络犯罪、信息鸿沟、国际风险等;部分传统价值持续存在并发挥作用
动力	动力因素包括创新、竞争、适应、交流、知识、制度、国家利益和市场需求等。动力原理包括创新驱动、三新驱动、双轮驱动、联合作用、四步超循环、三类文明复合互动、创新扩散、创新溢出和竞争驱动等(表 2-16)
模式	具有路径和模式的多样性,具有路径依赖性,大约有 20 多种要素组合模式(表 2-17)

资料来源:何传启, 2003.

(3) 第二次现代化过程的主要特点

第二次现代化起步时间还不长,现在就概括第二次现代化的特征,显然是有难度的。但是,第二次现代化的特点已经在不同领域有所表现,有的明显,有的还不明显。如果把不同领域的特点归纳起来,目前第二次现代化过程的主要特征至少表现在 10 个方面(何传启, 2003)。

首先,知识化是第二次现代化的根本动力。知识化指经济和社会活动中知识密度和知识价值增加的现象。新知识的生产、传播和应用,加速了经济和社会的转型。知识进步对经济增长的贡献率超过 50%,知识劳动者占全部劳动力的比例超过 50%,知识产业(知识经济)占国民经济的比例超过 50%(OECD, 1996)。经济中知识含量和知识附加值大幅度增加,科学知识普及率不断提高,知识管理受到普遍重视,知识成为社会进步的轴心,成为社会权力的主要基础。知识经济迅速崛起,工业经济走向衰落,知识社会逐步形成。知识社会是一个和谐社会,知识驾驭资本,合作促进发展,知识和创新推动经济发展和社会进步,各尽所能,机会平等,按贡献分配,按需要调节。

其次,信息化是第二次现代化的典型特征。信息化指现代信息技术的发展和应用引发的经济和社会变革。20 世纪 70 年代以来,信息革命带来的变化是那么巨大,人类不得不努力适应新的生活空间——网络空间(赛博空间)。人们将在物理空间和赛博空间两个空间里往返。我们已经目睹信息化、数字化和网络化浪潮席卷全球、互联网爆炸性成长、电子商务和电子政务走进生活等,未来还会体会电脑网络、通讯网络和媒体网络的数字化统一,我们工作和生活的方方面面都经受着数字化网络的洗礼。21 世纪的知识社会也是一个网络社会和信息社会。

其三，绿色化是第二次现代化的基本要求。绿色化指经济和社会生活中生态意识和绿色要素增加的现象。绿色要素指环境和健康友好的要素，涉及生产和生活的各个方面。与第一次现代化的“人工化”相反，绿色化、生态化和自然化成为第二次现代化的大趋势。人类日益重视对大自然的保护，环境保护和绿色发展模式越来越受到普遍支持。自然的生活方式和生活环境、自然的工作方式和工作环境、绿色食品和绿色技术等受到人们的青睐。人类不再简单地向自然界索取，不再试图征服大自然，而是逐步“学会”与大自然和谐相处，向大自然奉献，向大自然回归。人类是大自然的一分子，而不是大自然的主人。知识社会既是一个生态平衡社会，也是一个环境友好社会。

其四，创新是第二次现代化的动力源泉。创新是文明进步的源泉，是知识化、信息化和绿色化的动力源泉。社会的知识生产（研究与开发投入）逐步超过了粮食生产（农业投入），创新活动社会化。虽然研究与开发活动仍然是新知识的来源，但创新活动逐步普及到全社会。创新成为企业竞争、经济发展和社会进步的决定性因素。在农业社会，创新多数是个人行为；在工业社会，创新成为组织和企业行为；在知识社会，创新成为国家行为，提高国家创新能力成为一项国策。国家创新系统是促进和进行创新的国家系统。国家创新系统是第二次现代化的发动机。知识社会也是一个创新社会。

其五，全球化是第二次现代化的普遍现象。全球化指全球联系和相互依存增加的现象。先进的信息和交通网络将世界联成一个整体，地理和语言等造成的困难和隔阂在减少。人们发现，大家都是地球村的居民，可以互通有无，互相学习。彼此接受、相互尊重、和谐共处、共同发展，成为国际政治和经济关系中的努力方向。经济全球化、政治国际化、工作和生活跨国界，国际非政府组织和非赢利组织蓬勃发展，已经是不争的事实，并被普遍接受。知识社会也是一个全球性的公民社会。

其六，分散化是第二次现代化的空间特点。与第一次现代化的集中化相反，分散化体现在第二次现代化的许多方面。分散的、灵活的、多样化的生产方式正在取代集中式的工业大生产方式，中小企业在经济和就业中的作用越来越大，五光十色的各类组织在维护自己的发言权和利益，经济和政治权力越来越分散。集中于大城市的人口正在向郊区和小城镇迁移，各具特色的社区蓬勃发展。人类具有聚居和交流的倾向，信息技术和交通工具已经部分消除了地理分隔，“虚拟社区”部分满足了人类的这种本性，使“天涯若比邻”成为现实，从而促进社会的分散化。如果说，原始社会人类生活在以血缘关系为基础的部落里，农业社会人类生活在以亲情关系为基础的村寨里，工业社会人类生活在以经济关系为基础的城市里，那么，知识社会人类将生活在以文化关系为基础的社区里。以阶级为基础的冲突减少，以文化和个人价值观为基础的冲突增多。全球化的发展将导致这种冲突和风险的全球扩散，生态和技术风险也广泛存在。故知识社会也是一个风险社会。

其七，多样性是第二次现代化的文化特点。与第一次现代化的工业化趋同相反，第二次现代化将是文化多元化的过程。在这个过程中，家庭、组织、生产方式、生活方式将具有多样性，而文化的多元化将决定知识时代是一个物质文明趋同、非物质文明（文化）多样化的时代。虽然物质文明对文化变迁有很大影响，但是，文化主要决定于各民族的语言、宗教、艺术、风俗、习惯、道德、价值观、法律和规范等。尽管人们的物质生活会逐步趋同，但精神生活和文化生活将保持多样性。在 21 世纪，人类将像保护生物多样性一样，保护人类文化的多样性。知识社会是一个多样化的民主社会。

其八，个性化是第二次现代化的行为特点。与第一次现代化的“刚性”和“机械性”相反，第二次现代化在许多领域表现为“柔性”和“个性”。组织结构、管理思想和方法、生产方式和环境等，越来越具有灵活性，尊重人性的特点。人是知识的创造者和使用着，创新是人的创造性活动，没有人就没有创新和知识。柔性化和个性化的组织与管理，是提高知识生产和创新能力的关键，也是成功的关键。柔性组织、虚拟企业、柔性工作制和按贡献分配等，都体现了个性化的特点，这些新现象正在世界流行。

知识社会是一种富含人情的理性社会。

其九，智能化是第二次现代化的技术特点。人工智能技术的发展和应用，不断改变着我们工作和生活的用品和环境，越来越多的工作被智能机器人替代，许多工作岗位上活跃的将是智能机器人，普通工作人员的失业将不可避免。与此同时，住房、交通、技术、生产、管理和许多产品的智能化程度日益提高，工作和生活越来越快捷、便利和舒适，从事简单体力劳动和重复脑力劳动的人数比例越来越少，更多的人、更多的时间将投入创造性劳动，这样又会进一步提高社会的智能化，从而形成一个促进智能化的正反馈循环。知识社会也是一个智能社会。

其十，终生学习是第二次现代化的生活时尚。21 世纪知识正以每五年翻一番的速度更新，知识的老化和过时比知识的更新还要快。而知识是经济增长和事业成功的决定因素。这些决定了学习的重要性。高等教育逐步普及，终身学习成为普遍接受的成功法则。成功的政府、企业和组织将是学习型组织。学习不再只是上学读书，而是成为每个人日常工作和生活的组成部分。终身学习的普及，知识成为生活必需品和消费品，这些将促进知识的更新，进而增加持续学习的压力。知识社会还是一个学习型社会。

第二次现代化过程就是知识社会的形成过程，也是知识经济的发展过程。知识社会是一个新社会，知识经济是一种新经济；知识社会是一个多面体，知识经济也是一个多面体，从不同角度观察它们，看到的景象有所不同，对它们的认识和描述也不同。例如，从经济角度看社会，新社会是知识社会、信息社会或创新社会；从技术角度看经济，新经济是知识经济、信息经济、数字化经济或网络经济。这反映了人类社会和经济发展的复杂性。

知识社会和知识经济的多面性是不断发展的，不同发展阶段的特点有所不同，不同阶段的突出特征有较大差异。例如，目前阶段的突出特点是信息技术及其影响，所以很多人认为它们是信息社会和信息经济。知识经济是相对于原始经济、农业经济和工业经济的一种新经济形态（表 2-33），关于知识经济的研究有大量文献，包括对知识经济的起源和特点的分析等。同样，知识社会也是一种新社会形态，相关的研究文献也非常多。

表 2-33 知识经济与工业经济的比较

项目	知识经济	工业经济
生产	知识生产超过粮食生产 知识产业超过物质产业 知识和信息生产占主导地位	工业生产超过粮食生产 工业超过农业 工业化大生产占主导地位
流通	市场全球化（全球市场） 电子商务、虚拟市场贸易 市场变化非常快 证券化程度高（信用卡）	市场国家化（全国市场） 有形市场贸易 市场变化相对较慢 证券化程度较低（货币）
分配	按贡献分配，按需要调节 知识资本和投资资本参与纯收入分配	按资本分配，按劳分配 投资资本参与纯收入分配，劳动获得报酬

资料来源：中国现代化战略研究课题组，2002.

（4）第二次现代化理论的局限性

第二次现代化理论描述的第一次现代化就是经典现代化，描述的第二次现代化是正在进行尚没有完成的新现代化。第二次现代化理论实际上是关于两次现代化的理论。由于第二次现代化刚刚走过 30 多年历程，可以说是刚刚开始，它的规律和特点尚处于发育之中，21 世纪还有很多不确定因素，所以，目前对第二次现代化的认识是十分有限的。第二次现代化理论没有阐述第二次现代化以后的发展，它留下一个悬念——22 世纪的世界会怎么样？

2. 反思性现代化理论

1986 年 4 月，苏联切尔诺贝利核电站发生重大事故，现代技术的巨大风险受到世界关注。同年，德国学者贝克的《风险社会——走向新的现代性》德文版问世。他在书中提出了后来产生广泛影响的两个概念，风险社会和反思性现代化。使人们注意到科技的两面性：一方面推动了社会进步；一方面产生了副作用——技术和生态风险，风险已经成为一种普遍的社会特征。

(1) 风险社会理论

贝克认为，我们的现代世界处于转变之中，即从工业社会向风险社会的转变。风险社会的出现代表一个新时代的到来(Beck，Giddens，Lash，1994)。

工业社会是现代科学和理性取代宗教和等级作为社会原则的社会。官僚的、技术和科学精英开始占据社会的知识和权力地位，他们的决策和技术创新产生了关于组织和生活的大量后果。

风险社会描绘了现代社会的一个发展阶段，在这个阶段，社会的、政治的、经济的和个人的风险日益趋向于逃脱工业社会建立的风险预防和监督机制。风险社会的形成经历两个阶段：第一阶段，风险已经系统地出现，但没有成为公众议题和政治冲突的中心，工业社会保持自己的特点；第二阶段，工业社会的危险成为公众、政治和个人冲突和争论的突出议题，工业社会的机构成为危机的制造者和立法者，社会和政治问题成为突出特点(Beck，Giddens，Lash，1994)。

(2) 反思性现代化理论

贝克 1986 年提出反思性现代化(Beck，1992)，1994 年比较全面地阐述了反思性现代化理论(Beck，Giddens，Lash，1994)。这里从反思性现代化的定义、过程、结果、动力和途径五个方面，介绍它的主要观点。

首先，反思性现代化的定义。贝克认为：反思性现代化就是一个工业社会的创造性破坏的时代，创造性破坏的行为主体不是革命，不是危机，而是西方现代化的胜利。普通现代化是从传统社会向工业社会的转变，反思性现代化是从工业社会向风险社会的转变。在新时期，进步变成自我解构，一种现代化消除另一种现代化，这就是反思性现代化(图 2-47)。

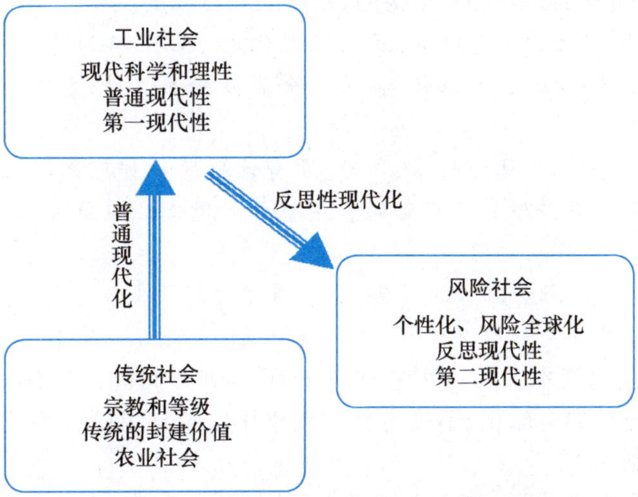

图 2-47 反思性现代化是现代化的现代化

资料来源：何传启，2003.

其次，反思性现代化的过程。贝克认为，世界现代化包括两个阶段，即普通现代化和反思性现代化(或简单现代化和再现代化)。在19世纪，普通现代化分解了农业社会的结构，建立了工业社会；与此相似，今天的反思性现代化正在分解工业社会，并产生另一种现代性。这种新出现的现代性就是风险社会。普通现代化是建立现代工业社会，反思性现代化是消解现代工业社会。

如果普通现代化是工业社会形态对传统社会形态的解体和重构，那么，反思性现代化是另一种现代性对工业社会形态的解体和重构。现代社会正在消除它自己的阶级、阶层、职业、性角色、中性家庭、工厂、商业部门的结构，也在解除自然的技术经济进步的持续状态和前提。现代社会的现代化程度越高，工业社会的基础就越多被消除、消耗、改变和冲击。

反思性现代化的行为主体是：个人和团体，科学家和普通人，机构和组织。

其三，反思性现代化的结果。贝克认为，工业社会是普通现代化的结果，风险社会是反思性现代化的结果。工业社会的现代性是普通现代性，风险社会的现代性是反思现代性。普通现代性是第一现代性，反思现代性是第二现代性等。

普通现代性指1800～1950年的工业社会的特征。普通现代性是一个半现代状态，它包含着反现代的因素，阻止进一步的现代化。普通现代化只走完现代化一半的历程。

反思现代性指风险社会的特点，如社会不平等的个性化、不确定性、风险全球化、民主对话、结构性失业、部分雇佣和工作安全性的退化等(Beck, 1992)。

反思现代性是普通现代性的自动的自我解除和自我置疑，是一种现代化非计划的、不可见的消除另一种现代化，它处理普通现代性产生的副作用和危险，把人从结构中解放出来，或者定义一种新结构，甚至更激进一点，重新创造社会和政治。

其四，反思性现代化的动力。关于反思性现代化的动力有多种观点。例如，贝克认为反思性现代化的动力是副作用和反思性，拉什认为是个性化(Beck, Giddens, Lash, 1994)。

贝克认为：反思性是自主的、不受欢迎的、看不见的从工业社会向风险社会的转化过程。从工业社会向风险社会的自动的、非预期的、不可见的转变就是反思性(reflexivity)，反思性现代化是对风险社会的效果的自我对抗，这种效果是工业社会解决不了和吸收不了的。反思性现代化是对现代化风险的自我监督。

反思性包括认知的、美学的、阐述的、结构的、制度的和自我的反思性。

其五，反思性现代化的途径。贝克认为：反思性现代化可以理解为工业社会的必然性的解体，被迫去寻找和发明新的必然性；新的相互依赖，甚至是全球性相互依赖；个性化和全球化是反思性现代化的两个方面。

反思性现代化的发生，是工业社会的、悄悄的、没有计划的一种变化，它出现在正常的、自动的现代化的末尾，但是，政治和经济秩序是没有变的和完整的。现代性的激进化，打破了工业社会的结构和信念，打开了通向另一个现代性之门。

从一个社会时代向另一个社会时代的转变，能够通过没有预先设计的、非政治的和各种论坛的促进来实现。新社会并不总是在痛苦中诞生(Beck, Giddens, Lash, 1994)。

2000年，贝克的《自由与资本主义》(贝克，威尔姆斯，2001)问世。全书以“第二次现代化”为中心议题，讨论了一些相关概念，如全球化、不确定性、“副作用”、全球风险社会、第二次启蒙、第一次现代化和第二次现代化的区别等。

贝克说：关于“第二次现代化”或“反思性现代化”的说法的目的，首先在于让西方现代化理论与现代化社会学进行彻底的自我批判，这样便开拓出就不同现代化目标、价值、前提、联系、道路进行世界主义讨论的空间。

从第一次现代化到第二次现代化的过渡不是一下子完成的，它不是一场革命，相反，它是以非政治的方式进行的，绕过了议会、政府和公众舆论，仿佛是由副作用引发的变革，随着反对意见与阐释的出现，它全部的深刻性与广阔性才逐渐显露出来。

第一次现代化向第二次现代化的过渡也从各个方面表现出来：劳动组织和劳动监督的基本观念，经济、企业、技术和市场，正在悄悄地瓦解；同时，也有些东西在形成。至于它们最终会采取怎样的结构形式，目前尚无人弄得清楚。

我相信，人们迄今无法为第二次现代化作出诊断。我对第二次现代化的诊断是，民族国家"集装箱"会自行解体，获得另外一种性质，使得我们形成有关跨国性的流通、生活方式、交流关系的新观念，使得各民族国家、各地区、各组织内部，即在社会的所有层面上，在经济领域、劳动领域、社会网络、政治组织内产生各种机制。

贝克关于第二次现代化（反思性现代化）特征的描述，可以归纳为几个方面：① 全球化，包括经济、政治、社会和文化的全球化；② 个性化，某种制度化的个人主义；③ 世界风险社会；④ 劳动社会的基础受到侵蚀，劳动不再是唯一意义之所在；⑤ 多样性，表现在各个方面；⑥ 政治的多样化、亚政治化、世界主义民主、民主制的权威主义。

根据贝克的观点，第二次现代化（反思性现代化）是从劳动社会（工业社会）向全球风险社会的转变，未来是一个世界主义社会。世界主义社会的特点在于，它完全向世界开放。世界主义承认真正的多样性，而全球主义否定真正的多样性。

(3) 反思性现代化理论的局限性

反思性现代化理论把风险社会作为第二现代性，把风险社会的形成作为反思性现代化的目标，这种观点反映了发达国家新变化的部分特征，而不是全部。21 世纪知识经济和知识社会已经成为世界潮流，风险性是这种世界潮流的一个侧面特征。

3. 后现代化理论

后现代化理论出现于 20 世纪 70～80 年代。早在 20 世纪 60 年代，发达国家出现了三种新现象。其一，经济发展从工业化转入非工业化，工业经济比例持续下降，服务经济比例持续上升。其二，社会发展从城市化转入非城市化（或逆城市化），城市人口向郊区和乡镇迁移。其三，环境保护运动兴起，后现代文化蔓延。显然，经典现代化理论不能解释这些新变化。20 世纪 70 年代以来，学者们纷纷探索发达工业国家的未来发展，未来学和后现代化理论引起广泛关注。

后现代化理论并不是一个完整的理论体系，而是关于后工业社会、后现代主义和后现代化研究的一个思想集合。后现代化理论主要有三个来源：对经典现代化和现代性的批判、后工业社会的未来学展望、后物质主义和后现代文化的实证研究等。

(1) 后工业社会理论的主要观点

美国学者贝尔是后工业社会理论的代表人物，他在《后工业社会的来临》一书中把社会发展分为三个阶段：前工业社会、工业社会和后工业社会（表 2-34）。他从五个方面刻画后工业社会：① 经济方面：从产品生产经济转变为服务性经济；② 职业分布：专业和技术人员阶级处于主导地位；③ 中轴原理：理论知识处于中心地位，它是社会革新与制定政策的源泉；④ 未来的方向：控制技术发展，对技术进行鉴定；⑤ 制定决策：创造新的"智能技术"(Bell, 1973)。

表 2-34 社会变化的总图式

	前工业社会	工业社会	后工业社会
主导产业	第一产业 （农业和矿业）	第二产业 （制造业和加工业）	第三产业、第四产业、第五产业
关键职业	农民、矿工、渔民、非技术工人	半技术工人、工程师	专业技术人员、科学家
技术	原料	能源	信息
资源	土地	机器	知识
观念	同自然界竞争	同经过加工的自然界竞争	人与人竞争
中轴原理	传统主义：土地、资源的局限性	经济增长：国家或私人对投资决策的控制	理论知识的集中与具体化
地区分布	亚洲、非洲、拉丁美洲	西欧、苏联、日本	美国

注：地区分布为 20 世纪 70 年代的分布。第三产业包括交通和运输、公用事业；第四产业包括商业、金融业、保险业、房地产；第五产业包括医疗、教育、研究、政府、娱乐。本表产业分类与统计分类有差别。

资料来源：Bell，1973.

(2) 后现代主义的主要观点

后现代主义起源于西方发达国家。根据韦伯斯特词典，后现代指 20 世纪中叶在西方艺术、哲学、建筑和文化等领域兴起的思潮，它反对现代化运动的哲学和实践，主张复兴传统要素和技术。德国的尼采和海德格尔被认为是后现代主义的先驱，代表人物包括利奥塔、德勒兹、德里达、福柯、詹姆森、哈维、罗蒂、拉康和鲍德里亚等。后现代主义既没有统一定义，也没有系统理论，但有一个鲜明特征，那就是对面面俱到的现代性提出挑战（罗斯诺，1988）。

法国学者利奥塔的《后现代状态》一书促进了后现代主义的兴起。他认为：随着社会进入被称为后工业的年代以及文化进入被称为后现代的年代，知识改变了地位。在最近几十年里，知识成为首要生产力，这已经显著地改变了最发达国家的就业结构，对发展中国家来说也是最主要的薄弱环节。知识的供应者和使用者的关系，越来越具有商品的生产者和消费者的关系所具有的形式。不论是现在还是将来，知识为了出售而被生产，为了在新的生产中增殖而被消费；它在这两种情形中都是为了交换（Lyotard，1984）。

德国学者科斯洛夫斯基比较了现代文化与后现代文化模式的差异。他认为：现代化是必要的，但这并不是强迫人们以唯一的技术导向的方式去回应现代化。后现代主义文化毋宁是这样一种社会的文化：它能够用人道的、符合人们意愿的方式实现现代化，同时又保持与往昔、传统的平衡。后现代时期更多地为各种崭新的、以文化为导向的社会、经济现代化形式所决定。后现代文化的特点在于它对科学主义的更富有批判性的新型关系，以文化为导向的经济，以及与进步、与现代化的非空想的明智关系。对于后现代文化而言，现代化并非只有一种形式，而是有多种步骤，这些步骤必须切实地为人们带来益处（科斯洛夫斯基，1999）。

一般而言，后现代主义是相对于现代主义的一种思潮，它建立在对现代主义、现代性和现代化运动的种种问题和局限性的反思和批判的基础上。作为经典现代化产物的现代性，带来了极大的物质财富，也带来了理性的专制、机器的统治、人性的淡化、精神的空虚、生态的灾难等人类越来越难以忍受的“现代病”。后现代主义通过对“现代病”的揭露、批判和否定，开阔了人们的视野，为未来发展提供了新线索。后现代主义是文化范式的转变，是一种文化转向（钱尼，2004）。从现代文化向后现代文化的转向，带来的变化是深刻的。

(3) 后现代化理论的主要观点

英国学者柯鲁克、帕库斯基和瓦特斯的《后现代化：发达社会的变化》(Crook, Pakulski, Waters, 1992)是后现代化理论的代表作之一。书中讨论了发达国家从现代化向后现代化的转变，分析了文化、国家、不平等、政治、工作组织、科学和技术六个方面的变化(表 2-35)。他们认为：发达国家正在经历一个长期的、多维度的后现代化过程；后现代化最好被理解为现代化过程的一种延续，但它侵蚀了现代性的稳定性；后现代化的转型包括去组织化、高级(hyper)分化和去分化、高级理性化和高级商业化；从现代化向后现代化的转型涉及高级分化和单中心组织的结合；后现代化转型是多方向的和不可预先确定的。

表 2-35　现代化与后现代化的差别

方面	现代化	后现代化
文化	文化现代化是从传统文化向现代文化的转型过程，包括文化分化、文化理性化和文化商品化；文化现代性是文化现代化的产物，文化现代性产生了一系列紧张关系：分化与去分化、理性艺术与非理性艺术、商品化和反商品化	文化后现代化是多方向的和不可预测的过程，是文化现代化的扩展和反向的混合体，包括高级商品化、高级理性化、高级分化和去分化；文化后现代性是文化后现代化的结果，也是一个混合体
国家	现代化过程产生的国家，是以主权为基础的理性权力机构，是公民权利的创造者和维护者，现代国家逐步成为一个组合主义的管理者	后现代化动摇了组合主义国家权力的某些概念，包括从集中化到分散化、从权威到解放的转变；它对国家机构自动享有政治和公共领域的特权的观念提出质疑
不平等	自由资本主义认为，阶级和性别不平等是由生产、积累和社会再生产决定的，有三种不平等：资产阶级、男性工人和妇女。有组织的资本主义改变了这种情况：服务阶级代替了资产阶级，工人阶级碎片化，妇女成为公共领域的再生产者	组织资本主义的不平等更多由消费模式而不是由生产模式决定。在后现代性里，大众媒体扮演关键角色，促进了多元身份。平等的多元共同体，以共同兴趣、选择和责任为基础，而且是流动的和交叉的
政治	现代政治是有组织的、正式的和工业化的，集中在国家层面，涉及规范的公民地位和利益代表；20 世纪上半叶政治更加组织化和科层化	新政治与阶级结构脱钩，反对官僚化；后现代政治转变包括从结构基础向多样化集团、从经济议题向社会文化议题、从利益政治向普世关怀的政治的转变
工作组织	现代企业是高度理性的和疏离的，福特主义的生产线，标准化，连续性，约束性，工作任务简单；由于市场饱和，福特主义的生产战略受到挑战；企业和组织联盟出现	后工业主义促进职业的、学院式的工作组织的发展，小企业精神促进自我雇佣，灵活的专业化促进工作的多样性。柔性专业化、计算机控制生产、分散化和扁平管理、灵活的劳动力市场等
科学技术	现代有组织的科学是制度化和职业化过程的产物，适应人类控制自然的“大设想”；组织化科学是一个自治系统，生产新的有用知识，换取政府和企业的政治和经费支持	现代科学面临许多压力：财政的、科学的公众理解等；后现代科学必须最终消除科学与其他领域的边界，需要面对公共利益和高度商业化

资料来源：Crook, Pakulski, Waters, 1992.

美国学者殷格哈特是后现代化理论的一个代表人物。他分析了世界价值观调查获得的大量数据和结果，写成《现代化与后现代化：43 个国家的文化、经济和政治变迁》(Inglehart, 1997)一书。该书是后现代化理论的代表作之一。

殷格哈特认为，历史发展不是线性的，从传统社会向现代社会的转变是现代化，从现代社会向后现代社会的转变是后现代化(图 2-48);1970 年以来工业化国家发生的变化是后现代化,发展中国家发生的变化是现代化;从现代化向后现代化的转变包括政治、经济、性和家庭、宗教观念等的深刻变化,如从物质主义到后物质主义、从现代价值到后现代价值、从生存价值到幸福价值;现代化的核心目标是经济增长,通过工业化和系统的技术应用来扩大有形产品;后现代化的核心目标是使个人幸福最大化,追求生活质量和生活体验;在专业化、世俗化和个性化方面,后现代化是现代化的继续。文化变迁具有路径依赖性,后现代化的文化变迁包括后现代主义的兴起。后现代主义可以分为三类。其一,反对现代性的后现代主义,反对理性、权威、技术和科学。其二,主张复兴传统的后现代主义,认为传统性有积极意义。其三,提倡新价值和新生活的后现代主义,主张更加宽容的伦理、性行为和个人选择。

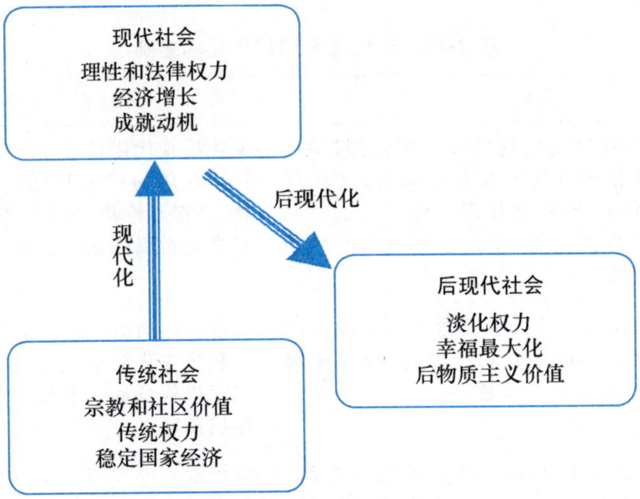

图 2-48　从现代化到后现代化

资料来源:Inglehart, 1997.

殷格哈特和威尔吉尔在 2005 年出版的《现代化、文化变迁和民主》一书中比较详细地讨论了现代化过程的文化变迁。他们认为:现代化的方向是可以预期的,但过程是不确定的;宗教和传统文化遗产的作用没有消失,全球文化没有趋同,文化变迁不是线性的,文化转向一再发生,文化现代化不是不可逆的;工业化带来理性化、官僚化和世俗化,后工业化带来个人自律和自我表达价值;现代化不是西方化,美国不是世界文化变迁的领导者;人的发展和解放已经成为后工业时代的现代化特征(Inglehart, Welzel, 2005)。

(4) 后现代化理论的局限性

在很大程度上,后现代化理论是一个毁誉参半的理论。这里不讨论人们对它的批评,而是简要讨论它的局限性。首先,它具有"时间不自洽"的嫌疑。如果说,"后现代"是一个时间概念,那么,"现代"与"后现代"是时间交叉的。从时间角度看,"后现代"是一个"不自洽"的模糊概念。其次,它没有包涵知识经济、网络社会等新发展和将来的新变化。其三,它具有表达能力的局限性。它认为现代化不是历史的终点,后现代化也不是终结,后现代化以后是"后后现代"。如果真是这样,那么,"后后现代"以后是什么?在工业化国家,"后现代"的时间不自洽,引起人们的思想混乱。在发展中国家,现代化和后现代化的矛盾,令人无所适从。后现代化理论由于自身的缺陷,而限制了自身的发展。

4. 继续现代化理论

20 世纪 70 年代以来,关于现代工业社会未来发展的新概念层出不穷。这些新概念,有关于社会的,有关于经济的,有些是综合的。它们既反映了社会现实,也超越了社会现实,部分带着未来学的色彩。在80年代，德国学者提出了生态现代化理论，将在第五节领域现代化部分讨论。在90年代，德国社会学家提出了继续现代化理论。

(1) 继续现代化理论的主要观点

德国学者查普夫(Zapf，2000)认为，后物质主义社会、后工业社会、后现代社会、信息社会、风险社会、感性社会等概念在语义上都没有像"现代社会"这个概念更具有生命力。

他赞成美国学者帕森斯的观点，发展(现代化、变迁)是容纳、价值普遍化、分化和地位提高的综合体。查普夫教授认为，经过冲突论和创新论"淬火"的现代化理论是解释世界现在和未来发展的合适的理论模式，现代社会需要继续现代化。

继续现代化包括技术和社会创新，包括容纳、价值普遍化、分化和地位提高的社会变迁机制，包括方向恒定和结构改善的两重含义(Zapf，2000)。根据查普夫的看法，美国杜克大学图亚江(Tiryakian，1991)教授把这种现代化称为"第二种现代化"或"新现代化"。

(2) 继续现代化理论的局限性

查普夫教授强调了现代化的延续性，忽视了现代化方向的重大转折。随着信息革命和知识经济兴起，现代化前沿的方向和内涵发生了根本性变化，例如，从工业化转向非工业化，从物质经济转向服务经济，从物质主义转向生态主义等。

三、综合现代化路径

20世纪70年代以来，随着越来越多的发达国家进入第二次现代化阶段，没有完成第一次现代化的发展中国家将面临两次现代化的双重压力。在21世纪，越来越多的发展中国家有可能采取两次现代化协调发展的模式，选择综合现代化路径(图2-49)。综合现代化的相关理论包括综合现代化理论、多元现代性理论和全球化理论等。

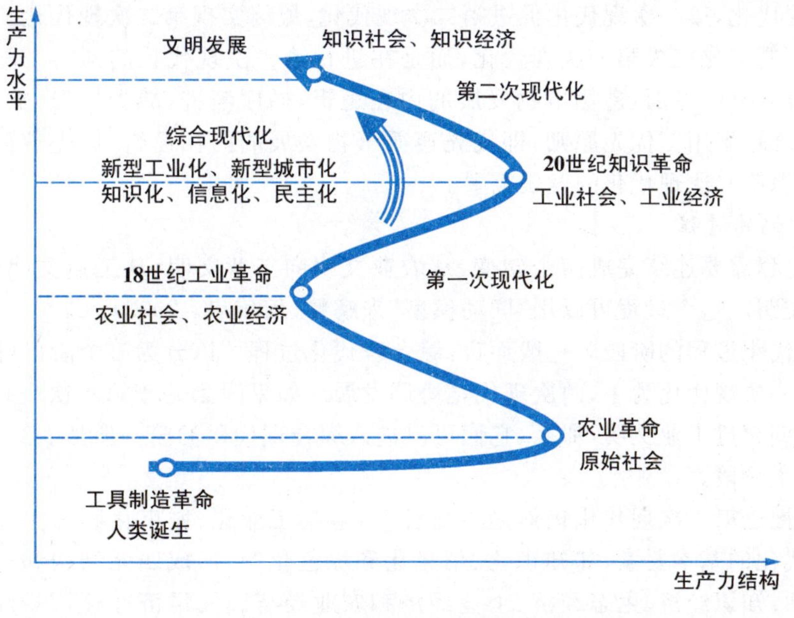

图2-49　综合现代化的定位

注：综合现代化路径是适合发展中国家的一条基本路径。有些发展中国家，在没有完成第一次现代化的时候，面临第二次现代化的挑战，它们有可能选择综合现代化路径。发展中国家的综合现代化，起点可以不同，终点可以不同，路径可以不同；最早起点可以追溯到20世纪80年代。

1. 综合现代化理论

综合现代化理论是中国学者何传启提出来的，它是第二次现代化理论的一个路径理论。2003 年出版的《东方复兴：现代化的三条道路》一书系统阐述了综合现代化理论，它包括一般理论、分支理论和相关理论（表 2-36），其中，一般理论是关于综合现代化的一种系统阐述。综合现代化理论适合于目前没有完成第一次现代化的发展中国家。这些国家通过两次现代化的协调发展，有可能迎头赶上世界先进水平，达到发达国家第二次现代化水平。综合现代化路径是与第二次现代化路径并行的一条路径，是与发达国家现代化路径不同的一条新路径。

表 2-36　综合现代化理论的结构

分类	理论	主要内容
一般理论	元理论	综合现代化的定义、过程、结果、动力和模式等
分支理论	分层次理论	国家、地区、机构和个体的综合现代化
	分领域理论	经济、社会、政治、文化、生态和个人领域的综合现代化
	分部门理论	农业、工业、教育、科技、国防和交通等部门的综合现代化
相关理论	其他现代化理论	经典现代化理论、多元现代性理论、全球化理论、第二次现代化理论等
	其他相关理论	发展理论、转型理论、依附理论、世界体系理论等

(1) 综合现代化的定义

综合现代化是发展中国家的一种现代化现象，是两次现代化的协调发展和持续向第二次现代化转型的复合过程，是现代文明的形成、发展、转型和国际互动的复合过程，是文明要素的创新、选择、传播和退出交替进行的复合过程，是追赶和达到世界先进水平的国际竞争。

综合现代化以赶上发达国家的第二次现代化水平为阶段目标，协调发展两次现代化，用第二次现代化带动第一次现代化，第一次现代化促进第二次现代化，最终实现第二次现代化。

综合现代化不要求先完成第一次现代化，而是在进行第一次现代化的同时，开展第二次现代化；在两次现代化没有冲突的方面，遵循事物发展的内在逻辑，循序渐进，减少失误，加速发展；在两次现代化发生冲突的方面，采用三优先原则，即优先遵循事物发展的内在逻辑，优先遵循第二次现代化的基本原则，优先考虑第二次现代化的发展需要。

(2) 综合现代化的过程

综合现代化过程需要连续完成两个转变，从农业文明向工业文明、从工业文明向知识文明转变，并最终达到知识文明。这个过程可以用“联动模型”来解释（何传启，2003）。

首先，综合现代化过程的阶段。一般而言，综合现代化过程可以分为三个阶段（图 2-50）。

第一阶段，第一次现代化为主，两次现代化协调发展。如果国家处于第一次现代化的起步期或发展期，农业文明比例超过工业文明，那么，它们可以进入综合现代化的第一阶段：第一次现代化为主阶段，简称工业化为主阶段。

在第一阶段，推进第一次现代化仍然是主要任务，包括工业化、城市化和民主化等；与此同时，可以采用第二次现代化的基本要素，如知识化、信息化和绿色化等，形成四元结构和连续转型的发展模式。主要内容包括：知识经济、生态经济、工业经济和农业经济四元经济并存，并持续向工业经济、生态经济和知识经济转移；知识社会、生态社会、工业社会和农业社会四元社会并存，并持续向工业社会、生态社会和知识社会转型。

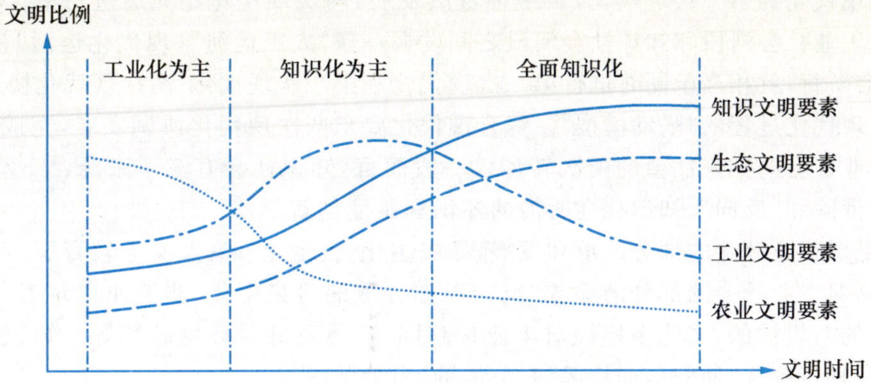

图 2-50 综合现代化过程的三个阶段和文明结构

注:不同国家综合现代化的起点不同,它的阶段划分也会有所差别。如果国家处于第一次现代化的起步期或发展期,农业文明比例仍然超过工业文明,那么,它进入综合现代化后,将经历三个阶段。如果国家处于第一次现代化的成熟期,农业文明比例已经低于工业文明,那么,它进入综合现代化后,将经历两个阶段。在某种意义上,生态文明可以看成是知识文明的一个组成部分,或者是知识文明的一个侧面;同样,生态经济和生态社会可以分别看成是知识经济和知识社会的一个组成部分,或者是知识经济和知识社会的一个侧面。

第二阶段,第二次现代化为主,两次现代化协调发展。如果国家处于第一次现代化的成熟期或过渡期,或者它们的工业文明比例已经超过农业文明,那么,它们可以进入综合现代化的第二个阶段,即第二次现代化为主阶段,简称知识化为主阶段。

在第二阶段,国家以第二次现代化为主导,加速推进知识化、信息化和绿色化等;与此同时,继续完成第一次现代化的收尾工作,完成工业化、城市化和民主化等,形成两元结构和持续转型的发展模式。主要内容包括知识经济、生态经济和工业经济三元经济并存,并持续向知识经济和生态经济转移;知识社会、生态社会和工业社会三元社会并存,并持续向知识社会和生态社会转型等。在这个过程中,农业文明比例继续下降,但长期存在。

第三阶段,全面推进第二次现代化阶段。如果国家的知识文明比例已经超过工业文明,或者它们已经完成第一次现代化,工业文明已经成熟,工业文明比例开始下降,那么,它们可以进入全面推进第二次现代化阶段,简称全面知识化阶段。

在第三阶段,国家现代化的主要内容包括知识经济、知识社会和生态文明的全面发展,迎头赶上发达国家第二次现代化的先进水平等。

在综合现代化的第一阶段和第二阶段,由于采用了第二次现代化的许多要素,如知识化、信息化、绿色化和全球化等,国家的工业化和城市化等会发生深刻变化,会不同于传统的工业化和城市化。新型工业化是一个四元互动过程:工业化、信息化、绿色化和全球化。新型城市化是一个五元互动过程:城市化、郊区化、信息化、绿色化和国际化。

其次,综合现代化过程的特点。综合现代化是一条新路,它的实践特点尚在形成之中。从理论角度分析,综合现代化过程有五个基本特点:① 多样性,如起点多样性、路径多样性、终点(达到发达国家水平的时间点)多样性等;② 综合性,两次现代化的协调发展等;③ 复杂性,包含两次现代化的内容和转型;④ 风险性,两次转型连续进行是有风险的;⑤ 创新性,它是不同于发达国家的新路径。

其三,综合现代化过程的"运河模型"。人类历史犹如一条长河,可以分为四个河段:原始社会、农业社会、工业社会和知识社会。文明之船从农业社会河段向工业社会河段的航行是第一次现代化,从工业社会河段向知识社会河段的航行是第二次现代化。发达国家的现代化,文明之船沿着人类文明主河道航行，从第一次现代化到第二次现代化，是一种自然发展，两次现代化是先后进行的。发展中国家的现代化，如果在工业社会河段和知识社会河段之间发掘一条“人工运河”（现代化运河），文明之船沿着运河向知识社会航行，就相当于同时进行第一次现代化和第二次现代化，两次现代化协调发展。

其四，综合现代化过程的“联动模型”。综合现代化要求两次现代化协调发展，完成从农业社会向工业社会、从工业社会向知识社会的两次转型。一般而言，知识社会有三个来源：工业社会的部分继承和发展、部分消除和“反向”、知识社会所需的知识和制度创新。

知识社会是对工业社会的部分继承和发展，如民主化、世俗化和普及义务教育等。

知识社会是对工业社会的部分消除或“反向”，如分散的对集中化、非工业化对工业化、社区的对非社区的、有机的对机械的、文化多样性对工业化趋同、环境友好对环境破坏等。知识社会有些方面是对传统性的一种螺旋式“回归”，如社区的、分散的、自然的等。

知识社会包括大量创新，如知识化、信息化、网络化、智能化和普及高等教育等。

在工业社会形成过程中，可以对工业社会已经形成的部分，有选择地进行部分消除和“反向”、部分继承和发展，生成知识社会的要素，同时进行知识社会需要的知识和制度创新；工业社会和知识社会的形成将表现为一个连续过程。综合现代化就像是一个“反应器”，它一边解体农业社会生成工业社会，一边解体工业社会生成知识社会，两个转变是联动的。当然，这个“反应器”不是自动工作的，而是人为控制的；“反应器”的目标是建立知识社会。

其五，综合现代化过程的有利因素。大致有五个方面的有利因素。

第一个方面，可以借鉴国际经验。吸取发达国家工业社会和知识社会的建设经验，避免发达国家曾经出现的失误，节省发达国家先行探索所花费的时间，省略可以省略的建设成本，降低社会转型成本，把握好那些将被自我消除和“反向”的工业社会成分的发展节奏。

第二方面，可以利用地区不平衡性。如果全国为第一次现代化的发展期，那么，有些地区可能已进入成熟期或过渡期，其他为发展期或起步期。后两类地区可以促进工业社会的部分自我消除和“反向”，转变成知识社会的成分；前两类地区可以直接采用知识社会的要素。在有些国家，有的地区处于第一次现代化，有些地区可能已经进入第二次现代化。

第三方面，可以利用领域不平衡性。不同领域发展是不同步的。发展快的领域可以先转变，发展慢的领域可以后转变。不同领域的转型时间可以不同，有些领域可以提前转型。例如，在经济领域，在工业化没有达到“最大值”的时候，就可以进入非工业化时期等（图 2-51）。

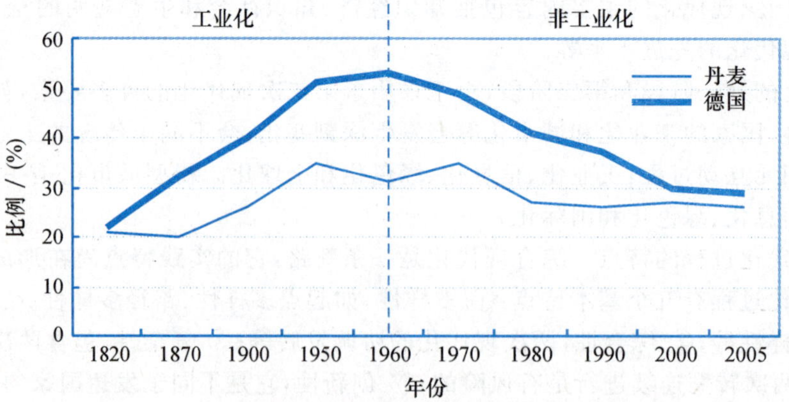

图 2-51　工业增加值占 GDP 比例的变化(工业化和非工业化)

注：丹麦的工业增加值占 GDP 比例，在不到 40%的时候就开始下降，进入非工业化时期。

第四方面，可以利用两种社会的相容性。知识社会与工业社会的形成过程是部分兼容的，知识社会和工业社会的所需创新可以部分同时进行。例如，在工业化和城市化的同时，推动知识化、信息化、智能化、绿色化和全球化等，而不是在完成工业化和城市化以后再进行。

第五方面，可以提前进行生态转型。发达国家的现代化，先完成第一次现代化，后进入第二次现代化；在第一次现代化过程中，环境污染严重，环境压力和生态成本上升；在第二次现代化过程，采用生态现代化原理，进行现代化的生态转型，治理污染和保护环境，采用绿色发展模式，环境压力和生态成本下降。发达国家的现代化，是先污染后治理，环境压力和生态成本先升后降。发展中国家在综合现代化阶段，可以采用生态现代化原理和绿色发展模式，走绿色工业化和绿色城市化的发展道路，降低现代化过程的环境压力和生态成本(图 2-52)。虽然发展中国家的环境压力和生态成本也会先升后降，但它们的数值有可能小于发达国家。

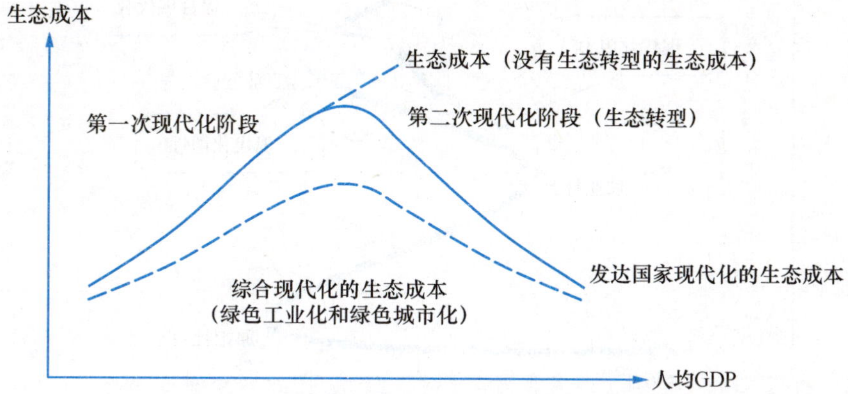

图 2-52　发展中国家的综合现代化的生态成本

参考资料：中国现代化战略研究课题组等，2007.

其六，综合现代化过程的风险性。综合现代化是一种探索。既然是探索，就会有成功和失败，风险是客观存在的。相对而言，综合现代化的风险比第二次现代化和第一次现代化要大一些，因为前者是人为的选择，后两者是自然的发展。综合现代化的风险，有些是认识问题导致的，有些是操作失误的结果。加强风险管理，增加对风险的认识和心理承受能力，把风险的副作用控制在社会可以接受的程度内。对于希望在有限时间内赶上发达国家水平的发展中国家来说，如果不是唯一途径的话，综合现代化也是通向成功的重要途径。

(3) 综合现代化的结果

综合现代化的结果可以从国内和国际两个角度分析。

从国内角度看，综合现代化的结果是：国家水平提高，文明结构变化；农业文明比例下降，工业文明先升后降，知识文明和生态文明持续上升，但农业文明并没有消失；第一现代性比例从上升到下降，第二现代性比例上升，部分传统价值持续存在并发挥作用；最终结果是第二现代性、特色性和副作用的形成。

从国际角度看，综合现代化的结果是追赶和达到现代化的未来世界先进水平。

综合现代化的国家目标是：提高国家现代化水平，追赶和达到世界先进水平。

(4) 综合现代化的动力

第一节关于现代化一般理论的动力分析，同样适用于综合现代化。

综合现代化的动力因素包括创新、竞争、适应、交流、技术、制度、国家利益和市场需求等，其中，国家利益和国际追赶有可能发挥主导作用。

综合现代化的动力原理包括创新驱动、三新驱动、双轮驱动、双轴联动、联合作用、四步超循环、三类文明复合互动、创新扩散、创新溢出和竞争驱动等(表 2-16)。

一般而言,综合现代化受到三个因素的影响:现代化阻力、现代化惯性和前沿吸引力。现代化阻力是现代化的各种障碍因素。现代化惯性是第一次现代化的惯性作用。前沿吸引力是第二次现代化的前沿吸引力。它们的相互作用决定了综合现代化的路径和内容。这个现象简称三要素模型(图 2-53)。简单地说,现代化阻力、现代化惯性和现代化前沿吸引力的联合作用,决定了综合现代化的路径;它们既影响综合现代化的内容和发展速率,也影响它的结果和成功概率。

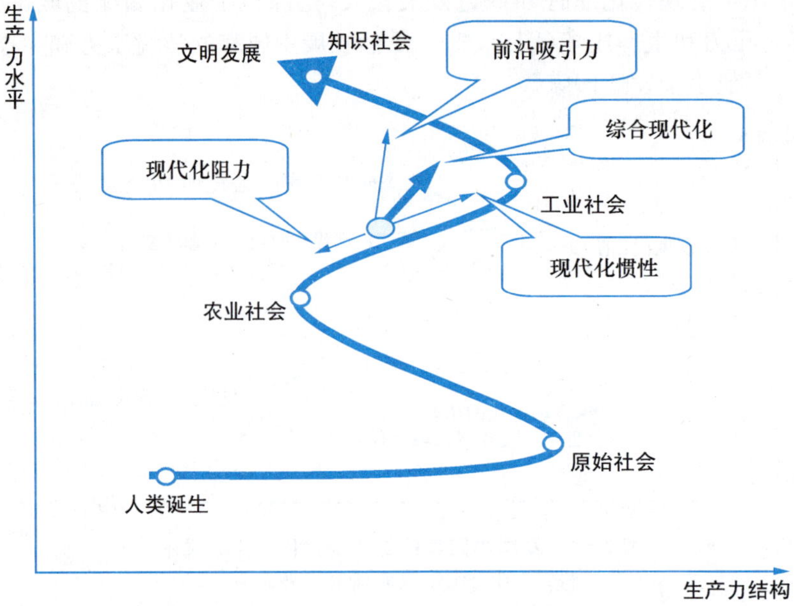

图 2-53　综合现代化的三要素模型

注:国家现代化的阶段、水平、条件和国际环境等,都会影响综合现代化的路径。

可以预计,在 21 世纪,第二次现代化的前沿吸引力会扩大,第一次现代化的惯性始终存在,现代化的阻力在不同时期和不同国家有不同表现,进入综合现代化阶段的发展中国家会增加,综合现代化的路径具有多样性。在 21 世纪某个时间,没有完成第一次现代化的国家,都有可能采用综合现代化路径。那时候的所有国家,或者处于第二次现代化,或者处于综合现代化。

(5) 综合现代化的模式

综合现代化具有路径和模式的多样性,大约有 20 多种要素组合模式。它既具有路径依赖性,受传统、客观条件和国际环境的影响;也具有起点依赖性,受国家现代化的阶段和水平的影响。综合现代化的路径选择,受到现代化阻力、现代化惯性和现代化前沿吸引力三个要素的共同作用(图 2-53)。在不同国家和不同时间启动综合现代化,需要不同的路径和模式。

首先,发展路径创新。综合现代化的"运河模型"要求,根据第一次和第二次现代化的基本原理,结合国家现代化水平和经济地理条件,开辟一条适合国家发展的现代化运河,迎头赶上发达国家的第二次现代化水平。不同国家和地区应该有不同运河。

其次,发展模式创新。综合现代化的"联动模型"要求,不同国家和地区,不同现代化发展阶段,需要建立与自己发展路径相适应的发展新模式,并随着现代化水平提高和国内外环境的变化,调整发展模式。打破旧模式,建立新模式,推动发展模式的快速新陈代谢,逐步逼近发达国家第二次现代化水平。

其三，战略管理。发达国家第二次现代化水平是变化的，综合现代化的战略目标必然是变化的。所以，综合现代化的发展路径、发展模式和战略目标，都必须与时俱进。这就需要对自己的发展战略实施动态的战略管理。

一般而言，在综合现代化的第一阶段，是四元结构和两次转型联动模式；在第二阶段，是三元结构和连续转型模式；在第三阶段，是全面知识化；传统性长期存在和发挥一定作用。

(6) 综合现代化理论的局限性

综合现代化理论只适用于采用综合现代化路径的发展中国家，不适用于其他国家。

综合现代化既不同于第一次现代化，又不同于第二次现代化，但以两次现代化为基础或参照。每一个国家的综合现代化道路和模式都有自己的特点，简单模仿难以成功。没有长期的、艰苦的、坚持不懈的努力和创新，就不可能有综合现代化的胜利果实。

综合现代化是一个迅速变化的过程，它不会是一帆风顺的，它伴随着痛苦、挫折、牺牲和人们不希望看到的副产品。综合现代化拒绝浪漫主义、空想主义和理想主义，它需要思想和实干。综合现代化必然导致社会结构的改变和权利的再分配，一部分人受益，一部分人受损。这就需要理解和尊重，需要对牺牲者给予补偿，对贡献者给予奖励。

2. 多元现代性理论

20 世纪 90 年代以来，文化多样性和文化多元化引起广泛关注。这种思想在现代化研究领域产生了共鸣，“多元现代性”逐步成为一个时髦的学术词汇，但没有统一定义。

以色列学者艾森斯塔特认为：多元现代性是关于现代时期的历史和特征的某种观点，它与 20 世纪 50 年代的经典现代化理论的阐述不同。经典现代化理论认为，现代性最初在欧洲出现，然后扩散到世界各地，并被后进国家照单全收。现代性确实蔓延到世界大多数地区，但没有产生一个单一的文明，或一种制度模式，而是产生了几种现代文明的发展，或至少多种文明模式(艾森斯塔特，2006)。

(1) 多元现代性理论的基本观点

多元现代性理论大致有如下的主要观点(艾森斯塔特，2006)。

首先，现代性应当被视为一种独特文明，具有独特的制度和文化特征。现代性的核心是对世界一种或多种阐释方式的形成和发展，是一种本体论图景、一种独特的文化方案的形成和发展，与一套或几套新的制度形态的发展相结合，空前的开放性和不确定性是其核中之核。

其次，现代性的制度模式和意识形态模式的持续的可变性表明，现代性的历史，最好看做是现代性的多元文化方案、独特的现代制度模式以及现代社会的不同自我构想不断发展、形成、构造和重构的一个故事——多元现代性的故事。

其三，“多元现代性”有几种含义。第一，现代性和西方化不是一回事，西方模式或现代性模式不是唯一的、“真正的”现代性；尽管相对于其他现代性而言，西方模式出现比较早，而且是并将继续是其他模式至关重要的参照点。第二，这类多元现代性的成型，不仅在不同国家间的冲突上留下了烙印，而且在不同的国家范围和跨国领域打下了烙印。第三，多元现代性不是“固定不变”的，而是不断变化的。

其四，现代性的这些不同文化方案和制度模式，是通过几种因素之间的持续互动构成的。第一种因素是这些社会的整个历史形成的宇宙观和社会结构；第二个因素是这些文明的历史经验和制度模式；第三个因素是现代化进程中现代性的新文化和政治方案的国际互动；第四个因素是与人口结构、经济和政治变化相关的内部紧张和矛盾。

其五，现代性文化方案的关键核心，涉及人的能动性和自主性，强调个人自由与制度自由领域的不断扩大，人的活动、创造性、自主性领域的不断扩展。

其六，文化多样性的分析，并不否认现代化和工业社会趋同的早期理论包含着高度真实的因素——大多数现代社会在制度面貌的某些最基本方面的确趋同。例如，在社会组织方面，如产业关系和现代城市问题等是趋同的；在某些意识形态方面，如平等和政治参与等是趋同的。但是，不同现代社会在提出和解决这些问题的方式方面有很大差异。

(2) 多元现代性理论的局限性

现代社会和正在现代化的社会的多元性和多样性，远远超出了人们以往所承认的程度。现代性具有多种文化方案和制度模式。多元性和多样性被视为是不同现代社会独特面貌的主要决定因素(艾森斯塔特，2006)。

多元现代性理论与文化和制度紧密相关。文化和制度是现代化的重要领域，但不是全部。

如果现代性是多元的，它会带来两个质疑。首先，如果有几种现代性同时存在，那么，究竟谁是真正的现代性？是否就没有真正的现代性？其次，几种现代性是完全异质的，还是部分异质的？如果是完全异质的，那么，现代性的定义就是有问题的。如果是部分异质的，那么，可否把几种现代性的同质部分抽提出来，组成真正的现代性。

一般而言，现代化的世界前沿有些方面是单元的，有些方面是多元的。从单元角度看，现代性是同质的；从多元角度看，现代性是部分异质的。现代性与观察问题的层次和角度有关。

3. 全球化理论

全球化理论是20世纪90年代引起广泛关注的一种理论。迄今为止，关于全球化没有统一定义。狭义理解，全球化是经济活动的全球联系和相互依赖的扩展。广义理解，全球化是经济、政治、文化、社会和环境等领域进行的、复杂的国际化过程。当国际化达到一定程度时，比如说超过50%的国家介入国际化过程的时候，这就是真正的全球化。全球化是一个国际联系日益扩展的历史过程。全球化理论是关于全球化现象的理论解释的一个集合(表2-37)。考虑到现代化过程是一个全球过程，全球化是现代化的一个伴生现象，把全球化理论理解成现代化理论的一个专题理论是可以接受的。当然，它们之间没有硬性关系，而是各自发展的理论。

表2-37 全球化的一种理论解释

项目	基本内容
定义	一个高度分化的历史过程，体现在人类活动的所有领域，如经济、社会、文化、政治、军事和生态等。世界范围内社会和经济日益一体化的复杂过程，人类生活的所有方面的全球相互联系的扩大、深化和加速
原因	许多人认为是诸多因素共同作用的结果，包括经济、技术、社会、文化和政治变革等。主要包括：运输成本下降、更低关税壁垒、观念迅速传播、资本流动扩大、跨国公司、移民压力增强、全球性问题等
分期	有人认为它是20世纪70年代以后的进程，有人认为是19世纪以来或者20世纪的进程。大致分为三个阶段：早期全球化(1500～1850年)、工业全球化(1850～1970年)、新兴全球化(1970年以来)
影响	全球化对国际体系和国家行为都有广泛影响，人类生活的所有方面都会受到影响，国家权力、国际体系结构、国际劳动分工、文化和环境都会发生改变，部分人受益和部分人受损，全球不平等扩大，部分国家边缘化等
轨迹	全球化的轨迹在很大程度上是不确定的，全球化的文明化和民主化。全球网络和相互依赖的加强和扩展的复杂历史进程，但它的最终状态尚不能确定

注：全球化是一个普遍现象。1970年以来它既发生在处于第二次现代化的发达国家，也发生在处于第一次现代化的发展中国家。全球化理论是一个专题理论，可以作为综合现代化阶段的一种理论。

资料来源：中国现代化战略研究课题组等，2008.

(1) 全球化的起源和发展

全球化是一个复杂过程，也是一个古老现象。早在古代文明与帝国时期，当人们从事商品和奴隶贸易的时候就出现了国际化;在16～18世纪,航海技术的提高、殖民活动和国际贸易的扩展,促进了经济行为的国际化;20世纪后期,特别是70年代以后,国际贸易和国际金融在数量和质量上都出现了前所未有的转变,公共和私人经济活动的跨国联系日益紧密,国际关系中的相互依赖日益增长,这是新的全球化(皮尔逊,巴亚斯里安,2006)。

关于全球化的发生年代和发展阶段有不同看法。英国学者赫尔德等(2001)认为,全球化可以追溯到人类文明的早期阶段,从大约1万年前到现在,全球化可以分为四个主要阶段:前现代的全球化(1万年前～公元1500年)、现代早期的全球化(1500～1850年)、现代的全球化(1850～1945年)和当代的全球化(1945年至今)。当代全球化是各个领域和各个方面的全球化的历史性汇合和集中。世界银行(2003)的专家认为,1870年以来全球化出现三次高潮:第一次全球化浪潮(1870～1914年)、退回到民族主义(1914～1945年)、第二次全球化浪潮(1945～1980年)和第三次全球化浪潮(1980年至今)。

(2) 全球化理论的主要观点

全球化理论不是单一的理论,而是众多相关思想的集合。赫尔德等(2001)建议,全球化理论应该解释5个问题,即全球化的定义、原因、分期、影响和轨迹;具体而言,就是必须提供:一种前后一致的概念化,对因果逻辑的合理解释,一些明确的历史分期主张,对全球化影响的明确分析,对过程本身发展轨迹的合理思考。

有人认为,全球化是全球主义的上升(基欧汉,约瑟夫·奈,2003)。全球化是20世纪90年代的一个流行语汇,它指正在发生的具有根本意义的真正变化。全球化和非全球化指的是全球主义的上升或下降;全球主义是指由多个大陆之间形成的相互依存网络构成的一种世界状态,这些相互依存的网络可能是通过资本和货物、信息和思想、人员和暴力,以及在环境上和生物上的相关物质连接起来的;相互依存和全球主义都是多维度现象。经济全球主义包括货物、服务和资本,以及伴随市场交换的信息和观念的远距离流动;军事全球主义指使用暴力、威胁使用暴力或可能使用暴力构成的远距离相互依存网络;环境全球主义指在大气层或在海洋中物质的长途运输,或类似病菌、基因物质等影响人类健康和生活水平的生物物质的长距离传播;社会和文化全球主义涉及思想、信息、形象和人员的运动,人员流动总是带动思想和信息的流动;政治全球主义主要指有关权力和治理的思想和信息的全球化,还有法律、科学、娱乐、时装和语言的全球主义等。全球主义的治理在超国家层次、国家层次和次国家层次进行,政府部门、私人部门和非赢利部门(第三部门)都发挥作用。

根据全球化的广度、强度、速度和影响,赫尔德等(2001)把全球化分为4种类型。

第一种类型:密集的全球化。在从经济到文化的所有社会生活领域或层面上,全球网络不断扩展,而且具有高强度、高速度以及高影响。19世纪末的全球帝国接近这种类型。

第二种类型:分散的全球化。具有高广度、高强度、高速度,但影响程度比较低的全球网络。当代经济全球化的许多关键方面体现了这种状态。

第三种类型:扩张的全球化。全球相互联系虽然具有低强度、低速度,但有高广度和高影响。现代西方帝国主义的扩张最接近这种类型。

第四种类型:稀疏的全球化。全球网络的高广度并没有伴随高强度、高速度或者高影响,强度、速度和影响仍然处于低度状态。欧洲与中国和东方的早期贸易接近这种类型。

根据赫尔德等(2001)的观点,全球化有5个特点。

首先,全球化最好被理解为一个进程或者一组进程,而不是单一的状态。它反映的既不是一个简单的线性发展逻辑,也不是一个世界社会或者世界共同体。相反,它反映出现了区际交往和交换网络和系统。在这方面,国家体系与社会体系在更广泛的全球进程中交织在一起,它不等于全球整合。

其次，全球化可以被理解为一种结构化和分层化过程。具有空间广度和密度的全球和跨国相互联系把共同体、国家、国际制度、非政府组织以及多国公司之间的关系编织成复合的网络，从而形成了全球秩序。

其三，全球化最好被理解为一个多面的或者分化的社会现象，一个分化的、多面的进程。社会生活的几乎所有领域都无法摆脱全球化进程的影响。这些进程体现在所有社会领域中，从文化领域到经济领域、政治领域、法律领域、军事领域以及环境领域。

其四，由于跨越了政治边界，全球化涉及社会—经济以及政治空间的去领土化和再领土化。在全球化条件下，本土的、国家的、大洲的政治、社会和经济空间得到了重构，它不再一定与既定的法律和领土边界相符合。另一方面，随着全球化的加强，它产生了社会—经济活动重新领土化的压力；全球化也强化了社会的本土化和国家化。

其五，全球化涉及权力组织和实施规模的不断扩大，即网络和权力循环空间范围的扩大。实际上，权力是全球化的根本特征，权力关系深深体现在全球化的进程中。全球化涉及相距遥远的权力关系的构建和再构建，权力地点和权力实施不断远离体验权力的对象和场所。

(3) 全球化的主要争论

关于全球化的争论，涉及全球化的概念、原因、动力、分期、影响和轨迹等，可以说是全方位的争论，甚至有人认为全球化是一个神话，而不是经济事实(鲁格曼，2001)。

关于全球化不仅有争论，而且有担忧。例如，全球不平等日益恶化，全球变暖，政府、劳动和资本力量的跨国协调等。发达国家和发展中国家的担心是不同的(世界银行，2003)。

发展中国家对全球化的担心：持续的经济边缘化，政府权力和能力的丧失，被关在市场之外，容易受外来投资者兴趣变化的影响，失去竞争力，不利于工作的改善，出现更大的不平等，环境恶化，社会转移，国际权力的失衡等。发达国家对全球化的担心：恐怖主义，富国中的不平等，制造业工作机会向低工资国家转移，同质化，发达国家发展模式的趋同等。

全球化不是一个新现象，但 20 世纪 70 年代以来的全球化，从范围、规模和内容上，从强度、深度和速度上，都远远超过了过去的全球化。全球化既是一个时序过程，也是一系列的截面状态，不同截面有不同特点；全球化是不同国家先后卷入的复杂过程，不同国家的水平和实力不同，它们全球化的进程、状态和利益是不同的。关于全球化出现不同认识和争论，也是正常和可以理解的。全球化对不同国家和个人有不同意义。如何应对全球化，是每一个国家无法回避的课题。对于发达国家及其跨国公司而言，全球化是一场盛宴；对于发展中国家及其民族企业而言，全球化是一个挑战；对于发愤图强的国家而言，全球化是一个机会。全球化的最大受益者，当属发达国家及其跨国公司。必须冷静和理性对待全球化。

第四节　分层现代化

现代化发生在人类文明的不同层次，如世界、国际、国家、地区、机构和个体层次等。不同层次的现代化既有共性又有差异，每个层次的现代化都与国家现代化有紧密关系。

一、世界现代化

世界现代化有两种含义：世界层面和世界范围的现代化(图 2-54)。在本节里，世界现代化指世界层面的现代化，它是现代化现象的一种表现形式和一个分析层次。

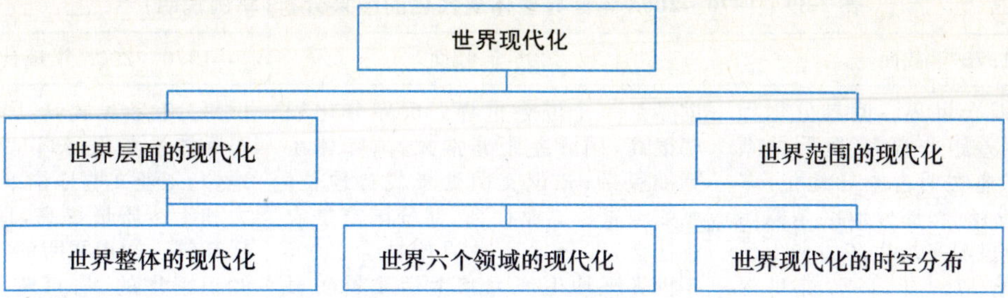

图 2-54　世界现代化的分析结构

注：世界现代化有多种解释。世界范围的现代化包括世界范围的国家现代化和地区现代化等。世界范围的国家现代化将在本节第三部分讨论，世界范围的地区现代化将在本节第四部分讨论。

1. 世界现代化的客观事实

《中国现代化报告 2010——世界现代化概览》系统分析了世界现代化的 300 年历史。

(1) 世界整体的现代化

首先，世界现代化的过程。它涉及世界现代化的起点和阶段等。

关于世界现代化的起点没有统一认识。目前大致有三种主要观点。第一种观点：16～17 世纪的科学革命是世界现代化的起点。第二种观点：17～18 世纪的启蒙运动是世界现代化的起点。第三种观点：18 世纪的英国工业革命和法国大革命是世界现代化的起点。其中，第三种观点得到比较多的支持。《中国现代化报告》把 18 世纪的工业革命作为世界现代化的起点。

如果 18 世纪英国工业革命是世界现代化的起点，那么，起点时间是什么？关于起点时间也没有统一认识，大致有 1750 年、1760 年、1763 年和 1770 年等几种观点。1763 年英国人瓦特开始改进蒸汽机，1769 年获得蒸汽机专利。蒸汽机的发明和应用是工业革命的典型代表。所以，可以把 18 世纪 60 年代前后作为世界现代化的起点。

关于世界现代化的阶段划分没有统一认识。第二节讨论了现代化前沿轨迹的阶段划分，它与世界现代化的前沿轨迹的阶段划分是一致的。一般而言，世界现代化可以分为准备阶段、第一次现代化和第二次现代化，两个阶段的分界点大约是 1970 年前后。

其次，世界现代化的结果。它与起点截面、终点截面和时间跨度有关。

例如，如果把世界 1760 年和 1970 年截面进行比较，可以发现两个截面的主要差别，它显示了世界现代化 210 年的主要结果(表 2-38)。如果把世界 1970 年和 2005 年截面进行比较，可以发现两个截面的主要差别，这个差别显示了世界现代化 35 年的主要结果(表 2-39)。

表 2-38　1760～1970 年世界整体现代化的结果分析(举例说明)

1760 年截面	1970 年截面	1760～1970 年现代化的结果
世界是一个农业世界。世界分化程度不高，国际差距比较小，国际体系比较简单；农业文明占主导地位，部分地区是原始社会，工业化和城市化出现在欧洲；世界人均寿命比较短等	世界是一个混合世界。世界分化程度很高，国际差距非常大，国际体系比较复杂；工业文明占主导地位，多数国家是农业社会，部分地区是原始社会；1970 年世界平均生产力和生活水平明显高于 1760 年，1970 年世界人均寿命远远大于 1760 年，环境污染比较严重等	世界分化程度提高，国际差距扩大，国际体系复杂化；工业文明占主导地位，世界生产力和生活水平提高，世界人均寿命提高等。工业文明的主要特征包括工业化的、城市化的、市场化的、民主的、世俗的、理性的、福利社会和普及义务教育等

资料来源：中国现代化战略研究课题组等，2010.

表 2-39 1970～2005 年世界整体现代化的结果分析(举例说明)

1970 年截面	2005 年截面	1970～2005 年现代化的结果
世界是一个混合世界。世界分化程度很高,国际差距非常大,国际体系比较复杂;工业文明占主导地位,多数国家是农业社会,部分地区是原始社会;1970 年世界平均生产力和生活水平明显高于 1760 年,1970 年世界人均寿命远大于 1760 年;环境污染比较严重等	世界是一个混合世界。世界分化程度很高,国际差距非常大,国际体系更加复杂;知识文明处于优势地位,多数国家是工业社会,部分国家是农业社会,部分地区是原始社会;2005 年世界平均生产力和生活质量明显高于 1970 年,2005 年世界人均寿命远大于 1970 年;出现信息鸿沟、网络犯罪等	世界分化程度提高,国际差距扩大,国际体系变化;知识文明处于优势地位,工业文明地位下降,世界生产力和生活质量提高,世界人均寿命提高等。知识文明的主要特征包括知识密集的、信息密集的、全球化的、绿色的、个性的、多元的、人性的和普及高等教育等

资料来源:中国现代化战略研究课题组等, 2010.

其三,世界现代化的动力。一般而言,创新是现代化的根本源泉,创新扩散、市场竞争、权力竞争、阶级竞争、国际竞争、国际战争和资本积累都对世界现代化有重大影响。

其四,世界现代化的模式和路径。一般而言,在 1760～1970 年期间,世界整体现代化的基本路径是第一次现代化路径,工业化、城市化和民主化联合推进等。在 1970～2100 年期间,世界整体现代化的基本路径是多样的,包括第二次现代化路径(知识化、信息化和绿色化联合推进)、追赶现代化路径(先第一次现代化后第二次现代化)和综合现代化路径等。

(2) 世界六个领域的现代化

首先,世界六个领域现代化的过程。同世界现代化一样,世界经济、社会、政治、文化和个人五个领域的现代化主要包括准备阶段、第一次现代化和第二次现代化。在生态领域,在第一次现代化过程中,国家现代化与自然环境的关系是偏利耦合,经济发展造成环境污染;在第二次现代化过程中,国家现代化与自然环境的关系是互利耦合,被称为“生态现代化”。

关于世界六个领域现代化的特点,可以有不同的认识。一般特点包括:阶段性、异步性、非线性、可逆性、多样性、复杂性、长期性、互动性、协同性和全球性等(表 2-40)。

表 2-40 世界六个领域现代化的历史进程的主要特点

特点	特点的内涵
阶段性	世界六个领域现代化都是有阶段的历史过程,多数领域包括第一次和第二次现代化
异步性	世界六个领域现代化不是同步进行的,如生态现代化是 20 世纪后期出现的
非线性	世界经济、社会、政治和文化的现代化是非线性的,包括从传统向现代、现代向后现代的转型
可逆性	世界经济、社会、政治和文化的现代化是部分可逆的,可以发生挫折、中断、倒退和反复等
多样性	世界六个领域现代化的过程和模式是多样的,没有两个领域现代化模式是一样的
复杂性	世界六个领域现代化的内涵是非常复杂的,包括生活、结构、制度和观念的变化
长期性	世界六个领域现代化都是长期的过程,不可能在短期内完成
互动性	世界六个领域现代化是相互影响的,如经济与社会、政治与文化、文化与个人、政治与环境等
协同性	世界六个领域现代化存在一定的协同效应,如经济、社会、政治和文化现代化的协调性
全球性	世界六个领域现代化都是全球性的现象

其次,世界六个领域现代化的结果。在不同历史截面,世界六个领域现代化有不同的指标、水平和特征;通过两个截面的指标、水平和特征的比较,可以分析在两个截面之间的世界六个领域现代化进程的主要结果。

其三,世界六个领域现代化的动力。不同领域的动力有所不同,六个领域现代化可以相互影响。如果某个领域现代化走在其他领域的前面,它可以带动或促进其他领域的现代化。

其四,世界六个领域现代化的路径和模式。一般而言,在1760~1970年期间,世界五个领域现代化(不含生态现代化)的基本路径分别是它们的第一次现代化路径;在1970~2100年期间,世界五个领域现代化的基本路径分别是它们的多种路径,包括第二次现代化路径、追赶现代化路径和综合现代化路径;生态现代化路径将在第五节讨论。

(3) 世界现代化的时空分布

首先,世界现代化的地理分布(表2-41)。在18世纪,世界现代化出现在西欧的少数国家。在19世纪上半叶,它扩散到西欧、北美、澳大利亚和新西兰等。在19世纪下半叶,它扩散到东欧、南欧、拉美、亚洲和非洲的部分国家。在20世纪上半叶,它扩散到世界多数地区和国家。在20世纪下半叶,第一次现代化扩散到全球,第二次现代化起步并扩散到全球。

表2-41 世界现代化的地理分布(现代化覆盖的地区)

阶段		时间	欧洲	美洲	大洋洲	亚洲	非洲
第一次现代化	准备阶段	1300~1763年	西欧				
	第一次浪潮	1763~1870年	西欧	北美	澳大利亚、新西兰		
	第二次浪潮	1870~1945年	欧洲	美洲	澳大利亚、新西兰	亚洲局部	非洲局部
	第三次浪潮	1945~1970年	欧洲	美洲	大洋洲	亚洲	非洲
第二次现代化	准备阶段	1905~1970年	西欧	北美			
	第四次浪潮	1970~2020年	欧洲	美洲	大洋洲	亚洲	非洲

注:第一次现代化是逐步扩散的,第二次现代化则是快速扩散的,尽管世界多数地区没有完成第一次现代化。如果从14世纪文艺复兴的开始算起,第一次现代化的准备阶段费时为400多年。如果从20世纪初相对论提出(物理学革命)算起,第二次现代化的准备阶段费时为60多年。

世界现代化的先发地区,保持相对较高水平。在过去300年里,西欧和西方衍生国保持了较高经济水平,属于第一集群;南欧经济水平低于西欧,但高于其他地区,属于第二集群;东欧、拉美和亚洲的经济水平比较接近,属于第三集群;非洲经济水平较低,属于第四集群。亚洲在20世纪上半叶曾经下降到第四集群,但在20世纪后期回归第三集群。亚洲发展不平衡,20世纪亚洲的日本等国成为发达国家。

1950年以来世界现代化的地理结构。在1950~2005年期间,欧洲现代化水平比较高,美洲和亚洲现代化水平大致相当(低于欧洲但高于非洲),非洲现代化水平比较低。

其次,世界现代化的国际体系。国际体系的水平结构基本稳定。在1960~2005年期间,根据现代化指数分组,发达国家的比例约为13%~15%,中等发达国家的比例约为12%~21%;初等发达国家的比例约为25%~35%,欠发达国家的比例约为33%~45%。

国际体系的国家阶段结构不断变化。在1960~2005年期间,完成第一次现代化的国家数量从2个上升到34个,国家比例从2%上升到26%;进入第二次现代化的国家数量从0个上升到28个,国家比例从0上升到21%;处于传统农业社会的国家数量和国家比例在下降。

其三,世界现代化的人口分布。在1960~2005年期间,发达国家人口比例从约20%下降到14%,中等发达国家人口比例从约13%下降到9%,初等发达国家人口比例从约12%上升到39%,欠发达国家人口比例从约55%下降到42%。1960年以来,发达国家人口增长率下降,有些发达国家出现人口负增长。

在1960~2005年期间,完成第一次现代化的人口数量从约2亿上升到约11亿;完成第一次现代化的人口比例从约 7%上升到约 18%；进入第二次现代化的人口数量从约 2.3 亿上升到 9.5 亿，人口比例从约 7%上升到 15%；处于第一次现代化的人口数量从约 18.5 亿上升到 50.6 亿，人口比例从约 67%上升到 87%，然后下降到 81%；处于传统农业社会的人口数量从约 9.2 亿到 2.3 亿，人口比例从约 33%下降到 4%。

2. 世界现代化的前景分析

《中国现代化报告 2010》系统分析了世界现代化未来的 100 年。前景分析的许多指标是基于过去 25 年或 15 年的年均增长率的一种估算，是一种线性分析。分析国家总数为 131 个，它们的总人口约占世界人口的 97%。21 世纪具有很大的不确定性，受很多因素的影响，有些因素的变化是非线性的。关于未来前景的线性分析，揭示了未来的某种可能性。

(1) 21 世纪世界整体的现代化

21 世纪世界整体现代化的主要影响因素包括：文明发展的历史逻辑、科学技术的重大突破和国际互动的战略需要等。根据过去 300 年的历史经验，结合 21 世纪科技发展的趋势和前景，可以对 21 世纪世界整体的现代化进行展望。

首先，世界现代化的路径。如果没有发生世界性的重大危机，21 世纪世界现代化的路径将是 20 世纪的延续。21 世纪世界现代化路径将是混合路径，或者说是几种路径的集合。主要路径包括：第二次现代化路径、追赶现代化路径和综合现代化路径等。

其次，世界现代化的水平。21 世纪世界整体现代化的水平的主要影响因素包括：科学技术的重大突破、重大创新的扩散速度、世界文化的价值取向、国际竞争的合理程度等。

如果 21 世纪科技突破的频率、创新扩散的速率、世界文化和国际竞争的合理程度不低于 20 世纪后 50 年，如果 21 世纪不发生改变人类命运的重大危机（如核危机、能源和宇宙危机等），那么，可以根据 20 世纪后期世界整体的现代化水平和速度，外推 21 世纪世界整体的现代化水平。当然，21 世纪有很多不确定因素，外推分析只能提供一种可能性，而不是必然性。

世界现代化的先进水平（表 2-42）。一般而言，世界整体现代化的先进水平可以用发达国家（高收入国家）平均值代表。大体而言，2050 年第二次现代化指数的世界先进水平会比 2005 年提高 1 倍，2100 年会比 2050 年提高约 1.5 倍；2100 年是 2005 年的 5 倍左右。

表 2-42　21 世纪世界整体现代化的先进水平的情景分析（第二次现代化指数）

增长率	2005	2010	2020	2030	2040	2050	2060	2070	2080	2090	2100
1.67	100	109	128	151	179	211	249	293	346	408	482
1.73	100	109	129	154	182	217	257	305	363	430	511

注：第二次现代化指数的增长率分别为 1980～2005 年和 1990～2005 年的年均增长率。
资料来源：中国现代化战略研究课题组等，2010.

世界现代化的平均水平。大体而言，2020 年第一次现代化程度的世界平均值将达到 100，即世界平均完成第一次现代化（那时仍然还有一些国家没有完成第一次现代化）；2050 年第二次现代化指数的世界平均值将达到 85～103，大体相当于 2005 年的发达国家水平；2100 年第二次现代化指数的世界平均值将达到 159～235，大体相当于 2050 年的发达国家水平。世界现代化的平均水平大致比世界先进水平落后约 50 年。

(2) 21 世纪世界六个领域的现代化

首先，世界六个领域的现代化路径。21 世纪世界六个领域的现代化路径，将与世界整体的现代化路径相协调。21 世纪世界经济、社会、政治、文化和个人领域的现代化路径将是混合路径，包括它们的第二次现代化路径、追赶现代化路径和综合现代化路径等。21 世纪自然环境领域，国家现代化与自然环境的相互作用的路径包括全面生态现代化路径、综合生态现代化路径和现代化的生态修正等。

其次，世界六个领域现代化的水平。世界六个领域的前沿水平一般可以用高收入国家的平均值来代表，末尾水平一般可以用低收入国家的平均值来代表，《中国现代化报告 2010》分析了 21 世纪世界六个领域的前沿水平和末尾水平。在 21 世纪，世界六个领域大约 44％的分析指标的国际差距可能扩大，大约 42％的分析指标的国际差距可能缩小。

(3) 21 世纪世界现代化的时空分布

首先，世界现代化的地理分布。在 21 世纪，欧洲、美洲和亚洲的现代化水平预计仍然会高于非洲。21 世纪进入第二次现代化的区域会增加，处于第一次现代化的区域会减少，处于传统农业社会和原始社会的区域会趋向最小值。

其次，世界现代化的国际体系。在 20 世纪后 50 年里，130 个国家大致维持下列比例关系：发达国家：中等发达国家：初等发达国家：欠发达国家≈15：20：28：37，或 20：25：35：50。如果没有发生重大改变和重大危机，21 世纪国际体系将大致维持这种比例结构，发达国家的比例有可能增加一些。

21 世纪进入第二次现代化的国家和比例会提高，处于第一次现代化的国家和比例会减少，处于传统农业社会的国家将趋向于零。

其三，世界现代化的人口分布。21 世纪完成第一次现代化的人口，估计将从 2005 年的约 11 亿增加到 2050 年的约 69 亿，2100 年达到 72～78 亿；完成第一次现代化的人口比例，将从 2005 年的 17％提高到 2050 年的 75％，2100 年达到 79％～86％。

21 世纪进入第二次现代化的人口，估计将从 2005 年的约 11 亿增加到 2050 年的 40～47 亿，2010 年达到 64～67 亿；进入第二次现代化的人口比例，将从 2005 年的 17％提高 2050 年的 44％～51％，2100 年达到 70％～74％。如果不考虑国家水平分组的升降，21 世纪发达国家人口约为 8.2～15.1 亿，人口比例约为 11％～17％。

2000 年享受现代化生活的人口约为 10 亿，2050 年享受现代化生活的人口大约为 12～15 亿，2100 年享受现代化生活的人口大约为 12～17 亿。21 世纪享受现代化生活的新增人口约为 7 亿，其中，大约 5 亿可能来自发展中国家。

不同国家的现代化水平不同，享受现代化生活的人口比例也不同。一般而言，发达国家平均大约 90％～95％的人口享受现代化生活，发展中国家平均大约 5％的人口享受现代化生活(其中，中等发达国家大约 10％～20％人口享受现代化生活，初等发达国家 2.5％～5％的人口享受现代化生活，欠发达国家享受现代化生活的人口比例约为 0)。如果发展中国家成功晋级发达国家，享受现代化生活的人口比例就会提高。

3. 世界现代化理论

世界现代化理论是关于世界现代化现象的一种理论解释，是第二次现代化理论的一种分层理论。世界现代化是世界层面的现代化，它既有现代化的共性，又有一定特殊性。现代化一般理论基本适用于世界现代化。从分层结构看，世界层次是它的顶层。

一般而言，世界现代化理论包括一般理论、分支理论和相关理论等(表 2-43)。这里重点讨论它的一般理论，包括世界现代化的定义、过程、结果、动力和模式五个方面内容(何传启，2010)。

表 2-43 世界现代化理论的结构

分类	理论	主要内容
一般理论	元理论	世界现代化的含义、过程、结果、动力和模式等
分支理论	分阶段理论	世界第一次现代化、世界第二次现代化
	分领域研究	世界经济、社会、政治、文化、生态和个人领域的现代化
	分部门研究	世界农业、工业、教育、科技、国防和交通等的现代化
相关理论	其他现代化理论	经典现代化理论、世界体系理论、第二次现代化理论等
	其他相关理论	文明理论、发展理论、进化理论、转型理论等

(1) 世界现代化的定义

世界现代化是现代化的一种表现形式，是世界层面的现代化。

世界现代化的内涵：世界现代化是一种人类文明变化和国际分化，是人类现代文明的形成、发展、转型和国际互动的前沿过程，是人类现代文明要素的创新、选择、传播和退出交替进行的复合过程，是追赶、达到和保持世界先进水平的国际竞争、国际分化和国际体系变化。

世界现代化的外延：世界现代化包括世界整体的现代化、世界六个领域的现代化和世界现代化的时空分布变化，包括世界行为、结构、制度和观念的现代化，包括人类文明的世界前沿和达到世界前沿的行为和过程等。

一般而言，世界现代化是以国家为基本单元进行的。世界层面的现代化是一个用于科学研究的概念，而不是现代化建设的操作单元。迄今为止，没有具有"国家政府"功能的"世界政府"。虽然"联合国"具有一些"世界政府"的要素，但不具备"世界政府"的完整职能。

世界层面的现代化不是现代化的"独立单元"，而是一个分析层次。世界现代化与国家和国际现代化有关。一般而言，世界现代化是国家现代化的国际环境，国家现代化是世界现代化的重要基础，国家现代化与国际环境的相互作用是国际现代化(图 2-55)。

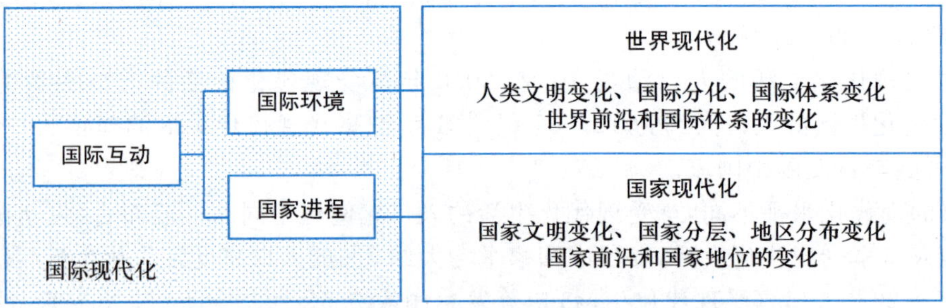

图 2-55 世界现代化、国际现代化和国家现代化的关系

注：国家进程指国家现代化进程。国际互动包括国际交流、合作、竞争和冲突等。

资料来源：中国现代化战略研究课题组等，2008.

(2) 世界现代化的过程

世界现代化是一个复杂和长期的过程。在 18～21 世纪期间，世界现代化的前沿轨迹分为第一次和第二次现代化两个阶段。第一次现代化是从农业文明向工业文明的转变，第二次现代化是从工业文明向知识文明、物质文明向生态文明的转变。它遵循 10 个基本原则(表 2-44)。

表 2-44 世界现代化的一般原则

编号	原则	内容
1	进程不同步	世界现代化在不同区域和不同领域的进程是不同步的
2	分布不均衡	世界现代化在不同区域和不同领域的分布是不均衡的
3	结构稳定性	世界现代化的国际体系的水平结构是相对稳定的
4	先行效应	一步先可能步步先,先行者拥有更多的成功机会
5	快行效应	一步快可能步步快,快行者拥有更多的成功机会
6	强者效应	一年强可能年年强,强者拥有更多的话语权
7	适者效应	适应国际竞争的国家获得利益,不适应国际竞争的国家付出代价
8	后发效应	后发者可以学习和借鉴先行者的知识和经验,节省时间成本
9	建立者效应	知识和制度的创立者,将获得相应知识产权或较大相关利益
10	马太效应	发达国家越来越富,欠发达国家相对贫困化,国际人均收入差距扩大

(3) 世界现代化的结果

世界现代化的结果包括现代性、多样性和副作用的形成和扩散,包括劳动生产率和生活质量提高、社会进步、政治民主、文化多元、生态变化和人类全面发展,包括国际收入差距扩大,国际分化和国际体系变化等。

在 1760～1970 年期间,世界现代化的结果是第一现代性和多样性的形成和扩散,国家分化成传统国家和工业化国家、发展中国家和发达国家等;副作用包括环境污染等,部分传统价值持续存在并发挥作用。

1970 年以来,世界现代化的结果是第一现代性、第二现代性和多样性的形成和扩散,国家分化成传统国家、工业化国家和信息化国家、发展中国家和发达国家等;副作用包括网络犯罪等,部分传统价值持续存在并发挥作用。

国际体系的发展水平不断提高。1760 年以来,进入和完成第一次现代化的国家增加。1970 年以来,进入第二次现代化和完成第一次现代化的国家增加,传统国家减少。

国际体系的水平结构基本稳定。在过去 300 年里,发达国家的比例低于 20%,发展中国家的比例高于 80%;100 年里发达国家保持发达水平的概率约为 90%,发达国家降级的概率约为 10%;发展中国家升级为发达国家的概率约为 5%。

(4) 世界现代化的动力

世界现代化的动力因素包括微观层次和宏观层次的动力因素。微观层次的动力因素包括创新、竞争、适应和交流等,宏观层次的动力因素包括国家现代化和国际竞争等。国际竞争是四组国家的不对称国际博弈,国家竞争力大小,与历史条件、现实水平、创新能力、学习能力、博弈能力、路径选择和国际体系等紧密相关。它的动力机制可参考现代化的动力机制(表 2-16)。

第一次现代化的国际竞争很多是不平等的竞争,第二次现代化的国际竞争很多是不对称的竞争。21 世纪四组国家的国际竞争是不对称的国际博弈。

(5) 世界现代化的模式

世界现代化在不同时期有不同模式。在 1760～1970 年期间,世界现代化是第一次现代化模式。1970 年以来,进入第二次现代化的国家不断增加,处于第一次现代化的国家从增加到减少;世界现代化是一种混合模式,包括两次现代化。

由于进入第二次现代化和处于第一次现代化的国家是各自独立的,它们之间没有协调机制,所以,不能说世界现代化是一种综合现代化。综合现代化要求两次现代化的协调发展。

国际竞争没有标准模式,没有最佳模式,需要理性选择,有路径依赖性。

国际体系的变化具有结构稳定性,发达国家和发展中国家的比例相对稳定。

二、国际现代化

一般而言,国家的生存和发展,受到两个环境因素的制约,一个是自然环境,一个是国际环境,它们有所交叉。如果说,国家现代化与自然环境的相互作用和互利耦合是生态现代化,那么,国家现代化与国际环境的相互作用可以简称为国际现代化(图 2-55、图 2-56)。国际现代化是跨国层次的现代化,是现代化现象的一种表现形式和分析层次。

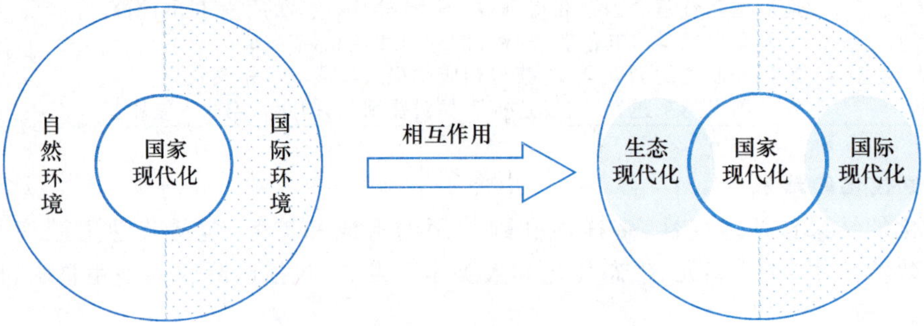

图 2-56 国家现代化与国际环境的关系

注:国际现代化是国家现代化与国际环境的相互作用,生态现代化是国家现代化与自然环境的相互作用。国际环境包括国际人文环境和自然环境,这里重点指国际人文环境。自然环境包括国内和国际自然环境,这里重点指国内自然环境。

资料来源:中国现代化战略研究课题组等,2007.

1. 国际现代化的客观事实

《中国现代化报告 2008——国际现代化研究》对国际现代化的 300 年(1700～2005 年)历史进程进行时序分析、截面分析和国别分析,分析范围涉及 5 个领域(经济、社会、政治、文化和生态)和 4 个要素(国际互动、国际结构、国际制度和国际观念)等。时序分析包括国际体系层次和国家层次的时序分析。截面分析包括 2 个维度(基于国家水平和基于国家实力)和 8 个截面的截面分析。这里简要介绍在国际体系层次上经济等 4 个领域的国际互动和历史经验。

(1) 经济领域的国际互动

经济领域的国际互动是持续的和活跃的。它发生在不同经济部门,如农业、工业和服务业等;也发生在不同方面,如原料、生产、市场、技术、信息和劳务等;它有多种类型或表现形式。一般而言,国际互动的形式、类型和程度等都具有多样性。例如,根据性质划分,国际互动可以分为合作、交流、竞争和冲突等类型;根据强度划分,国际互动可以分为低度、中度和高度互动等。这里重点分析国际贸易、国际投资和国际债务。

18 世纪以来,国际贸易占 GDP 比例上升,贸易结构变化;国际投资占 GDP 比例上升,但国家差别较大。19 世纪以来,国际债务上升,发展中国家债务沉重。20 世纪,跨国公司数量增长,平均关税下降;国际贸易占 GDP 比例与国家水平和国家实力没有显著关系,国际贸易占 GDP 比例与国家影响力和竞争力正相关;国际投资中发达国家约占 80%,其他约占 20%等。

(2) 社会领域的国际互动

社会领域的国际互动发生在不同社会部门,如人口、教育、卫生、社保、交通和通讯、旅游等;也发生在不同方面,如人口流动、教育交流、卫生合作、信息交流和国际犯罪等;它有多种类型或表现形式。这里重点分析国际移民、国际旅游和国际组织。

18 世纪以来,国际移民总量增加,年度移民率波动。20 世纪国际移民流向发生变化,发达国家成为净移入国。20 世纪后期，发达国家外籍人口的比例上升，发达国家外籍大学生的比例上升。20 世纪国际旅游的规模持续扩大。18 世纪以来国际组织的数量增长，目前 NGO（国际非政府组织）数量是 IGO（国际政府组织）数量的 10 倍左右等。

(3) 政治领域的国际互动

一般而言，政治领域涉及国家领土、主权、政府、权力分配、国家利益、国家安全、军事和外交等方面，政治领域的国际互动涉及行为主体的政治要素、国际互动过程、国际政治和国际政治体系等，互动形式包括：国际承认、尊重主权、尊重领土完整、国际安全、国际战争、国际封锁、国际威胁、国际制裁、武器贸易、国际援助、外交、情报、政府间国际组织、国际交流和国际合作等。这里重点讨论国际战争、武器贸易和国际援助。

18 世纪以来现代国家和政府间国际组织的数量增加，20 世纪后半叶外交关系数量和国际相互依存度上升。18 世纪以来国际战争频率没有下降，但国家差异较大；国际战争的分布和参战国家结构变化；20 世纪参战次数较多的国家是俄罗斯（苏联）和美国等；20 世纪后期国际武器贸易波动。20 世纪后 40 年里，发展中国家接受的外国援助总额和人均国际援助增加，发达国家对外援助占 GDP 比例和外国援助占受援国 GDP 比例下降等。

(4) 文化领域的国际互动

文化领域的国际互动发生在不同文化部门，如新闻、出版、文艺、体育和科技等；也发生在不同方面，如文化贸易、文化交流、体育竞技、知识产权和科技合作等；它有多种类型或表现形式。这里重点分析文化贸易、技术贸易和国际体育。

20 世纪后期，国际信息和文化贸易发展迅速，高技术出口发展迅速，技术贸易的增长快于经济增长；发达国家技术贸易占世界比例超过 90%，低收入国家技术贸易占世界比例不到 1%。20 世纪，国际体育交流发展迅速，国际科技交流和国际会议快速增长等。

国家层次的国际互动分析，需要分析分层次国际互动和分领域国际互动。

2. 国际现代化的历史经验

《中国现代化报告 2008》分析和归纳了过去 300 年国际现代化的历史经验。

(1) 国际现代化的一般经验

首先，国际现代化不能盲目行事。国际体系的结构具有相对稳定性。没有充分的物质基础和合适的国际环境，单方改变国际结构和世界秩序的努力很难成功。虽然霸权周期转移论受到许多批评，但是，霸权周期和国际体系的稳定性是紧密相关的。

其次，国际现代化不能急于求成。国家的国际地位是可以改变的，但短期和中期改变的概率都比较小。例如，从经济发展中国家成功晋级为经济发达国家行列的国家（根据人均 GDP 水平分类）数量比较少，在 18 世纪有美国等，在 19 世纪有澳大利亚、新西兰和阿根廷等，在 20 世纪有芬兰、日本和新加坡等。

其三，国际现代化的作用不能过高估计。国家现代化的成败，是国家自身努力与国际环境共同决定的。国际现代化不能决定国家的成败，但可以影响国家的成败，加速国家分化。一般而言，国际依附可以作为一种暂时策略，而不是一种长期战略。

其四，国际现代化不能忽视内因。在国际现代化过程中，很多时候内部因素是发展中国家失败的主要原因。在导致国家失败的内部原因中，地理条件、社会制度、文化观念和人的作用不能低估。在国际互动过程中，有少数人可能会背叛国家利益、损公肥私或出卖同胞利益获取个人好处。虽然这种人非常非常少，但其危害比较大。

其五，国际现代化不能一厢情愿。国际现代化的国际互动是双向行为，不能一厢情愿。在国际现代化过程中，单方面的追求国际合作和国际交流，犹如害相思病，可能付出很大代价而一无所获。根据利益互动原理，利益是国际互动的决定性因素；建立在互惠互利基础上的国际互动，有可能是持久的和可以信赖的国际互动。

其六，国际现代化不能本末倒置。国家现代化是根本所在，国际现代化是一种措施。国际现代化是提高国家水平的一种途径，而不是目标。不能把国际现代化作为目标，不能把国际化程度作为考核指标。国际化程度只是一种分析和参考指标。不能片面追求国际化和全球化。国际化和全球化必须服务于国家现代化的战略需要和国家利益。

其七，国际现代化不能追求完美。在许多时候，国际现代化是一种信息不完全、地位不对称、环境变化快的国际博弈。这种博弈可以是零和博弈，也可以是非零和博弈。在有些时候，看似理想的国际互动，可能就是国际陷阱。国际误导和欺骗时有发生。国际互动没有最佳模式，只有理性选择。

其八，落后就可能挨打，农业文明无力抵挡工业文明。落后的小国，可能没人关注；落后的大国，往往被人蚕食。落后的经济大国，不仅不是世界舞台的主要角色，而且在有些时候是先进国家的瓜分对象。在18和19世纪，瓜分的是政治利益，包括土地和权利等。在20世纪，瓜分的是经济利益，包括资源和市场等。在21世纪，瓜分的将是战略利益，包括观念和知识等。在知识时代，先进国家可能成为“头脑国家”，落后国家可能成为“躯干国家”；农业文明无力与工业文明竞争，工业文明难以与知识文明竞争。

其九，理性面对国际贸易和国际投资。国际贸易比例和国际投资比例不是越高越好，而是要理性分析。2004年统计数据显示，国际贸易比例与人均国民收入没有显著关系，外国投资存量比例与人均国民收入没有显著关系，对外投资存量比例与人均国民收入显著正相关，外国投资和对外投资总存量比例与人均国民收入显著正相关。根据国际贸易和国际投资占GDP的比例，可以把国家分为三种类型：第一种类型是高贸易和高投资（贸易和投资比例超过80%）；第二类为中贸易和中投资（贸易和投资比例都在60%左右）；第三类为低贸易和低投资（贸易和投资比例一般在40%以下）。国际贸易和国际投资的国家分布不均衡，贸易和投资模式与国家发展水平的关系不是简单的线性关系。

其十，必须高度警惕国际战争。根据国际战争的统计分析，如果不考虑战争的规模差异，那么，在过去的两个世纪里，国际战争的发生频率没有下降。一些学者相信，21世纪的国际竞争仍然比较激烈，战略资源、太空资源和网络空间的争夺可能升温，国际战争的风险依然存在。所以，爱好和平的国家，需要做好两手准备。一方面坚持促进和平发展，一方面高度警惕国际战争的可能性，并做好面对国际战争的准备。

（2）国际现代化的国别经验

在过去300年里，有些国家比较成功，有些国家不太成功；国际现代化的国别经验值得注意。在英国、美国、德国、日本和拉美国家的经验和教训中，有四条经验是普遍存在的。

首先，善于抓住国际机遇。英国、美国、德国和日本都善于抓住国际机遇。英国在18和19世纪抓住工业革命的历史机遇，成为世界超级大国。德国在19世纪抓住第二次工业革命的机遇成为欧洲强国，在20世纪抓住两次工业革命机遇成为发达国家。日本在19世纪抓住第二次工业革命扩散机遇实现经济起飞，在20世纪抓住第三次工业革命和冷战机遇实现战后复兴，成为经济强国和发达国家。韩国在20世纪抓住冷战和两次工业革命机遇，逐步接近发达国家水平。芬兰和爱尔兰在20世纪抓住第四次工业革命机遇，成为发达国家和竞争力位居世界前列的国家。

其次，近朱者赤，与发达国家合作有利发展。发达国家之间相互合作，发展中国家通过与发达国家的合作，可以提高国家水平，如日本、韩国和新加坡等。其中，日本的例子发人深省。日本和中国启动现代化的时间和起因大致相当，都是19世纪60年代前后，都是西方列强用武力打开国门，但两国选择的路径不同，结果相差很大。日本主动推进全面现代化，制度现代化和工业现代化并重，学习西方的制度、文化和技术。中国推行洋务运动，采取工业现代化模式，学习西方的现代技术和军事，相对忽视制度现代化。30多年后，日本抓住工业革命扩散机会，成为东方工业化强国；中国失去工业革命机会，成为半封建半殖民地国家。20世纪后50年，日本、韩国和新加坡等与发达国家为伍，技术和经济水平迅速提高，先后接近或达到发达国家水平。

其三，重视科技和教育。美国、德国和日本都是教育先行国家。相对发达的国民教育和高等教育，提高了国民素质。较高的国民素质，是实现现代化的成功追赶的重要条件。英国、美国、德国和日本都重视科技的作用。虽然它们的科技体制各有特色，如英国的基础研究体系、美国和德国的知识创新和技术创新体系和日本的技术创新体系等，但是，科技在保证国家成功和维持世界先进地位方面的作用，则是大同小异。

其四，内因和外因的共同作用。英国、美国、德国和日本的成功，都是内因和外因的共同作用决定的。外因是世界发展出现了历史机遇、国际环境发生有利变化。内因是采取了合理的政策和对策，全面推进现代化。拉美国家现代化起步并不晚，然而，迄今为止，拉美现代化没有完全成功的国家案例。依附理论认为，拉美的欠发达是西方资本主义的必然产物。虽然这种观点有合理之处，但把拉美欠发达完全归咎于外部因素是不确切的。拉美国家内部的政治腐败和动荡、贫富差距和社会分裂、注重经济和忽视社会等是普遍现象，也是欠发达的重要原因。

3. 国际现代化理论

国际现代化理论是关于国际现代化现象的一种理论解释，是第二次现代化理论的一种分层理论。第二次现代化理论的一般理论的部分内容适用于国际现代化。

一般而言，国际现代化理论包括一般理论、分支理论和相关理论等(表2-45)。这里重点讨论它的一般理论，包括国际现代化的定义、过程、结果、动力和模式五个方面内容。国际现代化理论是中国学者何传启研究员提出来的。这种理论建立在国际现代化的300年进程分析和系统的理论归纳的基础之上，是关于18～21世纪的国家现代化与国际环境的相互作用的一种可供选择的理论解释，它可以作为国际关系理论的一种补充。

表 2-45 国际现代化理论的结构

分类	理论	主要内容
一般理论	元理论	国际现代化的定义、过程、结果、动力和模式等
分支理论	分阶段理论	第一次现代化过程的国际互动、依附理论、世界体系理论 第二次现代化过程的国际互动、全球化理论等
	分领域研究	经济、社会、政治、文化、个人和环境领域的国际互动
	分部门研究	农业、工业、教育、科技、国防和交通等部门的国际互动
相关理论	其他现代化理论	生态现代化理论、反思性现代化理论、第二次现代化理论等
	其他相关理论	国际关系理论、社会互动理论、冲突理论、博弈论、区域合作等

注：一般而言，国际关系学研究是基于国家实力的国际环境和国际互动研究；国际现代化研究是基于国家水平(从现代化角度)的国际环境和国际互动研究。它们各有侧重，可以相互检验和补充。

资料来源：中国现代化战略研究课题组等，2008.

(1) 国际现代化的定义

国际现代化是现代化的一种表现形式，是跨国层次的现代化。

国际现代化的内涵：国际现代化是国家现代化与国际环境的一种相互作用，是现代化过程的国际互动。国际现代化是一个复杂过程，也是一种跨国行为，发生在多个层次和多个领域。

国际现代化的外延：国际现代化包括现代化过程的国际互动、分层次国际互动和分领域国际互动，包括国际行为、结构、制度和观念的现代化等。国际现代化涉及三个方面：国家现代化、国际环境和国际互动（表 2-46）。

表 2-46 国际现代化的主要概念

概念	主要内容
国家现代化	国家层面的现代化，包括国家整体现代化、国家六个领域现代化和国家现代化的时空分布变化
国际环境	国家现代化的外部因素的总和，包括世界现代化、国际体系和国际互动的制度和观念等。国际环境有多种分类方式，如分层次环境（世界环境、区域环境和周边环境）、分领域环境（经济、社会、政治、文化和生态环境）、历史环境、现实环境和未来环境等
国际互动	指在现代化过程中，国家以交互的或交换的方式对别国和国际环境采取行动，或者对别国和国际环境的行动和变化做出回应，它是国家现代化的重要方面
国际地位	指国家在国际体系中被普遍承认的位置，可以根据国家相对水平或相对实力来定义
地位象限	由国家水平和国家实力共同决定的国际地位，可以用象限图来表示，简称为国际地位的象限图（图 2-57）。它分为四个象限：第一象限（高水平和强实力）、第二象限（高水平和弱实力）、第三象限（低水平和强实力）、第四象限（低水平和弱实力）。第一象限的代表国家是美国，第二象限的代表是卢森堡，第三象限的代表是印度，第四象限的代表是布隆迪
国际分化	指国家的国际分工、国际地位和国际差距的变化，包括国家的国际劳动分工、国际市场分工、国际地位分化、国际差距和国际差别的扩大，包括国家分层和国家流动
国家分层	指国家在国际体系的分层结构中的等级、层次及其变化过程，包括国家流动
国家流动	指国家的国际地位的变化。从一个国际等级向另一个国际等级的变化，或者国际排名的变化。国家的国际地位转移具有一定概率
国际结构	指国际体系的各种要素（如国家）相互关联的方式，具有相对稳定性 国家水平结构：发达国家、中等发达国家、初等发达国家、欠发达国家 国家实力结构：世界强国、中等强国、初等强国和世界弱国 国家规模结构：世界大国、中型国家、小型国家和微型国家

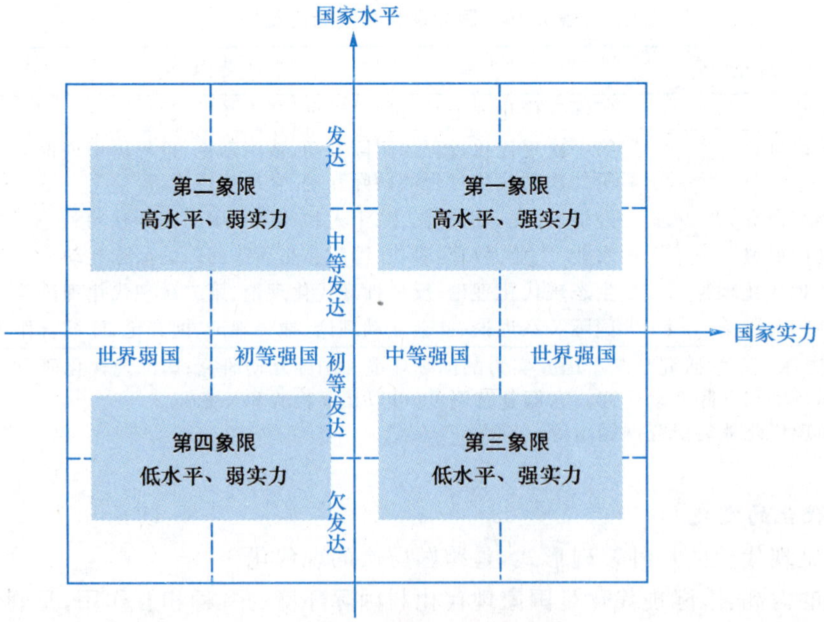

图 2-57 国际地位的象限

资料来源：中国现代化战略研究课题组等，2008.

国际环境有不同类型，如分层环境、领域环境和时间环境等；国际互动有不同类型，如分层次互动（与分层环境的互动）、分领域互动（与领域环境的互动）和地理影响等；国际互动有不同途径，如国际合作、国际交流、国际冲突和国际竞争等。

根据性质和目的不同，国际互动可以分为许多类型（表 2-47）。有些时候，互动的性质和目的，并不完全与互动的结果一致。关于互动目的和性质的分类，只有相对意义。

表 2-47 国际互动的主要类型

分类依据	国际互动的类型	分类依据	国际互动的类型
互动动机	善意互动、中性互动、敌意互动	互动性质	平等互动、不平等互动
互动结果	互利互动、偏利互动、互损互动	互动规范	制度化互动、非制度化互动
互动意义	战略互动、战术互动、常规互动	互动范围	全面互动、局部互动
互动程度	高度互动、中度互动、低度互动	互动态度	主动互动、被动互动

资料来源：中国现代化战略研究课题组等，2008.

如果互利共生和协同发展能够成为国际互动的基本观念，那么，国际现代化的含义可以更加丰富。在这种理想情况下，国际现代化指国家现代化与国际环境的相互作用和互利共生。

(2) 国际现代化的过程

国际现代化的过程可以分为两大阶段。从理论角度分析，两大阶段为第一次现代化和第二次现代化过程的国际现代化。从政策角度分析，两大阶段为工业时代和知识时代的国际现代化（表 2-48）。两个阶段的内容和特点是不同的。

表 2-48 国际现代化的实际上的两大阶段

项目	工业时代	知识时代
大致时间	1763～1970 年	1970～2100 年
竞争焦点	权力、市场、资源、宗教、领土、殖民地等	第二次现代化国家之间：知识、信息、文化、市场、战略资源、优秀人才等 第一次现代化国家之间：权力、资本、市场、资源、领土、宗教等 不同阶段的国家之间：国家独立、资源、市场、人权、战略利益等
主要特点	霸权竞争、生存竞争、国际合作少等	第二次现代化国家之间：发展竞争、互利共生、国际合作多等 不同阶段的国家之间：霸权竞争、发展竞争、国际合作、战争频率较高等
国际战争	国际战争频率比较高	第二次现代化国家之间：一般不会或较少发生战争 不同阶段的国家之间：国际战争普遍存在，频率没有下降
相关理论	依附理论、世界体系理论等	国际现代化理论、全球化理论等

注：不同阶段的国家指分别处于第一次现代化和第二次现代化的国家。
资料来源：中国现代化战略研究课题组等，2008.

国际现代化过程大致有 12 个特点：普遍性、多样性、阶段性、复杂性、演化性、非决定性、国别差异性、国家水平效应、国家实力效应、国际战争持续存在、国际合作逐步加强和工业文明效应。工业时代和知识时代的国际现代化的特点有所不同。

国际现代化过程遵循 4 个原理：联合作用、利益互动、路径选择和象限互动原理（表 2-49）。它们是关于国际互动的意义、过程、选择和特征的理论解释。

表 2-49 国际现代化过程的 4 个原理

基本原理	主要内容	备注
联合作用原理	国家现代化的绩效是由国家现代化与国际环境共同决定的；国家现代化的国际互动，不决定国家的成败，但影响国家的成败，加速国家的分化	互动的意义
利益互动原理	利益是国际互动的决定性因素，国家意识、国际观念、国际制度和国际结构是国际互动的影响因素，利益最大化和损失最小化是国际互动的基本原则	互动的过程
路径选择原理	国家现代化与国际环境的相互作用，与生态系统中的生物种内相互作用具有一定的相似性；国际互动可以看成是国家的生物本能和社会教化在跨国层次的一种复合表现，可以部分地用生物种内相互作用来解释，具有可选择性和可变性	互动的选择
象限互动原理	国家现代化的国际互动，与国家的国际地位紧密相关；处于相同国际地位象限的国家之间的互动一般是横向互动，处于不同国际地位象限的国家之间的互动一般是纵向互动；横向互动和纵向互动具有不同特点	互动的特性

资料来源：中国现代化战略研究课题组等，2008.

一个国家的国际互动可以有三种形式：当国际地位与另一个国家大致相当的时候，发生横向互动；当国际地位比另一个国家高的时候，发生向下的纵向互动；当国际地位比另一个国家低的时候，发生向上的纵向互动。向下互动和向上互动的策略是不完全相同的。向下互动的国家，一般具有心理、水平和实力优势，具有较大的主动权和选择权。向上互动的国家，一般具有心理、水平和实力劣势，具有相对的选择权和依附可能。

事实上，国家水平和国家实力的相互关系，可以形成多个组合，国际地位象限中的国家行为是非常复杂的。尽管如此，国际地位象限中的国际互动的基本类型有两个：横向互动和纵向互动；对于具体国家而言，纵向互动可以分为两种：向上互动和向下互动。

国际现代化过程遵循 8 个原则：作用力与反作用力、作用效果不同、物以类聚、近朱者赤、目标导向、国家利益、最大最小和有限理性原则（表 2-50）。国际互动的 8 个原则是相对的，存在许多例外的情况，如国际人道主义组织的活动等。

表 2-50 国际现代化过程的 8 个原则

原则	主要内容
作用力与反作用力	现代化过程的国际互动是一个双向过程，一个国家给予另一个国家的作用力，必然受到另一个国家的反作用力。牛顿力学的作用力与反作用力定理，可以大致适用于国际互动分析
作用效果不同	在国际互动过程中，如果一个国家给予另一个国家的作用力，等于另一个国家的反作用力，两个国家的水平和实力不同，那么，同等大小的作用力和反作用力，对于不同国家的作用效果是不同的。国际互动对不同国家有不同作用效果
物以类聚	具有相同国际地位的国家之间，国际互动的频率比较高；具有不同国际地位的国家之间，国际互动的频率比较低。发达国家更多与发达国家发生国际互动。物以类聚，人以群分。这种现象比较普遍地存在于现代化的国际互动过程中
近朱者赤	与高水平国家的国际互动，对国家水平提高的帮助比较大；与低水平国家的国际互动，对国家水平提高的帮助比较小。与成功者同行，可以体验成功；与失败者同行，可以感受失败。近朱者赤，近墨者黑。这种现象比较普遍地存在于现代化的国际互动过程中
目标导向	一般而言，国际互动是一种目的和目标比较明确的行为，受到目标的牵引。但是，国际互动是复杂的，国际变化是迅速的，目标和目的也可以发生改变

（续表）

原则	主要内容
国家利益	国家利益和人道主义是国际互动的两个根本原因。在很多时候，国家利益的作用，会更突出一些，甚至有决定性的影响
最大最小	国际互动是一种国际博弈。博弈的最大最小化原则同样适用国际互动。收益最大化、成本最小化、损失最小化，是国际互动的决策原则
有限理性	国际环境是高速变化的，国际互动的决策是基于有限信息的选择。国家理性受到不完全信息的制约，只是有限理性；没有最佳选择，也没有最优国际互动

资料来源：中国现代化战略研究课题组等，2008.

(3) 国际现代化的结果

国际现代化的直接结果反映在三个方面：其一，国家现代化的变化，包括国家水平、国际地位和国际观念等的变化；其二，国际环境的变化，包括国际结构、国际制度和国际观念等的变化；其三，国际互动的变化，包括国际互动的过程、特点、性质和规模的变化等。

国际现代化的作用效果体现在三个层次：首先，国家层次的变化，即国家行为、国家水平、国际地位和国际观念等的变化；其次，国际体系层次的变化，即国家分层、国际体系的结构、制度和观念等的变化；其三，跨国层次的变化，即国家分化、国际互动自身的变化等。

国际现代化的国家目标有三个：其一，提高国家水平和国际地位，这是最终目标；其二，改善国际环境，保持有利的国际环境；其三，提高国际互动能力，保证前两个目标的实现。

(4) 国际现代化的动力

国际现代化是多种要素的联合作用，包括人性、利益、竞争和科技等。首先，国际互动是一种人类行为，人类行为都受人性和价值观（生物本能和社会教化）的支配。其次，国际互动是一种国家行为，国家行为都受利益的驱使。这种利益可能是国家利益，也可能是政府利益、团体利益或部分人的利益。其三，竞争是国际互动的一种基本形式，也是国际互动的促进者。因为战略资源和重大利益是有限的，对资源和利益的理性争夺就成为国际互动的强大动机。其四，国际互动的过程和手段，都受到科技水平的影响，科技进步会促进国际互动。

国际现代化的国际互动有多种形式，国际交流、国际合作、国际冲突和国际竞争是最基本的形式，它们的动力有所不同。国际交流的主要动力是人性、利益、信息化和全球化等。国际合作的主要动力是人性、利益、科技进步和环境压力等。国际冲突的主要动力是人性、利益、资本积累和战略资源等。国际竞争的主要动力是利益、资源、创新和市场等。

在工业时代的国际现代化过程中，权力竞争和生存竞争是国际互动的发动机；在知识时代的国际现代化过程中，合作竞争和发展竞争是国际互动的助推器。工业时代的竞争是国家实力的竞争，维护国家生存权，争夺世界性霸权，是国际互动的动力源泉。知识时代的竞争是国家水平的竞争，保持世界领先地位，追赶世界先进水平，是国际互动的动力源泉。

(5) 国际现代化的模式

国际现代化有四条路径：国际合作、国际交流、国际竞争和国际冲突等。

国际现代化有四种模式：综合互动、横向互动、向下互动和向上互动。向下和向上互动可以统称为纵向互动。

国际互动采用什么途径和模式，与互动双方、关联者和国际体系有关系。国家一般会根据互动双方的对比选择互动策略。

国际现代化的两类策略：国际地位象限相同的国家之间的国际互动，一般为平等的和对称的横向互动;国际地位象限不同的国家之间的国际互动,一般为不平等的和非对称的纵向互动。

国际现代化的四类策略:国际地位象限相同的国家之间的国际互动一般选择横向互动;国际地位较高的国家与地位较低的国家的互动一般是向下互动;国际地位较低的国家与地位较高的国家的互动一般是向上互动;如果两个国家的国际地位部分相同部分不同,则可能同时发生横向互动和纵向互动,简称为综合互动。

现代化过程的国际互动一般包括六个步骤。

首先,量体裁衣。根据自己的国际地位、对方的国际地位和国际环境,选择适合自己需要的互动路径和模式。

其次,理性评估。对于预选的互动路径和模式,可以按照成本—效益分析方法,评估互动的过程、风险、成本、收益和效果。

其三,关联分析。互动路径和模式的评估,以互动双方的收益和成本分析为主,但不能忽视有利益关联的第三方、第四方等的反应,不能忽视国际影响和国际体系结构。关联分析可以修正或完善理性评估的结果。

其四,合理预期。国际互动是一种国际博弈,博弈结果受到博弈规则、博弈双方水平和实力、博弈过程决策、博弈环境和条件等的影响,往往难以准确预知。理想主义、悲观主义、英雄主义、投降主义、狂妄自大、妄自菲薄等过激心理,对于国际互动是有害的。

其五,动态监测。国际风云变化莫测。国际互动就是在变化莫测的国际环境中进行的。而且,国家利益也会发生变化。对于互动过程的动态监测,是增加成功概率、降低失败概率、增加收益、降低损失的重要措施。

其六,适时调整。在多数时候,国际互动可以按国际约定和既定方针进行。但是,如果发生重大利益变化、重大国际变化、重大行为者变化等,而且这些变化肯定影响国际互动的预期目标的实现的时候,及时调整就是有必要的。

国际互动涉及众多利益相关者和影响因子。在某种意义上,国际互动策略是这些利益和影响因子的不同组合。国家选择某种策略,实质是选择某种对自己有利的组合。

三、国家现代化

国家现代化一般有两种含义:国家层面和国家范围的现代化。在现代化科学里,国家现代化一般指国家层面的现代化,包括世界范围的国家现代化和单个国家的国家现代化(图 2-58),它是现代化现象的一种表现形式和一个分析层次。一般而言,国家是现代化研究和现代化建设的基本单元。国家现代化进程既是一个相对独立的过程,又是一个国际互动的过程。国家现代化是世界现代化和国际现代化的重要基础,是地区、机构和个体现代化的国内环境。

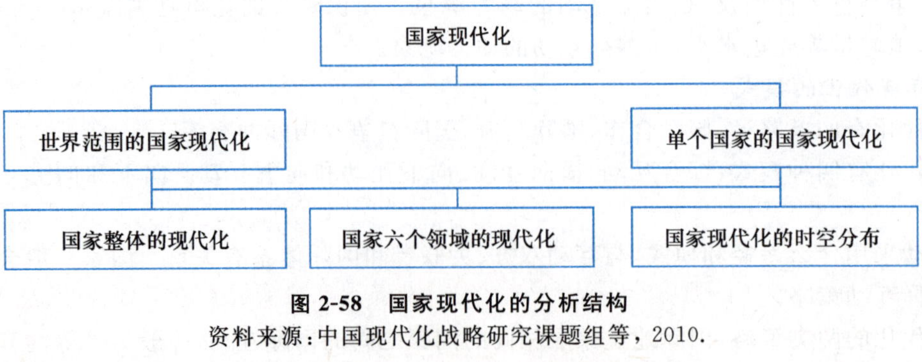

图 2-58 国家现代化的分析结构

资料来源:中国现代化战略研究课题组等,2010.

1. 国家现代化的客观事实

《中国现代化报告 2010》系统分析了世界范围的国家现代化，涉及 131 个国家的现代化。

(1) 国家现代化的过程

首先，国家现代化进程的起步时间。美国学者布莱克发现，不同国家现代化的起步时间、现代化领导巩固所需时间、社会与经济转型所需时间等有很大差异(表 2-51)。布莱克教授所说的现代化进程，实际是以工业化、城市化和民主化为典型特征的第一次现代化进程。

表 2-51　国家现代化的起步和转型时间(年)的比较

类型和国家	现代化领导的稳固	经济与社会转型	社会整合	起步时间差	稳固时间	转型时间
类型Ⅰ						
英国	1649～1832	1832～1945	1945～	—	183	113
法国	1789～1848	1848～1945	1945～	29	59	97
类型Ⅱ						
美国	1776～1865	1865～1933	1933～	16	89	68
加拿大	1797～1867	1867～1947	1947～	37	70	80
澳大利亚	1801～1901	1901～1941	1941～	41	100	40
类型Ⅲ						
德国	1803～1871	1871～1933	1933～	43	68	62
意大利	1805～1871	1871～	—	45	66	—
类型Ⅳ						
巴西	1850～1930	1930～	—	90	80	—
墨西哥	1867～1910	1910～	—	107	43	—
类型Ⅴ						
俄罗斯	1861～1917	1917～	—	101	56	—
日本	1868～1945	1945～	—	108	77	—
中国	1905～1949	1949～	—	145	44	—
类型Ⅵ						
印度	1919～1947	1947～	—	159	28	—
印度尼西亚	1922～1949	1949～	—	162	27	—
类型Ⅶ						
尼日利亚	1960～	—	—	200	—	—

注：(1) 本表的时间是原书的时间，表中有些国家的时间可能不准确。例如，中国学者认为，中国现代化起步时间一般为 1840 年或 1860 年；表中的时间为 1905 年，两者相差数十年。(2) 本表内容反映原书作者的观点，原书出版时间为 1966 年。1966 年以来世界发生了很大变化，现代化研究取得很多新成果。(3) 起步时间差等于表中"国家现代化领导的稳固的起步时间"与"世界现代化起步时间"(大约为 1760 年)之间的年代差。(4) 稳固时间为现代化领导的稳固所花的时间(年)。(5) 转型时间为经济和社会转型所花的时间(年)。

资料来源：Black，1966.

根据布莱克教授的研究，18 个现代化的先行国家(目前的发达国家)完成第一次现代化领导的稳固的时间大约为 50～180 年(平均时间约为 80 年)，完成经济与社会转型的时间大约为 40～100 年(平均时间约为 70 年)；发展中国家第一次现代化的起步时间比世界现代化的起步时间晚了大约 60～200 年。由此可见，发展中国家现代化的任务仍然非常艰巨。

其次，国家现代化进程的阶段划分。世界范围的国家现代化进程主要包括准备阶段、第一次现代化和第二次现代化。不同国家的现代化的阶段划分和时间有所不同。

布莱克教授认为，现代化进程（经典现代化过程）可以分为四个阶段：现代性的挑战、现代化领导集团的巩固、社会和经济转型、社会整合（Black，1966）。

其三，国家现代化进程的共性。从国家层面来认识，国家现代化大致有 10 个特点：可预期、阶段性、长期性、革命性、进步性、适应性、非线性、可逆性、复杂性和副作用等。从国际体系层面来认识，国家现代化大致有 10 个主要特点：可预期、阶段性、长期性、可逆性、异步性、异速性、竞争性、互动性、多样性和稳定性等。综合起来，国家现代化进程大致有 16 个特点（表 2-52）。这些特点与现代化前沿过程特点（表 2-52）是部分交叉的。

表 2-52　世界范围的国家现代化的特点

特点	特点的内涵
	国家层次的基本特点
可预期	一个可以部分预期的过程，一个领域的变化会影响其他领域的变化
阶段性	一个有阶段的历史过程，大致包括第一次和第二次现代化
长期性	一个长期的历史过程，不可能在短期内完成
革命性	一个革命性的过程，包括政治和文化等的深刻变化
进步性	一个进步的过程，包括生产力和生活质量的提高等
适应性	一个适应的过程，包括对新科技、新环境的适应性变化
非线性	一个转型的过程（非线性的过程），包括从传统向现代、从现代向后现代的转型
可逆性	一个可逆的过程，包括政治和文化变迁的可逆性、现代化的挫折和反复等
复杂性	一个复杂的过程，包括国家内部六个领域的变化，不同领域变化可以是不同步的
副作用	一个具有副作用的过程，例如，贫富分化、环境污染等
	国际体系层次的主要特点
异步性	不同国家的现代化起步不同；在某个历史截面，不同国家的阶段可能有差别
异速性	不同国家的现代化速度不同；国家现代化水平出现差异化
互动性	国家现代化受到国际环境的影响，国际互动影响国家现代化的绩效
竞争性	国家现代化是相互竞争的，现代化是一场国际竞赛
多样性	没有两个国家的现代化进程的特征是完全一样的
稳定性	世界现代化的国际体系的结构具有相对稳定性；虽然国家地位可以变迁，但发达国家有较大可能保持自己的地位，欠发达国家有很大可能被“锁定”在欠发达状态

资料来源：中国现代化战略研究课题组等，2010.

其四，国家现代化进程的多样性。世界范围的国家现代化进程，不仅有共性，而且有很多的差异性。例如，现代化进程的起步、起点、路径、模式、动力、政策、速度、水平、结果、特点、挑战和环境等，都存在很多的国际差异（表 2-53）。

表 2-53　世界范围的国家现代化的多样性

特点	特点的内涵
起步不同	没有两个国家的现代化起步时间是完全一样的，国家现代化起步有先后
起点不同	没有两个国家的现代化起点是完全一样的，存在历史和传统的差异性
路径不同	没有两个国家的现代化路径是完全一样的，存在路径依赖性
模式不同	没有两个国家的现代化模式是完全一样的，存在模式多样性
动力不同	没有两个国家的现代化动力是完全一样的，不同国家的动力因素有所差异
政策不同	没有两个国家的现代化政策是完全一样的，不同时期的国家需要不同政策

（续表）

特点	特点的内涵
速度不同	没有两个国家的现代化速度是完全一样的，不同时期不同阶段的速度不同
水平不同	没有两个国家的现代化水平是完全一样的，它们与世界先进水平的差距也是不一样的
结果不同	没有两个国家的现代化结果是完全一样的，它们的结果受它们的历史和路径的影响
特点不同	没有两个国家的现代化特征是完全一样的，不同国家的主要特点有所差异
挑战不同	没有两个国家的现代化挑战是完全一样的，不同国家的主要问题有所差异
环境不同	没有两个国家的现代化环境是完全一样的，不同国家的国际和国内环境有所差异

资料来源：中国现代化战略研究课题组等，2010.

其五，国家现代化进程的复杂性。发达国家完成第一次现代化平均大约花了160年时间；有些发达国家的第一次现代化经历了挫折和反复，如法国和西班牙的民主制度的反复等。许多发展中国家是20世纪独立的，迄今它们进行第一次现代化时间不到100年。如果借用发达国家的经验，这些发展中国家完成第一次现代化尚需时日。在20世纪60年代前后，部分发展中国家的第一次现代化出现挫折和反复。因此，有些学者对现代化理论的实用性提出质疑。如果因为现代化出现挫折和反复就否定现代化理论，可能是一种因噎废食。

(2) 国家现代化的主要结果

一般而言，世界范围的国家现代化的主要结果，可以从国家层面和国际体系层面进行分析。

首先，在国家层面，世界范围的国家现代化将产生两个结果：国家现代化的共性结果和多样性。国家现代化的结果分析，需要注意三个问题。

第一，需要分阶段分析，需要进行截面比较。在不同历史截面，国家现代化有不同的指标、水平和特征；通过两个截面的指标、水平和特征的比较，可以分析在两个截面之间的国家现代化进程的主要结果。国家第一次现代化和第二次现代化的主要结果是完全不同的。

第二，需要归纳共性结果和关注多样性。目前联合国会员国有192个，世界范围的国家现代化的结果涉及192个国家的国家现代化，如何归纳国家现代化的共性结果呢？是所有国家现代化的结果的汇集吗？显然不是。一般方法是归纳国家现代化的主要结果的共性和多样性。

第三，需要寻求合理的分析方法。国家现代化包括国家经济、社会、政治、文化、个人和环境领域的现代化。国家现代化的结果包括六个领域现代化的结果。如何从六个领域现代化的结果抽象出（凝练出）国家现代化的结果，需要有合适的方法。

其次，在国际体系层面，世界范围的国家现代化将产生两个结果：国家的国际地位和国际体系的结构变化。一般而言，国际体系结构是相对稳定的，国际地位变化是有规律的。

100年四组国家的转移概率。发达国家降级的概率为8%～23%；中等发达国家升级的概率为0～42%；初等发达国家升级中等发达国家的概率为0～24%，直接升级发达国家的概率为2%～5%；欠发达国家升级初等发达国家的概率为0～14%，直接升级中等发达国家的概率为0～12%，直接升级发达国家的概率为0～4%。

45年四组国家的转移概率。发达国家降级的概率为6%～12%；中等发达国家升级的概率为18%～25%；初等发达国家升级中等发达国家的概率为14%～20%，直接升级发达国家的概率为3%～4%；欠发达国家升级初等发达国家的概率为5%～10%，直接升级中等发达国家的概率为3%～5%，直接升级发达国家的概率为0。

100年两组国家的转移概率。发达国家降级的概率为8%～23%，发展中国家升级发达国家的概率为1%～8%。如果扣除3个地位波动国家，发展中国家升级概率为1%～5%。

45 年两组国家的转移概率。发达国家降级的概率为 6%～12%，发展中国家升级发达国家的概率为 5%～7%。如果扣除 2 个地位波动国家，发展中国家升级概率为 5%。

历史数据显示，在 100 年里，发展中国家升级为发达国家的概率约为 5%，发达国家降级为发展中国家的概率约为 10%；发展中国家与发达国家之间可以流动（表 2-54）。

表 2-54　国家现代化的地位升降

时间	从发展中国家升级为发达国家	从发达国家降级为发展中国家
18 世纪	美国	葡萄牙
19 世纪	加拿大、阿根廷、爱尔兰、澳大利亚、新西兰	西班牙、意大利、挪威
20 世纪	芬兰、日本、新加坡、韩国、以色列等 （意大利、西班牙、挪威）	阿根廷、俄罗斯 （新西兰、委内瑞拉）

注：19～20 世纪，意大利、西班牙、挪威、爱尔兰、新西兰、委内瑞拉等国家的国际地位曾发生波动。
资料来源：中国现代化战略研究课题组等，2010.

（3）国家现代化的路径和模式

一般而言，在 1763～1970 年期间，国家现代化的基本路径是第一次现代化路径；在 1970～2100 年期间，国家现代化的基本路径将是多样的，包括发达国家的第二次现代化路径、发展中国家的第一次现代化、第二次现代化和综合现代化路径等。

关于国家现代化的主要模式，已经有大量研究。

首先，欧洲现代化的三种模式。欧洲学者认为，现代化有不同模式，如英国模式（工业化是主导因素，工业化促进民主化，然后促进科层化）、法国模式（科层化和民主化是主导因素，工业化是迟到的）和德国模式（科层化和工业化的结合带来现代化，民主化始终是缺乏的）。

其次，政治现代化的 7 个类型。依据现代化的政治挑战和启动时间划分：英法型、西方衍生国型、其他欧洲国家型、拉美国家型、独立国家型、原殖民地国家型、非洲国家型（Black，1966）。

其三，第一次现代化的主要类型。根据现代化的知识、制度、观念和工业化的来源分类，可以把国家第一次现代化分为创新型、跟进型、嫁接型和学习型（何传启，1999）。根据不同要素分类，第一次现代化还有很多类型，例如，先发型与后发型现代化，内生型与外源型现代化，主动型与被动型现代化，市场型与计划型现代化等，拉美、东亚、东欧和中东现代化各有特点。

其四，第一次现代化的组合模式。第一次现代化包括很多要素，如工业化、城市化、民主化和国际互动等。不同国家在不同时期采用的策略不同，在某个时期相对优先发展某种要素，于是形成不同模式（表 2-55）；如依附发展、追赶工业化、进口替代、出口导向工业化等。

表 2-55　第一次现代化的要素组合模式

要素组合	模式	国家举例
工业化与民主化	工业化优先、民主化优先、协调发展	德国、法国、英国等
工业化与城市化	工业化优先、城市化优先、协调发展	芬兰、澳大利亚、英国等
经济与教育	经济优先、教育优先、协调发展	英国、德国、意大利等
市场与计划	自由市场经济、计划指令经济、混合经济	19 世纪英国、20 世纪苏联、美国等
追赶工业化	进口替代、出口导向、协调发展	20 世纪 60 年代拉美国家、东亚国家等
国际互动	民族工业保护、自由贸易、殖民帝国、依附发展	19 世纪德国、英国、拉美国家等

注：工业化用工业增加值比例代表，民主化用普选权代表，城市化用城市人口比例代表，经济用工业增加值比例代表，教育用成人识字率和小学普及率代表。
资料来源：中国现代化战略研究课题组等，2010.

其五，第二次现代化的组合模式。第二次现代化包括很多要素，如知识化、信息化、生态化和国际互动等。不同国家在不同时期采用的策略不同，在某个时期相对优先发展某种要素，于是形成不同模式（表 2-56）；如知识化优先、信息化优先、生态化优先、协调发展等。

表 2-56　第二次现代化的要素组合模式

要素组合	模式	国家举例
知识化与信息化	知识化优先、信息化优先、协调发展	美国、日本、英国等
知识化与生态化	知识化优先、生态化优先、协调发展	芬兰、英国、日本等
信息化与生态化	信息化优先、生态化优先、协调发展	挪威、德国、加拿大等
国际互动	高贸易和高投资、中贸易和中投资、低贸易和低投资	爱尔兰、德国、美国等
经济与社会	经济优先、社会优先、协调发展	日本、瑞典、荷兰等
经济与生态	经济优先、生态优先、协调发展	美国、瑞士、德国等
社会与生态	社会优先、生态优先、协调发展	美国、瑞士、丹麦等
经济、社会与生态	协调发展	法国、丹麦、英国等

注：知识化用大学普及率代表，信息化用互联网普及率代表，生态化用生活废水处理率代表。高贸易和高投资：国际贸易和投资占 GDP 比例≥100％。中贸易和中投资：国际贸易和投资占 GDP 比例≥50％和＜100％。低贸易和低投资：国际贸易和投资占 GDP 比例＜50％。经济、社会和生态分别用它们的现代化指数代表。

资料来源：中国现代化战略研究课题组等，2010.

其六，综合现代化的组合模式。综合现代化是第一次和第二次现代化协调发展并向第二次现代化转型，包括第一次和第二次现代化的很多要素，如工业化、城市化、民主化、知识化、信息化、生态化和国际互动等。不同国家在不同时期采用的策略不同，在某个时期相对优先发展某种要素，于是形成不同模式（表 2-57）；如工业化优先、知识化优先、信息化优先、知识化与工业化协调发展、信息化与工业化协调发展、工业化与生态化协调发展等。综合现代化是两次现代化的协调发展，所以第一次现代化和第二次现代化的若干模式，如教育优先、经济优先、社会优先、生态优先、经济、社会和生态协调发展等，同样适用于综合现代化。

表 2-57　综合现代化的要素组合模式

要素组合	模式	国家举例
知识化与工业化	知识化优先、工业化优先、协调发展	希腊、墨西哥、智利等
信息化与工业化	信息化优先、工业化优先、协调发展	马来西亚、印度尼西亚、泰国等
工业化与生态化	工业化优先、生态化优先、协调发展	马来西亚、哥斯达黎加、智利等
城市化与生态化	城市化优先、生态化优先、协调发展	—
城市化与信息化	城市化优先、信息化优先、协调发展	—
国际互动	高贸易和高投资、中贸易和中投资、低贸易和低投资	马来西亚、中国、印度等
经济与教育	经济优先、教育优先、协调发展	—
经济与社会	经济优先、社会优先、协调发展	—
经济与生态	经济优先、生态优先、协调发展	—
社会与生态	社会优先、生态优先、协调发展	—
经济、社会与生态	协调发展	—

资料来源：中国现代化战略研究课题组等，2010.

2. 国家现代化的未来前景

《中国现代化报告 2010》分析了 21 世纪世界范围的国家现代化的前景。

(1) 国家现代化的路径分析

国家现代化具有路径依赖性,路径选择受历史传统、起点水平和国际环境的影响。

根据第二次现代化,21 世纪世界范围的现代化有三条基本路径:第二次现代化路径、追赶现代化路径(从第一次现代化到第二次现代化)和综合现代化路径(两次现代化协调发展)。

在国际体系层面,选择第二次现代化路径的国家会增加,选择综合现代化路径的国家会增加,选择追赶现代化路径的国家会逐步减少;发达国家都会选择第二次现代化路径,发展中国家可以选择第二次现代化路径、追赶现代化路径或综合现代化路径。

在国家层面,国家现代化的路径选择与国家现代化的阶段紧密相关。

首先,已经完成第一次现代化和已经进入第二次现代化的国家,会选择第二次现代化路径。

其次,没有完成第一次现代化的国家,可以有三种选择:追赶现代化路径、综合现代化路径和第二次现代化路径。没有完成第一次现代化的国家,一般不宜采用第二次现代化路径。

其三,传统农业社会的国家,一般会选择追赶现代化路径或综合现代化路径。

(2) 国家现代化的情景分析

21 世纪国家现代化的情景分析涉及非常多的因素,这里讨论时间进度和国家水平。

首先,国家完成第一次现代化的时间。国家完成第一次现代化的时间,是国家达到第一次现代化标准的时间。迄今为止,关于完成第一次现代化的标准没有统一认识。一般而言,第一次现代化的典型特征包括工业化、城市化和民主化等;是否完成工业化、城市化和民主化可以作为完成第一次现代化的基本判据;现代化还是一种国际竞争和国际地位变化,国家现代化的相对水平与它的国际地位紧密相关。例如,1960 年工业化国家多数已经完成工业化、城市化和民主化,代表 1960 年现代化的世界先进水平;它们在 1960 年完成第一次现代化。

综合两种因素,《中国现代化报告》把工业化、城市化和民主化作为完成第一次现代化的基本判据,把 1960 年高收入国家(工业化国家)的平均值作为完成第一次现代化的主要标准。

在国际体系层面。2005 年发达国家都已经完成第一次现代化,部分发展中国家已经完成第一次现代化,完成第一次现代化的国家大约有 34 个。2050 年完成第一次现代化的国家将达到 86 个左右,2100 年完成第一次现代化的国家将达到 99 至 107 个(表 2-58)。

表 2-58 21 世纪国家现代化进程的一种估计

项目	2005	2010	2020	2030	2040	2050	2060	2070	2080	2090	2100
进入第二次现代化											
预测一	28	33	37	54	59	64	71	79	81	83	84
预测二	28	36	44	58	65	74	76	79	83	87	89
完成第一次现代化											
预测一	34	38	60	69	79	86	90	96	104	106	107
预测二	34	39	61	69	80	86	89	93	97	98	99

注:分析的国家样本为 131 个。进入第二次现代化国家的数量的预测方法:根据 1980～2005 年(预测一)和 1990～2005 年(预测二)第二次现代化指数的年均增长率测算,第二次现代化指数达到或超过 70,表示进入第二次现代化。完成第一次现代化国家的数量的预测方法:根据 1980～2005 年(预测一)和 1990～2005 年(预测二)第一次现代化程度的年均增长率测算,第一次现代化程度达到 100,表示完成第一次现代化。

在国家层面。2005 年已经有 34 个国家完成第一次现代化,其他国家没有完成。已经完成第一次现代化的 34 个国家,完成第一次现代化的平均花费时间约为 150 年。没有完成第一次现代化的国家,如果按 1980～2005 年和 1990～2005 年的平均速度估算,它们完成第一次现代化所需的时间有所不同。这里以 15 个国家为例(表 2-59),以作说明。

表 2-59 世界 15 个国家完成第一次现代化的时间表(年)

国家	起步时间	实际完成时间	实际花费时间	预期完成时间	已经花费时间	还需的时间	花费的总时间
美国	1776	1960	184				184
加拿大	1797	1960	163				163
日本	1868	1970	102				102
德国	1803	1970	167				167
英国	1649	1970	321				321
法国	1789	1970	181				181
澳大利亚	1801	1970	169				169
意大利	1805	1970	165				165
墨西哥	1867	2005	138				138
俄罗斯	1861			2020	149	10	159
巴西	1850			2020	160	10	170
中国	1840			2020	170	10	180
印度尼西亚	1922			2020	88	10	98
印度	1919			2040	91	30	121
尼日利亚	1960			2070	50	60	110

注:起步时间参考布莱克 (Black, 1966)。完成时间指第一次现代化程度达到"1960 年高收入国家平均水平"的时间。已经花费的时间指从起步时间到 2010 年之间的时间差。还需的时间指从 2010 年到预期完成时间之间的时间差。花费的总时间指完成第一次现代化所需要的实际时间或预期时间。

其次,国家完成第二次现代化的时间。国家完成第二次现代化的时间,是国家现代化水平达到第二次现代化标准的时间。目前,世界现代化的前沿已经达到第二次现代化的发展期,还没有一个国家完成第二次现代化;还不能确定完成第二次现代化的标准。

根据第二次现代化理论,知识文明的时间跨度大约为 130 年,目前第二次现代化的特征包括知识化、信息化和生态化等。关于第二次现代化有多种预测方法。例如,根据 1970～2005 年历史经验推测,在 2001～2100 年期间,预计每 10 年有 6 个左右国家加入第二次现代化行列。

在国际体系层面。2005 年发达国家都已经进入第二次现代化,部分发展中国家已经进入第二次现代化,进入第二次现代化的国家大约有 28 个。2050 年进入第二次现代化的国家将达到 64～74 个,2100 年将达到 84～89 个;发达国家将完成第二次现代化。

在国家层面。2005 年有 28 个国家进入第二次现代化,其他国家没有进入。在 21 世纪,不同国家进入和完成第二次现代化的时间肯定有所不同,需要专题研究。

其三,国家现代化的国家水平。分别从欧洲、美洲和亚洲各选择 1 个发达国家(德国、美国和日本),从美洲、亚洲和非洲各选择 1 个发展中国家(巴西、印度和尼日利亚)为代表进行分析(表 2-60)。发达国家水平有可能提高 2.3～3.9 倍,发展中国家水平有可能提高 1.6～7.7 倍,部分发展中国家有可能达到发达国家水平,部分发展中国家与发达国家的差距扩大。

表 2-60 21 世纪国家现代化水平的一种估算(第二次现代化指数)

国家	增长率	2005	2010	2020	2030	2040	2050	2080	2100	2100/2005
德国	1.55	89	97	113	131	153	179	283	385	4.33
	1.39	89	96	110	126	145	167	253	333	3.74
美国	1.60	111	121	141	166	194	227	366	503	4.53
	1.69	111	121	143	169	200	237	391	547	4.93
日本	1.66	102	111	131	154	182	214	351	489	4.79
	1.27	102	109	123	140	159	180	263	338	3.31
巴西	2.25	47	53	66	83	103	129	251	392	8.34
	1.74	47	52	61	73	87	103	173	244	5.19
印度	1.82	24	26	32	38	45	54	93	134	5.58
	2.29	24	27	34	42	53	67	132	208	8.67
尼日利亚	0.96	16	17	19	21	23	25	34	41	2.56
	1.35	16	17	20	23	26	30	45	59	3.69

注:增长率分别为 1980～2005 年和 1990～2005 年的第二次现代化指数年均增长率。

(3) 国家现代化的国际地位

根据过去 300 年的历史经验,在 100 年内,发达国家降级为发展中国家的概率为 8%～23%,发展中国家升级为发达国家的概率为 1%～5%。如果参照历史经验,21 世纪大约有 2～4 个发达国家有可能降级为发展中国家,大约有 1～5 个发展中国家有可能晋级发达国家。当然,21 世纪具有很大不确定性,依据历史预测未来是不可能准确的。

3. 国家现代化的历史启示

首先,现代化既需要纵向比较,也需要横向比较。现代化的纵向比较可以反映文明进步,可以分析国家绝对水平的提高。现代化的横向比较可以反映文明发展的国际差距和地理分布,可以分析国家相对水平和国际地位的变化。如果国家绝对水平提高的速度慢于其他国家,那么,它的相对水平和国际地位就会下降;反之则上升。现代化的国际比较必须是科学合理的,有些指标不宜进行发展水平的国际比较,如语言等。

其次,后发国家可以借鉴先行国家的经验,发展中国家可以在发达国家看到自己未来的文明结构和生活质量的缩影,但不同国家的生活方式和文化会有差别,而且随着科技进步会有新变化。因为,世界现代化的截面结构是它的历史结构的一个缩影,人类文明的截面结构是它的历史结构的一个缩影。例如,2000 年人类文明的截面结构是从人类诞生到 2000 年的人类历史进程的一个缩影,2000 年世界现代化的截面结构是从现代化起步到 2000 年的现代化进程的一个缩影,世界平均水平大约比世界先进水平落后 50 年。

其三,现代化没有最佳模式,只有理性选择。在过去 300 年里,有些国家保持发达国家的地位,有些国家成功晋级,有些国家地位下降;比较它们的发展模式,没有得到具有明显倾向的结果(表 2-61)。地位上升的国家,在第一次现代化过程中,既有工业化优先、民主化优先和城市化优先模式,也有经济优先、教育优先和协调发展模式等;在第二次现代化过程中,既有知识化优先、信息化优先和生态化优先模式,也有协调发展模式等。所以,不同国家需要研究和寻求自己的合适模式,而不是简单模仿其他国家的做法。

表 2-61 不同类型国家的现代化要素组合模式

国家和类型	第一次现代化的要素组合模式			第二次现代化的要素组合模式		
	工业化与民主化	工业化与城市化	经济与教育	知识化与信息化	知识化与生态化	信息化与生态化
地位上升						
美国	协调发展	工业化优先	教育优先	知识化优先	知识化优先	协调发展
加拿大	工业化优先	工业化优先	—	协调发展	协调发展	协调发展
澳大利亚	民主化优先	城市化优先	—	协调发展	—	—
芬兰	民主化优先	工业化优先	经济优先	知识化优先	知识化优先	生态化优先
希腊	协调发展	协调发展	协调发展	知识化优先	知识化优先	生态化优先
日本	工业化优先	工业化优先	教育优先	信息化优先	协调发展	信息化优先
韩国	工业化优先	协调发展	教育优先	知识化优先	知识化优先	协调发展
新加坡	工业化优先	—	协调发展	—	—	—
科威特	工业化优先	—	经济优先	—	—	—
地位波动						
新西兰	民主化优先	城市化优先	教育优先	协调发展	协调发展	协调发展
爱尔兰	民主化优先	城市化优先	教育优先	知识化优先	协调发展	生态化优先
先降后升						
意大利	工业化优先	城市化优先	协调发展	知识化优先	协调发展	生态化优先
挪威	民主化优先	工业化优先	教育优先	信息化优先	协调发展	信息化优先
西班牙	工业化优先		经济优先	知识化优先	生态化优先	生态化优先
先升后降						
阿根廷	工业化优先	城市化优先	协调发展	知识化优先	—	—
俄罗斯	—	—	—	知识化优先	—	—
委内瑞拉	—	协调发展	经济优先	知识化优先	—	—
地位下降						
葡萄牙	工业化优先	工业化优先	经济优先	知识化优先	协调发展	生态化优先

资料来源：中国现代化战略研究课题组等，2010.

其四，现代化存在“马太效应”，人均收入的国际差距不断扩大。在国际体系中，虽然多数国家人均收入都会提高，但富国越来越富，穷国越来越穷，低收入国家相对贫困化。如果以按 2000 年价格计算的人均 GDP 为分析指标，从 1960 年到 2000 年，高收入国家与低收入国家的绝对差距从约 8584 美元扩大到 25 767 美元，相对差距从 42 倍扩大到 66 倍。如果以按 1990 年价格计算的人均 GDP(PPP)为分析指标，从 1960 年到 2000 年，高收入国家与低收入国家的绝对差距从约 6577 国际美元扩大到 21 163 国际美元，相对差距从 6 倍扩大到 21 倍。

如果发达国家和发展中国家都采取措施，控制和缩小国际收入差距，可能出现一种互利双赢的局面。如果国际贫富差距继续扩大，国际矛盾可能激化，可能出现一种两败俱伤的结局。

其五，21 世纪发展中国家仍有成功机会，但晋级发达国家的概率比较小。依据过去 300 年的历史经验，21 世纪发达国家将有 20 个左右，发展中国家有 100 多个，约 1～5 个发展中国家有可能晋级发达国家；100 多个发展中国家将争夺 5 张晋级发达国家的门票。21 世纪享受现代化生活的新增人口可能约有 7 亿，其中，大约 5 亿可能来自发展中国家；21 世纪发展中国家的人口有可能达到 80～100 亿；大约 100 亿发展中国家人口将争夺 5 亿张享受现代化生活的门票。21 世纪的国际竞争仍将激烈而富有理性。

4. 国家现代化理论

国家现代化理论是关于国家现代化现象的一种理论解释，是第二次现代化理论的一种分层理论。国家现代化是国家层面的现代化，它既有现代化的共性，又有一定特殊性。第二次现代化理论的一般理论基本适用于国家现代化。国家现代化是现代化的基本单元，是世界和国际现代化的重要基础，是地区、机构和个体现代化的国内环境。在一定程度上，现代化理论是关于国家现代化的一种理论，是一种国家层面的理论。

一般而言，国家现代化理论包括一般理论、分支理论和相关理论等（表 2-62）。这里重点讨论它的一般理论，包括国家现代化的定义、过程、结果、动力和模式五个方面内容（表 2-63）。

表 2-62　国家现代化理论的结构

分类	理论	主要内容
一般理论	元理论	国家现代化的含义、过程、结果、动力和模式等
分支理论	分阶段理论	国家第一次现代化、国家第二次现代化、国家综合现代化
	分领域研究	国家经济、社会、政治、文化、生态和个人领域的现代化
	分部门研究	国家农业、工业、教育、科技、国防和交通等的现代化
相关理论	其他现代化理论	经典现代化理论、反思性现代化理论、第二次现代化理论等
	其他相关理论	文明理论、国家理论、发展理论、转型理论等

表 2-63　国家现代化的一般理论

方面	基本内容
定义	国家现代化是国家层面的现代化，是 18 世纪工业革命以来国家文明的一种前沿变化和国际竞争，包括国家现代文明的形成、发展、转型和国际互动，国家现代文明要素的创新、选择、传播和退出，以及追赶、达到和保持世界先进水平的国际竞争、国家分层和文明分布变化
过程	国家现代化是一个复杂过程，包括国家文明变化、国家分层和文明分布变化，包括国家文明的世界前沿和达到世界前沿的行为和过程等。在 18～21 世纪期间，国家现代化的前沿轨迹可以分为第一次和第二次现代化两个阶段，第一次现代化是从农业文明向工业文明的转型，第二次现代化是从工业文明向知识文明、从物质文明向生态文明的转变。它遵循 10 个原则：进程不同步、分布不均衡、结构稳定性、地位可变迁、行为可预期、需求递进、效用递减、路径可选择、状态不重复和中轴转变
结果	现代性、特色性、多样性和副作用的形成，包括劳动生产率和生活质量提高、社会进步、政治民主、文化多元、生态变化和人类全面发展，包括国家水平、国际地位和文明分布的变化，部分传统价值持续存在并发挥作用等。第一次现代化的主要结果是第一现代性、特色性和多样性的形成，副作用包括环境污染、周期性经济危机等。第二次现代化的主要结果是第二现代性、特色性和多样性的形成，副作用包括信息鸿沟、网络犯罪等
动力	国家现代化的动力因素包括创新、竞争、适应、交流、国家利益和市场需求等。动力原理包括：创新驱动、三新驱动、双轮驱动、联合作用、四步超循环、三种文明复合互动、创新扩散、创新溢出和竞争驱动等（表 2-16），不同国家和不同阶段的动力有所不同，不同路径和不同模式的动力有所不同
模式	具有路径多样性、模式多样性和路径依赖性。大致有 3 条基本路径和 50 多种模式

资料来源：何传启，2003.

四、地区现代化

地区有两种理解：跨国地区指世界不同区域，国内地区指国内不同区域。在本节里，地区现代化指国内地区现代化，它包括世界范围的地区现代化、国家范围的地区现代化和单个地区的地区现代化（图 2-59）。地区现代化是现代化现象的一种表现形式和一个分析层次。一般而言，地区现代化是国家现代化的组成部分，它既是相对独立的，又受国家现代化的制约。

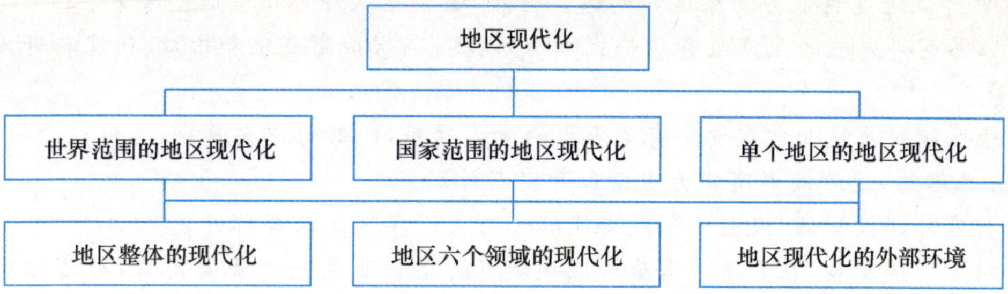

图 2-59　地区现代化的分析结构

注：世界范围的地区现代化指世界不同国家的地区现代化。

1. 地区现代化的客观事实

《中国现代化报告 2004——地区现代化之路》分析了 20 世纪世界 18 个国家 171 个地区发展的历史统计数据，引用了科学家们的大量分析结果，归纳了地区现代化的一些基本事实和分领域的事实。

(1) 地区现代化的基本事实

首先，地区现代化是客观存在的。在 18 个国家 171 个地区的发展过程中，地区经济差距的收敛和发散，地区发展水平的趋同和趋异，地区相对水平的追赶和退步等现象，普遍存在。地区相对水平的变化包括：先进更先进、先进保先进、后进赶先进、先进退步为后进、后进仍然为后进等现象。这些与国家现代化现象是基本一致的。

其次，地区现代化遵循现代化的一般规律。在 18 个国家的地区现代化过程中，第一次现代化的工业化和城市化、第二次现代化的知识化和信息化等现代化的基本规律，都被地区历史统计数据和学者们的分析所验证。地区现代化包括政治现代化，政治现代化的主体是国家，地区的政治现代化是由国家政治决定的，尽管地区也可以进行政治制度创新。显然，没有政治现代化，就没有全面的国家现代化和地区现代化。

其三，地区现代化不是地区所在国的国家现代化的简单“缩小”。地区是国家的组成部分，地区现代化是国家现代化的组成部分。地区现代化的平均水平，大致等于国家的现代化水平。但是，国家内部地区现代化的模式和道路具有多样性，例如，美国 50 个州和 195 个县的现代化，在工业化和城市化等方面，与美国国家现代化有很多不同。

其四，地区现代化过程中的地区互动和相互依存。地区之间既相互竞争，又相互依存。在自由竞争条件下，地区现代化水平比较高的地区，可以将现代化成果辐射和扩散到现代化水平比较低的地区；同时，可以从现代化水平较低的地区吸取现代化建设的重要资源（包括人力资本、金融资本和物质资源），还可能向后者转嫁现代化的一些负面因素（如污染产业等），导致地区差距扩大。地区之间的经济和人口流动，国家干预，例如国家可以通过财政和政策杠杆（转移支付和优惠政策等）调节，可以促进地区间的协同发展。

其五，地区现代化与地区基础能力的关系紧密。例如，欧盟地区现代化过程中比较成功的地区都具有如下特点（Cuadrado-Roura，2001）：

① 地区城市系统在经济增长和生产活动中扮演重要角色。中型城市和人口在 4～15 万的小型城市有明显优势，大城市特别适合于吸引和发展新工业。城市竞争力反映了地区竞争力。

② 容易获得人力资本,合格劳动力的稳定供应,在媒体上传播本地的高水平教育。

③ 开放和参与能力(accessibility)。高度开放,方便进入国际市场,能够参与国家政治和经济政策制定,迅速进行创新和技术开发等。相关基础设施如信息中心、技术研究所和科技中心等,可以作为促进这种能力的渠道和网络。当然,还要能从外部接受这些要素。

④ 容易获得先进的生产服务。如战略规划、技术咨询、商业化和出口、研究与开发、专业的金融服务等。

⑤ 地区组织系统非常重要。有竞争力的地方政府,能够与中央政府、其他权力机构和民间组织形成合作网络,地方政府有能力申请和开发新计划。

⑥ 具有外部投资的"吸引力",或者能够参与太平洋地区的合作开发。

⑦ 对于地区发展,在衰退和困难工业领域有大型企业是一种负面因素,与之相反,有优势的从事不同生产活动的中小企业是一种积极因素。

其六,地区现代化具有不平衡性。从 18 个国家地区现代化的发展水平和发展阶段看,不同国家的地区现代化存在很大差距。发达国家的地区差距小于发展中国家,进入第二次现代化的国家的地区差距小于处于第一次现代化的国家。

发达国家的地区现代化,经历了第一次和第二次现代化两个阶段。在地区第一次现代化过程中,工业化、城市化、"非农业化"和普及免费义务教育等是基本内容,美国地区经济相对差距的变化是从扩大到缩小,绝对差距在扩大;收入分配不平等的变化是从扩大到缩小。在地区第二次现代化过程中,知识化、信息化、非工业化、"非城市化"(郊区化等)和普及高等教育等是基本内容,美国地区经济相对差距和收入分配不平等缩小的趋势结束了,出现波动和扩大的趋势。发展中国家的地区现代化,正处于第一次现代化过程中,工业化和城市化仍然是主体内容,同时也受到信息化的影响。

(2) 地区现代化的经济事实

在经济领域,地区现代化与国家现代化具有基本相同的规律,又有一些不同特点。而且,一级经济和行政地区(相当于中国的省级地区)和二级行政地区(相当于中国的县)的经济现代化的内容和特点也有一些差别,需要区别对待。

首先,同国家经济现代化一样,地区经济现代化的基本特征是生产力水平的提高。地区人均 GDP 和地区劳动生产率(GDP/工作小时)等在稳步上升。

其次,如果把农业比例下降简称为"非农业化",那么,在国家和一级地区,"非农业化"是经济现代化的基本特征;在二级行政地区,"非农业化"不是绝对的。

发达国家一级经济和行政地区,农业增加值比例和农业劳动力比例下降到 2%左右;在发达国家如美国二级行政地区(县级地区),农业增加值比例和农业劳动力比例具有下降的趋势,但是,农业增加值比例与现代化水平的相关性不明显(事实上与国家农业政策关系紧密),农业劳动力比例仍然与现代化水平有一定的负相关性。

美国二级行政地区农业比例的地区差别非常大。例如,2000 年,美国 3 个州 195 个县中,有 6 个县农业劳动力比例低于 1%(其中,1 个县农业劳动力比例为 0),19 个县农业劳动力比例超过 20%;42 个县农业增加值比例低于 1%(其中,2 个县农业增加值比例为 0,16 个县农业增加值比例为负值),10 个县农业增加值比例超过 20%。

其三,地区工业比例从上升到下降,经历工业化和非工业化两个阶段;有些地区在工业化没有完成的时候,就进入非工业化阶段。

发达国家的经济现代化在完成工业化后,才进入非工业化阶段。20 世纪 80 年代以来,有些发展中国家,在工业化没有全面完成的时候,就出现工业增加值比例下降,工业劳动力比例上下波动甚至下降的现象，已经具有非工业化的部分特点。这说明，发达国家的非工业化转型已经对发展中国家产生巨大影响。

在美国一级经济和行政地区，部分地区经历了典型的工业化和非工业化两个阶段，部分地区在工业化中期(工业比重达到30%左右)就向非工业化转型，部分地区在“工业化早期”(工业比重在20%以下)就向非工业化转型，但它们已经完成“非农业化”。

在美国二级行政地区，从工业化向非工业化的转型是发展趋势，但是，地区间差别非常大。例如，2000年，美国3个州195个县中，13个县工业劳动力比例低于10%(其中，2个县工业劳动力比例为0)，8个县工业劳动力比例超过40%；9个县工业增加值比例低于10%(其中，2个县工业增加值比例为0)，12个县工业增加值比例超过50%。

其四，如果把服务业比例大幅度提高称为经济服务化，那么，地区经济服务化是必然的。在国家和一级地区，服务业比例上升和比例趋同。在美国二级行政地区，服务业比例上升和趋同，但地区差别非常大。2000年，美国3个州195个县中，19个县服务业劳动力比例超过80%(其中2个县服务业劳动力比例超过90%)，9个县服务业劳动力比例低于50%；26个县服务业增加值比例超过80%(其中4个县服务业增加值比例超过90%)，24个县服务业增加值比例低于50%(其中3个县服务业增加值比例低于40%)。

(3) 地区现代化的社会事实

在社会领域，地区现代化与国家现代化是基本一致的。由于国家内部不同地区发展的不同步，地区社会现代化与本国的国家现代化相比，具有多样性。

首先，同国家社会现代化一样，地区社会现代化的基本特征是居民生活水平的提高。地区生活水平的改进，主要表现有：医疗服务水平提高、平均预期寿命延长、婴儿存活率提高、生活环境质量改善、人均可支配收入增加、恩格尔系数(食物消费占总消费的比例)下降、蛋白质摄入量合理增加(在合理范围内增加)、社会保障体系覆盖率提高、家庭耐用消费品(电器和轿车等)的质量和普及率提高等。

其次，如果把人口大规模向城市集中称为“城市化”、把城市人口大规模向郊区和乡镇分散称为“非城市化”，那么，在国家和一级地区，社会现代化经历城市化和非城市化两个阶段。“非城市化”的实质是城市文明向郊区和乡镇扩散，所以，《中国现代化报告2002》把“非城市化”称为“城市扩散”。在“非城市化”阶段，城市人口逐步分散，同时部分老城市在扩张，新城市还在诞生。其主要特点是：中心城市的郊区人口快速增长(郊区化)，都市(中心城市和它的郊区)人口快速增长(都市化)，城市和都市人口密度下降等。

在国家社会现代化过程中，城市化和非城市化是两个自然阶段。在一级地区，城市化和都市化具有多样性。例如，在20世纪下半叶，美国50个州中有3个州在城市化没有完成的时候(城市人口比例低于60%)先后发生城市人口比例下降，4个州都市人口比例出现下降；20世纪70年代以来，英国7个都市县的人口总数都下降了。

20世纪60年代以来，发达国家城市演变与它们工业化时期的城市化，已经有明显不同。学术界有“大都市化”、“郊区化”、“逆城市化”和“再城市化”等提法。“再城市化”又指“城市复兴”，指郊区和乡镇人口向城市回流，城市人口总数和比例上升。20世纪末，发达国家城市人口比例增长，可能相当比例来自国际移民，而不完全是本国人口向城市集中。20世纪后期，发达国家农村居民的绝大多数已经不是农民。

其三，地区现代化包括社会基础设施的现代化。社会基础设施现代化经历“物质生活基础设施”和“知识信息基础设施”两个发展阶段。地区“物质生活基础设施”包括地区公共事业设施(供水、供电和供气等)、公共交通基础设施(铁路、民航和水泥高速公路等)、物流基础设施、公共卫生基础设施、工业时代通讯基础设施(电话和电视等)等。地区"知识信息基础设施"包括信息网络基础设施(信息高速公路等)、卫星和移动通讯基础设施、数据库和知识库、地区创新体系的基础设施(高等教育机构、科研机构等)等。在发达国家,地区基础设施建设的两个阶段是先后进行的;在发展中国家和地区,目前的地区现代化,同时包括两个阶段的内容。

(4) 地区现代化的知识事实

在知识领域,地区现代化与国家现代化有高度的一致性。由于知识具有自由流动和利益溢出等特征,国家以及一级地区和二级地区知识领域现代化的战略选择和表现有一些差异。

首先,同国家知识领域现代化一样,地区知识领域现代化的基本特征是地区科学知识和信息的生产能力和普及程度的提高。地区知识领域现代化的主要表现是:成人识字率提高、义务教育普及率提高、高等教育普及率提高、职业教育、成人再教育和终身学习不断发展、具有高等学历的劳动力比例提高、知识生产和创新能力(科技经费和人员投入强度)提高、电话电视(电话、传真、广播和电视等)普及率提高、电脑和互联网普及率提高等。

其次,发达国家地区知识领域现代化经历"义务教育与电话电视普及"和"知识化与信息化"两个阶段。发达国家地区在 20 世纪 70 年代前后,已经完成普及 12 年(左右)免费义务教育、普及电话和电视等,完成工业化所需要的知识和信息普及。70 年代以来,以个人电脑、互联网和移动通讯为技术基础,以普及高等教育和终身学习为主要特征,知识化和信息化成为第二次知识现代化的主题。

其三,发展中国家和发达国家地区知识领域现代化的发展模式不同。发达国家地区知识领域现代化的两个阶段是先后进行的,具有"自然进化"的特点。发展中国家地区知识领域现代化就有多种模式,一种是跟踪模仿发达国家的两阶段模式,一种是在推进普及免费义务教育和普及电话电视的同时,推进知识化和信息化等。

地区现代化的上述事实,只是地区现代化的基本事实中的一部分。

2. 地区现代化的重要启示

《中国现代化报告 2004》讨论了世界 18 个国家的地区现代化的重要启示。

(1) 在一级地区,地区现代化与国家现代化具有较强一致性

从 18 个国家一级地区现代化的历史统计数据和学者们的研究结果可以看出,一级地区现代化与国家现代化在大多数方面是一致的;尽管一级地区在工业化和城市化等方面与本国的现代化有所不同,但是它们与整个世界的国家现代化是相似的。国家内部一级地区现代化,既遵循国家现代化的一般规律,又有比较多的表现形式。

(2) 在二级地区,地区现代化与国家现代化的关系具有多样性

从美国 3 个州 195 个县现代化的历史统计数据和学者们有关的研究结果可以知道,二级地区现代化与国家现代化有基本一致的发展趋势,但在不同领域地区现代化和国家现代化的相关性有一些差别。例如,在经济领域,二级地区经济结构、就业结构与地区现代化和生产率水平的相关性比较小,没有国家的那么强;在社会领域,二级地区现代化与国家现代化的相关性比较大;在知识领域,二级地区现代化与国家现代化的发展模式有许多不同,例如,并非每一个二级地区都有世界先进水平的大学,但是,国家一定要有世界先进水平的大学体系。

(3) 地区现代化进程的不同步和不平衡现象是普遍存在的

18 个国家 171 个地区现代化的历史事实是,在同一历史时刻(例如 2000 年),不同国家的地区现代化发展阶段和发展水平不同,同一个国家的不同地区的现代化发展阶段和发展水平不同。美国地区现代化的历史事实是,在 19～20 世纪里,美国不同的一级经济地区和一级行政地区现代化的发展阶段和发展水平的差别,始终存在。不同时代地区差别的程度在变化,但地区差别是客观存在的。

(4) 地区间人均收入差距的扩大和缩小现象是普遍存在的

如果地区差距长期存在,那么,地区差距的扩大和缩小现象,就必然是客观存在的。这种扩大和缩小,有没有某种自然规律呢?新古典增长理论和新增长理论对此有完全不同的解释。这个问题可以从世界范围的和国家内部的地区差距两个层次来分析。

20世纪60年代美国经济学家威廉姆斯提出地区经济差距的倒U形模型,认为在经济发展过程中,地区经济差距从扩大到缩小,地区经济差距的变化轨迹为倒U形(Williamson, 1964)。但是,倒U形模型与美国地区差距变化的实际情况不完全一致。从现有研究文献和历史数据看,地区现代化过程中,地区差距扩大和缩小现象,似乎比较复杂,没有简单模式。

有些学者发现,从19世纪到20世纪,世界国家间人均收入的差距在扩大(Clark, Feenstra, 2001)。但有些学者认为20世纪后40年,国家间按购买力平价计算的人均收入差距缩小(Melchior, 2000),国家间生活水平(包括预期寿命、婴儿存活率、综合入学率、成人识字率、电话和电视普及率)的差距缩小(Neumayer, 2003)。如果国家差距扩大,那么,世界范围的地区差距就必然扩大。如果国家差距缩小,世界范围的地区差距,就需要再研究。

在发达国家和发展中国家,国家内部地区差距的扩大和缩小,都是普遍存在的现象。地区绝对差距和相对差距的变化,有不同的表现。在20世纪90年代,发达国家内部地区的绝对差距大于发展中国家,发展中国家内部地区的相对差距大于发达国家。

如果考察美国和欧盟地区相对差距的变化,可以观察到一种有趣的现象:在它们工业化过程中(19世纪到20世纪60年代前后),地区相对差距的变化曲线,经历了上升和下降两个阶段;随着工业化的完成,地区相当差距下降的趋势就结束了;70年代前后,地区相对差距的变化曲线出现波动;80年代以来,地区相对差距变化曲线呈上升的趋势,但差距的幅度并没有过去那么大。当然,这条地区相对差距的变化曲线不是平滑的,而是波浪式的。80年代以来的地区相对差距扩大,与新的产业革命(信息革命和知识革命)不无关系。在20世纪里,地区绝对差距(标准差)一直呈现扩大的趋势。

在这种情况下,地区相对差距的变化曲线,更像是一条衰减的波动曲线。这种现象可以在下列时期观察到:1840～2000年期间美国人均收入的地区相对差距变化,1977～2000年期间美国50个州人均生产总值的地区差距波动,20世纪60～90年代联邦德国、英国、法国、意大利、西班牙和葡萄牙人均GDP的地区相对差距变化。甚至在墨西哥1940～2000年人均GDP和劳动生产率(GDP/工人)的地区相对差距的变化中,也能观察到它。

也许,这就是地区现代化过程中,地区差距收敛和发散的一种演变形式。它的基本特征是:地区相对差距的变化曲线是一条衰减的波动曲线,与此同时,地区绝对差距的变化曲线有可能是一条扩张的波动曲线(图2-60)。绝对差距的扩张曲线什么时候衰减,需要专门研究。

地区现代化过程中,地区相对差距变化的波动曲线,不是绝对的。它可能是地区相对差距变化的一种形式。我们可以找到与这种变化曲线不同的例子。例如,在1911～1993年期间,瑞典全部24个县人均收入的地区相对差距一直在收敛(Persson, 1997)。所以,地区相对差距变化的方式,还应该有其他方式存在,例如,地区经济差距有条件地收敛等。

(5) 城乡差距的波动和缩小现象是普遍存在的

在工业化过程中,城市化是不可避免的,于是形成城乡二元结构。一般而言,城乡差距是客观存在的。目前,发达国家城乡的经济差距已经很小,而农村拥有更好的自然环境,城市居民向郊区和农村迁移,农村居民的多数是非农民;发展中国家城乡经济差距仍然很大,而且农村基础设施也比较落后,农村人口继续大量涌向城市,城市现代化水平明显高于农村。

发达国家如美国,城市和农村的差距有一个演变过程。在工业化开始的时候,城乡经济差距扩

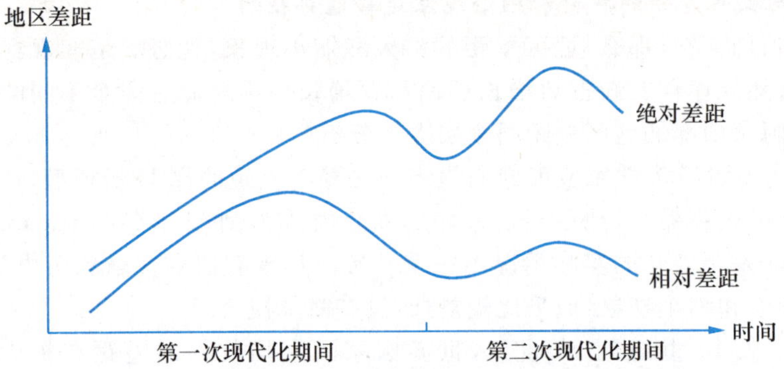

图 2-60 地区人均收入的绝对差距和相对差距的变化

注:绝对差距是一条扩张的波动曲线,相对差距是一条衰减的波动曲线。

大;在工业化结束时,城乡经济差距缩小;信息化启动后,城乡经济差距出现波动;城乡的自然环境的差别始终存在。从 19 世纪到 20 世纪初,美国城市劳动生产率和工资高于农村,但是,农村的健康状况比城市好。当时城市卫生条件比较差,人口密度很高,1830～1890 年期间美国城市人口的预期寿命缩短了,1900 年城市人口预期寿命比农村平均少 10 岁,城市死亡率和婴儿死亡率都高于农村;在 20 世纪之交,美国城市和农村的健康差距开始缩小;直到 1940 年左右,美国城市健康状况才赶上农村(Kim,Margo, 2003)。20 世纪中期,美国完成工业化,城市和农村的经济差距缩小。由于交通和环境等问题,城市居民的生活质量和经济效率受到影响,高收入的城市居民向郊区和农村迁移,城市人口密度下降;同时,美国农村人口减少,农业提高了效率,政府的农业补贴政策部分补偿了农业的自然风险和损失;城市和农村的人均收入差距缩小。1975 年美国太平洋沿岸地区,都市与非都市(城市与农村)人均收入之比为 1.1 比 1。在 20 世纪后期,随着知识化和信息化的发展,虽然地理距离的重要性下降,但城市和农村获取和应用新知识和信息的能力有一定差距,知识和技术扩散需要时间,城市和农村的经济差距出现波动。

发展中国家城市和农村差距的变化,与发达国家的情况不完全一样。在工业化早期和中期,城市和农村的经济差距比较大。目前,发展中国家城乡差距比较明显。在工业化后期,预计城市和农村的经济差距将缩小。在知识化和信息化的初期,城乡差别可能会扩大,城乡的"数字鸿沟"几乎不可避免。随着第二次现代化的推进,这种差距可能会缩小。

(6) 收入差距的扩大和缩小现象普遍存在,收入分配需要政府调控

毫无疑问,现代化应该给全社会增加福利,而不是只增加少数人的福利。但是,在现代化过程中,收入分配的不平等是长期存在的。如果没有政府的政策调节,收入分配不平等将遵循"马太效应",富者更富,穷者更穷。不同国家和地区政策调控的力度不同,收入分配不平等的变化也有差异。

1955 年,美国经济学家库兹涅茨提出收入分配不平等的倒 U 形模型,认为在工业化过程中,早期收入不平等扩大,中期是短暂的稳定,后期收入不平等缩小(Kuznets, 1955)。虽然目前仍然有人对此有不同看法,但是,工业化过程中收入分配不平等的倒 U 形模型,已经获得了大量事实的支持(陈宗胜, 1994)。

但是,20 世纪 70 年代以来,发达国家收入分配不平等的发展趋势发生了巨大转变:70 年代美国收入分配不平等缩小的趋势停止,收入分配不平等扩大(USCB, 2002);70 年代中期以来英国收入分配的不平等扩大(ONS, 2003);80 年代中期到 90 年代中期,比利时、瑞典、荷兰、芬兰、意大利和德国收入分配不平等扩大(Förster,Pearson, 2002)。

美国国家经济研究署的经济学家(Piketty,Saez，2001)认为,20世纪70年代以来,发达国家收入分配不平等的扩大,并不构成对库兹涅茨倒U形模型的挑战,而是出现了新情况,是由新的工业革命和创新引起的,这种不平等扩大到某个点后,也会开始缩小。

如果美国经济学家的上述观点成立,那么,需要对收入分配不平等的倒U形模型进行扩展。应该把20世纪70年代以来发达国家收入分配不平等的新特点加进来。

事实上,收入分配不平等的倒U形模型是一个形象化比喻,美国工业化过程中收入分配不平等的发展轨迹,并不是一条平滑曲线,而是一个具有倒U形特点的波浪形曲线。如果加上70年代以来的收入分配不平等的扩大、未来的缩小,可以设想,收入分配不平等的变化曲线是一条周期性衰减的波动曲线,知识化过程的波幅将小于工业化过程。

(7) 人口和经济活动分布的演变过程可以分为集中与分散两个阶段

地区现代化过程中,美国人口和生产要素的空间分布经历了集中和分散两个阶段。在工业化过程中,地区人口、生产要素、工业和经济活动向城市集中,这种人口和经济活动的城市积聚提高了经济效率。在工业化后期,或者从20世纪40年代以来,美国人口的郊区化非常明显,1960年中心城市和郊区人口比例就基本持平,城市人口密度快速下降,人口空间分布进入相对分散阶段。美国学者认为,城市居民收入提高和交通工具的发展是城市人口分散化的重要原因。毫无疑问,信息化进程将推动城市人口的分散化。2000年美国50%的人口生活在郊区,30%的人口生活在中心城市(Hobbs,Stoops，2002)。

如果说美国人口和经济活动的集中化是基本同步进行的,那么,美国城市人口和经济活动的分散化则是分步进行的。第一次浪潮是城市人口的郊区化,第二次是城市经济活动的郊区化(Glaeser,Kahn，2001)。在19世纪末,美国城市人口就开始向郊区迁移,到1960年,63%的工作岗位集中在中心城市,51%的都市居民住在郊区。人们在郊区居住,在中心城市工作。随着城市人口的外迁,工作岗位也向郊区迁移。20世纪末,美国150个都市,平均18%的人口和26%的工作集中在城市中心区(3英里内环内),65%的人口和57%的工作分散在距离城市商业中心区5英里以外的地区。美国学者还发现,商业服务如银行业相对比较集中,制造业相对比较分散,知识信息密集的产业相对比较集中(Glaeser,Kahn，2001)。

(8) 发达国家地区现代化过程具有两个大阶段和多种发展模式

同国家现代化一样,地区现代化是一个长期的历史过程。作为一个长期的历史过程,它必然存在一些发展阶段。发展阶段的划分,既是人为的,也是客观的。因为划分标准是根据客观事实人为制定的。在地区现代化的不同阶段,地区的发展观念和发展战略是不同的,不同地区的发展模式和发展道路也有差异。例如,美国地区现代化的发展阶段,可以分为第一次和第二次现代化两大阶段。两个阶段的发展模式存在本质的差别。

一般而言,国家和一级地区现代化阶段的划分,可以根据其产业结构和就业结构的发展水平进行,参考它的生产力发展水平。二级地区现代化阶段划分,由于二级地区产业结构与现代化水平的相关性下降,目前还没有找到比较合理的划分方法,可以参考的划分方法是,根据就业结构和生产力水平进行划分。

(9) 地区发展水平相对位置的转移概率具有一定的共性

在地区现代化过程中,地区差距始终存在,地区差距的扩大和缩小现象始终存在。先进地区,部分保持了领先地位,部分退步了;中间水平的地区,或上或下;后进地区,部分赶上先进地区,部分仍然是后进地区。那么,地区相对水平位置的转移概率有无规律?

这个问题的答案是肯定的。一般而言,地区相对位置保持原位的概率大约为70%,地区相对位置上升或下降的概率大约为 30%。欧洲学者的研究结果可以证明这个观点(Cuadrado-Roura, 2001; Basile, et al, 2001;Neumayer, 2002)。欧盟 109 个地区,1977 年人均 GDP 最低的地区,1994 年仍然保持最低水平的约占 70%,地位上升的约占 30%;1977 年人均 GDP 最高的地区,1994 年仍然保持最高水平的约占 48%,地位下降的约占 52%。欧盟 117 个地区,1988 年人均收入最低的地区,1998 年仍然保持最低水平的约占 94%;1988 年人均收入最高的地区,1998 年仍然保持最高水平的约占 76%。国家现代化过程中,国家相对水平的转移概率也存在这种共性。

如果先进地区不努力,有可能会退步;如果落后地区努力,有可能会进步。落后地区拥有赶上先进水平的可能性,但也不是轻而易举的事情,要付出更大的努力。

3. 地区现代化理论

地区现代化理论是关于地区现代化现象的一种理论解释,是第二次现代化理论的一种分层理论。地区指国家内部区域。地区现代化是地区层面的现代化,它既有现代化的共性,又有一定特殊性。第二次现代化理论的一般理论基本适用于地区现代化。地区现代化是国家现代化的组成部分,它不是国家现代化的简单"缩小",而是具有更大的多样性和结构弹性。

中国学者何传启认为,地区现代化理论包括一般理论、分支理论和相关理论等(表 2-64),其中,一般理论包括地区现代化的定义、过程、结果、动力和模式五个方面内容。

表 2-64　地区现代化理论的结构

分类	理论	主要内容
一般理论	元理论	地区现代化的定义、过程、结果、动力和模式等
分支理论	分阶段理论	地区第一次现代化、地区第二次现代化、地区综合现代化
	分领域研究	地区经济、社会、政治、文化、生态和个人领域的现代化
	分部门研究	地区农业、工业、教育、科技、国防和交通等的现代化
	分区域研究	城市、农村、郊区、山区、平原地区、丘陵地区等的现代化
相关理论	其他现代化理论	经典现代化理论、后现代化理论、第二次现代化理论等
	其他相关理论	经济地理学、发展理论、区域规划、空间发展理论等

资料来源:中国现代化战略研究课题组等, 2004.

(1) 地区现代化的定义

地区现代化是现代化的一种表现形式,是地区层面的现代化,是国家现代化的组成部分。

首先,地区现代化的内涵和外延。

地区现代化的内涵:地区现代化是地区文明的一种前沿变化和地区竞争,是地区现代文明的形成、发展、转型和国际互动的前沿过程,是地区现代文明要素的创新、选择、传播和退出交替进行的复合过程,是追赶、达到和保持世界先进水平的地区竞争、地区分化和地区分层。

地区现代化的外延:地区现代化包括地区整体的现代化、地区六个领域的现代化和地区现代化的相互作用等,包括地区部门现代化、城市、农村、山区和平原地区现代化等。

一般而言,地区现代化指地区文明的世界前沿和达到世界前沿的行为和过程。它既是发达地区达到并保持世界先进水平的过程,又是发展中地区追赶世界先进水平的过程。它既是发达地区的目标,即保持世界先进水平,这个水平是一个连续变化的状态函数;又是发展中地区的目标,即追赶和达到世界先进水平,这个水平是一个变化的目标函数。

其次,地区现代化与国家现代化的关系。

地区现代化是国家现代化的有机组成部分。国家现代化是地区现代化的客观环境和条件,地区现代化必须服从于国家现代化，地区现代化是国家现代化的基础。

地区现代化遵循现代化的一般规律。地区现代化不是国家现代化的简单"缩小"。在一级地区（相当我国的省），地区现代化与国家现代化过程具有较强的一致性；在二级地区（相当我国的县），地区现代化与国家现代化的关系具有多样性。

地区现代化既是地区行为，也需要国家调控。国家内部的地区现代化，地区之间是竞争与合作并存，需要国家从国家现代化的整体优化出发，进行调节。

地区现代化包括政治现代化，政治现代化是以国家为基本单元的。从政治角度看现代化，国家现代化是一个整体，地区的政治现代化是由国家政治决定的。一般而言，没有国家的政治现代化，就不可能有地区的政治现代化，虽然地区也可以进行政治制度创新，不同地区政治现代化程度也有差别。缺少政治现代化，就没有全面的国家现代化；缺少国家政治现代化，就没有全面的地区现代化。

地区现代化和国家现代化是相互作用的，不同领域情况不同。在经济领域，地区现代化的经济结构转变是有弹性的，国家现代化的经济结构转变是必须的。在社会领域，地区现代化中的城市化和郊区化是有弹性的，国家现代化中的城市化和郊区化都是必须的。

其三，地区现代化与地区发展的关系。

关于发展没有统一定义。法国经济学家佩鲁在《新发展观》中提出"整体的、综合的、内生的发展观"，产生了广泛的社会影响。他认为：发展不同于增长，也不同于进步。增长是规模的扩大，进步是收益的一般扩大，发展涉及结构的优化。发展或者说经济发展，需要从三个层次来把握：整体内部各组成部分之间的联结、各部门之间的作用和相互作用、各种形式的人力资源都有机遇获得效力和能力。在三个层次上的优化是发展的基本要求（佩鲁，1987）。

一般而言，发展不等于现代化；现代化以发展为基础，以达到和保持世界先进水平为目标；18世纪以来，地区现代化包括地区发展、地区转型和地区竞争。地区现代化与地区发展的关系比较复杂，发达地区与发展中地区有所不同（表2-65）。

表2-65 地区现代化与地区发展的关系

地区	发展	现代化	类型
发达地区	发展水平提高，保持世界先进水平	现代化绝对和相对水平都提高	现代化
	发展水平提高，没有保持世界先进水平	现代化绝对水平提高，相对水平下降	半现代化*
	发展水平不变，没有保持世界先进水平	现代化绝对水平不变，相对水平下降	停滞
	发展水平下降，负发展（倒退）	现代化绝对和相对水平都下降	倒退
发展中地区	发展水平提高，与世界先进水平的差距缩小	现代化绝对和相对水平都提高	现代化
	发展水平提高，与世界先进水平的差距不变	现代化绝对水平提高，相对水平不变	半现代化*
	发展水平提高，与世界先进水平的差距扩大	现代化绝对水平提高，相对水平下降	半现代化*
	发展水平不变，停滞	现代化绝对水平不变，相对水平降低	停滞
	发展水平降低，负发展（倒退）	现代化绝对和相对水平都降低	倒退

注："半现代化"指现代化的绝对水平提高，相对水平不变或下降。

(2) 地区现代化的过程

首先，地区现代化的两大阶段。在18～21世纪期间，地区现代化过程一般可以分为两大阶段。第一阶段简称为地区第一次现代化，指从农业文明向工业文明的转型，包括从农业经济向工业经济、农业社会向工业社会、农业文化向工业文化的转变等。第二阶段简称为地区第二次现代化，指从工业文明向知识文明、物质文明向生态文明的转型，包括从工业经济向知识经济、工业社会向知识社会、工业文化向知识文化、物质文化向生态文化的转变过程；地区第二次现代化不是终点，将来还有新变化。

地区现代化过程中，经济结构转变不是绝对的，而是有弹性的；城市化和郊区化不是绝对的，而是有弹性的；但是，社会和文明转变是必然的。

其次，地区现代化的主要特点。地区现代化的一般特点包括非线性的、加速的、多途径的、路径依赖的、不同步的、长期的、进步的、全球的、有风险的、有副作用的等。

地区现代化过程是一连串的经济和社会转型的过程。每一次经济和社会转型都需要支付社会成本，并伴随着巨大风险。如果转型失败，将发生现代化的断裂，甚至倒退。

地区现代化的发展模式。在地区第一次现代化过程中，经济发展是第一位的，物质生产扩大物质生活空间，满足人类物质追求和经济安全。在地区第二次现代化过程中，生活质量是第一位的，知识和信息生产扩大精神生活空间，满足人类幸福追求和自我表现；物质生活质量可能趋同，但精神和文化生活将高度多样化。

地区现代化的收入分配不平等的变化。比较普遍的收入分配不平等的变化模式是：在地区第一次现代化过程中，出现库兹涅茨倒U形模型描述的现象，从扩大到缩小；当地区进入第二次现代化时，收入分配不平等缩小的趋势停止，收入不平等可能出现扩大和波动。

地区现代化的地区收入差距的变化。比较普遍的地区差距的变化模式是：在地区第一次现代化过程中，地区经济相对差距出现威廉姆斯倒U形模型描述的现象，从扩大到缩小，但地区经济绝对差距是扩大的；当地区进入第二次现代化时，地区相对经济差距有可能出现扩大和波动，地区经济绝对差距继续扩大和波动。

地区现代化的城乡收入差距的变化。比较常见的地区城乡经济差距的变化模式是：在地区第一次现代化过程中，城乡经济差距从扩大到缩小；进入地区第二次现代化时，城乡经济差距有可能出现扩大和波动。

地区现代化的人口和经济活动的集中与分散。比较常见的地区人口和经济活动的分布变化模式是：在第一次现代化过程中，人口和经济活动向城市集中；进入第二次现代化时，人口和经济活动出现分散化的趋势。

地区现代化的工业化和非工业化。如果把工业化看成是从农业文明向工业文明的转变，那么，地区工业化是必须的。如果把工业化定义为产业结构和就业结构从农业向工业的转变，那么，地区工业化有很大弹性，不是绝对的。非工业化是经济和文明发展的一个新阶段，而且在二级地区有比较大的弹性。

地区现代化的城市化和郊区化。如果把城市化理解为从农业文明向城市文明转变的形式，那么，地区城市化是必须的。如果把城市化定义为城市人口比例的增加，那么，地区城市化有很大弹性。生活在农村也可以享受城市文明。郊区化既是城市文明的扩散，又是城市文明的新发展，而且有较大弹性。

其三，发达地区与发展中地区的差别。

发达地区现代化过程，一般先后经历第一次现代化和第二次现代化两个阶段。第一次现代化完成后，必须进行战略性转移，包括从工业化向非工业化、从城市化向郊区化和都市化、从相对集中向相对分散的转移，同时要进行普及高等教育和推进知识化与信息化等。

发展中地区现代化过程，可以是追赶现代化，跟踪学习发达地区的经验，先后进行两次现代化；也可以推进两次现代化协调发展，走综合现代化道路。

追赶现代化的基本特征是跟踪模仿发达国家和地区的现代化道路和模式，先进行工业化和城市化，然后进行非工业化和信息化等。综合现代化的基本特征是两次现代化协调发展并持续向第二次现代化转型，实施现代化的“运河战略”，推进路径创新、模式创新和战略创新，走一条工业化、工业转移和信息化协调发展、城市化、郊区化和城市扩散协调发展的新型现代化道路，迎头赶上发达地区的先进水平。

其四，不同层次的地区现代化。

一级地区（省级地区）的现代化过程，一般具有两次现代化的明显特征，先后进行第一次和第二次现代化。特别是发达地区，现代化过程的两个阶段是先后进行的。发展中地区的两次现代化，可以先后进行，也可以协调发展。

二级地区（县级地区）的现代化过程，具有多样性的特点。部分二级地区具有两个阶段的特征，部分二级地区没有明显的两个阶段的特征。它们的工业化和城市化的差异比较大，“非农业化”、“非工业化”和“非城市化”有很大弹性。但是，知识化和信息化是不可避免的。

其五，国家范围的地区现代化。国家范围的地区现代化，可以归于国家现代化研究的范畴，也可以属于地区现代化研究的内容。国家范围的地区现代化，包括国家现代化的地区布局，也包括跨地区的交流和合作，涉及国家现代化的空间分布。

国家范围的地区现代化的均衡发展过程。当国家足够小和足够发达时，国家范围的地区现代化，可以走地区均衡发展的现代化过程。如果地区现代化已经不均衡，可以采取均衡发展的措施，促进地区现代化的均衡发展。如果地区现代化已经是均衡的，可以继续推进均衡发展的现代化过程。

国家范围的地区现代化的不均衡发展过程。当国家比较大和比较落后时，国家范围的地区现代化，一般是地区不均衡的。在自由市场经济条件下，不均衡将扩大。在国家干预的混合经济条件下，将有两种情况可能出现，其一是推进地区现代化的均衡发展，其二是推进地区现代化的不均衡发展。后者就是地区现代化的不均衡发展过程。

国家范围的地区现代化过程是动态的。从国家范围看地区现代化，将出现地区现代化的领先者和追赶者、创新者和学习者等。如果国家范围的地区现代化是不均衡发展过程，那么，将出现地区现代化中心—外围结构。现代化水平比较高的国家，地区差距相对比较小；现代化水平比较低的国家，地区差距比较大。

其六，地区现代化的 10 个原则。一般而言，地区现代化遵循现代化的 10 个原则。它们分别是：进程不同步、分布不均衡、结构稳定性、地位可变迁、行为可预期、路径可选择、需求递进、效用递减、状态不重复和中轴转变原则（表 2-12）。

(3) 地区现代化的结果

20 世纪 50 年代以来，地区现代化的结果与目标的相关性逐步加强。

首先，地区现代化的结果。

地区现代化的结果包括现代性、特色性、多样性和副作用的形成等。人的全面发展是地区现代化的实质。两次现代化的结果是不同的，部分传统价值持续存在并发挥作用。

在一级地区和二级地区，两种现代性的表现略有差别。特别是在经济和社会领域，一级地区的两种现代性与二级地区将有所不同，二级地区将具有更多的多样性。

其次，21 世纪地区现代化的目标。一般而言，在 21 世纪，地区现代化有三个目标。

第一个目标是完成第一次现代化。显然它是一个静态目标，大约达到 20 世纪 60 年代发达工业化国家的平均水平（这些国家在 70 年代先后进入非工业化时期）。

第二个目标是完成第二次现代化。在 21 世纪前 50 年左右，它是一个动态目标，很少有国家和地区能够完成这个目标；在 21 世纪下半叶，有些国家和地区将先后完成第二次现代化，进入成熟的知识社会。到那时，完成第二次现代化也将变成一个静态目标。

第三个目标是达到并保持世界先进水平。显然，世界先进水平是不断变化的。所以，第三个目标是一个动态目标。

其三，地区现代化目标的实现。三个目标有所不同。

第一个目标的实现。它是可以完成的，但完成的时间有先后。

第二个目标的实现。它是可以完成的，但完成的时间有先后。

第三个目标的实现。只有部分地区能够实现。发达地区，它的目标是保持世界先进水平；发展中地区，它的目标是赶上世界先进水平。

21 世纪地区现代化的第三个目标是达到并保持世界先进水平，一般具有如下四个特点：

第一个特点：世界上只有部分地区能够实现第三个目标。世界上只有部分地区能够达到世界先进水平，发展中国家的地区不能同时达到世界先进水平。

第二个特点：已经实现第三个目标的地区不能一劳永逸。实现第三个目标的地区，不能肯定第二年仍然能够实现第三个目标。如果某个地区 2000 年达到世界先进水平，这并不能保证它在 2001 年仍然是世界先进水平。

第三个特点：不同水平的地区实现第三个目标的概率有很大差异。例如，根据美国和欧盟地区经验，在 20 年里，一级地区现代化第三个目标的实现概率，发达地区约为 70%，中等发达地区约为 20%，初等发达地区约为 10%，低水平地区约为 0。

第四个特点：初等发达和欠发达地区实现第三个目标需要分步进行。一般而言，初等发达地区从初等发达"跳级"到发达地区的概率很小，它需要先升级为中等发达地区，然后再升级到发达地区。欠发达地区一般不可能"连跳三级"，从欠发达地区"跳级"到发达地区，它需要先升级到初等发达地区，然后升级到中等发达地区，最后升级到发达地区。

(4) 地区现代化的动力

首先，地区第一次现代化的主要动力。不同国家的情况有很大差别。例如，欧洲国家的地区第一次现代化过程，主要动力可能是资本积累、技术进步、工业化、城市化和向海外移民等。美国的地区第一次现代化过程，主要动力可能是投资、土地开发、技术进步、工业化、城市化和接受移民等。发展中国家地区的第一次现代化过程，主要动力可能是国内外投资、技术引进和创新、工业化和城市化等。

一般而言，地区第一次现代化的经济发展可以用古典经济理论和新古典经济理论来解释。

其次，地区第二次现代化的主要动力。主要动力是知识创新、制度创新、人力资本和全球化。人民对生活质量和环境质量的追求，成为地区发展的推动力，地区创新体系成为地区第二次现代化的动力源泉。

地区创新体系是由与知识和技术创新相关的机构和组织构成的创新合作网络，它包括创新型企业、大学和科研机构，也包括促进创新活动的政策制定者和中介服务机构；地区创新政策是创新体系的软件，地区创新文化是创新体系的灵魂。

地区第二次现代化的经济发展，更多地要用新增长理论和区域新发展理论等来解释。

其三，地区综合现代化的主要动力。主要动力可能是教育和投资、城市化和郊区化、工业化和信息化、技术引进和创新、知识创新和制度创新。地区创新体系及其创新活动是地区新型综合现代化的重要动力来源。

地区现代化的动力机制可以参考现代化的动力机制(表 2-16)。

(5) 地区现代化的模式

21 世纪地区现代化有三条路径：第二次现代化、追赶现代化和综合现代化路径。

地区现代化具有路径和模式可选择性，没有最佳模式，只有理性选择。

首先，地区第一次现代化的模式。主要是工业化、城市化等的多种组合。有些地区优先发展工业化，有些优先推进城市化，有些协调推进工业化和城市化。

在一级地区，提高生产力和生活水平是本质的，非农业化、工业化和城市化是必须的，普及初等免费义务教育、普及电话和电视是必须的，建立社会保障体系是必须的，建立工业化的公共基础设施是必须的。但是，并非每一个地区都必须把工业部门的比例提高到40%以上，工业化有较大的弹性和多种模式。城市化也可以有一定弹性。

例如，美国有些现代化水平比较高的州，其工业化不充分，但非农业化比较充分，生产率水平很高。它们的工业比例没有超过30%，而且，工业比例已经在持续下降，进入非工业化阶段。在这些州里，一般旅游和服务业比较发达；它们的发展，既依靠自己的努力，也较多地依赖于全国生产率水平的提高。

在二级地区，提高生产力和生活水平是关键，城市化是必须的，普及初等免费义务教育、普及电话和电视是必须的，建立社会保障体系是必须的，建立工业化的公共基础设施是必须的。但是，工业化和非农业化是有弹性的，工业部门和农业部门比例，更多是市场机制调节的结果，是国家经济分工的结果，也受国际经济分工的影响，而不是固定的。虽然，工业和农业部门比例有波动，但工业和农业生产率应该达到全国劳动生产率的平均水平。

其次，地区第二次现代化的模式。主要是知识化、信息化、绿色化、全球化、郊区化和创新体系等的多种组合。有些地区优先推进信息化和全球化，有些地区优先推进知识化和郊区化，地区创新体系是许多地区的选择。关于地区第二次现代化的模式，目前相关研究工作还不多。

在一级地区，提高生产力、生活质量、知识和信息生产能力和普及程度是关键，知识化、信息化、全球化、郊区化和创新体系等是必须的，非工业化和非城市化是有弹性的，普及高等教育和终身学习是必须的，普及电脑和互联网是必须的，建立知识和信息基础设施是必须的，保护生态环境和文化多样性是必须的，生态现代化是可以选择的等。

在二级地区，提高生产力、生活质量、知识和信息普及程度是关键，知识化、信息化、全球化和郊区化等是必须的，非工业化和非城市化是有弹性的，创新体系是可以选择的，普及高等教育和终身学习是必须的，普及电脑和互联网是必须的，建立知识和信息基础设施是必须的，保护生态环境和文化多样性是必须的等。

其三，地区综合现代化的模式。主要是工业化、信息化、绿色化、城市化和郊区化等的多种组合。何传启(2003)在《东方复兴——现代化的三条道路》一书中提出综合现代化的"运河战略"，要求进行路径创新、模式创新和战略创新。目前，有关研究工作还非常少。

在一级地区，新型综合现代化的关键是提高生产力、生活水平、知识和信息生产能力和普及程度，工业化和工业转移并重，城市化和城市扩散并重，信息化和知识化并重，物质基础设施和知识信息基础设施建设并重，普及初等免费义务教育和普及高等教育并重，地区创新体系是必须的，非农业化是必须的，生态现代化是可以选择的等。

在二级地区，新型综合现代化的关键是提高生产力、生活水平、知识和信息普及程度，信息化和知识化并重，物质基础设施和知识信息基础设施建设并重，普及初等免费义务教育，建设地区创新体系，有选择地推进工业化和工业转移、城市化和城市现代化，非农业化是有弹性的，有选择地建设科技工业园、生态工业园和生态农业园等。

五、机构现代化

一般而言，机构包括政府机构、非赢利机构和赢利机构等。机构现代化指机构层面的现代化，包括世界、国家、地区和行业范围的机构和单个机构的机构现代化，它是现代化现象的一种表现形式和一个分析层次。不同类型机构的现代化有不同特点，具有很大的多样性。

1. 机构现代化的客观事实

目前，机构现代化研究是现代化研究的一个薄弱环节。这里以管理现代化为例。

管理现代化是机构现代化的重要内容。政府机构管理一般属于公共管理，赢利机构管理一般属于工商管理。公共管理现代化和企业管理现代化有不同特点，需要分别进行研究。

在 20 世纪的 100 年里，企业管理变革巨大，管理思想风起云涌。中国学者何传启总结和归纳了企业管理发展的九个阶段和九种模式，可以作为企业管理现代化的一种简化模式（何传启，2000a）。他认为，企业管理发展是一个演变过程，是从初级、中级到高级管理的演变；不同阶段的管理有不同特点，集合起来就是管理现代化的基本轨迹和九种管理模式，简称为管理九段。一般而言，经验管理是企业的管理起步，效率管理、成本管理和质量管理是企业的基础管理，柔性管理、知识管理和创新管理则是企业的中级管理（现代管理），文化管理和战略管理将是企业的高级管理。企业管理现代化，可以一步一步前进，也可以多步并行。

管理一段：经验管理。新成立的企业，一般从经验管理起步。企业管理，很大程度上决定于企业家的个人兴趣和经验，管理是随机的。随着企业的成长，企业会逐步建立简单的规章制度和组织结构，最后会制定企业的经营目标，用目标来指导企业的发展。

管理二段：效率管理。效率是企业成功的基础。企业在进入发展阶段后，一般会注重改进管理，提高企业效率。效率管理是以提高企业效率为目标的管理。它的管理方法有：科学管理、行政管理、目标管理、运筹学等。

管理三段：成本管理。成本是企业的竞争优势。进入发展阶段的企业，不仅要提高效率，而且要在保证质量的前提下，千方百计地降低成本，提高产品的竞争力。成本管理是控制企业成本的管理。它的管理方法有：成本核算、价值工程、成本计划和成本效益分析等。

管理四段：质量管理。质量是企业的根本。企业质量管理包括：正式发布企业总的质量宗旨和质量方向；确定企业质量管理目标和质量职责；通过质量策划、质量控制、质量保证和质量改进等四项有系统的活动，实现和履行企业规定的质量宗旨、方向、目标和职责。它的管理方法有：全面质量管理、质量管理小组、精益生产和质量认证等。

管理五段：柔性管理。柔性是企业制胜的法宝。柔性管理是现代企业的一种人性化的灵活管理模式，它要求企业组织结构是扁平的和灵活的，企业产品开发、生产、销售和服务是市场导向的和快速变化的，信息沟通是畅通的和便捷的，人的积极性得到最大限度发挥，企业能够根据市场变化迅速反应和调整。它的管理方法有：敏捷制造、柔性制造、柔性工作、权变管理等。

管理六段：知识管理。知识是企业的基本资源，是企业的最大财富。知识管理是通过知识的创造、识别、共享和利用，去最大限度地满足顾客需要，提高竞争力，增加市场价值。它的管理方法有：知识议程、知识库、知识联盟和知识资本评估等。

管理七段：创新管理。创新是企业进步的灵魂。在企业发展的不同阶段都有创新，但不同阶段创新的重点不同，企业对创新的重视程度也不同。创新管理是对企业的创新活动和创新能力进行管理，涉及创新资源、创新机制和创新效益，并把创新能力作为企业核心竞争力。它的管理方法有：R&D 管理、创新网络、创新时间和创新小组等。

管理八段：文化管理。文化是价值。企业文化是企业价值观念的集中体现，以企业的管理哲学、经营理念、行为模式、代表人物、团队精神和社会形象等为载体。企业文化是文化管理的对象，但不是文化管理的全部。文化管理包括文化形成、塑造文化和文化战略等。它的管理方法有：企业识别、企业礼仪、文化产品开发和文化诊断等。

管理九段:战略管理。战略是统帅。企业战略是企业的发展方向。战略管理是通过战略制定、战略实施和日常管理实现企业的战略目标。它的管理方法有:战略分析、竞争分析、战略定位、企业再造、战略重组等。

2. 机构现代化理论

机构现代化理论是关于机构现代化现象的一种理论解释,是第二次现代化理论的一种分层理论。机构现代化是机构层次的现代化,它既有现代化的共性,又有一定特殊性。第二次现代化理论的一般理论部分适用于机构现代化。

机构现代化理论包括一般理论、分支理论和相关理论等(表 2-66),其中,一般理论包括机构现代化的定义、过程、结果、动力和模式五个方面内容(表 2-67)。政府机构、非赢利机构和赢利机构的现代化具有不同特点,需要不同理论解释。目前,机构现代化理论是比较薄弱的。

表 2-66 机构现代化理论的结构

分类	理论	主要内容
一般理论	元理论	机构(组织)现代化的定义、过程、结果、动力和模式等
分支理论	分阶段理论	机构(组织)第一次现代化、机构(组织)的第二次现代化
	分领域研究	经济、社会、政治、文化和生态领域的机构(组织)的现代化
	分类型研究	政府机构、非赢利机构和赢利机构等的现代化
	交叉研究	机构(组织)的管理现代化等
相关理论	其他现代化理论	经典现代化理论、后现代化理论、第二次现代化理论等
	其他相关理论	组织行为学、组织管理学、系统理论、控制理论、信息化等

表 2-67 机构现代化的一般理论

方面	基本内容
定义	机构现代化是机构层次的现代化,是现代化过程中组织机构的一种前沿变化,是现代机构的形成、发展、重组和互动,现代机构要素的创新、选择、传播和退出,以及追赶、达到和保持世界先进水平的机构竞争
过程	机构现代化包括机构的行为、结构、制度和观念的变化和机构管理的现代化,包括机构变迁的世界前沿和达到世界前沿的行为和过程等。第一次现代化过程的机构现代化简称机构的第一次现代化,主要内容包括法制化、科层化、规模化、规范化、标准化、制度化、效率化和管理现代化(组织管理的第一次现代化)等;第二次现代化过程的机构现代化简称机构的第二次现代化,主要内容包括知识化、信息化、网络化、扁平化、柔性化、学习化、人性化、多样化、绿色化、国际化和管理现代化(组织管理的第二次现代化)等
结果	第一次现代化过程的机构现代化,主要结果是形成与工业文明相适应的现代机构和组织,它的特点包括法制的、分层的、规范的、机械的、刚性的和高效的等;第二次现代化过程的机构现代化,主要结果是形成与知识文明和生态文明相适应的机构和组织,它的特点包括灵活的、柔性的、扁平的、有机的、人性的、信息化、绿色化、学习型和创新型等
动力	微观层次的动力包括创新、竞争、适应、交流、机构利益和职业精神等;宏观层次的动力包括国家现代化、世界现代化、信息化和全球化等。不同类型和不同时期的机构,有不同的动力
模式	机构现代化没有标准的路径和模式,具有起点依赖性和路径依赖性,受人员素质、历史传统、文化观念、国家水平和国际环境的影响

资料来源:中国现代化战略研究课题组等,2010.

六、个体现代化

一般而言,个体是现代化的最小结构单元,不同领域的最小结构单元是不同的。例如,经济领域的最小结构单元是企业和个人,社会领域的最小结构单元是家庭和个人,政治领域的最小结构单元是个人,文化领域的最小结构单元是人群等。

个体现代化指个体层面的现代化,包括世界、国家和地区范围的和单个个体的个体现代化,它是现代化现象的一种表现形式和一个分析层次。不同领域的个体现代化有不同特点,具有很大的多样性。个体现代化与人的现代化、机构现代化和文化现代化等有交叉。

个体现代化理论是关于个体现代化现象的一种理论解释,是第二次现代化理论的一种分层理论。个体现代化是个体层次的现代化,它既有现代化的共性,又有一定特殊性。第二次现代化理论的一般理论部分适用于个体现代化。

个体现代化理论包括一般理论、分支理论和相关理论等(表 2-68),其中,一般理论包括个体现代化的定义、过程、结果、动力和模式五个方面内容(表 2-69)。个体现代化与人的现代化等有很多交叉。关于人的现代化将在第五节讨论。目前,个体现代化理论是比较薄弱的。

表 2-68 个体现代化理论的结构

分类	理论	主要内容
一般理论	元理论	个体现代化的定义、过程、结果、动力和模式等
分支理论	分阶段理论	个体第一次现代化、个体第二次现代化
	分领域研究	经济、社会、政治、文化领域的个体现代化
	分类型研究	个人、家庭、人群和企业等的个体现代化
相关理论	其他现代化理论	经典现代化理论、后现代化理论、多元现代性理论、第二次现代化理论等
	其他相关理论	个体行为学、行为心理学、社会心理学、发展心理学等

表 2-69 个体现代化的一般理论

方面	基本内容
定义	个体现代化是个体层次的现代化,是现代化过程中个体的行为、素质、能力和观念的一种前沿变化,是个体要素的创新、选择、传播和退出交互进行的复合过程,是追赶、达到和保持世界先进水平的个体竞争
过程	个体现代化包括个体的行为、素质、能力和观念的现代化,包括个体变迁的世界前沿和达到世界前沿的行为和过程等。第一次现代化过程的个体现代化简称个体的第一次现代化,主要内容包括法制化、效率化、平等化、理性化、独立性、主动性和流动性等;第二次现代化过程的个体现代化简称个体的第二次现代化,主要内容包括知识化、信息化、绿色化、个性化、自主性、学习性和国际性等
结果	第一次现代化过程的个体现代化的主要结果是:形成与工业文明相适应的个体行为、素质、能力和观念,它的特点包括法人的、高效的、平等的、独立的、主动的和流动的等;第二次现代化过程的个体现代化的主要结果是:形成与知识文明和生态文明相适应的个体行为、素质、能力和观念,它的特点目前包括知识化的、信息化的、环境友好的、个性化的、终生学习的和国际化的等
动力	微观层次的动力包括创新、竞争、适应、交流、个人利益和个人兴趣等;宏观层次的动力包括国家现代化、世界现代化、信息化和全球化等。不同类型和不同时期的个体,有不同的动力
模式	个体现代化没有标准的路径和模式,具有起点依赖性和路径依赖性,受历史传统、文化观念、社会舆论、教育水平、国家水平和国际环境的影响。不同领域的个体现代化的模式有所不同

资料来源:中国现代化战略研究课题组等,2010.

第五节　领域现代化

现代化发生在人类文明的不同领域，如经济、社会、政治、文化、生态和个人行为领域等。不同领域的现代化既有共性也有差异，现代化一般理论在不同领域的适用性有所不同。

一、经济现代化

经济现代化是经济领域的现代化，是现代化现象的一种表现形式（图 2-61）。它包括分段经济现代化、分层经济现代化、经济亚领域现代化和经济部门现代化等。在发展中国家里，经济现代化的作用非常突出，它既是现代化的重要基础，也是现代化的主要动力。

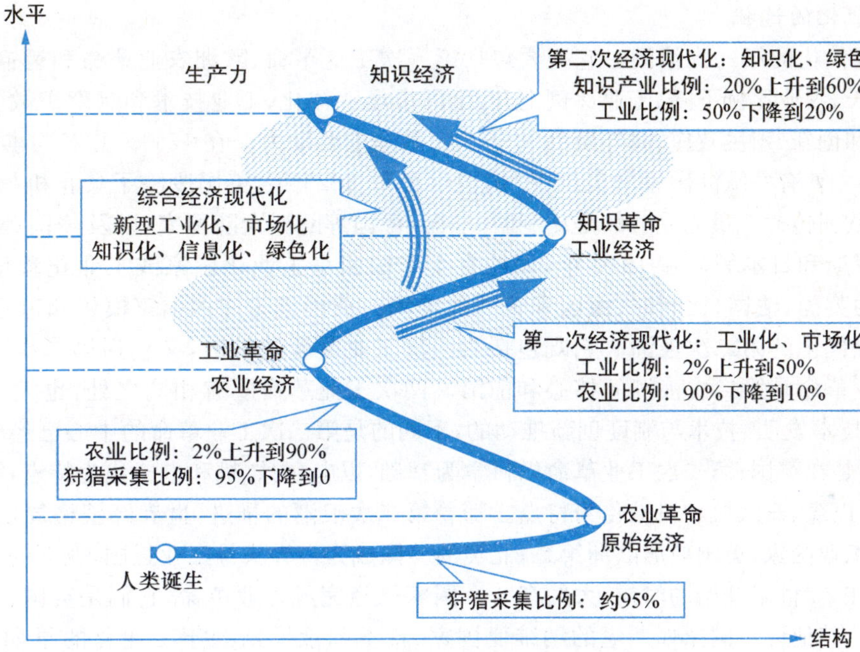

图 2-61　经济现代化的三条路径

注：坐标横轴为产业结构，结构刻度为：原始经济时期为农业与狩猎采集之比（估计），农业经济时期为狩猎采集与农业之比，工业经济时期为工业与农业之比，知识经济时期为工农业与知识产业之比。

资料来源：中国现代化战略研究课题组等，2005.

1. 经济现代化的历史事实

在过去 300 年里，经济现代化如潮水，一浪高过一浪。其中，经济现代化的前三次浪潮导致了从农业经济向工业经济的转变，第四次浪潮正在促成从工业经济向知识经济的转变。每一次浪潮都是由重要发明和技术创新推动的，相应的制度创新导致经济形态的转变。预计 21 世纪还会有两次经济浪潮。经济现代化的六次浪潮有不同特点（表 2-70）。《中国现代化报告 2005——经济现代化研究》系统分析了经济现代化的过程、事实和启示等。

表 2-70　经济现代化的两大阶段和六次浪潮

浪潮	大致时间	核心内容	主要特点	注释
第一次	1763～1870	第一次工业革命	机械化、蒸汽机、殖民效应	第一次经济现代化
第二次	1870～1945	第二次工业革命	电气化、内燃机、贸易效应	工业化、非农业化
第三次	1946～1970	第三次产业革命	自动化、计算机、冷战效应	全国性市场
第四次	1970～2020	知识和信息革命	信息化、绿色化、知识效应	第二次经济现代化
第五次	2020～2050	新生物学革命	生命工程、纳米工程、新生物效应	知识化、非工业化
第六次	2050～2100	新物理学革命	超级运输、文化体验、新物理效应	市场全球化

注：第二次浪潮的时间包括 1914～1945 年期间的经济危机和调整，知识效应包括高技术革命等。第五次和第六次浪潮是一种预测，将取决于未来科技和文化的发展。

资料来源：中国现代化战略研究课题组等，2005.

(1) 经济现代化的过程

首先，经济现代化的第一次浪潮。它主要包括第一次工业革命、欧洲农业革命和运输革命，主要表现为经济持续增长、农业比例下降、工业比例上升、全国市场一体化、工业技术和制度扩散到其他经济部门等。技术发明和创新、殖民效应、海外贸易和资本积累是主要动力。在 1763～1825 年期间，工业革命主要集中在英国，尽管有些欧洲国家和美国在“悄悄学艺”。1825 年，英国废除了禁止机械出口的法律，工业革命开始向欧洲传播。最先受益的是比利时、法国、德国等欧洲大陆国家，以及美国、欧洲的海外殖民地，然后是俄罗斯和日本等。在 1870 年，大约有 5 个国家是工业化国家或工业化程度比较高的国家，它们是欧洲的英国、法国、比利时、德国和美洲的美国。英国成为许多国家模仿和追赶的对象。

其次，经济现代化的第二次浪潮。它既包括第一次工业革命的扩散，又包括第二次工业革命的兴起，而第二次工业革命是第二次浪潮的核心和前沿。两次工业革命既有相同之处，也大不相同。相同的是它们都是由技术发明、技术与制度创新推动的，不同的是第二次工业革命的中心已经转移到欧洲大陆和北美，而不再是在英国；第二次工业革命以科学为基础，以电、内燃机和电气化为特点，第一次工业革命以技术为基础，以煤、蒸汽机和机械化为特点。随着第二次浪潮的推进，世界经济格局发生变化，德国成为欧洲最大的工业国家，英国屈居欧洲第二；北美的美国成为世界头号工业强国，亚洲的日本工业化也取得较大进展。在 20 世纪开始的时候，大约有 6 个国家已经完成工业革命，它们是英国、美国、德国、法国、比利时和荷兰，其他许多国家如斯堪的纳维亚国家、日本和俄罗斯处于工业化的早期阶段（哈巴库克，波斯坦，2002），工业革命扩散主要集中在欧洲、美洲、澳大利亚和新西兰，以及亚洲的日本等。

经济现代化第二次浪潮取得巨大成功，导致世界秩序重新洗牌。紧随其后的 30 年（1914～1945 年）是人类历史上的一个特殊时期。它经历了两次世界大战和全球经济危机的洗礼，完成了现代化政治制度、经济制度、经济结构、科学技术和现代生活方式的调整和形成，实现了工业文明中心从欧洲向北美的转移；自由市场经济走向失败，计划经济和混合市场经济登上历史舞台。在工业国家，经济现代化在战争、萧条和改革中基本实现，并继续向世界其他地区扩散。

其三，经济现代化的第三次浪潮。它包括第三次工业革命和农业国家的经济现代化。前者是经济现代化第三次浪潮的核心和前沿，后者是农业国家开始的第一次经济现代化浪潮。两者叠加产生了许多新变化，使经济现代化波及全球。经济学家麦迪森认为，1946～1970 年是人类经济史上的黄金岁月，全球经济进入增长最快的时期，工业经济发展达到鼎盛时期。经济发展的原因是多方面的，其中，工业经济制度的健全、国际贸易的兴旺和第三次工业革命起了重要作用，当然，战后经济恢复、投资规模扩大和工业化扩散的作用不可低估。

第三次工业革命的技术创新领域有：人工合成技术、电子工业、工业自动化、新材料、新能源和航空航天工业等。在此期间，西欧和日本的经济成长大大快于美国，劳动生产率和人均 GDP 接近美国，工业国家的经济呈现趋同的现象。经济结构的变化同样明显，农业比例继续下降，工业比例经过上升后开始回落，服务业则快速上升。

1946～1970年是苏美对抗的冷战时期，经济现代化也打上了冷战的烙印。在此期间表现不俗的国家和地区，有工业化国家如日本、意大利和芬兰等，有新兴工业化国家和地区如韩国、中国台湾、中国香港、菲律宾、马来西亚、新加坡和希腊等，它们都处于冷战的“前沿阵地”。除南美和南欧国家外，其他的新兴工业化国家和地区都处于冷战的“前沿地带”。

其四，经济现代化的第四次浪潮。它包括经济前沿的知识革命，以及后进国家的经济现代化。前三次浪潮都是由工业革命推动的，第四次浪潮是由知识革命推动的。工业革命导致工业比例的上升和农业比例的下降，知识革命导致工业比例的下降和知识产业比例的上升。所以这次浪潮具有经济革命的性质，而且波及全球。

知识革命至少包括科学革命、高技术革命、信息革命、学习革命和国家创新体系等内容。知识革命和知识经济发源于美国，并迅速传播到欧洲和世界各地。由于知识的穿透性和吸引力，知识经济的崛起速度远远超过了工业经济。在工业革命发生100年后，人们才认识到它的意义。而几乎在知识革命发生的同时，就有人识别并预测它的未来。根据信息技术的发展周期，发达国家的第四次浪潮大体在2020年前后结束。

其五，经济现代化的第五次和第六次浪潮。如果说经济现代化的前四次浪潮是公认的事实，那么，第五次和第六次浪潮就是一种预测。第五次浪潮预计发生在2020～2050年期间，以新生物学革命为基础，包括生物工程的普及、纳米技术和新能源的应用等。到那时，生物工厂将取代大批物理工厂，生物生产将取代大批物理制造，关于人体和生物体的治疗、移植、修复和改良等生物工程将成为主导产业。第六次浪潮预计发生在2050～2100年期间，以新物理学革命为基础，包括文化经济和体验经济的全面繁荣。超级制造将取代人类的许多劳动，超级运输将使人类可以到达他们想去的地方，文化生活和精神体验将成为主导产业。

（2）经济现代化与技术变迁

技术和制度变迁是经济现代化的两个关键要素。经济现代化六次浪潮都是技术创新推动的，重大发明和创新与经济周期有紧密关系（表2-71）。

表2-71　重要发明、创新与康德拉季耶夫经济周期

周期	上升和下降时期	重要发明	重要创新	发展阶段
第一个	1790～1815 1815～1845	电动机、发电机、钢、电报、铁路	机械化、纺织、铁、蒸汽机、铁路	第一次工业革命
第二个	1845～1873 1873～1890	内燃机、汽车、电话、洗衣机、电冰箱、阿斯匹林、人造丝	电气化、发动机、发电站、化工、钢、铁路	第二次工业革命
第三个	1890～1929 1929～1948	飞机、生产线、磺胺药、半导体、计算机、彩电、原子弹	电力、汽车、飞机、家用电器	两次世界大战
第四个	1948～1973 1973～1992	通讯卫星、激光、微处理器、避孕药、航天、DNA重组、录像机、互联网	自动化、电子计算机、原子能、个人电脑、航天	第三次产业革命 第一次信息革命
第五个	1992～2020 2020～2040	基因图谱、纳米技术、量子计算机、生物芯片	互联网、电子商务、生物工程、软件	第二次信息革命 新生物学革命

注：本表与资料的表格略有不同。周期时间的划分，不同国家和不同学者略有差异。第一次工业革命对应第一次经济现代化浪潮，第二次工业革命对应第二次经济现代化浪潮，第三次产业革命对应第三次经济现代化浪潮，第一次和第二次信息革命对应第四次经济现代化浪潮。

资料来源：杜因，1993.

(3) 经济现代化与制度变迁

经济制度变迁是经济现代化的重要内容。一般而言，制度是规范人类行为的规章、程序、伦理道德和习俗的集合(诺思，1999)。基本经济制度是经济活动的核心制度，是关于生产要素的所有与配置、生产成果的分配的制度。在原始经济时代，基本经济制度是原始公有制，生产要素是公有的，生产成果是平均分配。原始经济时代的过渡时期，产生了私有制，但经济制度仍带有公有制的色彩。在农业经济时代，基本经济制度是农业经济制度，包括奴隶制、庄园制、游牧制或佃农制，生产要素是私有的，奴隶主(庄园主或地主)决定生产要素的配置和生产成果的分配。在工业经济时代，一种基本经济制度是市场经济制度，市场决定生产要素的配置和收入的分配。知识经济时代的基本经济制度将是知识经济制度，它正在形成之中(表 2-72)。

表 2-72 人类经济史上的基本经济制度

经济时间	原始经济时代	农业经济时代	工业经济时代	知识经济时代
历史时间	人类诞生至公元前 3500 年	公元前 3500 年至公元 1763 年	1763 年至 1970 年	1970 年至约 2100 年
经济形态	原始经济	农业经济	工业经济	知识经济
基本制度	原始公有制	土地制度	市场制度	知识制度(形成中)
生产制度	集体劳动	农业生产制度	工业生产制度	弹性工作、知识化生产
流通制度	实物交换	地区性贸易、关税	全国性市场、高关税	市场全球化、低关税
分配制度	平均分配	按权力和地权分配	按资本或按劳动分配	按贡献分配、按需要调节
消费制度	实时消费	自行消费	赋税消费、高消费	绿色消费、合理消费
环境制度	自然崇拜	适应自然	改造自然	生态与经济协调

资料来源：中国现代化战略研究课题组等，2005.

基本经济制度是不断变化的。基本经济制度往往存在几个亚种。例如，农业经济时代的游牧制，工业经济时代的计划经济制度、混合经济制度、福利经济制度和社会市场经济制度等。从制度变迁的角度分析，从农业经济制度向工业经济制度的转变是第一次经济现代化，从工业经济制度向知识经济制度的转变是第二次经济现代化。

(4) 经济现代化与经济形态转变

经济形态转变是经济现代化的一种宏观表现形式。从人类诞生到 21 世纪末，在不同"经济时间"有不同的经济活动，代表当时先进生产力水平的经济活动有不同特点，它们的核心技术、核心产业、基本生产方式、结构、制度和观念等有本质的差别。可以把四个经济时代的反映先进生产力水平的经济活动归为不同经济形态，简称为基本经济形态(表 2-73)。不同经济形态的产业结构和就业结构有很大不同。从农业经济向工业经济、从工业经济向知识经济的转变，代表了经济现代化的两个阶段。

表 2-73 人类经济史上的基本经济形态

经济时间	原始经济时代	农业经济时代	工业经济时代	知识经济时代
历史时间	人类诞生至公元前 3500 年	公元前 3500 年至公元 1763 年	1763 年至 1970 年	1970 年至约 2100 年
生产方式	集体狩猎采集	家庭式小生产	工业化大生产	知识化全球化生产
核心技术	食物采集技术	食物生产技术	物质生产技术	知识信息生产应用
主导产业	自然食物获取	食物生产	物质生产和服务	知识生产和服务

（续表）

经济时间	原始经济时代	农业经济时代	工业经济时代	知识经济时代
基本结构	狩猎采集超过95%	农牧业超过90%	工业超过50%	知识产业超过50%
基本制度	原始公有制	奴隶制封建制	市场经济制度	正在形成中
基本观念	平均分配	按权力和地权分配	按资本或劳动分配	按贡献分配
经济形态	原始经济	农业经济	工业经济	知识经济

资料来源：中国现代化战略研究课题组等，2005.

(5) 经济现代化的基本事实

首先，经济供给的事实。在过去300年里，生产效率不断提高，生产效率增长的持续性因国家而异，生产效率的国际差距扩大，生产效率的世界前沿在转移，国家经济的世界地位的转移具有一定概率；19世纪以来，失业率长期波动，经济周期长期存在；20世纪下半叶经济周期的振幅减小；20世纪后期，资源使用效率提高，发达国家知识对经济增长的贡献率上升，资本和劳动对经济增长的贡献率下降，劳动力素质、基础设施等与生产效率正相关等。

其次，经济结构的事实。18世纪以来，农业经济占国民经济比例下降（非农业化），发达国家工业经济占国民经济比例经历上升和下降（工业化和非工业化）两个阶段；20世纪以来，服务经济占国民经济比例上升（服务化或非物质化），发达国家知识经济比例上升。

其三，经济流通的事实。18世纪以来，经济市场化和商品化程度提高，国际贸易量增加。20世纪以来，平均关税率下降。20世纪后期，货币供应（M2）占GDP比例、国内信贷比例与人均国民收入正相关，国际贸易比例与人均国民收入的相关性不显著等。

其四，经济分配的事实。19世纪以来，发达国家收入分配的不平等性先升后降，然后部分国家出现波动。20世纪以来，政府税收比例和转移支付比例提高。20世纪后期，收入分配的公平性、政府收入比例、税收比例和转移支付比例与人均国民收入正相关。

其五，经济需求的事实。20世纪以来，消费占GDP比例下降。20世纪后期，家庭消费比例与人均国民收入负相关，政府消费比例和知识资本投资比例与人均国民收入正相关。

在过去300年里，经济行为、制度和观念发生了深刻变化，关键技术、生产模式和主导产业发生了深刻变化，而且变化是不平衡的；人均收入国际差距扩大，欠发达国家相对贫困化。

2. 经济现代化的现状和前景

(1) 经济现代化的现状

首先，经济现代化的水平。2002年131个国家中，大约有24个国家已经完成第一次经济现代化，约占国家总数的18%；18个国家已经进入第二次经济现代化，约占国家总数的14%。根据第二次经济现代化指数分组，美国等18个国家为经济发达国家，西班牙等9个国家为经济中等发达国家，巴西等24个国家为经济初等发达国家，中国等79个国家为经济欠发达国家。

其次，经济现代化的阶段。2002年，美国等6个国家进入第二次经济现代化的发展期，瑞典等12个国家处于第二次经济现代化的起步期；韩国等11个国家处于第一次经济现代化过渡期，希腊等33个国家处于第一次经济现代化成熟期，中国等29个国家处于发展期，印度等26个国家处于起步期，马里等14个国家仍然是传统农业经济。

其三，经济现代化的世界前沿。2002年第二次经济现代化指数世界排名前10位的国家依次为美国、瑞士、挪威、丹麦、瑞典、荷兰、日本、法国、英国和比利时。2002年有6个国家进入第二次经济现代化的发展期，它们分别是美国、丹麦、荷兰、法国、英国和澳大利亚。

其四,经济现代化的进展。在20世纪后50年里,全面完成第一次经济现代化的国家从1个上升到24个,进入第二次经济现代化的国家从0个上升到18个;世界经济现代化的方向发生重大转折,发达国家经济现代化从工业化进入到非工业化阶段。

其五,经济现代化的地位变化。在1950～2002年期间,日本等21个国家经济地位升级,委内瑞拉等6个国家降级。在1960～2002年的40年里,国家经济地位上升的国家有15个,下降的有5个。其中,日本、新加坡和韩国连升两级。

其六,经济现代化的国际差距。在1970～2002年期间,阿根廷等36个国家第一次经济现代化指数负增长,赞比亚等10个国家第二次经济现代化指数负增长。经济发达国家与欠发达国家之间的国际差距扩大。

(2) 经济现代化的前景

首先,完成第一次经济现代化的时间。按1970～2002年的年均增长率计算,中等收入国家完成第一次经济现代化平均需要85年,世界平均需要53年。

其二,经济现代化的世界先进水平。按1990～2002年的年均增长率计算,2050年经济发达国家第二次经济现代化指数比2002年约提高1倍,2100年比2050年约提高1倍。

其三,经济现代化的世界平均水平。世界平均水平大约比经济发达国家平均水平落后50年,2050年世界经济平均水平大约相当于2000年经济发达国家平均水平。

其四,经济现代化的分布。按照1970～2002年的年均增长率计算,2050年完成第一次经济现代化的国家将达到46个左右,进入第二次经济现代化的国家将为43个左右;2100年完成第一次经济现代化的国家大约为62个,进入第二次经济现代化的国家大约为58个。

3. 经济现代化理论

经济现代化理论是关于经济现代化现象的一种理论,是现代化理论的一个分领域理论。目前它大致包括两个理论集合:经典经济现代化理论和广义经济现代化理论。

(1) 经典经济现代化理论

经典经济现代化理论,作为经典现代化理论的一个重要分支,是在20世纪50至60年代形成的。1960年美国经济学家罗斯托的《经济成长的阶段》的问世,可以作为经典经济现代化理论诞生的一个重要标志。迄今为止,经典经济现代化理论并没有一个公认的、完整的理论体系,而且与规模宏大和历史悠久的经济学理论有着千丝万缕和难舍难分的联系。实际上,经典经济现代化理论是关于经典经济现代化的一个学术思想集合(表2-74)。

表2-74 经典经济现代化理论的结构

分类	理论	主要内容	代表人物
一般理论	元理论	经典经济现代化的基本规律和特征	
分支理论	经济阶段理论	经济成长的五个阶段	罗斯托
	工业化理论	工业化的定义、过程、结构、动力和模式等	格尔申克隆
	部门经济现代化	农业现代化、工业现代化、金融现代化等	
相关理论	经济增长理论	古典经济增长、新古典增长、现代增长等	库兹涅茨
	经济发展理论	古典和新古典发展、创新理论、依附发展等	刘易斯、熊彼特
	经济结构理论	二元经济发展模式、发展的型式等	刘易斯、钱纳里
	发展经济学	发展中国家的经济增长与经济发展	
	其他相关理论	制度变迁、技术经济学、比较经济史等	

资料来源:中国现代化战略研究课题组等,2005.

首先，经典经济现代化的一般理论。《中国现代化报告 2005》分析了经典经济现代化的有关思想和理论，归纳提出了经典经济现代化的一般理论(表 2-75)。

表 2-75 经典经济现代化的一般理论

方面	基本内容
定义	经典经济现代化指 18 世纪以来经济领域发生的一种革命性变化，它包括国民经济的全面工业化、劳动生产率的持续增长和国际经济竞争的不断强化
过程	经典经济现代化是一个历史过程，它既是生产方式、生产技术、经济结构、经济制度和经济观念等的工业化过程，又是劳动生产率和国民收入持续增长的过程，还是追赶、达到和保持世界经济先进水平的国际竞争过程。经典经济现代化过程一般包括四个阶段(起步、发展、成熟和过渡)，工业化过程一般包括三个阶段(早期、中期和晚期)
结果	经典经济现代化的结果包括从农业经济向工业经济的转变，市场经济观念的形成和普及，现代科技和能源的大规模应用，经济活动的工业化、多样化和专业化，生产方式的机械化、电气化和自动化，工业和服务业比例的上升，农业比例的下降，国家市场的形成和发展，经济和生产率的持续增长，经济福利和社会公平的提高，经济中心的转移等；国家完成经典经济现代化的关键标志是工业化的完成和劳动生产率达到 20 世纪 60 年代的世界先进水平
动力	经典经济现代化的动力包括：知识增长、资本积累、劳动分工、国际贸易、人口增长、政治和文化的作用等因素
模式	经典经济现代化的模式是多样的，具有路径依赖性，受历史、地理和客观条件的影响

注：发达国家 20 世纪 60 年代完成工业化，70 年代进入后工业化。所以把 60 年代发达国家水平作为当时世界先进水平，作为国家完成经典经济现代化的判断标准。

资料来源：中国现代化战略研究课题组等，2005.

其次，经济成长阶段理论。1960 年美国经济学家罗斯托在《经济成长的阶段》中提出经济成长的五个阶段(罗斯托，2001)，1971 年在《政治和成长阶段》中增加了第六阶段。它们分别是：传统社会、起飞前提条件阶段、起飞阶段、走向成熟阶段、大众消费阶段和追求生活质量阶段。其中，第二到第五阶段，属于经典经济现代化的范畴。

其三，工业化理论。工业化是经济现代化的核心过程。工业化没有统一的定义。一般而言，狭义的工业化指工业在国民收入和就业结构中所占比例的连续上升过程；广义的工业化指国民经济的全面工业化，包括在国民收入和就业结构中工业比例的连续上升、农业比例的连续下降、工业生产方式和观念渗透到全部经济领域的过程。关于工业化类型和模式有大量学术文献。

其四，两部门模型。在 20 世纪 50 年代，刘易斯提出“两部门模型”。他假设：发展中国家经济由两个部门组成，一个是农村人数众多的、仅能维持基本生存的传统农业部门，它的边际劳动生产率为零；第二是城市中的现代工业部门，劳动生产率很高，能够吸收农村剩余劳动力。农业和工业部门之间存在工资差别，经济机制能够将农业劳动力吸收到工业部门。由于农村劳动力与土地比率的下降，农村劳动力边际生产率将上升，工资提高。随着经济活动从传统农业向现代工业的转移将达到某种均衡，经济结构转变完成(Lewis，1955)。

(2) 广义经济现代化理论

广义经济现代化理论是关于 18～21 世纪期间的经济现代化现象的一种理论解释。它是第二次现代化理论在经济领域的应用，是中国学者何传启提出来的。广义经济现代化理论包括一般理论、分支理论和相关理论等(表 2-76)。这里重点讨论它的一般理论，包括经济现代化的定义、过程、结果、动力和模式五个方面内容。目前，关于第二次经济现代化和综合经济现代化的认识非常有限。广义经济现代化理论期待着大量的研究和发展。

表 2-76 广义经济现代化理论的结构

分类	理论	主要内容
一般理论	元理论	经济现代化的定义、过程、结果、动力和模式等
分支理论	分阶段理论	第一次经济现代化、第二次经济现代化、综合经济现代化
	分层次研究	世界、国家、地区等的经济现代化
	亚领域研究	经济供给、经济流通、经济分配、经济需求和经济环境的现代化
	分部门理论	农业、工业、服务业、信息业、金融和贸易等部门的现代化
相关理论	其他现代化理论	经典现代化理论、经典经济现代化理论、第二次现代化理论等
	经济学相关理论	工业化理论、经济发展理论、演化经济学、工业经济、知识经济等

资料来源:中国现代化战略研究课题组等，2005.

首先,经济现代化的定义。

经济现代化是现代化的一种表现形式,是经济领域的现代化。

经济现代化的内涵:经济现代化是 18 世纪工业革命以来经济领域的一种前沿变化和国际竞争,它包括现代经济的形成、发展、转型和国际互动,经济要素的创新、选择、传播和退出,以及追赶、达到和保持世界经济先进水平的国际竞争、国际分化和国家分层等。

经济现代化的外延:经济现代化包括世界、国家和地区经济的现代化,包括经济行为、经济结构、经济制度和观念的现代化,包括经济供给、经济流通、经济分配、经济需求和经济环境的现代化,包括农业等经济部门的现代化和经济现代化的时空分布变化等。

一般而言,经济现代化指经济变迁的世界前沿和达到世界前沿的行为和过程,它包括从农业经济向工业经济、从工业经济向知识经济的两次转变、经济效率和人均收入的持续提高、经济福利、经济公平、国家经济地位和国际经济体系的变化等。国家是经济现代化研究和实践的基本单元,世界是经济现代化的国际舞台,地区经济现代化是国家经济现代化的组成部分,并受国家经济现代化的制约。

经济现代化是经济领域的一种变化。很显然,并非所有的经济变化都属于经济现代化。一般而言,有利于生产力提高、社会进步和人的发展的经济变化,才属于经济现代化。

一般而言,经济发展包括经济增长和经济进步,经济现代化是经济发展、经济转型、国际经济竞争和国际地位变化的交集。国际经济地位的变化包括四种情况:保持世界经济的先进水平、与世界经济先进水平的差距缩小、不变或扩大。

其次,经济现代化的过程。

经济现代化是一个复杂的、长期的和全球的过程,包括生产模式、核心技术、主导产业、经济行为、经济结构、经济制度和观念的变化。在 18～21 世纪期间,经济现代化的前沿轨迹分为第一次和第二次经济现代化两个阶段。第一次经济现代化包括三次浪潮,第二次经济现代化将包括三次浪潮。两次经济现代化有不同内涵和特点(表 2-77)。

第一次经济现代化是从农业经济向工业经济、自给经济向市场经济的转型过程及其深刻变化,它包括从小农经济向商品经济、土地经济向资本经济、自然经济向技术经济、分散经济向集中经济、地区经济向国民经济的转变等。它的特点包括工业化、机械化、电气化、自动化、专业化、标准化、集中化、规模化、市场化和非农业化等。

表 2-77 广义经济现代化的两个阶段

项目	第一次经济现代化	第二次经济现代化
时间	约 1763～1970 年	约 1970～2100 年
内容	从农业经济向工业经济的转型等	从工业经济向知识经济的转型等
特点	工业化、市场化、标准化、非农业化	知识化、绿色化、全球化、非工业化、非物质化
观念	经济增长、经济效率、物质主义	经济质量、生态意识、经济与环境的双赢
技术	机械化、电气化、自动化	信息化、数字化、智能化、知识化、绿色化
生产	工业化大生产、工业是主导产业	知识化、绿色化和全球化生产、知识产业是主导产业
流通	市场化、商品化、货币化	网络化、国际化、证券化
动力	技术、资本、人口、国际竞争等	知识、信息、创新、生态意识、国际竞争等
目标	生产物质产品，满足物质生活需要	生产物质和知识产品，满足物质和精神生活需要
现代性	第一经济现代性：工业经济、市场经济、物质经济、资本经济、国民经济等	第二经济现代性：知识经济、信息经济、生态经济、文化经济、生物经济、服务经济、世界经济等
副作用	环境污染、周期性经济危机等	网络经济犯罪、国际经济风险等

资料来源：中国现代化战略研究课题组等，2005.

第二次经济现代化是从工业经济向知识经济、物质经济向生态经济的转型过程及其深刻变化，它包括从产品经济向服务经济、资本经济向信息经济、实体经济向虚拟经济、规模经济向创新经济、效率经济向效益经济、国民经济向世界经济的转变等。它的特点目前包括知识化、信息化、服务化、智能化、分散化、生态化、绿色化、非物质化、全球化和非工业化等。

如果说，第一次经济现代化是初级经济现代化，是从传统经济向初级现代经济的转变，那么，第二次经济现代化是高级经济现代化，是从初级现代经济向高级现代经济的转变。两次经济现代化的协调发展是综合经济现代化。22 世纪经济现代化还会有新变化。

经济现代化过程具有 12 个特点：革命的、长期的、复杂的、不平衡的、局部可逆的、动态的、全球的、进步的、有风险的、非完全自发的、经济效率分化、经济结构趋同等。

经济现代化是现代化的一种表现形式，遵循现代化的 10 个基本原则(表 2-12)。

其三，经济现代化的结果。

20 世纪 50 年代以来，经济现代化的结果与目标是相关的，相关性是逐步形成和加强的。

经济现代化的结果包括经济现代性、特色性、多样性和副作用的形成；不同国家经济现代化的结果既有共性又有差异；两次经济现代化的结果是不同的。

在世界经济层面，经济现代化的结果表现在六个方面。一是两次经济革命和两次经济转型的完成；二是经济效率和人均收入的增长；三是经济福利和公平的改善；四是国际经济效率差距的扩大和经济结构差别的缩小；五是世界经济中心的迁移；六是国际经济体系变化。前三个方面适合于国家和地区经济现代化，后三个方面还包括国际经济地位的变化。

在经济现代化过程中，一部分国家达到和保持世界经济先进水平，成为经济发达国家，其他国家是经济发展中国家，两类国家之间可以流动。一般而言，经济发达国家大约占 20%，经济发展中国家大约占 80%；在 50 年内，经济发达国家降级为发展中国家的概率在 10%左右，经济发展中国家升级为发达国家的概率约为 5%；两类国家处于动态平衡中。

国家经济现代化的目标包括：完成第一次经济现代化，完成第二次经济现代化，追赶、达到和保持世界经济的先进水平，成为经济发达国家或缩小国际经济差距。

其四，经济现代化的动力。

经济现代化的动力需要从两个角度进行分析:动力因素和动力机理。

经济现代化的动力因素包括创新、交流、竞争、适应、国家利益和市场需求,包括经济增长、需求变化、全球化和合理预期,包括知识资本、社会资本、物质资本、人力资本、生态意识、知识消费的增长、经济结构的变化和企业家精神等。

动力模型包括:创新驱动、三新驱动、双轮驱动、联合作用、四步超循环、经济复合互动、创新扩散、创新溢出、竞争驱动和生产力函数等(表 2-16)。

在不同层次、不同国家和不同阶段,经济现代化的动力有所不同。

现代化一般理论的动力模型基本适用经济现代化。

其五,经济现代化的模式。

在 21 世纪经济现代化大致有三条基本路径(图 2-61)。第一次经济现代化路径对应工业化模式等;第二次经济现代化路径对应信息经济模式、生态经济模式、生物经济模式和体验经济模式等;综合经济现代化路径对应新型工业化模式,包括工业化、非工业化、知识化、信息化和生态化的协调发展等。在不同模式里,还有许多亚模式。

一般而言,经济现代化的过程、结果、动力和模式等,都可以从世界、国家和地区层面进行分析,不同层面的内容和特点有所不同。

《中国现代化报告 2005》提出了广义经济现代化的经济时间表、周期表、坐标系和路径图,经济现代化的概念模型、数量模型、目标模型和动力模型,讨论了广义经济现代化理论的分段理论,包括第二次经济现代化和综合经济现代化等,还讨论了国民经济现代化的方法。

其六,第二次经济现代化。

第二次经济现代化是经济现代化的一种表现形式,是 20 世纪 70 年代以来经济领域发生的一种前沿变化,它包括从工业经济向知识经济、物质经济向生态经济的转变,包括经济效益和人均收入的提高、经济福利与公平的改善、国际经济分化和国际经济体系变化等。

第二次经济现代化是一个复杂的历史过程,包括经济发展、经济转型、国际经济竞争和国家经济地位变化,包括生产模式、核心技术、主导产业、基本结构、基本制度和基本观念等的知识化和绿色化等。相对于工业经济,知识经济是一种新经济形态,具有许多新特点(表 2-78)。

表 2-78 知识经济的主要特点

项目	主要特点
生产要素	核心生产要素:知识(信息)、无形资产、知识劳动者
生产特征	信息化、网络化、实时生产、清洁生产、敏捷生产和智能化生产等
企业特征	网络结构、伙伴关系、灵活性、创新型、环境友好、知识生产型等
管理特点	信息化、网络化、人性化、柔性管理、知识管理、创新管理、文化管理、战略管理等
技术特点	数字化、智能化、知识化、绿色化、可视化、柔性制造等
产品特点	智能化、特色化、个性化、艺术化、绿色化、非物质化、市场周期短等
市场特点	全球化、无国界、变化快、绿色化、网络化、电子商务等
产业结构	新三大产业:知识产业为主,物质产业(工业和农业)和传统服务业为辅
分配特点	按贡献分配,按需要调节,知识资本和投资资本参与纯收入分配
就业特点	知识劳动者就业率高,体力劳动者失业率高,失业保险普及
企业文化	创新、合作、学习、生态意识、重视知识资本和投资资本
增长动力	知识和信息生产与应用、创新和知识劳动者、环境意识

资料来源:何传启,1999.

其七，综合经济现代化。

综合经济现代化是21世纪广义经济现代化的一条基本路径，它包括两次经济转型（从农业经济向工业经济、从工业经济向知识经济的转型）的联动和持续向知识经济转变，包括国民经济的工业化、非工业化、知识化、信息化、绿色化和全球化的协调发展、并持续向知识化和绿色化的转移，包括经济效率和人均收入的增长、经济福利与公平的改善、国际经济竞争和国际经济地位变化。

综合经济现代化是两次经济现代化的协调发展并持续向第二经济现代化转型的历史过程，它包括生产模式、核心技术、主导产业、经济结构、经济制度和观念的变化，包括追赶和达到世界经济先进水平的国际竞争。综合经济现代化包括新型工业化与信息化、非工业化与知识化、知识化与绿色化并重等三阶段，它的目标是迎头赶上经济现代化的世界先进水平。实现综合经济现代化的标志是经济效率、经济福利和经济制度等达到当时的世界先进水平。

二、社会现代化

社会现代化是社会领域的现代化，是现代化现象的一种表现形式（图2-62）。它包括分段社会现代化、分层社会现代化、社会亚领域现代化和社会部门现代化等。在经典现代化文献中，社会现代化与现代化常常没有明确区分，有些时候它们被看作是同义词。

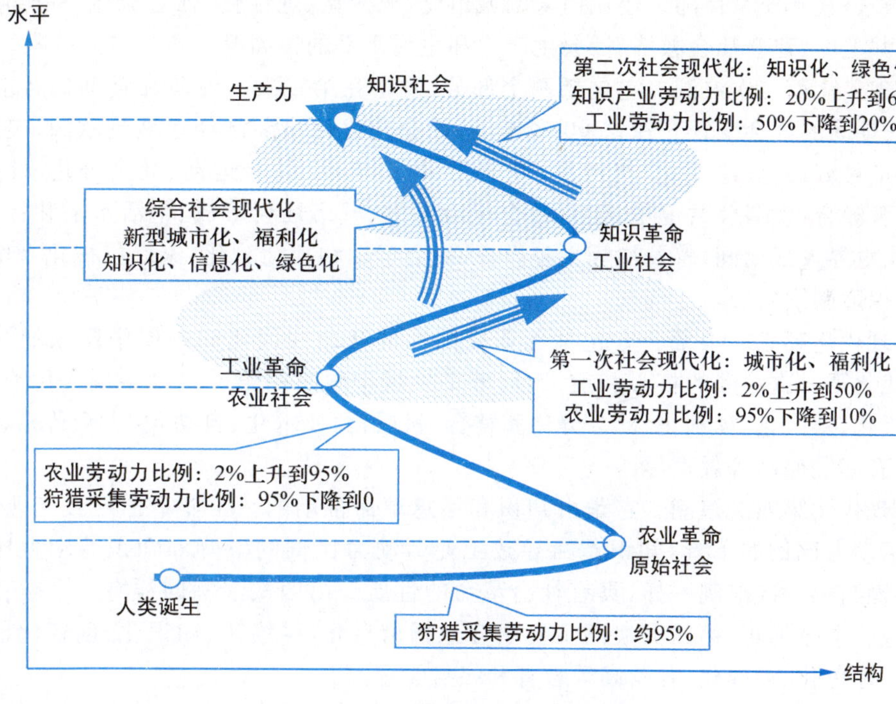

图2-62　社会现代化的三条路径

注：坐标横轴刻度为：原始社会时期为农业与狩猎采集劳动力之比（估计），农业社会时期为狩猎采集与农业劳动力之比，工业社会时期为工业与农业劳动力之比，知识社会时期为工农业与知识产业劳动力之比。

资料来源：中国现代化战略研究课题组等，2006.

1. 社会现代化的历史事实

社会现代化始于18世纪中叶，它是社会变迁的一种形式。一般而言，社会现代化和经济现代化是紧密相关的。在经济现代化高潮迭起的时候，社会现代化也会浪潮涌动（表2-79）。相对于经济现代化的六次浪潮，社会现代化的六次浪潮的分界点并不十分清晰。《中国现代化报告2006——社会现代化研究》系统分析了社会现代化的过程、事实和启示等。

表 2-79 社会现代化的两大阶段和六次浪潮

浪潮	大致时间	社会现代化的内涵	注释
第一次	1763～1870	城市化、机械化、城市卫生、社会救济、发展初等教育	第一次社会现代化
第二次	1870～1945	城市化、电气化、公共卫生、社会保险、普及义务教育	城市化、福利化、
第三次	1946～1970	福利化、自动化、技术化、普及汽车、普及中等教育	流动化、义务教育等
第四次	1970～2020	知识化、网络化、绿色化、郊区化、全球化、普及高等教育	第二次社会现代化
第五次	2020～2050	生物经济、城乡平衡、知识无障碍获取、休闲化、智能运输	知识化、郊区化
第六次	2050～2100	体验经济、生命工程、休闲工作融合、超级运输体验	绿色化、高等教育等

注：第五和第六次浪潮是一种预测。有学者认为，发达国家城市化以后进入“逆城市化”，包括城市人口向郊区和乡镇的迁移等。这里简称为郊区化，然后达到城乡平衡。

资料来源：中国现代化战略研究课题组等，2006.

（1）社会现代化的过程

首先，社会现代化第一次浪潮。它与第一次工业革命相对应，经历了一个长期的孕育过程，并主要发生在欧洲国家，其本质是伴随工业化而来的城市化、机械化、理性化、社会分化、社会流动、发展初等教育、建立公共卫生、建立社会救济、社会生产力和生活水平的提高等。

其次，社会现代化第二次浪潮。它包括两个部分：发生在第二次工业革命期间的社会变迁；发生在两次世界大战期间的社会变迁。在这 60 多年里，社会现代化浪潮已经扩展到欧洲、美洲和亚洲等广大地区，其特征是城市化、电气化、机械化、专业化、社会流动、社会运动、社会分化、社会转型和整合、普及初等义务教育、发展公共卫生、建立社会保险制度、城市社会形成、生活水平和社会生产力的提高等。在两次世界大战期间，普及初等义务教育，社会运动和社会分化，家庭机械化和电气化，生活水平提高，社会保障制度发展。

其三，社会现代化第三次浪潮。它包括工业化国家的社会现代化和发展中国家的社会现代化。前者是社会现代化第三次浪潮的核心和前沿，后者是发展中国家的第一次社会现代化浪潮。它的主要内容包括城市化、郊区化、福利化、社会分化和整合、科层化、技术化、自动化、大众传播、建立福利国家、普及中等教育和发展高等教育等。

其四，社会现代化第四次浪潮。它是由知识和信息革命推动的。工业革命导致工业劳动力比例的上升和农业劳动力比例的下降，知识革命导致工业劳动力比例的下降和知识劳动力比例的上升。所以，第四次浪潮与第一次浪潮一样，具有社会革命的性质。第四次浪潮同样有一个孕育过程，而且目前还没有完成。迄今为止，第四次浪潮主要内容包括信息化、网络化、知识化、创新化、郊区化和城乡平衡、国际化、绿色化、多样化、普及高等教育和终身学习等。

其五，社会现代化第五次浪潮。第五次浪潮是一种预测，以新生物效应和生物经济社会形成为特征。新生物学革命和高技术的发展，导致生物、信息与纳米技术走向融合，形成具有改造和操纵生命功能的生命工程技术，生物寿命可以调控，生物经济成为主导产业，信息转换器实现人脑和电脑信息转换，知识信息无障碍获取成为社会现实，社会观念发生革命性变化。

其六，社会现代化第六次浪潮。第六次浪潮是一种预测，以新物理效应和文化经济社会形成为特征。以新物理学革命为基础，结合高技术和新能源的发展，人类的制造和运输技术发生革命性变化，时间和空间观念发生革命性变化；超级制造系统取代人类的许多体力和脑力劳动，超级运输系统将使人类可以到达他们想去的地方，文化生活和情感体验将主导社会经济。

(2) 社会现代化与社会制度变迁

社会制度变迁是社会现代化的重要内容。一般而言，基本社会制度是关于社会资源的所有、配置和分配的制度。在原始社会时代，基本社会制度是原始公有制，社会资源是公有的，社会资源平均分配或按需要分配。原始社会时代的过渡时期，产生了私有制，但社会制度仍带有公有制的色彩。在农业社会时代，基本社会制度是土地制度，包括奴隶制、庄园制、游牧制或佃农制，社会资源是私有的，君王官僚和奴隶主（庄园主或地主）决定社会资源的配置和分配。在工业社会时代，基本社会制度是市场经济和社会福利制度，国家和市场决定社会资源的配置和分配。知识社会时代的基本社会制度将是信息网络和知识相关制度，知识资源生产、配置和分配的制度正在形成之中（表 2-80）。从社会制度变迁角度分析，从农业社会制度向工业社会制度的转变是第一次社会现代化，从工业社会制度向知识社会制度转变是第二次社会现代化。

表 2-80　人类社会史上基本社会制度的代表性特征（举例）

社会时间	原始社会时代	农业社会时代	工业社会时代	知识社会时代
历史时间	人类诞生至公元前 3500 年	公元前 3500 年至公元 1763 年	1763 年至 1970 年	1970 年至约 2100 年
社会形态	原始社会	农业社会	工业社会	知识社会
基本制度	原始公有制度	农业土地制度	社会福利制度	信息社会的制度
人口制度	自然生殖	鼓励生殖	有节制的生殖	自主选择的生殖
家庭制度	母系、父系家庭	大家庭、道德婚姻	小家庭、法定婚姻	家庭和婚姻多样化
教育制度	言传身教	非规范教育	普及初等义务教育	普及高等教育
工作制度	男狩猎女采集	家庭式自然工作制	工业化标准工作制	多样化、弹性工作制度
分配制度	平均分配	按权力和地权分配	按资本或按劳动分配	按贡献分配按需要调节
保障制度	氏族自我保障	家庭自我保障	社会保障和福利	社会保障和福利

资料来源：中国现代化战略研究课题组等，2006.

新社会制度的形成是一个历史过程，从孕育、引入、发展、成熟到被淘汰，每个阶段都有不同特点。于是，从一种基本社会制度到另一种制度，必然有一些中间形态的社会制度，可以称为过渡性社会制度或亚社会制度。在原始社会时代，亚社会制度有母系社会、渔业社会、园艺社会、游牧社会的制度等。在农业社会时代，亚社会制度有狩猎采集社会、游牧社会、园艺社会的制度等。在工业社会时代，亚社会制度有各种原始社会、农业社会的制度等。在知识社会时代，亚社会制度包括农业社会、工业社会、信息社会、虚拟社会、服务社会的制度等。

(3) 社会现代化与社会形态转变

从人类诞生到 21 世纪末，人类社会先后出现了原始社会、农业社会、工业社会和知识社会等四种基本社会形态。每一种社会形态，都有自己的基本结构，包括人口、家庭、居住、卫生、教育、劳动、收入、休闲、交通通讯和社会制度等的结构；都有自己的基本特征，包括社会生产力、社会生活、社会结构、社会制度和社会观念的特点等（表 2-81）。

表 2-81 人类社会史上的基本社会形态及其代表性特征

社会类型	原始社会	农业社会	工业社会	知识社会
历史时间	人类诞生至公元前 3500 年	公元前 3500 年至公元 1763 年	1763 年至 1970 年	1970 年至约 2100 年
生产方式	集体狩猎采集	农业手工生产	工业化大生产	知识化全球化生产
生产技术	高效狩猎技术	食物生产技术	物质生产技术	知识信息生产应用
社会生活	狩猎采集迁徙	农耕游牧生活	城市化电气化	网络化郊区化全球化
社会结构	狩猎采集超过 95%	农牧业超过 95%	工业劳动超过 50%	知识劳动超过 50%
社会制度	原始公有制度	农业土地制度	社会福利制度	信息社会制度
社会观念	平均分配	按权力和地权分配	按资本或劳动分配	按贡献分配,按需要调节

资料来源:中国现代化战略研究课题组等,2006.

(4) 社会现代化的基本事实

首先,人口与健康领域的事实。18 世纪以来,人均预期寿命和健康寿命延长,人口自然增长率从上升到下降,社会流动与分化持续进行,从城市化、郊区化到城乡平衡。19 世纪以来,人口和婴儿死亡率稳步下降,人口老龄化趋势日益明显,家庭日益小型化和多样化,公共卫生持续改善,家庭设施持续改善。20 世纪以来,公共卫生和人均卫生费用增长。

其次,学习与工作领域的事实。18 世纪以来,劳动力结构持续变化,职业结构持续变化,社会生产力和人均收入提高,收入分配公平性变化,发达国家收入分配公平性先降后升(部分国家出现波动)。19 世纪以来,普及初等义务教育,劳动时间在缩短,失业率不断波动。20 世纪以来,普及中等教育和高等教育,公共教育和人均教育费用增长,绝对贫困人口比例下降。

其三,休闲与福利领域的事实。18 世纪以来,交通运输不断发展,社会保障制度的发展经历了 4 个阶段:社会救济、社会保险、社会福利和福利改革。19 世纪以来,休闲时间在延长,通信技术不断发展。20 世纪以来,娱乐休闲多样化和网络化,电脑和互联网普及率提高,信息费用和人均信息费用在上升,社会保障和福利的费用在上升。20 世纪,犯罪和自杀现象普遍存在并长期波动。20 世纪末,170 个国家和地区建立了社会保障制度。

在过去 300 年里,社会生活、结构、制度和观念持续变化,社会变迁是高度不平衡和不同步的,人均国民收入的国际差距扩大等。

(5) 社会现代化的历史启示

首先,社会现代化既是一种历史必然,又是一种社会选择。对于人类文明而言,社会现代化是一种历史必然,代表了人类文明前进的一个方向。对于不同国家和民族而言,社会现代化是一种社会选择。选择了社会现代化的国家和民族,就需要承受社会现代化的责任和结果。没有选择社会现代化的国家和民族,必然承受其结果。这种结果大约是:停留在传统农业社会或原始社会阶段(表 2-82),与人类文明前沿的差距与日俱增。

其次,社会现代化不是一帆风顺的,而是波浪式前进。社会现代化不以个人意志为转移,而是遵循客观规律。波浪式前进就是一个重要规律。它是由三个因素决定的:知识和技术创新的波动性、经济运行的波动性、人类思想和认识的波动性(创新和守旧的对抗)等。

其三,社会现代化的重大进展,依赖于重大创新和扩散。在人类文明前沿,社会现代化更多是一种自然演化,但自然发展不是天上掉下来的馅饼,而是由创新和扩散等推动的。事实上,社会现代化的每一次革命性进步,都是重大创新和扩散的结果。

表 2-82　1700～2001 年世界人口分布的大致估计

年	人口/万	人口估计数/万				估计人口比例/(%)			
		原始社会	农业社会	工业社会	知识社会	原始社会	农业社会	工业社会	知识社会
1700	60 341	520	59 821	—	—	0.86	99	—	—
1820	104 109	520	102 152	1437	—	0.50	98	1	—
1900	156 400	520	138 290	17 590	—	0.33	88	11	—
1960	302 040	520	210 957	90 563	—	0.17	70	30	—
1981	450 660	520	148 264	276 959	25 437	0.12	33	61	6
2001	612 770	520	109 026	413 744	90 000	0.08	18	68	15

注：原始社会指以狩猎和采集为生的社会，1700～2001 年狩猎采集人口数采用 2001 年的数据。

资料来源：中国现代化战略研究课题组等，2006.

其四，社会现代化有三个来源。首先是对传统社会的部分继承和发展，如科技知识和社会道德等；其次是对传统社会的部分否定和转折，如城市化和郊区化等；其三是知识和制度创新，如工业革命和知识革命等。在社会现代化不同阶段，三大来源的重要性有所不同。

其五，社会现代化不仅是社会进步，还有社会正适应。社会现代化，不仅有社会进步，如生活质量、社会效率、国民素质、社会福利、社会公平的提高等；也有社会正适应，如生活方式、生活环境、社会环境的积极性变化等。有些社会适应，如信息化和休闲化等，同时反映了一种社会进步；有些社会适应，如家庭小型化和人口出生率下降等，反映的仅是一种与社会进步相适应的社会变化。

其六，社会现代化具有"后发效应"。根据过去 300 年的历史经验，社会现代化可以分为"先发型"和"后发型"。其中，"先发型国家"具有"竞争优势"，因为它可以引导世界潮流、利用世界资源和制定世界规则；"后发型国家"具有"后发效应"，因为它可以借鉴和利用"先发型国家"的成功经验和先进技术，减少失误。但在国际社会竞赛中，"后发效应"的作用不能被过高估计，因为引进技术是一种市场行为，而且影响因素很多；"后发型国家"需要提高国际竞争力和鉴别能力，谨防落入"被利用、操纵和误导"的国际陷阱。

其七，社会现代化没有最佳模式，只有合理选择和路径依赖性。社会现代化的实质是相同的，但形式是多样的。社会现代化的方向是相同的，但路径是多样的。例如，西方发达国家不同国家的教育体制是不同的，社会保障体系是不同的，公共卫生体系是不同的。

其八，社会现代化不是一劳永逸的，而是相对的和地位可变的。社会现代化具有结构稳定性和地位可变性。过去 300 年历史表明，社会现代化的世界结构是基本稳定的，大约 20%的国家是社会现代化的发达国家，大约 80%的国家是社会现代化的发展中国家；不同国家的国际社会地位是可以变化的，变化是有规律的。例如，在 1960～2003 年的 43 年里，大约 88%的发达国家和 90%多的发展中国家的国际地位没有变化，约 12%的发达国家降级为发展中国家，约 6%的发展中国家升级为发达国家。发展中国家包括中等发达、初等发达和欠发达国家。

2. 社会现代化的现状与前景

(1) 社会现代化的现状

首先，社会现代化的水平。2003 年 131 个国家中，大约有 31 个国家已经完成第一次社会现代化，约占国家总数的 24%；23 个国家已经进入第二次社会现代化，约占国家总数的 18%。根据第二次社会现代化指数分组，挪威等 20 个国家属于发达国家，西班牙等 33 个国家属于中等发达国家，泰国等

17 个国家属于初等发达国家，中国等 61 个国家属于欠发达国家。

其次，社会现代化的阶段。2003 年挪威等 8 个国家进入第二次社会现代化发展期，法国等 15 个国家处于第二次社会现代化起步期；巴西等 17 个国家处于第一次社会现代化过渡期，波兰等 31 个国家处于第一次社会现代化成熟期，中国等 28 个国家处于发展期，印度等 13 个国家处于起步期，乍得等 10 个国家仍然是传统农业社会。

其三，社会现代化的世界前沿。2003 年第二次社会现代化指数排名世界前 10 位的国家依次为挪威、瑞典、美国、丹麦、英国、芬兰、日本、荷兰、瑞士和澳大利亚。

其四，社会现代化的地位变化。在 1950～2003 年期间，国家社会地位变化发生了 114 次，升级 58 次，降级 56 次。在 1960～2003 年期间，地位升级国家 20 个，降级国家 20 个。

其五，社会现代化的人口分布。2001 年，世界上大约 15%的人(9 亿)生活在知识社会，68%的人(41 亿)生活在工业社会，18%的人(约 11 亿)生活在农业社会；在评价数据完整的 122 个国家中，18%的国家(22 个)进入知识社会，74%的国家(90 个)处于工业社会，8%的国家(10 个)和许多地区处于农业社会；同时大约有 188 个原住民族生活在原始社会。

(2) 社会现代化的前景

首先，完成第一次社会现代化的时间。按照 1980～2003 年的年均增长率估算，低收入国家完成第一次社会现代化平均需要 81 年，世界平均需要 13 年。

其二，社会现代化的世界先进水平。按 1980～2003 年的年均增长率计算，2050 年社会发达国家第二次社会现代化指数比 2003 年约提高两倍。

其三，社会现代化的世界平均水平。世界平均水平大约比社会发达国家平均水平落后 50 年，2050 年世界社会平均水平大约相当于 2000 年社会发达国家平均水平。

其四，社会现代化的分布。按照 1970～2003 年的年均增长率计算，2050 年完成第一次社会现代化的国家将达到约 84 个，进入第二次社会现代化的国家将约为 54 个；2100 年完成第一次社会现代化的国家大约为 90 个，进入第二次社会现代化的国家大约为 65 个。

3. 社会现代化理论

社会现代化理论是关于社会现代化现象的一种理论，是现代化理论的一个分领域理论。目前它大致包括两个理论集合：经典社会现代化理论和广义社会现代化理论。

(1) 经典社会现代化理论

经典社会现代化理论是 20 世纪 50 年代开始形成的，但其思想源头可以追溯到很早。事实上，人类社会的诞生就意味着社会思想的萌动，人类社会的变迁必然伴随着社会思想的演化。在公元前，古希腊哲学家柏拉图提出《理想国》，古中国思想家提出“大同社会”和“太平社会”等。在 20 世纪，“现代化社会”成为许多国家和学者的追求目标。古往今来，理想社会就一直是思想家思考和追求的目标，社会思想源远流长。但是，对社会现代化发挥直接作用的社会思想，是文艺复兴和启蒙运动的社会思想。社会学的诞生是 19 世纪中期的事情。虽然每一种社会理论多少都会与社会现代化有关，但那些阐述社会变迁的理论与社会现代化关系更紧密，例如，社会进化论、社会转型论和社会发展论等。

经典社会现代化理论，作为经典现代化理论的一个重要分支，是在 20 世纪 50～60 年代形成的。美国社会学家的三本专著的问世，包括《社会系统》(Parsons, 1951)、《传统社会的消逝：中东现代化》(Lerner, 1958)和《现代化与社会结构》(Levy, 1966)等，标志着经典社会现代化理论的诞生。迄今为止，经典社会现代化理论尚没有系统的、公认的一般理论阐述。经典社会现代化理论是关于经典社会现代化的一个学术思想集合(表 2-83)。

表 2-83　经典社会现代化理论的结构

分类	理论	主要内容	代表人物
一般理论	元理论	经典社会现代化的基本规律和特征	
分支理论	现代社会理论等	现代社会理论、工业社会理论等	帕森斯、列维
	城市化理论	城市化的定义、过程、结构、动力和模式等	美国芝加哥学派
	社会分化理论等	社会分化理论、理性化理论等	斯梅尔塞、韦伯
	分部门理论	教育现代化、卫生现代化、社会保障现代化等	
相关理论	结构功能主义	社会的系统结构、功能、分化、适应和变迁	帕森斯、默顿
	社会系统理论	社会系统的类型、分化、整合、均衡、控制和进化	帕森斯、卢曼
	社会进化论	社会从低级向高级的进化	
	社会发展理论	欠发达社会的发展、依附理论、世界体系理论等	
	其他相关理论	循环论、冲突论、互动论、转型论、扩散论等	

资料来源：中国现代化战略研究课题组等，2006.

《中国现代化报告 2006》分析了经典社会现代化的有关思想和理论，归纳提出了经典社会现代化的一般理论（表 2-84），包括经典社会现代化的定义、过程、结果、动力和模式等内容。

表 2-84　经典社会现代化的一般理论

方面	基本内容
定义	经典社会现代化是 18 世纪以来的一种革命性社会变迁，它既是从传统农业社会向现代工业社会的转变过程及其深刻变化，也是欠发达社会追赶和达到发达社会先进水平的过程及变化
过程	经典社会现代化是一个历史过程，它包括社会流动、社会分化和整合、非生物能源和现代科技的大量应用、人口和家庭结构的变化、社会生活、社会结构和观念的变化等，它具有 9 个特征
结果	经典社会现代化的结果是完成从农业社会向工业社会的转变。工业社会的特征被归纳成经典社会现代性，包括城市化、福利化、流动化、专业化、理性化、普及初等义务教育和大众传播等
动力	经典社会现代化的影响因素很多，包括经济、政治、文化、科技、人口、环境、社会因素等
模式	经典社会现代化的路径和模式是多样的，具有路径依赖性，受历史、地理和客观条件的影响；表现在城市化模式、国民教育体系、公共医疗体系和社会保障体系的多样性等方面

资料来源：中国现代化战略研究课题组等，2006.

(2) 广义社会现代化理论

广义社会现代化理论是关于 18～21 世纪期间的社会现代化现象的一种理论解释。它是第二次现代化理论在社会领域的应用，是由中国学者何传启提出来的。广义社会现代化理论包括一般理论、分支理论和相关理论等（表 2-85）。这里重点讨论它的一般理论，包括社会现代化的定义、过程、结果、动力和模式五个方面内容。目前，关于第二次社会现代化和综合社会现代化的认识非常有限。广义社会现代化理论尚有很大发展空间。

首先，社会现代化的定义。

社会现代化是现代化的一种表现形式，是社会领域的现代化。

社会现代化的内涵：社会现代化是 18 世纪工业革命以来社会领域的一种前沿变化和国际竞争，它包括现代社会的形成、发展、转型和国际互动，社会要素的创新、选择、传播和退出，以及追赶、达到和保持世界社会先进水平的国际竞争、国际分化和国家分层等。

表 2-85 广义社会现代化理论的结构

分类	理论	主要内容
一般理论	元理论	社会现代化的定义、过程、结果、动力和模式等
分支理论	分阶段理论	第一次社会现代化、第二次社会现代化、综合社会现代化
	分层次研究	世界、国家、地区等的社会现代化
	亚领域研究	人口与卫生、学习与工作、休闲与福利、社会环境的现代化
	分部门理论	教育、卫生、社会保障、能源、交通和通信等社会部门的现代化
相关理论	其他现代化理论	经典现代化理论、后现代化理论、反思性现代化理论、第二次现代化理论等
	社会学相关理论	城市化、社会变迁、社会发展、社会系统、工业社会、知识社会等
	其他相关理论	社会信息化、生活质量、生态社会学、现代主义、后现代主义等

资料来源：中国现代化战略研究课题组等，2006.

社会现代化的外延：社会现代化包括世界、国家和地区的社会现代化，包括社会行为、社会结构、社会制度和观念的现代化，包括人口与卫生、学习与工作、休闲与福利和社会环境的现代化，包括教育等社会部门的现代化和社会现代化的时空分布变化等。

一般而言，社会现代化指社会变迁的世界前沿和达到世界前沿的行为和过程，它包括从农业社会向工业社会、从工业社会向知识社会的两次转变、社会效率和生活质量的提高、生活方式和生活观念的变化、国民文化与健康素质的提高、社会福利、社会公平和国际社会地位的变化等。国家是社会现代化研究和实践的基本单元，地区社会现代化是国家社会现代化的组成部分。

社会现代化是社会领域的一种变化，很显然，并非所有的社会变化都属于社会现代化。一般而言，有利于生产力提高、社会进步和人的发展的社会变化，才属于社会现代化。

一般而言，社会发展包括社会进步和社会适应，社会现代化是社会发展、社会转型、国际社会竞争和国际社会地位变化的交集。国际社会地位的变化包括四种情况：保持世界社会的先进水平、与世界社会先进水平的差距缩小、不变或扩大。

社会现代化有三个来源。其一，对传统社会的部分继承和发展；其二，对传统社会的部分否定和转折（解构和转向）；其三，知识创新、技术创新和制度创新与创新扩散等。这里的“传统社会”是一个相对的和动态的概念，其中，第一次社会现代化过程中的“传统社会”指农业社会，第二次社会现代化过程中的“传统社会”指工业社会。

其次，社会现代化的过程。

社会现代化是一个复杂的、多层次和多路径的过程。在 18～21 世纪期间，社会现代化的前沿轨迹分为第一次和第二次社会现代化两个阶段。第一次社会现代化包括三次浪潮，第二次社会现代化将包括三次浪潮。两次社会现代化有不同内涵和特点（表 2-86）。

第一次社会现代化是从农业社会向工业社会、从封建社会向公民社会的转型过程及其深刻变化，它包括从乡村社会向城市社会、家族社会向福利社会、专制社会向民主社会、封闭社会向开放社会、自然社会向技术社会、稳定社会向流动社会的转变等。它的特点包括城市化、福利化、流动化、专业化、世俗化、理性化、机械化、电气化、自动化、技术化、高效性、开放性、公平性、社会分化、社会整合和普及初等义务教育等。

第二次社会现代化是从工业社会向知识社会、从物质社会向生态社会的转型过程及其深刻变化，它包括从城市社会向城乡平衡社会、物理社会向网络社会、教育社会向学习社会、紧张社会向休闲社会、机械社会向人性社会、民族社会向世界社会的转变等。目前它的特点包括知识化、信息化、智能化、郊区化、城乡平衡、绿色化、生态化、自然化、创新化、国际化、多样化、个性化、休闲化、妇儿权益、普及高等教育和终身学习等。

表 2-86　广义社会现代化的两个阶段

项目	第一次社会现代化	第二次社会现代化
时间	约 1763～1970 年	约 1970～2100 年
人口与卫生	城市化、流动化、机械化、电气化、自动化、家庭小型化、婚姻法制化、分化、分层和整合、公共卫生等	知识化、郊区化、城乡平衡、信息化、智能化、绿色化、国际化、家庭多样化、人口老龄化、社会长寿化、妇儿权益等
学习与工作	专业化、技术化、理性化、普及初等义务教育等	个性化、创新化、多样化、生态化、普及高等教育、终身学习等
休闲与福利	福利化、公平性、公共交通等	自然化、信息化、休闲化、将来还有新特点
现代性	第一社会现代性，包括工业社会、城市社会、福利社会、理性社会、技术社会、开放社会、民主社会、生活水平等	第二社会现代性，特点包括知识社会、信息社会、生态社会、学习社会、世界社会、创新社会、休闲社会、多元社会、生活质量等
副作用	贫富分化、机械和组织的副作用等	信息鸿沟、网络的副作用等

资料来源：中国现代化战略研究课题组等，2006.

如果说，第一次社会现代化是从传统社会向初级现代社会的转变，是初级社会现代化；那么，第二次社会现代化是从初级现代社会向高级现代社会的转变，是高级社会现代化；两次社会现代化的协调发展是综合社会现代化；22 世纪社会现代化还会有新变化。

社会现代化过程有 12 个特点：相对可预期的、全球的、长期的、有阶段的、进步的、积极性适应、转型的、系统的、不平衡的、复杂的、国际竞赛、不可逆的世界趋势等。

社会现代化是现代化的一种表现形式，遵循现代化的 10 个基本原则(表 2-12)。

其三，社会现代化的结果。

20 世纪 50 年代以来，社会现代化的结果与目标是相关的，相关性是逐步形成和加强的。

社会现代化的结果包括社会现代性、特色性、多样性和副作用的形成；不同国家社会现代化的结果既有共性又有差异；两次社会现代化的结果是不同的。

社会现代化的结果包括六个方面的变化：一是两次社会形态转型的完成；二是社会效率和生活质量的提高；三是生活方式和观念的积极性变化；四是人类文化和健康素质的提高；五是社会福利和公平的大幅改善；六是生活质量国际差距的扩大和社会结构国际差别的缩小等。

在社会现代化过程中，一部分国家达到和保持世界社会先进水平，成为社会发达国家，其他国家是社会发展中国家，两类国家之间可以流动。一般而言，大约 20%的国家达到和保持世界先进水平，属于社会发达国家；大约 80%的国家没有达到世界先进水平，属于社会发展中国家。在 50 年时间内，社会发达国家降级为发展中国家的概率约为 10%，社会发展中国家升级为发达国家的概率约为 5%；两类国家的地位升降处于动态平衡中。

国家社会现代化的目标是：完成第一次社会现代化，实现从农业社会向工业社会的转型；完成第二次社会现代化，实现从工业社会向知识社会的转型；追赶、达到和保持世界社会先进水平，成为社会发达国家(社会现代化的国家)，或缩小国际社会差距。

其四，社会现代化的动力。

社会现代化的动力包括动力因素和动力机理等。动力因素包括创新、交流、竞争、适应、国家利益和社会需求，包括社会推力(经济增长、科技进步、教育发展等的推力)、社会拉力(政治发展、文化变迁、全球化等的拉力)、社会压力(人口变化、环境变化等的压力)。动力模型包括：创新驱动、三新驱动、联合作用、四步超循环、社会复合互动、创新扩散、创新溢出和竞争驱动等(表 2-16)。不同国家和不同阶段社会现代化的动力有所不同。

在不同层次、不同国家和不同阶段，社会现代化的动力有所不同。

现代化一般理论的动力模型可以适用于社会现代化。

其五，社会现代化的模式。

在 21 世纪社会现代化大致有三条基本路径(图 2-62)。第一次社会现代化路径对应城市化和福利化模式等；第二次社会现代化路径对应知识化和绿色化模式等；综合社会现代化路径对应新型城市化模式，包括城市化、郊区化、福利化、知识化、信息化和绿色化的协调发展等。

一般而言，社会现代化的过程、结果、动力和模式等，都可以从世界、国家和地区层面进行分析，不同层面的内容和特点有所不同。

《中国现代化报告 2006》提出了广义社会现代化的社会时间表、时间图、周期表、坐标系和路径图，社会现代化的概念模型、数量模型、目标模型和动力模型，讨论了广义社会现代化理论的分段理论，包括第二次社会现代化和综合社会现代化等，还讨论了社会现代化的方法。

其六，第二次社会现代化。

第二次社会现代化是社会现代化的一种表现形式，是 20 世纪 70 年代以来社会领域发生的一种前沿变化，它包括从工业社会向知识社会、物质社会向生态社会的转变，包括社会效益和生活质量的提高、社会福利与公平的改善、国际社会分化和国际社会体系变化等。

第二次社会现代化是一个复杂的历史过程，包括社会发展、社会转型、国际社会竞争和国家社会地位变化，包括社会生活、社会行为、社会结构、社会制度和观念的变化等。相对于工业社会，知识社会是一种新社会形态，具有许多新特点(表 2-87)。

表 2-87　知识社会的主要特点

项目	主要特点
社会知识化	知识成为社会的基础和中轴。社会结构知识化，知识劳动者超过其他劳动者的总和；消费结构知识化，普及高等教育和终身学习；知识创新成为社会财富和权利的重要来源
信息化和网络化	网络空间成为第二空间。互联网的普及，网络空间的形成；人们在赛博空间和物理空间之间往返，生活方式数字化和国际化
创新社会化	创新成为国家行为。技术创新普及，知识创新成为国际竞争的焦点，制度创新成为社会进步的关键，国家创新体系成为推动创新的政策工具
社会智能化	人工智能普及，工作和生活环境逐步智能化
管理人性化	以知识资本为核心、以信息网络为基础，从机械化管理走向人性化管理
郊区化和社区化	人们在城市、郊区和农村之间双向流动，逐步达到城乡动态平衡
绿色化和生态化	绿色和生态友好的生活方式和观念逐步占主导地位，人与自然和谐相处
多元化和多样化	社会生活和观念的多元化和多样化，妇女儿童和少数群体的平等地位等

资料来源：何传启，1999.

其七，综合社会现代化。

综合社会现代化是 21 世纪广义社会现代化的一条基本路径，它包括两次社会转型(从农业社会向工业社会、工业社会向知识社会的转型)的联动和持续向知识社会的转变，包括城市化、郊区化、福利化、知识化、信息化和绿色化的协调发展，并持续向知识化和绿色化的转移；包括社会效率和生活质量的提高，社会福利与公平的改善，国际社会竞争和国际社会地位变化。

综合社会现代化是两次社会现代化的协调发展并持续向第二社会现代化转型的历史过程，它包括社会行为、社会结构、社会制度和观念的变化，包括追赶和达到世界社会先进水平的国际竞争。综合社会现代化包括新城市化与信息化、郊区化与知识化、知识化与绿色化并重等三阶段，它的目标是迎头赶上社会现代化的世界先进水平。实现综合社会现代化的标志是社会效率、生活质量、社会福利和社会制度等达到当时的世界先进水平。

三、政治现代化

政治现代化是政治领域的现代化，是现代化现象的一种表现形式（图 2-63）。它包括分段政治现代化、分层政治现代化、政治亚领域现代化和政治部门现代化等。政治现代化主要发生在国家层面，它可以延伸到世界、国际、地区、机构和个体层面等。

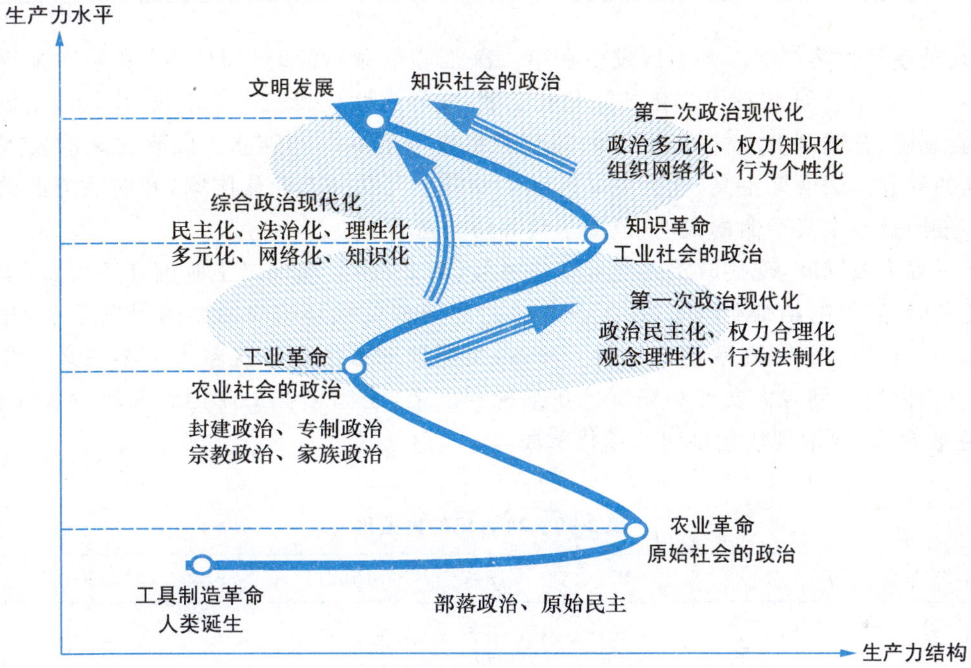

图 2-63　政治现代化的三条基本路径

注：如果受到信息化和绿色化等的影响，21 世纪的第一次政治现代化将会有一些新特点。

1. 政治现代化的历史事实

政治现代化始于 18 世纪下半叶，它是政治变迁的一种形式。一般而言，政治现代化与经济现代化是紧密相关的，它们的关系是复杂的。经济现代化的前沿轨迹分为两次现代化和六次浪潮。政治现代化的前沿轨迹也可以大致分为两次现代化和六次浪潮（表 2-88）。《第二次现代化：人类文明进程的启示》系统分析了政治现代化的过程和事实。

(1) 政治现代化的过程

首先，政治现代化第一次浪潮大致出现在第一次工业革命期间（1763～1870 年）。它包括政治革命和民主化改革等，成年男性逐步获得投票权，主要发生在英国、美国和法国等国家。政治参与的民主化：1789 年爆发法国革命，1790 年实行男性投票权；1832 年以来英国扩大男性选举权；美国和法国颁布了公民权利法。国家治理的制度化：英国建立了君主立宪政体和内阁制政府；美国革命后成立了立法、司法和行政三权分立的总统制政府；法国实行权力世俗化，成立法兰西共和国。在此期间获得民族独立的国家有美国（1776 年）、阿根廷（1816 年）、巴西（1822 年）、墨西哥（1822 年）、希腊（1829 年）和比利时（1831 年）等。

表 2-88 政治现代化的主要阶段

浪潮	大致时间	政治现代化	注释
第一次	1763～1870	立宪民主、精英政治、民主化第一次浪潮	第一次政治现代化 民主化、世俗化、制度化、 集中化、现代政治、工业政治
第二次	1870～1945	大众民主、阶级政治、民主化第二次浪潮	
第三次	1946～1970	社会民主、公共政治、民主化第三次浪潮	
第四次	1970～2020	网络民主、协商民主、民主化第四次浪潮	第二次政治现代化 服务化、网络化、生态化、 分散化、后现代政治、知识政治
第五次	2020～2050	全球民主、绿色政治、民主化第五次浪潮	
第六次	2050～2100	世界公民政治、宇宙政治等	

其次，政治现代化第二次浪潮大致发生在第二次工业革命（1870～1913 年）和两次世界大战期间（1914～1945 年）。它主要包括民主化的深化和扩散，成年女性逐步获得选举权，现代政治制度包括政党制度、议会制度、普选制度、立宪制度和内阁政府制度等基本得到确立。民族主义的发展促进了民族独立运动的兴起。法西斯主义、社会主义运动主要发生在欧洲工业化国家，并对欧洲的政策产生了很大影响。俄国社会主义革命的成功，改变了世界历史进程。

在两次世界大战期间，现代政治制度经受住考验（表 2-89）。现代民主制度在英国、法国、美国、瑞士、荷兰、比利时、斯堪的纳维亚国家、拉美的几个共和国和英联邦的自治领内仍然存在，并在战争中发挥重要作用。经济大萧条对政治产生很大冲击，美国罗斯福的新政挽救了资本主义。在战争和萧条中，现代政治制度得到较大发展和完善。在某种程度上，这标志着工业化国家政治现代化的成熟。1945 年成立联合国，政治现代化推向全球化阶段。

表 2-89 20 世纪的民主化

年份	1900	1922	1942	1962	1973	1990	2001
民主国家/个	0	29	12	36	30	58	121
非民主国家/个	55	35	49	75	92	71	71
国家总数/个	55	64	61	111	122	129	192
民主国家的比例/(%)	0	45	20	32	25	45	63

注：民主国家指文官政府由全体成年人投票的竞争性选举产生的国家。1900 年没有国家达到民主国家标准，大约有 10 多个国家的成年男性有选举权。1922～1990 年的国家数量不包括人口少于一百万的国家。

资料来源：亨廷顿，1998a；蒂利，2008.

其三，政治现代化的第三次浪潮大致发生在第三次产业革命期间（1946～1970 年）。它主要包括民主化的深化，普选制的扩散，公民权利的发展，公共政治和环境运动的兴起，殖民地的独立运动和民主化浪潮等。国内政治的发展包括民主的进步和权力的分散，社会各阶层都扩大了自己的发言权，妇女和少数民族获得了平等的地位。60 年代末期发生的学生运动，表达了要求和平、人道和公正的心声。国际政治的变化非常突出。例如，越来越多的国家加入联合国，美国与苏联集团的冷战对抗，欧洲从衰落走向复兴，第三世界出现在世界政治舞台上等。

其四，政治现代化第四次浪潮大致发生在知识和信息革命期间（1970～2020 年）。它主要包括民主的多样化（协商民主、网络民主和参与式民主等），政治的多元化、分散化、个性化和国际化，环境政治和人权政治的兴起，新公共管理和电子政务，东欧国家的民主化浪潮等。

政治现代化包括公民权利和公民义务的现代化。不同国家公民权利的发展顺序有所不同，公民权利与公民义务应该平衡，虽然它们的内容是不同的（雅诺斯基，2000）。有些国家公民权利的发展是循序渐进的，从法律权利、政治权利、社会权利到参与权利。从发达国家的平均值看(表 2-90)，法律权利的发展在 18 和 19 世纪(已婚妇女财产权在 20 世纪)，政治权利的发展在 19 和 20 世纪，社会权利的发展在 20 世纪上半叶，参与权利的发展在 20 世纪下半叶。

表 2-90 公民权利的结构和时间顺序

法律权利	年数	政治权利	年数	社会权利	年数	参与权利	年数
男性财产权	222	男性投票权	107	第一项权利	92	第一项权利	22
言论自由权	176	男性普选权	91	第二项权利	80	第二项权利	9
信仰自由权	158	女性普选权	70	第三项权利	68	第三项权利	3
已婚妇女财产权	54	全民普选权	61	第四项权利	58		
				第五项权利	36		

注：年数为样本国家从权利实施起始年到 1995 年的累计年数的平均值。法律权利的样本国家为 10 个发达国家，其他权利的样本国家为 18 个发达国家。社会权利包括五项权利，如工伤补偿、退休金、医疗卫生、失业保险和困难家庭补助的权利等。参与权利包括三项权利，如劳资联席会、劳资共同决策权、劳动力市场政策保护等。不同国家实施不同的社会权利和参与权利的顺序有所不同。

资料来源：雅诺斯基，2000.

其五，政治现代化的第五次和第六次浪潮是对未来的一种“猜想”。第五次浪潮预计发生在 2020～2050 年期间，可能以绿色政治、仿生政治和全球民主等为主要特征。第六次浪潮预计发生在 2050～2100 年期间，可能以世界公民政治和宇宙政治等为主要特征。

(2) 政治现代化的基本事实

首先，政治参与的事实。18 世纪以来，公民权利逐步扩大和深化，选举权逐步普及到全体成年公民；部分发达国家工会组织和罢工现象从上升到下降；新闻媒体的政治影响扩大。19 世纪以来，政党政治兴起，民主化逐步推进，民主化路径是多样的。20 世纪以来，民主化有起伏，人权受到关注；20 世纪后期，网络民主、协商民主和环境政治兴起等。

其次，国家治理的事实。18 世纪以来，政治体系复杂化和世俗化，政府能力提高，政府规模扩大，政府收支增加，国家政策不断变化。19 世纪以来，国家治理的民主化和职业化，部分发达国家政治腐败先升后降。20 世纪以来，部分发达国家的政府支持率下降；20 世纪后期以来，政府信息化、透明化、市场化和服务化趋势日渐明显等。18 世纪以来，军队正规化和国家化，军队规模波动，国防开支增加；外交职业化和正规化，外交人员逐步增加。19 世纪以来，军队机械化和专业化。20 世纪以来，军队职业化和信息化，外交多元化和服务化等。

其三，国际政治的事实。18 世纪以来，国际战争的频率没有下降，但国家差异较大；国际战争的分布和参战国家结构变化比较大；政府间国际组织的数量和成员增加。19 世纪以来，国际贸易和国际投资不断增长，国际联系加强。20 世纪以来，外交关系数量和国际相互依存度上升；国际武器贸易波动；发展中国家接受的外国援助总额和人均国际援助增加，发达国家对外援助占 GDP 比例和外国援助占受援国 GDP 比例下降等；国际政治变化比较快，国际公约和签约国不断增长，国际移民的数量增长等。

其四，政治环境的事实。在过去 300 年里，国际政治环境变化很大，国内政治环境的国别差异很大。18 世纪以来，现代化逐步成为潮流，加入现代化进程的国家逐步增加；世界人口增长，人均财富增长，人均消费增长，人均自然资源拥有量下降。19 世纪以来，民族独立运动屡有高潮，独立国家的数量增加，国际体系发生多次变化。20 世纪 50 年代以来，民主国家的数量和比例增加(图 2-64)，国际相互依赖增加，国际矛盾和冲突持续存在。

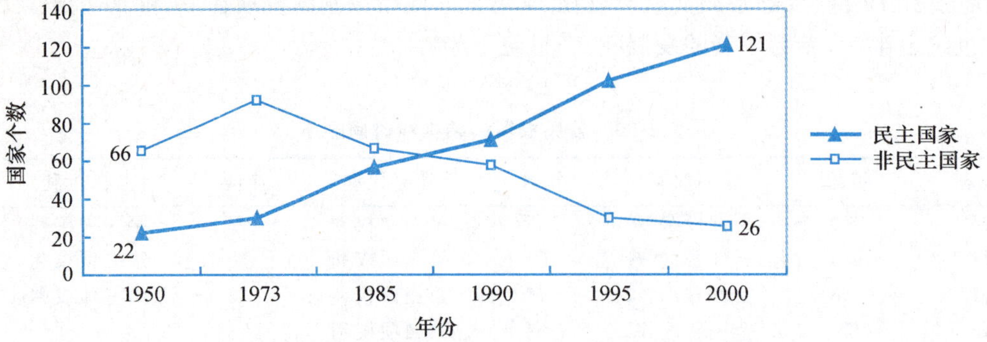

图 2-64　20 世纪后 50 年采用民主政治的国家个数

注：1985～2000 年民主国家的个数包括完全民主国家和部分民主国家（中间类型国家）。

资料来源：UNDP，2000，2002；亨廷顿，1998a.

其五，政治现代化的综合事实。18 世纪以来，政治生活、政治结构、政治制度和政治观念持续变化，政治变迁是非线性的和多元的，部分传统政治要素持续存在并发挥作用等。

(3) 政治现代化的历史启示

首先，政治现代化是非线性的。发达国家的政治现代化经历了两次转向，第一次是从传统政治向现代政治的转向，包括从封建的、专制的和宗教的政治向公共的、民主的和世俗的政治的转向；第二次是从现代政治向后现代政治的转向，包括从集权的、物质的和官僚的政治向分权的、生态的和自治的政治的转向（图 2-65）。

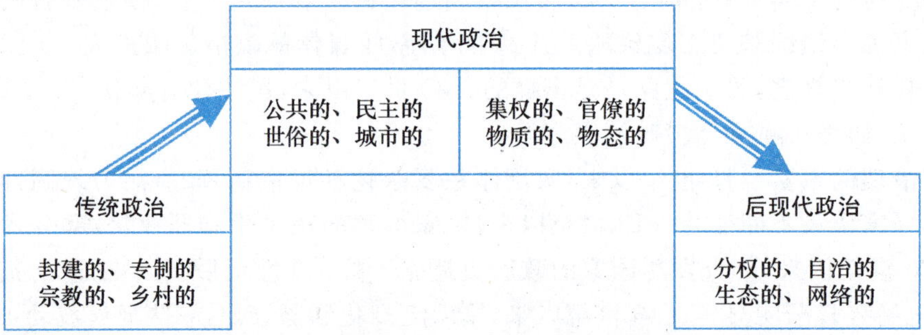

图 2-65　发达国家政治现代化的两次转向

其次，政治现代化是可逆的。在发达国家和发展中国家，普遍存在政治现代化的中断、倒退和反复现象。当经济和社会危机发生时，政治现代化就可能面临挑战。

其三，政治现代化具有路径可选择性，而不是独木桥。它可以是一种革命，如法国大革命等；也可以是一种改革，如英国的民主改革等。它可以采用民主化优先模式，可以采用民主化与工业化协调发展模式，也可以采用先工业化后民主化模式。20 世纪芬兰采用民主化优先模式，日本和韩国采用工业优先模式，它们都从发展中国家成功升级为发达国家。

其四，政治现代化具有路径依赖性。不同国家的政治现代化，会受到自身的政治和文化传统的影响，受自身发展水平的影响，也受国际环境的影响。

其五，政治现代化是部分可预期的。民主化与经济发展的关系是复杂的。一般而言，经济发展会促进和巩固民主化，但也有例外；教育发展和信息化有利于扩大民主。

其六，政治现代化既有国际趋同，也有多样性。20 世纪里，民主化是世界趋势，政府结构具有国际趋同的特点，如政府部门的设置有很大的相似性等；政治体制具有多样性，发达国家之间存在差异，如君主立宪制、议会共和制和总统共和制等。

其七，政治现代化是一个长期的过程(图 2-66)。在 18 和 19 世纪期间，没有一个国家达到民主国家的标准。根据 9 个发达国家的经验，从言论自由权到全民投票权平均花费约 150 年。20 世纪一些新独立的国家采用"一步到位"的民主政治，其效果如何还有待检验。

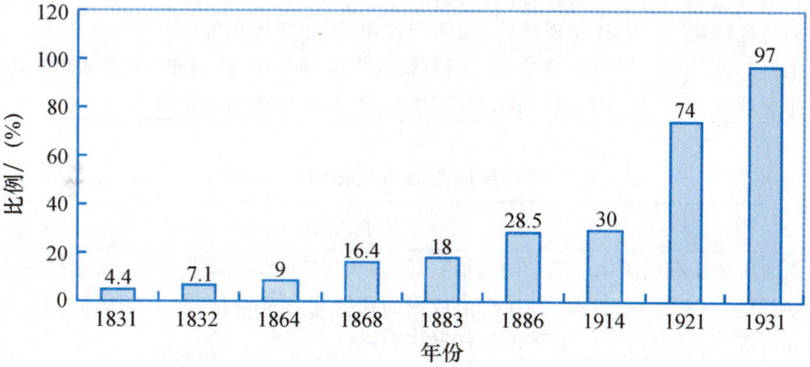

图 2-66　英国选民占全部成年人口的百分比

资料来源：Dahl，1998.

其八，政治现代化是一个全球的过程。2000 年，全球约有 140 个国家实行多党选举；其中，82 个国家是完全民主的，民主国家人口占世界人口的 57%(UNDP，2002)。

2. 政治现代化理论

政治现代化理论是关于政治现代化现象的一种理论，是现代化理论的一个分领域理论。它大致包括三个理论集合：经典政治现代化理论、广义政治现代化理论、不同现代化理论的政治论述等。关于不同现代化理论的政治论述参考第三节有关内容。

(1) 经典政治现代化理论

经典政治现代化理论是经典现代化理论的一个重要分支，是在 20 世纪 50～60 年代形成的。美国政治学家的几本著作的问世，包括《政治体系》(Easton，1953)、《发展中地区的政治学》(Almond，Coleman，1960)、《日本和土耳其的政治现代化》(Ward，Rustow，1964)、《现代化的政治》(Apter，1965)、《民主和专制的社会起源》(Moore，1966)和《变化社会中的政治秩序》(Huntington，1968)等，标志着经典政治现代化理论的诞生。政治现代化的学术文献非常丰富，但迄今为止，经典政治现代化理论没有系统的、公认的一般理论阐述。

一般而言，经典政治现代化理论有两个来源：政治学家对政治现代化的研究和解释，非政治领域(如历史和社会学)的现代化学者对政治现代化的研究和解释。如果把他们的研究主题和相关思想集合起来，可以提出经典政治现代化理论的结构(表 2-91)，并归纳它的一般理论(表 2-92)，包括它的定义、过程、结果、动力和模式等。

(2) 广义政治现代化理论

广义政治现代化理论是关于 18～21 世纪期间的政治现代化现象的一种理论解释。它是第二次现代化理论在政治领域的应用，是中国学者何传启提出来的。广义政治现代化理论包括一般理论、分支理论和相关理论等(表 2-93)。这里重点讨论它的一般理论，包括政治现代化的定义、过程、结果、动力和模式五个方面内容。目前，关于第二次政治现代化和综合政治现代化的认识非常有限。广义政治现代化理论仍有大量发展空间。

表 2-91 经典政治现代化理论的结构

分类	理论	主要内容
一般理论	元理论	经典政治现代化的定义、过程、结果、动力和模式等
分支理论	民主化理论	民主化的定义、过程和模式等
	公民权利现代化	公民权利和义务的现代化等
	公共管理现代化	公共管理的现代化等
	政治部门现代化	政府现代化、国防现代化、法律现代化等
相关理论	政治学	发展政治学、比较政治学、政治体系、政治史、政治思想史等
	其他相关理论	经典现代化理论、依附理论、世界体系理论等

表 2-92 经典政治现代化的一般理论

方面	基本内容
定义	经典政治现代化是经典现代化过程中的政治变迁，是从传统政治向现代政治、从专制政治向民主政治的转变
过程	经典政治现代化是一个历史过程，包括政治权威的理性化和世俗化，政治结构的分化和专业化，政治参与的民主化和制度化，政府治理的高效化和合理化等
结果	经典政治现代化的结果主要是经典政治现代性的形成和扩散。现代政治特征被归纳成经典政治现代性，包括民主的、分化的、高效的、法治的、官僚的、专业的、世俗的、理性的、大众的等
动力	经典政治现代化的影响因素很多，包括经济、社会、文化、科技和国际关系等
模式	经典政治现代化的路径和模式是多样的，具有路径依赖性，受历史、地理和客观条件的影响；表现在政治现代化路径、政治体系、民主模式的多样性等方面

表 2-93 广义政治现代化理论的结构

分类	理论	主要内容
一般理论	元理论	政治现代化的定义、过程、结果、动力和模式等
分支理论	分阶段理论	第一次政治现代化、第二次政治现代化、综合政治现代化
	分层次研究	世界、国际、国家、地区等的政治现代化
	亚领域研究	政治参与、国家治理、政治环境、政治生活、结构、制度和观念的现代化等
	分部门理论	政府、立法、司法、国防、外交、公共管理等的现代化
相关理论	其他现代化理论	经典现代化理论、后现代化理论、生态现代化理论、反思性现代化理论、第二次现代化理论、依附理论、世界体系理论、全球化理论等
	政治学相关	发展政治学、比较政治学、国际关系理论、政治经济学等

首先，政治现代化的定义。

政治现代化是现代化的一种表现形式，是政治领域的现代化。

政治现代化的内涵：政治现代化是 18 世纪工业革命以来政治领域的一种前沿变化和国际竞争，它包括现代政治的形成、发展、转型和国际互动，政治要素的创新、选择、传播和退出，以及追赶、达到和保持世界先进水平的国际政治竞争和国家分层等。

政治现代化的外延：政治现代化包括政治行为、政治结构、政治制度和观念的现代化，包括政治生活、政治体系和政治文化的现代化，包括政治参与、国家治理、国际政治和政治环境的现代化，包括分段、分层、分部门政治现代化，包括政治与其他领域现代化的相互作用，包括政治现代化的时空分布变化等。

一般而言，政治现代化指政治变迁的世界前沿和达到世界前沿的行为和过程，它包括从传统政治向现代政治、从现代政治向后现代政治的两次转型，包括政治权力合理化和民主化、政治参与法制化和平等化、政治体系制度化和专业化、政治行为理性化和高效化等。

政治现代化是政治变迁与现代化的一个交集。很显然，并非所有的政治变迁都属于政治现代化。一般而言，有利于政治参与的理性化和平等化、国家治理的民主化和高效化、人的自由解放和全面发展的政治变迁，才属于政治现代化(表 2-94)。

表 2-94 政治现代化的基本判据

项目	属于政治现代化的政治变迁	不属于政治现代化的政治变迁
时间判据	18 世纪以来的(同时满足性质判据)	18 世纪以前的
性质判据	(政治进步和正向适应的判据)	(政治倒退和反向适应的判据)
判据一	有利于政治参与的平等化和理性化	不利于政治参与的平等化和理性化
判据二	有利于国家治理的民主化和高效化	不利于国家治理的民主化和高效化
判据三	有利于人的自由解放和全面发展	不利于人的解放和全面发展

一般而言，政治现代化大致有三个来源，包括继承、转折和创新等；不同时期的政治现代化有不同要求，不同亚领域有不同要求(表 2-95)。概括地说，第一次政治现代化的基本要求包括政治民主化、权力理性化、组织科层化、促进经济和社会发展等；第二次政治现代化的基本要求包括政治多元化、权力知识化、组织网络化、促进人的全面发展等。

表 2-95 政治现代化的基本要求

项目	第一次政治现代化的要求	第二次政治现代化的要求
时间	约 1760～1970 年	约 1970～2100 年
政治参与	平等化、法制化、理性化	多元化、个性化、国际化
国家治理	民主化、专业化、高效化	服务化、网络化、透明化
国际政治	制度化、理性化、专业化	民主化、多元化、生态化
政治环境	经济和社会发展等	人的全面发展等

一般而言，政治发展包括政治进步和政治正适应，政治现代化是政治发展、政治转型、国际政治互动和国际地位变化的交集。

(2) 政治现代化的过程

政治现代化是一个长期的和复杂的历史过程。在 18～21 世纪期间，政治现代化的前沿轨迹可以分为两个阶段，两次政治现代化有不同内涵(表 2-96)。

第一次政治现代化是从传统政治向现代政治、从专制政治向民主政治的转型过程及其深刻变化，它包括从封建政治向公共政治、宗教政治向世俗政治、家族政治向公民政治、贵族政治向阶级政治、专制政治向法制政治、农业政治向工业政治的转变等。它的特点包括政治分化、民主化、合理化、科层化、法制化、世俗化、制度化、系统化、职业化、大众化、理性化、平等化、自由化、专业化、阶级化、政党化、公民化和组织化等。

第二次政治现代化是从现代政治向后现代政治、从权力政治向服务政治的转型过程及其深刻变化，它包括从国家政治向国际政治、集权政治向分权政治、阶级政治向公民政治、精英政治向平民政治、物质政治向生态政治、物态政治向网络政治、简单民主向协商民主、信息控制向信息公开、工业政治向知识政治的转变等。目前它的特点包括知识化、多元化、信息化、网络化、个性化、绿色化、生态化、分权化、分散化、议题化、国际化、服务化、市场化、公开化、透明化和自主化等，将来还会有新发展。

表 2-96 广义政治现代化的两大阶段

项目	第一次政治现代化	第二次政治现代化
时间	约 1760～1970 年	约 1970～2100 年
政治民主	议会民主、大众民主、社会民主、集权的	分权的、多元的、对话式民主、包容性民主、直接民主、网络民主、协商民主
政治冲突	以阶级和权力为基础的冲突、罢工、劳资冲突	以阶级和财富分配为基础的冲突减少，以生态和技术风险为基础的冲突增多
政治议题	经济的、阶级的、财富的、权利的、战争的、政党的	生活的、生态的、风险的、安全的、性观念的、公民权利的议题增多
参与方式	政党、投票、社会运动、政治性组织	选民不关心一般投票、关心自己感兴趣的问题
政治权力	世俗权威、国家权威、宪法权力、制度权力	政府权威下降、权力分散化、个性化、人的解放
政治性质	国家主权、权力政治、阶级政治	政治问题的国际化趋势、服务政治、公民政治
政治形态	集体的、对抗的、集中的、阶级的、暴力的	个性化、非对抗、分散的、非阶级的、和平的等

如果说，第一次政治现代化是初级政治现代化，是从传统政治向初级现代政治的转变；那么，第二次政治现代化是高级政治现代化，是从初级现代政治向高级现代政治的转变；两次政治现代化的协调发展是综合政治现代化。22 世纪政治现代化还会有新变化。

政治现代化在不同亚领域和政治部门有不同特点。

政治现代化过程大致具有 12 个特点：非线性、可逆性、多样性、可预期性、路径依赖性、多路径的、冲突性、系统性、阶段性、全球性、复杂性、长期性等。

政治现代化是现代化的一种表现形式，遵循现代化的 10 个基本原则(表 2-12)。

其三，政治现代化的结果。

20 世纪 50 年代以来，政治现代化的结果与目标是相关的，相关性是逐步加强的。

政治现代化的结果一般包括政治现代性、特色性、多样性和副作用的形成，政治参与、国家治理、国际政治和政治环境的深刻变化等。

第一次政治现代化的结果是第一政治现代性、特色性和多样性的形成，特点包括民主的、合理的、官僚的、法治的、集权的、世俗的、专业的和高效的等，副作用包括政治腐败等。

第二次政治现代化的结果是第二政治现代性、特色性和多样性的形成，目前特点大致包括多元的、个性的、绿色的、网络的、分权的、知识密集的、信息密集的、国际的、服务的和透明的等，副作用包括政治信誉下降等。

政治现代化的结果包括六个方面的深刻变化。它们分别是：两次政治转型的完成、政治参与的法制化和平等化、政治体系和政治结构的合理化和制度化、政治制度和政治观念的民主化和理性化、政府管理和公共政策的科学化和高效化、国际政治和国际关系的制度化和民主化等。这些变化发生在政治参与、国家治理和国际政治领域。

从理论角度分析，政治现代化的目标主要有三个：第一个目标，完成第一次政治现代化；第二个目标，完成第二次政治现代化；第三个目标，提高国际政治互动的国家能力。

从政策角度分析，政治现代化的目标主要有三个：第一个目标，政治参与的法制化和平等化；第二个目标，国家治理的民主化和高效化；第三个目标，公民权利保护和人的全面发展。这些目标还可以具体化，包含非常丰富的内涵。

其四，政治现代化的动力。

政治现代化的动力分析可以分为两个方面：动力因素和动力机理。

政治现代化的动力因素包括创新、竞选、适应、冲突、权力分配、公民参与和国际互动等。一般而言，创新是政治现代化的根本来源，竞选是政治变迁的激励机制，适应是对外部环境变化的政治调适，冲突是政治变迁的诱发因素（包括政治危机和革命），权力分配是政治发展的引导因子，公民参与是政治变迁的影响因素。

动力模型包括：创新驱动、双轮驱动、联合作用、四步超循环、三种政治复合互动、创新扩散、创新溢出和竞争驱动等（表 2-16）。

不同国家和不同阶段的动力有所差别，发达国家和发展中国家的动力有所不同。

其五，政治现代化的模式。

在 21 世纪，政治现代化有三条基本路径（图 2-63）和许多细分路径。三条基本路径是第二次政治现代化路径、第一次政治现代化路径和综合政治现代化路径，每一条基本路径又有许多细分路径。政治领域包括 4 个亚领域（政治参与、国家治理、国际政治和政治环境）；政治领域的每个亚领域或部门都有自己的现代化路径；三条基本路径分别是它们的"包络线"。

根据路径可选择原理，政治现代化没有标准路径，没有最佳路径，只有合适选择。合适路径的选择，既受政治现代化原理的影响，也受国家的传统政治、基本条件和外部环境等客观因素的制约，还受国际政治互动的影响。而且，路径的可选择性是相对的和有条件的，路径选择具有一定的路径依赖性，路径选择与政治现代化成就有紧密关系，路径选择的风险和机会成本也是很高的。加强政治现代化理论和政策研究，可以有效降低风险。

政治现代化的模式是丰富多彩的。不同国家在政治现代化的不同阶段，可以创造不同的成功模式或失败模式。第二次政治现代化路径的模式包括网络民主＋多元化、协商民主＋生态化等。第一次政治现代化路径的模式包括先民主化后工业化、先工业化后民主化、民主化和工业化协调发展等。综合政治现代化路径的模式包括民主化＋工业化＋多元化、协商民主＋工业化＋生态化等。当然，这些所谓的模式，并不是绝对的，而是侧重点不同而已。

其六，综合政治现代化。

综合政治现代化是 21 世纪广义政治现代化的一条基本路径，它包括两次政治转型（从传统政治向现代政治、从现代政治向后现代政治的转型）的联动和持续向知识政治转变。它要求同时推进两次政治现代化，民主化、理性化、制度化、专业化、知识化、网络化、多元化和绿色化并进。它是两次政治现代化的有机合成，是一条新型政治现代化路径。由于不同发展中国家的政治现代化起点不同，终点也不同，所以，综合政治现代化不是一条路径，而是一组路径。

四、文化现代化

文化现代化是文化领域的现代化，是现代化现象的一种表现形式（图 2-67）。它包括分段文化现代化、分层文化现代化、文化亚领域现代化和文化部门现代化等。文化具有两重性：民族性（文化身份）和商品性（文化商品）。文化现代化受国家利益和市场需求的双重驱动。

1. 文化现代化的历史事实

文化现代化始于 18 世纪，它是文化变迁的一种形式。一般而言，文化现代化与经济和社会现代化是紧密相关的。经济和社会现代化的前沿轨迹分为两次现代化和六次浪潮。文化现代化的前沿轨迹也可以大致分为两次现代化和六次浪潮（表 2-97）。《中国现代化报告 2009——文化现代化研究》系统分析了文化现代化的过程、事实、经验和启示等。

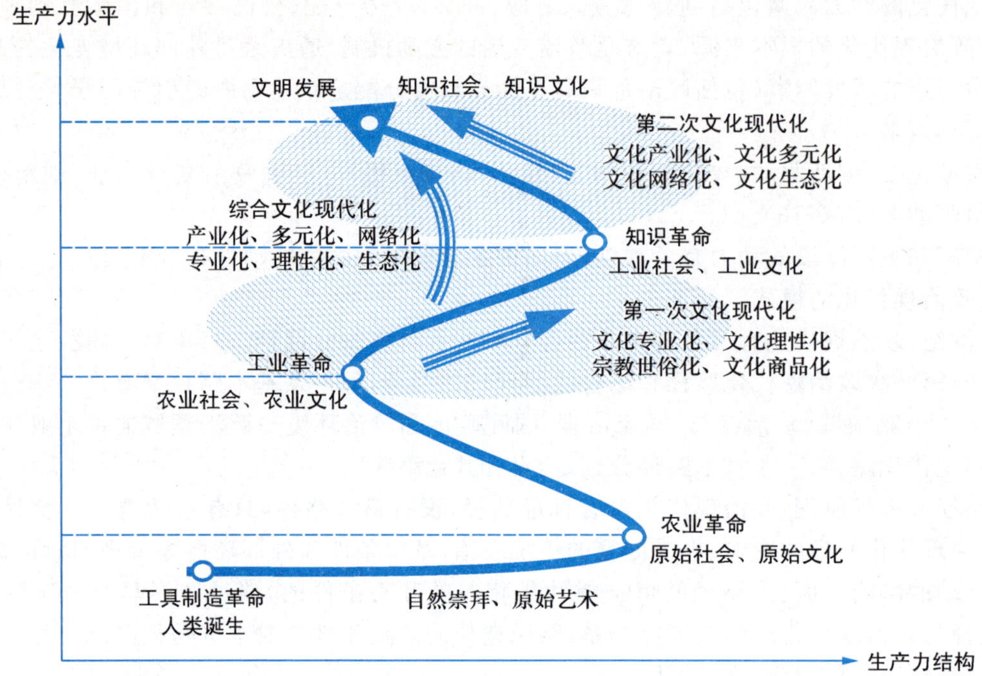

图 2-67　文化现代化的基本路径

注：如果受到网络化和生态化等的影响，21 世纪的第一次文化现代化将有一些新特点。

资料来源：中国现代化战略研究课题组等，2009.

表 2-97　文化现代化的两大阶段和六次浪潮

浪潮	大致时间	文化现代化的内容	注释
第一次	1763～1870	启蒙运动、文化专业化、报纸	第一次文化现代化 专业化、世俗化、理性化、商品化、科学化、现代文化、工业文化
第二次	1870～1945	工业文化、文化商品化、电影	
第三次	1946～1970	大众传播、消费文化、彩色电视	
第四次	1970～2020	网络文化、生态文化、数字多媒体	第二次文化现代化 产业化、生态化、多元化、人性化、全球化、后现代文化、网络文化
第五次	2020～2050	仿生文化、自然文化、文化民主化	
第六次	2050～2100	全球文化、宇宙文化	

注：第五次和第六次浪潮是一种预测，具有“科学猜想”的性质。

资料来源：中国现代化战略研究课题组等，2009.

(1) 文化现代化的过程

首先，文化现代化的第一次浪潮。它发生在第一次工业革命(1763～1870 年)时期，主要发生在欧美国家，其本质是思想解放、破除迷信、传播科学和崇尚人文精神，文化领域逐步获得独立地位。它在六个方面取得重要进展。① 科学革命与知识传播，如自然科学的三大发现：细胞学说、能量守恒和转化定律、达尔文生物进化论；法国《百科全书》(1751～1772 年)等。② 思想解放与制度创新，如《独立宣言》(1776 年)、《人权与公民权宣言》(1789 年)、《法国民法典》(1804 年)和专利制度等。③ 文学和艺术的大发展，古典主义音乐、浪漫主义音乐、洛可可建筑、浪漫主义文学和批判现实主义文学等。④ 信仰自由和哲学繁荣，先后出现一大批伟大思想家，如伏尔泰、卢梭、亚当·斯密、康德和马克思等。⑤ 文化获得独立地位，新闻、出版和演出等非常活跃。⑥ 城市文化兴起。

其次，文化现代化第二次浪潮。它发生在第二次工业革命(1870～1913 年)和两次世界大战期间

(1914～1945年)。它大约在六个方面取得重大进展。① 科技革命,如电磁理论、量子力学、相对论的发现以及自行车、发电机、汽车和飞机的发明等。② 通讯和文化设备创新,如电话、照相机、留声机、无线电、收音机、录音机、电影和电视等。③ 现代文学和现代艺术的发展,如现实主义文学、现代主义文学、现代美术、现代音乐和现代舞蹈等。④ 现代哲学的发展,包括科学哲学和人本主义哲学,如分析哲学、逻辑实证主义、唯意志论、生命哲学、现象学、存在主义、心理分析学派和西方马克思主义等。⑤ 文化商业化,如电影和流行音乐的工业化生产等。⑥ 休闲文化的兴起,体育活动和假日旅游越来越流行(斯特恩斯等,2006)。

其三,文化现代化的第三次浪潮。它大致发生在第三次产业革命(1946～1970年)时期。它的时间虽然较短,但取得进展仍然是明显的。① 科技革命,如原子能、自动化、电子技术、生物技术、卫星技术和航天技术等。② 文化设备创新,如晶体管收音机等。③ 现代文艺的发展,如存在主义文学、荒诞派戏剧、黑色幽默小说、先锋派音乐和电影艺术等。④ 现代哲学和思想的发展,如现代主义、结构主义、证伪主义、逻辑实用主义和科学范式理论等。⑤ 大众传播和消费文化的发展,报纸、广播、电视和电影日复一日将无数信息传达给大众,电视、电影和流行音乐构成工业文化的核心。⑥ 现代科技的社会影响扩大,科学文化快速发展。

其四,文化现代化的第四次浪潮。它大致与经济和社会现代化的第四次浪潮(1970～2020年)相对应,是由知识和信息革命推动的。它大约在六个方面取得重要进展。① 高科技革命,如信息技术、生物技术、材料技术、纳米技术和航天技术等。② 文化创新,网络文化如网络游戏、网络文学、网络媒体和网络立法,生态文化如环保运动、生态意识和环境立法,文化多样性和多元化等。③ 后现代文化,如后现代文学、后现代艺术、后现代建筑、后现代主义、女权主义、网络伦理和信息哲学等。④ 文化产业和文化贸易的兴起,文化增加值和就业比例大幅提高等。⑤ 文化制度和政策创新,文化组织和文化赞助的多元化(表1-79),文化民主化、文化多样性和文化遗产保护。⑥ 文化的主导地位,文化竞争和文化消费成为国际热点。

其五,文化现代化第五次浪潮。它预计发生在2020～2050年期间,以仿生文化和自然文化为主要特征。新生物学革命和高技术的发展,导致生物、信息与纳米技术走向融合,形成具有改造和操纵生命功能的生命工程技术,生物寿命可以调控,生物经济成为主导产业,社会观念发生革命性变化。信息转换器实现人脑和电脑信息转换,知识信息无障碍获取成为社会现实,“仿生人”将进入家庭和办公室,仿生文化和自然文化将相辅相成。在一定程度上,“仿生人”是机器人的升级版,将具有人形化(人类外观)、人性化(人类情感)和人能化(人类功能)等特点。“仿生人”进入家庭,必将引发家庭的第四次革命。第一次家庭革命是家庭小型和核心化;第二次家庭革命是家庭机械和电气化;第三次家庭革命是家庭信息和网络化;第四次家庭革命是家庭仿生和多元化。四次家庭革命将彻底改变家庭结构和功能。

其六,文化现代化第六次浪潮。它预计发生在2050～2100年期间,以全球文化和宇宙文化为主要特征。以新物理学革命为基础,结合高技术和新能源的发展,人类的制造和运输技术发生革命性变化,时间和空间观念发生革命性变化;超级制造系统取代人类的许多体力和脑力劳动,超级运输系统将使人类可以到达他们想去的地方,文化生活和情感体验将主导社会经济;全球文化有可能出现共识,宇宙文化有可能成为部分人的生活方式。

(2) 文化现代化与制度变迁

文化现代化包含文化制度的变迁(表2-98)。一般而言,基本文化制度是关于文化资源的所有、配置和分配的制度。在原始社会,基本文化制度是原始宗教制度,文化资源是公有的和共享的。在农业社会,基本文化制度是文化控制制度,封建王朝和宗教组织决定文化资源的生产、配置和分配,民间文化受到控制。在工业社会，基本文化制度是文化检查、文化市场和知识产权制度，国家和市场共同决定文化资源的生产、配置和分配。知识社会的基本文化制度将是网络化、生态化和国际化制度，文化资源生产、配置和分配的制度正在形成之中。

表 2-98 基本文化制度的时序变迁(特征举例)

社会时间	原始社会	农业社会	工业社会	知识社会
历史时间	人类诞生至公元前3500年	公元前3500年至公元1763年	约1763年至1970年	约1970年至2100年
文化形态	原始文化	农业文化	工业文化	知识文化
基本制度	原始宗教制度	文化控制制度	文化检查和文化市场	网络化和国际化制度
语言制度	自然语言	民族语言、宗教语言	官方语言、民间语言	网络语言、语言保护
文学制度	口头文学	宗教文学、文学控制	出版检查、专业化	网络文学、文学保护
艺术制度	原始艺术	宗教、宫廷和民间艺术	出版检查、商业化	网络艺术、艺术保护
宗教制度	原始宗教	民族、国家和民间宗教	宗教分化、世俗化	多元化、民间化
法律制度	原始习俗	古代法律、古典法律	法律体系、知识产权	网络法律、生态法律
道德习俗	原始习俗	宗教的、封建的、神权	工业的、市场的、特权	网络的、多元的、人权
科技制度	—	个体行为、科技组织	科技体制、专业化	创新体系、国际化
文化设施	宗教设施	官方和民间文化设施	文化体系、专业化	数字化、国际化
文化产业	—	官方、民间文化活动	大众文化、市场化	网络化、全球化

资料来源：中国现代化战略研究课题组等，2009.

(3) 文化现代化的客观事实

首先，纯粹文化领域的事实。18世纪以来，语言持续变迁，从古典语言、现代语言到后现代语言，语言种类减少；成人识字率提高，部分国家已经饱和；文学流派不断变迁，从古典文学、浪漫主义文学、现实主义文学、现代文学到后现代文学；艺术流派不断变迁，从古典艺术、浪漫主义艺术、现代艺术到后现代艺术；哲学持续变迁，从古典哲学、现代哲学到后现代哲学；宗教持续存在，宗教多元化和部分国家宗教世俗化；科技革命多次发生，科学文化快速发展。20世纪70年代以来，绿色文化和网络文化兴起等。

其次，文化设施领域的事实。18世纪以来，文化场所的种类和数量增加，文化组织的种类和数量增加。19世纪以来，文化设备的种类增加，普及率提高；信息设备的种类增加，普及率提高；体育和娱乐设备的种类增加，旅游、教育和科技设施持续发展。20世纪以来，自然和文化遗产保护加强等。

其三，文化产业领域的事实。18世纪以来，世界报纸发行量上升，发达国家报纸发行量从上升到下降。19世纪以来，图书出版持续增长，图书出版年增长率约为2%；广播覆盖率上升，电影产量增加；休闲和娱乐业持续发展。20世纪以来，电视覆盖率上升，看电视时间增加；20世纪后期新媒体产业和网络游戏快速发展；文化产业增加值、文化产业就业和文化贸易增长等。

其四，政治文化和经济文化领域的事实。18世纪以来，民主文化和民主化程度上升；20世纪后期政府信息化发展迅速。19世纪以来，每周劳动时间下降，休闲时间增加；童工数量和童工比例下降；发达国家分配公平性先降后升，消费文化的国际差别比较大；发达国家工业劳动力比例先升后降；现代企业文化在发展等。

其五，社会文化和个人文化领域的事实。18世纪以来，发达国家人口增长率先升后降，教育普及率和受过高等教育的人口比例上升，发达国家受过中等教育的人口比例先升后降。19世纪以来，养老保险覆盖率上升，社会福利费用上升；部分国家家庭规模下降，妇女总和生育率下降。20 世纪以来，部分国家妇女避孕率上升，离婚率上升，结婚率下降；部分国家吸烟率先升后降等。

其六，生态文化和国际文化领域的事实。19 世纪以来，国家保护区的数量和面积比例上升，20 世纪环保支持率和废物循环利用率上升等。19 世纪以来，国际组织和国际会议数量增长，国际旅游和体育交流数量增长，国际留学生数量增长。20 世纪翻译外文图书数量增长，国际移民数量增长等。

其七，文化政策领域的事实。18 世纪以来，文化民主化在发展，知识产权保护在加强。19 世纪以来，文化投资是多元化的，部分国家政府文化投资增加；科学文化和人文文化是分离的，科学文化的作用不断扩展。20 世纪，国际文化公约的批准国增加，世界文化遗产和非物质文化遗产的保护加强，国际文化合作加强；文化政策存在多样性，文化多样性受到保护，文化自由日益受到尊重等。

其八，文化现代化的综合事实。18 世纪以来，文化生活和文化内容持续变化，文化制度和文化观念持续变化，文化变迁不是线性的，文化变迁是多元的和多途径的，部分传统文化持续存在和得到传承。19 世纪以来国家文化竞争力和影响力变化。20 世纪末部分国家文化产业增加值比例和文化产业就业比例超过农业等（表 2-99）。

表 2-99　部分发达国家文化产业规模超过农业

国家	文化产业增加值占 GDP 比例/(%)	文化产业就业占总劳动力比例/(%)	农业增加值占 GDP 比例/(%)	农业就业占总劳动力比例/(%)
美国	6.6	4	1.2	2.5
德国	3.4	—	1.0	2.5
英国	3.8	4.3	1.0	1.2
法国	3.1	3.2	1.6	2.5
加拿大	3.5	4.1	2.2	2.8
澳大利亚	3.3	5.1	3.4	4.0

注：有关数据为 1999 年至 2004 年期间可以获得的数据。不同国家文化产业的定义和统计口径有所差别。
资料来源：中国现代化战略研究课题组等，2009.

(4) 文化现代化的历史经验

首先，文化现代化既是一种历史必然，也是一种文化选择。对于人类文化而言，文化现代化是一种历史必然，代表了人类文化发展的主方向。对于不同国家和民族而言，文化现代化是一种文化选择。文化选择是人类的一种根本权利。每个民族和国家都有文化选择的权利。任何民族和国家的文化选择，都不应以损害其他民族和国家的文化选择为代价。选择文化现代化的国家和民族，就会推进文化现代化。没有选择文化现代化的国家和民族，就会停留在原有文化、传统文化或原始文化阶段，与人类文化前沿的差别会扩大。所有民族和国家，都需要承担自己选择的后果。

其次，文化现代化既有国家利益，又有市场竞争。文化具有两种属性。① 文化具有民族属性。文化可以作为一个民族和国家的身份标识（文化身份），体现民族和国家的文化权益。② 文化具有商品属性。文化可以作为一种商品，根据市场需求进行生产和交易并获利。文化变迁受到国家利益和市场竞争的两种作用。文化二重性必然导致文化现代化的二重性。文化现代化的二重性表现为：既要维护国家文化权益和文化创造力，又要提高文化生活质量和文化竞争力，它们经常是一致的。文化现代化过程有两个导向：国家利益和市场需求。对待文化现代化的二重性，不同国家有不同做法。有些国家强调国家的文化权益，有些国家强调文化的商品属性。

其三，文化现代化既有高度的多样性，又有部分的趋同性。文化现代化多样性的主要表现是：①

不同国家和不同领域的文化现代化具有不同特点；② 世界文化是多元的；③ 许多国家包括发达国家内部的文化也是多元的；④ 文化生活方式具有多样性等。文化现代化具有部分趋同性的主要表现是：① 不同国家的文化设施、文化产业、科学技术、经济文化和生态文化等具有一定的趋同性；② 文化生活质量具有一定的收敛性或部分的趋同性；③ 国际文化和国际制度具有部分的趋同性；④ 工业文化、城市文化和网络文化具有部分趋同性等。虽然文化现代化具有多样性，但文化现代化仍然有一般规律。

其四，文化现代化具有一定的先导作用。① 文化现代化的起步早于世界现代化。一般而言，文化现代化可以追溯到文艺复兴、宗教改革、科学革命和启蒙运动；启蒙运动是文化现代化的起点，是欧洲现代化的先导，也是世界现代化的先导。世界现代化的起点是英国工业革命。② 发达国家历史经验表明，先有思想解放，后有现代化。先有科学革命和启蒙运动，后有英国工业革命、美国革命和法国大革命等。③ 在发展中国家，经济发展和社会进步可以推动文化现代化。

其五，文化创新是文化现代化的根本来源。如果没有文化创新，文化现代化就成为无源之水。在人类文化前沿，文化现代化更多是一种自然演化，但自然演化不是天体自转，而是由创新和创新扩散等推动的。文化现代化的每一次革命性进步，都是重大创新和创新扩散的结果。

其六，文化现代化不是单一的，而是多姿多彩的。文化现代化可以是快速的，也可以是相对缓慢的；可以是革命性的突变，也可以是渐进性的变化；可以是一种静悄悄的变化，也可以是一种轰轰烈烈的社会运动。18 世纪的法国大革命和 20 世纪 60 年代的欧美学生运动引发的文化变迁就具有革命的色彩。20 世纪 70 年代环境运动引发的环境文化变化，具有社会运动的性质。20 世纪 80～90 年代的信息革命引发的网络文化变迁，也具有革命的色彩。当然，信息革命引发的文化革命没有暴力，只有爆炸性的信息化浪潮，是一种和平的文化革命。

其七，文化现代化研究应该避免线性思维。文化现代化是多维复合的，不同文化领域的变迁有不同特点。有些文化变迁是非线性的，如文化制度和文化观念的转向，包括从传统文化向现代文化、从现代文化向后现代文化、从物质文化向生态文化的转向等。有些文化变迁具有部分的线性特点，如科学技术、文化知识、文化设施和文化产业的发展等。文化现代化是部分可逆的，在某些条件下文化现代化可以发生局部逆转。文化现代化建设需要避免单向的机械思维。

其八，文化现代化不能闭门造车。文化现代化不是孤立的，而是一种国际文化互动，包括文化的国际合作、国际交流、国际竞争和国际冲突。没有任何一个国家的文化现代化，不从其他国家吸收文化要素；没有任何一个国家的文化现代化，会拒绝国际文化交流与文化合作。不同国家的文化竞争力和文化影响力存在差异，文化现代化的发达国家具有较强的文化竞争力。

其九，文化现代化没有现成模式可以照搬，但成功经验可以借鉴。文化现代化没有最佳模式，只有理性选择和路径依赖性。文化现代化的实质是相同的，但形式是多样的。文化现代化的目标是相同的，但路径是多样的。文化现代化的要求是相同的，但模式是多样的。不同国家的语言、文艺、哲学、宗教、法律、文化体系和文化传统是不同的，文化政策和文化选择具有很大差异，不能简单模仿。先行国家创造了历史经验，后进国家可以获得诸多国际借鉴。

其十，文化现代化不能简单进行水平比较。文化现代化包括语言、文学、艺术、哲学和宗教等的变化，这些变化很难进行发展水平的跨国比较和历史比较。文化现代化的国际比较，只能在有限范围内进行，如文化生活、文化设施和文化产业等。

其十一，文化现代化不是对传统文化的全面否定。文化现代化不是割断传统文化与现代文化的联系，不是全盘否定和抛弃传统文化，也不是全面发展传统文化，而是传统文化的部分继承和发展、传统文化的部分否定和转折、传统文化的合理保护和有效利用。在文化现代化过程中，传统文化持续存在并发挥作用。例如，古典科学、古典哲学、古典艺术、古典文学、宗教、语言和世界文化遗产等，迄今是各级学校的教科书的重要内容；古典艺术、古典文学、普通文化遗产和非物质文化遗产等，是文化产业的重要资源等。

其十二，文化现代化不是破坏文化遗产，而是合理保护和利用文化遗产。在文化现代化过程中，对文化遗产的作用的认识是逐步深化的。文化遗产的作用主要有：民族文化身份的重要元素、文化创新的重要源泉、文化产业的重要资源、文化多样性的组成部分、文化竞争力和文化影响力的重要成分等。文化全球化不是削弱文化遗产的作用，而是突出文化遗产的国际意义。文化遗产的合理保护和有效利用，是文化现代化的一个有机组成部分，而且是不可替代的部分。

其十三，文化现代化包括5种变化。① 文化中心化，指少数强势文化的中心地位得到巩固和加强的现象。文化多样性同时存在。② 文化边缘化，指部分文化的社会地位和国际影响江河日下的现象。③ 文化遗产化，指部分文化失去社会功能而被作为文化遗产保护起来的现象。④ 文化消失化，指部分文化失去传承、记录或保护而消失的现象。⑤ 文化商业化，指文化载体和文化要素被商业开发和经营的现象。世界文化的五大变化，导致了世界文化体系的结构变化，不同文化的国际竞争力和影响力随之变化。

其十四，文化竞争力逐步成为国家的核心竞争力。一般而言，文化现代化包括文化分化和文化去分化的两个阶段。文化分化是指文化从社会整体中分化出来，成为一个相对独立的领域，就像政治领域和经济领域一样。独立的文化领域，是一个自治的领域，主要表现是文化的专业化和职业化等。文化去分化是指文化与社会、文化与经济的高度融合，文化与社会和经济的边界模糊化等。文化分化使文化获得独立地位。文化去分化导致文化影响渗透到全社会，文化竞争力成为国家的一种核心竞争力。

(5) 文化现代化的重要启示

首先，文化现代化是一个客观现象。虽然关于文化现代化仍然有不少争议，但是，文化现代化是客观存在的。在现代文化变迁里，不仅有文化传承、文化进步、文化适应、文化转向和文化互动等，而且有文化创新、文化传播、文化选择、文化遗失和文化规划等。这些与现代化紧密相关，可以看成是文化领域的现代化现象。

其次，文化现代化是部分可预期的。殷格哈特和威尔吉尔认为：现代化方向是可以预期的，而不是决定性的。现代化的影响因素很多，包括经济和社会等。经济和社会发展会促进人类更加世俗、宽容和可信、更加重视自我表达、参与和生活质量(Inglehart, Welzel, 2005)。这些观点适用于文化现代化。例如，重大科学发现和技术发明，必然导致文化变迁；经济和社会发展，也会促进文化变迁；国际文化合作和交流，教育普及和信息技术发展等，都会促进文化变迁。

其三，文化现代化不是线性的。殷格哈特和威尔吉尔认为：文化变迁不是线性的。工业化带来文化变迁的官僚化和世俗化；后工业化导致文化变迁向一个新方向运动：增强个人自治和自我表达价值，而不是理性化、集权化和官僚化。工业化导致从传统价值向世俗的和理性的价值转向；后工业化导致从生存价值向自我表达价值的转向，后者强调人的选择、自治和创造性(Inglehart, Welzel, 2005)。发达国家的文化现代化经历了两次转向：第一次是从传统文化向现代文化的转向；第二次是从现代文化向后现代文化的转向。第一次转向包括从封建的、专制的和宗教的文化向公民的、民主的和世俗的文化的转向；第二次转向包括从生产的、经济的和理性的文化向服务的、生态的和人性的文化的转向。

其四，文化现代化是部分可逆的。殷格哈特和威尔吉尔认为：文化现代化不是不可逆的。社会和经济发展、长期的经济崩溃都可以导致文化现代化的方向逆转。例如，1990年以来苏联解体后成立的许多国家所发生的文化逆转(Inglehart, Welzel, 2005)。

其五,文化现代化是路径依赖的。殷格哈特和威尔吉尔认为:文化变迁是路径依赖的。新教、天主教、伊斯兰教和儒教国家,有完全不同的文化价值系统,而且非常有活力。尽管在强大现代化动力的驱动下,不同国家的价值系统会向相同的方向运动,但是,它们的价值系统不会趋同(Inglehart, Welzel, 2005)。不同国家的文化现代化,会受到自身传统文化的影响。

其六,文化现代化是多路径的。文化现代化,既发生在纯粹文化、文化设施、文化产业和其他文化等领域,每一个领域还有很多亚领域;也发生在不同层次,如世界、国际、国家、地区、机构和个体层次。显然,不同领域和亚领域的文化变迁是不同的,不同层次的文化变迁有不同特点。所以,文化现代化必然是多路径的,而不是独木桥。

其七,文化现代化是多元的。文化现代化的多元性,是由文化多样性和文化现代化的多路径共同决定的。文化多元化,不仅存在于世界范围内,而且存在于国家甚至地区范围内,在有些组织如跨国企业也存在多元文化。目前,世界上至少有5000多种语言,有5000多种文化。国家多样性、地区多样性、组织多样性和个体多样性,必然导致文化现代化的多样性。

其八,文化现代化是一个复杂的过程。在现代化过程中,传统文化遗产并没有消失,而是继续发挥作用;全球文化并没有发生趋同(Inglehart, Welzel, 2005)。这就意味着,文化现代化是一个复合过程,包括传统文化的作用、现代文化的转向和国际文化的互动等。文化现代化还会产生社会紧张、文化冲突和心理压力等,因而是有风险的复杂过程。

其九,文化现代化是一个全球的过程。在过去300年里,文化现代化最初发生在欧洲,后来传播到世界绝大多数的国家和地区。在未来100年里,文化现代化同样会波及全球。所以,文化现代化是一个全球性的趋势和运动。

其十,文化现代化是一个长期的过程。文化现代化过程,是一种文化变迁,而不是文化革命。尽管文化现代化可能引发革命性变迁,但它不是革命;即使发生文化革命,那也是短暂的;如法国大革命。在整体上,文化现代化是长期的过程,不可能短期完成,更不可能一蹴而就。

其十一,文化现代化是一个系统的过程。文化现代化是一项系统工程,是一项有系统设计或没有系统设计的工程。文化现代化包括文化生活、文化内容、文化制度和文化观念的现代化,包括纯粹文化、文化设施、文化产业和其他文化的现代化。文化现代化不是孤立的,而是国际互动的。国际文化交流和合作是文化现代化的促进因素和重要途径。

其十二,文化现代化是一个有阶段的过程。在18～21世纪的400年里,文化现代化过程可以大致分为两大阶段和六次浪潮。第一个阶段的特点包括理性化、商品化、世俗化和文化分化等。第二个阶段特点包括网络化、生态化、产业化和文化去分化等。

2. 文化现代化理论

文化现代化理论是关于文化现代化现象的一种理论,是现代化理论的一个分领域理论。它大致包括四个理论集合:经典文化现代化理论、广义文化现代化理论、多元现代性理论和其他现代化理论的文化论述等。这里重点讨论前两个理论集合,其他可参考第三节有关内容。

(1) 经典文化现代化理论

经典文化现代化理论是经典现代化理论的一个重要分支。迄今为止,文化现代化的学术文献非常丰富,但经典文化现代化理论没有系统的、公认的一般理论阐述。一般而言,经典文化现代化理论有两个来源:文化学家对文化现代化的研究和解释,非文化领域(如历史和社会学)的现代化学者对文化现代化的研究和解释。如果把他们的研究主题和相关思想集合起来,可以提出经典文化现代化理论的结构(表2-100),并归纳它的一般理论(表2-101)。

表 2-100 经典文化现代化理论的结构

分类	理论	主要内容
一般理论	元理论	经典文化现代化的定义、过程、结果、动力和模式等
分支理论	文化现代性理论	文化现代性的定义和模式等
	文化部门现代化	科技现代化、出版现代化、休闲现代化等
相关理论	文化学理论	文化研究、当代文化研究、文化变迁、文化进化、文化人类学等
	其他相关理论	经典现代化理论、多元现代性理论、第二次现代化理论等

注:文化现代化研究包括它的概念研究、实证研究和政策研究等,研究结果丰富了文化现代化理论。

表 2-101 经典文化现代化的一般理论

方面	基本内容
定义	经典文化现代化是经典现代化过程中的文化变迁,是从传统文化向现代文化、从农业文化向工业文化的转变
过程	经典文化现代化是一个历史过程,包括文化分化、理性化、世俗化、个性化、全球化等
结果	经典文化现代化的结果主要是经典文化现代性的形成和扩散。现代文化特征被归纳成经典文化现代性,包括民主的、分化的、专业的、世俗的、理性的、大众的等
动力	经典文化现代化的影响因素很多,包括经济、社会、政治、科技和国际关系等
模式	经典文化现代化的路径和模式是多样的,具有路径依赖性,受历史和客观条件的影响

(2) 广义文化现代化理论

广义文化现代化理论是关于 18～21 世纪期间的文化现代化现象的一种理论解释。它是第二次现代化理论在文化领域的应用,是中国学者何传启提出来的。广义文化现代化理论包括一般理论、分支理论和相关理论等(表 2-102)。这里重点讨论它的一般理论,包括文化现代化的定义、过程、结果、动力和模式五个方面内容。目前,关于第二次文化现代化和综合文化现代化的认识非常有限。广义文化现代化理论仍有大量发展空间。

表 2-102 广义文化现代化理论的结构

分类	理论	主要内容
一般理论	元理论	文化现代化的定义、过程、结果、动力和模式等
分支理论	分阶段理论	第一次文化现代化、第二次文化现代化、综合文化现代化
	分层次研究	世界、国际、国家、地区、机构、个体等的文化现代化
	亚领域现代化	纯粹文化、文化设施、文化产业、文化生活、结构、制度和观念等的现代化
	文化部门现代化	语言、文艺、哲学、宗教、科技、娱乐、出版、体育、旅游等的现代化
相关理论	其他现代化理论	经典现代化理论、后现代化理论、多元现代性理论、第二次现代化理论等
	文化学相关理论	文化变迁理论、文化人类学、文化社会学、文化经济学、当代文化研究等
	其他相关理论	体验经济、创意产业、版权产业、现代主义、后现代主义等

资料来源:中国现代化战略研究课题组等,2009.

首先,文化现代化的定义。

文化现代化是现代化的一种表现形式,是文化领域的现代化。

一般而言,文化是影响和解释人类生活方式的知识、制度和观念的复合体,是人类对真、善、美的追求和体现。文化复合体是一个有机整体,其中,知识是文化的基础,制度是文化的核心,观念是文化的灵魂,当然这不是一成不变的。文化领域是人类文明的六个研究领域之一,是与文化的创造、生产、传播、销售、服务、保存和消费相关的领域。

文化现代化的内涵：文化现代化是 18 世纪启蒙运动以来文化领域的一种前沿变化和国际竞争，它包括现代文化的形成、发展、转型和国际互动，文化要素的创新、选择、传播和退出，以及追赶、达到和保持文化变迁的世界前沿地位的国际文化竞争和国家分层。

文化现代化的外延：文化现代化包括文化行为、文化结构、文化制度和观念的现代化，包括纯粹文化、文化产业、文化设施和其他文化的现代化，包括文化生活、文化内容、文化形式、文化体系和文化管理的现代化，包括分段、分层、分部门文化现代化，包括文化与其他领域现代化的相互作用，包括文化现代化的时空分布变化等。

一般而言，文化现代化指文化变迁的世界前沿和达到世界前沿的行为和过程，它包括从传统文化向现代文化、现代文化向后现代文化的两次转变、文化创造力和文化生活质量的提高、文化设施和文化产业的发展、人类自我解放和全面发展等。

文化现代化是文化变迁与现代化的一个交集。文化现代化有三个判断标准：有利于生产力的解放和发展，又不破坏自然环境；有利于社会的公平和进步，又不妨害经济发展；有利于人类的自由解放和全面发展，又不损害社会和谐。一般而言，满足文化现代化的三个标准的文化变迁，才属于文化现代化。

文化现代化有三个来源：其一，对传统文化的部分继承和发展，如语言、文艺、哲学和科技的传承等；其二，对传统文化的部分否定和转向，如传统技术、文化制度和文化观念的扬弃和转向等；其三，文化创新和文化交流，如知识创新、制度创新、观念创新和文化扩散等。

不同时期和不同类型的文化现代化，有不同特点和不同要求。例如，第一次文化现代化的基本要求包括文化专业化、文化理性化、文化商品化和促进经济发展等；第二次文化现代化的基本要求包括文化产业化、文化多元化、文化民主化和促进人的全面发展等(表 2-103)。

表 2-103　文化现代化的基本要求

第一次文化现代化的要求	第二次文化现代化的要求
文化专业化：文化的分化、职业化和自治	文化产业化：文化商品和服务、文化消费和贸易的发展
文化理性化：文化的世俗化、科学化和自律	文化多元化：保护文化遗产、文化多样性和生态文化
文化商品化：文化生产和传播的商业化	文化民主化：文化的人性化、网络化和文化自由
促进经济发展：有利于生产力的解放和提高	促进人的全面发展：公民素质的提高和个人选择的扩大

资料来源：中国现代化战略研究课题组等，2009.

文化现代化的概念模型。① 文化发展是文化进步、文化正适应以及文化进步与文化正适应的交集。② 文化现代化是文化发展、文化转型和国际文化竞争的交集。

其次，文化现代化的过程。

文化现代化是一个复杂的、多元的和长期的过程。在 18～21 世纪期间，文化现代化的前沿轨迹可以分为两个阶段，两次文化现代化有不同内涵。

第一次文化现代化是从传统文化向现代文化、从农业文化向工业文化的转型过程及其深刻变化，它包括专制文化向民主文化、封建文化向公民文化、宗教文化向世俗文化、迷信文化向科学文化、附庸文化向职业文化、家族文化向福利文化、农村文化向城市文化的转型等。

第二次文化现代化是从现代文化向后现代文化、从工业文化向知识文化的转型过程及其深刻变化，它包括从物质文化向生态文化、实体文化向网络文化、权威文化向平民文化、机械文化向人性文化、国家文化向全球文化、文化汇聚向文化多元的转型等。

第一次和第二次文化现代化有不同特点(表 2-104),第二次文化现代化的特点还在发展。

表 2-104 文化现代化的分阶段特点

第一次文化现代化的特点	第二次文化现代化的特点
文化的分化、专业化、职业化、理性化、世俗化、科学化、商品化、个性化、大众化、体系化、集中化、科层化等	文化去分化、产业化、多元化、网络化、数字化、分散化、生态化、绿色化、全球化、人性化、民主化、知识化、(将来还会出现新特点)

资料来源:中国现代化战略研究课题组等,2009.

如果说,第一次文化现代化是一个文化分化过程,文化从社会整体中分离出来和文化内部的分化,那么,第二次文化现代化是一个文化融合过程,文化与经济和社会的重新融合,经济和社会过程的文化化,文化产业逐步成为支柱产业。

如果说,第一次文化现代化是初级文化现代化,是从传统文化向初级现代文化的转变,那么,第二次文化现代化是高级文化现代化,是从初级现代文化向高级现代文化的转变;两次文化现代化的协调发展是综合文化现代化。22 世纪文化现代化还会有新变化。

文化现代化的一般特点有 12 个:部分可预期的、非线性的、部分可逆的、路径依赖的、多路径的、多元的、不均衡的、不同步的、非孤立的、系统的、有阶段的和全球的等。

文化现代化是现代化的一种表现形式,遵循现代化的 10 个原则(表 2-12)。

其三,文化现代化的结果。

20 世纪 50 年代以来,文化现代化的结果与目标的相关性逐步加强。

文化现代化的结果包括文化现代性、特色性、多样性和副作用的形成等。

第一次文化现代化的结果是第一文化现代性、特色性和多样性的形成,是工业文化和现代文化的形成和扩散,包括文化分化、民主文化、科学文化、大众文化、城市文化、福利文化和职业文化等;副作用包括人情淡化等。

第二次文化现代化的结果是第二文化现代性、特色性和多样性的形成,是知识文化和后现代文化的形成和扩散,包括文化去分化、文化产业化、文化多样性、网络文化、生态文化、创新文化、人性文化和全球文化等,副作用包括网络依赖等,将来还会有新发展。

从政策角度分析,文化现代化的结果主要是六个方面的深刻变化。它们分别是:两次文化转型的完成、文化创造力和文化生活质量的提高、文化内容和文化结构的变化、文化制度和文化观念的变化、人类的自由解放和全面发展、国际文化体系的变化和文化产业成为世界经济的主导产业等。这些变化发生在纯粹文化、文化设施、文化产业和其他文化领域。

从理论角度分析,文化现代化的目标主要有三个:完成第一次文化现代化;完成第二次文化现代化;追赶、达到和保持文化变迁的世界前沿地位。第三个目标是动态的,而且适用范围有限,如文化设施、文化产业、科技、信息、体育和旅游等,存在文化发展的世界先进水平;语言、艺术和宗教等没有世界先进水平。

从政策角度分析,文化现代化的目标主要有三个:维护国家和民族的文化权益;提高国民的文化生活水平和生活质量;提高文化创造力、文化竞争力和文化影响力。

人类的自由解放和全面发展,既是现代化的一个总体目标,也是文化现代化和人的现代化的一个关键目标。UNDP 认为:人类发展是民有、民治、民享的发展(UNDP,2000)。

其四,文化现代化的动力。

文化现代化的动力因素和动力机理是不同的。

一般而言，创新是文化现代化的根本来源，竞争是文化变迁的激励机制，适应是对外部环境变化的文化调适，交流是文化变迁的促进因素，国家利益是文化发展的引导因子，市场需求是文化产业的决定因素。发达国家创新作用比较突出，发展中国家经济和交流作用比较突出。

文化现代化的动力模型包括：创新驱动、双轮驱动、联合作用、创新扩散和创新溢出等（表 2-16）。在不同层次、不同国家和不同阶段，文化现代化的动力有所不同。

其五，文化现代化的模式。

文化现代化没有通用的最佳路径。21 世纪文化现代化有三条基本路径（图 2-67）。

文化现代化没有标准模式，只有理性选择。不同国家和地区，在文化现代化的不同阶段，可以创造不同的成功模式或失败模式。这些模式又成为后来者研究、学习和借鉴的样板。

在过去 300 年里，发达国家的文化现代化过程的模式有很大差异。例如，法国文化现代化模式，具有浪漫主义和革命精神；德国文化现代化模式，具有理性主义和批判精神；美国文化现代化模式，具有实用主义和科学精神；英国文化现代化模式，具有商业主义和古典精神；日本文化现代化模式，具有商业主义和儒家精神等。

一般而言，不同阶段、不同层面和不同部门的文化现代化的内容和特点有所不同。文化现代化理论在世界和国家层面是适用的，在地区层面需要进行适当调整。

《中国现代化报告 2009》讨论了文化现代化的原理和方法，讨论了文化现代化的分段理论，包括第一次文化现代化、第二次文化现代化和综合文化现代化等。

其六，综合文化现代化。

综合文化现代化是文化现代化的一条基本路径，是适合发展中国家的一条路径。它是文化要素的创新、选择、传播和退出交互进行的复合过程，是两次文化转型（从传统文化向现代文化、从现代文化向后现代文化转型）的联合互动和持续向知识文化的转向，是发展中国家迎头赶上文化现代化的世界前沿地位的国际竞争。它包括文化产业化、多元化、网络化、专业化、民主化、科学化、理性化和绿色化等。

它的结果是文化创造力、文化生活质量、文化设施和文化产业等达到文化现代化的世界前沿水平，最终目标是第二文化现代性的形成。它的动力原理包括创新驱动、双轮驱动和联合作用等，国家目标、文化全球化和国际文化互动对综合文化现代化的影响很大。

综合文化现代化过程需要协调完成两个转变，从农业文化向工业文化转变、从工业文化向知识文化转变，并最终到达知识文化。综合文化现代化路径是一条新路径。

如果说地球是人类的物理家园，那么，文化是人类的精神家园，文化生活是人类的精神生活。如果说经济现代化是人类物质生活的现代化，那么，文化现代化是人类精神生活的现代化，是人类精神家园的现代化。随着物质生活的极大丰富，精神生活的重要性日益突显。在 21 世纪，文化创造、文化产业和文化现代化将发挥越来越重要的作用。

五、生态现代化

人类从诞生的那一天开始就生活在自然环境之中。自然环境为我们提供了生命支持、物质和文化服务（MEA，2005）。生态现代化是现代化与自然环境的一种相互作用（图 2-56），是现代化的生态转型（图 2-68）。它包括分段生态现代化、分层生态现代化、分领域和部门生态现代化等。

1. 生态现代化研究的简史

20 世纪 70 年代以来，关于资源、环境、生态与经济和社会的相互关系的研究，出现了许多学派，积

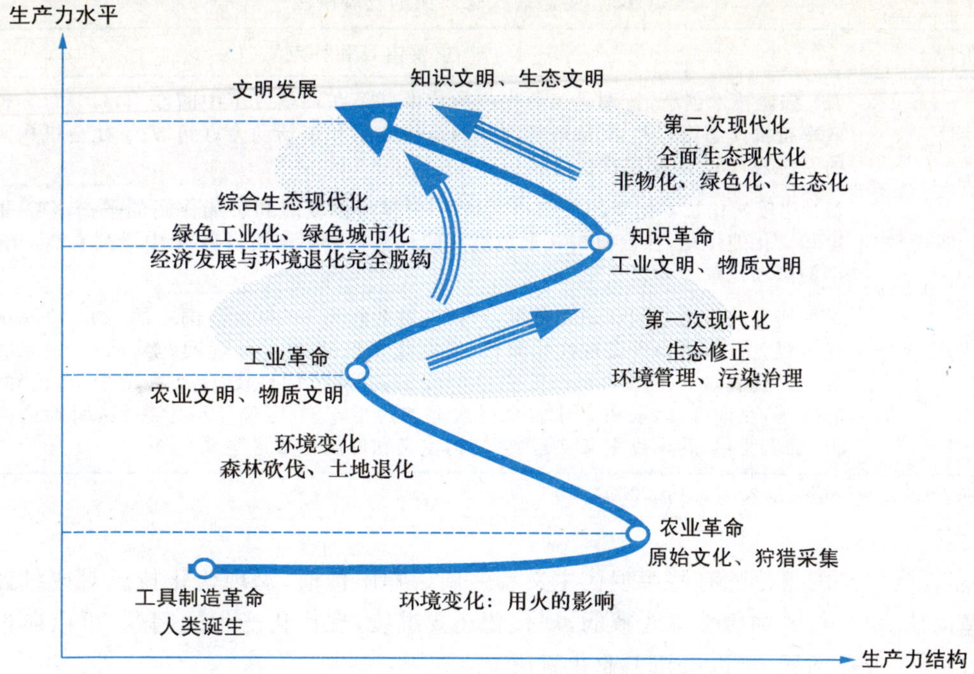

图 2-68 生态现代化的基本路径

资料来源：中国现代化战略研究课题组等，2007.

累了大量文献。在众多理论中，20 世纪 80 年代德国学者提出的生态现代化理论(Huber，1982，1985)，已经成为发达国家的环境社会学的一个主要理论(Mol，Sonnenfeld，2000)。生态现代化研究，不是研究自然环境、生态或生态学的演变，而是研究现代化过程中的科学技术、经济社会与自然环境之间的相互作用及其变化。

(1) 生态现代化研究的起源

生态现代化研究，源自环境运动和环境改革。从本质上说，生态现代化是一个效率导向的环境问题的解决方案(Hajer，1995)，是环境议程的一种重构。在 20 世纪 70 年代，环境运动产生了巨大社会影响，而环境保护被看成是企业和政府的负担。是要环境保护，还是要就业和增长，成为一个两难选择。在 80 年代后期和 90 年代，生态现代化概念进入发达工业国家的政策议程，它是一个全新的选择。生态现代化认为，在生态学原则指导下，环境管理和经济增长的协同发展，是有可能实现的(Young，2000)。

(2) 生态现代化研究的发展阶段

荷兰学者摩尔认为，生态现代化研究大致分为三个阶段(表 2-105)。

(3) 生态现代化的相关争论

关于生态现代化的论战，自该理论诞生以来就一直存在(Mol，Spaargaren，2000)。

首先，关于现代化的争论。20 世纪 70 年代，西欧国家的环境运动和社会学家中，一个强势思潮是所谓的“反现代化、反工业化、反生产力理论”。他们认为，污染和资源破坏是工业化的产物，环境和生态退化是现代化过程走向死亡结局的证据。生态现代化理论认为，现代化模式的某些根本转型是需要的，转型的目的是修复它的结构缺陷，这些缺陷导致了严重的环境破坏；但是，这并不意味着对现代社会制度的放弃；现代化没有过时，但需要结构转型。

表 2-105 生态现代化研究的发展阶段

发展阶段	主要内容和特点
第一阶段 (80 年代早期)	(1) 强调技术创新,特别是工业生产的技术创新在环境改革中的作用;(2) 对官僚机构和低效率持批评态度;(3) 支持环境改革的市场作用和市场动力;(4) 关于社会机构和社会冲突的系统观;(5) 国家层次的分析
第二阶段 (80 年代后期至 90 年代中期)	(1) 比较淡化技术创新的关键作用;(2) 更多强调政府和市场作用的平衡;(3) 更加强调制度和文化的作用,社会机构在环境诱导的社会转型中作用;(4) 集中研究 OECD 国家工业生产的国家比较
第三阶段 (90 年代中期以来)	扩展研究的理论范围和地理范围,包括消费的转型、非 OECD 国家的研究、全球的生态现代化过程。有人称为生态现代化时代,研究重点包括:(1) 环境问题给社会、技术和经济改革带来的挑战;(2) 现代性的核心社会制度的转型,包括科技、生产和消费、政治和治理、市场制度等,在地方、国家和全球多个层次上的转型;(3) 定位于科学领域,明确区别于反生产力、反工业化、后现代主义、强社会结构主义和许多新激进主义

资料来源:Mol,Sonnenfeld,2000;Mol,2001.

其次,后现代主义的争论。有些后现代主义者强调后物质价值,对现代化持反对或批评态度。生态现代化理论认为,社会的物质性不能减弱,现代化还要继续,现代化产生的问题,可以通过进一步的现代化来解决;工业化问题,可以由超工业化解决。

其三,激进生态主义的争论。生态主义认为,现代价值或现代生产和消费模式需要根本改变,需要建立真正的绿色价值、绿色运动和绿色政治等。有人认为,生态现代化是关于环境改革的调和产物;它没有把环境目标作为首要目标,而是把它与经济目标放在一起,作为政府决策的重要考虑。还有人认为,生态现代化理论为政府的保守环境政策提供了某种辩护。

其四,关于生态平等的争论。有人认为,生态改革,环境友好的住房、汽车、食物和服务都是为富人服务的,穷人需要面对关于食物、能源和水的环境税。这扩大了社会不平等。生态现代化理论,关注发达国家的环境改革和生态转型,这种生态转型扩大了国际不平等。深生态学运动,要求平等对待动物。环境相关的社会不平等,成为争论的热点问题。

2. 生态现代化的事实和经验

生态现代化始于 20 世纪 70 年代,是现代化的一种表现形式。自 18 世纪的工业革命和政治革命以来,现代化前沿轨迹已经出现了四次浪潮。生态现代化,既是现代化第四次浪潮的一个组成部分,又是现代化的一次生态转型。《中国现代化报告 2007——生态现代化研究》系统分析了生态现代化的事实和经验等。

(1) 生态现代化的客观事实

关于生态现代化的历史事实,这里重点讨论四个方面。

首先,生态效应领域的基本事实。18 世纪以来,人口规模和人口密度上升,化石能源生产和生态足迹增大,人均耕地、草地和淡水资源下降,人均森林资源和生物多样性下降,人均钢铁产量从上升到下降,人均矿产生产具有地域多样性,人均空气污染从上升到下降,人均工业废水 BOD(生化需氧量)从上升到下降,温室气体排放在增加,但部分国家已经下降。19 世纪以来自然保护区增加等。1998 年《科学》杂志发表文章介绍人类活动对地球的影响:有 1/3～1/2 的陆地面积已经被人类活动所改变;从工业革命以来,大气的二氧化碳体积分数(含量)提高了 30%;人工固氮的总量已经超过天然固氮总量;被人类利用的地表淡水,已经超过可利用总量的 50%;近 2000 年来,地球上大概有 1/4 的鸟类物种已经灭绝;接近 2/3 的海洋渔业资源已经过度捕捞或耗尽(Lubchenco,1998)。

其次，生态经济领域的基本事实。18世纪以来，物质生产效率和土地生产率上升，物质经济的比例下降，人均物质产值上升，谷物单产和现代有机农业上升。20世纪以来，农业化肥使用强度从上升到下降，经济能源和资源密度从上升到下降，单位GDP的CO_2排放从上升到下降，废物循环利用率上升，自然资源消耗比例具有地域差异，环境库兹涅茨曲线(EKC)现象上升等。环境库兹涅茨曲线指环境退化与人均收入的关系表现为一条倒U形曲线。

其三，生态社会领域的基本事实。18世纪以来，物质劳动力比例下降。19世纪以来，人均服务收入上升，长寿人口比例上升，城市安全饮水和卫生设施上升，农村安全饮水和卫生设施上升。20世纪以来，城市废水处理率上升，城市空气污染从上升到下降，人均城市废物上升，能源使用效率从下降到上升，环境风险具有地域差异等。

其四，生态现代化的综合事实。20世纪以来，生态效率和生态结构持续变化，生态制度和生态观念持续变化，生态转型具有高度的不平衡性和不同步性，国际环境协议和国际污染转移有全球性影响，经济发展与许多人均自然资源的相关性不显著；自然资源的生产和消费模式具有品种和地域差异等。在过去的20多年里，发达国家经济继续增长，环境明显改善，经济合作与发展组织国家经济与环境指标脱钩率达到52%(OECD，2002)。

(2) 生态现代化的技术路径

人类经济活动的效率和效果，与所采用的技术紧密相关。人类的科技发展，是不断演进的历史过程。在人类文明的不同历史时期，人类的主导技术是不同的，不同技术对环境的影响也是不同的。生态现代化的历史演化，受人类技术进程的影响，存在一个技术路径。由于世界发展的不同步，在某个历史截面，我们又可以看到不同技术的并存。这就造成了生态现代化的技术影响的截面特征多样化和时序特征的阶段化。

例如，在农业文明时代，人类的主导技术是农业技术，包括灌溉农业、水利技术等，还有手工业和采矿技术等。当时的经济活动的主要环境影响是土地退化等。工业时代的机械化和电气化技术，形成工业化大生产，环境影响扩大到空气污染和河流污染。知识时代的经济全球化，信息技术和生物技术的发展，环境管理和气候变化成为全球问题(表2-106)。

表2-106 工业革命的不同技术群的环境影响

技术群	年代	主要技术	技术特点	环境影响特点
纺织	1750～1820	棉纺、煤炭、铁	物质基础设施(原材料)	严重，局部(英国森林)
蒸汽机	1800～1870	蒸汽机、机械、火车	基础设施的动力(能源)	范围扩大，当地大气污染
重型工程	1850～1940	钢材、铁路	物质基础设施(能源和材料)	严重，影响范围扩大，遍及发达地区
大生产	1920年至今	内燃机、汽车	基础设施、大生产	严重，全球影响
信息	1990年至今	电子、服务、生物技术	信息开发(非物质基础设施)	减少单位GDP的环境影响

注：本表的技术不是工业革命的全部技术。

资料来源：格雷德尔，艾伦比，2004.

(3) 生态现代化与生态制度

环境问题引起社会关注是工业革命期间的事情；环境问题引发全球关注是20世纪70年代。关于环境的法规和制度，可以追溯到工业革命时期。例如，工业革命的先行国家——英国，在19世纪初就开始环境立法。19世纪以来，生态和环境制度的变化，可以大致分为四个阶段(表2-107)。特别是在过去的20多年里，世界环境法律体系出现了两个趋势：第一是环境法规数量和国际环境协议也大量增加；第二是各种环保主义的“非政府组织(NGOs)”的成长，它们已成为国际环保的实际力量(艾伦比，2005)。

表 2-107 OECD 国家的环境政策的演变

阶段	时期	主要特点
先行者探索	1800～1970 年	OECD 成立前，先行国家(如英国和美国)的环境立法和环境改革
命令与控制	1970 年以来	针对环境问题立法，要求企业清除污染、强制义务、环境监管等
市场调节	1980 年以来	采用市场手段，预测和治理、税收和收费、交易许可、价格政策等
综合管理	1990 年以来	战略性规划、监管和经济手段、自愿协议、消费取向、环境评价等

参考资料：饭岛伸子，1999；格雷德尔，艾伦比，2004.

(4) 生态现代化的历史经验

如果从 1972 年联合国首次人类环境大会算起，生态现代化已经有 30 多年历史。在过去的 30 多年里，生态现代化在争论和冲突中前行。特别是在发达国家，如一些西欧和北欧国家，生态现代化的进步是明显的。世界生态现代化的历史经验具有启发意义。

首先，生态现代化是一种历史必然。随着地球人口密度的增加，人类的物质需求和废物排放，都将逐步逼近自然环境可以承受的极限。虽然技术进步可以部分缓解环境压力，但仅有技术进步是不够的。人类生活模式和现代化模式的生态转型，是必须的。随着全球化和发达国家生态现代化的进步，发展中国家将不可回避生态现代化的国际和国内压力，所以，生态现代化逐步成为一种不可逆转的世界潮流。

其次，生态现代化不会一帆风顺。生态现代化，需要理性处理经济与环境的关系。随着经济波动和环境变化，人们的观念也会发生变化。当经济衰退时，环境意识会受到挑战。当环境危机时，经济增长会受到质疑。是要汽车，还是要蓝天，在不同条件下有不同答案。当然，既有汽车，又有蓝天，那是最好。生态现代化一直是在争论中前行。

其三，生态现代化需要创新和学习。生态现代化要求环境友好的技术创新和制度创新，要求生态合理的结构转变和模式转变。在这个过程中，观念的变化是关键。在生态现代化的先行国家，创新和观念变化是本质所在。在生态现代化的后行国家，学习和观念变化是重点，地域性创新也是必不可少的。创新和学习，是推动生态现代化的两个杠杆。

其四，生态现代化需要国内合作。生态现代化是一次生态革命，涉及经济、社会、政治、文化、环境管理和个人行为的生态合理的转变。政府、企业、社会、环境保护组织等，都面临生态革命的冲击。他们既是变革的力量，也是变革的对象；他们需要改变别人，也需要改变自己。冲突与合作，就在所难免。在 20 世纪 60 和 70 年代，冲突和对抗是环境运动的突出特征。20 世纪 80 年代以来，环保斗争在继续，但环保合作已经成为主流。环境议程的全民合作和民主参与，是生态现代化的一个典型特征。

其五，生态现代化需要国际合作。太阳系只有一个地球，人类都生活在地球上。地球的大气循环、水循环、碳循环、物质流动和能量流动等，都是在全球范围内进行的，他们跨越了国界，超越了民族。全球气候变化、臭氧层破坏、空气污染扩散、废物污染转移、生物多样性保护、自然资源和能源的合理开发和利用等，都需要全球公民的通力合作。空气是没有国界的。虽然全球的平等合作还是一个口号，但许多领域的国际合作已经展开。

其六，生态现代化没有最佳模式。从世界范围来看，生态现代化可以分为三大类型。

欧洲的生态现代化，比较具有“理想主义”的特征。绝大多数欧洲国家的国土面积比较小，受国际环境的影响比较大，而且西欧国家具有优良的学术传统。他们首先提出生态现代化理论，推动欧盟的环境合作，并积极向世界其他国家传播生态现代化。

北美的生态现代化，比较具有“实用主义”的特征。北美国家，地大物博，自然条件得天独厚。他们首先提出工业生态学，推动环境立法和环境治理，关注生物多样性保护，重视环境质量和经济增长，理论创新相对比较少。

发展中国家的生态现代化，比较具有“现实主义”的特征。发展中国家，多数结合本国国情，有选择地推进生态现代化，政府和科学界的作用比发达国家更为突出。其中，有些国家选择综合生态现代化，有些国家选择经典现代化的生态修正。

20 世纪 90 年代以来，发达国家经济增长和环境改善，发展中国家则面临经济发展和环境保护的双重压力，国际环境贸易和环境外交非常活跃。在这个过程中，有些学者强调资源环境的承载力和世界现代化的生态转型；有些学者采用双重标准，要求发展中国家保护环境和节约资源，发达国家则保持较高的资源消费水平和人均生态足迹。

3. 生态现代化的现状与前景

(1) 生态现代化的现状

首先，生态现代化的总体水平。2004 年，瑞士等 58 个国家已经进入生态现代化，他们分布于世界五大洲。其中，德国等 10 个国家进入生态现代化的发展期，约占国家样本数的 8%；美国等 48 个国家进入起步期，约占国家样本数的 41%。

其次，生态现代化的世界前沿。2004 年生态现代化指数排名世界前 10 位的国家依次为：瑞士、瑞典、奥地利、丹麦、德国、法国、芬兰、英国、荷兰和意大利。

其三，生态现代化的进展。在 20 世纪 70 年代，荷兰等 7 个国家进入生态现代化。在 80 年代，意大利等 11 个国家进入生态现代化。在 90 年代，韩国等 40 个国家进入生态现代化。

(2) 生态现代化的前景

首先，生态现代化的世界先进水平。如果按 1980～2004 年的年均增长率计算，2050 年发达国家生态现代化指数比 2004 年约提高 1 倍，2100 年比 2050 年约提高 1 倍。

其次，生态现代化的世界平均水平。世界平均水平大约比发达国家平均水平落后 50 年，2050 年世界生态现代化平均水平大约相当于 2004 年发达国家平均水平。

其三，生态现代化的国家分布。2050 年进入生态现代化的国家将超过 70 个。21 世纪末绝大多数国家将进入生态现代化，部分国家将完成生态现代化，实现人类与自然互利共生。

4. 生态现代化理论

生态现代化理论是现代化理论的一个分领域理论，涉及现代化过程的生态互动和生态转型。目前，它大致包括两个理论集合：欧洲生态现代化理论和广义生态现代化理论。

(1) 欧洲的生态现代化理论

生态现代化理论诞生于 20 世纪 80 年代早期的欧洲。经过 20 多年的发展，它已经成为环境社会学一个主要理论。这种理论主要以欧洲经验为基础，研究者主要集中于欧洲国家，故简称为欧洲的生态现代化理论；德国学者胡伯被认为是这个理论的提出者(Mol，2001)。

20 世纪 70 年代以来，工业化国家普遍发生社会制度和生产模式的环境改革和生态转型。80 年代提出的生态现代化理论，试图去解释和描述这个转型过程的性质、内涵和动力(Mol，2001)。它是一个非常活跃和不断发展的思想流派，迄今没有统一的理论定义和表述。

一般而言，生态现代化描述一种新模式：追求经济有效、社会公正和环境友好的发展；它是经济和环境的双赢模式，经济增长和环境保护可以相互协调，经济流和物质流、经济增长和环境压力可以脱钩。

生态现代化的核心是预防、创新和结构转变，它有六个要点。

首先，现代工业社会需要持续的生态重构，建立生态现代性。这种生态重构，是生态和环境意识引发的、社会实践和制度的转型和改革。尽管目前的生态转型过程还不能说是线性的和不可逆的，但是在一定程度上它们是永存的和很难倒退的(Mol，2001)。

其次，在生态重构中，要发挥现代科技和市场经济的联合作用。现代科学技术是生态改革的核心机制，同时强调在生态改革中经济和市场动力的重要性，市场经济鼓励的、政府促进的工业创新能够促进环境保护。

其三，正确对待环境挑战。不仅把环境挑战看成是危机，也看作是机会；把减少污染看成是加强经济竞争力的工具，而不是要求额外地增加和维持昂贵的末端处理技术；生态现代化可以看成是环境敏感技术的机会(Christoff，1996)。

其四，建立新的环境议程。通过建立新的环境议程，超越各种冲突和利益，形成环境议程联盟，管理自然资源和环境风险，解决经济增长和相应的环境管理的常规矛盾。

其五，建立前瞻的和预防的环境政策。采用预防原理，促进环境改革，推动宏观经济结构、生产和消费模式、技术结构和环境政策等的长期结构变化。

其六，采用工业生态学原理，建立参与式的战略环境管理(Huber，2000)。

荷兰学者哈杰认为，生态现代化有六个转变(Hajer，1995)。

首先，环境决策的技术变化。从应急和治理模式，转向预测和预防模式；引入许多新技术，使企业能够把环境意识整合到自己的成本和风险分析中。新的环境政策工具有：污染者付费、成本效益分析、风险分析、预防原则、可交易的污染权、污染税、资源税和排放税等。

其次，科学在环境决策中的新作用。生态学，特别是系统生态学，发挥日益重要的作用。科学家需要研究自然的“多重压力”和“临界负荷”，确定自然所能承受的污染水平。

其三，微观经济的变化。经济观念，从环境保护只是增加成本，转向污染预防付费。它促进了“低或零废物技术”的发展和“多价值审计”(衡量成功不仅算经济收益，还要算能源和资源利用)，预防性投资逐步取代“末端治理”技术。

其四，宏观经济的变化。生态现代主义认为，自然是公共物品或资源。传统的观念是，自然基本是免费物品和能够用作“接收器”。它强调稀缺自然资源的保护和管理，鼓励生态定价、再循环和技术创新。

其五，环境政治和立法过程的变化。自然不再被当作接收器，企业越来越支持污染预防。环境统计和相关分析，成为决策的基础。

其六，环境决策的参与制。环境决策是一个开放的参与式的过程，环境非政府组织、地方居民、环境评估机构、咨询机构和政府机构等都参与其中，形成环境议程联盟。新的政策议程往往是，经过研究提出一个核心概念，其他部门发表意见，提出相应领域的变化。

荷兰学者摩尔认为，生态现代化有五个特征(Mol，1995，2001)。

首先，改变科学和技术在环境退化和环境改革中的作用。① 科学技术不仅是引发环境问题的原因，而且是治理和防止环境问题的潜在的和实际的工具。② 传统的治理和恢复方法将被更强调预防的社会的和技术的方法所替代，这种方法在技术创新和组织创新的设计阶段就整合了环境意识。③ 关于环境问题的定义、原因和解决办法的科学和专家知识的不确定性的增加，不会减弱科学技术在环境改革中的作用。

其次，经济、市场动力和经济机构的重要性增加。生产者、客户、消费者、金融机构、保险公司、应用部门和商业协会等，日益成为生态重构、创新和改革的社会载体，它们与政府机构和新社会运动一起，共同改变了环境改革的政府与市场的关系。

其三，政府在环境改革中的传统核心地位发生多种变化。① 更加分散、灵活和协商共识式的政府管理成为趋势，较少从上到下的命令和控制。② 非政府机构更多地参与和代替政府的传统任务。③ 超国家组织和国际组织，在一定程度上淡化国家在环境改革中的传统作用。

其四，在生态转型过程中社会运动的地位、作用和观念的修正。环境运动者，改变过去以反现代化理念为基础的、处于核心决策制度外围甚至被排除在决策机制以外的地位，更多地参与政府和市场的决策过程。这样就产生了合作与斗争的两极或二元战略。

其五，改变散漫的实践，政治和社会议程出现新理念。不论是经济和环境利益的反对者，还是漠视环境意识的重要性的人，都被认为是合法的。保护食物基础的代际团结，看来已经成为没有争议的核心的公共原则。

英国学者柯汉等总结了生态现代化的六个基本原则(Cohen，1997，1998；Picou，1999)。

首先，"超工业化"原则。生态现代化采用"超工业化"原则，改善工业技术的"设计程序"。这个原则包括：清洁的、低资源密集的技术和生产过程，减少对昂贵的、附加的尾端技术的需要，大幅度减低经济发展和环境退化的关联性，使现代工业进入新的轨道。

其次，政府管理原则。生态现代化注意到过去企业自主污染管理的无效，要求更严格的政府环境管理。这种管理将促进"先行者优势"和经济可行的绿色产品，创新的生产系统。

其三，综合污染管理。生态现代化认为，通过发展"综合污染管理"战略，可以克服污染在生态环境里的转移。这种战略是生产过程和管理的再设计的一部分。

其四，预防原则。生态现代化要求工业部门通过建立"预防计划"，更多、更及时地处理它们产生的健康和环境灾害。

其五，环境责任制度化。生态现代化要求在所有组织内部建立环境责任。所有公私部门都关心环境质量，把环境问题列入议事日程。

其六，决策网络化。生态现代化要求建立广泛的机构网络进行决策，对付环境政策的生态对抗和冲突。工业、政府、非政府组织和公众需要建立"建设性的关系"，使决策建立在良好信任和自由信息交换基础上。

生态现代化既是一个环境社会学理论，又是对发达工业国家环境改革的实际进程的真实反映。目前，生态现代化在发达国家已经取得巨大进展(Pataki，2005)。

第一，宏观经济结构已经发生变化：从资源和污染密集的经济部门向信息和知识密集的部门转变。它趋向与能源和物质应用脱钩，从而走向更清洁的发展道路。

第二，政府环境政策，已经从应急的、命令和控制模式，转变为参与和市场导向的模式。

第三，消费者日益成为有环境觉悟的人，他们的需要影响了企业的运作模式。

第四，许多环境非政府组织改变策略，成为环境问题的合作伙伴，接受改革战略。

欧洲生态现代化理论的局限性。首先，它基本是欧洲环境改革的理论描述，其国际适应性仍需要检验。例如，发展中国家的民主制度不健全，农业的生态压力等因素，需要予以考虑；这些因素不同于欧洲。其次，它缺少统一的理论定义和系统的理论表述，规范性和系统性有待提高。其三，作为一种现代化理论，它仍然是不成熟的(Seippel，2000)；它的现代化理论意义上的内涵相对比较少，它需要发展更多的类型学、更精确地说明各种类型反映的历史现象、在中间层次上发展类型学等。其四，生态现代化只是现代社会变迁的一种形式，而不是全部。

(2) 广义生态现代化理论

广义生态现代化理论,既是欧洲生态现代化理论在世界范围和现代化意义上的拓展和应用,也是第二次现代化理论在环境领域的一种应用,是中国学者何传启提出来的。《中国现代化报告 2007》分析了人类文明进程特别是工业化以来的生态变迁,讨论了欧洲生态现代化和广义生态现代化理论。广义生态现代化理论包括一般理论、分支理论和相关理论(表 2-108),一般理论包括生态现代化的定义、过程、结果、动力和模式五个方面的内容。

表 2-108 广义生态现代化理论的结构

分类	理论	主要内容
一般理论	元理论	生态现代化的定义、过程、结果、动力和模式等
分支理论	分阶段理论	第一次现代化的生态修正、全面生态现代化、综合生态现代化
	分层次研究	世界、国际、国家、地区、机构、个体等的生态现代化
	亚领域研究	生态经济、生态社会、生态政治、生态文化等领域的生态现代化
	分部门研究	农业、工业、服务业、交通、能源等部门的生态现代化
相关理论	其他现代化理论	反思性现代化理论、第二次现代化理论等
	生态学相关理论	宏观生态学、人类生态学、环境科学、生态经济学、生态文化、生态社会等
	其他相关理论	有机农业、清洁生产、绿色能源、绿色化学、绿色技术、绿色制造等

注:全面生态现代化理论是欧洲的生态现代化理论的一种扩展。
资料来源:中国现代化战略研究课题组等,2007.

首先,生态现代化的定义。

生态现代化是现代化的一种表现形式,是现代化的生态互动和生态转型。

生态现代化的内涵:生态现代化是 20 世纪 70 年代以来人类文明的一种生态转型和国际竞争,它包括生态文明的形成、发展和国际互动,生态文明要素的创新、选择、传播和退出,以及追赶、达到和保持世界先进水平的国际竞争和国家分层等。

生态现代化的外延:生态现代化包括生态行为、生态结构、生态制度和观念的现代化,包括生态经济、生态社会、生态政治、生态文化、生态效应和绿色科技的现代化,包括分段、分层、分领域和分部门的生态现代化,包括生态现代化的时空分布变化等。

一般而言,生态现代化是从物质文明向生态文明的转型,是生态文明的世界前沿和达到世界前沿的行为和过程,它包括从物质经济向生态经济、物质社会向生态社会、物质政治向生态政治、物质文化向生态文化的转变,包括生态质量的改善、生态效率的提高、生态结构、生态制度和观念的变化,以及相关国际地位的变化等。

现代化与自然环境的相互作用始终存在。在第一次现代化过程中,现代化与自然环境的相互作用是一种偏利关系,经济发展与环境退化正相关。在第二次现代化过程中,现代化与自然环境的相互作用是一种互利关系,经济发展与环境保护实现双赢。

生态现代化有四层含义。首先,一个历史过程;其次,一次生态革命;其三,一种生态转型;其四,一种国际竞争。四层含义进行组合,可以产生多种操作性定义。

生态现代化的实质是一种发展模式,其要点是:现代化与环境退化逐步脱钩,经济发展、社会变迁与环境保护达到良性耦合,人类与自然实现互利共生和协同进化。生态现代化是生态进步、经济生态化、社会生态化、国际竞争和国际相关地位变化的交集。

生态现代化的基本要求包括非物化、绿色化、生态化、经济与环境退化脱钩等。具体讲,生产和消费的非物化和绿色化，经济和社会的生态化，现代化与环境退化脱钩（表 2-109）。

表 2-109　生态现代化的基本要求（三化一脱钩）

基本要求	具体内涵
非物化（轻量化）	高效：提高物质生产率、资源生产率、能源生产率、土地生产率等 低耗：降低经济和社会的物质消耗、资源消耗、能源消耗、碳能消耗等 高品：提高经济的服务比重、文化比重、信息和知识比重、经济品质和生活品质等 低密：降低经济和社会的物质密度、资源密度、能源密度、碳能密度等
绿色化	无毒：降低对环境和健康的有毒物和有毒废物的生产和排放，无毒化、低排放和污染治理等 无害：降低对环境和健康的有害物和有害废物的生产和排放，无害化、低排放和环境治理等 清洁：发展环保技术、清洁生产、绿色产品、清洁能源、绿色交通和绿色生活，降低排放等 健康：提高经济和社会中环境友好、人体无害、安全优质的绿色要素的比例等
生态化	预防原则：发展生态农业、生态工业、生态旅游、生态城镇、保护自然和生物资源等 创新原则：环境友好的知识创新、技术创新和制度创新，提升生态效率和生态文化等 循环经济：提高废物再循环、再利用、再制造和废物处理率等 双赢原则：经济发展的同时，加强生态重建，降低生态退化，经济和环境双赢等
经济与环境退化脱钩	经济与物质脱钩：经济发展与物质需求增长脱钩 经济与资源脱钩：经济发展与自然资源消耗增长脱钩 经济与能源脱钩：经济发展与能源消耗增长脱钩 经济与污染脱钩：经济发展与环境污染增长脱钩 经济与生态退化脱钩：经济发展与生态退化脱钩 经济与环境互利耦合：经济发展与环境进步良性耦合

资料来源：中国现代化战略研究课题组等，2007.

其次，生态现代化的过程。

生态现代化是 20 世纪 70 年代起步的，它的前沿轨迹可以分为四个阶段（表 2-110）。在 18～21 世纪期间，现代化的前沿轨迹可以分为第一次和第二次现代化，生态现代化的前沿轨迹与第二次现代化的前沿轨迹是基本一致的，两次现代化的生态效应是不同的。

表 2-110　生态现代化过程的四个阶段

阶段	大致时间	基本特点
第一阶段	1970～1990 年	污染治理、环境保护、环境意识、环境运动、经济与环境退化相对脱钩
第二阶段	1990～2020 年	相对非物化、绿色化、生态化、生态意识、经济与环境退化绝对脱钩
第三阶段	2020～2050 年	高度非物化、绿色化、生态化、经济与环境互利耦合
第四阶段	2050～2100 年	现代化与环境双赢、人类与自然互利共生和协同进化

资料来源：中国现代化战略研究课题组等，2007.

生态现代化的主要特点包括：相对可预期的、全球的、长期的、复杂的、进步的、转型的、系统的、渐进的、不平衡的、很难逆转的世界趋势、非物化、绿色化、生态化、经济与环境双赢、人类与自然互利共生等。

生态现代化是现代化的一种表现形式，遵循现代化的 10 个原则（表 2-12）。

生态现代化是一个相对独立的领域，它有自己的一些基本原则（表 2-111）。

表 2-111 生态现代化的 10 个基本原则

基本原则	基本内容
预防	环境治理以预防为主，防治结合
创新	知识创新、技术创新和制度创新，是解决环境问题的核心机制
效率	提高资源和能源利用效率和生态效率，是解决环境问题的重要途径
不等价	同一环境、资源和经济要素，在不同国家和不同时期的价值和意义是不同的
非物化	降低经济和社会的物质与能源的消耗和密度，提高经济与生活的效率和品质
绿色化	生产和消费、经济和社会的行为模式与结构的无毒无害化、减少废物排放和清洁环保
生态化	生产和消费、经济和社会的行为模式、结构与制度的生态转型（预防创新和循环双赢）
民主参与	环境决策的科学化、社会化和民主化
污染付费	环境成本内部化，采用经济手段预防和控制环境污染
经济环境双赢	促进经济与环境退化脱钩，实现经济发展与环境进步的协同等

资料来源：中国现代化战略研究课题组等，2007.

一般而言，生态现代化的分析方法可分为四组。第一组：概念化方法，建立生态现代化研究的一些关键概念模型。第二组：生态决策方法，生态现代化的过程决策的有关模型。第三组：系统调控方法，生态现代化过程的系统调控的有关模型。第四组：综合评价方法，生态现代化的进程评价和监测评价等。

环境压力的主方程为（陶在朴，2003）：

$$I = P \times A \times T = \text{人口} \times (\text{GDP/ 人口}) \times (\text{环境压力 /GDP})$$

其中，I 为环境压力，P 为人口，A 为人均 GDP，T 为单位 GDP 的环境压力。

在生态现代化过程中，技术创新、制度创新和结构生态化，可以降低环境压力。

$$I_{\text{生态现代化}} = I - I_{\text{技术创新}} - I_{\text{制度创新}} - I_{\text{结构生态化}}$$

于是，我们可以描绘生态现代化过程中的环境压力曲线（图 2-69）。

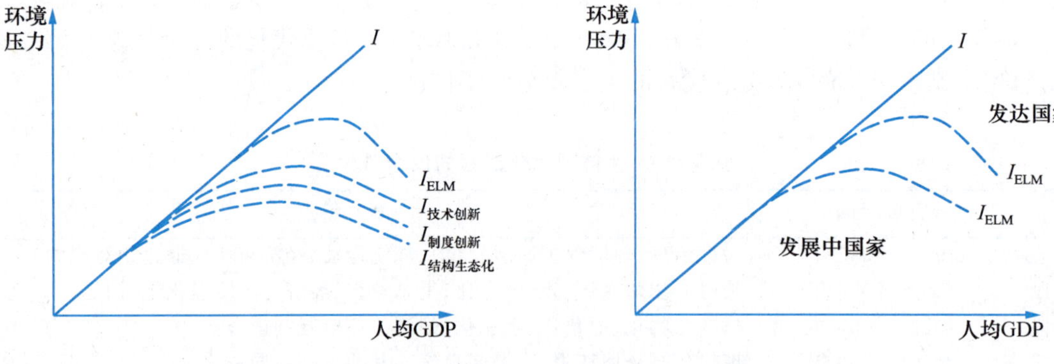

图 2-69 生态现代化的环境压力模型

注：I 为现代化的环境压力。I_{ELM} 为生态现代化的环境压力（$I_{\text{生态现代化}}$）。$I_{\text{技术创新}}$ 为技术创新导致的环境压力下降，$I_{\text{制度创新}}$ 为制度创新导致的环境压力下降，$I_{\text{结构生态化}}$ 为结构生态化导致的环境压力下降。

资料来源：中国现代化战略研究课题组等，2007.

生态现代化要求经济增长与环境压力增长脱钩，包括相对脱钩和绝对脱钩两种。

计算方法如下（OECD，2002）。

$$\text{DR} = (\text{EP/DF})_{\text{阶段结束}} / (\text{EP/DF})_{\text{阶段开始}} \qquad \text{DI} = 1 - \text{DR}$$

其中，DR 为脱钩比例，EP 为环境压力指标，DF 为驱动因素，DI 为脱钩指数。

DR 小于 1，表示脱钩；DR 大于 1 或等于 1，表示没有脱钩。

经济与环境脱钩指数，有一些局限性。它不能区分绝对脱钩和相对脱钩；如果国家经济负增长，脱钩指数的意义就需要仔细辨别；资源的价格因素的影响，没有得到反映；国际贸易和环境压力转移，会影响结果；经济与环境的关系，比简单脱钩要复杂得多。

其三，生态现代化的结果。

20 世纪 80 年代以来，生态现代化的结果与目标之间的相关性逐步加强。

① 生态现代化的结果包括六个方面的深刻变化。一是完成生态转型，人类与自然互利共生；二是自然环境改善，环境压力趋向最小，环境友好；三是生态效率提高，节约资源和能源；四是生态结构和制度高级化；五是生态观念普及；六是生态转型的国际地位的变化。

② 生态现代性、特色性和多样性的形成。目前生态现代性的主要特点包括非物化、绿色化、生态化、现代化与环境退化脱钩、经济与环境双赢、人类文明与自然环境互利共生等。随着生态现代化的进步，生态现代性的新特点还会出现。

③ 生态现代化的目标。实现现代化与环境退化的完全脱钩，实现经济与环境的双赢；追赶、达到和保持生态转型的世界先进水平等。

其四，生态现代化的动力。

生态现代化的影响因素很多，动力因素和动力机理可以分别讨论。

生态现代化的动力因素包括生活质量（后物质价值）、生态安全、知识创新、生态意识、生态运动（公民社会）、生态政治、企业环境责任、技术创新、制度创新、结构非物化、环境成本内部化、国际环境政治、国际环境贸易等。

动力机理包括创新驱动、三新驱动、联合作用、复合互动、创新扩散等（表 2-16）。

其五，生态现代化的模式。

生态现代化的路径和模式是多样的。21 世纪生态现代化有三条基本路径：全面生态现代化、综合生态现代化和第一次现代化的生态修正（图 2-68）。

21 世纪生态现代化的基本模式包括：非物化、绿色化和生态化三结合模式；绿色工业化、绿色城市化和结构生态化三结合模式；工业化、城市化和环境管理三结合模式。环境议程、工业生态学、生态园区、绿色生产和消费是可以广泛应用的模式。

一般而言，欧洲的生态现代化具有较多理想主义的特点，北美的生态现代化具有较多实用主义的特点，发展中国家的生态现代化具有较多现实主义的特点。

其六，综合生态现代化。

综合生态现代化是发展中国家的一种选择，是综合现代化和生态现代化的复合体。它要求合理处理经济发展与环境保护的关系；在保持经济发展的同时，推动现代化的生态转型，推进绿色工业化、绿色城市化和结构生态化，降低农业的环境污染和生态破坏，实现经济增长与环境退化的脱钩；逐步赶上生态现代化的世界先进水平，实现生态现代化。

综合生态现代化需要完成三个转变。首先，从农业文明向工业文明，这是第一次现代化的要求。其次，从工业文明向知识文明的转变，这是第二次现代化的要求。其三，从物质文明向生态文明的转变，这是生态现代化的要求。三者结合起来，就是综合生态现代化的要求。生态文明既是知识文明的一种表现形式，又是知识文明的重要组成部分。在某种意义上，生态文明是知识文明在文明与环境关系方面的一种表现形态。

综合生态现代化需要面对两大挑战。首先，综合现代化与生态现代化的耦合；采用多大力度的生态现代化是合理的，将因地因时而异。其次，国家利益与全球利益的冲突；国际环境政治和环境贸易，具有促进和抑制的双重作用。此外,发达国家是在完成第一次现代化后开始生态现代化的,或者说是在第二次现代化过程中开展生态现代化的。所以,他们面临的经济压力较小,环境压力较大。没有完成第一次现代化的发展中国家,面临的经济发展和环境保护的压力都比较大。所以,相对而言,综合生态现代化的难度,要大于发达国家的全面生态现代化。这是我们不得不面对的挑战。而且,全球化和国际竞争,将增大这种挑战。

六、人的现代化

人的现代化是现代化过程中的个人变化,是现代化现象的一种表现形式(图 2-70)。它包括分段现代化、分层现代化、分行业现代化和分类型现代化等。人既是现代化的行为主体,也是现代化的最终受益者;既是现代化的研究对象,也是现代化的研究者。人的现代化与各个领域的现代化都有交叉,与文化现代化和个体现代化的交叉尤为多。

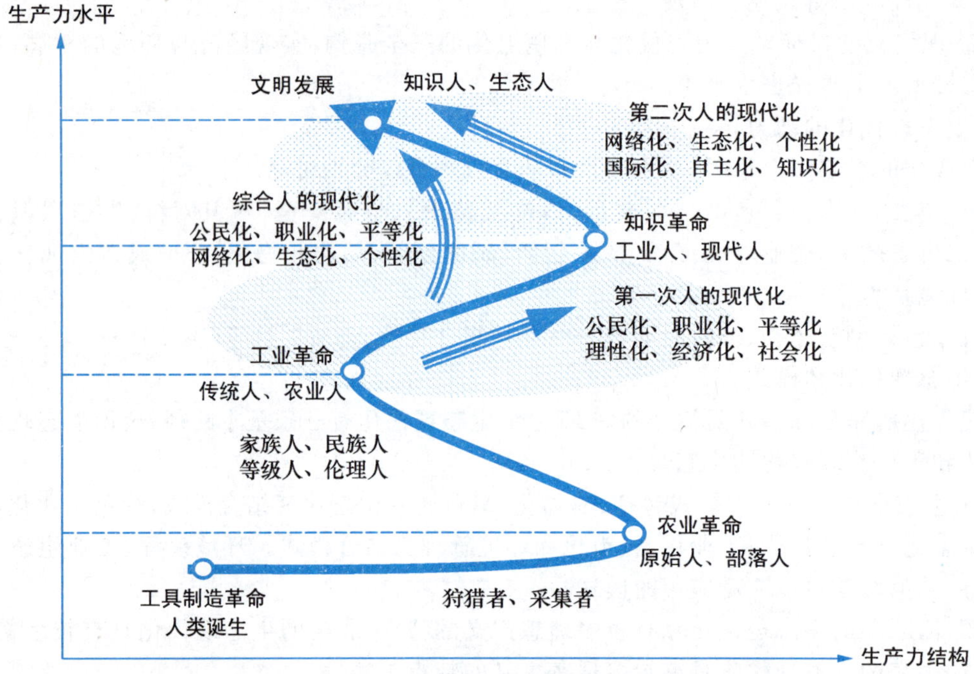

图 2-70 人的现代化的基本路径

注:如果受到网络化和生态化等的影响,21 世纪第一次人的现代化将有一些新特点。

1. 人的现代化的历史事实

人的现代化是现代化过程中人的变化,包括人的行为、素质、制度和观念的变化。一般而言,人的行为和素质变化是一种个人变化;人的制度变化则是一种社会变化,是与人的行为和发展相关的制度的变化;人的观念变化,既是一种个人变化,也是一种社会变化。

在 18～21 世纪期间,现代化的前沿轨迹可以分为两次现代化和六次浪潮。现代化的不同阶段和浪潮的内涵和特征有很大差别,对人的影响和要求也有很大差别。在不同阶段和浪潮里,人的现代化有不同内涵和特征(表 2-112)。虽然人的现代化的两大阶段和六次浪潮的分界点并不十分清晰,但是,它作为一个分析框架是可以接受的。

表 2-112　人的现代化的两大阶段和六次浪潮

浪潮	大致时间	主要内容(公民的行为、素质、制度和观念的变化)	注释
第一次	1763～1870	小学教育,公民化,世俗化,法律权利,政治权利	第一次人的现代化 公民化、职业化、世俗化、平等化、民主化等
第二次	1870～1945	义务教育,职业化,自由化,政治权利,社会权利	
第三次	1946～1970	中等教育,平等化,民主化,社会权利,参与权利	
第四次	1970～2020	高等教育,网络化,国际化,生态意识,参与权利	第二次人的现代化 网络化、生态化、知识化、个性化、国际化等
第五次	2020～2050	终生学习,个性化,创新化,长寿化,自然意识	
第六次	2050～2100	知识共享,体验化,超验化,多样化,宇宙意识	

注:人的现代化的前沿轨迹,不同阶段的内容有交叉。第五次和第六次浪潮是一种预测。

(1) 人的现代化的过程

首先,人的现代化的第一次浪潮。它与第一次工业革命相对应,主要发生在欧洲国家,其本质是思想解放,提倡自由、平等、人文和商业精神,参与政治活动,发展公民的法律和政治权利等。例如,法国的《人权与公民权宣言》(1789 年)、宗教世俗化和信仰自由等。

其次,人的现代化的第二次浪潮。它发生在第二次工业革命和两次世界大战期间,已经扩展到欧洲、美洲和亚洲等广大地区,其主要特征是职业化、理性化、自由化、民主化、阶级化、政治化、经济化、机械化、义务教育、工业主义、公民的政治和社会权利的发展等。

其三,人的现代化的第三次浪潮。它大致发生在第三次产业革命时期,包括工业化国家和发展中国家的人的现代化,前者是第三次浪潮的核心。它的主要内容包括平等化、民主化、电气化、社会化、电视化、中等教育、公民的社会和参与权利的发展等。

其四,人的现代化的第四次浪潮。它大致与现代化的第四次浪潮相对应,是由信息和生态革命推动的,并波及全球多数地区。它主要内容包括网络化、知识化、国际化、生态化、个性化、高等教育、公民权利和义务、参与权利和人的全面发展等。

其五,人的现代化的第五次浪潮。它是一种预测,以生物经济社会为背景。主要特点可能包括终身学习、休闲化、创新化、长寿化和自然意识等。

其六,人的现代化的第六次浪潮。它是一种预测,以文化经济社会为背景。主要特点可能包括知识共享、体验化、超验化、多样化和宇宙意识等。

(2) 人的现代化与公民权利

公民权利是人的现代化的制度基础,公民权利的发展是人的现代化的重要内容。雅诺斯基认为:几百年来公民权利的整个发展,可以分为三个时期:1200～1815 年法律权利和政治权利;1789～1980 年法律权利和政治权利;1883～1990 年社会权利和参与权利。这并不是说每一种权利不曾在别的时期发展,而是说它们各自主要发展所在时期是在哪一段(雅诺斯基,2000)。

一般而言,公民权利与公民义务应该相对平衡(表 2-113)。不同国家和不同阶段的公民权利和义务有不同内涵。自由主义国家遵循法律权利、政治权利和社会权利的渐进顺序,法律权利和政治权利的发展很早,但社会权利和参与权利的发展通常停滞不前。社会民主国家首先发展法律权利,随后政治权利和社会权利同时发展,参与权利发展在最后。传统国家社会权利发展很早,但在发展法律权利和政治权利方面严重落后(雅诺斯基,2000)。

表 2-113 公民的权利和义务

法律权利	政治权利	社会权利	参与权利
人身的安全和权利 司法和程序性权利 表达和选择权利 财产和服务权利	个人政治权利 组织权利 成员资格权利 反对权	促进能力的权利 机会权利 分配权利 补偿权利	劳动力市场干预权 建议/决策权利 资本监控权利
法律义务	**政治义务**	**社会义务**	**参与义务**
人际义务:如尊重人权 组织责任:如尊重法律 强制义务:如纳税等	人际义务:如尊重民主 组织责任:如遵守法规 强制义务:如服兵役等	健康及防病责任 创造机会的义务 经济义务:如找工作	劳动力市场义务 企业/行政机构义务 资本参与义务

资料来源:雅诺斯基,2000;伊辛,特纳,2007.

20世纪下半叶,公民权利受到国际关注,国际公约和签约国家数量不断增加(表2-114)。

表 2-114 国际组织的文化、劳动和公民权利的公约

国际公约名称	时间	缔约国	国际公约名称	时间	缔约国
消除一切形式种族歧视	1965	161	结社自由和保护组织权利[b]	1948	139
公民和政治权利	1966	148	适用组织权和集体交涉权原则[b]	1949	151
经济、社会和文化权利	1966	145	关于强迫劳动[b]	1930	160
消除对妇女一切形式歧视	1979	168	废止强迫劳动[b]	1957	155
禁止酷刑	1984	128	男女同工同酬[b]	1951	156
儿童权利	1989	191	反对就业和职业歧视[b]	1958	154
防止及惩办灭种罪	1948	118	关于最低年龄[b]	1973	138
难民地位	1951	112	关于最恶劣的童工劳动形式[b]	1999	116
反对教育歧视[a]	1960	79	保护原住民和部落[b]	1980	9
世界文化和自然遗产保护[a]	1972	154	防止文化财产非法进出口[a]	1970	94

a为联合国教科文组织的国际公约,缔约国家数量的截至2000年;b为国际劳工组织的国际公约;其他为联合国的人权公约,缔约国家数量的截至2002年。

资料来源:UNDP,2002;UNESCO,2000.

(3) 人的现代化与人类发展

人类的自由解放和全面发展,是人的现代化的一个关键目标。联合国计划开发署1990年开始推出《人类发展报告》,先后从不同角度分析了人类发展的问题,提出了人类发展的衡量方法——人类发展指数等(UNDP,2000,2001)。

UNDP认为:人类发展指通过扩展人类的充分发展和发展程度来增加人们选择机会的进程。因此,人类发展同时又反映了人类在这些充分发展和发展程度方面取得的成果。它既是一个过程,也是一个目标。在所有的发展层面上,三种最基本的发展程度是:人们健康长寿,有知识,能够获得过上体面的生活所需要的资源(UNDP,2000)。

UNDP先后开发了人类发展指数、性别发展指数和人类贫困指数等来衡量人类发展的成就。人类发展指数(HDI)衡量一个国家在人类发展的三个基本方面的平均成就——健康长寿、知识和体面的生活。性别发展指数(GDI)衡量一个国家在基本人类发展方面的性别差异,反映男女平等的进步程度。人类贫困指数(HPI)衡量人类发展中的贫困程度,反映人类发展进程的分布情况。UNDP还

提出了人类发展一览表，分析了人类发展的全球进程和全球分化，包括民主与参与、经济公平、健康与教育、和平与个人安全等四个方面的进步和分布(UNDP，2002)。

殷格哈特和威尔吉尔认为，当代社会变迁是一个人类发展过程，它导致了人文主义社会(humanistic societies)的发展，这种社会日益强调人的自由和自我表达。人类发展可以分为三个维度：社会经济维度、文化维度和制度维度。人类发展的核心结果是人的选择和自治(autonomy)的扩展。自我表达价值的扩展，导致现代化过程向人类发展过程的转型，反映了现代性的人文主义转型(Inglehart，Welzel，2005)。

在《中国现代化报告2010》中，中国学者何传启提出了新人类发展指数。他认为，信息革命、生态革命和知识经济的兴起，已经并在继续改变人类的生活方式和基本观念。UNDP的人类发展指数，没有包括信息指标和环境指标，知识指标重点不突出。

新人类发展指数衡量一个国家在人类发展的五个基本方面的平均成就：① 健康长寿的生活，用出生时预期寿命来表示；② 知识普及，用大学普及率来表示，③ 信息共享，用互联网普及率来表示；④ 环境改善，用生活废水处理率来表示；⑤ 富裕的生活水平(高质量的生活或优质的生活)，用人均购买力(按购买力平价PPP计算的人均国民收入)来表示。每个方面的成就表示成0到100之间的数值，新人类发展指数是五个方面的指数的简单平均值(表2-115)。

表2-115　2005年四组国家的人类发展指数和新人类发展指数

国家	HDI	HDI_N	寿命/岁	大学普及率/(%)	互联网普及率/(%)	国家	HDI	HDI_N	寿命/岁	大学普及率/(%)	互联网普及率/(%)
发达国家						初等发达国家					
美国	0.96	74	78	82	70	菲律宾	0.74	29	71	28	5
日本	0.96	65	82	55	67	南非	0.68	22	51	15	8
德国	0.94	68	79	50	65	中国	0.76	29	73	20	9
法国	0.96	63	80	56	43	摩洛哥	0.64	27	71	11	15
英国	0.96	71	79	59	65	埃及	0.78	29	70	35	12
中等发达国家						欠发达国家					
阿根廷	0.86	46	75	64	18	印度	0.60	18	64	11	4
乌拉圭	0.86	42	76	42	20	肯尼亚	0.53	12	53	3	3
捷克	0.89	52	76	48	32	尼日利亚	0.50	14	47	10	4
波兰	0.87	50	75	64	35	尼泊尔	0.54	14	63	6	1
智利	0.87	44	78	48	22	布隆迪	0.38	8	49	2	0

注：HDI为人类发展指数，HDI_N为新人类发展指数，寿命为出生时的平均预期寿命。
资料来源：中国现代化战略研究课题组等，2010.

2. 人的现代化理论

人的现代化理论是关于人的现代化现象的一种理论，是现代化理论的一个分领域理论。它大致包括两个理论集合：经典人的现代化理论和广义人的现代化理论。它与文化现代化理论、社会现代化理论和个体现代化理论等有交叉，与行为心理学有交叉。

(1) 经典人的现代化理论

经典人的现代化理论，作为经典现代化理论的一个重要分支，是在20世纪60～80年代形成的。有些时候，它被称为经典现代化理论的行为心理学派。美国学者的三本专著的问世，包括《成就社会》

(McClelland, 1961)、《走向现代：六个发展中国家的个人变化》(Inkeles, Smith, 1974)和《探索个人的现代性》(Inkeles, 1983)等，标志着经典人的现代化理论的诞生。迄今为止，经典人的现代化理论还没有系统的、公认的一般理论阐述，而是一个学术思想集合。

首先，经典人的现代化的定义。

关于人的现代化没有统一定义。一般而言，人的现代化是从传统人向现代人的转变，包括人格现代化、心理现代化、个人行为现代化和价值观念现代化等。

美国学者英克尔斯和史密斯认为：在任何社会和任何时代，人都是现代化进程中最基本的因素。只有国民在心理和行为上都发生了转变，形成了现代的人格，现代的政治、经济、科技、教育和文化机构中的工作人员都具有人格的现代性，这个社会才能成为现代社会。如果一个国家的人民缺乏能够赋予先进制度以生命力的广泛的现代的心理基础，如果掌握和运用先进制度的人本身在心理、思想、态度和行为上还没有经历一场向现代性的转变，那么失败和畸形的发展就是不可避免的(Inkeles, Smith, 1974)。

其次，经典人的现代化的结果。

人的现代性的形成和扩散是个人现代化的主要结果。

英克尔斯教授归纳出现代人的九个心理特征(Inkeles, 1966)。首先，乐意接受新经验，并对革新和变革持开放态度；其次，思想活跃，对周围范围广泛的问题形成并发表自己的观点；其三，着眼现在或未来，而不是迷恋过去；其四，相信人类可以在很大程度上控制环境，实现自己的目标；其五，处理事务具有计划性、组织性；其六，信任感，相信社会和其他人是可以依靠的；其七，分配公平，个人报酬与其技能和对组织的目标的贡献成正比；其八，具有抱负，愿意接受正规教育和科学知识；其九，了解和尊重别人的尊严。

英克尔斯和史密斯认为，现代人的性格，可以总结为四个主要特征。他是参与型的公民，并且消息灵通；他拥有相当明显的个人效率感；他在受到传统势力影响时，特别在处理个人事务上作出决策时，有高度的独立性和自主性；他愿意接受新经验和新理念，是心胸开放的人，而且在认知上有很大弹性(Inkeles, Smith, 1974)。

卡尔研究发现，现代性的核心特征包含七个要素，它们是：行动主义，同亲属的低结合率，喜欢城市生活，个人主义，城市亚社区的层次低，生命机会的社会分层低(Kahl, 1968)。布莱克认为，与过去时代的个人相比，现代的人格是更加开放，更加宽容，更加关心对环境的控制，更不安于现状(Black, 1976)。

其三，人的现代性与经济发展。

麦克勒兰德认为(McClelland, 1961)，经济发展与人的"成就需求"紧密相关，成就需求与价值观、信念和意识形态紧密相关。在西方工业化国家，儿童和小学生读物和童话故事中有关进取和以获得成就为欲望的主题的出现频率很高，在发展中国家相对比较低。有三个因素影响男孩的成就需求：父母对成功的高标准、温暖和鼓励、一个不权威独断的父亲。成就需求较高的社会将造就精力更旺盛的企业家，这些企业家们推动了经济的更快速发展。

(2) 广义人的现代化理论

广义人的现代化理论是关于18～21世纪期间的个人现代化现象的一种理论解释。它是第二次现代化理论在个人行为领域的应用，是中国学者何传启提出来的。广义人的现代化理论包括一般理论、分支理论和相关理论等(表2-116)。这里重点讨论它的一般理论，包括人的现代化的定义、过程、结果、动力和模式五个方面内容。

表 2-116 广义人的现代化理论的结构

分类	理论	主要内容
一般理论	元理论	人的现代化的定义、过程、结果、动力和模式等
分支理论	分阶段理论	第一次人的现代化、第二次人的现代化、综合人的现代化
	分层次研究	世界、国际、国家、地区、机构、个体等的人的现代化
	分领域研究	经济、社会、政治、文化、环境领域的人的现代化
	分部门研究	农业、工业、教育、科技、国防和交通等部门的人的现代化
	分职业研究	知识工作者、服务工作者和物质工作者等的现代化
相关理论	其他现代化理论	经典现代化理论、生态现代化理论、第二次现代化理论等
	行为学相关理论	个体行为学、行为心理学、发展心理学、成就动机理论、需求层次理论等
	其他相关理论	现代主义、后现代主义、社会学、经济学、政治学、文化学等

首先，人的现代化的定义。

人的现代化是现代化的一种表现形式，是现代化过程中的个人和相关因素的变化。

人的现代化的内涵：人的现代化是 18 世纪以来个人行为领域的一种前沿变化和国际竞争，它包括现代人的形成、发展、转型和互动，个人要素和公民制度的创新、选择、传播和退出，以及追赶、达到和保持世界先进水平的国际竞争、国际分化和国家分层等。

人的现代化的外延：人的现代化包括个人行为、素质、制度和观念的现代化，包括人格和心理现代化，包括工作前人员、工作人员、退休人员、男性和女性公民的现代化，包括物质工作者、服务工作者和知识工作者的现代化，包括分段、分层、分部门的个人现代化，包括个人现代化与其他领域现代化的相互作用，包括个人现代化的时空分布变化等。

一般而言，人的现代化是人的自我解放和全面发展，是人的发展的世界前沿和达到世界前沿的行为和过程，它包括从传统人向现代人、现代人向后现代人的两次转变、公民素质和能力的提高、公民权利和义务的发展、个人生活方式、行为模式和价值观念的变化等。

在人类文明史上，人类的自我解放大约发生了三次(表 2-117)。其中，从宗教和封建专制中解放出来是第一次人的现代化，从组织和机器控制中解放出来是第二次人的现代化。

表 2-117 人类的三次自我解放

项目	第一次解放	第二次解放	第三次解放
时间	公元前 3500 年～公元 1763 年	1763～1970 年	1970～2100 年
内容	从自然食物依赖中解放出来	从宗教和封建专制中解放出来	从组织和机器控制中解放出来
结果	成为食物生产者，摆脱自然依赖	成为独立、自由和平等的公民	成为个性化、自主的世界公民
新控制	宗教和封建专制的控制	组织和机器对人的控制	地球对人的制约
备注	文明诞生	第一次人的现代化	第二次人的现代化

人的现代化是个人变化与现代化的一个交集。人的现代化，不仅包括人的自身变化，还涉及个人生活的制度和环境的变化。没有制度和环境的现代化，人的现代化是难以实现的。在现代化过程中，人、制度和环境三个要素之间，可以相互促进，也可以相互抑制。

人的现代化的概念模型。首先，人的发展是个人进步、制度进步与环境进步的交集。其次，人的现代化是人的发展、人的转型和人的互动的交集。

其次，人的现代化的过程。

人的现代化是一个长期过程。在 18～21 世纪期间，人的现代化的前沿轨迹可以分为第一次和第二次个人现代化两个阶段，两次现代化有不同内涵。

第一次个人现代化是从传统人向现代人、农业人向工业人的转型，包括从伦理人向契约人、家族人向社会人、等级人向平等人、君臣关系向国家公民、农村人向城市人转变等。

第二次个人现代化是从现代人向后现代人、从工业人向知识人的转型，包括从经济人向生态人、物质人向文化人、组织人向自主人、民族人向世界人转变等。

第一次和第二次人的现代化有不同特点(表 2-118)，第二次人的现代化的特点还在发展。

表 2-118　人的现代化的分阶段特点

第一次人的现代化的特点	第二次人的现代化的特点
人的分化、公民化、职业化、理性化、阶级化、世俗化、平等化、经济化、政治化、社会化等	网络化、生态化、国际化、多样化、自主化、个性化、休闲化、创新化、知识化等(将来还会出现新特点)

人的现代化的一般特点有 10 个：部分可预期的、非线性的、可逆的、路径依赖的、多路径的、多元的、不均衡的、不同步的、有阶段的和全球的等。

人的现代化是现代化的一种表现形式，遵循现代化的 10 个原则(表 2-12)。

其三，人的现代化的结果。

20 世纪 60 年代以来，个人现代化的结果与目标的相关性是逐步形成和加强的。

个人现代化的结果包括个人现代性、特色性、多样性和副作用的形成等。从理论角度分析，它包括六个方面的深刻变化：两次个人转型的完成、个人素质和能力的提高、个人价值观念的变化、公民制度的发展、人的自由解放和全面发展、个人现代化的分布变化等。

第一次人的现代化的结果是第一个人现代性、特色性和多样性的形成，主要特点包括职业性、公民性、理性、平等性、阶级性、民主性、组织性、效率性、开放性、独立性、参与性、计划性、现实性、公平性、主动性、流动性、科学性、纪律性、责任感、信任感、成就感和个人价值等，副作用包括人情淡化、物质主义流行等。

第二次人的现代化的结果是第二个人现代性、特色性和多样性的形成，目前特点包括知识性、网络性、生态性、自主性、多样性、兴趣化、国际性、幸福感、终生学习、自我实现和人的全面发展等，副作用包括知识和技能老化加快、工作风险和家庭风险扩大等。

从个人角度分析，个人现代化的目标主要有三个。完成第一次人的现代化；完成第二次人的现代化；追赶、达到和保持公民素质的世界先进水平。

从政策角度分析，个人现代化的目标主要有三个。全面提高公民素质，促进人的全面发展；发展和完善公民权利和义务制度；提高公民的创造力和国际竞争力等。

其四，人的现代化的动力。

微观层次的动力因素包括创新、竞争、适应、交流、个人利益和个人兴趣等；宏观层次的动力包括国家现代化、地区现代化、信息化和全球化等。

创新是制度进步的根本来源，竞争是个人进步的激励机制，适应是对外部环境变化的个人和制度调适，交流是个人发展的促进因素，个人利益和兴趣是个人发展的影响因子。发达国家创新和竞争作用比较突出，发展中国家交流和适应作用比较突出。

动力模型包括创新驱动、双轮驱动、联合作用、创新扩散和创新溢出等(表 2-16)。不同类型和不同时期的个人，有不同的现代化动力。

其五，人的现代化的模式。

人的现代化没有通用的最佳路径。21世纪人的现代化有三条基本路径(图2-70)。

如果说,第一次个人现代化是个人初级现代化,那么,第二次个人现代化是个人高级现代化;两次个人现代化的协调发展并持续向知识人、网络人和生态人转变是综合个人现代化。

人的现代化没有标准模式,它受传统文化、个人职业和客观条件的影响。

一般而言,不同阶段、不同领域和不同部门的个人现代化的内容和模式有所不同。

第六节　部门现代化

现代化发生在人类文明的所有部门。不同部门的现代化既有共性也有差异,现代化一般理论在不同部门的适用性有所不同;国家是现代化的基本单元,每个部门的现代化都与国家现代化有紧密关系。本节以农业、教育和科技部门为例,简要讨论部门现代化。

一、农业现代化

农业现代化是农业系统的现代化,是现代化现象的一种表现形式(图2-71)。它包括分段农业现代化、分层农业现代化、农业子系统现代化和农业亚部门现代化等。农业部门是国民经济的一个基础部门,农业现代化是经济现代化的一个组成部分。农业具有二重性:食物供给的非替代性、农业商品的市场竞争。农业现代化受国家利益和市场需求的双重驱动。

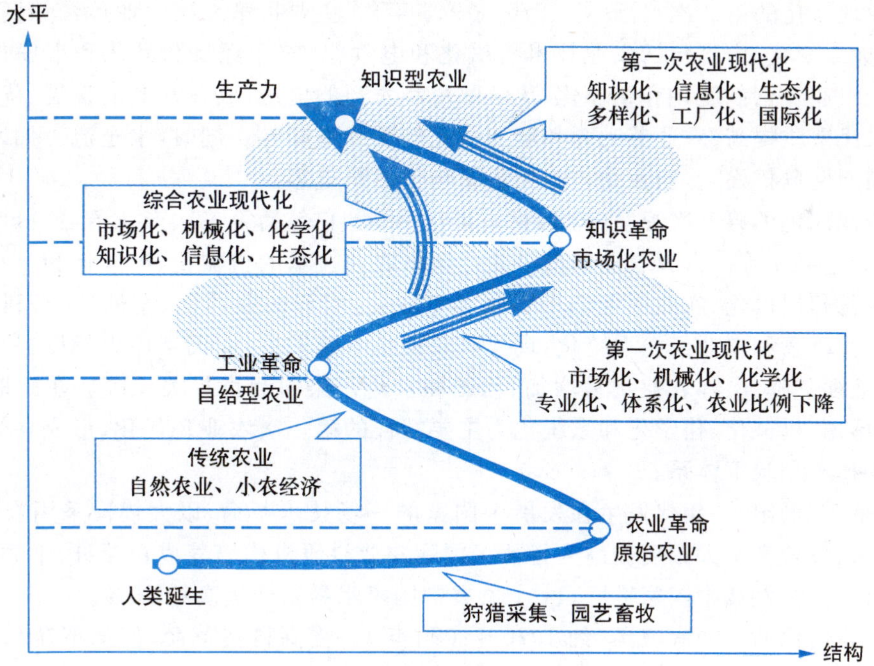

图2-71　农业现代化的三条路径

1. 农业现代化的历史事实

一般而言,农业现代化是现代化过程中农业系统的一种深刻变化,是农业效率提高和农业比例下降的历史过程,是农业市场化和规模化的转型过程。在过去300年里,农业现代化是经济现代化的重要组成部分;在经济现代化的前四次浪潮中,农业现代化完成了从传统农业向现代农业的转变,目前正经历从现代农业向知识型农业的转变。知识型农业是知识密集的、适合知识社会需要的新型农业。

21 世纪预计将出现两次新的经济现代化浪潮，同时农业现代化也将发生两次新浪潮。农业现代化的六次浪潮有不同特点(表 2-119)。

表 2-119 农业现代化的两大阶段和六次浪潮

浪潮	大致时间	经济现代化	农业现代化	备注
第一次	1763～1870	第一次工业革命	商品化、市场化、机械化	第一次农业现代化 市场化、机械化、化学化、体系化、农业比例下降
第二次	1870～1945	第二次工业革命	化学化、电气化、专业化	
第三次	1946～1970	第三次产业革命	集约化、体系化、科学化	
第四次	1970～2020	知识和信息革命	生态化、信息化、多样化	第二次农业现代化 知识化、信息化、生态化、多样化、工厂化、国际化
第五次	2020～2050	新生物学革命	国际化、精准化、智能化	
第六次	2050～2100	新物理学革命	工厂化、订单化、自然化	

注：第五次和第六次浪潮是一种预测，将决定于未来科技和人口的发展。

(1) 农业现代化的过程

首先，农业现代化的第一次浪潮(约 1763～1870 年)。主要指第一次工业革命时期欧洲发生的农业革命，内容包括农业生产科学化(引进新品种和“科学种田”等)、农业产品商品化、农业经济市场化、农业技术机械化、农业用地集中化、农业劳动专业化、农业合作社和公司型农场等现代农业组织形式兴起、农民识字率提高、农业劳动力和增加值比例下降等。

其次，农业现代化的第二次浪潮(约 1870～1945 年)。主要指第二次工业革命和两次世界大战期间世界农业的前沿变化，内容包括农业技术机械化和电气化、农业经济商品化和市场化、农业生产专业化和规模化、农业经营制度化和企业化、化学肥料和农药的使用、农业水利的发展、优良品种和农业科技的发展、农民素质提高、农业劳动力和增加值比例继续下降等。同时，水土流失加剧，农业污染出现，农业经济周期性危机发生，农业受自然灾害影响仍然严重等。

其三，农业现代化的第三次浪潮(约 1946～1970 年)。它包括第三次产业革命对世界农业的影响和农业国家的绿色革命等。世界农业的前沿变化包括农业技术的机械化、电气化和自动化，农业生产的专业化、标准化和规模化、农业服务的市场化和专业化、农业的集约化、良种化、水利化和化学化继续发展、国家农业政策和农业经济系统化、现代农业科技继续发展、农民素质大幅度提高、农业劳动力和增加值比例继续下降、国际农业贸易增加、化肥和农药污染引起世界关注等。在此期间，发达国家先后完成以市场化、机械化、化学化和系统化为主要特征的第一次农业现代化，形成高效的、科学的现代农业的经济、技术和政策体系。

绿色革命是 20 世纪 60 年代发生在发展中国家的一场技术革命，以大规模采用农作物优良品种和现代农业技术、粮食产量大幅度提高为特征。国际农业科研机构培养成功矮秆、半矮秆和高产的小麦和水稻新品种，并在发展中国家推广，11 个发展中国家水稻亩产提高约 60%。

其四，农业现代化的第四次浪潮(约 1970～2020 年)。受高科技革命、信息革命和生态革命的影响，世界农业前沿发生深刻变化。首先，信息革命引发农业的信息化浪潮。其次，生态革命引发生态农业、持续农业、有机农业和绿色农业等的兴起。其三，高科技革命包括生物技术等高技术的发展，丰富了农业的技术选择，扩展了农业的发展前景。其四，知识经济和知识社会的兴起，带动农业经济的知识和生态转型，知识型农业快速发展。知识型农业目前的特点包括知识化、信息化、生态化、多样化、智能化、精准化和工厂化，农业比例继续下降等。

其五，农业现代化的第五次浪潮预计发生在 2020～2050 年期间。它以新生物学革命为基础，包括生物工程、纳米工程、信息工程和新能源技术等在农业部门的应用和变化等。农业比例下降的趋势有可能发生逆转，知识型农业劳动力和增加值比例有可能上升。

其六，农业现代化的第六次浪潮预计发生在 2050～2100 年期间。它以新物理学革命为基础，包括太空技术、生物工程、超级制造和超级运输在农业部门的应用和变化等。知识型农业高度发达，工厂化、自然化和订单化农业等成为基本特征。

(2) 农业现代化的基本事实

首先，农业供给的事实。18 世纪以来，农业劳动生产率和土地生产率不断提高，农业投入和农业成本不断增加，农业土地集约化程度和灌溉农业比例不断提高，优良品种不断产生和作物产量不断提高等。19 世纪以来，农业财政补贴不断提高，电力、化肥和农药用量不断增加等。20 世纪 70 年代以来，农业信息化，生态农业、有机农业和绿色农业比例提高等。

其次，农业流通的事实。18 世纪以来，农产品商品化率不断提高，农业生产要素市场化率不断提高等。19 世纪以来，农业金融不断发展，国际农业贸易不断发展等。20 世纪以来，农业国际化，农产品关税呈下降趋势，国际农业贸易冲突不断等。

其三，农业需求的事实。18 世纪以来，农产品的消费需求不断扩大，蛋白质和脂肪食品的消费需求不断扩大。19 世纪以来，农业的机械、化肥和农药需求不断增加等。20 世纪以来，农业服务社会化和市场化，农业资本密集度提高等。

其四，农业科技的事实。18 世纪以来，农业机械和品种改良不断发展，农业耕作技术和养殖技术不断发展。19 世纪以来，化肥、农药和农业技术不断发展，国家建立专业农业院校、农业科研机构和农业技术推广体制等。20 世纪以来，高科技对农业科技产生重大影响，生物工程、信息技术和绿色技术的影响不断扩大等。

其五，农业经济的事实。18 世纪以来，农业增加值占 GDP 比例和农业劳动力占总劳动力比例不断下降(表 2-120)，农业劳动生产率与农业比例成反比等。19 世纪以来，农业的政府扶持和国际贸易不断扩大等。20 世纪以来，农业保护和自由化的争论始终存在等。

表 2-120 美国农业增加值比例、农业劳动力比例和人均国民收入

指标	1900	1910	1920	1930	1940	1950	1960	1970	1980	1990	2000
农业增加值比例/(%)	16.7	17.7	12.2	8.7	7.5	7.0	4.0	2.9	2.4	1.9	1.4
农业劳动力比例/(%)	37.6	31.6	27.4	9.4	6.8	4.8	3.3	1.9	1.9	1.6	1.7
人均国民收入/美元	246	384	866	747	770	1950	2935	5100	12 432	23 329	34 910

资料来源：中国现代化战略研究课题组等，2004.

其六，农民的事实。18 世纪以来，农民识字率不断提高。19 世纪以来，农民普及初等教育。20 世纪以来，农民先后普及中等教育和高等教育，农民素质大幅度提高等。

在过去 300 年里，农业行为、结构、制度和观念持续变化，农业形态从自给型农业、市场化农业到知识型农业，农业经济从小农经济、商品经济到全球农业经济，农业技术从自然耕作、机械化与化学化到信息化与生态化等；农业变迁是高度不平衡和不同步的(表 2-121)。

2. 农业现代化理论

农业现代化理论是关于农业现代化现象的一种理论，是现代化理论的一个部门理论。目前大致包括三个理论集合：经典农业现代化理论、两次农业现代化理论和广义农业现代化理论。

表 2-121 2000 年世界农业水平的分布

项目	农业增加值比例/(%)	农业劳动力比例/(%)	农业劳动生产率/2000 年价美元	农业机械化/(‰)	作物单产/(千克/公顷)
高收入国家	2	4	23 317	851	4246
中等收入国家	10	38	664	11	2357
低收入国家	26	62	355	5	1309
世界	4	42	859	20	2143

注:农业机械化指每 1000 农业劳动力所拥有的拖拉机台数。

(1) 经典农业现代化理论

经典农业现代化理论的历史,可以追溯到 20 世纪 60 年代。1964 年美国经济学家舒尔茨完成《改造传统农业》一书(Schultz, 1964),提出从传统农业向现代农业的转变。在 70～80 年代出版了一批农业现代化论著,如《农业现代化指南》(Malone, Shastry, Francis, 1970)、《农业现代化和收入分配》(Harrison, 1973)和《发展中国家的农业现代化》(Arnon, 1981)等。20 世纪 60 年代以来,中国学者对农业现代化有大量研究和论著。迄今为止,经典农业现代化理论尚没有系统的、公认的一般理论阐述,它是关于农业现代化的一个学术思想集合(表 2-122)。

表 2-122 经典农业现代化理论的主要观点

方面	基本内容
定义	农业现代化是从传统农业向现代农业的转型过程及其深刻变化,它包括农业的机械化、电气化、水利化、化学化、良种化、集约化、标准化、科学化、社会化、专业化、商业化和市场化等
过程	农业现代化过程是一个历史过程,它包括农业的商业化和市场化转型、现代农业技术进步、现代生产要素引入和要素优化配置、农业制度创新和完善、农民素质和收入提高等。农业现代化过程的阶段划分有多种方法,例如,传统农业、低资本技术农业和高资本技术农业三个阶段(梅尔, 1998);自给农业和市场农业两个阶段,市场农业又分为多样型农业、专业化农业和自动化农业三个阶段(魏茨, 1990);半机械化、机械化和自动化三个阶段等。不同国家农业现代化的阶段有所不同
结果	完成从传统农业向现代农业的转变,包括农业劳动生产率、土地生产率、农业科技进步贡献率和农民收入大幅度提高,现代农业经济体系、社会化服务体系和农业科技体系基本形成,完成农业的机械化、电气化、化学化、商业化和市场化,实现农业基础设施、生产技术和农民素质的现代化等
动力	关于农业现代化的动力有不同认识,例如,四要素说:农业市场、农业科技、以农业合作社为主要形式的农业社会化服务体系、政府对农业的宏观调控(宣杏云,王春法,1998);技术变革理论:技术变革是内生变量,自然资源禀赋、文化状况、技术变革和制度创新四个因素共同作用推动农业发展(Hayami, Ruttan, 1985)等
模式	不同国家农业现代化的模式有所不同。人少地多的国家,采用规模化、机械化和劳动节约型,如美国模式等;人多地少的国家,采用资本密集、技术密集和土地节约型,如日本模式等;人均土地有限的国家,采用集约化、机械化和专业化模式,如法国模式等

资料来源:魏茨,1990;黄祖辉,林坚,张冬平,2003;刘振邦,2006;王学真,高峰,2007;万忠,郑业鲁,2008;蒋和平,辛岭, 2009.

(2) 两次农业现代化理论

黄祖辉和邓启明(2008)认为,农业发展可以分为三个阶段:传统农业、常规现代农业和现代持续农业;从传统农业向常规现代农业的转变是第一次农业现代化,主要特点包括机械化、化学化、电气化、水利化、商品化和社会化等;从常规现代农业向现代持续农业的转变是第二次农业现代化,主要特点包括标准化、信息化、知识化、专业化、生物化和设施化等，农业管理现代化，经济、社会与生态效益的协调发展。

张冬平和黄祖辉(2002)认为，农业现代化可以分为两个层次，第一个层次的农业现代化是为了提高农业的土地生产率和劳动生产率，满足人们对农产品数量需求不断增长的需要；第二个层次的农业现代化是为了提高农业生产效益，维持农业持续高速发展，满足人们对产品质量和种类的需要。在我国，第一个层次农业现代化，是农业从自然生产向半商品生产的转变过程，是从自然经济走向物质经济的过程；第二个层次农业现代化，是半商品生产走向商品生产的过程，是从物质经济走向知识经济的过程。第一层次农业现代化追求农业科技的主要特征是农业机械化、农业电气化、农业化学化和农业水利化，这一过程称为第一次农业现代化；第二层次农业现代化追求农业科技的主要特征是农业标准化、农业信息化、农业生物化、农业设施化和与之配套的管理现代化等，这一过程称为第二次农业现代化进程。

(3) 广义农业现代化理论

广义农业现代化理论是关于18～21世纪期间的农业现代化现象的一种理论解释。它是第二次现代化理论在农业系统的应用，是中国学者何传启提出来的。广义农业现代化理论包括一般理论、分支理论和相关理论等(表2-123)。这里重点讨论它的一般理论，包括农业现代化的定义、过程、结果、动力和模式五个方面内容。目前，关于第二次农业现代化和综合农业现代化的认识非常有限。

表2-123 广义农业现代化理论的结构

分类	理论	主要内容
一般理论	元理论	农业现代化的定义、过程、结果、动力和模式等
分支理论	分阶段理论	第一次农业现代化、第二次农业现代化、综合农业现代化
	分层次研究	世界、国家、地区等的农业现代化
	亚领域研究	农业供给、农业流通、农业需求、农业环境、农业科技和农民的现代化
	分部门研究	农业、牧业、渔业、林业、农业服务业的现代化
相关理论	其他现代化理论	经典农业现代化理论、两次农业现代化理论、第二次现代化理论等
	其他相关理论	农业发展理论、农业经济学、农学、生物学、生态学等

首先，农业现代化的定义。

农业现代化是农业系统的现代化，是经济现代化的组成部分，是现代化的一种表现形式。

农业现代化的内涵：农业现代化是18世纪工业革命以来农业系统的一种前沿变化和国际竞争，它包括现代农业的形成、发展、转型和国际互动，农业要素的创新、选择、传播和退出，以及追赶、达到和保持世界农业先进水平的国际竞争、国际分化和国家分层等。

农业现代化的外延：农业现代化包括世界、国家和地区的农业现代化，包括农业行为、农业结构、农业制度和观念的现代化，包括农业供给、农业流通、农业需求、农业环境、农业科技和农民的现代化，包括农业生产方式、经营方式、基础设施和农业管理的现代化；包括农业、牧业、渔业、林业和农业服务业的现代化，包括农业现代化的时空分布变化等。

一般而言，农业现代化指农业变迁的世界前沿和达到世界前沿的行为和过程，它包括从传统农业(自给型农业)向初级现代农业(市场化农业)、从初级现代农业向高级现代农业(知识型农业)的两次转变、农业效率和农民收入的持续提高、农民福利和生活质量的持续改善、国家农业地位和国际农业体系的变化等。国家是农业现代化研究和实践的基本单元，农业现代化是国家现代化和经济现代化的组成部分。

农业现代化是农业系统的一种变化。很显然，并非所有的农业变化都属于农业现代化。一般而言，有利于生产力提高、社会进步和农民发展的农业变化，才属于农业现代化。

一般而言，农业发展包括农业增长和农业进步；农业现代化是农业发展、农业转型、农业国际竞争和国际地位变化的交集。

其次，农业现代化的过程。

农业现代化是一个复杂的、长期的和全球的过程，包括生产模式、核心技术、基础设施、农民素质和农业体系的变化等。在18～21世纪期间，农业现代化的前沿轨迹可以分为第一次和第二次农业现代化两个阶段（表2-124）；第一次农业现代化包括起步、发展、成熟和过渡四个阶段；第二次农业现代化同样包括起步、发展、成熟和过渡四个阶段。根据它们的技术和经济特点，第一次农业现代化包括三次浪潮，第二次农业现代化将包括三次浪潮。两次农业现代化有不同内涵和特点。

表2-124　广义农业现代化的两个阶段

项目	第一次农业现代化	第二次农业现代化
时间	约1763～1970年	约1970～2100年
内容	从自给型农业向市场化农业转变	从市场化农业向知识型农业转变
技术	机械化、化学化、电气化、自动化等	知识化、信息化、智能化、绿色化、生物技术等
生产	专业化、标准化、科学化、规模化生产	精准化、绿色化、工厂化、订单化生产
经济	市场化、商业化、工业化、农业比例下降	知识化、生态化、国际化、高效益、高竞争力
制度	农业合作社、农技推广体系、政策扶持等	环境保护制度、农业补贴、低关税等
观念	效率、产量、收入、技术等	效益、质量、创新、环境意识等
农民	提高识字率、普及初等教育	提高竞争力，普及高等教育
动力	技术、制度、资本、人口、工业化等	知识、信息、创新、生态意识、国际竞争等
目标	农产品供需平衡，提高农业效率等	提高农业效益和国际竞争力，保证食品安全等
现代性	第一农业现代性：初级现代农业、市场化农业、机械化农业、高效率农业等	第二农业现代性：高级现代农业、知识型农业、生态农业、有机农业、信息化农业、高效益农业等
副作用	农业环境污染、水土流失等	农业贸易冲突、食品风险等

第一次农业现代化是从传统农业向初级现代农业、从自给型农业向市场化农业的转型，它包括从手工农业向机械化农业、自然农业向化学农业、分散性农业向集约化农业、个体农业向工业化农业、家庭农业向社会化农业、生存农业向专业化农业、季节性农业向人工性农业、小农经济向商品经济、农业税收向农业补贴、乡土文化向市场文化的转型等。它的特点包括市场化、商业化、集约化、专业化、机械化、电气化、自动化、化学化、良种化、水利化、规模化、社会化、标准化、制度化、体系化和科学化等，包括农业劳动生产率、土地生产率和农民生活水平提高，农业劳动力比例和农业增加值比例下降等。

第二次农业现代化是从初级现代农业向高级现代农业、从市场化农业向知识型农业的转型，它包括从效率农业向生态农业、化学农业向有机农业、机械化农业向信息化农业、露天农业向工厂化农业、供方农业向订单农业、标准农业向精准农业、高投入农业向节约型农业、全国性农业向国际化农业、专业化农业向多样化农业的转型等。目前它的特点包括知识化、信息化、智能化、精准化、生态化、绿色化、自然化、多样化、订单化、工厂化和国际化等，包括农业综合效益、国际竞争力和农民生活质量提高，农业劳动力比例和农业增加值比例继续下降等。

如果说，第一次农业现代化是初级农业现代化，是从传统农业向初级现代农业的转变；那么，第二次农业现代化是高级农业现代化，是从初级现代农业向高级现代农业的转变；两次农业现代化的协调发展是综合农业现代化。22 世纪农业现代化还会有新变化。

农业现代化过程具有 10 个特点：长期性、复杂性、系统性、全球性、进步性、风险性、非线性、多样性、农业效率分化、农业比例趋同等。

农业现代化是现代化的一种表现形式，遵循现代化的 10 个基本原则（表 2-12）。

其三，农业现代化的结果。

农业现代化的结果包括农业现代性、特色性、多样性和副作用的形成；不同国家农业现代化的结果既有共性又有差异；两次农业现代化的结果是不同的。

农业现代化的结果表现在六个方面：一是两次农业转型的完成；二是农业效率和农民收入的提高；三是农民福利和生活质量的改善；四是农业比例的下降；五是农业科技和农业制度的发展；六是国际农业体系和国家农业地位的变化。

在农业现代化过程中，一部分国家达到和保持世界农业先进水平，成为农业发达国家，其他国家是农业发展中国家，两类国家之间可以流动。一般而言，农业发达国家大约为 20%，农业发展中国家大约为 80%；两类国家处于动态变化中。

国家农业现代化的目标包括：完成第一次农业现代化，实现从传统农业向初级现代农业的转型；完成第二次农业现代化，实现从初级现代农业向高级现代农业的转型；追赶、达到和保持世界农业的先进水平，成为农业发达国家或缩小国际农业差距；同时确保粮食安全。

根据第二次现代化理论，完成第一次农业现代化的标准：农业增加值占 GDP 比例小于 15%，农业劳动力占总劳动力比例小于 30%，农业劳动生产率达到 20 世纪 60 年代世界先进水平（按 2000 年价格计算约 6000 美元）；进入第二次农业现代化的标准：农业增加值占 GDP 比例小于 5%，农业劳动力占总劳动力比例小于 10%，有机农业或生态农业已经起步等。

其四，农业现代化的动力。

在不同层次、不同国家和不同阶段，农业现代化的动力有所不同。

农业现代化的动力因素包括创新、竞争、交流、适应、国家利益和市场需求，包括经济增长、需求变化、工业化、信息化、全球化和合理预期，包括自然资源禀赋、技术进步、制度进步、农业结构变化、农业环境变化和农业政策变化等。

动力模型包括：创新驱动、三新驱动、双轮驱动、联合作用、四步超循环、农业复合互动、创新扩散、创新溢出、竞争驱动和农业生产力函数等（表 2-16）。

农业生产率是农业现代化的一个关键指标。农业生产率函数包括农业现代化的动力因素，可以用来定量分析农业现代化的动力。

农业生产率函数：农业生产率与农业技术、农业劳动力人均资本和人均技能成正比。

$$P_a = A \times C^a \times S^{1-a}$$

其中，P_a 为农业生产率（农业劳动力的人均产出），A 为技术进步乘数，C 为农业劳动力的人均资本，S 为农业劳动力的人均技能；a 为农业资本产出份额，$(1-a)$为农业劳动产出份额。

技术进步乘数反映农业技术进步、资源优化配置和规模经济等的效果。

其五，农业现代化的模式。

21 世纪农业现代化大致有三条基本路径（图 2-71），不同国家和地区可以选择不同路径。

一般而言，农业现代化具有模式多样性，不同国家和地区可以选择不同模式。

农业现代化没有标准模式，模式选择受客观条件和国际环境的影响。

第一次农业现代化的模式选择，更多受自身条件的影响。第二次农业现代化的模式选择，更多受科技水平和国际环境的影响。知识型农业具有多种模式，如综合农业、信息农业、工厂化农业、持续农业和生态农业等。

其六，综合农业现代化。

综合农业现代化是21世纪农业现代化的一条基本路径，它包括两次农业转型（从自给型农业向市场化农业、从市场化农业向知识型农业的转型）的联动和持续向知识型农业转变，包括农业市场化、机械化、信息化、绿色化和国际化的协调发展，包括农业效率和农民收入的提高、农民福利与生活质量的改善、农业比例下降、国际农业竞争力和国际农业地位的提高等。

综合农业现代化是两次农业现代化的协调发展并持续向第二次农业现代化转型的历史过程，它包括生产模式、关键技术、农业结构、农业制度和观念的变化，包括追赶和达到世界农业先进水平的国际竞争。实现综合农业现代化的标志是农业效率、农业效益、农民福利和生活质量、农业制度和农业技术等达到当时的世界先进水平。

二、教育现代化

教育现代化是教育系统的现代化，是现代化现象的一种表现形式（图2-72）。它包括分段教育现代化、分层教育现代化、教育亚部门现代化和教育子系统现代化等。教育部门是社会领域的一个部门，教育现代化是社会现代化的组成部分。教育现代化与人的现代化和文化现代化关系紧密。教育具有二重性：公益性和商品性。教育现代化受国家利益和市场需求的双重驱动。

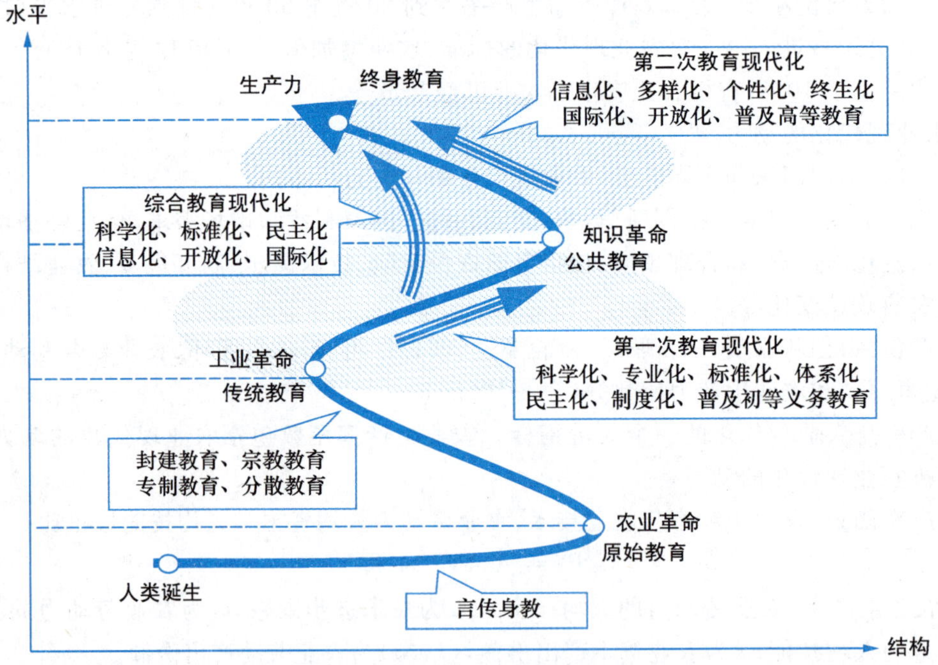

图2-72 教育现代化的三条路径

1. 教育现代化的历史事实

教育现代化大致始于18世纪，它是教育变迁的一种形式。教育现代化是社会现代化的组成部分，社会现代化和经济现代化是紧密相关的。经济现代化和社会现代化的前沿轨迹包括两个阶段和六次浪潮。相应的，教育现代化的前沿轨迹也可以分为两个阶段和六次浪潮（表2-125）。

表 2-125　教育现代化的两大阶段和六次浪潮

浪潮	大致时间	教育现代化的内涵	注释
第一次	1763～1870	世俗化、科学化、实用化、大众化、发展义务教育	第一次教育现代化
第二次	1870～1945	法制化、标准化、普及初等义务教育、发展中等教育	专业化、科学化、标准化
第三次	1946～1970	民主化、电气化、普及中等教育、发展高等教育	制度化、普及义务教育
第四次	1970～2020	信息化、个性化、国际化、教育质量、普及高等教育	第二次教育现代化
第五次	2020～2050	终身学习、信息转换器、知识和信息无障碍获取	信息化、个性化、国际化
第六次	2050～2100	学习成为一种体验、学校和教育形态将发生巨变	普及高等教育、终身学习

注:第五和第六次浪潮是一种预测。

(1) 教育现代化的过程

首先,教育现代化第一次浪潮。发生在第一次工业革命时期,主要发生在欧美国家,德国和法国等走在前列。在 18 世纪初,德国(普鲁士)就开始推行强迫义务教育,建立实科教育和师范教育。19 世纪初,德国建立了具有现代意识的柏林大学,实行管理自治,提倡学术自由,强调教师教学和学生学习自由,提倡教学与科研的统一。随后,还成立了一批工程应用科学的高等学校。1762 年法国思想家卢梭出版《爱弥尔》,提出自然教育思想。1763 年法国人拉沙洛德出版《国家教育论》,提出教育世俗化。法国大革命期间,提出了多个教育改革方案,强调教育是公共事业,要求国家举办世俗学校,对全国教育实行监督和管理,建立相应的教育行政机构。1802 年法国颁布《公共教育基本法》,随后确立国家教育体系,实行中央集权的国家教育管理模式,同时保留教会学校,公立和私立学校并存,重视中等和高等教育。

其次,教育现代化第二次浪潮。发生在第二次工业革命和两次世界大战期间,扩展到欧洲、美洲和亚洲等地,主要内容包括普及初等义务教育,发展中等教育、职业教育和学前教育等。德国 1872 年发布《普通学校法》,规定 6～14 岁的八年初等教育为强迫义务教育,并要求年龄不满 18 岁的在职青年接受职业补习教育。英国 1870 年颁布《初等教育法》,1891 年实行免费初等教育,1902 年实行国家统一领导与地方分权自治相结合的管理模式,1918 年要求各地大力发展中等教育,提出普及中等教育的目标。法国 1882 年推出初等教育法——《费里法》,规定教育的非宗教原则和义务教育制;1883 年规定高等学校按专业设置院系,随后实行了“中立、义务、免费”三大原则的教育改革;1933 年决定实行中学免费教育。美国 1880 年后成立了各类职业中学,1918 年全国普及初等义务教育;1862 和 1890 年联邦政府拨款资助各州建立农工学院;1940 年美国共有高等学校 1800 所,学生 150 万人等。在 1900～1950 年期间,许多工业化国家普及了初等教育,开始普及中等教育和发展高等教育的进程(表 2-126)。

表 2-126　美国等五个国家的教育现代化进程

国家	小学普及率/(%)			中学普及率/(%)			大学普及率/(%)		
	1870	1900	1950	1900	1950	1970	1950	1970	2000
美国	100	100	100	6	49	84	18	47	71
德国	—	100	100	—	17	—	3	—	49
法国	100	100	100	3	24	73	4	19	54
英国	46	100	100	3	54	73	2	14	59
日本	—	79	100	2	70	87	6	18	48

注:各级学校普及率指它们的毛入学率,毛入学率超过 100%时取值 100%,后同。

其三，教育现代化第三次浪潮。主要内容包括普及中等教育和发展高等教育等，义务教育的时间延长到九年，有些国家如法国等延长到 12 年。各国政府都设立了专门的教育管理机构，但教育管理模式各有不同。学校管理，包括中小学和大学，都普遍实行校长负责制，学校董事会是学校最高权力机构；董事会成员来自各界，包括学生和教师，实行民主管理。

其四，教育现代化第四次浪潮。主要内容包括信息化、个性化、国际化和普及高等教育等，提高教育质量，倡导终身学习。受科技革命和信息革命的推动，知识创新和知识更新速度加快，知识经济和知识社会对知识型劳动者的需求扩大，人们发现学校传授的知识不能满足工作和生活的需要，主动学习逐渐成为一种时尚；教育观念、学习观念和生活观念发生深刻变化。

其五，教育现代化第五次和第六次浪潮。这是一种预测，信息转换器实现人脑与电脑之间的信息转换，知识和信息能够无障碍获取，学习成为一种体验，学校和教育形态将发生巨变。

(2) 教育现代化的基本事实

首先，教育投入的事实。在过去 300 年里，公共教育投入增加，教师质量和待遇提高，教育设施不断发展。20 世纪以来，公共教育和人均教育费用增长，学生人均经费增加，中小学师生之比下降，部分国家如法国和德国等的中小学教师获得公务员待遇等。

其次，教育过程的事实。在过去 300 年，教育内容、教育方法和教育管理的科学化、标准化、民主化和法制化建设不断发展。19 世纪部分国家普及初等义务教育，20 世纪普及中等教育，义务教育年限延长。20 世纪后期，部分国家基本普及高等教育，教育信息化程度提高等。

其三，教育产出的事实。18 世纪以来，成人识字率提高，青年识字率提高。19 世纪以来，成人平均受教育年数和预期受教育年限延长。20 世纪以来，中小学毕业比例提高，辍学率下降，教育效率提高。20 世纪，教育的经济回报、社会回报和个人回报得到充分肯定。

在过去 300 年里，教育行为、结构、制度和观念持续变化，教育形态从传统教育、学位教育到终生教育，教育管理从非规范教育、标准化教育到多样化教育，教学方式从黑板教育、电气化教育到信息化教育等；教育变迁是高度不平衡和不同步的(表 2-127)。

表 2-127　2000 年世界教育水平的分布

项目	公共教育投入/GDP/(%)	小学普及率/(%)	中学普及率/(%)	大学普及率/(%)	成人识字率/(%)	平均受教育年数/年
高收入国家	5.3	100	100	62	99	10.0
中等收入国家	4.3	100	70	17	90	6.3
低收入国家	3.2	95	44	8	58	4.4
世界	4.1	100	67	22	79	6.5

2. 教育现代化理论

教育现代化理论是关于教育现代化现象的一种理论，是现代化理论的一个部门理论。目前大致包括三个理论集合：经典教育现代化理论、两次教育现代化理论和广义教育现代化理论。

(1) 经典教育现代化理论

现代教育思想可以追溯到 17 至 18 世纪，经典教育现代化理论可以追溯到 20 世纪 70 年代。在 70～80 年代，涌现出一批教育现代化的论著，例如，“南亚的教育现代化”(Kirpal，1971)、《日本的教育现代化》(Hiratsuka，1978)和《埃及、巴基斯坦和土耳其穆斯林教育的现代化》(Saqib，1983)等。90 年代以来，中国学者对教育现代化有大量研究。迄今为止，经典教育现代化理论尚没有系统的、公认的一般理论阐述，它是关于教育现代化的一个学术思想集合(表 2-128)。

表 2-128 经典教育现代化理论的主要观点

方面	基本内容
定义	教育现代化是从传统教育向现代教育的转型过程及其深刻变化，它包括教育的世俗化、理性化、国家化、专业化、民主化、科学化、法制化和普及化等，它是社会现代化的一个组成部分
过程	教育现代化是18世纪工业革命以来的一个历史过程，包括物质、制度与价值三个层次的变化，包括教育设施和教师队伍的现代化，教育方法和教学技术的现代化，教育内容和教育管理的现代化，教育制度、教育思想和教育观念的现代化等。教育现代化包括三次浪潮：18世纪60年代到19世纪末、19世纪末到第二次世界大战结束、20世纪50年代以来
结果	完成从传统教育向现代教育的转变。现代教育的特征被归纳成经典教育现代性，包括平等性、开放性、民主性、科学性、专业性、社会性、公益性、普及初等义务教育等
动力	经典教育现代化的影响因素很多，包括国家政策、经济、社会、政治、文化、科技等
模式	经典教育现代化的模式是多样的，发达国家和发展中国家的教育现代化有不同特点

参考资料：顾明远，1998；褚宏启，2000；于冬亮，严丹，2008；尹宗利，2009.

(2) 两次教育现代化理论

一般而言，教育现代化是现代化过程中的一种教育变迁。在18～21世纪期间，现代化过程可以分为第一次和第二次现代化两个阶段(何传启，1998b)，教育现代化同样可以分为第一次和第二次教育现代化两个阶段。第一次教育现代化是从农业社会的教育向工业社会的教育的转变，第二次教育现代化是从工业社会的教育向知识社会的教育的转变。

顾明远和薛理银(1998)认为，教育发展经历了三个基本阶段：农业社会、工业社会和信息社会的教育，三种社会教育在人员、财物、结构和信息四个维度上有不同特征；教育现代化的过程就是获得和深化现代性的过程；具备工业社会教育的基本特征时，就获得了现代性；具备信息社会教育的基本特征时，就完成了现代性的深化；这两个过程没有空间的制约，只有时间的顺序；各国教育的发展有其各自的特点，但都是这两个过程的现实的、具体的表现。

刘晖和熊明(2007)认为，教育现代化从18世纪末至今经历了两个阶段：第一次是农业时代教育向工业时代教育的转变；第二次是工业时代的教育向知识时代教育的转变。

胡卫(2007)认为，第二次教育现代化有以下几个重要特征：① 重视人力资源的开发，把教育放在优先发展的重要地位。② 强调创新人才的培养，强调教育在国家创新体系中的作用。③ 强调终身学习的观念，建构学习型社会的平台。④ 信息技术广泛应用于学校管理和教学，促使教学内容、教学组织形式、师生关系发生革命性的变化。⑤ 我们将面临教育国际化和跨境教育服务贸易的挑战。各种教育资源正在为全球各国的学校所分享。

张廷亮和尤敬党认为：教育现代化是指建立一种适应现代社会、经济和科技发展需要的，以培养创新型人才为目标的新型教育体系；其主要特征是教育普及化、终生化、个性化、国际化和信息化；教育现代化可以分为一次教育现代化和二次教育现代化，二次教育现代化是与第二次现代化相一致的一种教育发展(周稽裘等，2009)。

(3) 广义教育现代化理论

广义教育现代化理论是关于18～21世纪期间的教育现代化现象的一种理论解释。它是第二次现代化理论在教育领域的应用，是中国学者何传启提出来的。广义教育现代化理论包括一般理论、分支理论和相关理论等(表2-129)。这里重点讨论它的一般理论，包括教育现代化的定义、过程、结果、动力和模式五个方面内容。目前，关于第二次教育现代化和综合教育现代化的认识非常有限。广义教育现代化理论尚有很大发展空间。

表 2-129　广义教育现代化理论的结构

分类	理论	主要内容
一般理论	元理论	教育现代化的定义、过程、结果、动力和模式等
分支理论	分阶段理论	第一次教育现代化、第二次教育现代化、综合教育现代化
	分层次研究	世界、国家、地区等的教育现代化
	亚领域研究	教育投入、教育过程、教育产出、教育环境的现代化
	分专题研究	学校、教师、教材、课程、教学方法、教育体系、教育管理等的现代化
	分系统研究	基础教育、中等教育、高等教育、学前教育、职业和继续教育的现代化
相关理论	其他现代化理论	经典现代化理论、后现代化理论、反思性现代化理论、第二次现代化理论等
	其他相关理论	教育学、心理学、生态教育学、现代主义、后现代主义等

首先，教育现代化的定义。

教育现代化是现代化的一种表现形式，是教育系统的现代化。

教育现代化的内涵：教育现代化是 18 世纪以来教育系统的一种前沿变化和国际竞争，它包括现代教育的形成、发展、转型和国际互动，教育要素的创新、选择、传播和退出，以及追赶、达到和保持世界教育先进水平的国际竞争、国际分化和国家分层等。

教育现代化的外延：教育现代化包括教育行为、教育结构、教育制度、教育思想和观念的现代化，包括教育投入、教育过程、教育产出和教育环境的现代化，包括学校、教师和教育设施的现代化，包括教育参与、教育内容、教育方法和教学手段的现代化，包括教材和课程的现代化，包括教育成就、教育效率和教育回报的现代化，包括基础教育、中等教育、高等教育、学前教育、职业教育和继续教育的现代化，包括教育体系、教育法规和教育管理的现代化，包括分段教育现代化、分层教育现代化、教育环境现代化和教育现代化的时空分布变化等。

一般而言，教育现代化指教育变迁的世界前沿和达到世界前沿的行为和过程，它包括从传统教育向现代教育、从学位教育向终生学习的两次转变、教育效率和质量的提高、教育思想和观念的变化、教育普及率和国民素质的提高、教育公平、学生素质和国际教育地位的变化等。

教育现代化是教育系统的一种变化，很显然，并非所有的教育变化都属于教育现代化。一般而言，有利于教育普及、社会进步和人的发展的教育变化，才属于教育现代化。

教育发展包括教育增长和教育进步，教育现代化包括教育发展、教育转型、国际教育竞争和国际地位变化等。国际教育地位指国家教育在世界教育中的地位。国际教育地位的变化包括四种情况：保持世界教育的先进水平、与世界教育先进水平的差距缩小、不变或扩大。

一般而言，教育现代化是现代化过程中的一种教育变迁，是社会现代化的组成部分。它既是现代化的组成部分，也是现代化的促进因素。教育现代化是个人现代化的重要基础。

其次，教育现代化的过程。

教育现代化是一个复杂的和全球的过程。在 18～21 世纪期间，教育现代化的前沿轨迹可以分为第一次和第二次教育现代化两个阶段(表 2-130)：第一次教育现代化包括起步、发展、成熟和过渡四个阶段；第二次教育现代化同样包括起步、发展、成熟和过渡四个阶段。第一次教育现代化包括三次浪潮，第二次教育现代化将包括三次浪潮。

第一次教育现代化是从农业社会的教育向工业社会的教育、从传统教育向初级现代教育、从封建教育向公共教育的转型过程及其深刻变化，它包括从非正规教育向正规教育、分散教育向集中教育、不平等教育向平等教育、专制教育向民主教育的转变等。它的特点包括专业化、理性化、科学化、电气化、民主化、制度化、标准化和普及初等义务教育等。

表 2-130 广义教育现代化的两个阶段

项目	第一次教育现代化	第二次教育现代化
时间	约 1763～1970 年	约 1970～2100 年
内容	从封建教育向公共教育的转变	从学位教育向终生学习的转变
教育投入	公立化、社会化、集中化、法制化、规范化、标准化、电气化、专业化等	信息化、网络化、生态化、多样化、国际化、流动化等
教育过程	大众化、平等化、世俗化、理性化、实用化、科学化、民主化、体系化等	终生化、学习化、柔性化、个性化、开放化、创新化、体验化、动态性、公平性等
教育产出	高效率、工业社会的合格公民等	高质量、知识社会的高素质公民等
现代性	第一教育现代性：公共教育、科学教育、正规教育、普及初等义务教育等	第二教育现代性：终生教育、终生学习、网络教育、开放教育、普及高等教育等
副作用	压抑学生个性等	信息鸿沟等

第二次教育现代化是从工业社会的教育向知识社会的教育、从初级现代教育向高级现代教育、从学位教育向终生学习的转型过程及其深刻变化，它包括从工业化教育向信息化教育、学校教育向终生教育、课堂教育向开放教育、刚性教育向柔性教育、被动学习向主动学习、标准化教育向个性化教育的转变等。目前它的特点包括信息化、个性化、开放化、国际化、创新化、高质量、普及高等教育和终身学习等，将来还会有新变化。

如果说，第一次教育现代化是初级教育现代化，是从传统教育向初级现代教育的转变，那么，第二次教育现代化是高级教育现代化，是从初级现代教育向高级现代教育的转变；两次教育现代化的协调发展是综合教育现代化。22 世纪教育现代化还会有新变化。

教育现代化过程具有 10 个特点：长期性、复杂性、系统性、全球性、进步性、风险性、非线性、多样性、渐进性、结构趋同性等。

教育现代化是现代化的一种表现形式，遵循现代化的 10 个基本原则（表 2-12）。

其三，教育现代化的结果。

教育现代化的结果包括教育现代性、特色性、多样性和副作用的形成；不同国家教育现代化的结果既有共性又有差异；两次教育现代化的结果是不同的。一般而言，第一教育现代性的特点包括：公益性、科学性、专业性、标准性、民主性、平等性、社会性、法制性和普及初等义务教育等；第二教育现代性的目前特点包括：终生性、学习性、网络性、生态性、多样性、开放性、国际性、二重性（公益性和商业性）和普及高等教育等。

教育现代化的结果表现在六个方面：一是两次教育转型的完成；二是教育普及程度的提高；三是教育效率和质量的提高；四是国民教育体系的变化；五是教育制度和观念的发展；六是国际教育体系和国家教育地位的变化。

在教育现代化过程中，一部分国家达到和保持世界教育先进水平，成为教育发达国家，其他国家是教育发展中国家（包括教育中等发达、初等发达和欠发达国家），两类国家之间可以流动。一般而言，教育发达国家大约占 20%，教育发展中国家大约占 80%。

国家教育现代化的目标包括：完成第一次教育现代化，实现从传统教育向初级现代教育的转型；完成第二次教育现代化，实现从初级现代教育向高级现代教育的转型；追赶、达到和保持世界教育的先进水平，成为教育发达国家或缩小国际教育差距。

根据第二次现代化理论，完成第一次教育现代化的标准：普及初等义务教育，教育投入、教育参与和教育效率达到 20 世纪 60 年代的世界先进水平；进入第二次教育现代化的标准：中等教育普及率超过 80%，高等教育普及率超过 40%，信息化教育已经起步等。

其四，教育现代化的动力。

在不同层次、不同国家和不同阶段，教育现代化的动力有所不同。

教育现代化的动力因素包括创新、竞争、交流、适应、国家利益和社会需求，包括经济增长、社会进步、政治发展、文化变迁、科技进步、全球化等。动力模型包括：创新驱动、三新驱动、联合作用、四步超循环、教育复合互动、创新扩散、创新溢出和竞争驱动等（表 2-16）。

其五，教育现代化的模式。

在 21 世纪教育现代化大致有三条基本路径（图 2-72）。教育现代化没有标准模式，不同国家在不同阶段可以采用不同模式，模式选择受历史传统和客观条件的影响。

(6) 综合教育现代化

综合教育现代化是 21 世纪广义教育现代化的一条基本路径，它包括两次教育现代化的协调发展和持续向终生学习的转变，包括科学化、标准化、民主化、信息化、开放化和国际化的协调发展，并持续向信息化和终生化的转移，包括教育效率和质量的提高、教育公平和国民素质的改善、国际教育竞争和国际教育地位变化等。

综合教育现代化是适合于发展中国家的一条路径，它包括教育行为、教育内容、教育结构、教育制度和观念的变化，包括追赶和达到世界教育先进水平的国际竞争。实现综合教育现代化的标志是教育投入、教育效率、教育质量和教育公平等达到当时的世界先进水平。

三、科技现代化

科技现代化是科技系统的现代化，是现代化现象的一种表现形式（图 2-73）。它包括分段科技现代化、分层科技现代化、科技亚部门现代化和科技子系统现代化等。科技现代化是文化现代化的组成部分，与经济现代化和社会现代化有交叉。科技具有多重性：商品性和公益性、进步性和副作用。科技现代化受市场需求、国家利益和好奇心的三轮驱动。

1. 科技现代化的历史事实

科技现代化始于 18 世纪，它是科技变迁的一种形式，是文化现代化的组成部分。一般而言，经济、社会和文化现代化的前沿轨迹分为两大阶段和六次浪潮。科技现代化的前沿轨迹也可以大致分为两大阶段和六次浪潮（表 2-131）。

表 2-131　科技现代化的两大阶段和六次浪潮

浪潮	大致时间	科技现代化的内容	注释
第一次	1763～1870	蒸汽机和机械革命、专业化、研究型大学	第一次科技现代化
第二次	1870～1945	电力、化学和运输革命、企业实验室	专业化、组织化、制度化、学科分
第三次	1946～1970	电子技术革命、自动化、国家科技体系	化、现代技术、知识产权、科技体系
第四次	1970～2020	信息革命、高技术、国家创新体系	第二次科技现代化
第五次	2020～2050	新生物学革命、生命和信息技术融合	高技术、大科学、大交叉、绿色化、
第六次	2050～2100	新物理学革命、新型能源和运输技术	国际化、二重性、国家创新体系

注：第五次和第六次浪潮是一种预测，具有“科学猜想”的性质。

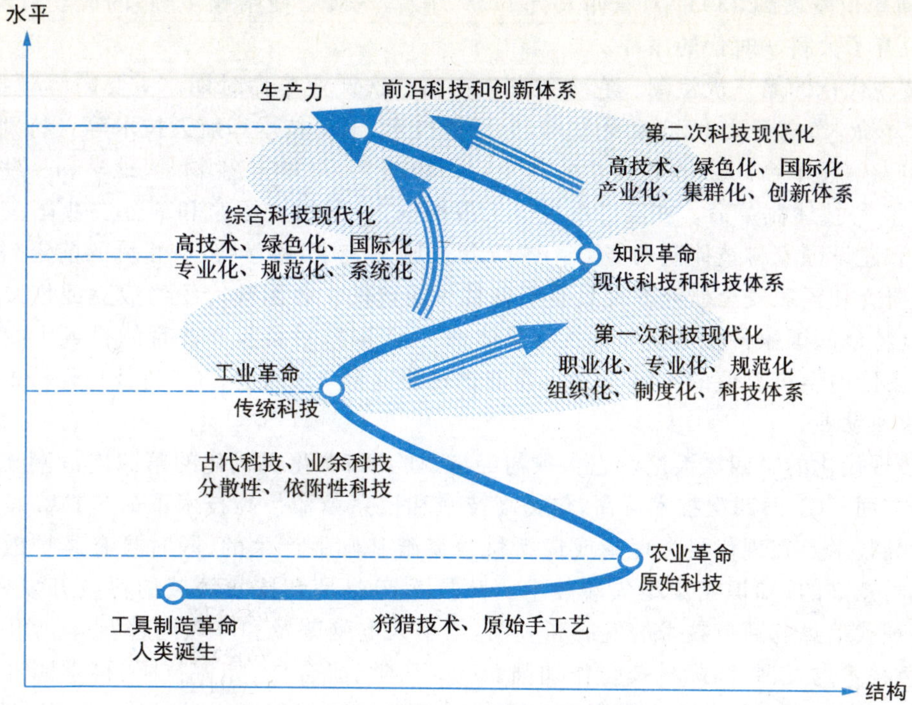

图 2-73　科技现代化的基本路径

(1) 科技现代化的过程

科技现代化既是现代化的动力源泉，也是现代化的组成部分。如果说，18 世纪的第一次技术革命是科技现代化的起点，那么，16 至 17 世纪的第一次科学革命是它的基础。从 16 世纪到 21 世纪，大约有三次(或四次)科学革命、六次技术革命和六次产业革命，世界科学中心至少发生四次转移。科技现代化过程包含科技革命和它引发的产业革命。

首先，科技现代化的第一次浪潮。它发生在第一次工业革命时期，主要发生在欧洲国家。主要内容包括五个方面。① 近代科学的发展，如化学革命、电磁学、天文学和生物学的发展等。② 第一次技术革命，包括蒸汽机和机械技术的发明和应用等。③ 科学研究的组织化。17 世纪以来科学研究获得独立地位，英国皇家学会(1662)、法国巴黎科学院(1666)和德国柏林科学院(1700)先后成立等。④ 专利制度的发展。17 世纪英国建立专利制度，18 世纪美国和法国等颁布专利法。⑤ 建立研究型大学。1824 年德国吉森大学建立了导师制，在教授指导下学生们自己研究解决问题。⑥ 科学知识的传播。法国出版《百科全书》等。在此期间，科学与生产没有直接关系，科学对第一次技术革命和第一次工业革命的直接作用并不大。

其次，科技现代化第二次浪潮。它发生在第二次工业革命和两次世界大战期间。科学开始影响技术和工业的发展，越来越多的技术和新兴产业是建立在新的科学知识基础上的。主要内容包括五个方面。① 第二次科学革命。世纪之交发生的物理学革命，改变了人们对经典力学的看法。随后在天文、地质和生物学领域的重大发现，根本改变了人类对宇宙和生命的认识。② 第二次技术革命，包括电力革命、化学工业、运输革命和电气化等。③ 建立工业实验室。19 世纪下半叶，德国的化学工业公司建立了实验室，从事科研和新产品开发。④ 军事技术的发展。如 1919 年美国人发明火箭，1943 年德国人发明了导弹等。⑤ 政府对科研支持的增加。美国从 19 世纪建立州立农业学院开始，政府支持的科研工作就不断发展。两次世界大战期间，政府在飞机、军事、农业和医学等方面的研究迅速扩大,1946 年科研单位发展到 2303 个,雇佣人员 11.8 万人。美国“曼哈顿工程”的成功,既制造了第一颗原子弹,也拉开了大科学时代的序幕。

其三,科技现代化的第三次浪潮。它大致发生在第三次产业革命时期。主要内容包括五个方面:① 第三次技术革命,如电子技术、自动化技术、原子能技术、卫星技术和航天技术等。特别是信息技术的发展,最终引发信息革命。② 现代科学的新发展。物理学、天文学、生物学、地学和一些交叉学科取得惊人成就。③ 科技体制革命。在第二次世界大战期间,一些工业国家和部分农业国家开始了成立国家科研机构和建设国家科技体制的努力。1945 年美国发表了《科学:没有止境的前沿》报告,指出政府在支持基础研究和国家安全研究方面具有不可替代的责任。各国政府纷纷成立或恢复政府科研机构,形成了各具特色的国家科技体制和科技政策体系。④ 国家对科技和教育的投入大幅度提高。研究与发展经费占国内生产总值的比例,从 1%左右迅速提高到 2%以上。⑤ 科技与经济的相互作用加强,科学文化快速发展。

其四,科技现代化的第四次浪潮。它大致与经济、社会和文化现代化的第四次浪潮相对应。主要内容包括六个方面。① 第四次技术革命,包括高技术和信息革命。高技术革命包括高技术和高技术产业的发展。高技术是在现代科学理论或最新科学突破基础上产生的、同时具有高扩散性和高附加值的或具有战略意义的、知识密集型尖端技术。高技术产业是高技术领域的科技开发密集型企业。信息革命包括现代信息和通信技术的发展和应用,如个人电脑普及和互联网普及等。② 大科学受到普遍重视,绿色技术的发展,国际科技合作加强。③ 产、学、研合作,如科技园、科学园和高技术园区等,科学转变成技术和技术转化成产品周期的缩短。④ 知识产权保护加强,国际技术贸易发展等。⑤ 随着越来越多的企业加入科研开发的行业,政府在科研工作中的作用被淡化,企业逐步成为科技投入的主体和科研行为的主体。⑥ 国家创新体系受到普遍重视。国家创新系统是由创新相关的机构和组织构成的一个开放的网络系统,它的功能是提高国家创新能力,促进经济和社会发展。不同国家的国家创新系统的科技经费和科技人员结构有所差别,主要发达国家企业约占 70%,大学约占 20%,科研机构约占 10%。在此期间,科技的二重性受到关注,科技可以促进人类发展,也可以产生环境污染等副作用。

其五,科技现代化第五次浪潮。预计发生在 2020～2050 年期间,包括第三次科学革命和第五次技术革命等。新生物学革命,生物、信息与纳米技术走向融合等。

其六,科技现代化第六次浪潮。预计发生在 2050～2100 年期间,包括第三次(或第四次)科学革命和第六次技术革命等。新物理学革命,新能源、超级运输和超级制造等。

(2) 科技现代化的客观事实

首先,科技投入的事实。18 世纪和 19 世纪,科技经费和科技人员投入都非常有限。20 世纪以来,发达国家政府和企业科技投入增加;政府科技投入曾经超过企业投入,20 世纪后期企业科技投入超过政府投入,企业成为科技投入的主体。20 世纪后期,主要发达国家科技投入占 GDP 比例长期波动,一般处于 2%～3%之间(表 2-132)。

表 2-132 美国等五个国家研究与发展经费占 GDP 的比例 单位:%

国家	1960	1970	1980	1990	2000	2005
美国	2.6	2.6	2.3	2.6	2.7	2.7
英国	2.3(1964)	1.8	2.3	2.2	1.9	1.9
法国	—	1.9	1.8	2.4	2.2	2.2
德国	—	2.1	2.4	2.8	2.5	2.5
日本	—	1.8	2.2	2.9	3.0	3.1

其次，科技活动的事实。18 世纪和 19 世纪，科技活动规模很小。19 世纪，科技活动集中在少数的大学、企业实验室和政府科研机构里，专利制度已经建立。20 世纪以来，国家科技体制逐步形成，国防科技快速发展，企业技术开发逐步活跃，大学和国家科研机构的作用受到肯定，科学普及受到关注，国际技术贸易不断发展。20 世纪后期，高技术和高技术产业、创新政策和国家创新体系等受到高度重视等。

其三，科技产出的事实。18 世纪以来，科技论文和发明专利的数量增长。19 世纪以来，科技对经济增长的贡献率提高。20 世纪以来，企业逐步成为技术创新的主体，大学在基础科学和技术转移方面发挥重要作用，国家科研机构在国防科技和公共科技方面发挥作用。2000 年发达国家的科技论文占世界的 85%，发明专利占 92%，技术出口收入占 99%，高技术出口占 84%(表 2-133)，发达国家的科技产出占世界科技产出的比例超过 80%。

表 2-133　2000 年世界科技产出和经济产出的分布　　单位：%

项目	科技论文	发明专利	技术出口收入	技术进口费用	高技术出口	国民生产总值
高收入国家	85.4	92.4	98.5	88.8	83.8	81.0
中等收入国家	12.7	7.5	1.4	10.7	16.0	16.3
低收入国家	1.9	0.1	0.1	0.5	0.2	2.7
世界	100	100	100	100	100	100

注：发明专利指国内居民申请的发明专利，技术出口收入指国际技术转让的收入。

其四，科技现代化的综合事实。18 世纪以来，科技行为、科技结构、科技制度和观念不断变化。科技现代化与国家现代化的紧密关系，18 和 19 世纪主要发生在欧美少数国家，20 世纪扩展到主要发达国家和新兴工业化国家。在工业化早期和中期，科技投入比例一般都比较低；在工业化后期，科技投入比例上升；在信息化时期，科技投入比例没有明显上升；20 世纪以来，主要发达国家科技投入比例表现为一条 S 形曲线，先上升后波动。

2. 科技现代化理论

科技现代化理论是关于科技现代化现象的一种理论。迄今为止，科技现代化理论尚没有系统的、公认的一般理论阐述，它是关于科技现代化的一个学术思想集合。

(1) 科技与现代化

近代科学革命发生在 16～17 世纪。18 世纪的第一次技术革命导致了第一次工业革命，后者是世界现代化的起点。18 世纪以来，每一次产业革命都是技术革命推动的。19 世纪以来，每一次技术革命都与科学突破有紧密关系。没有现代科技就没有现代化。

关于科技与现代化的讨论，主要包括四个议题。① 科学与现代性(Lelas，2000)；② 技术与现代性(Misa，Brey，Feenberg，2003)；③ 现代化过程中科技的变迁(Russell，1983)；④ 现代化过程中科技的作用等(Wilson，1979；Suttmeier，1980；Christensen，1993)。

(2) 科技现代化

1964 年中国政府提出"四个现代化"，包括农业现代化、工业现代化、国防现代化和科技现代化。80 年代中国的"四个现代化"受到西方学者的关注(Baum，1980；Wilson Center，1982)。

李健民等(2002)认为，科技现代化主要指一个国家或地区综合运用各种科技资源，集中发挥自身的优势和特色，奋力抢占科技竞争的前沿领域，提高科技未来发展的先进水平和主导地位，加速经济、社会可持续发展，推动国家或地区现代化不断走向世界的前列。科技现代化包括三层内涵：① 目标方向上，科技发展整体水平向现代世界先进水平迈进。② 功能作用上，科技发展为现代经济、社会发展作出决定性贡献。③ 方式手段上，不断探索和完善科技发展现代体制和运行机制。

(3) 广义科技现代化理论

广义科技现代化理论是关于18～21世纪期间的科技现代化现象的一种理论解释。它是第二次现代化理论在科技系统的应用，是中国学者何传启提出来的。广义科技现代化理论包括一般理论、分支理论和相关理论等(表2-134)。这里重点讨论它的一般理论，包括科技现代化的定义、过程、结果、动力和模式五个方面内容。目前，关于第二次科技现代化和综合科技现代化的认识非常有限。广义科技现代化理论仍有大量发展空间。

表 2-134　广义科技现代化理论的结构

分类	理论	主要内容
一般理论	元理论	科技现代化的定义、过程、结果、动力和模式等
分支理论	分阶段理论	第一次科技现代化、第二次科技现代化、综合科技现代化
	分层次研究	世界、国际、国家、地区、机构、个体等的科技现代化
	亚领域现代化	科技投入、科技活动、科技产出、科技环境的现代化
	科技亚系统现代化	农业、工业、服务业、国防、交通科技等的现代化
相关理论	其他现代化理论	后现代化理论、生态现代化理论、第二次现代化理论等
	其他相关理论	科学学、科技管理、科技史等

首先，科技现代化的定义。

科技现代化是现代化的一种表现形式，是科技系统的现代化。

科技系统是一个开放的系统。关于科技系统的子系统划分，可以有多种方案。从知识流和信息流的角度划分，科技系统可以分为三个子系统：科技生产系统(研究与发展)、科技传播系统(技术转移和科学普及)和科技应用系统(实用技术和科学素质)等。当然，这种划分是相对的，例如，企业既是科技生产系统的成员，也是科技应用系统的成员等。

科技现代化的内涵：科技现代化是18世纪以来科技系统的一种前沿变化和国际竞争，它包括现代科技体系的形成、发展、转型和国际互动，科技要素的创新、选择、传播和退出，以及追赶、达到和保持世界科技先进水平的国际科技竞争、国际科技分化和国家科技分层。

科技现代化的外延：科技现代化包括科技行为、科技结构、科技制度和观念的现代化，包括科技生产系统、科技传播系统和科技应用系统的现代化，包括企业实用技术(active technology)、研究与发展(R&D)和国民科学素质的现代化，包括科技投入、科技活动、科技产出和科技环境的现代化，包括科技设施、科技组织和科技人员的现代化，包括科学研究、技术开发、技术转移、科学普及和科技管理的现代化，包括科技效率和科技回报(科技对经济增长的贡献)的现代化，包括分段科技现代化、分层科技现代化、农业等部门的科技现代化，包括科技与其他现代化的相互作用，包括科技现代化的时空分布变化等。

一般而言，科技现代化指科技变迁的世界前沿和达到世界前沿的行为和过程，它包括从传统科技向现代科技体系、从现代科技体系向国家创新体系的两次转变、企业技术进步和国际竞争力的提高、国家创新能力和国民科学素质的提高、科技对经济增长的贡献率提高、世界科技体系和国际科技地位的变化等。

通俗地说，科技发展包括企业技术进步、国家创新能力和国民科学素质提高等，科技现代化是科技发展、科技转型、国际科技竞争和科技地位变化的交集。

科技现代化是现代化过程中的一种科技变迁，是文化现代化的组成部分。它既是现代化的组成部分，也是现代化的动力因素。科技现代化是经济和社会现代化的重要基础。

其次，科技现代化的过程。

科技现代化是一个复杂的和全球的过程。在18～21世纪期间，科技现代化的前沿轨迹可以分为第一次和第二次科技现代化两个阶段(表2-135)；第一次科技现代化包括起步、发展、成熟和过渡四个阶段；第二次科技现代化同样包括起步、发展、成熟和过渡四个阶段。第一次科技现代化包括三次浪潮，第二次科技现代化将包括三次浪潮。

表2-135　广义科技现代化的两个阶段

项目	第一次科技现代化	第二次科技现代化
时间	约1760～1970年	约1970～2100年
内容	从传统科技向现代科技体系的转变	从现代科技体系向国家创新体系的转变
科技投入	制度化、职业化、规范化等	多元化、国际化、风险投资等
科技活动	组织化、专业化、体系化、自治等	绿色化、国际化、信息化、网络化、集群化等
科技产出	学科分化、现代技术、知识产权等	学科交叉、高技术、大科学、二重性、商业化等
现代性	第一科技现代性：学科分化、现代技术、系统性、专业性、规范性、自律性等	第二科技现代性：高技术、大科学、交叉性、创新性、全球性、多样性等
副作用	环境污染、技术性失业等	国际技术风险、伦理争论等

第一次科技现代化是从传统科技向现代科技体系的转型过程和深刻变化，它包括从古代科技向现代科技、分散科技向科技体系的转型，包括科研活动从个人爱好到职业化、从依附性到独立性的转变，包括企业技术进步和生产效率提高、现代科技和国家科技体制的形成和发展等。它的主要特点包括职业化、专业化、组织化、规范化、制度化和系统化等。

第二次科技现代化是从现代科技体系向国家创新体系的转型过程和深刻变化，它包括从科技体系向创新体系、学科分化向学科交叉、简单科技向绿色科技、小科学向大科学、低技术向高技术、国家科技向世界科技的转型，包括创新合作的制度化和多样化、创新能力和创新效率的提高、技术创新周期缩短和技术转移加速、国民科学素质和国际科技竞争力的提高等。目前它的主要特点包括高技术、大科学、国际化、多元化、产业化、商业化、绿色化、网络化和集群化(如科技园和工业园)等，科技两面性(进步性和副作用)受到社会关注。

如果说，现代科技可以分为初级现代科技和高级现代科技两个阶段，那么，第一次科技现代化是从传统科技向初级现代科技的转变；第二次科技现代化是从初级现代科技向高级现代科技的转变；两次科技现代化的协调发展并持续向第二次科技现代化转变是综合科技现代化。

国家创新系统的形成和发展大致可以分为三个阶段：国家技术创新体系、国家创新体系和国家知识创新系统。一般而言，国家创新体系包括六个子系统(表2-136)。

国家创新体系包括四个关键环节：创新者的创新效率和创新能力、创新网络和创新政策的合理性和高效性、新知识和新技术的传播和转移效率、创新系统的整体效率等。

科技现代化的一般特点有12个：部分可预期、开放性、系统性、自主性、合作性、全球性、商业性、专利性、公益性、阶段性、非均衡性和不同步性等。

在科技现代化过程中，科学和技术的变迁既有共性又有差别。例如，从知识产权角度看，科学和技术具有唯一性；从市场竞争角度看，技术可以有多种选择。

科技现代化是现代化的一种表现形式，遵循现代化的10个基本原则(表2-12)。

其三，科技现代化的结果。

科技现代化的结果包括科技现代性、特色性、多样性和副作用的形成等。

表 2-136 国家创新体系的结构和功能(知识创新和技术创新并重)

子系统	核心部分	相关部分	主要功能
知识创新系统	科研机构、研究型大学	其他高校、企业科研机构、政府、科技基础设施、国际科学环境等	新知识的生产、传播和转移
技术创新系统	创新型企业	科研机构、高校、技术服务机构、政府、国际技术环境等	新技术的学习、引进、开发和传播
知识传播系统	教育机构、技术服务机构	政府、科研机构、企业、知识和信息基础设施、国际教育环境等	新知识传播、培养人才
知识应用系统	不直接从事研究与发展活动的企业和机构	政府、工业园、国际技术贸易等	新知识和新技术的储存、扩散和实际应用
产业创新系统	产业的科研机构、大学、创新型企业和技术服务机构	相关产业的科研机构、大学和创新型企业、国际科技环境等	产业知识和技术的生产、传播和应用等
地区创新系统	地区的科研机构、大学、创新型企业和技术服务机构	国家的科研机构、大学和创新型企业、国际技术环境等	地区知识和新技术的生产、传播和应用等

资料来源:张凤,何传启,1999;何传启,张凤,2001.

第一次科技现代化的结果是第一科技现代性、特色性和多样性的形成,包括现代科技体系的形成、现代科技的广泛应用和企业技术进步等。第一科技现代性的特点包括学科分化、现代技术、系统性、专业性、自律性和进步性等;副作用包括技术性失业等。

第二次科技现代化的结果是第二科技现代性、特色性和多样性的形成,包括国家创新体系的形成和发展、国家创新能力和创新效率的提高、国民科学素质和国际科技竞争力的提高等。第二科技现代性的目前特点包括高技术、大科学、交叉性、全球性、创新性、产—学—研合作和环境友好等,副作用包括国际技术风险等,将来还会有新发展。

从政策角度分析,科技现代化的结果主要是六个方面的深刻变化。它们分别是:两次科技转型的完成、科技创造力和科技竞争力的提高、科技内容和科技结构的变化、科技制度和科技观念的变化、企业技术进步和国家创新能力提高、国际科技体系和国家科技地位的变化等。

从理论角度分析,科技现代化的目标主要有三个:完成第一次科技现代化,形成国家科技体系,提高企业技术水平;完成第二次科技现代化,形成国家创新体系,提高国家创新能力和国际竞争力;追赶、达到和保持世界科技先进水平,成为科技发达国家。

完成第一次科技现代化的标准:国家科技体系基本形成,国家科技投入、国家科技效率、企业技术水平和生产效率达到 20 世纪 60 年代的世界先进水平(工业化国家平均水平)。

进入第二次科技现代化的标准:国家创新体系基本形成,国家创新投入和创新效率、企业创新能力和创新效率、企业技术水平和生产效率达到或超过 20 世纪 80 年代的世界先进水平。

从政策角度分析,科技现代化的目标主要有三个。提高企业技术水平和国际竞争力;提高国家创新能力和创新效率;提高国民的科学素质和国家的国际科技地位。

其四,科技现代化的动力。

一般而言,创新是科技现代化的根本来源,竞争是科技进步的激励机制,适应是对外部环境变化的科技调适,交流是科技进步的促进因素,国家利益是科技进步的引导因子,市场需求是科技进步的外部动力,好奇心是科技进步的内在动力。经济发展与科技进步是相互促进的。发达国家创新作用比较突出,发展中国家经济发展和交流作用比较突出。

科技现代化的动力模型包括：创新驱动、三新驱动、三轮驱动、创新扩散和创新溢出等（表 2-16）。在不同层次、不同国家和不同阶段，科技现代化的动力有所不同。

其五，科技现代化的模式。

科技现代化没有通用的最佳路径。21 世纪科技现代化有三条基本路径（图 2-73）。

科技现代化没有标准模式，只有理性选择。一般而言，发展中国家可以选择国家技术创新体系模式，发达国家可以选择国家知识创新体系模式，采用综合科技现代化路径的发展中国家可以采用知识创新、技术创新和知识应用并重的国家创新体系模式。

其六，综合科技现代化。

综合科技现代化是科技现代化的一条基本路径，是适合发展中国家的一条路径。它是科技要素的创新、选择、传播和退出交互进行的复合过程，是两次科技现代化的联合互动和持续向第二次科技现代化的转向，是发展中国家迎头赶上科技现代化的世界先进水平的国际竞争。

综合科技现代化的结果是企业创新能力和创新效率、国家创新能力和创新效率、国家科技投入、科技成就、科技回报和国民科学素质等达到科技现代化的世界先进水平，最终目标是第二科技现代性的形成。它的动力原理包括创新驱动、三新驱动、三轮驱动和联合作用等，国家目标、科技全球化和国际科技互动对综合科技现代化的影响很大。

第七节　现代化政策

现代化政策是现代化理论的一种实际应用。发达国家和发展中国家的现代化政策有较大差别。一般而言，现代化政策涉及现代化评价、现代化战略和现代化措施等。

一、现代化评价

知己知彼，百战不殆。现代化犹如一场国际马拉松比赛，跑在前面的国家成为发达国家，其他国家则是发展中国家，两类国家之间可以流动。通过对现代化进程的客观评价，可以动态监测现代化进程的国家水平和国际地位变化。现代化评价是现代化决策的重要基础。

1. 评价原理

现代化评价是对现代化过程和结果的一种综合评价。它既是现代化研究的一种常用方法，也是现代化政策研究的一个关键环节。现代化评价有多种类型（表 2-137），不同类型评价的评价原理和方法有所不同。

表 2-137　现代化评价的主要类型（举例）

评价类型	评价目的	评价的特点
水平评价 阶段评价	现代化的相对水平 现代化的发展阶段	国际可比性、理论一致性、连续性
创新力评价 竞争力评价	现代化的发展动力 现代化的竞争优势	国际可比性、地区可比性、相对性
绩效评价 诊断评价	现代化的绩效和进展 现代化过程的得失和原因	政策性、针对性、实用性、时效性
理论评价	检验现代化理论假设的科学性	探索性，因研究工作需要而异

(1) 理论基础

现代化评价的理论基础包括现代化理论、系统科学和评价理论等。

现代化理论不是单一理论，而是一个理论群。它包括一般理论、分段理论、分层理论、领域理论、部门理论和专题理论等。这里重点讨论以第二次现代化理论为基础的评价。

第二次现代化理论认为，现代化是文明发展、文明转型、国际竞争和国际地位变化的交集；在 18～21 世纪期间，现代化前沿轨迹可以分为第一次和第二次现代化两大阶段，两次现代化的协调发展是综合现代化；现代化是非线性的，创新、竞争、交流和适应是它的动力因素。

一般而言，现代化水平与文明发展和国际地位紧密相关，现代化阶段与文明转型紧密相关，现代化绩效与创新和竞争紧密相关；不同阶段现代化有不同内涵和特点，需要分别评价。

综合评价是一种常用的评价方法。它的基本思想是：评价对象是一个复杂系统，单个指标不足以评价它，需要将多个指标转化为一个综合指数进行评价；不同指标经过统计学处理，转化成标准化的单项指数，多个单项指数通过加权和计算，生成一个综合指数。

(2) 一般要求

一般而言，现代化评价需要尊重现代化规律和评价规范，需要注意如下几个问题。

首先，有限目标。现代化过程是一个非线性的和复杂的历史过程，现代化系统是一个开放的和动态的大系统。现代化评价不可能面面俱到，只能突出重点。

其二，评价指标的合理性。一般选择典型性、关键性、可比性和连续性的统计指标。

其三，评价方法的科学性。评价方法包括定性评价、定量评价和综合评价等。

其四，评价数据的质量保证。一般采用国际和官方统计机构公布的统计数据等。

其五，评价结果的相对性。不同国家统计方法和统计指标有一定差异；有些年份有些国家数据不全；有些重要的新现象没有统计数据；这些对评价结果有一定影响。

其六，评价结果的客观性和可比性。尽量减少人为因素的影响，计算可以由计算机完成。一般而言，现代化评价的评价结果，应该具有历史可比性和国际可比性。

(3) 基本内容

综合评价一般包括六项内容：首先，明确评价的目的和要求；其次，认识评价对象的特点和规律；其三，寻求评价的理论基础和基本原理；其四，选择评价指标，建立指标体系；其五，选择评价方法，建立评价模型；其六，采集数据，进行评价，报告结果。

选择评价指标是现代化评价的关键环节。一般而言，选择评价指标，既要考虑评价目的，也要尊重现代化规律；大约有六个选择原则(表 2-138)，需要注意三个因素。

表 2-138　现代化评价指标的选择原则

编号	选择原则	备注
1	反映典型特征的、具有代表性的关键指标	上升变量、下降变量、转折变量、地域变量
2	反映发展水平的、具有国际可比性的指标	人均指标、结构指标、效率指标、效益指标
3	容易理解和接受、具有政策意义的指标	学者们常用的指标、人们比较关心的指标
4	可以获得连续数据的指标	统计指标、社会调查指标、观察指标等
5	评价指标的数量要适度	一般约为 10～30 个指标
6	注意指标体系的系统性和平衡性	惰性指标、活跃指标的比例要合适

注：一般而言，总量指标、饱和变量、波动变量、随机变量和地域变量等不宜作为评价指标。

首先，从两个维度出发选择评价指标(图 2-74)。第一个维度是过程维度，从现代化的投入、过程、产出和效率(效益)四个环节选择评价指标;第二个维度是要素维度,从现代化的行为(生活)、结构(内容)、制度和观念四种要素选择评价指标。

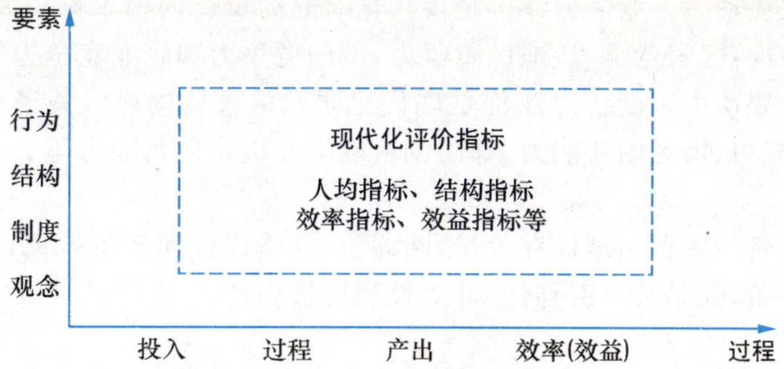

图 2-74　选择评价指标的两个维度

其次,评价指标的数量不宜过多或过少。指标过多,评价难度大;指标过少,评价不稳定和失真。例如,30 个左右的环境指标可以反映 90%左右的环境政策需要(Jesinghaus, 1999)。

其三,评价指标体系的系统性和合理性。现代化是不同步的,在某个时期不同指标的敏感性(弹性)不同。有些指标是相对惰性的(变化较慢),有些指标是相对活跃的(变化较快)。在评价指标体系中,如果惰性指标占的比例大,评价指数可能不灵敏;如果活跃指标占的比例大,评价指数可能不稳定。建立评价指标体系时,需要注意它们的平衡。

(4) 注意事项

其一,评价需求与评价规范的协调。有效的评价,评价指标不会太多。研究者和政策制定者可能会关心很多不同问题和指标。需要协调两者的矛盾。

其二,重要性与可行性的协调。有些现代化指标非常重要,但数据的获取比较困难。特别是发展中国家的数据获取,更是困难比较大。数据不完备,会影响评价结果。

其三,慎重对待非线性指标。有些指标是非线性指标,或者与其他指标相关性不好。如果参加评价,将影响评价结果;如果不参加评价,又会受到专家的质疑。

其四,慎重对待新现象和新指标。有些新现象和新指标非常重要,反映现代化新趋势,但尚没有统计数据,或者没有世界范围的、连续的统计数据。

其五,慎重对待指标权重。指标权重的设置,直接影响评价结果。

其六,慎重对待评价结果。评价结果的政策解释要适度,不可无限延伸。

2. 国际性评价

国际性评价是对世界范围的现代化现象进行评价,评价对象包括一组国家或全部国家,评价结果强调国际可比性。关于现代化的国际性评价一般包括水平评价、阶段评价和过程评价等,过程评价包括创新力评价、竞争力评价和影响力评价等。

(1) 现代化水平评价

现代化水平评价是对评价对象的现代化的实际进展和国际相对水平的定量评价。关于现代化水平的定量评价,可以追溯到 20 世纪 60 年代。大致包括三类工作:国家现代化水平、领域(或部门)现代化水平和地区现代化水平的定量评价等。

2001 年以来连续出版的《中国现代化报告》,以第二次现代化理论为理论基础,对 2000 年人口超过 100 万的 131 个国家的现代化水平进行定量评价,评价的时间跨度为 1950～2007 年,评价内容涉及国家现代化、地区现代化、经济、社会、生态和文化生活现代化水平等。采用的评价模型包括第一次现代化、第二次现代化和综合现代化评价模型等。

(2) 创新力和竞争力评价

20世纪80年代以来,竞争力评价受到关注;90年代以来,创新力评价受到重视。

竞争是现代化的主要动力。竞争力评价是现代化研究的重要内容。竞争力没有统一定义。竞争力评价大致分为四个层次:国家竞争力、地区竞争力、部门竞争力和企业竞争力等。

创新是现代化的主要动力。创新力评价是现代化研究的重要内容。关于创新能力评价,大致分为四个层次:国家创新能力、地区创新能力、部门创新能力和机构创新能力等。

3. 政策性评价

现代化的政策性评价一般包括绩效评价、诊断评价、战略评价和政策效果评价等。政策性评价一般是实用目标导向的评价,强调政策引导性、针对性和可操作性。

(1) 绩效评价

现代化绩效评价是对现代化过程的结果和效果的评价。

首先,评价目的。绩效评价的目的可以分为三类:现代化的实际进展评价、现代化目标的监测评价、现代化战略的目标预测评价(表2-139)。它们的功能和用途是不同的。

表2-139 现代化绩效评价的类型

评价类型	评价目的和评价内容	评价用途
实际进展评价	某一时期的现代化进展	战略咨询、竞选咨询、诊断评价
目标监测评价	现代化目标的达标程度	目标管理、政策咨询、诊断评价
目标预测评价	现代化水平的国际比较和目标预测	战略目标的研制、竞选咨询、现代化规划

其次,评价对象。绩效评价的评价对象包括分层现代化(国家和地区等)、分领域现代化(经济和社会等)、分部门现代化(农业和工业等)和分专题现代化(城市和农村)等。

其三,评价指标。绩效评价的评价指标可以根据评价目的和要求进行选择,可以包括现代化的行为、结构、制度和观念指标,包括现代化的投入、产出、效率和效益指标等。

其四,指标权重。可以根据政策需要和现代化规律确定指标权重。

其五,评价标准。发达国家和发展中国家可以有不同标准。

其六,评价模型。根据评价需要和综合评价方法选择合适的评价方法和评价模型。

(2) 诊断评价

现代化诊断评价是对现代化过程的得失进行评价,旨在找出成败原因和对策。

首先,绩效评价。它是诊断评价的基础工作,包括实际进展评价、目标达标评价。

其次,优势分析。分析现代化的主要成绩、优势和原因。

其三,劣势分析。分析现代化的主要失误、劣势和原因。

其四,对策分析。提出保持和强化优势、克服或改善劣势的政策建议。

(3) 战略评价

现代化战略评价是对现代化战略的合理性和执行效果的评价,适用于战略管理。

首先,绩效评价。它是战略评价的基础工作,包括目标监测评价、目标预测评价。

其次,战略目标评价。战略目标的先导性、合理性、可行性、战略成本等。

其三,战略计划评价。战略目标与措施的一致性、子系统之间的协调性等。

其四,战略实施评价。战略实施的经验和教训、战略调整的及时性和适应性等。

其五,战略优势评价。战略的比较优势、竞争优势、提高竞争优势的建议等。

二、现代化战略

战略是实现目标的方法。现代化战略是实现现代化目标的方法。发达国家的现代化目标是保持世界领先水平或世界先进水平，发展中国家的现代化目标是追赶和达到世界先进水平，发达国家和发展中国家的现代化战略有很大差别。现代化战略既是现代化科学的一个组成部分，也是现代化政策的一个关键环节。它是联系现代化理论与现代化实践的桥梁。

一般而言，现代化战略是基于现代化理论的战略，发展战略是基于发展理论的战略。前者适合于所有国家，后者常见于发展中国家。现代化包括文明发展、文明转型、国际竞争和国际地位变化。所以，现代化战略与发展战略既有联系又有区别(表 2-140)。

表 2-140　现代化战略与发展战略的比较

项目	现代化战略	发展战略
目标	客观目标：根据现代化水平设置目标 发达国家：世界最高水平、世界先进水平 发展中国家：世界先进水平、世界平均水平	主观目标：根据研究者预期设置目标 发达国家：根据国家需求设置目标 发展中国家：根据国家期望设置目标
路径	客观路径：现代化三条基本路径 发达国家：第二次现代化路径 发展中国家：追赶现代化或综合现代化路径	主观路径：研究者描述的路径 发达国家：没有统一认识 发展中国家：研究者提出的不同设想
重点	发达国家：规律导向、前沿创新、竞争分析 发展中国家：规律导向、模式创新、竞争分析	发达国家：问题导向、政策创新 发展中国家：问题导向、跟踪模仿、政策分析
特点	科学思维：规律—比较—对策 发达国家：现代化原理—保持发达水平—对策 发展中国家：现代化原理—现代化差距—对策	实用逻辑：趋势—现状—对策 发达国家：发展趋势—国家现状—对策 发展中国家：发展趋势—国家现状—对策
基础	现代化理论、战略学等	发展理论、战略学等

1. 现代化目标

现代化目标是未来一段时间现代化的目标。它有许多类型，例如，战略目标和计划目标、长期目标和近期目标、动态目标和固定目标、理论性目标和政策性目标、国家目标、地区目标、领域和部门目标等。现代化目标的制定，需要遵循现代化规律，把握世界发展趋势，认清自身水平和客观条件。这里讨论 21 世纪的现代化目标。

(1) 理论基础

现代化目标是基于现代化理论和国家相对水平的目标。第二次现代化理论认为，现代化的结果包括现代性、特色性和多样性的形成，包括国际分化、国家分层和副作用，包括世界前沿、国际体系和国家状态的变化等；第一次现代化、第二次现代化和综合现代化的结果是不同的；国家现代化的理论目标是完成第一次现代化，完成从农业文明向工业文明的转型；完成第二次现代化，完成从工业文明向知识文明的转型；追赶、达到或保持世界先进水平；国家现代化的政策目标是提高生产力和生活质量，促进社会的公平和进步，促进人的全面发展，促进人与自然互利共生等；发达国家的政策目标是保持世界先进水平，发展中国家的政策目标是追赶和达到世界先进水平。现代化理论为现代化目标提供了理论基础。

一般而言，国家现代化目标包含三类目标：共性目标、个性目标和减少副作用。共性目标包括完成两次现代化，追赶、达到或保持世界先进水平。个性目标包括形成、保持和扩展自己的特色，强化竞争优势等。不同国家和不同时期减少副作用的要求是不同的。

固定目标：完成第一次现代化，形成第一现代性，减少第一次现代化的副作用。发达国家在 20 世纪 60 年代完成第一次现代化，它们 60 年代的平均水平可以作为完成第一次现代化的参考标准。

动态目标：完成第二次现代化，追赶、达到和保持世界先进水平，减少副作用等。目前，没有国家完成了第二次现代化。预计 21 世纪后期，发达国家能够完成第二次现代化。那个时候，发达国家的第二次现代化水平，可以作为完成第二次现代化的参考标准。

(2) 目标制定

现代化目标有不同类型和特点，它们的制定方法有所不同(表 2-141)。一般而言，固定目标的参考标准是已知的，可以采用标杆法、现代化水平评价和现代化阶段评价等来制定相关的政策目标；动态目标的参考标准是世界先进水平，可以采用标杆法和目标预测评价等来制定相关的战略目标和政策目标。

表 2-141　现代化目标的制定方法

目标类型	内容和特点	制定方法
共性目标	第一现代性，第二现代性，追赶、达到或保持世界先进水平	标杆法、现代化水平评价、现代化阶段评价、实际进展评价、目标预测评价等
个性目标	形成、保持和扩展特色，强化竞争优势	国际比较分析、竞争优势分析等
避免副作用	减少两次现代化的副作用	个案分析
固定目标	完成第一次现代化	标杆法、现代化水平评价、现代化阶段评价
动态目标	完成第二次现代化，追赶、达到或保持世界先进水平	标杆法、目标预测评价等
长期目标	战略目标，时间跨度可以 10 年以上	标杆法、目标预测评价、竞争优势分析等
近期目标	政策目标，时间跨度一般 5 年以内	标杆法、目标预测评价、竞争优势分析等

一般而言，战略目标的制定大致包括三个内容：战略定位、战略分析和综合目标。战略定位是对现代化的水平、阶段和国际地位的精确判断。战略分析包括国际环境、客观条件和竞争优势分析等。综合目标包括三类目标(共性目标、个性目标和减少副作用)的综合集成。

首先，战略定位。包括现代化阶段和水平评价。确定现代化的阶段、水平和国际地位。

其次，战略分析。包括世界趋势、世界前沿、国际环境、客观条件和竞争优势分析等。

其三，选择共性目标。可以采用标杆法、实际进展评价和目标预测评价等方法。

其四，选择个性目标。可以采用国际比较分析和竞争优势分析等方法。

其五，减少副作用目标。需要个案分析。

其六，提出综合政策目标。包括共性目标、个性目标和减少副作用等。

(3) 主要方法

首先，目标预测法。在实际进展评价或目标预测评价的基础上，进行政策目标预测。目标预测方法很多，例如，线性外推、非线性预测、目标逼近等。

其次，标杆法。选择某种水平为参考标杆，设置政策目标。一般而言，发达国家的政策标杆值是世界最大值或发达国家平均值；发展中国家的政策标杆值是发达国家平均值、发达国家的底线(门槛值)、世界平均值或第一次现代化的参考标准等。

其三，竞争优势分析。现代化结果包括特色性和多样性。在遵循现代化规律的前提下，分析国家的竞争优势和劣势，选择可以保持和扩展的竞争优势，培育和形成新的竞争优势，形成自己的优势特色，提出个性目标。

(4) 注意事项

制定现代化目标，一般需要注意如下问题。

首先，尊重规律。政策目标应该符合现代化原理和世界发展趋势。

其次，符合国情。政策目标不能脱离实际，必须考虑国情和国际环境的制约。

其三，适度超前。战略目标的时间跨度可以长一些，政策目标的时间跨度不超过5年。

其四，可行性。通过努力能够实现，不努力实现不了。社会可以接受，国力可以支撑。

其五，特色性。不同地区的政策目标，可以相互借鉴，不宜相互攀比。

其六，开放性。关注新潮流、新生长点、新科技等的影响，保持目标的弹性。

一般而言，现代化目标的不同类型目标，需要分别制定和分类管理。第一次现代化、第二次现代化、综合现代化的政策目标，发达国家和发展中国家的政策目标，发达地区和发展中地区的政策目标，不同领域和行业的政策目标，都会有自己的特点和要求，需要区别对待。

2. 现代化规划

现代化规划是未来一段时期的现代化建设蓝图，是实现现代化目标的计划。它是一项系统工程，是现代化战略的具体化和操作化。现代化规划有多种类型，例如，战略规划和实施计划、国家规划、地区规划、领域规划、部门规划和专项规划等。现代化规划的制定，需要遵循现代化规律，需要考虑客观条件和国际环境，需要量力而行。

(1) 理论基础

现代化规划是基于现代化理论和现代化战略的规划。第二次现代化理论认为，现代化过程包括第一次现代化和第二次现代化两个阶段，两次现代化有不同内涵、特征、动力和模式，两次现代化的协调发展是综合现代化；2005年发达国家已经全部进入第二次现代化，少数发展中国家已经进入第二次现代化，绝大多数发展中国家处于第一次现代化，部分发展中国家采用综合现代化路径。现代化理论为现代化规划提供了理论基础。

(2) 规划制定

现代化规划包括许多基本内容，如战略目标、基本任务、分段目标和任务、路径选择、模式选择、重点选择、政策和措施选择等(表2-142)。一般而言，规划制定过程是一个目标导向的开放过程，目标分析、任务分析和各种选择是交互进行的。

表2-142 现代化规划的制定方法

规划内容	内容和特点	制定方法
战略目标	长期目标	见表2-141
基本任务	实现长期目标所需要完成的任务	任务分析
分段目标和任务	分段目标、年度目标和任务	目标和任务的分解
共性目标的实现	提高现代化水平的途径和方法	根据国家发达的原理和方法，提出对策
个性目标的实现	强化特色和竞争优势的途径和方法	专题研究，提出强化特色和竞争优势的对策
避免副作用	减少现代化的副作用的途径和方法	专题研究，提出解决或抑制副作用的对策
路径选择	三条基本路径的选择、路径的细化	路径分析，路径创新，提出具体指标
模式选择	不同路径的模式选择、模式的细化	模式分析，模式创新，模式选择
重点选择	明确实现战略目标的关键点	比较分析，主成分分析法等
政策选择	根据理论和目标，进行政策创新和选择	政策分析，政策创新，政策和措施选择
成本效益分析	预算投入，估算产出，绩效分析	绩效评价方法

注：战略目标和分段目标都包括共性目标、个性目标和避免副作用三个部分。基本任务和分段任务分别指实现战略目标和分段目标所需要完成的任务。

首先，目标分析。解析战略目标，明确基本任务，提出分段目标和年度目标等。

其次，路径选择。选择基本路径，选择实现三个目标的细分路径。

其三，模式选择。选择三个目标相关的合适的模式，或者进行模式创新。

其四，重点选择。选择三个目标相关的重点，明确重中之重，相应配置资源。

其五，政策选择。包括政策分析、政策创新、政策和措施选择等。

其六，形成完整规划。包括目标、路径、模式、重点、政策和绩效评价等。

现代化战略规划，一般包括战略目标、任务、原则、布局、重点和措施等。

现代化实施计划，应该包括年度目标、任务、要求、重点和措施等。

(3) 注意事项

首先，一个重点。共性目标的实现途径和方法，是现代化规划成败的关键环节。目标是提高现代化水平，追赶、达到或保持世界先进水平。发达和发展中国家有所差别。

其次，四个选择。路径选择、模式选择、政策选择和重点选择要慎重。

其三，分段规划。第一次现代化、第二次现代化和综合现代化的战略规划是不同的。

其四，分类规划。发达与发展中国家、国家与地区、领域与部门的战略规划等有所不同。

其五，国家规划。特别关注国家发达的方法和六个领域的优先次序等。

其六，地区规划。特别关注地区现代化水平、特色和竞争优势等。

一般而言，现代化规划，发达国家可以比较多地关注人均创新价值、人均高效劳动、人均先进技术、人均技能和投资效率等；发展中国家可以比较多地关注人均资本、人均技能、人均高效劳动、人均有效劳动、人均高效投资、人均有效投资、人均高级资产和技术进步等。

3. 战略管理

现代化战略的战略管理包括战略制定、战略实施和战略评价的全过程管理。战略管理需要战略制定者和战略执行者的通力合作，需要全过程的和良好的信息沟通。

(1) 战略制定

战略制定大致包括三个主要内容：目标制定、规划制定和战略预评价。

首先，现代化目标的制定，核心是长期目标和基本任务的制定。

其次，现代化规划的制定，核心是分期目标和实施方案的制定。

其三，战略预评价，对各种战略方案进行评价，遴选优良战略，提出优化建议。

战略周期指从战略制定、战略实施到战略结束的时间周期。

战略制定周期大致有四种：任职周期、竞选周期、项目周期和不定期等。

(2) 战略实施

战略实施大致包括三个主要内容：启动、执行和定期调整。

首先，战略启动。公布战略和实施方案，明确重点和措施，配置资源。

其次，战略执行。年度计划的实施、检查和评估等。

其三，战略调整。根据外部变化和内部进展，对战略进行必要调整。

(3) 战略评价

战略评价大致包括三种评价：前期、中期和结果评价。

首先，前期评估。在战略制定阶段的战略预评估，包括目标评估。

其次，中期评估。在战略执行中期的执行评估，提出调整建议。

其三，结果评估。在战略结束后的评估，包括绩效评价等的全面评估。

三、现代化措施

现代化措施的突出特点是针对性和时效性等。不同国家可以根据自身条件，创新和选择合适的政策和措施。政策创新与措施选择，需要遵循现代化规律，需要适合基本国情和国际环境。第一次现代化、第二次现代化和综合现代化路径的政策和措施有所不同。

1. 创新与选择

现代化过程的政策创新和措施选择是现代化战略和规划的组成部分。

(1) 政策和措施的来源

一般而言，政策和措施主要有三个来源：理论来源、国际借鉴和政策创新。

首先，理论来源。现代化理论是一个大家庭，每一种理论都有政策含义。

其次，国际借鉴。过去300年的现代化实践，积累了丰富的成功经验。

其三，政策创新。政策创新是制度创新的一种表现形式。

(2) 创新和选择的周期

现代化包括政策的创新、选择、传播和退出。政策从创新到退出有一个周期(图2-75)。

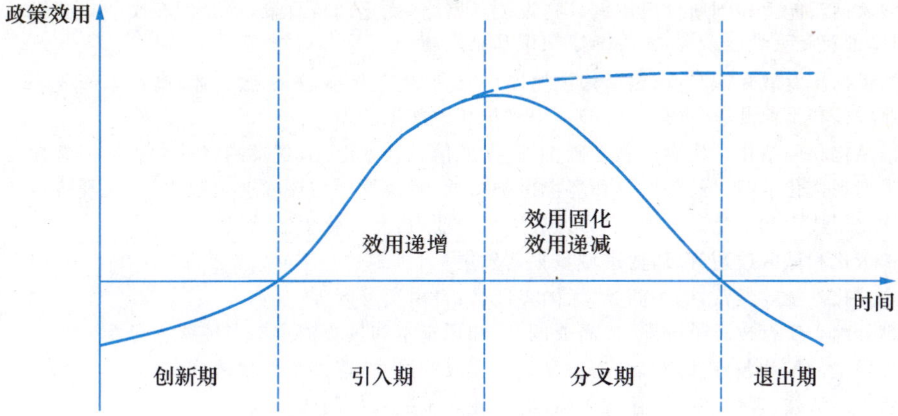

图 2-75 政策创新的生命周期

注：创新期，政策没有效用，负效用表示制度缺失的负面效果。引入期，政策效用递增。分叉期，政策效用已经饱和；有些政策转变为制度，长期发挥作用，效用被固化；有些政策出现效用递减。退出期，有些政策完成历史使命，失去效用，自动退出；有些政策如果不退出，可能产生负面作用。有些政策，出台时就发挥最大效用，然后效用递减；或者效用被固化。

一项政策的政策效用，从效用递增、效用饱和、效用固化(制度化)、效用递减、效用丧失到效用转负(负面效应)，是一个自然的演变过程。

一般而言，在效用递减后期，需要考虑采取措施，让政策退出；避免出现负面效应。

(3) 创新和选择的重点

政策创新和措施选择，可以依据国家发达的原理和方法遴选重点，发达国家和发展中国家可以和应该有不同重点。一般而言，可以从三个角度考虑。

首先，重点领域选择。现代化包括经济、社会、政治、文化、生态和人的现代化。六个领域不可能完全同步。在某个时期，可以选择一个或几个领域为重点。其次，重点部门选择。不同领域包括或涉及不同部门，如经济领域包括农业、工业和服务业等。在某个时期，可以选择一个或几个部门为重点。其三，重点问题选择。在不同领域和部门，在不同时期有不同的关键问题。

(4) 创新和选择的原则

政策创新和措施选择，一般遵循五个原则。

首先，有利于生产力的解放和提高。

其次，有利于社会公平和社会进步。

其三，有利于人的解放和全面发展。

其四，有利于人与自然和谐共处、经济与环境双赢。

其五，有利于科技进步、文化繁荣和提高国际竞争力等。

2. 发达国家的选择

在 21 世纪，发达国家可以采用第二次现代化路径。现代化政策与现代化路径和模式紧密相关。现代化模式是现代化路径的一个时段特征，是现代化要素的一种组合。

第二次现代化路径的政策重点需要适时调整。目前大致有 10 个要点(表 2-143)。

表 2-143 第二次现代化路径的政策选择

编号	主要内容
1	提高国家创新能力和创新价值比例。建设创新网络，优化创新政策，培育创新文化，加强知识创新、技术创新、制度创新和观念创新等，完善国家知识基础设施
2	促进知识化。发展知识产业，包括知识生产、知识和信息传播、知识服务业、高技术产业，普及高等教育，加快工业转移和工业升级，提高经济的知识含量和劳动生产力
3	加快信息化和网络化。建设信息基础设施，发展信息技术产业，建设网络社会和学习型社会
4	实施生态现代化战略。经济增长和环境保护协调，经济发展与环境退化脱钩，实现经济与环境的双赢
5	提高文化创造力和文化竞争力，大力发展文化产业，提高文化生活质量
6	促进郊区化和城区改造升级，促进城乡平衡发展
7	经济全球化。全球经营，电子商务，无国界经济，自由贸易区等
8	按贡献分配。实行按贡献分配、按需要调节，知识资本和投资资本参与纯收入分配
9	个性化民主。推动包容性、对话式、协商式和直接的民主，尊重个性化选择
10	风险管理。科技、理性和决策存在风险，需要建立机制来控制风险等

资料来源：何传启，2003.

3. 发展中国家的选择

在 21 世纪，发展中国家可以有三种选择：追赶现代化路径、综合现代化路径和第二次现代化路径。三条路径有不同内涵和特点，可以和需要采取不同政策。这里重点讨论前两条路径。

(1) 追赶现代化路径的政策选择

追赶现代化路径是跟踪发达国家的现代化路径，先完成第一次现代化，后进入第二次现代化。在追赶现代化路径的第一个阶段，适合采用经典现代化理论的政策措施。追赶现代化路径是一个复合路径，是国家六个领域现代化路径的“包络线”。

追赶现代化路径的政策重点需要适时调整。目前大致有 10 个要点(表 2-144)。

(2) 综合现代化路径的政策选择

综合现代化是两次现代化的协调发展并持续向第二次现代化的转型过程和深刻变化。综合现代化路径是 21 世纪发展中国家的一种战略选择。综合现代化路径涉及六个领域的现代化，具有起点依赖性和模式多样性。

综合现代化路径的政策重点需要适时调整；目前大致有 10 个要点(表 2-145)。

表 2-144　追赶现代化路径的政策选择

编号	主要内容
1	加快工业化。加快农业向工业和服务业的转移，增加有效劳动和有效投资，积极引进技术和资本等
2	推动城市化。加快农村人口向城市的迁移，加强城市基础设施建设等
3	促进民主化。建立和完善民主选举、民主立法和民主监督制度等
4	促进福利化。建设福利社会，实现人人有保险，家家有福利的社会化目标等
5	大力普及教育。普及义务教育和中等教育，发展职业教育和高等教育等
6	适量发展科学和技术，提高技术创新能力，大力破除封建和专制文化等
7	生态现代化。在加快经济增长的同时，保护自然环境和资源合理利用，实现持续发展等
8	推动信息化。加强信息基础设施建设，提供广泛的信息服务，发展信息技术产业等
9	参与全球化。参与国际市场竞争，支持跨国企业，发展电子商务，建立自由贸易区等
10	加强地区经济合作，促进地区知识和经验共享等

资料来源：何传启，2003.

表 2-145　综合现代化路径的政策选择

编号	主要内容
1	新型工业化。工业化、信息化、绿色化、全球化和工业转移协调发展，提高投资和劳动效率等
2	新型城市化。城市化、信息化、绿色化、国际化和郊区化协调发展，建设城乡平衡社会等
3	促进民主化。完善民主制度，提高政府效率和政策透明度，尊重个性化选择等
4	加速信息化。发展信息技术产业，促进电信网、广播电视网和互联网的三网融合等
5	促进知识化。发展科技产业、知识传播和知识服务业等
6	经济全球化。促进国际贸易，降低关税，促进国际经济合作区、自由贸易区的发展等
7	建设学习型社会。普及义务教育和中等教育，发展职业教育、远程教育和高等教育
8	建设创新型国家。建设创新网络，优化创新政策，培育创新文化，提高企业创新能力等
9	建设环境友好社会。实施生态现代化战略，促进经济增长与环境退化的脱钩等
10	实行按贡献分配制度。实行按贡献分配按需要调节，知识资本和投资资本参与纯收入分配

资料来源：何传启，2003.

本章提要

现代化科学是一门新兴科学，目前它包括七个部分。

1. 一般理论

现代化是一种文明变化，变化是有规律的。现代化理论有不同学派，不同学派对现代化规律的认识有所不同。这里讨论第二次现代化理论的一般理论。

(1) 现代化的操作性定义

在现代化科学里，现代化没有统一定义，但有多种操作性定义。第一章讨论了现代化的理论含义。根据理论含义和研究需要，可以提出现代化的操作性定义。

定义一，现代化是18世纪以来人类文明的一种前沿变化和国际竞争，是现代文明的形成、发展、转型和国际互动的前沿过程，是文明要素的创新、选择、传播和退出交替进行的复合过程，是追赶、达到和保持世界先进水平的国际竞争和国际分化；达到和保持世界先进水平的国家是发达国家，其他国家是发展中国家，两类国家之间可以转换。

定义二，现代化是18世纪以来文明发展、文明转型和国际互动的交集。

定义三,现代化是现代文明的世界前沿,以及达到世界前沿的行为和过程。

第一个定义适用于理论分析,第二个和第三个定义适用于定量评价和政策分析。

现代化的三个判断标准。现代化是现代文明的一种前沿变化,满足三个标准的前沿变化才属于现代化。21世纪现代化的三个判断标准分别是:有利于生产力的解放和提高,又不破坏自然环境;有利于社会的公平和进步,又不妨碍经济发展;有利于人的自由解放和全面发展,又不损害社会和谐。

现代化的多面性。例如,从文明变化的角度看,现代化是一个"时间问题",每一个国家的现代化都会进步,都有可能成功,但成功的时间有先后;从国际竞争的角度看,现代化可能是一个"比例和概率问题";在过去300年里,只有不到20%的国家达到世界先进水平,超过80%的国家没有达到世界先进水平;在大约50年里,发达国家保持世界先进水平的概率约为90%,发展中国家达到世界先进水平的概率约为5%。

(2) 现代化的过程

一般而言,现代化过程大致分为两类:前沿过程和追赶过程。两类过程既有联系又有区别,而且相互影响。前沿过程大约有20多个特点,它们反映了现代化过程的一般特点。追赶过程大约有12个特点。一般而言,历史阶段不可跨越,技术阶段可以跨越,追赶过程可以降低时间成本。

在18～21世纪期间,现代化前沿过程可以分为两大阶段。第一次现代化是从农业文明向工业文明的转变,它的主要特点包括工业化、城市化、民主化和理性化等,在不同领域有不同特点。第二次现代化是从工业文明向知识文明的转变,它的主要特点包括知识化、信息化、绿色化和全球化等,在不同领域有不同特点。

第一次现代化是第二次现代化的基础。第二次现代化在某些方面是第一次现代化的延续和发展,如民主化、理性化和科技进步等;在某些方面是第一次现代化的"反向"或转折,如从工业化到非工业化、从集中化到分散化、从生态破坏到环境保护等;在某些方面是创新,如知识化、信息化和网络化等。两次现代化的协调发展并向第二次现代化转型是综合现代化。

现代化遵循10个基本原则:进程不同步、分布不均衡、结构稳定性、地位可变迁、行为可预期、路径可选择、需求递进、效用递减、状态不重复、中轴转变原则。

如果说,现代文明可以分为初级现代文明和高级现代文明两个阶段,那么,工业文明是初级现代文明,知识文明和生态文明是高级现代文明。如果说,第一次现代化是从传统文明向初级现代文明的转变,那么,第二次现代化是从初级现代文明向高级现代文明的转变;两次现代化的协调发展和持续向高级现代文明的转变是综合现代化。

(3) 现代化的结果

一般而言,现代化的结果包括现代性、特色性和多样性的形成,包括劳动生产率和生活质量提高、社会进步、政治民主、文化多元、生态变化和人类全面发展,包括国际分化、国家分层和副作用,包括世界前沿、国际体系和国家状态的变化。

第一次现代化过程的主要结果是第一现代性、特色性、多样性和副作用的形成。第一现代性的主要特点包括:工业化的、城市化的、民主的、法治的、理性的、世俗的、流动的、市场化的、社会福利、高效的、自由的、平等的、现代科学和能源、大众传播和普及义务教育等。第一次现代化的副作用包括:环境污染、贫富分化、经济危机周期和人情淡化等。

第二次现代化过程的主要结果是第二现代性、特色性、多样性和副作用的形成。2005年第二现代性的主要特点包括:知识密集的、信息密集的、网络化的、智能的、全球的、创新的、个性的、多元的、绿色的、生态的、风险性、城乡平衡、环境友好、终身学习和普及高等教育等。目前第二次现代化的副作用包括:网络犯罪、信息鸿沟、国际风险和国际不平等扩大等。

国家现代化的目标与结果的联系是逐步加强的。在1950年以前，国家现代化过程的结果与目标一般没有关系。1960年以来，发展中国家的现代化结果与目标是紧密关联的。1970年以来，现代化理论开始影响发达国家的政策目标。现代化结果与目标的关系会越来越紧密。

(4) 现代化的动力

现代化过程的动力分析，涉及微观和宏观两个层次、动力因素和动力机制两个方面。

现代化的动力因素包括创新、竞争、适应、交流、国家利益和市场需求等。

现代化的动力机制包括创新驱动、三新驱动、双轮驱动、联合作用、四步超循环、三类文明复合互动、创新扩散、创新溢出、竞争驱动和生产力函数等。

(5) 现代化的模式

文明进程和现代化都是多路径的。现代化具有路径多样性、模式多样性和路径依赖性。

现代化过程大致有三条基本路径、许多细分路径、分叉路径和50多种要素组合模式。

从理论角度看，三条基本路径分别是第一次现代化路径、第二次现代化路径和综合现代化路径。

从政策角度看，21世纪国家现代化路径是可以选择的，大约有三条主要路径。其一，如果某个国家选择先做第一次现代化，后做第二次现代化，那么，它的第一阶段是第一次现代化路径，第二阶段是第二次现代化路径。这种做法可以简称为追赶现代化路径。其二，如果某个国家选择两次现代化的协调发展并不断向第二次现代化转型，这种做法就是综合现代化路径。其三，已经完成第一次现代化和进入第二次现代化的国家，可采用第二次现代化路径。

2. 现代化史

现代化史包括现代化进程、现代化研究史和现代化思想史等。

根据现代化前沿的特征和水平划分，在18至21世纪期间，现代化前沿进程可以分为第一次现代化和第二次现代化两大阶段，每一个大阶段又分为起步、发展、成熟和过渡四个小阶段。根据现代化前沿的内涵和特征，《中国现代化报告》提出了现代化前沿进程的六次浪潮。

西方的现代化研究是20世纪50年代开始的，现代化研究大致有三次浪潮。经典现代化理论大致诞生于20世纪50～60年代。20世纪60年代以来，大致诞生了10种现代化理论和相关理论。它们分别是：经典现代化理论、依附理论、世界体系理论、后现代化理论、生态现代化理论、反思性现代化理论、继续现代化理论、全球化理论、多元现代性理论和第二次现代化理论等。中国学者的现代化研究有三次高潮。

3. 分段现代化

在18～21世纪期间，现代化过程可以分为两个阶段，不同阶段有不同理论。

(1) 第一阶段的现代化简称第一次现代化

经典现代化理论诞生于20世纪50～60年代。它认为现代化是一个从传统农业社会向现代工业社会转变的历史过程，现代性是对现代化结果的一种理论概括，现代化过程具有9个特点和多种模式。经典现代化发生在先行国家和后发国家，典型特征包括工业化、城市化、民主化、理性化、福利化和普及义务教育等。经典现代化理论大致包括六个分支理论和六个学术流派。

依附理论是20世纪60年代兴起的一种发展理论。它试图用核心国家与边缘国家之间的依附关系，来解释边缘国家的欠发达现象，并把欠发达归咎于外部原因。历史经验表明，不同国家不太可能齐步走，现代化过程必然伴随发达和欠发达现象。发达国家是现代化国家，欠发达国家是非现代化国家。欠发达现象是现代化的一个客观事实，关于欠发达现象的理论解释，作为经典现代化理论的一个分支理论，应该说是可以成立的。

世界体系理论是20世纪70年代兴起的一种有广泛影响的发展理论。它试图用中心—半边缘—边缘地区的依附关系、世界劳动分工和阶级冲突等变量来分析世界体系的历史演变，从而解释 16 世纪以来的世界发展史。现代化是一个世界运动，必然导致世界体系的变化，世界体系的变化必然影响国家的现代化，但是，经典现代化理论本身缺乏世界体系层次的分析。考虑到现代化过程必然导致世界体系的变化，关于现代化过程的世界体系的理论解释，作为经典现代化理论的一个分支理论是可以理解的。

(2) 第二阶段的现代化简称第二次现代化

第二次现代化理论是 20 世纪 90 年代中国学者何传启提出来的。它既是一个广义现代化理论，又是一种文明发展理论，它建立了现代化理论与文明发展理论之间的有机联系。

第二次现代化理论作为一种文明发展理论，简称为文明周期转移论。它认为，人类文明既是一个有机整体，又是不同民族和国家文明的一个集合；文明发展是有周期的，发展周期是加速的，周期主题是不同的；周期性转移包括文明方向、文明中轴和文明中心的转移。

第二次现代化理论作为一种广义现代化理论，可以简称为两次现代化理论或复合现代化理论。它认为，现代化是 18 世纪工业革命以来的一种文明变化和国际竞争，是现代文明的形成、发展、转型和国际互动的前沿过程，是文明要素创新、选择、传播和退出交替进行的复合过程，是追赶、达到和保持世界先进水平的国际竞争；达到和保持世界先进水平的国家是发达国家，其他国家是发展中国家，两类国家之间可以流动。从 18 世纪到 21 世纪末，现代化过程可以分为第一次和第二次现代化，22 世纪还有新变化。它包括一般理论、分阶段理论、分层次理论和分领域理论等。其中，一般理论是分阶段、分层次和分领域理论的一种抽象，分阶段、分层次和分领域理论则是一般理论在不同阶段、层次和领域的一种体现，它们共同组成广义现代化理论的理论大厦。

第二次现代化理论的分阶段理论包括第一次现代化理论、狭义第二次现代化理论和综合现代化理论。每一种分阶段理论都包括一般理论、分层理论、分领域理论和分部门理论。第一次现代化理论与经典现代化理论大同小异。目前第二次现代化大致有 10 个特点：知识化、信息化、绿色化、创新化、全球化、分散化、多样性、个性化、智能化和终生学习等。

反思性现代化理论是 20 世纪 80 年代德国学者贝克提出来的。他认为：现代化过程包括普通现代化和反思性现代化两个阶段，普通现代化是从传统社会向工业社会的转变，反思性现代化是从工业社会向风险社会的转变，反思性现代化是现代化的现代化。工业社会的现代性是普通现代性，风险社会的现代性是反思现代性。普通现代性是第一现代性，反思现代性是第二现代性，主要特点是：风险性、全球化、个性化、多样性和多样化等。

后现代化理论出现于 20 世纪 70～80 年代。后现代化理论并不是一个完整的理论体系，而是关于后工业社会、后现代主义和后现代化研究的一个思想集合。美国学者贝尔把人类社会发展分为三个阶段：前工业社会、工业社会和后工业社会。法国学者利奥塔认为随着社会进入被称为后工业的年代以及文化进入被称为后现代的年代，知识改变了地位。英国学者柯鲁克等认为发达国家正在经历一个长期的、多维度的后现代化过程。美国学者殷格哈特认为，历史发展不是线性的，从传统社会向现代社会的转变是现代化，从现代社会向后现代社会的转变是后现代化。1970 年以来工业化国家发生的变化是后现代化，发展中国家发生的变化是现代化。从现代化向后现代化的转变包括政治、经济、性和家庭、宗教观念等的深刻变化，如从物质主义到后物质主义、从现代价值到后现代价值、从生存价值到幸福价值等。

继续现代化理论是 20 世纪 90 年代德国社会学家提出的一种学术思想。德国学者查普夫认为，后物质主义社会、后工业社会、后现代社会、信息社会、风险社会、感性社会等概念在语义上都没有像“现代社会”这个概念更具有生命力，经过冲突论和创新论“淬火”的现代化理论是解释世界现在和未来发展的合适的理论模式；现代社会的继续现代化包括技术和社会创新，包括容纳、价值普遍化、分化和地位提高的社会变迁机制，包括方向恒定和结构改善两重含义。

(3) 综合现代化路径是发展中国家的一条路径

综合现代化理论是21世纪初中国学者何传启提出来的，它是第二次现代化理论的一个路径理论。综合现代化是一个双重转型过程，包括从农业文明向工业文明、工业文明向知识文明的转型，以及两次转型的联动和持续向知识文明的转向；包括新型工业化、新型城市化、知识化、信息化、民主化、福利化、绿色化、生态化和全球化等；农业文明比例持续下降，工业文明比例先升后降，知识文明和生态文明比例上升。它大致包括三个阶段：工业化为主、知识化为主和全面知识化阶段，特点包括多样性、综合性、复杂性、风险性和创新性等。

综合现代化不要求先完成第一次现代化，而是在进行第一次现代化的同时，开展第二次现代化；在两次现代化没有冲突的方面，遵循事物发展的内在逻辑，循序渐进，减少失误，加速发展；在两次现代化发生冲突的方面，采用三优先原则，即优先遵循事物发展的内在逻辑，优先遵循第二次现代化的基本原则，优先考虑第二次现代化的发展需要。

多元现代性理论是20世纪90年代兴起的一种专题理论，是关于现代文化和制度多样性和文化变迁多线性的一种理论阐述。以色列学者艾森斯塔特认为：首先，现代性应当被视为一种独特文明，具有独特的制度和文化特征。其次，现代性的历史，最好看作是现代性的多元文化方案、独特的现代制度模式以及现代社会的不同自我构想不断发展、形成、构造和重构的一个故事——多元现代性的故事。其三，现代性的这些不同文化方案和制度模式，是通过几种因素之间的持续互动构成的。其四，现代性文化方案的关键核心，涉及人的能动性和自主性，强调个人自由与制度自由领域的不断扩大，人的活动、创造性、自主性领域的不断扩展。其五，文化多样性的分析，并不否认现代化和工业社会趋同的早期理论包含着高度真实的因素。多元现代性与发展中国家在综合现代化阶段的路径选择有比较密切的关系。

全球化理论是20世纪90年代引起广泛关注的一种专题理论。迄今为止，关于全球化没有统一定义。狭义理解，全球化是经济活动的全球联系和相互依赖的扩展。广义理解，全球化是经济、政治、文化、社会和环境等领域进行的、复杂的国际化过程。当国际化达到一定程度时，比如说超过50%的国家介入国际化过程的时候，这就是真正的全球化。全球化是一个国际联系日益扩展的历史过程。全球化理论是关于全球化现象的理论解释的一个集合。考虑到现代化过程是一个全球过程，全球化是现代化的一个伴生现象，把全球化理论理解成现代化理论的一个专题理论是可以接受的。当然，它们之间没有硬性关系，而是各自发展的理论。

4. 分层现代化

现代化发生在世界、国际、国家、地区、机构和个体六个层次。

世界现代化是18世纪以来人类文明的一种前沿变化和国际分化，是人类现代文明的形成、发展、转型和国际互动的前沿过程，是人类现代文明要素的创新、选择、传播和退出交替进行的复合过程，是追赶、达到和保持世界先进水平的国际竞争、国际分化和国际体系变化；它包括世界整体的现代化、世界六个领域的现代化和时空分布变化等。

国际现代化是国家现代化与国际环境的一种相互作用，是现代化过程的国际互动；它包括国际行为、结构、制度和观念的现代化等；它涉及三个方面：国家现代化、国际环境和国际互动。国际现代化过程大致有12个特点：普遍性、多样性、阶段性、复杂性、演化性、非决定性、国别差异性、国家水平效应、国家实力效应、国际战争持续存在、国际合作逐步加强和工业文明效应。

国家现代化是18世纪以来国家文明的一种前沿变化和国际竞争，是国家现代文明的形成、发展、转型和国际互动的前沿过程，是国家现代文明要素的创新、选择、传播和退出交替进行的复合过程，是追赶、达到和保持世界先进水平的国际竞争、国家分层和文明分布变化；它包括国家整体的现代化、国家六个领域的现代化和国家现代化的时空分布变化等。国家现代化是现代化研究和实践的基本单元。在现代化研究和实践过程中,国家现代化处于核心地位。在现代化理论体系中,国家现代化理论与现代化一般理论的符合度是最高的。

地区现代化是 18 世纪以来地区文明的一种前沿变化和地区竞争,是地区现代文明的形成、发展、转型和国际互动的前沿过程,是地区现代文明要素的创新、选择、传播和退出交替进行的复合过程,是追赶、达到和保持世界先进水平的地区竞争、地区分化和地区分层;它包括地区整体的现代化、地区六个领域的现代化和地区现代化的相互作用等,包括地区部门现代化、城市、农村、山区和平原地区现代化等。

机构现代化指机构层面的现代化,是现代化过程中组织机构的一种前沿变化,是现代机构的形成、发展、重组和互动,现代机构要素的创新、选择、传播和退出,以及追赶、达到和保持世界先进水平的机构竞争;它包括世界、国家、地区、领域和行业范围的机构和单个机构的机构现代化,政府机构、非赢利机构和赢利机构的现代化等。

个体现代化指个体层面的现代化,是现代化过程中个体的行为、素质、能力和观念的一种前沿变化,是个体要素的创新、选择、传播和退出交互进行的复合过程;它包括世界、国家和地区范围的和单个个体的个体现代化。它是现代化现象的一种表现形式和一个分析层次。不同领域的个体现代化有不同特点,具有很大的多样性。个体现代化与人的现代化、机构现代化和文化现代化等有交叉。

5. 领域现代化

现代化发生在经济、社会、政治、文化、生态和个人六个领域。

经济现代化是 18 世纪工业革命以来经济领域的一种前沿变化和国际竞争,是现代经济的形成、发展、转型和国际互动的前沿过程,是经济要素的创新、选择、传播和退出交替进行的复合过程,是追赶、达到和保持世界经济先进水平的国际竞争、国际分化和国家分层等;它包括从农业经济向工业经济、从工业经济向知识经济的两次转变、经济效率和人均收入的持续提高、经济福利、经济公平、国家经济地位和国际经济体系的变化等。

社会现代化是 18 世纪工业革命以来社会领域的一种前沿变化和国际竞争,是现代社会的形成、发展、转型和国际互动的前沿过程,是社会要素的创新、选择、传播和退出交替进行的复合过程,是追赶、达到和保持世界社会先进水平的国际竞争、国际分化和国家分层等;它包括从农业社会向工业社会、从工业社会向知识社会的两次转变、社会效率和生活质量的提高、生活方式和生活观念的变化、国民文化与健康素质的提高、社会福利、社会公平和国际社会地位的变化等。

政治现代化是 18 世纪工业革命以来政治领域的一种前沿变化和国际竞争,是现代政治的形成、发展、转型和国际互动的前沿过程,是政治要素的创新、选择、传播和退出交替进行的复合过程,是追赶、达到和保持世界先进水平的国际政治竞争和国家分层。它包括从传统政治向现代政治、从现代政治向后现代政治的两次转型,包括政治权力合理化和民主化、政治参与法制化和平等化、政治体系制度化和专业化、政治行为理性化和高效化等。

文化现代化是 18 世纪启蒙运动以来文化领域的一种前沿变化和国际竞争,是现代文化的形成、发展、转型和国际互动的前沿过程,是文化要素的创新、选择、传播和退出交替进行的复合过程,是追赶、达到和保持文化变迁的世界前沿地位的国际文化竞争和国家分层等;它包括从传统文化向现代文化、现代文化向后现代文化的两次转变、文化创造力和文化生活质量的提高、文化设施和文化产业的发展、人的自由解放和全面发展等。

生态现代化是现代化与自然环境的相互作用和互利耦合,是现代化的生态转型和国际竞争,是生态文明的形成、发展和国际互动的前沿过程,是生态文明要素的创新、选择、传播和退出交替进行的复合过程,是追赶、达到和保持世界先进水平的国际竞争和国家分层等;它包括从物质文明向生态文明、物质经济向生态经济、物质社会向生态社会、物质政治向生态政治、物质文化向生态文化的转变，包括生态质量的改善、生态效率的提高、生态结构、生态制度和观念的变化，以及相关国际地位的变化等。生态现代化是生态进步、经济生态化、社会生态化、国际竞争和国际相关地位变化的交集。

人的现代化是18世纪以来个人行为领域的一种前沿变化和国际竞争，是现代人的形成、发展、转型和互动的前沿过程，是个人要素和公民制度的创新、选择、传播和退出交替进行的复合过程，是追赶、达到和保持公民素质的世界先进水平的国际竞争、国际分化和国家分层等；它包括从传统人向现代人、现代人向后现代人的两次转变、公民素质和能力的提高、公民权利和义务的发展、个人生活方式、行为模式和价值观念的变化等。人的现代化是人的自由解放和全面发展，是个人进步、制度进步和环境进步的交集。

6. 部门现代化

现代化发生在农业、工业、教育、科技和国防等各个部门。

农业现代化是18世纪工业革命以来农业系统的一种前沿变化和国际竞争，是现代农业的形成、发展、转型和国际互动的前沿过程，是农业要素的创新、选择、传播和退出交替进行的复合过程，是追赶、达到和保持世界农业先进水平的国际竞争、国际分化和国家分层等；它包括从自给型农业向市场化农业、从市场化农业向知识型农业的两次转变、农业效率和农民收入的持续提高、农民福利和生活质量的持续改善、保持农产品供需平衡和国家粮食安全、国家农业地位和国际农业体系的变化等。

教育现代化是18世纪以来教育系统的一种前沿变化和国际竞争，是现代教育的形成、发展、转型和国际互动的前沿过程，是教育要素的创新、选择、传播和退出交替进行的复合过程，是追赶、达到和保持世界教育先进水平的国际竞争、国际分化和国家分层等；它包括从传统教育向现代教育、从学位教育向终生学习的两次转变、教育效率和质量的提高、教育思想和观念的变化、教育普及率和国民素质的提高、教育公平、学生素质和国际教育地位的变化。一般而言，教育现代化是教育发展、教育转型、国际教育竞争和国际地位变化的交集。

科技现代化是18世纪以来科技系统的一种前沿变化和国际竞争，是现代科技体系的形成、发展、转型和国际互动的前沿过程，是科技要素的创新、选择、传播和退出交替进行的复合过程，是追赶、达到和保持世界科技先进水平的国际科技竞争和国家分层等；它包括从传统科技向现代科技体系、从现代科技体系向国家创新体系的两次转变、企业技术进步和国际竞争力的提高、国家创新能力和国民科学素质的提高、科技对经济增长的贡献率提高、世界科技体系和国际科技地位的变化等。

7. 现代化政策

现代化科学不仅是一门交叉科学，更是一门战略科学。

现代化评价是对现代化过程和结果的一种综合评价。综合评价的思想是：评价对象是一个复杂系统，单个指标不足以评价它，需要将多个指标转化为一个综合指数进行评价；不同指标经过统计学处理，转化成单项指数，多个单项指数通过加权和计算，生成一个综合指数。

现代化战略是基于现代化理论的战略，发展战略是基于发展理论的战略。前者适合于所有国家，后者常见于发展中国家。现代化战略与发展战略既有联系又有区别。

现代化目标是未来一段时间现代化的目标。它有许多类型，例如，战略目标和计划目标、长期目标和近期目标、动态目标和固定目标等。现代化目标的制定，需要遵循现代化规律，把握世界发展趋势，认清自身水平和客观条件。

现代化措施的突出特点是针对性和时效性等。政策创新与措施选择，需要遵循现代化规律，需要适合基本国情和国际环境。发达国家和发展中国家的政策创新和措施选择是不同的。现代化科学包括众多理论，不同理论的政策含义是不同的。

第三章　现代化科学的实际应用

现代化科学是关于现代文明和国家发达的一门科学。它的任务是阐述现代文明的前沿变化和变化规律，解释国家发达的原理和方法。简单地说，前者是它的理论意义，后者是它的实际应用，两者是相互交叉的，现代化战略和政策是两者的结合部。

第一节　现代化与国家发达

国家是现代化研究和现代化建设的基本单元。在现代化过程中，有些国家达到和保持了世界先进水平，它们属于发达国家；有些国家没有达到世界先进水平，它们属于发展中国家；发达国家与发展中国家之间的贫富差距持续扩大(图 3-1)。关于发达国家与发展中国家的分类是基于国家发展水平的一种国家分类。国家发达与国家分类、国家分层和国际分化紧密相关。

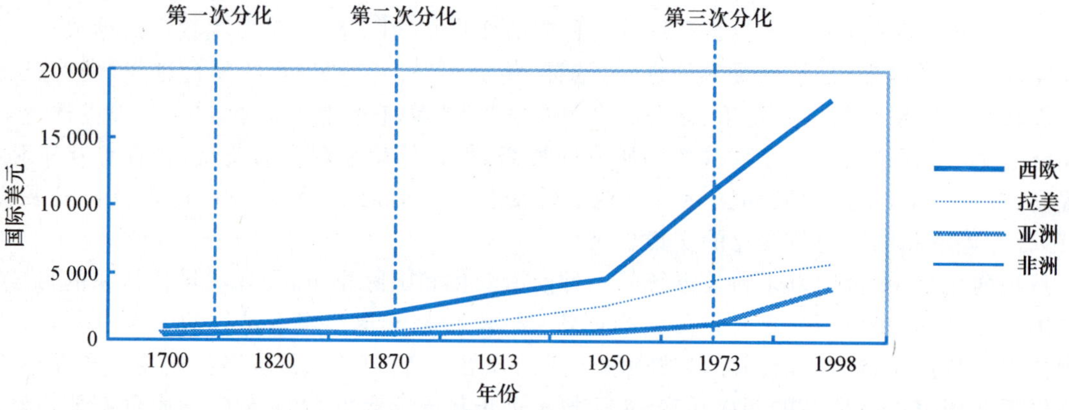

图 3-1　1700～1998 年人均 GDP(PPP)的国际分化

注：亚洲数据不包括日本。人均 GDP 单位为按购买力平价(PPP)计算 1990 年价格的国际美元。分化指人均 GDP 的国际差距拉大，是从农业文明向工业文明转变所引发的一种现象。第一次分化是 18 世纪西欧国家的分化，第二次分化是 19 世纪拉美国家的分化，第三次分化是 20 世纪亚洲国家的分化。

资料来源：Maddison，2001.

一、现代化与国家分类

关于国家分类没有标准方法。现代化过程的国家分类，可以根据国家发展水平、发展阶段和国家实力进行分类，也可以根据某个领域或某个指标的水平进行分类。《中国现代化报告》采用现代化评价，并根据国家现代化的水平、阶段和国家实力等进行国家分类(表 3-1)。

1. 基于国家水平的国家分类

关于国家水平没有统一定义。一般而言，国家水平指国家发展的相对水平；有许多指标可以用来描述国家水平，如国家现代化水平、国家文明水平、国家经济和社会水平等。

表 3-1　基于国家水平和阶段的国家分类

序号	国家分类	分类依据	备注
1	发达国家、发展中国家(中等发达、初等发达、欠发达国家)	现代化指数	水平
2	高人类发展水平、中人类发展水平、低人类发展水平国家	人类发展指数	
3	高收入国家、中收入国家(中高和中低)、低收入国家	人均国民收入	
4	发达国家、发展中国家(比较不发达国家、最不发达国家)	统计口径[a]	
5	知识文明国家、工业文明国家、农业文明国家	文明水平	
6	第二次现代化国家、第一次现代化国家、传统农业国家	现代化阶段	阶段
7	先行国家(先发国家)、追赶型国家(后发国家)	启动时间	
8	大型国家、中型国家、小型国家、微型国家	人口、国土、经济规模	实力
9	世界强国、中等强国、初等强国、世界弱国	实力、竞争力、影响力	

注：UNDP 根据人类发展指数进行国家分类。世界银行根据人均国民收入进行国家分类。a 联合国人口统计署认为，发达国家包括欧洲国家、北美国家、澳大利亚、新西兰和日本，其他为发展中国家；发达国家是工业化国家，发展中国家包括 50 个最不发达国家和其他比较不发达国家(UN，2004)。

参考资料：UNDP，2000；World Bank，2000；中国现代化战略研究课题组等，2008.

《中国现代化报告》根据国家的现代化水平和世界排名，把国家分为发达国家、中等发达国家、初等发达国家和欠发达国家；其中，中等发达国家、初等发达国家和欠发达国家属于发展中国家(图 3-2)。

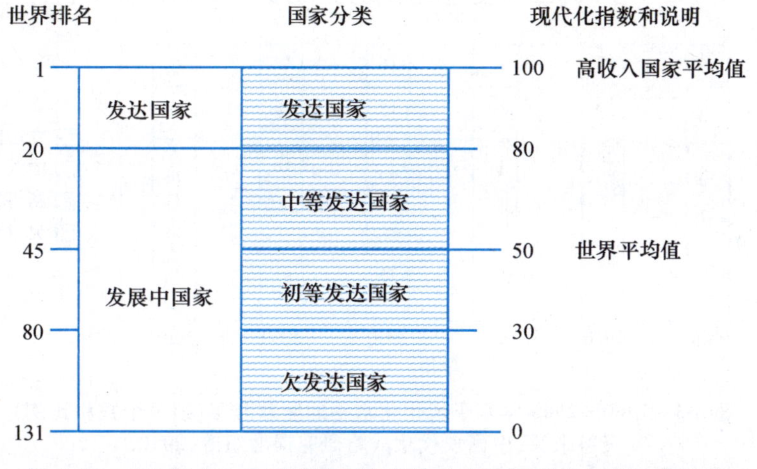

图 3-2　2005 年 131 个国家基于现代化水平和世界排名的国家分类

注：131 个国家为 2000 年人口超过 100 万和数据比较齐全的国家。在不同年份，第二次现代化指数和综合现代化指数的世界平均值在 50 左右波动，4 组国家的个数略有波动。

根据国家现代化水平的国家分类方法是：发达国家，是指现代化水平超过高收入国家平均值的 80%；中等发达国家，是指现代化水平低于发达国家但高于世界平均值；初等发达国家，是指现代化水平低于世界平均值但高于欠发达国家；欠发达国家，是指现代化水平低于世界平均值的 60%。

根据国家现代化水平世界排名的国家分类方法是：发达国家，现代化水平排世界前 20 名；中等发达国家，排世界第 21 名至第 45 名；初等发达国家，排世界第 46 名到第 80 名；欠发达国家，排世界第 81 名及以下。这是 2005 年 131 个国家的世界排名的分类标准，131 个国家为 2000 年国家人口超过 100 万和统计数据比较齐全的国家。

2. 基于国家实力的国家分类

一般而言,国家实力指国家生存和发展的资产和能力的总和。有许多指标可以用来反映国家实力,如综合国力、客观国力、经济实力、经济规模、人口规模和国土规模等。国家实力与国家的规模和水平正相关。不同指标的国际结构不同,它们的国家分类标准可以有所不同。

《中国现代化报告 2008》提出了客观国力、经济实力、客观竞争力、客观影响力、人口规模、国土规模和经济规模等指标的国家分类方法。

二、现代化与国家分层

根据联合国宪章,世界上所有国家主权平等。虽然国家的法律地位是平等的,但国家的发展水平和实力存在很大差别。基于国家发展水平和国家实力的国家分层是客观存在的。现代化研究重点讨论基于现代化水平的国家分层,它与国家发达的判断标准紧密相关。

1. 现代化过程的国家分层

一般而言,国家分层指国家在国际体系的分层结构中的等级、层次及其变化。国家分层是现代化过程的一个客观现象,是国际分化的一种表现形式。

(1) 基于国家现代化水平的国家分层

依据国家现代化水平的国家分层包括 4 个层次:发达国家、中等发达国家、初等发达国家和欠发达国家。在 1960～2005 年期间,发达国家的比例大约为 13%～15%,中等发达国家约为 12%～21%,初等发达国家约为 25%～35%,欠发达国家约为 33%～45%(图 3-3)。

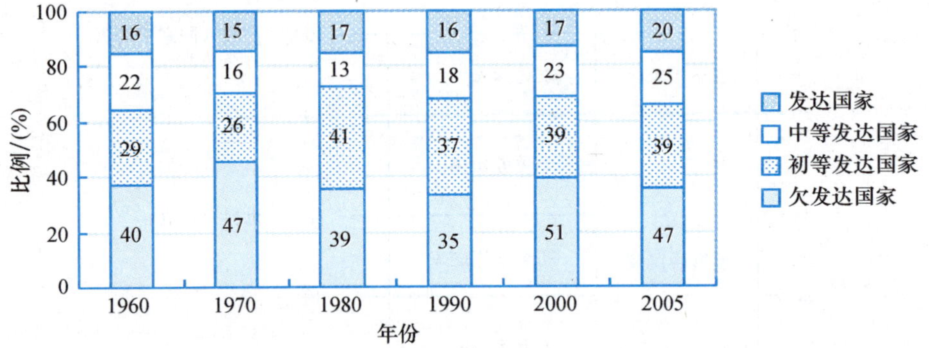

图 3-3 1960～2005 年基于现代化水平的国家分层(国家个数和比例)
资料来源:中国现代化战略研究课题组等,2010.

(2) 基于领域和指标现代化水平的国家分层

依据领域和指标现代化水平的国家分层同样包括 4 个层次:发达国家、中等发达国家、初等发达国家和欠发达国家。根据《中国现代化报告 2010》的分析结果,在 1700～2005 年期间,经济发达国家的比例大约为 12%～20%,中等发达国家约为 12%～36%,初等发达国家约为 17%～43%,欠发达国家约为 30%～55%(图 3-4)。

2. 现代化过程中的国家流动

国家流动是现代化过程的一个客观现象,是国家分层的一种表现形式。一般而言,国家流动指国家在国际体系中的地位变化,包括国家等级和世界排名的变化等。世界排名的变化比较频繁。国家等级的变化有一定概率,简称地位转移概率,可以采用马尔科夫链分析。

(1) 两类国家的地位转移概率

如果把国家分为发达国家和发展中国家,可以计算不同时期两类国家之间的转移概率(表 3-2)。

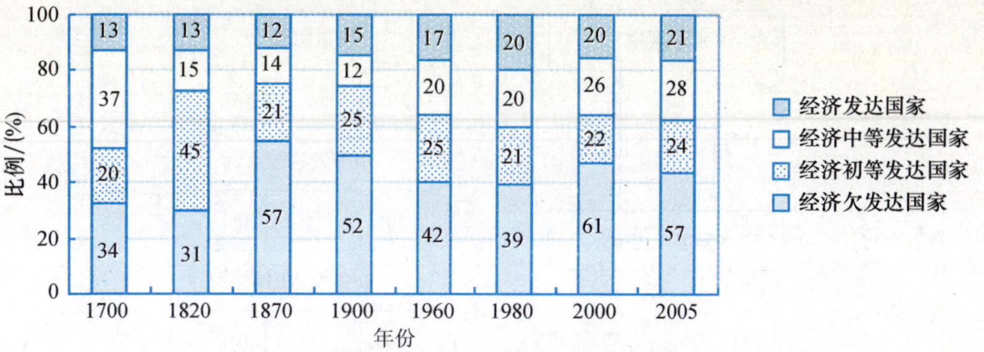

图 3-4　1700～2005 年基于经济水平的国家分层(国家个数和比例)

注:国家总数为 104～130 个。1700～1900 年部分国家没有数据,它们的发展水平采用其所在地区的平均值代表(Maddison, 2001),如非洲国家的水平用非洲平均值代表。根据人均 GDP(PPP)分组。人均 GDP(PPP)的国家分组标准为:经济发达国家,超过高收入国家平均值的 80%;中等发达国家,低于发达国家但高于世界平均值;初等发达国家,低于世界平均值但高于欠发达国家;欠发达国家,低于世界平均值的 50%。

资料来源:中国现代化战略研究课题组等,2010.

在 50～100 年间,发达国家降级为发展中国家的概率平均约为 10%(6%～23%),发展中国家升级为发达国家的概率平均约为 5%(1%～9%)(图 3-5(a))。

表 3-2　1700～2005 年发达国家与发展中国家之间的转移概率

分组[a]		A	D	A	D	升级国家	降级国家
1700 年国家数		1820 年国家数		120 年转移概率/(%)			
A	13	12	1	92	8	—	葡萄牙
D	91	1	90	1	99	美国	—
1820 年国家数		1900 年国家数		80 年转移概率/(%)			
A	13	10	3	77	23	—	西班牙、意大利、挪威
D	91	5	86	5	95	加拿大、阿根廷、澳大利亚、新西兰、爱尔兰	—
1900 年国家数		2005 年国家数		105 年转移概率/(%)			
A	15	13	2	87	13	—	阿根廷、新西兰
D	88	8	80	9	91	芬兰、西班牙、意大利、挪威、日本、新加坡、希腊[c]、科威特[c]	—
1960 年国家数[b]		2005 年国家数[b]		45 年转移概率/(%)			
A	16	15	1	94	6	—	俄罗斯
D	91	5	86	5	95	芬兰、爱尔兰、日本、新加坡、韩国	—

注:a 根据人均 GDP(PPP)指数的分组。A 代表发达国家,D 代表发展中国家。b 根据现代化指数分组。c 根据人均 GDP(PPP)指数分组,希腊和科威特是高收入国家;根据现代化指数分组,希腊和科威特是中等发达国家。挪威、西班牙、意大利和爱尔兰等的国际地位在发达国家与发展中国家之间波动。在 18 世纪,美国升级为发达国家,葡萄牙降级为发展中国家。在 19 世纪,加拿大、澳大利亚、新西兰、爱尔兰和阿根廷等升级为发达国家,西班牙、意大利和挪威等降级为发展中国家。在 20 世纪,芬兰、日本、新加坡和韩国等升级发达国家,苏联(俄罗斯)和阿根廷等降级为发展中国家。

资料来源:中国现代化战略研究课题组等,2010.

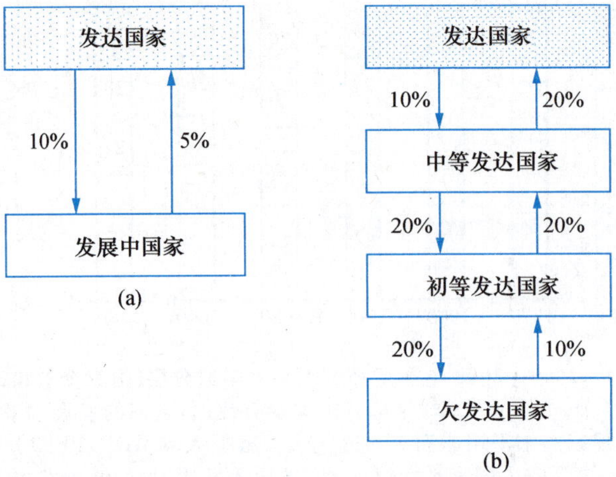

图 3-5 50～100 年间两类国家和四类国家之间的转移概率

资料来源：中国现代化战略研究课题组等，2010.

(2) 四类国家的转移概率

如果把国家分为发达国家、中等发达国家、初等发达国家和欠发达国家，可以计算不同时期四类国家的地位转移概率。在 50～100 年间，发达国家降级为中等发达国家的概率平均约为 10%(6%～23%)，中等发达国家升级为发达国家的概率平均约 20%(0～42%)，初等发达国家升级为中等发达国家的概率平均约 20%(14%～24%)，欠发达国家升级为初等发达国家的概率平均约 10%(5%～14%)(图 3-5(b))；初等发达国家和欠发达国家跳级的概率约 5%。

三、现代化与国际分化

国际分化是现代化过程的一种客观现象。一般而言，国际分化指国际差别和差距的扩大、国际分工和国际地位的变化等。国际地位和地位变化属于国家分层，前面已有分析。

1. 现代化与国际差别

现代化过程既有国际趋同，也有国际分化。国际趋同的方面很多，例如，产业结构、就业结构、政府结构、社会结构、教育结构和基础设施趋同等。国际分化的方面同样很多，例如，文明形态、经济形态、社会形态、发展阶段和文化观念的多样化等(表 3-3)。这种多样化的原因是复杂的，有些是因为进程不同步造成的，有些是因为发展的多模式和多样性。

表 3-3 1760～2005 年国际差别和多样性的扩大

项目	1760 年的特点	1970 年的多样性	2005 年的多样性
文明形态	农业文明	农业文明、工业文明	农业文明、工业文明、知识文明
经济形态	农业经济	农业经济、工业经济	农业经济、工业经济、知识经济
社会形态	农业社会	农业社会、半工业和工业社会	农业社会、工业社会、知识社会
文化观念	传统文化	传统文化、现代文化	传统文化、现代文化、文化多样性
发展阶段	传统社会	传统社会、第一次现代化	传统社会、第一次和第二次现代化

2. 现代化与国际差距

在现代化过程中，有些指标的国际差距从扩大到缩小，如城市人口比例等；有些指标的国际差距持续扩大，如人均国民收入和经济效率等。例如，在 1700～1998 年期间，西欧平均人均 GDP(PPP)从

1024 国际美元上升到 17 921 国际美元，非洲从 400 国际美元上升到 1368 国际美元；西欧与非洲的绝对差距从 624 国际美元扩大到 16 553 国际美元，相对差距从约 2 倍扩大到 12 倍(表 3-4)。现代化过程是一个国际收入差距扩大的过程。

表 3-4　1700～1998 年西欧与非洲人均 GDP 的差距

项目	1700	1820	1870	1913	1950	1973	1998	1998/1700
西欧	1024	1232	1974	3473	4594	11 534	17 921	17.5
非洲	400	418	444	585	852	1365	1368	3.4
绝对差距	624	814	1530	2888	3742	10 169	16 553	26.5
相对差距	2.6	2.9	4.4	5.9	5.4	8.4	13.1	5.1

注：人均 GDP 的单位为按购买力平价(PPP)计算的 1990 年价格的国际美元。
资料来源：Maddison，2001.

3. 现代化与国际分工

现代化过程的国际分工是逐步演变的。国际分工包括知识、劳动和市场分工等，工业经济时代与知识经济时代的国际分工有所不同(表 3-5)。一般而言，发达国家处于国际分工的高端，从事知识密集、资本密集和价值较高的生产；发展中国家处于国际分工的低端，从事资源密集、劳动密集和价值较低的生产。当然，这种国际分工不是绝对的，发展中国家可以参与高端市场和知识市场的国际竞争，这需要有合理的竞争战略和国家政策。

表 3-5　现代化过程的国际分工

项目	发展中国家	发达国家
国际知识分工	知识使用者、知识进口者	知识创造者、知识生产者、知识消费者
国际劳动分工	初级生产、简单劳动	高级生产、知识生产、知识密集型劳动
国际市场分工	初级市场、原料市场 初级产品、低附加值制造品	高级市场、知识市场、金融市场 高附加值制造品、知识产品、服务产品、设计产品
工业经济时代	初级产品生产、进口工业产品	工业产品生产、出口工业产品、购买原材料
知识经济时代	初级产品、中、低端产品 "躯干型国家"	高端产品、知识型产品、知识型服务 "头脑型国家"

注：国际分工是相对的，发展中国家可以参与高端市场和知识市场的国际竞争。发达国家和发展中国家内部也有国际分工。

综上所述，国家发达是现代化过程的一个客观现象，指一些国家达到和保持世界先进水平，成为发达国家，其他国家则属于发展中国家，两类国家之间可以流动。从国家分类角度看，发达国家是一种国家水平分类。从国家分层角度看，发达国家是达到世界先进水平的国家。从国际分化角度看，发达国家是处于国际分工高端的国家。

第二节　国家发达的理论解释

国家发达是一种复杂现象，可以和需要从不同角度进行分析。一般而言，国家发达现象是现代化过程的一种伴生现象，现代化理论可以提供国家发达的一种理论解释。

一、国家发达的基本原理

1. 国家发达的三个假设

首先，国家发达是一个历史现象，是国家现代化、国际竞争和国际分化的结果。在现代化过程中，发达国家是达到和保持世界先进水平的国家，其他国家是发展中国家；发达国家的比例一般低于20%，发展中国家的比例一般高于80%；两类国家之间可以流动。

其次，国家发达与国家发展水平正相关。一般而言，国家发展水平与创新价值比例成正比，与劳动价值比例成反比；与物化劳动比例成正比，与活的劳动比例成反比；与有效劳动比例成正比，与无效劳动比例成反比；与有效投资比例成正比，与无效投资比例成反比；与高级资产比例成正比，与初级资产比例成反比；与先进技术比例成正比，与落后技术比例成反比等（表 3-6）。关于各种价值比例和相互关系将在后面讨论。

表 3-6　国家发展水平与关键要素的逻辑关系

要素	与国家发展水平成正比的部分	与国家发展水平成反比的部分
价值	创新价值比例	劳动价值比例
劳动	物化劳动、有效劳动、高效劳动的比例	活的劳动、无效劳动、低效劳动的比例
资本	有效投资、高效投资、高级资产的比例	无效投资、低效投资、初级资产的比例
技术	先进技术比例	落后技术比例

注：国家发展水平与许多要素有关，如产业结构、就业结构、关键制度、生活质量和人的发展水平等。

资料来源：何传启，2010.

其三，国家发达具有二重性。一是相对稳定性。例如，在大约 50 年里发达国家保持发达水平的概率约为 90%。二是流动性。例如，发达国家可以降级为发展中国家，在大约 50 年里降级概率约为10%；发展中国家可以升级为发达国家，在大约 50 年里升级概率约为 5%。

2. 国家发达的三个维度

一般而言，现代化有三个判断标准：有利于生产力的解放和提高、有利于社会的公平和进步、有利于人类的自由解放和全面发展；满足三个标准的文明变化属于现代化，国家的生产力、社会进步和人类发展水平具有世界先进水平的国家属于发达国家。

国家发达是一个多维复合现象，它至少需要满足生产力、社会进步和人类发展三个维度的标准。当然，三个标准是基本标准。从理论上说，发达国家需要在经济、社会、政治、文化、生态和个人现代化六个方面，都达到世界先进水平。

(1) 先进生产力维度

国家发达首先表现为具有先进生产力。生产力水平达到和保持世界先进水平的国家才是发达国家。一般而言，生产力指在单位时间里劳动创造的价值。

英国学者李嘉图认为："具有效用的商品，其交换价值是从两个源泉得来的，一个是它们的稀缺性，另一个是获取时所必需的劳动量。有些商品的价值，单只由它们的稀缺性决定。这类商品在市场日常交换的商品总额中只占极少一部分。"（斯拉法，1997）。奥地利学者熊彼特（1912）提出"创新理论"，用企业创新解释经济发展。他认为："在新产品问世之初，企业家没有竞争对手，新产品的价格完全是，或者在某种范围内，按照垄断价格的原则来确定的。"

目前，稀缺性大致有三种类型（表 3-7）。其中，自然型稀缺性是数量有限的，管理型稀缺常常是不合法的，技术型稀缺主要是专利和创新的结果。一般而言，技术型稀缺所决定的价值可以简称为创新价值，它包含创造性劳动产生的创新附加值（何传启，2001）（图 3-6）。

表 3-7 稀缺性的来源和类型

类型	解释	举例	备注
自然型	自然和历史形成的稀缺性	文物、特殊资源等	数量相对有限，所占比例较小
管理型	人为垄断等形成的稀缺性	垄断企业的市场垄断	受到反垄断法的限制，有多种副作用
技术型	发明专利等形成的稀缺性	专利新药等	在专利保护期内有效，可以产生创新价值

注：发明专利和技术领先等都能形成一定的稀缺性。专利保护期一般为 18 年左右。
资料来源：何传启，2010.

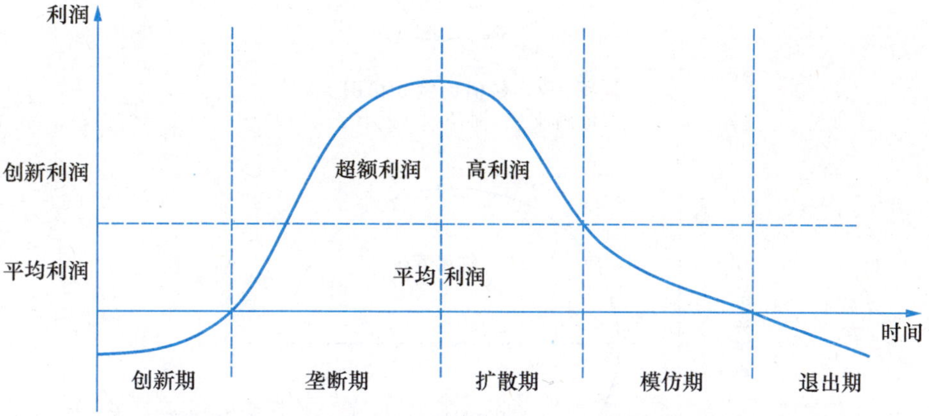

图 3-6 新产品的市场周期和创新利润（技术垄断的超额利润）

注：创新产品从开发、上市到退出，大致要经历五个阶段。创新期：新产品开发，没有利润；垄断期：专利保护产生的技术和产品垄断，实现创新价值，获得超额垄断利润；扩散期：新产品被几家企业掌握，它们分享垄断利润，获得高利润；模仿期：大量模仿者出现，获得平均利润；退出期：没有利润，退出市场。
资料来源：何传启，2001；张凤，何传启，2002.

在单位劳动时间里，社会总劳动创造的总价值主要包括四种价值（表 3-8）。其中，劳动价值和创新价值是主体价值，资源价值和环境价值是相对次要的价值，而且具有二重性。

表 3-8 社会劳动创造的总价值（四元价值论）

价值	含义	解释	备注
劳动价值	普通劳动创造的价值	普通活劳动和物化劳动创造的价值	国家的劳动力和投资资本是有限的
创新价值	创造性劳动产生的价值	知识、技术和制度创新产生的价值	创新价值，理论上可以无限增加
资源价值	资源成本的价值	自然资源的使用和损耗	增加 GDP，降低国家净储蓄
环境价值	环境改变的价值	环境破坏和环境改进的价值	环境破坏为负值，环境改进为正值

注：活的劳动指劳动力的劳动，包括普通活劳动和创造性劳动。物化劳动指固化在投资资本中的劳动。普通劳动包括普通活劳动和物化劳动。知识和技术创新包括新知识产权、新商品和新服务等。制度创新包括制度和观念创新，如新制度、新模式和新观念等。资源价值包括资源使用（价值转移）和资源损耗（价值损失）。
资料来源：何传启，2010.

如果不考虑资源和环境价值，劳动创造的价值包括劳动价值和创新价值；其中，劳动价值是普通劳动产生的价值，创新价值是创造性劳动产生的价值（与经济制度有关）。一般而言，发达国家创新价值所占比例比较高，发展中国家劳动价值所占比例比较高；国家水平与创新价值比例正相关，与劳动价值比例负相关（图 3-7）；发达国家物化劳动比例比较高，发展中国家活的劳动比例比较高；国家水平与物化劳动比例正相关，与活的劳动比例负相关（图 3-8）。

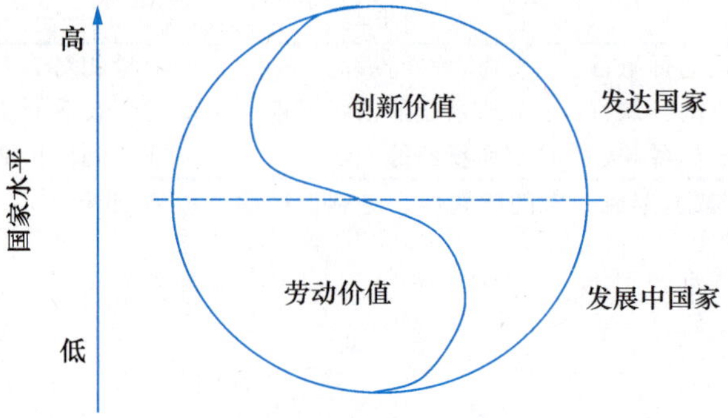

图 3-7　价值比例太极图
资料来源：何传启，2010.

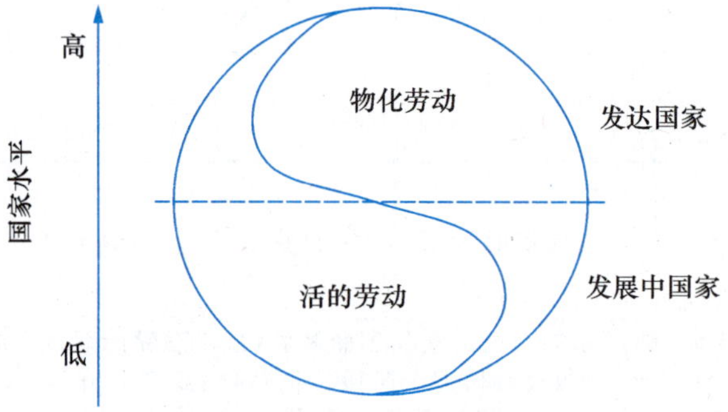

图 3-8　劳动比例太极图
资料来源：何传启，2010.

在 18 和 19 世纪，技术型稀缺性的数量和比例都很小；工业产品相对于农业产品具有一定的稀缺性；在全球市场上，工业国家相对于传统农业国家获得较多的创新价值。

20 世纪以来，科技进步加快，产品开发周期和市场生命周期大大缩短，技术型稀缺性的数量和比例大幅度提高，发达国家获得绝大多数的创新价值。例如，2000 年高收入国家的科技论文占世界的 85%，发明专利占 92%，技术出口收入占 99%，高技术出口占 84%，国民收入占 81%（表 2-133），发达国家获得的创新价值占世界比例估计超过 80%。

（2）社会进步维度

社会进步包括公共事业的发展和生活质量的提高等。社会进步要求促进和实现社会公平。一般而言，社会公平包括机会公平、过程公平和结果公平等（表 3-9）。由于个体的天生差异，机会公平、过程公平和结果公平很难同时实现。按贡献分配可以促进过程公平，按需要调节可以促进结果公平。

表 3-9　社会公平的模式

公平	领域	解释
机会公平	教育、劳动、公务机会等	义务教育的公平、充分就业、普选权等
过程公平	收入分配：按贡献分配	投资资本和知识资本（劳动、知识和管理）都参与纯收入分配
结果公平	收入调节：按需要调节	个人收入调节：所得税、消费税、财产税等 社会收入调节：社会保险、社会救助、社会福利、转移支付等

注：按贡献分配包括四种模式：贡献股份制、贡献分享制、贡献联合制和贡献报酬制。
资料来源：何传启，2001.

(3) 人的全面发展维度

联合国开发计划署认为，人的全面发展包括民主与参与、经济与公平、健康与教育、和平与个人安全四个方面的进步（UNDP，2002）。殷格哈特和威尔吉尔认为，人类发展可以分为三个维度：社会经济维度、文化维度和制度维度；人类发展的核心结果是人的选择和自治的扩展（Inglehart，Welzel，2005）。人的全面发展要求人的自由解放。人的自由解放要求人人平等、消除恐惧和增加选择，维护人的平等权利，提高教育普及水平和社会保障程度，尊重职业和生活的多样性等。

第四维度是环境友好。在 21 世纪，发达国家的判断标准需要增加环境指标，实现经济与环境的双赢，人与自然互利共生。

3. 国家发达的三个动力

现代化的动力因素包括创新、竞争、适应、交流、国家利益和市场需求等，它们也是国家发达的动力因素。从物质和技术层面看，创新和学习（交流）是关键动力因素；从制度和观念层面看，竞争和市场是关键动力因素。创新、学习和竞争是国家发达的根本动力（表 3-10）。

表 3-10　国家发达的三个动力

动力	政策措施举例	主要适用范围
创新	知识创新、制度创新、技术创新等	技术、制度和观念层面
学习	国际交流、国际合作、技术引进、外国直接投资等	技术和制度层面
竞争	公平竞争、反垄断、反侵权、反欺诈、反倾销、合理调节等	制度和观念层面

在不同发展水平的国家中，三个动力的作用大小有很大差别。在技术层面，发达国家既重视创新，也重视学习，发展中国家更加重视学习。例如，高收入国家研究与发展经费占 GDP 比例、技术进口经费占 GDP 比例都高于其他国家（表 3-11）。在制度层面，发达国家既重视竞争，也重视对市场竞争和收入分配的合理调节，发展中国家的市场和收入调节力度相对比较弱。例如，发达国家转移支付经费占 GDP 的比例高于发展中国家（表 3-12）。

表 3-11　研究与发展经费和技术进口经费占 GDP 的比例　　单位：%

项目	研究与发展经费/GDP				技术进口经费/GDP			
年份	1980	1990	2000	2005	1980	1990	2000	2005
高收入国家	2.2	2.3	2.5	2.4	0.10	0.13	0.29	0.34
中等收入国家	0.5	0.6	0.7	0.9	0.03	0.04	0.17	0.23
低收入国家	0.3	0.3	0.7	0.6	0.02	0.01	0.05	0.07
世界	1.9	2.1	2.2	2.1	0.08	0.11	0.26	0.31

注：技术进口经费指国际技术转让、技术许可的支付费用（royalty and license fees）。根据世界银行的《世界发展指标 2008》和历年《中国现代化报告》的数据计算。

表 3-12 转移支付和政府收入占 GDP 的比例 单位:%

项目	转移支付经费/GDP				政府收入/GDP			
年份	1990	1995	2000	2005	1990	1995	2000	2005
发达国家	17.8	19.6	19.2	19.2	31.8	31.8	32.0	31.1
中等发达国家	16.2	17.1	16.5	16.5	31.3	30.4	30.5	30.0
初等发达国家	9.5	9.0	10.2	12.0	26.3	26.0	25.8	27.2
欠发达国家	3.5	2.9	4.3	6.0	17.6	17.1	16.0	17.2

注:转移支付经费包括各种补贴(subsidies and other transfers)。根据《世界发展指标 2008》的数据计算。2005 年芬兰、挪威、荷兰、法国和比利时,政府收入(不包括基金收入)占 GDP 的比例分别约为 39%、49%、40%、43%和 42%,转移支付占 GDP 的比例分别约为 26%、23%、31%、28%和 33%。2008 年挪威政府收入(不包括基金收入)占 GDP 的比例约为 51%,转移支付占 GDP 的比例约为 21%。

二、国家发达的一般标准

国家发达既是一个过程,也是一种结果。在国家层次,它是一个国家发展过程,指达到和保持世界先进水平。在国际体系层次,它是一个国际分化过程,一批国家成为发达国家,其他国家成为发展中国家。发达国家是具有世界先进水平和走在世界前沿的国家。国家发达与国家水平紧密相关,与国家水平分类标准紧密相关。

1. 基于国家现代化水平的标准

首先,发达国家是走在世界前沿的国家。关于世界前沿没有统一定义,一般可以根据现代化水平的世界排名来判断。例如,2005 年进入世界前 20 名的国家是发达国家。

其次,发达国家是具有世界先进水平的国家。关于世界先进水平没有统一定义,一般可以根据现代化水平来判断。例如,国家第二次现代化指数和综合现代化指数达到和超过 80(高收入国家平均值的 80%)的国家是发达国家。

其三,发达国家的定性标准。发达国家首先是具有先进生产力的国家,生产力、社会进步和人的发展水平都达到世界先进水平的国家才是发达国家。

2. 基于领域和指标现代化水平的标准

首先,可以定量评价的领域,发达国家的判断标准可以沿用或参照基于国家现代化水平的判断标准。例如,经济现代化、社会现代化、文化生活现代化、生态现代化和人的现代化等。

其次,难以定量评价的领域,发达国家的判断标准需要专题研究。可以根据已知发达国家的案例研究和国际比较来制定标准,需要与时俱进。例如,政治现代化、制度和观念现代化等。

其三,关于现代化指标,发达国家的判断标准可以因指标而异。现代化指标可以分为定量和定性指标(表 3-10)。定量指标大致有八类,其中,上升变量和下降变量,发达国家的判断标准可以沿用或参考基于国家现代化水平的判断标准;转折变量,可以根据已知发达国家的案例研究和国际比较来制定标准;随机变量、地域变量和稳定变量,存在国际差别,但一般没有世界前沿和国家发达的判断标准。关于定性指标,发达国家的判断标准需要专题研究,一般可以根据已知发达国家的案例研究和国际比较来制定标准,而且需要与时俱进。

表 3-13　现代化指标的判断标准或方法

指标类型	判断标准/方法	指标举例
上升变量	世界排名约前 20 名,数值大于高收入国家平均值的 80%	人均国民收入
下降变量	世界排名约前 20 名,数值小于高收入国家平均值的 80%	婴儿死亡率
转折变量	可以根据已知发达国家的案例研究和国际比较来制定标准	工业劳动力比例
波动变量 随机变量 地域变量 稳定变量	存在国际差别,但一般没有世界前沿和国家发达的判断标准	GDP 年增长率 自然灾害 矿产资源 国土面积
饱和变量	许多国家的指标数值已经饱和,一般不作为国家分类指标	小学入学率
定性变量	可以根据已知发达国家的案例研究和国际比较来制定标准	社保制度、环保观念

注:世界排名指在 2000 年人口超过 100 万和统计数据比较齐全的 131 个国家中的排名。后同。

其四,如果世界前沿是单元的,可以明确国家发达的标准。如果世界前沿是多元的,可以描述世界前沿的类型和状态,但很难制定国家发达的标准。

其五,现代化是变化的,发达国家的标准需要与时俱进。

其六,国家现代化水平、不同领域和指标的现代化水平,可以是一致的,也可以有差异。发达国家可能有些领域和指标的现代化水平没有达到世界先进水平,发展中国家有些领域和指标的现代化水平有可能已经达到世界先进水平。

2005 年发达国家的基本标准是(表 3-14):国家现代化水平和主要领域现代化水平进入世界前 20 名左右,第二次现代化指数、综合现代化指数和主要领域现代化指数超过 80(高收入国家平均值的 80%);大约 80%的评价指标的现代化水平达到世界先进水平(大约进入世界前 20 名或超过高收入国家平均值的 80%)。要求 80%的指标达到世界先进水平是一个估计值。

表 3-14　2005 年国家发达的一般标准

国家	指标水平(共性指标的水平)	指标排名(131 国)
发达国家	现代化指数和 80%的现代化指标的水平超过高收入国家平均值的 80%	世界前 1～20 名
中等发达国家	现代化指数和 80%的现代化指标的水平高于或等于世界平均值,低于发达国家	世界前 21～45 名
初等发达国家	现代化指数和 80%的现代化指标的水平高于或等于世界平均值的 60%,低于世界平均值	世界前 46～80 名
欠发达国家	现代化指数和 80%的现代化指标的水平低于世界平均值的 60%(高收入国家平均值的 30%)	世界前 81～131 名

三、国家发达的一般方法

一般而言,国家发达的方法是:遵循现代化和国家发达的基本原理,结合自己的国情和国际环境,选择合适的现代化路径、战略和措施(表 3-15)。发达国家和发展中国家的国情和国际环境有所不同,它们的方法选择既有共性,又有差别(表 3-16)。

表 3-15　国家发达的原理和方法

要素	国家发达的原理	国家发达的方法
价值	国家水平与创新价值比例成正比，与劳动价值比例成反比	提高国家创新能力，提高人均创新价值比例，降低人均劳动价值比例等
劳动	国家水平与物化劳动比例成正比，与活的劳动比例成反比；与有效和高效劳动比例成正比，与无效和低效劳动比例成反比	提高人均投资，提高人均物化劳动比例、人均有效劳动和高效劳动比例，降低人均活的劳动比例、人均无效劳动和低效劳动比例等
资本	国家水平与有效投资比例成正比，与无效投资比例成反比；与高效投资比例成正比，与低效投资比例成反比	提高投资效率，提高人均有效投资、高效投资和高级资产比例，降低人均无效投资、低效投资和初级资产比例等
技术	国家水平与先进技术比例成正比，与落后技术比例成反比	加快技术进步和技术退出，提高人均先进技术比例，降低人均落后技术比例等
生产力	国家水平与劳动生产力成正比	提高人均资本、人均技能、技术和管理水平等
社会	国家水平与社会进步成正比	按贡献分配、按需要调节、生财有道、公平互助
个人	国家水平与人的全面发展成正比	按业绩晋升、按民意选择、各尽所能、平等互利

表 3-16　国家发达的方法选择

要素	发达国家	发展中国家
价值	提高创新能力，提高人均创新价值等	提高创新能力，提高人均创新价值、人均劳动价值等
劳动	提高人均活的劳动（国际雇佣）和人均高效劳动等	提高人均投资，提高人均有效劳动和人均高效劳动，减少无效劳动和低效劳动等
资本	提高投资效率，提高人均高效投资和人均高级资产等	提高投资效率，提高人均有效投资、人均高效投资和人均高级资产，减少无效投资和低效投资等
技术	加快技术进步和技术退出	增加先进技术，减少落后技术等
生产力	提高人均资本、人均技能等	提高人均资本、人均技能、技术和管理水平等
社会	按贡献分配、按需要调节等	根据国情进行选择
个人	按业绩晋升、按民意选择等	根据国情进行选择

第三节　国家发达的战略选择

在 21 世纪，发达国家要保持世界先进水平，发展中国家要追赶世界先进水平，它们都需要不断做出战略选择。一般而言，国家发达要求在经济、社会、政治、文化、生态和个人现代化六个方面达到世界先进水平，重点在生产力、社会进步和人的全面发展方面达到世界先进水平。然而，现代化进程是不同步的，不同方面很难齐步走。很多时候，选择决定成败。

2005 年，在人口超过 100 万的国家中，发达国家约有 20 个，发展中国家有 100 多个（包括中等发达国家 25 个，初等发达国家 37 个，欠发达国家 49 个）；其中，美国等 28 个国家已经进入第二次现代化，中国等 90 多个国家处于第一次现代化，中非等 13 个国家处于传统农业社会（图 3-9）。不同水平的国家的战略选择既有共性，也有个性。这里简要讨论其共性。关于现代化目标、现代化规划和现代化政策的研究方法，可以参考第二章第七节有关内容。

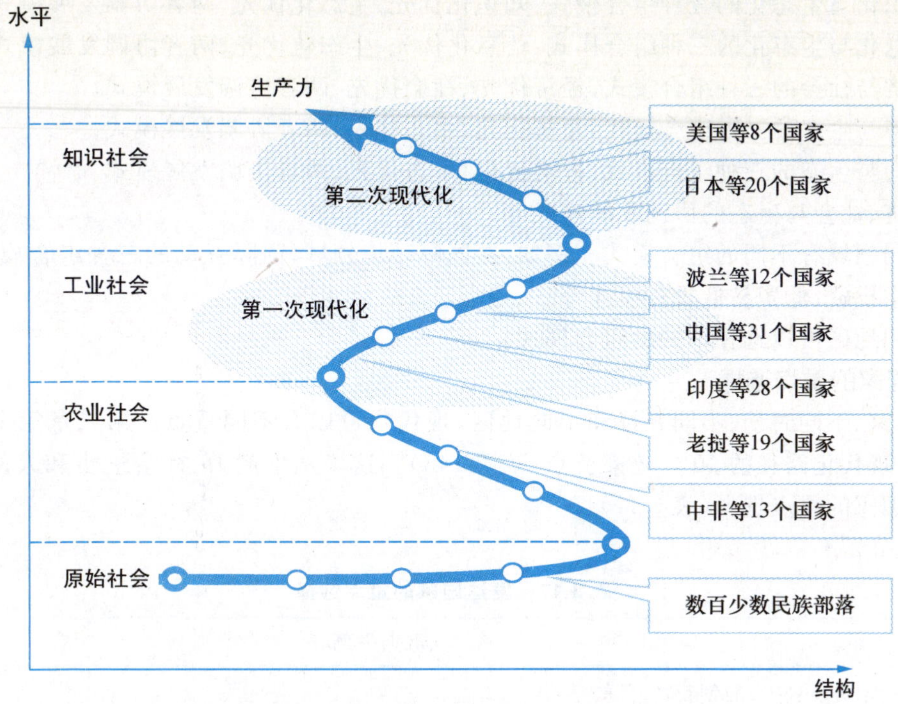

图 3-9　2005 年国家现代化的阶段和水平

注：131 个国家为 2000 年国家人口超过 100 万和统计数据比较齐全的国家。

一、发达国家的战略选择

目前，世界上大约有 20 多个发达国家，它们都已经进入第二次现代化；在许多领域和方面，它们已经走在世界前列。在 21 世纪，它们都能一直保持世界先进水平吗？

一般而言，发达国家的战略选择，可以适用于发达地区，但后者具有更大的灵活性。

1. 发达国家的目标选择

发达国家的目标选择，可以从三个层次来认识。

首先，国家现代化的整体水平：达到和保持在世界前列。

其次，国家六个领域现代化的水平：达到和保持在世界前列。

其三，国家所有地区现代化的水平：达到和保持在世界前列。

世界前列：现代化指数达到或超过高收入国家的平均值，世界排名进入前 10 名左右。

2. 发达国家的路径选择

发达国家的路径选择，可以从三个层次来认识。

首先，国家现代化的整体路径：继续采用第二次现代化路径。

其次，国家现代化的领域路径：已经进入第二次现代化的领域，采用第二次现代化路径；没有进入第二次现代化的领域，可以采用综合现代化路径。

其三，国家现代化的地区路径：已经进入第二次现代化的地区，采用第二次现代化路径；没有进入第二次现代化的地区，可以采用综合现代化路径。

3. 发达国家的候选模式

发达国家可以根据自身条件，选择跨领域、六个领域和地区的组合模式。

首先，知识化与信息化的三种组合模式：知识化优先、信息化优先、两者协调发展模式。

其次，知识化与生态化的三种组合模式：知识化优先、生态化优先、两者协调发展模式。

其三，信息化与生态化的三种组合模式：信息化优先、生态化优先、两者协调发展模式。

其四，经济与社会的三种组合模式：经济优先、社会优先、两者协调发展模式。

其五，经济与生态的三种组合模式：经济优先、生态优先、两者协调发展模式。

其六，社会与生态的三种组合模式：社会优先、生态优先、两者协调发展模式。

其七，经济、社会与生态的协调发展模式等。

其八，不同领域有不同的组合模式。例如，在国际环境领域，国际互动的三种组合模式：高贸易高投资、中贸易中投资、低贸易低投资模式等。

其九，不同地区可以选择不同的组合模式。

4. 发达国家的重点选择

在不同国家、不同时期、不同领域和不同地区，现代化可以有不同重点。第二章第七节讨论了发达国家第二次现代化路径的 10 个政策要点(表 2-143)。这里从生产力、社会进步和人的全面发展角度，讨论发达国家的重点选择(表 3-17)。

表 3-17　发达国家的重点选择

方面	重点举例
生产力	技术进步：80%的创新，20%的学习 提高创新效率，提高人均创新价值 提高人均活的劳动和人均高效劳动，增加国际雇佣和国际投资 提高投资效率，提高人均高效投资和人均高级资产 加强国际交流和合作，增加国际援助，扩大国际市场等
社会进步	社会公平：80%的竞争，20%的调节(有些欧洲国家调节的比例为 30%左右) 各尽所能，按贡献分配；社会保障，按需要调节 生财有道，富者更富；公平互助，穷者无忧
人的发展	公平竞争，按业绩晋升；民主竞选，按民意选择 能者多劳，强者更强；平等互利，弱者无虑

二、发展中国家的战略选择

目前，世界上大约有 100 多个发展中国家，它们可以分为三组：中等发达国家、初等发达国家和欠发达国家。许多发展中国家希望能够达到世界先进水平，它们能实现梦想吗？

发展中国家的战略选择，一般适用于发展中地区，但后者具有更大的多样性和选择性。

1. 发展中国家的目标选择

发展中国家的目标选择，可以按国家分组进行讨论。

(1) 中等发达国家的目标选择

中等发达国家的目标选择，可以从三个层次来认识。

首先，国家现代化的整体水平：追赶和达到世界先进水平。

其次，国家六个领域现代化的水平：追赶和达到世界先进水平。

其三，国家所有地区现代化的水平：追赶和达到世界先进水平。

世界先进水平：现代化指数超过高收入国家平均值的 80%，世界排名进入前 20 名左右。世界排名为 2000 年人口超过 100 万和统计数据比较齐全的 131 个国家的排名，后同。

(2) 初等发达国家的目标选择

初等发达国家的目标选择，需要分步进行。第一步是进入中等发达国家行列，第二步是进入发达国家行列。第一步的目标可以从三个层次来认识。

首先，国家现代化的整体水平：追赶和达到世界平均水平。

其次，国家六个领域现代化的水平：追赶和达到世界平均水平。

其三，国家所有地区现代化的水平：追赶和达到世界平均水平。

世界平均水平：现代化指数达到或超过世界平均值，世界排名进入前40名左右。

(3) 欠发达国家的目标选择

欠发达国家的目标选择，需要分步进行。第一步是进入初等发达国家行列，第二步是进入中等发达国家行列，第三步是进入发达国家行列。第一步的目标可以从三个层次来认识。

首先，国家现代化的整体水平：追赶和达到世界初等发达水平。

其次，国家六个领域现代化的水平：追赶和达到世界初等发达水平。

其三，国家所有地区现代化的水平：追赶和达到世界初等发达水平。

世界初等发达水平：现代化指数超过世界平均值的60%，世界排名进入前80名。

2. 发展中国家的路径选择

发展中国家的路径选择，与国家水平紧密相关，可以按国家水平分组讨论。

(1) 中等发达国家的路径选择

目前，根据国家现代化的阶段，中等发达国家可以分为两组：进入第二次现代化的国家和处于第一次现代化的国家。它们的路径选择是不同的。

第一种选择：第二次现代化路径。适合于已经进入第二次现代化的中等发达国家。

第二种选择：综合现代化路径。适合于处于第一次现代化的中等发达国家。

(2) 初等发达国家的路径选择

目前，初等发达国家都处于第一次现代化，它们可以有两种选择。

第一种选择：综合现代化路径。适合于政府能力较强的初等发达国家。

第二种选择：追赶现代化路径。适合于政府能力较弱的初等发达国家。

(3) 欠发达国家的路径选择

目前，根据国家现代化的阶段，欠发达国家可以分为两组：处于第一次现代化的国家和处于传统农业社会的国家。两组国家的路径选择大致相当。

第一种选择：追赶现代化路径。适合于处于传统农业社会的欠发达国家、处于第一次现代化和政府能力较弱的欠发达国家。

第二种选择：综合现代化路径。适合于处于第一次现代化和政府能力较强的欠发达国家。

3. 发展中国家的模式选择

发展中国家的模式选择，与它们的路径选择紧密相关，可以按路径进行讨论。前面已经讨论了第二次现代化路径的模式选择，这里讨论追赶现代化和综合现代化路径的模式选择。

一般而言，发展中国家需要根据自身条件和现代化路径，选择跨领域、六个领域和地区的组合模式。现代化涉及许多要素，如行为、结构、制度和观念、领域、相关部门和国际地位变化等；它们可以产生许多组合模式。

(1) 追赶现代化路径的候选模式

首先，工业化与民主化的三种组合模式：工业化优先、民主化优先、两者协调发展模式。

其次，工业化与城市化的三种组合模式：工业化优先、城市化优先、两者协调发展模式。

其三，经济与教育的三种组合模式：经济优先、教育优先、两者协调发展模式。

其四，经济与社会的三种组合模式：经济优先、社会优先、两者协调发展模式。

其五，计划与市场的三种组合模式：计划经济模式、市场经济模式、混合经济模式。

其六，追赶工业化的三种模式：进口替代、出口导向、两者协调发展模式。

其七，国际互动的三种模式：民族工业保护、自由贸易和依附发展模式。

其八，不同领域可以选择不同的组合模式。

其九，不同地区可以选择不同的组合模式等。

(2) 综合现代化路径的候选模式

首先，工业化与知识化的三种组合模式：工业化优先、知识化优先、两者协调发展模式。

其次，工业化与信息化的三种组合模式：工业化优先、信息化优先、两者协调发展模式。

其三，工业化与生态化的三种组合模式：工业化优先、生态化优先、两者协调发展模式。

其四，工业化与民主化的三种组合模式：工业化优先、民主化优先、两者协调发展模式。

其五，工业化与城市化的三种组合模式：工业化优先、城市化优先、两者协调发展模式。

其六，经济与社会的三种组合模式：经济优先、社会优先、两者协调发展模式。

其七，经济与生态的三种组合模式：经济优先、生态优先、两者协调发展模式。

其八，社会与生态的三种组合模式：社会优先、生态优先、两者协调发展模式。

其九，经济、社会与生态的协调发展模式。

其十，不同领域和不同地区可以选择不同的组合模式。例如，在国际环境领域，国际互动的三种组合模式：高贸易高投资、中贸易中投资、低贸易低投资模式等。

4. 发展中国家的重点选择

发展中国家的重点选择，与它们的路径选择紧密相关，这里按路径进行讨论。前面讨论了第二次现代化路径的重点选择，这里讨论追赶现代化和综合现代化路径的重点选择。

发展中国家具有很大的多样性，它们的重点选择差异比较大。第二章第七节讨论了发展中国家追赶现代化路径的 10 个政策要点（表 2-144）和综合现代化路径的 10 个政策要点（表 2-145）。这里从生产力、社会进步和人的全面发展角度讨论它的重点选择（表 3-18）。

表 3-18 发展中国家的重点选择

方面	重点举例
生产力	中等发达国家的技术进步：40%的创新，60%的学习 初等发达国家的技术进步：20%的创新，80%的学习 欠发达国家的技术进步：10%的创新，90%的学习 提高创新效率，提高人均创新价值，提高人均劳动价值 提高人均有效劳动和人均高效劳动，减少无效劳动和低效劳动 提高人均有效投资、人均高效投资和人均高级资产，减少无效投资和低效投资 提高人均资本、人均技能、人均技术和管理水平 增加先进技术比例、降低落后技术比例 加强国际交流和合作，吸引国际投资等
社会进步	中等发达国家的社会公平：85%的竞争，15%的调节 初等发达国家的社会公平：90%的竞争，10%的调节 欠发达国家的社会公平：95%的竞争，5%的调节 各尽所能，合理分配；社会保障，适度调节
人的发展	公平竞争，按业绩晋升；民主竞选，按民意选择 普及义务教育，加快信息化

三、中国发达的战略选择

2005年，中国属于初等发达国家，处于发展中国家的中间水平。在21世纪，中国现代化需要完成两个任务：从初等发达国家晋升中等发达国家，然后从中等发达国家晋升发达国家。

1. 中国发达的目标选择

中国发达的目标选择，可以从三个层次来认识。

(1) 中国现代化的目标选择

目前，中国处于第一次现代化，属于初等发达国家，目标选择需要分步进行。

第一步目标：完成第一次现代化，进入第二次现代化，现代化指数世界排名进入前60名。

第二步目标：达到世界平均水平，进入中等发达国家行列。现代化指数达到或超过世界平均值，世界排名进入前40名左右。

第三步目标：达到世界先进水平，进入发达国家行列。现代化指数超过高收入国家平均值的80%，世界排名进入前20名左右。

第四步目标：达到和保持在世界前列。现代化指数达到或超过高收入国家的平均值，世界排名进入前10名左右。

(2) 中国六个领域现代化的目标选择

目前，中国六个领域发展不平衡，有些领域属于欠发达水平，有些领域属于初等发达水平，有些指标属于中等发达水平。不同领域的目标选择，需要分别分步进行。

第一步目标：所有领域达到初等发达水平，世界排名进入前60名左右。

第二步目标：多数领域达到中等发达水平，世界排名进入前40名左右。

第三步目标：多数领域达到世界先进水平，世界排名进入前20名左右。

(3) 中国34个地区现代化的目标选择

目前，中国地区发展不平衡，有些地区已经达到世界先进水平，有些地区属于中等发达水平或初等发达水平，局部地区属于欠发达水平。不同地区的目标选择，需要分别分步进行。

发达地区目标：达到和保持在世界前列，现代化指数超过高收入国家平均值。

中等发到地区目标：达到世界先进水平，现代化指数超过高收入国家平均值的80%。

初等发达地区目标：分两步走。第一步，达到或超过世界平均水平，达到中等发达水平；第二步，达到世界先进水平，现代化指数达到高收入国家平均值的80%。

欠发达地区目标：分三步走。第一步，达到全国平均水平；第二步，达到世界平均水平；第三步，达到世界先进水平。

概括地说，中国地区现代化的目标可以分为四类：

第一类目标：全国平均水平（全国平均值），适用于现代化水平低于全国平均水平的地区。

第二类目标：世界平均水平（世界平均值），适用于初等发达地区。

第三类目标：世界先进水平（高收入国家平均值的80%），适用于中等发达地区。

第四类目标：世界前列（高收入国家平均值），适用于发达地区。

2. 中国发达的路径选择

中国发达的路径选择，可以从三个层次来认识。

(1) 中国现代化的路径选择

目前，中国处于第一次现代化的成熟期，有些地区已经进入第二次现代化，多数地区处于第一次现代化。在21世纪，中国可以选择综合现代化路径，两次现代化协调发展，并加速向第二次现代化转型，迎头赶上 21 世纪后期的世界先进水平。

(2) 中国六个领域现代化的路径选择

目前，中国六个领域发展不平衡，不同领域可以选择不同路径。

第一种选择：综合现代化路径，适用于多数领域。

第二种选择：追赶现代化路径，适用于发展水平比较低的领域。

(3) 中国 34 个地区现代化的路径选择

目前，中国地区发展不平衡，不同地区可以选择不同路径。

第一种选择：第二次现代化路径，适用于已经进入第二次现代化的地区。

第二种选择：综合现代化路径，适用于中等发达和初等发达水平的地区。

第三种选择：追赶现代化路径，适用于欠发达水平的地区。

3. 中国发达的模式选择

中国是一个发展中国家。中国可以根据国情和现代化路径，选择自己的发展模式。

第二次现代化路径、综合现代化路径和追赶现代化路径的各种模式，可以作为候选对象。

关于中国模式选择，可能会见仁见智。不同领域和不同地区可以选择不同模式。

4. 中国发达的重点选择

中国发展不平衡，不同领域和不同地区可以选择不同的重点。一般而言，中国发达可以采用综合现代化路径，综合现代化路径的 10 个政策要点（表 2-145）基本适用于中国。这里从生产力、社会进步和人的全面发展角度，讨论 21 世纪早期中国的重点选择（表 3-19）。

表 3-19 中国发达的重点选择(21 世纪前 20 年)

方面	重点举例
生产力	技术进步：50%的创新，50%的学习 提高创新效率，提高人均创新价值，提高人均劳动价值 提高人均有效劳动和人均高效劳动，减少无效劳动和低效劳动 提高人均有效投资和人均高效投资，减少无效投资和低效投资 提高人均资本、人均技能、人均技术和管理水平 增加先进技术比例、降低落后技术比例 加强国际交流和合作，吸引国际投资，扩大国际市场 建立中国战略技术研究院、中国现代化研究院等，提高战略决策的科学性和前瞻性
社会进步	社会公平：85%的竞争，15%的调节（可以逐步调整为 80%的竞争和 20%的调节） 按贡献分配，按需要调节；生财有道，公平互助；消灭绝对贫困，建设和谐社会 组建国家能源部、国家地区开发署等，完善国家的协调能力 实施“小康工程”，为人均收入低于全国平均值的 20%的家庭提供“食物券”（“小康券”）
人的发展	各尽所能，平等互利；公平竞争，凭绩晋升 普及高等教育，加快信息化，尊重个性和民意选择

本 章 提 要

国家发达是一个世界现象。现代化科学提供了国家发达的原理和方法。

1. 现代化与国家发达

国家是现代化研究和建设的基本单元。在现代化过程中，国家分类、国家分层和国际分化是客观存在的。关于发达国家与发展中国家的分类是基于国家发展水平的一种国家分类。

首先,国家发达是一个世界现象,指在现代化过程中部分国家达到和保持世界先进水平,成为发达国家,其他国家成为发展中国家,两类国家可以相互转换。在国家层次,它是一个国家发展过程,指达到和保持发达国家水平,国家地位可以变化。在国际体系层次,它是一个国际分化过程,一批国家成为发达国家,其他国家成为发展中国家。

其次,发达国家的分类标准。2005 年发达国家的分类标准是:国家现代化水平和主要领域现代化水平进入世界前 20 名左右,第二次现代化指数、综合现代化指数和主要领域现代化指数达到或超过 80(高收入国家平均值的 80%)等。发达国家并非每一个领域和每一个指标都是发达的,发展中国家有可能在某些领域或某些指标达到世界先进水平。

其三,国家发达是一个复合现象。从国家分类角度看,发达国家是一种国家水平分类。从国家分层角度看,发达国家是达到世界先进水平的国家。从国际分化角度看,发达国家是处于国际分工高端的国家。

2. 国家发达的理论解释

首先,国家发达是一个历史现象,是国家现代化、国际竞争和国际分化的结果。在现代化过程中,发达国家是达到和保持世界先进水平的国家,其他国家是发展中国家;发达国家的比例一般低于 20%,发展中国家的比例一般高于 80%;两类国家之间可以流动。

其次,国家发达与国家水平正相关。一般而言,国家发展水平与创新价值比例成正比,与劳动价值比例成反比;与物化劳动比例成正比,与活的劳动比例成反比;与有效劳动比例成正比,与无效劳动比例成反比;与有效投资比例成正比,与无效投资比例成反比;与高级资产比例成正比,与初级资产比例成反比;与先进技术比例成正比,与落后技术比例成反比等。

其三,国家发达具有二重性。一是相对稳定性。例如,在大约 50 年里发达国家保持发达水平的概率约为 90%。二是流动性。例如,发达国家可以降级为发展中国家,在大约 50 年里降级概率约为 10%;发展中国家可以升级为发达国家,在大约 50 年里升级概率约为 5%。

其四,国家发达的三个标准:先进生产力、社会进步和人的全面发展。国家发达首先表现为具有先进生产力,生产力、社会进步和人的发展水平都达到世界先进水平的国家才是发达国家。一般而言,生产力指在单位时间里劳动创造的价值,社会劳动创造的总价值包括劳动价值、创新价值、资源价值和环境价值等;发达国家创新价值所占比例比较高,发展中国家劳动价值所占比例比较高;发达国家物化劳动比例比较高,发展中国家活的劳动比例比较高。21 世纪国家发达的第四个标准是环境友好,实现经济与环境双赢,人与自然互利共生。

其五,国家发达的三个动力:创新、学习和竞争。在技术层面,发达国家既重视创新,也重视学习,发展中国家更加重视学习。在制度层面,发达国家既重视竞争,也重视对市场竞争和收入分配的合理调节,发展中国家的市场和收入调节力度相对比较弱。

其六,国家发达的一般方法:遵循现代化和国家发达的基本原理,结合自己的国情和国际环境,选择合适的现代化路径、模式、战略和措施。发达国家和发展中国家的国情和国际环境有所不同,它们的方法选择既有共性,又有差别。一般可以关注四个方面:各尽所能,公平竞争;按贡献分配,按需要调节;按业绩晋升,按民意选择;生财有道,平等互利。

3. 国家发达的战略选择

首先,发达国家的战略选择。目前,世界上大约有 20 多个发达国家。

目标选择:达到和保持在世界前列,现代化指数的世界排名进入前 10 名。

路径选择:第二次现代化路径。不同领域和地区可以选择不同路径。

模式选择：根据国情，选择第二次现代化路径的某种组合模式。

重点选择：不同国家、不同领域和地区可以选择不同重点。从生产力、社会进步和人的发展三个维度选择重点：大约 80%的创新和 20%的学习，80%的竞争和 20%的调节；关注四个方面：各尽所能，公平竞争；按献分配，按需调节；民主竞选，凭绩晋升；生财有道，平等互利。

其次，发展中国家的战略选择。目前，世界上大约有 100 多个发展中国家。

目标选择：分三类。中等发达国家的目标是达到世界先进水平，世界排名进入前 20 名；初等发达国家的目标分两步走，第一步是达到中等发达水平，世界排名进入前 40 名；欠发达国家的目标分三步走，第一步是达到初等发达水平，世界排名进入前 80 名。

路径选择：可以分别选择第二次现代化路径、综合现代化路径、追赶现代化路径。

模式选择：根据国情，分别选择三种路径的某种组合模式。

重点选择：不同国家、不同领域和不同地区可以选择不同重点。从生产力、社会进步和人的发展三个维度选择重点，可以分为三类。中等发达国家：大约 40%的创新和 60%的学习，85%的竞争和 15%的调节；初等发达国家：大约 20%的创新和 80%的学习，90%的竞争和 10%的调节；欠发达国家：大约 10%的创新和 90%的学习，95%的竞争和 5%的调节；公平竞争，合理调节；按业绩晋升，按民意选择；普及义务教育，加快信息化等。

其三，中国发达的战略选择。目前，中国属于初等发达国家，处于第一次现代化。

目标选择：分四步走。第一步，完成第一次现代化，进入第二次现代化，世界排名进入前 60 名；第二步，达到中等发达水平，世界排名进入前 40 名；第三步，达到世界先进水平，世界排名进入前 20 名；第四步，达到世界前列，世界排名进入前 10 名。

路径选择：综合现代化路径为主。不同领域和不同地区可以有不同选择。

模式选择：综合现代化路径的某种组合模式。不同领域和地区可以有不同选择。

重点选择：不同时期、不同领域和不同地区可以选择不同重点。从生产力、社会进步和人的发展三个维度选择重点：在 21 世纪前 20 年，大约 50%的创新和 50%的学习，85%的竞争和 15%的调节（可以逐步调整到 80%的竞争和 20%的调节）；各尽所能，平等互利；公平竞争，凭绩晋升；按贡献分配，按需要调节；普及高等教育，加快信息化，尊重个性和民意选择；实施“小康工程”，消灭绝对贫困，促进社会和谐；建立中国战略技术研究院和中国现代化研究院等，提高战略决策的科学性和前瞻性等。

下　篇

世界和中国现代化评价

一般而言，现代化是现代文明的一种前沿变化和国际竞争，它包括现代文明的形成、发展、转型和国际互动，文明要素的创新、选择、传播和退出，以及追赶、达到和保持世界先进水平的国际竞争和国际分化；达到和保持世界先进水平的国家是发达国家，其他国家是发展中国家，两类国家之间可以流动。很显然，现代化是动态的。通过对世界现代化进程的客观评价，可以连续监测世界和中国现代化的实际进展。《中国现代化报告》前十本报告提出了国家、地区、经济、社会、文化、生态和国际现代化的评价方法，建立了世界现代化指数等（图三）。

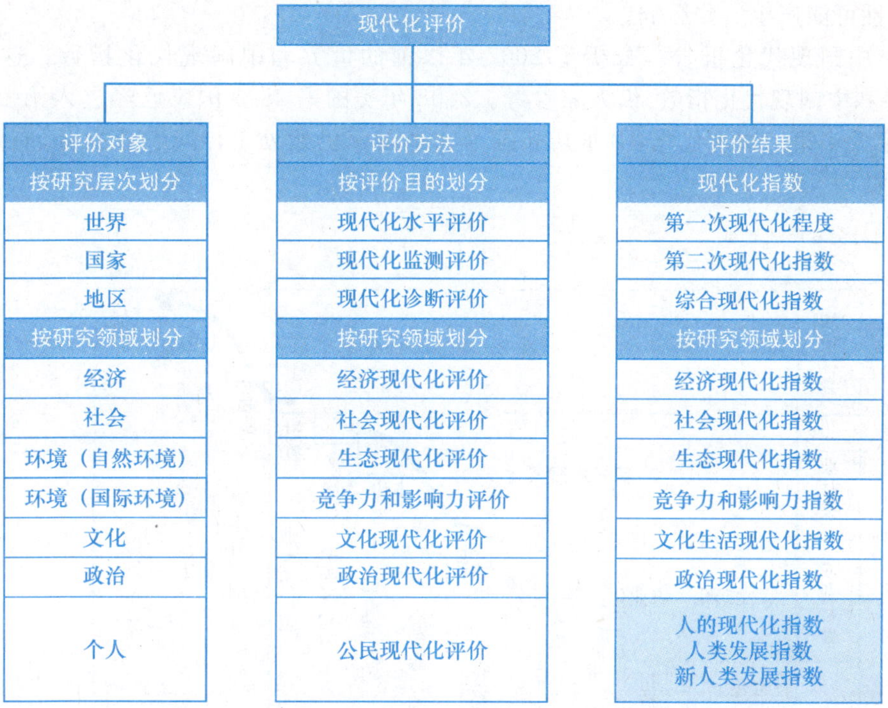

图三　现代化评价的结构

注：现代化水平评价主要反映国家现代化的实际进展和国际相对水平，现代化监测评价主要反映国家现代化的政策目标的实际进展，现代化诊断评价反映国家现代化过程中的优劣和得失；第一次现代化程度主要反映工业化和城市化的实际水平，第二次现代化指数主要反映知识化和信息化的实际水平，综合现代化指数主要反映现代化水平的国际相对差距；各领域的现代化评价，反映该领域现代化的实际进展和国际相对水平；本报告没有包含政治和国防等的现代化，这些内容需要专门研究。人的现代化指数，需要专题研究。

《中国现代化报告》是一个年度系列报告，它将连续评价和动态监测世界现代化进程和趋势，为那些希望成为赢家和希望保持优势的国家提供一面数字化“镜子”。虽然目前这面镜子还不够明亮，但可以大致照出她们的“现代化倩影”，而且我们将不断改进和完善这面镜子的功能。

目前现代化指数主要反映现代化在经济、社会、文化和环境等四个领域的综合成就和相对水平。事实上，现代化不仅包括这四个领域的变化，还包括政治等领域的变化。所以，现代化指数只是反映了现代化的部分内容，而不是全部。在引用现代化指数时需要对此特别注意。

第四章　2008年世界和中国现代化指数

现代化既是一种文明变化，也是一种国际竞争。根据过去300年的历史经验，世界现代化的国际体系的结构是相对稳定的，但国家的国际地位是变化的，发达国家有可能降级为发展中国家，发展中国家有可能晋级成发达国家。动态监测和评价不同国家的现代化水平和国际地位，有利于知己知彼。世界不同国家的现代化水平，可以用现代化指数来定量刻画。目前的现代化指数，没有包含政治等领域的指标，在引用时需要谨慎对待。此外，官方统计机构有时会对历史数据进行调整，这些对评价结果的历史可比性可能产生一些影响。

前十本的《中国现代化报告》，分析了2007年以前的世界和中国现代化指数。这里，我们提供2008年的世界和中国现代化指数，供大家参考。2008年美国等28个国家已经进入第二次现代化，中国等94个国家处于第一次现代化，中非共和国等9个国家仍然处于传统农业社会，有些原住民族仍然生活在原始社会（图4-1）。

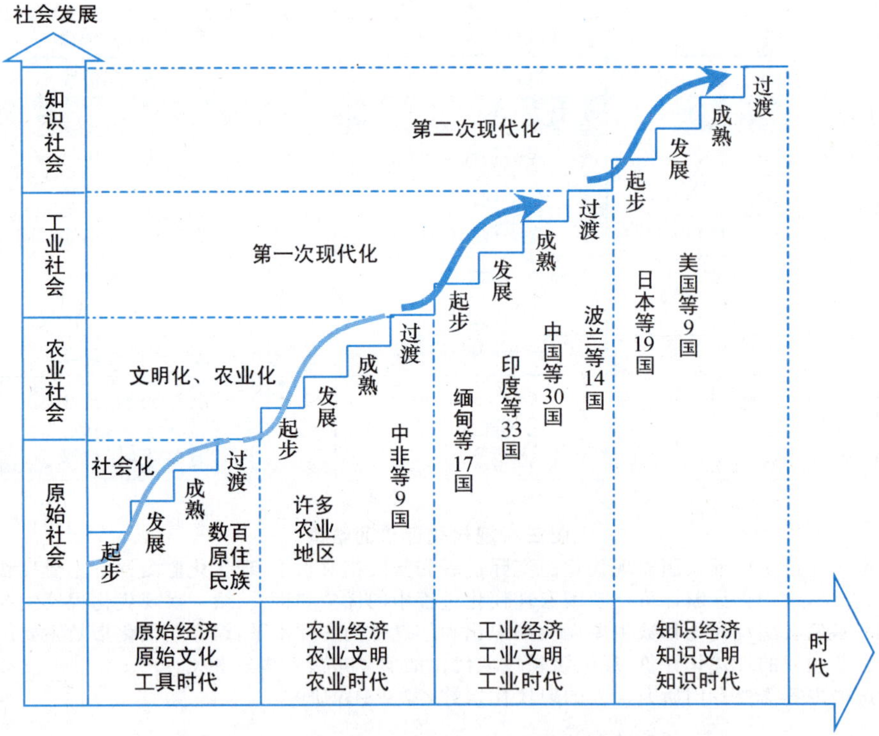

图4-1　2008年世界现代化水平的坐标图

第一节　2008年世界现代化指数

世界现代化指数反映世界131个国家、不同组国家和世界平均的现代化水平，包括世界第一次现代化程度（实现程度）、第二次现代化指数和综合现代化指数。它体现世界现代化在经济、社会和知识等领域的综合水平，它没有包括政治等领域的现代化水平。关于现代化指数的评价方法，请阅读技术注释。关于现代化指数的评价数据，请阅读附录一。

一、2008 年世界现代化水平

世界现代化指数包括世界第一次现代化程度、第二次现代化指数和综合现代化指数(表 4-1)。第一次现代化程度能够比较好地表征发展中国家的实际水平，第二次现代化指数能够比较好地表征发达国家的实际水平，综合现代化指数可以比较好地表征发达国家和发展中国家的相对水平。由于世界不同国家处于现代化的不同阶段，所以，将三者组合起来，能够比较真实地表征世界以及不同国家的现代化水平。评价方法见技术注释。

表 4-1 世界现代化指数的组成

项目	第一次现代化程度	第二次现代化指数	综合现代化指数
用途	反映不同国家和地区完成第一次现代化的进展(第一次现代化是以工业化、城市化和民主化为典型特征的经典现代化)	反映不同国家和地区第二次现代化的进展(第二次现代化是以知识化、信息化和绿色化为典型特征的新现代化)	反映不同国家和地区现代化水平与世界先进水平的相对差距(综合现代化是以两次现代化协调发展为主要特征的新型现代化)
特点	(1) 比较好地表征发展中国家的实际水平 (2) 不能完全反映发达国家的实际水平 (3) 随着越来越多国家完成第一次现代化，其适用对象减少 (4) 指标和标准值是固定的	(1) 比较好地表征发达国家的实际水平 (2) 不能完全反映发展中国家的实际水平 (3) 随着越来越多国家进入第二次现代化，其适用对象增多 (4) 指标和基准值是可变的	(1) 同时表征发达国家和发展中国家的相对水平 (2) 适用范围比较广 (3) 与前两者有一些重复 (4) 与前两者有所衔接 (5) 指标和参考值是可变的 (6) 可称为相对现代化指数
性质	主要反映“绝对水平”	主要反映“绝对水平”	主要反映“相对水平”

1. 2008 年世界现代化总体水平

2008 年参加评价的 131 个国家中(表 4-2)，进入第二次现代化的国家有 28 个，约占国家样本数的 21%；第一次现代化程度达到 100 的国家有 40 个，第一次现代化程度大于 90 小于 100 的国家有 26 个，已经完成和基本实现第一次现代化的国家有 66 个，约占国家样本数的 50%。

表 4-2 2000～2008 年的世界现代化进程 单位：国家个数

项目	2000	2001	2002	2003	2004	2005	2006	2007	2008
已经完成第一次现代化的国家	27	27	26	27	30	34	35	38	40
其中：进入第二次现代化的国家	24	24	23	24	24	28	29	29	28
没有完成第一次现代化的国家	104	104	105	104	101	97	96	93	91
其中：基本实现第一次现代化的国家	31	30	34	34	31	27	28	27	26
处于传统农业社会的国家	13	13	11	10	10	13	12	12	9

注：第一次现代化程度达到 100，表示达到 1960 年工业化国家平均水平，完成第一次现代化。第一次现代化程度超过 90 但低于 100，表示基本实现第一次现代化。2001～2009 年的《中国现代化报告》认为，第一次现代化评价的 10 个指标中，如果有 6 个及以上的指标达到评价标准，表示基本实现第一次现代化。

2008 年根据第二次现代化指数分组，美国等 21 个国家为发达国家，希腊等 28 个国家为中等发达国家，中国等 33 个国家为初等发达国家，印度等 49 个国家为欠发达国家；发达国家、中等发达国家、初等发达和欠发达国家分别占国家样本数的 16％、21％、25％和 37％(图 4-2)。

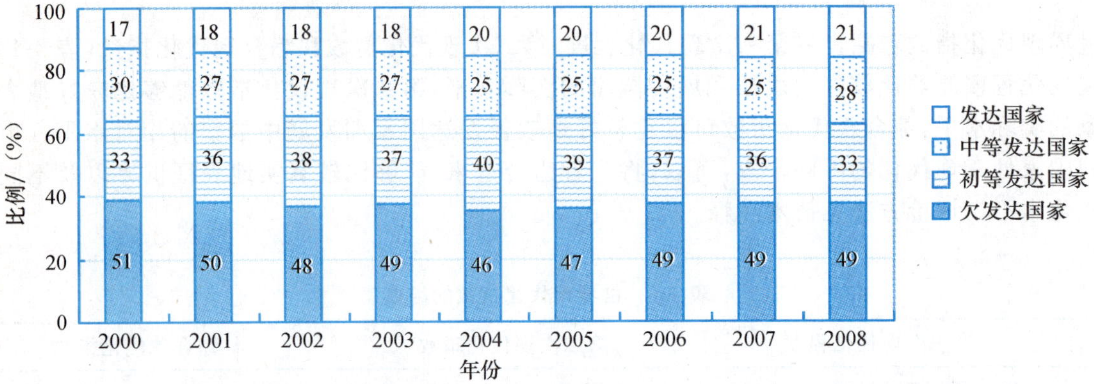

图 4-2　2000～2008 年根据第二次现代化水平的国家分组(国家个数)

2008 年，发达国家全部进入第二次现代化，有 12 个处于起步期，有 9 个处于发展期；中等发达国家有 7 个进入第二次现代化，有 21 个处于第一次现代化；初等发达国家全部处于第一次现代化；欠发达国家有 40 个处于第一次现代化，有 9 个处于传统农业社会(表 4-3)。

表 4-3　2008 年国家现代化的水平与阶段的关系

国家现代化水平	国家现代化阶段							合计
	传统社会	F 起步期	F 发展期	F 成熟期	F 过渡期	S 起步期	S 发展期	
发达国家/个	—	—	—	—	—	12	9	21
中等发达国家/个	—	—	—	9	12	7	—	28
初等发达国家/个	—	—	14	17	2	—	—	33
欠发达国家/个	9	17	19	4	—	—	—	49
第一次现代化程度	36～44	41～63	55～91	79～100	89～100	100	100	
第二次现代化指数	11～15	12～20	16～48	25～63	40～77	68～103	92～110	
综合现代化指数	16～19	17～26	21～47	32～66	41～75	70～94	85～100	

注：国家现代化的阶段是根据产业结构和就业结构的划分。其中，传统社会指传统农业社会，F 代表第一次现代化，S 代表第二次现代化。国家水平分组是根据第二次现代化指数的国家分组。

2008 年，进入第二次现代化的国家，第一次现代化程度都达到 100，第二次现代化指数约为 68～110，综合现代化指数为 70～100；处于第一次现代化的国家，第一次现代化程度约为 41～100，第二次现代化指数约为 12～77，综合现代化指数为 17～75；处于传统农业社会的国家，第一次现代化程度约为 36～44，第二次现代化指数约为 11～15，综合现代化指数为 16～19。处于相同现代化阶段的国家，它们的现代化水平有一定的变化幅度(表 4-3)。

(1) 2008 年发达国家水平

根据 2008 年第二次现代化水平分组，美国等 21 个发达国家的第二次现代化指数在 80 至 110 之间，排名顺序与 2007 年排名顺序略有不同，但都是排在前 21 名。21 个发达国家均已全面完成第一次现代化。21 个发达国家的综合现代化指数均在 83 至 98 之间，2008 年排名顺序与 2007 年排名顺序有所不同(表4-4)。

表4-4　21个发达国家的现代化指数

国家	第二次现代化指数	2008年排名	2007年排名	第一次现代化程度	2008年排名	2007年排名	综合现代化指数	2008年排名	2007年排名
美国	110	1	1	100	1	1	98	1	1
瑞典	104	2	2	100	1	1	94	3	4
丹麦	103	3	3	100	1	1	95	2	3
芬兰	103	4	4	100	1	1	92	6	6
日本	101	5	5	100	1	1	94	5	2
挪威	99	6	6	100	1	1	90	13	12
韩国	98	7	7	100	1	1	86	15	15
澳大利亚	97	8	11	100	1	1	91	8	14
德国	96	9	9	100	1	1	94	4	5
荷兰	94	10	12	100	1	1	90	11	10
瑞士	94	11	8	100	1	1	91	7	7
比利时	94	12	10	100	1	1	89	14	13
法国	94	13	15	100	1	1	90	10	11
加拿大	93	14	13	100	1	1	86	16	17
新加坡	93	15	16	100	1	1	85	18	20
奥地利	92	16	17	100	1	1	90	9	8
英国	92	17	14	100	1	1	90	12	9
新西兰	89	18	18	100	1	1	84	19	16
爱尔兰	85	19	19	100	1	1	85	17	18
以色列	84	20	21	100	1	1	83	20	22
西班牙	82	21	20	100	1	1	83	21	21

注：第一次现代化程度达到100时，排名都为1，不分先后。后同。本表、表4-5和表4-6的排名都是131个国家的排名。2001～2009年的《中国现代化报告》中的排名为108个国家的排名。

(2) 2008年中等发达国家水平

希腊等28个中等发达国家的第二次现代化指数在50至77之间(第二次现代化指数世界平均值为50)，排名顺序与2007年排名顺序略有不同。28个中等发达国家中有18个国家全面完成了第一次现代化，10个国家已基本实现了第一次现代化。28个中等发达国家的综合现代化指数在49至81之间，排名顺序与2007年排名顺序有所不同(表4-5)。

表 4-5 28 个中等发达国家的现代化指数

国家	第二次现代化指数	2008 年排名	2007 年排名	第一次现代化程度	2008 年排名	2007 年排名	综合现代化指数	2008 年排名	2007 年排名
斯洛文尼亚	77	22	23	100	39	1	75	23	23
意大利	77	23	22	100	1	1	81	22	19
希腊	75	24	25	100	1	1	74	24	24
爱沙尼亚	75	25	24	100	1	1	70	29	25
捷克	75	26	26	100	1	1	70	26	29
葡萄牙	72	27	27	100	1	1	72	25	26
匈牙利	69	28	28	100	1	1	70	27	28
立陶宛	69	29	31	100	1	1	66	32	33
俄罗斯	69	30	30	100	40	1	63	36	37
科威特	68	31	32	100	1	1	67	30	31
拉脱维亚	68	32	29	100	1	1	70	28	27
斯洛伐克	66	33	34	100	1	1	65	35	38
克罗地亚	63	34	35	100	1	1	66	33	32
波兰	62	35	36	100	1	1	63	37	35
白俄罗斯	60	36	38	97	48	49	56	44	47
阿根廷	59	37	39	99	42	44	62	38	36
保加利亚	58	38	40	97	47	48	55	45	44
乌拉圭	57	39	42	100	1	39	66	31	34
乌克兰	56	40	37	94	61	62	53	51	45
智利	55	41	43	100	1	1	58	41	40
沙特阿拉伯	55	42	44	96	50	47	52	53	48
约旦	53	43	41	94	58	59	53	49	43
巴西	52	44	46	99	41	43	58	40	42
罗马尼亚	51	45	47	100	1	41	54	47	53
委内瑞拉	51	46	49	98	45	40	55	46	50
黎巴嫩	50	47	33	99	43	42	66	34	30
墨西哥	50	48	53	100	1	1	57	42	46
马来西亚	50	49	50	96	52	53	49	57	56

(3) 2008 年初等发达国家水平

中国等 33 个初等发达国家的第二次现代化指数在 31 至 48 之间，排名顺序与 2007 年排名顺序略有不同。33 个初等发达国家中有 1 个国家全面完成了第一次现代化，有 15 国家已基本实现了第一次现代化。33 个初等发达国家的综合现代化指数在 31 至 58 之间，排名顺序与 2007 年排名顺序有所不同(表 4-6)。

表 4-6　33个初等发达国家的现代化指数

国家	第二次现代化指数	2008年排名	2007年排名	第一次现代化程度	2008年排名	2007年排名	综合现代化指数	2008年排名	2007年排名
格鲁吉亚	48	50	55	89	70	71	47	59	62
土耳其	48	51	51	100	1	1	56	43	41
马其顿	48	52	54	95	54	54	51	54	54
哈萨克斯坦	48	53	45	96	49	51	46	62	57
巴拿马	47	54	52	99	44	46	58	39	39
哥斯达黎加	46	55	56	98	46	45	52	52	49
突尼斯	46	56	58	94	60	58	48	58	58
摩尔多瓦	46	57	57	89	67	68	47	61	61
阿塞拜疆	44	58	64	87	73	73	42	68	78
哥伦比亚	44	59	61	96	51	50	54	48	52
中国	43	60	63	89	69	70	41	69	72
亚美尼亚	43	61	59	87	72	75	44	63	64
伊朗	43	62	62	94	62	61	44	64	67
牙买加	42	63	60	95	55	60	47	60	60
厄瓜多尔	42	64	66	95	57	57	49	56	59
蒙古	41	65	65	84	77	79	42	66	65
多米尼加	40	66	67	96	53	52	53	50	51
南非	40	67	68	89	68	66	41	71	69
埃及	39	68	71	89	71	69	41	72	68
秘鲁	39	69	70	95	56	55	49	55	55
吉尔吉斯斯坦	38	70	72	80	83	82	41	73	75
泰国	38	71	69	81	81	81	36	81	80
土库曼斯坦	36	72	48	83	79	80	33	85	81
萨尔瓦多	36	73	73	94	59	56	43	65	63
阿尔巴尼亚	36	74	75	87	74	72	42	67	70
阿尔及利亚	36	75	74	90	66	64	40	77	76
乌兹别克斯坦	35	76	77	79	85	86	33	84	85
巴拉圭	35	77	78	90	65	67	41	75	74
摩洛哥	34	78	79	81	82	85	41	74	71
玻利维亚	34	79	76	85	76	76	41	70	66
菲律宾	33	80	80	91	63	63	40	76	73
叙利亚	33	81	81	79	86	83	33	86	83
塔吉克斯坦	31	82	82	75	88	89	31	88	87

(4) 2008年欠发达国家水平

印度等49个欠发达国家的第二次现代化指数在11至29之间，排名顺序与2007年排名顺序略有不同。49个欠发达国家中没有一个国家全面完成了第一次现代化，有1个国家基本实现了第一次现代化。49个欠发达国家的综合现代化指数均在16至39之间，排名顺序与2007年排名顺序有所不同（表4-7）。

表 4-7 49 个欠发达国家的现代化指数

国家	第二次现代化指数	2008 年排名	2007 年排名	第一次现代化程度	2008 年排名	2007 年排名	综合现代化指数	2008 年排名	2007 年排名
洪都拉斯	29	83	83	85	75	74	33	83	84
越南	29	84	85	70	90	90	27	97	99
危地马拉	29	85	84	90	64	65	37	80	79
尼加拉瓜	29	86	86	83	80	77	32	87	86
博茨瓦纳	28	87	87	84	78	78	39	78	77
印度尼西亚	28	88	88	79	87	84	29	92	88
斯里兰卡	27	89	90	74	89	87	30	91	91
印度	26	90	92	68	91	91	28	93	94
海地	26	91	91	61	100	109	39	79	92
巴基斯坦	26	92	94	65	93	92	31	89	89
纳米比亚	25	93	95	80	84	88	35	82	82
塞内加尔	22	94	98	63	94	95	31	90	90
孟加拉国	21	95	101	61	98	98	28	94	95
肯尼亚	20	96	104	55	108	107	26	101	101
尼日利亚	20	97	105	57	105	101	26	98	103
也门共和国	20	98	89	65	92	93	26	99	98
老挝	20	99	93	61	99	103	25	104	108
津巴布韦	20	100	103	61	97	97	27	96	96
尼泊尔	20	101	99	53	110	106	23	108	106
加纳	20	102	107	57	104	105	24	106	105
喀麦隆	19	103	111	62	96	99	27	95	97
缅甸	19	104	106	63	95	94	26	102	100
柬埔寨	18	105	113	56	107	108	19	119	120
马达加斯加	18	106	109	52	111	110	23	110	110
科特迪瓦	18	107	112	57	103	104	25	105	102
多哥	18	108	102	50	113	115	22	112	112
马里	17	109	96	45	118	118	23	109	109
贝宁	17	110	117	51	112	112	24	107	111
刚果共和国	17	111	114	58	102	96	26	100	93
莱索托	17	112	118	59	101	102	21	114	115
赞比亚	16	113	120	48	116	113	18	123	121
乌干达	16	114	121	48	115	116	21	113	116
毛里塔尼亚	16	115	97	57	106	100	23	111	107
安哥拉	16	116	100	55	109	111	25	103	104
几内亚	16	117	116	46	117	114	21	116	113
刚果民主共和国	16	118	115	44	121	119	19	118	125
厄立特里亚	15	119	108	50	114	117	21	115	114
塞拉利昂	15	120	123	37	130	130	18	121	117
莫桑比克	14	121	122	45	119	122	20	117	118
巴布亚新几内亚	14	122	110	41	125	124	17	128	129
埃塞俄比亚	14	123	125	39	129	127	16	130	130
马拉维	14	124	126	43	123	121	16	131	131
布基纳法索	13	125	124	40	128	128	19	120	119
卢旺达	13	126	128	44	120	123	18	122	122
布隆迪	13	127	127	40	127	126	17	127	126
中非	12	128	129	41	126	125	18	124	123
坦桑尼亚	12	129	130	44	122	120	17	126	128
乍得	12	130	119	43	124	129	18	125	127
尼日尔	11	131	131	36	131	131	17	129	124

2. 2008年世界现代化的前沿水平

世界现代化的前沿水平可以从两个方面来反映，一是现代化阶段，一是现代化指数。

2008年世界现代化前沿已经到达第二次现代化的发展期。2008年处于第二次现代化发展期的国家大约有9个，它们的现代化水平是世界前沿水平的一种反映（表4-8）。

表4-8　2008年处于第二次现代化发展期的国家

国家	知识创新指数	知识传播指数	生活质量指数	经济质量指数	第二次现代化指数	排名
美国	110	106	103	119	110	1
瑞典	92	107	111	107	104	2
丹麦	88	114	103	107	103	3
荷兰	53	107	108	108	94	10
瑞士	77	92	100	105	94	11
比利时	57	100	112	106	94	12
法国	68	97	104	104	94	13
新加坡	82	82	102	106	93	15
英国	61	99	97	111	92	17

2008年第二次现代化指数排世界前10名的国家是：美国、瑞典、丹麦、芬兰、日本、挪威、韩国、澳大利亚、德国、荷兰。

2008年综合现代化指数排世界前10名的国家是：美国、丹麦、瑞典、德国、日本、芬兰、瑞士、澳大利亚、奥地利、法国。

这些排名世界前10位的国家的水平，反映了世界现代化的先进水平。

3. 2008年世界现代化的末尾水平

世界现代化的末尾水平可以从两个方面来反映，一是现代化阶段，一是现代化指数。

2008年有9个国家仍然是传统农业社会，没有进入现代化行列，它们是塞拉利昂、马拉维、坦桑尼亚、尼日尔、中非共和国、布基纳法索、埃塞俄比亚、布隆迪、卢旺达。

2008年第一次现代化程度排世界后10名的国家是：坦桑尼亚、马拉维、乍得、巴布亚新几内亚、中非共和国、布隆迪、布基纳法索、埃塞俄比亚、塞拉利昂、尼日尔，其中有8个国家在2007年同样排在后10名，它们第一次现代化程度在36%至44%之间。

2008年第二次现代化指数排世界后10名的国家是：巴布亚新几内亚、埃塞俄比亚、马拉维、布基纳法索、卢旺达、布隆迪、中非共和国、坦桑尼亚、乍得、尼日尔，其中有8个国家在2007年同样排名后10位，它们的第二次现代化指数在11至14之间。

2008年综合现代化指数排世界后10名的国家是：卢旺达、赞比亚、中非共和国、乍得、坦桑尼亚、布隆迪、巴布亚新几内亚、尼日尔、埃塞俄比亚、马拉维，其中有1个国家在2007年同样排在后10位，它们的综合现代化指数在16至18之间。

这些排名世界后10位的国家的水平，反映了世界现代化的最低水平。

4. 2008年世界现代化的国际差距

2008年世界现代化水平的国际差距比2000年略有缩小，比1990年有所扩大。两次现代化和综合现代化水平所反映的差距变化情况不一样。

第一次现代化水平，2008年的绝对差距比1990年和2000年有所减小，相对差距没有变化；第二次现代化水平，2008年的绝对差距和相对差距比2000年有所减小，比1990年有所加大；综合现代化水平，2008 年的绝对差距与 2000 年相同，但比 1990 增加，相对差距比 2000 年有所减小，但比 1990 年有所增加(表 4-9)。

表 4-9 世界现代化水平的国家差距

	第一次现代化程度			第二次现代化指数			综合现代化指数		
	2008	2000	1990	2008	2000	1990	2008	2000	1990
最大值	100	100	100	110	109	98	100	98	98
最小值	36	31	32	11	9	16	16	14	20
平均值	81	77	72	46	42	42	48	44	48
绝对差距	64	69	68	99	100	82	84	84	78
标准差	21	22	23	28	26	23	24	23	22
相对差距	3	3	3	10	12	6	6	7	5
变异系数	0.26	0.29	0.32	0.60	0.62	0.55	0.50	0.53	0.46

注：绝对差距＝最大值－最小值。后同。

5. 2008 年世界现代化的国际追赶

在 2000～2008 年期间，根据第二次现代化水平分组，在 131 个参加评价的国家中，有 18 个国家的分组发生了变化，其中，组别上升的国家有 13 个，组别下降的国家有 5 个。

首先，国家水平升级的国家。中等发达国家升级为发达国家的是新加坡、新西兰、爱尔兰、西班牙。初等发达国家升级为中等发达国家的是约旦、巴西、罗马尼亚、委内瑞拉、墨西哥、马来西亚。欠发达国家升级为初等发达国家的是阿尔巴尼亚、玻利维亚、叙利亚。

其次，国家水平降级的国家。中等发达国家降级为初等发达国家的是格鲁吉亚、巴拿马、哥伦比亚、牙买加。初等发达国家降级为欠发达国家的是博茨瓦纳。

在 1960～2008 年期间，有 24 个国家的分组发生了变化(表 4-10)。地位上升的国家有 13 个，它们是芬兰、日本、新加坡、奥地利、爱尔兰、西班牙、韩国、葡萄牙、约旦、巴西、马来西亚、沙特阿拉伯、中国。地位下降的国家有 11 个，它们是俄罗斯、巴拿马、牙买加、蒙古、南非、危地马拉、尼加拉瓜、斯里兰卡、津巴布韦、刚果共和国、赞比亚。

表 4-10 1960～2008 年世界现代化的国际地位发生变化的国家

升级的国家			降级的国家		
国家	1960 年分组	2008 年分组	国家	1960 年分组	2008 年分组
芬兰	中等发达	发达	俄罗斯	发达	中等发达
日本	中等发达	发达	巴拿马	中等发达	初等发达
新加坡	中等发达	发达	牙买加	中等发达	初等发达
奥地利	中等发达	发达	蒙古	中等发达	初等发达
爱尔兰	中等发达	发达	南非	中等发达	初等发达
西班牙	中等发达	发达	危地马拉	初等发达	欠发达
韩国	初等发达	发达	尼加拉瓜	初等发达	欠发达
葡萄牙	初等发达	中等发达	斯里兰卡	初等发达	欠发达
约旦	初等发达	中等发达	津巴布韦	初等发达	欠发达
巴西	初等发达	中等发达	刚果共和国	初等发达	欠发达
马来西亚	初等发达	中等发达	赞比亚	初等发达	欠发达
沙特阿拉伯	欠发达	中等发达			
中国	欠发达	初等发达			

注：1960 年根据第一次现代化实现程度分组，2008 年根据第二次现代化指数分组。

在1960～2008年期间，大约80%～94%的发达国家一直是发达国家，大约85%～95%的欠发达国家一直是欠发达国家；中等发达国家升级为发达国家的概率约为26%～44%；初等发达国家升级为中等发达国家的概率约为14%～27%，升级为发达国家的概率为0～8%；欠发达国家升级为初等发达国家的概率约为3%～13%，升级为中等发达国家的概率约为0～3%(表4-11)。

表4-11 世界现代化的国家地位的转移概率(马尔科夫链分析)

分组	国家数	发达	中等	初等	欠发达	国家数	发达	中等	初等	欠发达
	1960	1960～2008年转移概率/(%)				1970	1970～2008年转移概率/(%)			
发达	15	93	7	0	0	15	80	20	0	0
中等	23	26	57	17	0	16	44	44	13	0
初等	29	3	14	62	21	26	8	27	50	15
欠发达	40	0	3	3	95	47	0	2	13	85
	1980	1980～2008年转移概率/(%)				1990	1990～2008年转移概率/(%)			
发达	17	88	12	0	0	16	94	6	0	0
中等	13	31	54	15	0	18	33	56	11	0
初等	41	5	24	46	24	37	0	19	49	32
欠发达	39	0	0	5	95	35	0	0	6	94

注：发达代表发达国家，中等代表中等发达国家，初等代表初等发达国家，欠发达代表欠发达国家。1960年根据第一次现代化程度分组的分组标准：发达国家>90%，中等发达60%～90%，初等发达40%～60%，欠发达<40%。1970～2006年根据第二次现代化指数分组的分组标准：发达国家的指数大于高收入平均值的80%，中等发达国家的指数高于世界平均值但低于发达国家，初等发达的指数低于世界平均值但高于欠发达国家，欠发达国家的指数低于高收入国家平均值的30%；高收入国家平均值为100。数值差异是因为四舍五入的原因。

6. 2008年世界现代化的不平衡性

世界现代化的不平衡性大致表现在五个方面：① 国家现代化进程不同步；② 不同国家现代化速度不平衡；③ 不同国家现代化水平不平衡(表4-12)；④ 世界现代化要素指标的不平衡；⑤ 世界现代化的地理分布不平衡，世界五大洲的平均现代化水平是不同的。相对而言，欧洲和北美水平比较高，南美和亚洲相当，非洲比较落后(图4-3)。

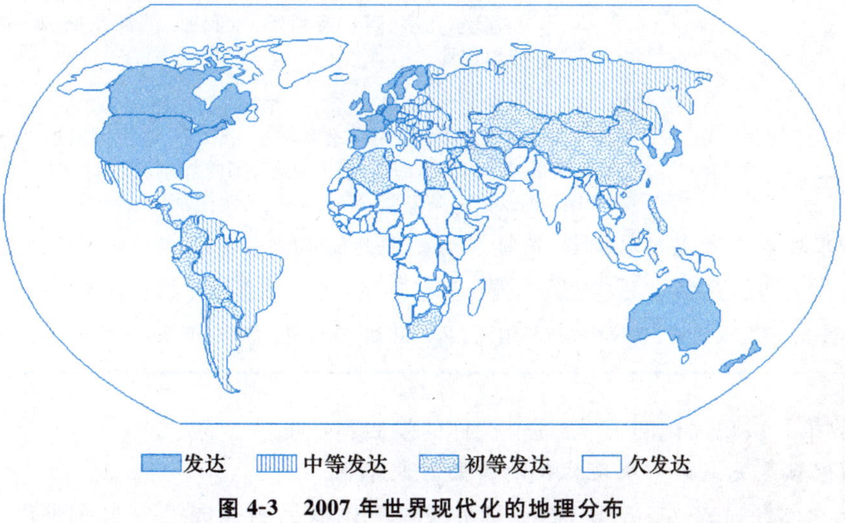

图4-3 2007年世界现代化的地理分布

(本地图为世界简图，完整的世界地图见中国地图出版社出版的世界地图)

二、2008 年世界现代化评价

1. 2008 年世界第一次现代化评价

(1) 2008 年世界有 66 个国家已经完成或基本实现第一次现代化

在 2008 年参加评价的 131 个国家中，有 66 个国家已经完成或基本实现第一次现代化，约占国家总数的 50%；有 65 个国家没有完成第一次现代化，约占 50%。全面完成第一次现代化的国家有 40 个，约占 30%。基本实现第一次现代化的国家有 26 个，约占 20%。

(2) 2008 年世界第一次现代化的不平衡性

2008 年世界不同国家第一次现代化程度不同，所处阶段也不同。根据产业结构和劳动力结构信号综合分析，2008 年世界约有 42 个国家进入第一次现代化过渡期，其中有 28 个国家已进入第二次现代化；有 30 个国家进入第一次现代化的成熟期，33 个国家进入发展期，17 个国家进入起步期，9 个国家处于传统农业社会(表 4-12)。

表 4-12　2008 年世界现代化的国家分布和不平衡性

第二次现代化阶段	过渡期	
	成熟期	
	发展期 9 个	美国、瑞典、丹麦、瑞士、荷兰、新加坡、英国、法国、比利时
	起步期 19 个	芬兰、日本、挪威、韩国、澳大利亚、德国、加拿大、奥地利、新西兰、爱尔兰、以色列、西班牙、意大利、希腊、爱沙尼亚、葡萄牙、匈牙利、立陶宛、拉脱维亚
第一次现代化阶段	过渡期 14 个	斯洛文尼亚、捷克、俄罗斯、科威特、斯洛伐克、波兰、阿根廷、智利、沙特阿拉伯、约旦、委内瑞拉、墨西哥、厄瓜多尔、南非
	成熟期 30 个	克罗地亚、白俄罗斯、保加利亚、乌拉圭、乌克兰、巴西、罗马尼亚、黎巴嫩、马来西亚、土耳其、马其顿、哈萨克斯坦、巴拿马、哥斯达黎加、突尼斯、阿塞拜疆、哥伦比亚、中国、伊朗、牙买加、多米尼加、埃及、秘鲁、萨尔瓦多、阿尔及利亚、叙利亚、洪都拉斯、尼加拉瓜、博茨瓦纳、纳米比亚
	发展期 33 个	格鲁吉亚、摩尔多瓦、亚美尼亚、蒙古、吉尔吉斯斯坦、泰国、土库曼斯坦、阿尔巴尼亚、乌兹别克斯坦、巴拉圭、摩洛哥、玻利维亚、菲律宾、塔吉克斯坦、越南、危地马拉、印度尼西亚、斯里兰卡、印度、海地、巴基斯坦、塞内加尔、孟加拉国、肯尼亚、尼日利亚、也门共和国、津巴布韦、喀麦隆、科特迪瓦、莱索托、刚果共和国、毛里塔尼亚、安哥拉
	起步期 17 个	老挝、尼泊尔、加纳、缅甸、柬埔寨、马达加斯加、多哥、马里、贝宁、赞比亚、乌干达、几内亚、刚果民主共和国、厄立特里亚、莫桑比克、巴布亚新几内亚、乍得
传统农业社会		塞拉利昂、埃塞俄比亚、马拉维、布基纳法索、卢旺达、布隆迪、中非、坦桑尼亚、尼日尔(9 个)

2008 年世界第一次现代化的 10 个评价指标的发展不平衡。

(3) 不同国家预期完成第一次现代化所需的时间不同

世界发达国家已经完成第一次现代化，部分发展中国家已经完成第一次现代化。没有完成第一次现代化的发展中国家，在 1980～2008 年期间第一次现代化发展速度不同。如果按 1980～2008 年的年均增长率估算，它们完成第一次现代化(第一次现代化程度达到100%)所需时间不同(附表1-2-4)；如果它们增长率变了，则它们完成第一次现代化的所需时间就会变化。如果按照1980～2008年的年均增长率估算，世界低收入国家平均完成第一次现代化大约需要64年，世界平均大约需要10年(附表1-2-4)。

2. 2008年世界第二次现代化评价

(1) 2008年世界上约有28个国家进入第二次现代化

在2008年参加评价的131个国家中，约有28个国家进入第二次现代化发展轨道，约占国家样本数的21%；其中，9个国家进入第二次现代化的发展期，它们是美国、瑞典、丹麦、荷兰、瑞士、比利时、法国、新加坡、英国；19个国家进入第二次现代化的起步期(表4-12)。

(2) 2008年世界第二次现代化的国际差距仍然很大

2008年第二次现代化指数，最高的国家是美国，达到110(表4-13)；最低的国家是尼日尔，仅为11。美国第二次现代化指数约是尼日尔的10倍。2000年第二次现代化指数最高的国家是瑞典，最低的国家是卢旺达，瑞典第二次现代化指数是卢旺达的12倍。

表4-13 2000年与2008年世界第二次现代化指数排前10名的国家

国家	2008年指数	2008年排名	国家	2000年指数	2000年排名
美国	110	1	瑞典	109	1
瑞典	104	2	美国	108	2
丹麦	103	3	日本	103	3
芬兰	103	4	丹麦	102	5
日本	101	5	芬兰	103	4
挪威	99	6	挪威	100	6
韩国	98	7	瑞士	99	8
澳大利亚	97	8	澳大利亚	99	7
德国	96	9	德国	97	9
荷兰	94	10	荷兰	93	10

(3) 2008年世界第二次现代化的不平衡性

2008年非洲38个国家中，没有1个国家进入发达国家和中等发达国家行列；美洲22个国家中，有2个属于发达国家，6个属于中等发达国家；亚洲35个国家中，有4个属于发达国家，5个属于中等发达国家；欧洲33个国家中，有13个属于发达国家，17个属于中等发达国家；大洋洲的澳大利亚和新西兰属于发达国家(表4-14)。

表4-14 2008年世界第二次现代化水平的五大洲分布 单位：国家个数

国家分组	2008年						2000年					
	非洲	美洲	亚洲	欧洲	大洋洲	小计	非洲	美洲	亚洲	欧洲	大洋洲	小计
发达国家	0	2	4	13	2	21	0	2	3	11	1	17
中等发达	0	6	5	17	0	28	0	6	5	18	1	30
初等发达	5	10	15	3	0	33	6	9	15	3	0	33
欠发达	33	4	11	0	1	49	32	5	12	1	1	51
小计	38	22	35	33	3	131	38	22	35	33	3	131

3. 2008 年世界综合现代化评价

(1) 2008 年世界综合现代化的国家分布

综合现代化水平反映了不同国家与世界先进水平的相对差距。用综合现代化指数来分析世界现代化水平的国家分布(图 4-4),可以比较世界现代化水平的纵向分布。2008 年世界综合现代化水平的国家分布与 2000 年的国家分布基本相同,但分布不均衡。这表明世界现代化的纵向结构,既不均衡,又相对稳定。

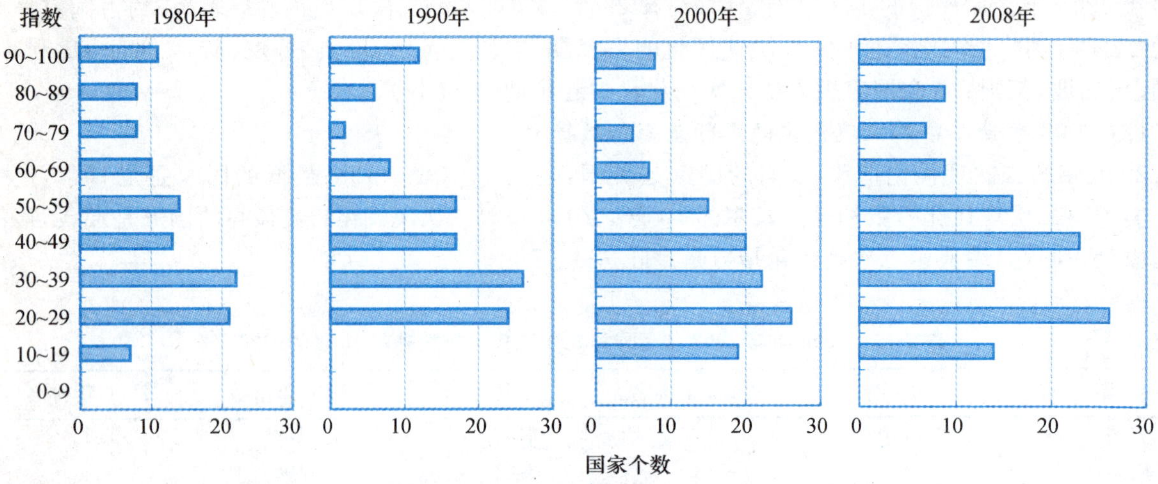

图 4-4　世界综合现代化水平的国家分布

(2) 2008 年世界综合现代化的国际追赶

根据综合现代化指数的变化,从 2000 年到 2008 年,在参加评价的 131 个国家中,综合现代化水平上升的国家有 86 个(指数上升在 2 以上的),下降的国家有 14 个(指数下降在 2 以上的),变化不大的国家约有 31 个(指数变化在±2 之间的)。在综合现代化水平上升的 86 个国家中,有 75 个国家是发展中国家;在某种程度上可以说,这些发展中国家与世界先进水平的差距缩小了。

第二节　2008 年中国现代化指数

中国现代化指数包括中国第一次现代化程度、第二次现代化指数和综合现代化指数,它反映了中国现代化在经济、社会、文化和环境等领域的综合水平。关于中国政治等领域的现代化水平,需要专门研究。中国现代化指数的评价方法和评价数据来源,与世界现代化指数相同,请阅读技术注释和附录二。

一、2008 年中国现代化水平

1. 2008 年中国现代化的总体水平

2008 年中国属于初等发达国家,大约处于发展中国家的中间水平;中国现代化水平与世界中等发达国家和发达国家的差距仍然较大。

2008 年,中国第一次现代化程度为 89%,在世界 131 个国家中排第 69 位;中国第二次现代化指数为 43,在世界 131 个国家中排第 60 位;综合现代化指数为 41,在世界 131 个国家中排第 69 位。2009 年中国第一次现代化程度估计为 92%(表 4-15)。

表 4-15　2000～2008 年中国现代化指数

年份	第一次现代化程度/(%)	排名	第二次现代化指数	排名	综合现代化指数	排名
2009	92	—	—	—	—	—
2008	89	69	43	60	41	69
2007	87	70	42	63	40	72
2006	87	68	40	70	38	75
2005	86	69	40	71	38	72
2004	86	66	39	69	35	77
2003	82	73	33	75	33	80
2002	81	75	32	76	33	79
2001	78	75	31	79	32	78
2000	76	80	31	78	31	79

注：本表为中国在 131 个国家(2000 年人口超过 100 万和统计数据比较齐全的国家)的排名。在 2001～2009 年的《中国现代化报告》中，中国的排名为在 108 个国家的排名(东欧事变后的新国家和统计数据不稳定的国家不参加排名)。2009 年第一次现代化评价采用《中国统计年鉴 2010》的数据，为估计值；其他评价采用世界银行的数据。中国评价数据的数值不包括中国香港、澳门和台湾地区的数值，港澳台地区专门评价，后同。

2. 2008 年中国现代化的国际差距

2008 年，中国第一次现代化程度为 89%，与已经完成第一次现代化的国家相差 11 个百分点；第二次现代化指数为 43，与高收入国家平均值(100)相差 57；综合现代化指数为 41，与高收入国家平均值(100)相差 59。2008 年，中国第二次现代化指数与世界平均值(50)相差 7，中国综合现代化指数与世界平均值(54)相差 13。

3. 2008 年中国现代化的国际追赶

2008 年和 2000 年，中国都属于初等发达国家。2008 年第一次现代化程度比 2000 年提高了 13 个百分点，综合现代化指数比 2000 年提高了 10。2008 年与 2000 年相比，中国现代化水平有较大提高(表 4-15)。2008 年中国现代化的国际差距小于 2000 年。

2008 年，中国第二次现代化指数为 43，在 131 个国家中排名第 60 位。在未来 100 年里，如果 131 个国家能够按照它们的 1990～2008 年第二次现代化指数的年均增长率估算它们的现代化水平，那么，中国在 2020 年为 50 名左右，2050 年进入世界前 40 名，2080 年为前 30 名左右，2100 年前进入前 20 名。如果实现这个目标，届时中国将是一个现代化国家，中华民族将实现伟大复兴。

2008 年，中国为初等发达国家。根据 1960～2008 年的世界经验，在 48 年里，初等发达国家升级的概率约为 14%～27%，中等发达国家升级的概率约为 26%～44%。如果沿用世界历史经验，那么，2050 年中国成为中等发达国家的概率为 20%左右。如果 2050 年中国成为中等发达国家，那么，2100 年中国成为发达国家的概率为 30%左右。

4. 2008 年中国现代化的不平衡性

中国现代化的不平衡同样表现在几个方面，如地区不平衡和指标不平衡。第一次现代化 10 个指标发展不平衡，2008 年有 6 个指标已经达到标准，表现最差的指标(人均国民收入)达标程度仅为 38%。第二次现代化的四大类指标也不平衡。

二、2008 年中国现代化评价

1. 2008 年中国第一次现代化评价

2008 年中国进入第一次现代化的成熟期，第一次现代化程度为 89%，比 2007 年提高 2 个百分点。2008 年中国第一次现代化程度在 131 个国家中排名第 69 位。

2009 年中国第一次现代化程度估计为 92%，比 2008 年提高 3 个百分点，仍然处于第一次现代化的成熟期。2009 年中国第一次现代化 10 个指标发展不平衡。6 个指标已经达标，分别是医生比例、平均预期寿命、婴儿存活率、成人识字率、大学普及率和农业增加值比例。4 个指标没有达到标准，分别是人均国民收入、农业劳动力比例、服务业增加值比例和城市人口比例(图 4-5)。

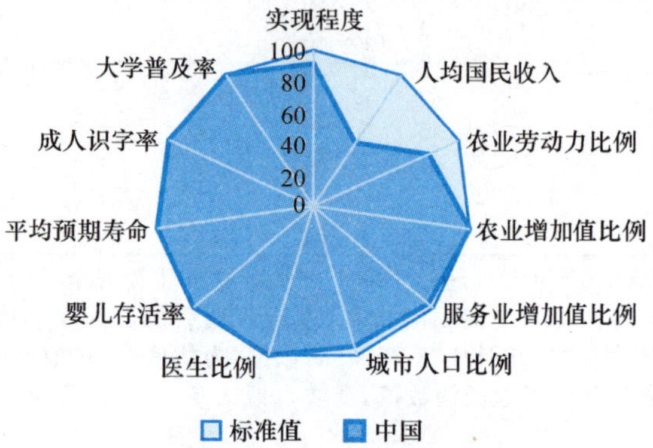

图 4-5　2009 年中国第一次现代化的特点

中国第一次现代化程度达到 100 所需要的时间，与第一次现代化程度的年均增长率正相关。如果按照 1960～2000 年速度估算，中国第一次现代化程度达到 100%约需 15 年(从 2000 年算起)。如果按 1980～2008 年速度估算，中国第一次现代化程度达到 100%约需 7 年(从 2008 年算起)。中国有可能在 2015 年前后完成第一次现代化，达到 1960 年发达国家水平。

2. 2008 年中国第二次现代化评价

2008 年中国尚没有完成第一次现代化，也没有进入第二次现代化。由于中国参与全球化进程，第二次现代化的许多要素已经传入中国。如果按第二次现代化评价模型进行评价，可以大概了解中国第二次现代化的进展。这种评价，仅有参考意义。

2008 年中国第二次现代化指数为 43，在 131 个国家中排第 60 位。中国第二次现代化指数世界排名好于第一次现代化程度排名，中国比其他发展中国家具有更多的第二次现代化的要素。

2008 年中国第二次现代化 4 类指标发展不平衡，知识传播和生活质量指数达到世界平均水平(图 4-6)。以 2008 年高收入国家平均值 100 为对照，2008 年中国知识创新指数为 36(世界平均 47)，知识传播指数为 57(世界平均 56)，生活质量指数为 53(世界平均 51)，经济质量指数为 28(世界平均 45)。2008 年中国经济质量水平与发达国家的差距最大。

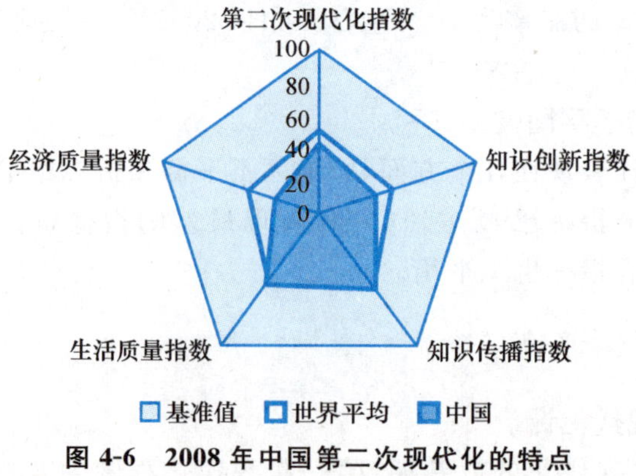

图 4-6　2008 年中国第二次现代化的特点

在 2000～2008 年期间，中国知识创新指数提高了 15，知识传播指数提高了 25，生活质量指数提高了 7，经济质量指数提高了 1(表 4-16)；中国经济质量的国际地位变化不明显。改革开放以来，中国经济的年增长率比较大，但年增长量比较小，经济结构转变仍然比较慢。中国经济建设仍然需要快马加鞭。

表 4-16　2000～2008 年中国第二次现代化指数

年份	知识创新指数	知识传播指数	生活质量指数	经济质量指数	第二次现代化指数
2008	36	57	53	28	43
2007	32	57	53	25	42
2006	28	54	51	27	40
2005	28	52	50	28	40
2004	25	50	50	30	39
2003	24	38	43	26	33
2002	21	37	45	26	32
2001	19	32	45	26	31
2000	21	32	46	27	31

注：各年评价的基准值为当年高收入国家平均值，高收入国家平均值的指数为 100。

3. 2008 年中国综合现代化评价

综合现代化指数反映国家水平与世界先进水平的相对差距。2008 年中国综合现代化指数为 41，比 2000 年提高了 10，比 1990 年提高 13，比 1980 年提高 20。2008 年中国综合现代化指数在世界 131 个国家中排名第 69 位，比 2000 年提高了 3 位，比 1980 年上升 34 位(表 4-17)。

表 4-17　1980～2008 年中国综合现代化指数

项目	2008	2007	2006	2005	2004	2003	2002	2001	2000	1990	1980
中国指数	41	40	38	38	35	33	33	32	31	28	21
中国排名	69	72	75	72	77	80	79	78	79	103	103
高收入国家平均值	100	100	100	100	100	100	100	100	100	100	100
中等收入国家平均值	40	40	42	41	40	40	44	42	42	44	52
低收入国家平均值	24	24	26	26	26	25	26	23	24	32	28
世界平均值	54	54	53	53	53	52	55	51	50	53	60

注：统计数据比较齐全的国家，2000～2008 年为 131 个，1980 年为 114 个，1990 年为 124 个。

第三节　2008 年中国地区现代化指数

中国地区现代化指数包括中国 34 个省级地区的第一次现代化程度、第二次现代化指数和综合现代化指数，它反映了 34 个省级地区现代化在经济、社会、文化和环境等领域的综合水平。关于评价方法，请阅读技术注释；关于评价数据，请阅读附录二。

一、2008 年中国地区现代化水平

1. 2008 年中国内地地区现代化的总体水平

2008 年，中国内地地区中，北京进入第二次现代化，其他地区处于第一次现代化；根据第二次现代化指数分组，北京等 8 个地区为发达地区或中等发达地区，黑龙江等 23 个地区为初等发达地区（表 4-18）。2008 年中国多数内地地区属于发展中地区。

表 4-18 2008 年中国地区现代化指数

分组	地区	SMI	FMI	IMI	人均GDP	分组	地区	SMI	FMI	IMI	人均GDP
发达地区和中等发达地区	北京	97	100	83	8903	初等发达地区	宁夏	43	87	35	2559
	上海	91	100	79	10 437		河北	42	87	35	3333
	台湾	89	100	77	17 542		四川	41	83	35	2211
	澳门	79	100	79	39 036		湖南	40	84	36	2516
	香港	79	100	78	31 420		新疆	39	83	36	2838
	天津	79	98	68	7775		安徽	39	85	34	2081
	浙江	62	97	54	6038		河南	39	82	31	2809
	江苏	58	96	50	5681		海南	38	82	37	2459
	广东	57	96	53	5382		青海	38	83	33	2496
	辽宁	57	92	47	4489		甘肃	38	83	33	1739
	山东	50	91	42	4747		江西	37	84	35	2119
	世界平均	50	94	54	8655		广西	35	79	31	2143
初等发达地区	黑龙江	49	88	40	3126		云南	32	76	30	1805
	陕西	48	85	42	2620		贵州	31	75	28	1265
	福建	47	94	42	4321		西藏	30	78	35	1985
	山西	47	88	39	2927	对照	中国	45	90	42	2940
	吉林	47	89	41	3381		高收入国家	100	100	100	39 688
	湖北	46	90	41	2855		中等收入国家	38	89	40	3251
	重庆	44	91	40	2583		低收入国家	20	58	24	523
	内蒙古	43	89	37	4627						

注：FMI 为第一次现代化程度，SMI 为第二次现代化指数，IMI 为综合现代化指数。中国 34 个地区的“人均 GDP”的数值为各地区的人均居民生产总值（美元）。

2009 年，在中国内地地区中，北京、上海和天津第一次现代化程度达到 100%（达到 1960 年工业化国家的平均水平）；浙江等 11 个地区第一次现代化程度超过 90%但低于 100%，黑龙江等 16 个地区第一次现代化程度达到 80%～89%，西藏第一次现代化程度达到 79%（图 4-7）。广东有 9 个指标达标，江苏、浙江和福建有 8 个指标达标，辽宁、吉林、黑龙江、内蒙古和重庆有 7 个指标达标，湖北、河北、山西、安徽、河南、陕西、海南、甘肃和宁夏有 6 个指标达标。2009 年和 2008 年相比，内蒙古等 9 个地区第一次现代化程度的全国排名上升，甘肃等 9 个地区排名下降，北京等 13 个地区排名没有变化（附表 2-2-5）。

2. 2008 年中国内地地区现代化的前沿水平

2008 年，中国内地地区现代化的前沿已经进入第二次现代化的发展期，地区现代化的前沿水平接近发达国家的底线，部分指标达到发达国家的底线。例如，2008 年北京处于第二次现代化的发展期，

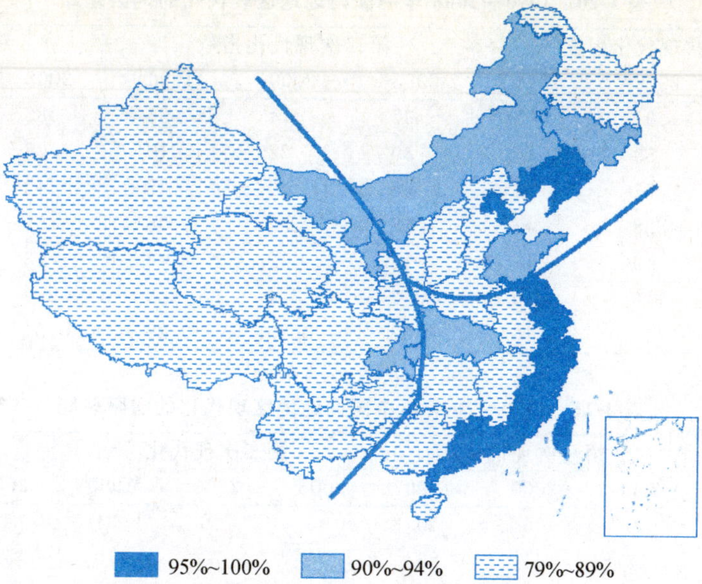

图 4-7　2009 年中国现代化水平的地区分布(本图为工作简图)

注:根据第一次现代化程度分组:95%～100%,90%～94%,79%～89%。

北京和上海的部分指标接近或达到意大利和西班牙的水平(表 4-19)。

表 4-19　2008 年中国内地地区现代化的前沿水平和国际比较

指标	北京	上海	天津	浙江	江苏	广东	西班牙	意大利	希腊	葡萄牙	匈牙利	俄罗斯
第一次现代化程度	100	100	98	97	96	96	100	100	100	100	100	100
第二次现代化指数	97	91	79	62	58	57	82	77	75	72	69	69
综合现代化指数	83	79	68	54	50	53	83	81	74	72	70	63
人均 GDP	8903	10 437	7775	6038	5681	5382	35 215	38 492	31 670	22 923	15 408	11 832
人均 GDP(PPP)	16 283	19 088	14 219	11 044	10 390	9843	30 830	30 800	28 300	22 330	18 210	15 460
城市化水平	85	89	77	58	54	63	77	68	61	60	68	73
平均预期寿命	80	81	79	77	75	75	81	82	80	79	74	68
大学普及率	84	67	63	31	29	20	69	67	91	57	67	75
互联网普及率	58	59	41	41	27	48	55	42	43	42	59	32

注:意大利等 6 个国家人均 GDP(PPP)的数据为人均 GNI(PPP)的数值。

3. 2008 年中国内地地区现代化的地区差距

在 2000～2008 年期间,中国内地地区现代化的地区差距有所扩大。其中,第一次现代化程度的地区差距缩小;第二次现代化指数的绝对差距扩大,相对差距缩小;综合现代化指数的绝对差距和相对差距都扩大了(表 4-20)。

4. 2008 年中国内地地区现代化的国际差距

中国内地省级 31 个地区中,地区第一次现代化水平与已经完成第一次现代化的国家的最大差距约为 25 个百分点,平均差距为 12 个百分点;地区第二次现代化水平与世界先进水平的最大差距是 70,最小差距是 3,平均差距是 52;地区综合现代化水平与世界先进水平的最大差距是 72,最小差距 17,平均差距 58(表 4-21)。

表 4-20 1990～2008 年中国内地地区现代化的地区差距

项目	第一次现代化程度			第二次现代化指数			综合现代化指数		
	2008	2000	1990	2008	2000	1990	2008	2000	1990
最大值	100	97	91	97	74	55	83	65	52
最小值	75	59	44	30	22	19	28	24	23
平均值	88	75	64	48	33	28	42	33	31
绝对差距	25	38	47	67	52	36	55	41	29
标准差	7	9	10	16	12	8	13	9	7
相对差距	1.3	1.6	2.0	3.2	3.4	2.9	2.9	2.8	2.3
变异系数	0.08	0.12	0.16	0.33	0.35	0.29	0.31	0.28	0.21

表 4-21 1990～2008 年中国内地地区现代化的国际差距

项目		第一次现代化			第二次现代化			综合现代化		
		2008	2000	1990	2008	2000	1990	2008	2000	1990
与发达国家的差距	最小差距	0	6	10	3	26	34	17	35	48
	最大差距	25	41	56	70	78	70	72	76	77
	平均差距	12	24	40	52	69	63	58	68	72
与世界平均值的差距	最小差距	—	—	—	—	—	—	—	—	—
	最大差距	19	30	37	20	24	28	25	26	30
	平均差距	6	23	21	2	15	21	12	18	25

5. 2008 年中国内地地区现代化的国际追赶

如果根据第二次现代化水平分组，2008 年与 2007 年相比，中国内地省级地区分组的变化是：山东从初等发达地区升级为中等发达地区，西藏升级为初等发达地区。2008 年北京和上海第二次现代化指数分别为 97 和 91，比 2007 年都有所提高，与世界先进水平的差距缩小。

如果根据综合现代化水平分组，2008 年与 2007 年相比，中国内地省级地区分组的变化是：浙江从初等发达地区升级为中等发达地区，云南从欠发达地区升级为初等发达地区。

如果按照第一次现代化发展阶段的变化，2008 年与 2007 年相比，河南、河北、重庆、陕西、青海、宁夏从第一次现代化发展期进入成熟期；2009 年与 2008 年相比，湖北、内蒙古、安徽、江西和广西从第一次现代化发展期进入成熟期。

6. 2008 年中国地区现代化的不平衡性

中国地区现代化的不平衡性是非常突出的，包括地区现代化进程的不同步(表 4-18)、地区现代化速度有快有慢、地区现代化水平差距比较大、地区现代化指标的表现差别比较大、地区现代化水平的地理分布不均衡等。2008 年北京等 4 个地区已经进入第二次现代化，上海等 2 个地区已经达到第一次现代化的过渡期，浙江等 13 个地区已经进入第一次现代化的成熟期，湖北等 15 个地区处于第一次现代化的发展期(表 4-22)。

7. 2008 年中国港澳台地区现代化水平

中国的香港、澳门和台湾的现代化水平处于中国地区水平的前列。根据第二次现代化水平分组，2008 年中国香港、澳门、台湾第二次现代化指数超过世界中等发达水平，其中，台湾第二次现代化指数的数值已经达到世界发达水平。如果根据综合现代化指数分组，港澳台地区都属于中等发达水平。香港、澳门和台湾早已完成第一次现代化。

表 4-22　2008 年中国 34 个地区现代化的阶段和不平衡性

第二次现代化的发展阶段	过渡期	
	成熟期	
	发展期	香港、澳门、北京
	起步期	台湾
第一次现代化的发展阶段	过渡期	上海、天津
	成熟期	浙江、广东、江苏、福建、辽宁、山东、重庆、山西、河北、宁夏、陕西、青海、河南
	发展期	湖北、吉林、内蒙古、黑龙江、安徽、湖南、江西、新疆、甘肃、四川、海南、广西、西藏、云南、贵州
	起步期	无
传统农业社会		无

二、2008 年中国地区现代化评价

1. 2008 年和 2009 年中国内地地区第一次现代化评价

2008 年中国内地地区第一次现代化评价，在《中国现代化报告 2010》中已经完成。这里我们进行 2009 年中国内地地区第一次现代化的评价。

(1) 2009 年中国内地有 10 个地区已经完成或基本实现第一次现代化

2009 年中国内地 31 个地区中，有 14 个地区已经完成或基本实现第一次现代化，它们是北京、上海、天津(第一次现代化程度达到 100%，10 个指标达到标准)和浙江、广东、江苏、福建、辽宁、内蒙古、湖北、重庆、山东、吉林、宁夏(第一次现代化程度超过 90%)。

如果北京、天津、上海、香港、澳门和台湾不参加排名，2009 年第一次现代化程度排名前 10 位的地区为：浙江、广东、江苏、福建、辽宁、内蒙古、湖北、重庆、山东、吉林(图 4-8)。

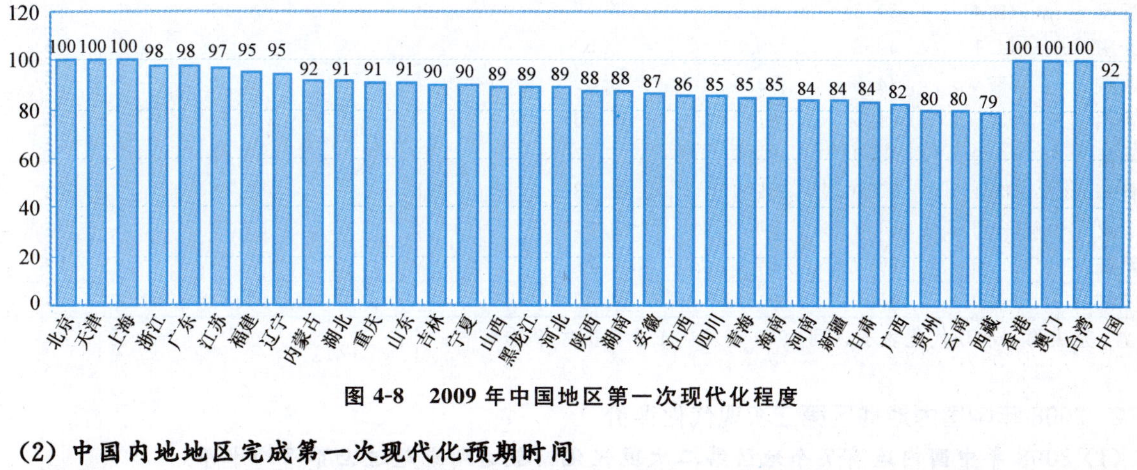

图 4-8　2009 年中国地区第一次现代化程度

(2) 中国内地地区完成第一次现代化预期时间

如果按照 1990～2009 年年均增长率估算，全国多数地区有可能用 10 年左右的时间完成第一次现代化(表 4-23)。完成第一次现代化，表示大约达到 1960 年工业化国家的平均水平。

表 4-23 中国内地地区完成第一次现代化的时间估算

地区	第一次现代化程度/(%)			程度达到 100%		程度达到 100%	
	1980 年	1990 年	2009 年	1990～2009 年均增长率	所需年	1980～2009 年均增长率	需要年
北京	82.9	90.5	100.0	0.53	0	0.65	0
天津	77.7	84.2	100.0	0.91	0	0.87	0
河北	56.4	62.9	88.9	1.84	6	1.58	8
山西	62.5	69.0	89.5	1.38	8	1.24	9
内蒙古	58.8	65.3	92.1	1.82	5	1.56	5
辽宁	69.5	79.2	94.6	0.94	6	1.07	5
吉林	64.7	68.6	90.2	1.45	7	1.16	9
黑龙江	63.7	72.0	89.4	1.14	10	1.17	10
上海	82.3	89.4	100.0	0.59	0	0.67	0
江苏	56.3	64.2	97.1	2.20	1	1.90	2
浙江	52.7	66.3	97.9	2.07	1	2.16	1
安徽	51.5	56.7	86.6	2.25	6	1.81	8
福建	54.8	65.0	95.5	2.04	2	1.93	2
江西	51.6	56.2	86.0	2.26	7	1.78	9
山东	51.2	63.4	90.7	1.91	5	1.99	5
河南	50.5	59.1	84.3	1.89	9	1.78	10
湖北	53.8	62.7	91.4	2.00	5	1.84	5
湖南	50.8	57.5	87.8	2.25	6	1.91	7
广东	59.2	69.2	97.7	1.83	1	1.74	1
广西	53.4	56.4	81.9	1.98	10	1.49	13
海南	31.3	61.7	84.5	1.67	10	3.49	5
重庆	—	—	91.3	—	—	—	—
四川	48.8	57.0	85.5	2.15	7	1.95	8
贵州	45.4	51.3	80.9	2.43	9	2.01	11
云南	44.1	49.8	80.8	2.57	8	2.11	10
西藏	38.4	44.3	79.0	3.09	8	2.52	10
陕西	53.5	64.3	87.9	1.66	8	1.73	8
甘肃	46.0	59.9	83.6	1.77	10	2.08	9
青海	53.1	57.0	85.0	2.13	8	1.64	10
宁夏	54.2	61.7	90.1	2.01	5	1.77	6
新疆	50.6	60.2	84.2	1.78	10	1.77	10
中国	54.0	63.0	91.6	1.99	4	1.84	5

注:完成第一次现代化表示达到 1960 年发达工业化国家平均水平。

2. 2008 年中国内地地区第二次现代化评价

(1) 2008 年中国内地有 7 个地区第二次现代化指数达到或超过世界平均水平

根据第二次现代化指数分组,2008 年北京和上海第二次现代化指数的数值已经达到发达国家组的水平,天津、浙江、江苏、广东、辽宁和山东已经达到中等发达水平,黑龙江等 23 个地区达到初等发达水平(图 4-9)。

(2) 2008 年中国内地地区第二次现代化的不平衡性

中国内地地区第二次现代化发展不平衡的主要表现是:不同地区第二次现代化水平不同,第二次

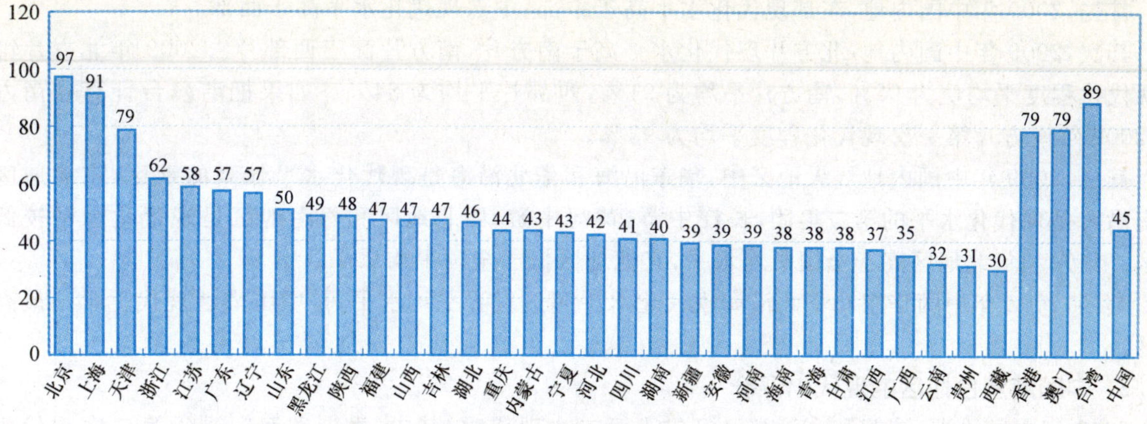

图 4-9 2008年中国地区第二次现代化水平

现代化的4大类指标和16个具体指标的发展水平不同;不同地区第二次现代化的进程不同步。北京进入第二次现代化发展期;其他地区仍是第一次现代化。

3. 2008中国内地地区综合现代化评价

在1980～2008年期间,中国地区综合现代化水平在提高。其中,2000年到2008年,中国内地31个地区综合现代化水平都提高了;1990年到2000年,有21个地区提高了;1980年到1990年,有29个地区提高了。这表明中国部分地区现代化与世界先进水平的差距在缩小。

4. 中国内地不同区域的现代化评价

关于中国区域划分有多种方案。这里采用"三大带、三大片和八大区"的划分(表4-24)。

表 4-24 中国不同区域的现代化水平的比较

地区	2009年第一次现代化程度	2009年人均GDP	2008年第一次现代化程度	2008年第二次现代化指数	2008年综合现代化指数
东部	92	5622	91	57	49
中部	91	4166	89	47	42
西部	85	2504	82	38	34
北方片	92	5082	90	54	46
南方片	91	4731	90	50	45
西部片	84	2496	82	37	34
东北	91	4113	90	51	43
华北沿海	95	7082	94	67	57
黄河中游	88	3809	86	44	37
华东沿海	98	8216	98	70	61
华南沿海	90	4037	88	44	41
长江中游	88	2812	86	41	36
西南	83	2325	80	36	34
西北	86	2710	84	39	34
中国	92	3744	90	45	42

注:三大带、三大片和八大区的数值为该区有关地区数值的简单算术平均值。人均GDP单位为美元。中国指标的数据来自《中国统计年鉴》,它的评价结果与采用《世界发展指标》数据的评价结果略有不同。

首先,2009 年中国内地,东部现代化水平高于中部,中部现代化水平高于西部。

其次,2009 年中国内地,北方片现代化水平高于南方片,南方片高于西部片。2009 年北方片第一次现代化程度平均值为 92%,南方片平均为 91%,西部片平均为 84%。如果把港澳台计算在南方片内,2009 年南方片第一次现代化程度平均为 93%。

其三,2009 年中国内地八大地区中,华东沿海和华北沿海是现代化水平较高的地区,东北地区和华南沿海是现代化水平的第二集团,长江中游、黄河中游、西北地区和西南地区是现代化水平较低的地区。华东和华北地区高于全国平均水平,其他地区低于全国平均水平。

其四,2008 年中国华东和华北沿海现代化水平超过世界平均水平,是中国内地现代化水平最高的地区。

5. 中国港澳台地区的现代化评价

2008 年中国香港、澳门和台湾都已经进入第二次现代化,其中,香港和澳门进入第二次现代化的发展期,台湾进入第二次现代化的起步期。2008 年,台湾第二次现代化指数超过 80,香港和澳门第二次现代化指数低于 80;三个地区的综合现代化指数都低于 80,但高于世界平均值。中国香港、澳门和台湾的第一次现代化程度都早已达到 100%。

本 章 提 要

本章完成了 2008 年世界 131 个国家和中国 34 个地区的现代化指数评价。

2008 年,美国等 28 个国家已经进入第二次现代化,约占国家样本数的 21%;波兰等 40 个国家全面完成第一次现代化,巴西等 26 个国家基本实现第一次现代化,全面完成和基本实现第一次现代化的国家约占国家样本的 50%。

2008 年,美国等 21 个国家属于发达国家,希腊等 28 个国家属于中等发达国家,中国等 33 个国家属于初等发达国家,印度等 49 个国家属于欠发达国家。

2008 年第二次现代化指数排世界前 10 名的国家是:美国、瑞典、丹麦、芬兰、日本、挪威、韩国、澳大利亚、德国、荷兰。

2008 年中国属于初等发达国家,处于发展中国家中的中间水平。2008 年中国第一次现代化程度为 89%,第二次现代化指数为 43,综合现代化指数为 41;分别在世界 131 个国家中排第 69 位、第 60 位和第 69 位。

2008 年与 2007 年相比,中国第一次现代化程度、第二次现代化指数和综合现代化指数的时间排名分别提高了 1 位、3 位和 3 位。

2008 年,中国内地地区发展不平衡,北京进入第二次现代化,其他内地地区都处于第一次现代化;根据第二次现代化指数分组,北京等 8 个地区为发达地区或中等发达地区,黑龙江等 23 个地区为初等发达地区。

2008 年,中国内地地区现代化的前沿水平已经接近发达国家的底线,部分指标达到发达国家的底线。例如,北京和上海的部分指标接近或达到意大利和西班牙的水平。

2008 年,中国华东和华北沿海地区现代化水平已经达到或超过世界平均水平。

2008 年,中国香港、澳门、台湾都已经进入第二次现代化,第二次现代化指数都超过世界中等发达水平,其中,台湾第二次现代化指数的数值已经达到世界发达水平。

2009 年,中国第一次现代化程度估计为 92%,上海、北京和天津第一次现代化程度达到 100%;浙江、广东、江苏、福建和辽宁 5 个地区第一次现代化程度达到 95%～98%,超过世界平均水平;内蒙古、湖北、重庆、山东、吉林和宁夏 6 个地区第一次现代化程度达到 90%～92%；河北等 14 个地区第一次现代化程度达到 80%～89%，西藏自治区第一次现代化程度达到 79%。

2009 年，如果北京、天津、上海、香港、澳门和台湾不参加排名，第一次现代化程度排名前 10 位的地区分别是：浙江、广东、江苏、福建、辽宁、内蒙古、湖北、重庆、山东、吉林。

技术注释

《中国现代化报告 2011》包括世界现代化的基础数据和评价数据、世界 131 个国家和中国 34 个地区 2008 年的发展数据和评价数据。由于世界不同国家的统计方法不完全相同，统计方法在不断发展，统计数据的可比性和一致性问题需要特别关注。《中国现代化报告 2011》采用国际机构、有关国家官方统计机构公布的数据。

一、资料来源

世界现代化的 300 年的历史数据主要来自米切尔的《帕尔格雷夫世界历史统计》、麦迪森的《世界经济千年史》、库兹涅茨的《各国的经济增长》、世界银行的《世界发展指标》、联合国统计年鉴、联合国贸易与发展会议（UNCTAD）统计数据、世界贸易组织（WTO）的有关数据、经济合作与发展组织（OECD）、联合国教科文组织（UNESCO）的数据等。

现代化进程评价所用数据，除少数年份的几个指标的中国数据（世界银行数据集中缺少的数据）来自《中国统计年鉴》外，其他全部采用世界银行出版的 2010 年《世界发展指标》、联合国出版的《统计年鉴》、联合国教科文组织出版的《统计年鉴》、联合国贸易与发展会议的《世界投资报告》、世界贸易组织的《国际贸易统计》等。

中国地区现代化评价所用数据，主要来自《中国统计年鉴》、《中国科技统计年鉴》、《中国能源统计年鉴》和 31 个省级行政地区的《统计年鉴》。

二、数据一致性和可靠性

世界现代化进程评价，以世界银行出版的 2009 年和 2010 年《世界发展指标》的系列数据为基本数据来源；部分年份的数据来自联合国贸易与发展会议的《世界投资报告》、世界贸易组织的《国际贸易统计》和联合国《统计年鉴》；部分年份的知识创新经费投入、知识创新人员投入和电视普及率数据来自联合国教科文组织《统计年鉴》；部分年份的劳动力结构数据来自国际劳工组织《劳动力统计年鉴》；部分 OECD 国家的数据来自 OECD 出版物；少数几个中国数据来自《中国统计年鉴》。

许多发展中国家的统计制度还很薄弱，统计方法在不断发展，统计指标的概念存在差异，统计方法在国与国之间差别较大，它们会影响数据的一致性和可靠性。许多国家的统计机构常常修改其历史统计数据。世界银行在历年《世界发展指标》中对数据来源、数据一致性和可靠性进行了说明。世界银行有时根据一些国家提供的新数据，对过去年份的数据进行调整。在不同年份出版的《世界发展指标》中，关于某年的数据不完全一致。如果出现这种情况，一般采用最近年份《世界发展指标》中公布的数据。2008 年世界现代化评价统一采用 2010 年《世界发展指标》的数据（网络版数据）。数据汇总方法在《世界发展指标》中有专门说明。

中国地区现代化进程评价，以 2009 年和 2010 年《中国统计年鉴》的系列数据为基本数据来源；《中国统计年鉴》中没有的数据，采用 31 个省级行政地区统计机构出版地方《统计年鉴》；知识创新经费投入、知识创新人员投入和居民专利申请数据来自《中国科技统计年鉴》；部分年份人均能源消费数据来自《中国能源统计年鉴》。

在世界银行和联合国有关机构出版的统计资料中，中国数据的数值一般为中国大陆 31 个省级行政地区统计数据的加总;在《中国统计年鉴》中,香港特区、澳门特区和台湾地区的统计数据单列,全国的加总数在数值上为大陆 31 个省级行政地区统计数据的加和。

苏联和东欧国家(捷克斯洛伐克等),1990 年前后发生变化。1990 年前采用原国家数据。1990 年后,分别为俄罗斯、捷克和斯洛伐克的数据。1990 年前,德国数据为联邦德国的数据。

三、国家分组

关于国家分组的方法有很多。《中国现代化报告 2003》对此进行了专门分析。例如,世界银行根据人均收入大小分组、联合国开发计划署根据人类发展指数分组、联合国工作分组、联合国地区分组、《中国现代化报告》根据第二次现代化指数分组等。一般而言,国家分组是相对的,更多是为了分析和操作的方便。本报告沿用《中国现代化报告 2003》国家分组方法。

《中国现代化报告 2003》采用四种国家分组方法,① 工业化国家和发展中国家;② 发达国家和发展中国家;③ 高收入国家、中等收入国家和低收入国家;④ 发达国家、中等发达国家、初等发达国家和欠发达国家。四种方法具有一定可比性(表 a)。

表 a 《中国现代化报告 2003》的国家分组

国家分组	类别	分组方法或标准
按地区分组	发达国家[a]	高收入国家(不含石油输出国)
	OECD 国家	OECD 国家
	比较发达国家	按联合国统计署的划分
	比较不发达国家(发展中国家)	按联合国统计署的划分
	最不发达国家(发展中国家)	按联合国统计署的划分
按人均国民收入分组(2000 年)	高收入国家	人均 GNI 大于 9266 美元
	中等收入国家(中高、中低收入国家)	人均 GNI 为 756～9265 美元
	低收入国家	人均 GNI 小于 755 美元
按第一次现代化实现程度分组(2000 年)	工业化国家	完成第一次现代化的国家
	发展中国家	没有完成第一次现代化的国家
按第二次现代化指数分组(2000 年)	发达国家[a](高现代化水平)	第二次现代化指数大于 80
	中等发达国家(中等现代化水平)	第二次现代化指数 46～79.9
	初等发达国家(初等现代化水平)	第二次现代化指数 30～45.9
	欠发达国家(低现代化水平)	第二次现代化指数小于 30

注:a. "发达国家"有两种划分方法:按第二次现代化指数划分的发达国家、按人均收入划分(习惯分法)的发达国家(一般指不包含石油输出国家的高收入国家),它们(划分的结果)是基本一致的。

四、第一次现代化程度的评价方法和评价指标

第一次现代化进展评价方法主要有三种:定性评价、定量评价和综合评价(定性和定量相结合)。本报告主要进行经济和社会第一次现代化的实现程度的定量评价。

1. 评估模型

参考 20 世纪 80 年代美国学者英克尔斯教授提出的评价指标(孙立平,1988),参考 1960 年 19 个工业化国家发展指标的平均值,设计"第一次现代化评价模型",包括 10 个社会和经济指标,以及评价标准和评价方法。

$$\begin{cases} \text{FMI} = \sum S_i / n \quad (i = 1,2,\cdots,n) \\ S_i = 100 \times i_{\text{实际值}} / i_{\text{标准值}} \quad (\text{正指标}, S_i \leqslant 100) \\ S_i = 100 \times i_{\text{标准值}} / i_{\text{实际值}} \quad (\text{逆指标}, S_i \leqslant 100) \end{cases}$$

其中，FMI 为第一次现代化程度，n 为参加评价的指标总个数，S_i 为第 i 项指标的达标程度（$S_i \leqslant 100$）；i 为评价指标的编号；$i_{\text{实际值}}$ 为 i 号指标的实际值，$i_{\text{标准值}}$ 为 i 号指标的标准值（具体数值见表 b）。

表 b　第一次现代化评价指标的标准值（1960 年工业化国家指标平均值）

项目	指标、单位和指标编号	标准	备注[b]
经济指标	1. 人均国民收入（人均 GNI），美元	逐年计算[a]	正指标
	2. 农业劳动力比例（农业劳动力占总劳动力比例），%	30%以下	逆指标
	3. 农业增加值比例（农业增加值占国内生产总值比例），%	15%以下	逆指标
	4. 服务业增加值比例（服务业增加值占国内生产总值比例），%	45%以上	正指标
社会指标	5. 城市人口比例（城市人口占总人口比例），%	50%以上	正指标
	6. 医生比例（每千人口中的医生人数），‰	1‰以上	正指标
	7. 婴儿存活率[c]，‰	970‰以上	正指标
	（婴儿死亡率），‰	（30‰以下）	（逆指标）
	8. 预期寿命（出生时平均预期寿命），岁	70 岁以上	正指标
知识指标	9. 成人识字率，%	80%以上	正指标
	10. 大学普及率（在校大学生占 20～24 岁人口比例），%	15%以上	正指标

注：参考英克尔斯教授的评价指标（孙立平，1988）。a. 以 1960 年 19 个市场化工业国家人均国民收入平均值 1280 美元为基准值，以后逐年根据美元通货膨胀率计算标准值。例如，1960 年标准值为 1280 美元，1970 年为 1702 美元，1980 年为 3411 美元，1990 年为 5147 美元，2000 年为 6399 美元，2008 年为 7814 美元，2009 年为 7871 美元。b. 正指标，评价对象数值等于或大于标准值时，表示它达到或超过经典现代化标准；逆指标，评价对象数值等于或小于标准值时，表示它达到或超过经典现代化标准。c. "婴儿死亡率"用作评价指标不符合中国文化，用"婴儿存活率"代替它；婴儿存活率＝1－婴儿死亡率；实际评价时，仍然用婴儿死亡率数据进行评价，按逆指标计算方法进行评价。

2. 评估过程和方法

首先，检验评价指标的相关性。在地区现代化评价时，可以调整部分评价指标。其次，计算人均 GNI 的标准值。其三，采用"比值法"计算单个指标达标程度。单个指标达标程度最大值为 100%（如果超过 100%，取值 100%），达到 100%表明该指标已经达到第一次现代化水平。其四，采用"简单算术平均值"法，计算第一次现代化实现程度。

评价的有效性。如果参加评价的有效指标个数占指标总数的比例低于 60%（即指标个数少于 6 个），则视为无效样本，不进行评价。

计算方法。所有评价由计算机自动完成。计算机计算数据时，计算机内部保留小数点后 12 位小数；显示数据结果时，一般保留整数或 1～2 位小数。在阅读和利用评价数据和结果时，需要特别注意小数"四舍五入"带来的影响。第二次现代化和综合现代化评价也是如此。

3. 第一次现代化的阶段评价

$$\begin{cases} P_{\text{FM}} = (P_{\text{农业增加值比例}} + P_{\text{农业/工业增加值}} + P_{\text{农业劳动力比例}} + P_{\text{农业/工业劳动力}})/4 \\ P_{\text{农业增加值比例}} = (4,3,2,1,0)，\text{根据实际值与标准值的比较判断阶段并赋值} \\ P_{\text{农业/工业增加值}} = (4,3,2,1,0)，\text{根据实际值与标准值的比较判断阶段并赋值} \\ P_{\text{农业劳动力比例}} = (4,3,2,1,0)，\text{根据实际值与标准值的比较判断阶段并赋值} \\ P_{\text{农业/工业劳动力}} = (4,3,2,1,0)，\text{根据实际值与标准值的比较判断阶段并赋值} \end{cases}$$

其中，P_{FM}代表第一次现代化的阶段，$P_{农业增加值比例}$代表根据农业增加值比例判断的阶段和赋值，$P_{农业/工业增加值}$代表根据农业增加值比例与工业增加值比例的比值判断的阶段和赋值，$P_{农业劳动力比例}$代表根据农业劳动力比例判断的阶段和赋值，$P_{农业/工业劳动力}$代表根据农业劳动力比例与工业劳动力比例的比值判断的阶段和赋值。

首先，根据信号指标实际值与标准值的比较判断阶段并赋值。其次，计算赋值的平均值。其三，综合判断第一次现代化的阶段。第一次现代化阶段评价的 4 个信号指标的标准值和赋值见表 c。第一次现代化阶段评价的信号指标的变化如图 a 所示。

表 c　第一次现代化信号指标的划分标准和赋值

	农业增加值占 GDP 比例	农业增加值/工业增加值	赋值	说　明
过渡期	<5%	<0.2	4	农业增加值占 GDP 比例低于 15%为完成第一次现代化的标准，结合工业化国家 200 年经济史制定
成熟期	<15%，≥5%	<0.8，≥0.2	3	
发展期	<30%，≥15%	<2.0，≥0.8	2	
起步期	<50%，≥30%	<5.0，≥2.0	1	
传统社会	≥50%	≥5.0	0	
	农业劳动力占总劳动力比例	农业劳动力/工业劳动力	赋值	
过渡期	<10%	<0.2	4	农业劳动力占总劳动力比例低于 30%为完成第一次现代化的标准，结合工业化国家 200 年经济史制定
成熟期	<30%，≥10%	<0.8，≥0.2	3	
发展期	<50%，≥30%	<2.0，≥0.8	2	
起步期	<80%，≥50%	<5.0，≥2.0	1	
传统社会	≥80%	≥5.0	0	

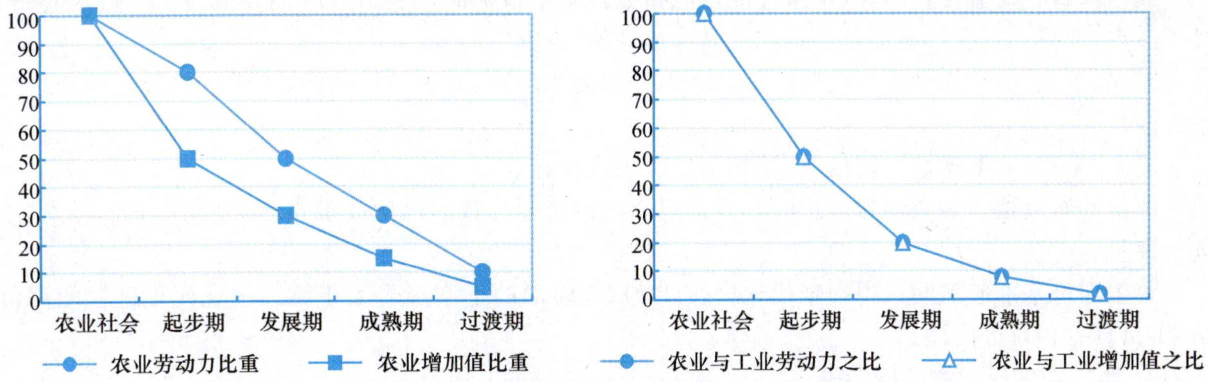

图 a　第一次现代化阶段评价的信号指标变化

有些时候，可能是统计数据或者国家差异的原因，产业结构和就业结构的分析结果与现代化总体水平不协调，需要根据第一次现代化实现程度对发展阶段进行调整。

五、第二次现代化指数的评价方法和评价指标

第二次现代化进展评价同样有定性评价、定量评价和综合评价等三种方法。第二次现代化启动不过 30 多年，它的特点和规律正在形成过程中。随着第二次现代化的发展，第二次现代化评价指标和评价方法应该作相应的调整。

1. 评估模型

第二次现代化理论认为，知识的创新、传播和应用是第二次现代化的动力，知识创新、知识传播和知识应用的水平反映了第二次现代化的水平。第二次现代化评价包括知识创新、知识传播、知识应用Ⅰ和Ⅱ（生活质量和经济质量）四大类指标和 16 个具体指标。

$$
\begin{cases}
\text{SMI} = (\text{KII} + \text{KTI} + \text{LQI} + \text{EQI})/4 \\
\text{KII} = \sum D_i/3 \quad (i = 1,2,3) \\
\text{KTI} = \sum D_i/4 \quad (i = 4,5,6,7) \\
\text{LQI} = \sum D_i/5 \quad (i = 8,9,10,11,12) \\
\text{EQI} = \sum D_i/4 \quad (i = 13,14,15,16) \\
D_i = 100 \times i_{\text{实际值}}/i_{\text{基准值}} \quad (\text{正指标}, D_i \leqslant 120) \\
D_i = 100 \times i_{\text{基准值}}/i_{\text{实际值}} \quad (\text{逆指标}, D_i \leqslant 120) \\
(i = 1,2,3,4,5,6,7,8,9,10,11,12,13,14,15,16)
\end{cases}
$$

其中，SMI 是第二次现代化指数，KII 是知识创新指数，KTI 是知识传播指数，LQI 是生活质量指数，EQI 是经济质量指数，D_i 是第 i 号评价指标的发展指数（$D_i \leqslant 120$，避免单个指标数值过高影响总评价结果）；i 为 16 个评价指标的编号，从 1 到 16；$i_{\text{实际值}}$ 为 i 号指标的实际值，$i_{\text{基准值}}$ 为 i 号指标的基准值。16 个评价指标的基准值为最新年发达国家指标的平均值。

2. 评估过程

首先，检验评价指标的相关性。在地区现代化评价时，可以调整部分评价指标。

其次，确定评价的基准值，为最新年发达国家平均值。

其三，采用"比值法"计算单个指标的发展指数。单个指标的发展指数的最高值为 120 点（如果超过 120 点，取值 120 点），避免单个指标过高造成评价"失真"。

其四，采用"简单算术平均值"法，分别计算知识创新指数、知识传播指数、生活质量指数和经济质量指数。

其五，采用"简单算术平均值"法计算第二次现代化指数。

评价的有效性。如果参加评估的有效指标个数占指标总数的比例低于 60%，则视为无效样本，不进行评价。

由于评价基准值不同，《中国现代化报告 2011》与前面的十本报告关于第二次现代化进程的评价结果，只具有相对可比性。

3. 第二次现代化的阶段评价

$$
\begin{cases}
P_{\text{SM}} = (P_{\text{物质产业增加值比例}} + P_{\text{物质产业劳动力比例}})/2 \\
P_{\text{物质产业增加值比例}} = (3,2,1)\text{，根据实际值与标准值的比较判断阶段并赋值} \\
P_{\text{物质产业劳动力比例}} = (3,2,1)\text{，根据实际值与标准值的比较判断阶段并赋值}
\end{cases}
$$

其中，P_{SM} 代表第二次现代化的阶段，$P_{\text{物质产业增加值比例}}$ 代表根据物质产业增加值比例判断的阶段的赋值，$P_{\text{物质产业劳动力比例}}$ 代表根据物质产业劳动力比例判断的阶段的赋值。

首先，筛选出处于第一次现代化的过渡期的国家。其次，根据这些国家信号指标实际值与标准值的比较，判断这些国家的阶段并赋值。其三，计算赋值的平均值，判断第二次现代化的阶段。第二次现代化阶段的信号指标的标准值和赋值见表 d。

有些时候，可能是统计数据或者国家差异的原因，产业结构和就业结构的分析结果与现代化总体水平不协调，需要根据第二次现代化总体水平对发展阶段进行调整。

表 d　第二次现代化信号指标的标准和赋值

阶段	物质产业增加值比例	物质产业劳动力比例	赋值	备注(前提条件)
成熟期	<20%	<20%	3	
发展期	<30%,≥20%	<30%,≥20%	2	处于第一次现代化过渡期
起步期	<40%,≥30%	<40%,≥30%	1	处于第一次现代化过渡期
准备阶段	<50%,≥40%	<50%,≥40%	0	

注：进入第一次现代化过渡期的国家，才进一步判断它第二次现代化的阶段。

4. 评价指标

第二次现代化进程评价包括知识创新、知识传播、生活质量(知识应用改进生活质量)、经济质量(知识应用改进经济质量)四大类指标和 16 个具体指标(表 e)，还有物质产业增加值比例、物质产业劳动力比例等 2 个信号指标。知识创新指在世界上首次发现、发明、创造或应用某种新知识，包括科学发现、技术发明、知识创造和新知识首次应用。

表 e　第二次现代化评价指标

二级指标	三级指标和指标编号	指标解释和单位
知识创新	1. 知识创新经费投入	研究与发展经费占国内生产总值的比例(R&D/GDP),%
	2. 知识创新人员投入	从事研究与发展活动的研究人员/万人,人/万人
	3. 知识创新专利产出	居民申请国内发明专利数/万人,项/万人
知识传播	4. 中学普及率	在校中学生人数占适龄人口(一般为 12—17 岁)比例,%
	5. 大学普及率	在校大学生人数占适龄人口(一般为 20—24 岁)比例,%
	6. 电视普及率	家庭电视普及率,%
	7. 互联网普及率	互联网用户/百人口,%
生活质量	8. 城镇人口比例	城市人口占总人口比例,%
	9. 医生比例	每千人口中的医生数,‰
	10. 婴儿死亡率	每千例活产婴儿在 1 岁内的死亡率,‰
	11. 预期寿命	新生儿平均预期寿命,岁
	12. 人均能源消费	人均商业能源消费,千克石油当量
经济质量	13. 人均国民收入	人均国民收入(人均 GNI),美元
	14. 人均购买力	按购买力平价 PPP 计算的人均国民收入(人均 PPP),国际美元
	15. 物质产业增加值比例	农业和工业增加值占国内生产总值的比例,%
	16. 物质产业劳动力比例	农业和工业劳动力占总劳动力比例,%

六、综合现代化指数的评价方法和评价指标

综合现代化指数，主要反映被评价对象的现代化水平与世界先进水平的相对差距。世界第一次现代化是经典的，第二次现代化是新的。随着第二次现代化的发展，综合现代化水平的评价指标和评价方法应该作相应的调整。

1. 评估模型

第二次现代化理论认为，综合现代化是两次现代化的协调发展。综合现代化指数评价，要选择两

次现代化的典型特征指标和两次现代化都适用的指标作为评价指标。综合现代化评价包括经济、社会和知识等三大类指标和 12 个具体指标。

$$
\begin{cases}
\text{IMI} = (\text{EI} + \text{SI} + \text{KI})/3 \\
\text{EI} = \sum D_i/4 \quad (i = 1,2,3,4) \\
\text{SI} = \sum D_i/4 \quad (i = 5,6,7,8) \\
\text{KI} = \sum D_i/4 \quad (i = 9,10,11,12) \\
D_i = 100 \times i_{\text{实际值}}/i_{\text{参考值}} \quad (\text{正指标},\ D_i \leqslant 100) \\
D_i = 100 \times i_{\text{参考值}}/i_{\text{实际值}} \quad (\text{逆指标},\ D_i \leqslant 100) \\
(i = 1,2,3,4,5,6,7,8,9,10,11,12)
\end{cases}
$$

其中，IMI 是综合现代化指数，EI 是综合现代化经济指数，SI 是综合现代化社会指数，KI 是综合现代化知识指数，D_i 是第 i 号评价指标的相对发展水平（$D_i \leqslant 100$）；i 为 12 个评价指标的编号，从 1 到 12；$i_{\text{实际值}}$ 为 i 号指标的实际值，$i_{\text{参考值}}$ 为 i 号指标的参考值。12 个评价指标的参考值为当年发达国家指标的平均值。

2. 评估过程

首先，检验评价指标的相关性。在地区现代化评价时，可以调整部分评价指标。

其次，确定评价的参考值，为当年发达国家的平均值。

其三，采用"比值法"计算单个指标的发展水平。单个指标的发展水平的最高值为 100 点（如果超过 100 点，取值 100 点），达到 100 点表明该指标已经达到世界前沿水平。

其四，采用"简单算术平均值"法，分别计算经济发展、社会发展和知识发展指数。

其五，采用"简单算术平均值"法计算综合现代化水平。

评价的有效性。如果参加评估的有效指标个数占指标总数的比例低于 60%，则视为无效样本，不进行评价。

3. 评价指标

综合现代化水平评价包括经济、社会和知识三大类指标和 12 个具体指标（表 f）。

表 f　综合现代化评价指标

二级指标	三级指标和指标编号	指标解释和单位
经济指标	1. 人均国民收入	人均国民收入（人均 GNI），美元
	2. 人均购买力	按购买力平价 PPP 计算的人均国民收入（人均 PPP），国际美元
	3. 服务业增加值比例	服务业增加值占国内生产总值的比例，%
	4. 服务业劳动力比例	服务业劳动力占总劳动力比例，%
社会指标	5. 城镇人口比例	城市人口占总人口比例，%
	6. 医生比例	每千人口中的医生数，‰
	7. 预期寿命	新生儿平均预期寿命，岁
	8. 生态效益	能源效率，人均 GDP/人均能源消费，美元/千克标准油
知识指标	9. 知识创新经费投入	研究与发展经费占国内生产总值的比例（R&D/GDP），%
	10. 知识创新专利产出	居民申请国内发明专利数/万人，项/万人
	11. 大学普及率	在校大学生人数占适龄人口（一般为 20—24 岁）比例，%
	12. 互联网普及率	互联网用户/百人，%

参考文献

1. 艾恺. 1991. 世界范围内的反现代化思潮:论文化守成主义. 贵阳:贵州人民出版社.
2. 艾伦比. 2005. 工业生态学:政策框架与实施. 翁端,译. 北京清华大学出版社
3. 艾森斯塔特. 2006. 反思现代性.旷新年,王爱松,译. 北京:生活·读书·新知三联书店.
4. 奥唐奈. 2006. 现代化和官僚威权主义:南美政治研究. 王欢,申明民,译. 北京:北京大学出版社.
5. 巴比. 2002 [1999]. 社会研究方法基础. 邱泽奇,译. 北京:华夏出版社.
6. 巴伯. 1991 [1952]. 科学与社会秩序. 顾昕,郏斌祥,赵雷进,译. 北京:三联书店.
7. 巴尔赞. 2002. 从黎明到衰落:西方文化生活五百年. 林华,译. 北京:世界知识出版社.
8. 柏拉图. 1986. 理想国. 郭斌和,张竹明,译. 北京:商务印书馆.
9. 贝尔. 1997 [1973]. 后工业社会的来临——对社会预测的一项探索. 高铦,王宏周,魏章玲,译,北京:新华出版社.
10. 贝尔纳. 2003 [1939]. 科学的社会功能. 陈体芳,张今,译. 桂林:广西师范大学出版社.
11. 贝克,吉登斯,拉什. 2001 [1994]. 自反性现代化:现代社会秩序中的政治、传统与美学. 赵书文,译. 北京:商务印书馆.
12. 贝克,威尔姆斯. 2001. 自由与资本主义——与著名社会学家乌尔里希·贝克对话. 路国林,译. 杭州:浙江人民出版社.
13. 波普诺. 1999. 社会学. 李强,等,译. 北京:中国人民大学出版社.
14. 伯德. 2008 [1998]. 科学哲学. 贾玉树,荣小雪,译. 北京:中国人民大学出版社.
15. 伯恩斯,拉尔夫,1987—1988. 世界文明史. 罗经国,等,译. 北京:商务印书馆.
16. 博曼,雷吉. 2006. 协商民主:论理性与政治. 陈家刚,等,译. 北京:中央编译出版社.
17. 布莱克. 1989 [1966]. 现代化的动力:一个比较史的研究. 景跃进,张静,译. 杭州:浙江人民出版社.
18. 布莱克编. 1996 [1976]. 比较现代化. 杨豫,陈祖洲,译. 上海:上海译文出版社.
19. 布朗. 1999. 原始社会的结构与功能. 潘蛟,王贤海,刘文远,译. 北京:中国民族大学出版社.
20. 布罗代尔. 2002. 十五至十八世纪的物质文明、经济和资本主义. 顾良,施康强,译. 北京:三联书店.
21. 布罗代尔. 2003. 文明史纲. 肖昶,等,译. 桂林:广西师范大学出版社.
22. 布赞,利特尔. 2004. 世界历史中的国际体系:国际关系研究的再构建. 刘德斌,等,译. 北京:高等教育出版社.
23. 查普夫. 2000. 现代化与社会转型.2 版. 陈黎,陆成宏,译. 北京:社会科学文献出版社.
24. 陈佳贵,黄群慧. 2009. 中国工业化与工业现代化问题研究. 北京:经济管理出版社.
25. 陈佳贵等. 2004. 中国工业现代化问题研究. 北京:中国社会科学出版社.
26. 陈宗胜. 1994. 经济发展中的收入分配. 上海:上海三联书店,上海人民出版社.
27. 褚宏启. 2000. 教育现代化的路径. 北京:教育科学出版社.
28. 达尔文. 2005 [1859]. 物种起源. 舒德干,等,译. 北京:北京大学出版社.
29. 邓小平. 1993. 邓小平文选(第三卷). 北京:人民出版社.
30. 狄德罗. 2007[1751～1772]. 狄德罗的《百科全书》. [美]斯·坚吉尔,英译,梁从诫,中译. 广州:花城出版社.
31. 蒂利. 2008. 欧洲的抗争与民主:1650—2000. 陈周旺,李辉,熊易寒,译. 上海:格致出版社.
32. 丁建弘主编. 1999. 发达国家的现代化道路——一种历史社会学研究. 北京:北京大学出版社.
33. 丁文锋. 2000. 经济现代化模式研究. 北京:经济科学出版社.
34. 董经胜. 2009. 巴西现代化道路研究:1964—1985 年军人政权时期的发展. 北京:世界图书出版公司北京公司.
35. 董正华. 2009. 世界现代化进程十五讲. 北京:北京大学出版社.

36. 杜因. 1993 [1983]. 经济长波与创新. 刘守英、罗靖译. 上海:上海译文出版社.
37. 杜鹰主编. 2001. 农业现代化与可持续发展. 北京:中国农业出版社
38. 多德. 2002. 社会理论与现代性. 陶传进,译. 北京:社会科学文献出版社.
39. 饭岛伸子. 1999. 环境社会学. 包智明,译. 北京:社会科学文献出版社.
40. 弗兰克. 1999. 依附性积累与不发达. 高铦,高戈,译. 南京:译林出版社.
41. 弗里曼,卢桑. 2007. 光阴似箭:从工业革命到信息革命. 沈宏亮,沈由佳,译. 北京:中国人民大学出版社.
42. 伏尔泰. 1994 [1756]. 风俗论《论世界各国民族精神、礼仪和习惯》. 上册. 蒋守锵,译. 北京:商务印书馆.
43. 伏尔泰. 1997 [1756]. 风俗论《论世界各国民族精神、礼仪和习惯》. 下册. 谢戊申,邱公南,郑福熙,译. 北京:商务印书馆.
44. 伏尔泰. 1997 [1756]. 风俗论《论世界各国民族精神、礼仪和习惯》. 中册. 梁守锵,邱公南,谢戊申,译. 北京:商务印书馆.
45. 富永健一. 2004. 日本的现代化与社会变迁. 李国庆,刘畅,译. 北京:商务印书馆.
46. 戈布尔. 2001. 第三思潮——马斯洛心理学. 吕明,陈红雯,译. 上海:上海译文出版社.
47. 格雷德尔,艾伦比. 2004. 产业生态学. 2 版. 施涵译. 北京:清华大学出版社
48. 格申克龙(格尔申克隆). 2009 [1979]. 经济落后的历史透视. 张凤林,译. 北京:商务印书馆
49. 顾焕章,张超超主编. 1998. 中国农业现代化研究. 北京:中国农业科技出版社.
50. 顾明远,薛理银. 1998. 比较教育导论——教育与国家发展. 北京:人民教育出版社.
51. 顾明远. 1998. 教育现代化与素质教育. 中国教育学刊,3:3—5.
52. 顾明远. 2007. 教育现代化的基本特征及实施策略. 人民教育,13—14:8—11.
53. 哈巴库克,波斯坦主编. 2002. 剑桥欧洲经济史(第六卷):工业革命及其以后的经济发展:收入、人口及技术变迁. 王春法,等,译. 北京:经济科学出版社.
54. 哈贝马斯. 2006a. 文化现代性精粹读本. 周宪编. 北京:中国人民大学出版社.
55. 哈贝马斯. 2006b. 现代性的哲学话语. 曹卫东,译. 南京:译林出版社.
56. 哈全安. 2006. 中东国家的现代化历程,北京:人民出版社.
57. 哈维. 2003. 后现代的状况. 阎嘉,译. 北京:商务印书馆.
58. 何传启,张凤. 2001. 第二次现代化前沿Ⅰ:知识创新——竞争新焦点. 北京:经济管理出版社.
59. 何传启. 1998a. 知识经济与中国现代化. 光明日报. 1998 年 4 月 7 日.
60. 何传启. 1998b. 知识经济与第二次现代化. 科技导报,6:3—4.
61. 何传启. 1999. 第二次现代化——人类文明进程的启示. 北京:高等教育出版社.
62. 何传启. 2000a. 第二次现代化的行动议程Ⅰ:公民意识现代化. 北京:中国经济出版社.
63. 何传启. 2000b. 第二次现代化的行动议程Ⅱ:K 管理:企业管理现代化. 北京:中国经济出版社.
64. 何传启. 2001. 第二次现代化前沿Ⅱ:分配革命——按贡献分配. 北京:经济管理出版社.
65. 何传启. 2003. 东方复兴:现代化的三条道路. 北京:商务印书馆.
66. 何传启. 2009. 中国山区现代化的三种模式. 中国科学院院刊,24(3):256—264.
67. 何传启. 2010. 现代化科学:国家发达的科学原理. 北京:科学出版社.
68. 何传启主编. 2010. 中国现代化报告概要:2001—2010. 北京:北京大学出版社.
69. 赫尔德等. 2001. 全球大变革:全球化时代的政治、经济与文化. 杨雪冬,等,译. 北京:社会科学文献出版社.
70. 亨廷顿. 1989 [1968]. 变化社会中的政治秩序. 王冠华,等,译,北京:三联书店.
71. 亨廷顿. 1998a. 第三波:二十世纪末的民主化浪潮. 刘军宁,译. 上海:上海三联书店.
72. 亨廷顿. 1998b. 文明冲突与世界秩序的重建. 周琪,等,译. 北京:上新华出版社.
73. 胡福明. 1994. 中国现代化的历史进程. 合肥:安徽人民出版社.
74. 胡卫,唐晓杰. 2010. 中国教育现代化进程研究. 北京:教育科学出版社.
75. 胡卫. 2007. 上海民办教育:面临的机遇和挑战. 教育发展研究,12:30—35.
76. 黄祖辉,邓启明. 2008. 从一次现代化到二次现代化:高效现代生态农业的理论、农户影响与政策. //黄祖辉,张冬

平，潘伟光主编. 2008. 求索中国特色现代农业之路. 杭州：浙江大学出版社. 18—29.
77. 黄祖辉，林坚，张冬平. 2003. 农业现代化：理论、进程与途径. 北京：农业出版社。
78. 霍普金斯，沃勒斯坦 等. 2002. 转型时代：世界体系的发展轨迹 1945—2025. 吴英，译. 北京：高等教育出版社.
79. 基欧汉，奈. 2003. 导言. //奈，唐纳胡. 全球化世界的治理. 王勇，等，译. 北京：世界知识出版社：1—38.
80. 吉尔平. 2006. 国际关系政治经济学. 杨宇光等译. 上海：上海人民出版社.
81. 蒋和平，辛岭. 2009. 建设中国现代农业的思路与实践. 北京：中国农业出版社.
82. 金耀基. 1979 [1966]. 从传统到现代. 台北：时报文化出版企业公司.
83. 科斯洛夫斯基. 1999. 后现代文化：技术发展的社会文化后果. 毛怡红，译. 北京：中央编译出版社.
84. 克里斯藤森(Christensen J.). 1992. 丹麦农业现代化历程：1750～1980 年. 田晓文，译. 天津：天津大学出版社.
85. 肯尼迪. 2006 [1987]. 大国的兴衰：1500—2000 年的经济变迁与军事冲突. 陈景彪，等，译. 北京：国际文化出版公司.
86. 肯伍德，洛赫德. 1996. 国际经济的成长：1820—1990. 王春法，译. 北京：经济科学出版社.
87. 孔多塞. 1998 [1795]. 人类精神进步史表纲要. 何兆武，何冰，译. 北京：生活. 读书. 新知三联书店.
88. 库恩. 2004 [1962]. 科学革命的结构. 金吾伦，胡新，译. 北京：北京大学出版社.
89. 库兹涅茨. 1999. 各国的经济增长. 常勋等译. 北京：商务印书馆.
90. 拉尔夫等. 1998/1999. 世界文明史. 赵丰，译，北京：商务印书馆.
91. 兰德斯. 2001. 国富国穷. 门洪华，等，译. 北京：新华出版社.
92. 雷迅马. 2003. 作为意识形态的现代化：社会科学与美国对第三世界政策. 牛可，译. 北京：中央编译出版社.
93. 李东. 2005. 试论中国科技现代化的三次浪潮. 学习论坛，21(11)：35—38.
94. 李嘉图. 2009. 政治经济学及赋税原理. 丰俊功，译，北京：光明日报出版社.
95. 李健民等. 2002. 上海科技现代化发展报告. 科学学与科学技术管理，9：65—69.
96. 李燕. 2001. 文化现代化：人的全面发展之路. 教学与研究，6：13—15.
97. 利奥塔尔. 1997 [1979]. 后现代状态：关于知识的报告. 车槿山，译. 北京：三联书店.
98. 利普哈特，2006. 民主的模式：36 个国家的政府形式和政府绩效. 陈崎，译. 北京：北京大学出版社.
99. 林承节. 2001. 印度现代化的发展道路. 北京：北京大学出版社.
100. 刘晖，熊明. 2007. 城市教育现代化指标体系的构建. 教育发展研究，17：33—36 (49).
101. 刘小枫. 1998. 现代性社会理论. 上海：三联书店上海分店.
102. 刘易斯. 1990 [1955]. 经济增长理论. 梁小民，译. 上海：三联书店上海分店.
103. 刘永佶. 1997. 中国文化现代化. 保定：河北大学出版社.
104. 刘振邦. 2006. 农业现代化之路. 北京：中国农业出版社.
105. 卢梭. 1962 [1762]. 社会契约论，或政治权利的原理. 何兆武，译. 北京：商务印书馆.
106. 鲁格曼. 2001. 全球化的终结：对全球化及其对商业影响的全新激进的分析. 常志霄，等，译. 北京：三联书店.
107. 罗荣渠，董正华. 1997. 东亚现代化：新模式与新经验. 北京：北京大学出版社.
108. 罗荣渠，牛大勇. 1992. 中国现代化历程的探索. 北京：北京大学出版社.
109. 罗荣渠. 1990. 从《西化》到现代化. 北京：北京大学出版社.
110. 罗荣渠. 1993. 现代化新论. 北京：北京大学出版社.
111. 罗斯. 2002. 后现代与后工业. 张月，译. 沈阳：辽宁教育出版社
112. 罗斯诺. 1998. 后现代主义与社会科学. 张国清，译. 上海：上海译文出版社.
113. 罗斯托. 1962 [1960]，经济成长的阶段：非共产党宣言. 国际关系研究所编辑室，译. 北京：商务印书馆.
114. 罗斯托. 2001 [1960]. 经济增长的阶段：非共产党宣言. 郭熙保，王松茂，译. 北京：中国社会科学出版社.
115. 洛克. 1982 [1690]. 政府论. 瞿菊农，叶启芳，译. 北京：商务印书馆.
116. 马克思. 1975 [1867]. 资本论(第一卷). 北京：人民出版社.
117. 马什，斯托克. 2006. 政治科学的理论与方法. 景跃进，张小劲，欧阳景根，译. 北京：中国人民大学出版社.
118. 麦迪森. 1997 [1995]. 世界经济二百年回顾. 李德伟，盖建玲，译. 北京：改革出版社.

119. 麦迪森. 2003 [2001]. 世界经济千年史. 伍晓鹰，等，译. 北京:北京大学出版社.
120. 梅多斯等. 1983 [1979]. 增长的极限:罗马俱乐部关于人类困境的研究报告. 李宝恒，译. 成都:四川人民出版社.
121. 梅尔. 1990. 农业经济发展学. 何宝玉，等，译. 北京:农村读物出版社.
122. 孟德斯鸠，2009 [1748]. 论法的精神. 严复，译. 上海:上海三联书店.
123. 米切尔. 2002. 帕尔格雷夫世界历史统计. 贺力平，译. 北京:经济科学出版社.
124. 摩尔. 1987. 民主与专制的社会起源. 拓夫，张冬冬，译. 北京:华夏出版社.
125. 摩尔根. 1971 [1877]. 古代社会. 杨东莼，等，译. 北京:商务印书馆.
126. 诺思. 1992 [1981]. 经济史上的结构和变革. 厉以平，译. 北京:商务印书馆.
127. 帕尔默. 2009. 现代世界史，1870 年起:插图第 10 版. 董正华，陈少衡，牛可，等，译. 北京:世界图书出版公司北京公司.
128. 帕尔默. 2009. 现代世界史，至 1870 年:插图第 10 版. 何兆武，孙福生，陈敦全，等，译. 北京:世界图书出版公司北京公司.
129. 帕森斯，斯梅尔瑟. 1989. 经济与社会:对经济与社会的理论统一的研究. 刘进，等，译. 北京:华夏出版社.
130. 帕森斯. 2003 [1937]. 社会行动的结构. 张明德，夏遇南，彭刚，译. 北京:译林出版社.
131. 佩鲁. 1987. 新发展观. 张宁，丰子义译. 北京:华夏出版社.
132. 皮尔逊，巴亚斯里安. 2006. 国际政治经济学:全球体系中的冲突与合作. 杨毅，钟飞腾，苗苗，译. 北京:北京大学出版社.
133. 钱乘旦，陈意新. 1987. 走向现代国家之路. 成都:四川人民出版社.
134. 钱乘旦，杨豫，陈晓律. 1997. 世界现代化进程. 南京:南京大学出版社.
135. 钱乘旦，刘金源. 1999. 寰球透视:现代化的迷途. 杭州:浙江人民出版社.
136. 钱乘旦. 1988. 第一个工业化社会. 成都:四川人民出版社.
137. 钱纳里，鲁宾逊，赛尔奎因. 1995 [1986]. 工业化和经济增长的比较研究. 吴奇，王松宝，等，译. 上海:上海三联书店.
138. 钱尼. 2004. 文化转向:当代文化史概览. 戴从容，译. 南京:江苏人民出版社.
139. 裘元伦. 1980. 西德的农业现代化. 北京:农业出版社.
140. 萨顿. 2007 [1936]. 科学史和新人文主义. 陈恒六，刘兵，仲维光，译. 上海:上海交通大学出版社.
141. 萨顿. 2007 [1957]. 科学的历史研究. 陈恒六，刘兵，仲维光，译. 上海:上海交通大学出版社.
142. 萨缪尔森，诺德豪斯. 1996. 经济学:第十四版. 胡代光，等，译. 北京:北京经济学院出版社.
143. 桑戴克. 2005. 世界文化史. 陈廷璠，译. 上海:上海三联书店.
144. 史美兰. 2006. 农业现代化:发展的国际比较. 北京:民族出版社.
145. 史徒华(斯图尔德). 1989. 文化变迁的理论. 张恭启，译. 台北:允晨文化实业公司.
146. 世界银行. 2003. 全球化、增长与贫困:建设一个包容性的世界经济. 北京:中国财政经济出版社.
147. 舒尔茨. 1999. 改造传统农业. 梁小民，译. 北京:商务印书馆.
148. 斯宾格勒. 2006 [1918]. 西方的没落. 吴琼，译. 上海:三联书店.
149. 斯宾塞. 1996 [1850]. 社会静力学:节略修订本. 张雄武，译. 北京:商务印书馆.
150. 斯道雷. 2006. 文化理论与通俗文化导论. 杨竹山，等，译. 南京:南京大学出版社.
151. 斯拉法主编. 1997. 李嘉图著作和通信集(第一卷). 郭大力，王亚南，译. 北京:商务印书馆.
152. 斯密. 1997 [1776]. 国民财富的性质和原因的研究. 郭大力，王亚南，译. 北京:商务印书馆.
153. 斯塔夫里阿诺斯. 1992. 全球通史:1500 年以后的世界. 吴象婴，梁赤民，译. 上海:上海社会科学院出版社.
154. 斯特恩斯等. 2006. 全球文明史. 赵轶峰，等，译. 北京:中华书局.
155. 斯特尔. 1998. 知识社会. 殷晓蓉，译. 上海:上海译文出版社.
156. 苏振兴. 2006. 拉美国家现代化进程研究. 北京:社会科学文献出版社.
157. 孙立平. 1988. 社会现代化. 北京:华夏出版社.

158. 泰勒. 2005 [1871]. 原始文化:神话、哲学、宗教、语言、艺术和习俗发展之研究. 连树声,译. 桂林:广西师范大学出版社.

159. 谭崇台主编. 2001. 发展经济学. 太原:山西经济出版社.

160. 汤因比. 1997 [1934～1961]. 历史研究. 曹未风,等,译. 上海:上海人民出版社.

161. 陶在朴. 2003. 包袱与生态足迹. 北京:经济科学出版社.

162. 滕尼斯. 1999 [1887]. 共同体和社会. 林荣远,译. 北京:商务印书馆.

163. 涂尔干(爱弥尔·迪尔凯姆). 2000 [1893]. 社会分工论. 渠东,译. 北京:生活.读书.新知三联书店.

164. 托马斯·雅诺斯基. 2000. 公民与文明社会. 柯雄,译. 沈阳:辽宁教育出版社.

165. 万忠,郑业鲁主编. 2008. 广东农业现代化建设理论与实践. 北京:中国农业科学技术出版社.

166. 王新生. 2002. 政治体制与经济现代化:"日本模式"再探讨. 北京:社会科学文献出版社.

167. 王学真,高峰. 2007. 农业国际化和农业现代化的互动发展道路:基于胶东发展模式的实证分析. 北京:人民出版社.

168. 王正毅. 2006. 世界体系与国家兴衰. 北京:北京大学出版社.

169. 韦伯. 1987 [1904]. 新教伦理与资本主义精神. 于晓,等,译. 北京:三联书店.

170. 维柯. 1997 [1725]. 新科学(关于民族共同性的新科学原理). 朱光潜,译. 北京:人民文学出版社.

171. 魏茨. 1990. 从贫苦农民到现代化农民一套革命的农村发展战略及以色列的乡村综合发展. 杨林军,何大明,等,译. 北京:中国展望出版社.

172. 沃勒斯坦. 1998a. 现代世界体系:第一卷:16 世纪的资本主义农业与欧洲世界经济体的起源. 罗荣渠,等,译. 北京:高等教育出版社.

173. 沃勒斯坦. 1998b. 现代世界体系:第二卷:重商主义与欧洲世界经济体的巩固(1600—1750). 庞卓恒,等,译. 北京:高等教育出版社.

174. 沃勒斯坦. 2000. 现代世界体系:第三卷:资本主义世界经济大扩张的第二个时代(18 世纪 30 年代至 19 世纪 40 年代). 庞卓恒,等,译. 北京:高等教育出版社.

175. 吴承明. 2001. 中国的现代化:市场与社会. 北京:生活·读书·新知三联书店.

176. 吴红英. 2001. 巴西现代化进程透视:历史与现实. 北京:时事出版社.

177. 吴世昌. 1948. 中国文化与现代化问题. 上海:观察社.

178. 吴于廑,齐世荣等. 1994. 世界史,古代史编. 北京:高等教育出版社.

179. 西蒙. 1989. 现代决策理论的基石. 杨砾,徐立,译. 北京:北京经济学院出版社.

180. 辛文斌. 2007.《新民主主义论》与中国文化现代化. 北京:中央编译出版社.

181. 熊彼特. 1990 [1912]. 经济发展理论:对于利润、资本、信贷、利息和经济周期的考察. 何畏,等,译. 北京:商务印书馆.

182. 徐奉臻. 2009. 现代化:历史的困窘与困窘的思考. 哈尔滨:哈尔滨工业大学出版社.

183. 徐宗华. 2007. 现代化的政治文化维度. 北京:人民出版社.

184. 许纪霖,陈达凯. 1995. 中国现代化史. 上海:上海三联书店.

185. 宣杏云,王春法. 1998. 西方国家农业现代化透视. 上海:上海远东出版社.

186. 亚里士多德. 1965. 政治学. 吴寿彭,译. 北京:商务印书馆.

187. 亚历山大. 2003. 世纪末社会理论. 张旅平,等,译. 上海:上海人民出版社.

188. 燕继荣. 2006. 发展政治学:政治发展研究的概念与理论. 北京:北京大学出版社.

189. 杨万江,徐星明. 2001. 农业现代化测评. 北京:社会科学文献出版社.

190. 叶南客. 1998. 中国人的现代化. 南京:南京出版社.

191. 伊辛,特纳. 2007. 公民权研究手册. 王小章,译. 杭州:浙江人民出版社.

192. 尹保云. 1999. 现代化通病——二十多个国家和地区的经验与教训. 天津:天津人民出版社.

193. 尹保云. 2001. 什么是现代化:概念与范式的探索. 北京:人民出版社.

194. 尹宗利. 2009. 试论中国教育现代化的基本特征. 南京师范大学学报(社会科学版),6:80—86.

195. 于冬亮，严丹. 2008. 浅谈教育现代化. 江苏教育学院学报(自然科学版)，25(4)：93—95.
196. 虞和平主编. 2002. 中国现代化历程. 南京：江苏人民出版社.
197. 曾昭耀. 1996. 政治稳定与现代化——墨西哥政治模式的历史考察. 北京：东方出版社.
198. 曾昭耀. 2000. 现代化战略选择与国际关系——拉美经验研究. 北京：社会科学文献出版社.
199. 张冬平，黄祖辉. 2002. 农业现代化进程与农业科技关系透视. 中国农村经济，11：48—53.
200. 张凤，何传启. 1999. 国家创新系统——第二次现代化的发动机. 北京：高等教育出版社.
201. 张少华. 1996. 美国早期现代化的两条道路之争. 北京：北京大学出版社.
202. 张蕴岭主编. 2001. 亚洲现代化透视. 北京：社会科学文献出版社.
203. 张琢. 1992. 九死一生——中国现代化的坎坷历程和中长期预测. 北京：社会科学出版社.
204. 章开沅，罗福惠. 1993. 比较中的审视：中国早期现代化研究. 北京：人民出版社.
205. 郑奋明. 2003. 现代化与国民素质. 广州：广州人民出版社.
206. 中国现代化报告课题组. 2001. 中国现代化报告 2001——现代化与评价. 北京：北京大学出版社.
207. 中国现代化战略研究课题组. 2002. 中国现代化报告 2002——知识经济与现代化. 北京：北京大学出版社.
208. 中国现代化战略研究课题组等. 2003. 中国现代化报告 2003——现代化理论与展望. 北京：北京大学出版社.
209. 中国现代化战略研究课题组等. 2004. 中国现代化报告 2004——地区现代化之路. 北京：北京大学出版社.
210. 中国现代化战略研究课题组等. 2005. 中国现代化报告 2005——经济现代化研究. 北京：北京大学出版社.
211. 中国现代化战略研究课题组等. 2006. 中国现代化报告 2006——社会现代化研究. 北京：北京大学出版社.
212. 中国现代化战略研究课题组等. 2007. 中国现代化报告 2007——生态现代化研究. 北京：北京大学出版社.
213. 中国现代化战略研究课题组等. 2008. 中国现代化报告 2008——国际现代化研究. 北京：北京大学出版社.
214. 中国现代化战略研究课题组等. 2009. 中国现代化报告 2009——文化现代化研究. 北京：北京大学出版社.
215. 中国现代化战略研究课题组等. 2010. 中国现代化报告 2010——世界现代化概览. 北京：北京大学出版社.
216. 周积明. 1996. 最初的纪元：中国早期现代化研究. 北京：高等教育出版社.
217. 周稽裘等. 2009. 教育现代化：一个特定历史时期的描述. 北京：教育科学出版社.
218. 朱庆芳，吴寒光. 2001. 社会指标体系. 北京：中国社会科学出版社.
219. 朱颂华. 1998. 农业现代化理论与实践. 上海：上海财经大学出版社.
220. 朱铁臻. 2002. 城市现代化研究. 北京：红旗出版社.

221. Adelman I. 2000. Fifty Years of Economic Development：What Have we Learned? World Bank Working Paper Number 28737. Washington D C：World Bank.
222. Adriaanse A. 1997. Resource flows：The material basis of industrial economies. World Resource Institute. Research Report. http://materials. wri. org/resourceflows-pub-2742. html.
223. Aguilar C T. (ed.) 2000. The Interface of the Social Sciences and Science and Technology in Development and Modernization. Manila：International Federation of Social Science Organizations.
224. Alexander J C. 1995. Modern, Anti, Post, Neo, New. Left Review, 210 (March/April)：63—101.
225. Allenby B R. 1999. Industrial Ecology：Policy Framework and Implementation. Prentice-Hall.
226. Almond G A, Coleman J S. (eds.) 1960. The Politics of the Developing Areas. Princeton, N J：Princeton University Press.
227. Anand S, Sen A, 2000. Human Development and Economic Sustainability. World Development, 28 (12)：2029—2049.
228. Andersen M A, Massa I. 2000. Ecological Modernisation：Origins, Dilemmas and Future Directions. Journal of Environmental Policy and Planning, 2(4)：337—345.
229. Andersen M S. 2002. Ecological modernization or subversion? The effects of Europeanization on Eastern Europe. American Behavioral Scientist, 45(9)：1394—1416.
230. Apter D E. 1965. The Politics of Modernization. Chicago：Chicago University Press.

231. Armer M, Schnaiberg A. 1972. Measuring Individual Modernity: A Near Myth. American Sociological Review, 37:301—316.

232. Arnon I. 1981. Modernization of Agriculture in Developing Countries: Resources, Potentials, and Problems. New York: Wiley.

233. Atkinson T. 2002. Social Indicators: the EU and Social Inclusion. Oxford; New York: Oxford University Press.

234. Axinn G H, Thorat S. 1972. Modernizing World Agriculture: A Comparative Study of Agricultural Extension Education. New York: Praeger.

235. Bairoch P, Levy-Leboyer M. (eds.) 1981. Disparities in Economic Development since the Industrial Revolution. London: Macmillan.

236. Barber B. 1952. Science and Social Order. Glencoe, IL: Free Press.

237. Barro R J. 1997: Determinants of Economic Growth: A Cross-Country Empirical Study. Cambridge: MIT Press.

238. Basile R et al. 2001. Regional Inequalities and Cohesion Policies in the European Union. ISAE Rome.

239. Baum R C. 1974. Beyond Convergence: Toward Theoretical Relevance in Quantitative Modernization Research. Sociological Inquiry, 44(4):225—240.

240. Baum R. (ed.) 1980. China's Four Modernizations: The New Technological Revolution. Boulder, Colo.: Westview Press.

241. Beck N, Katz J N. 1995. What to Do (and Not to Do) With Time-Series Cross-Section Data. American Political Science Review, 89 (September):634—647.

242. Beck U, Giddens A, Lash S. 1994. Reflexive Modernization: Politics, Tradition and Aesthetics in the Modern Social Order. Stanford, California: Stanford University Press.

243. Beck U. 1992 [1986]. Risk Society: Toward a New Modernity. London: Sage.

244. Bell D. 1973. The Coming of Postindustrial Society. New York: Penguin.

245. Bendix R. 1964. Nation-building and Citizenship. New York and London: Wiley.

246. Bendix R. 1967. Tradition and Modernity Reconsidered. Comparative Studies in Society and History, IX (3): 292—346.

247. Berger P, Berger B, Kellner H. 1974. The Homeless Mind. Harmondsworth: Penguin.

248. Bernard J D. 1939. The Social Function of Science. London: Routledge.

249. Bevir M, Rhodes R. 2002. Interpretative Theory. // Marsh D, Stoker G. (eds.) Theory and Methods in Political Science. Basing Stoke: Palgrave.

250. Bird A. 1998. Philosophy of Science. London: Routledge.

251. Black C E. (ed.) 1976. Comparative Modernization: a Reader. New York: The Free Press.

252. Black C E. 1966. The Dynamics of Modernization: a Study in Comparative History. New York, Evanston, and London: Harper & Row, Publishers.

253. Borrego J. 1995. Models of Integration, Models of Development in the Pacific. Journal of World-Systems Research, 1(11):1—142.

254. Brooks A C. 2008. Gross National Happiness: Why Happiness Matters for America and How We Can Get More of It. New York: Basic Books.

255. Brown D E. 1991. Human Universals. New York: McGraw-Hill

256. Brulle R. 2000. Agency, Democracy, and Nature: The US Environmental Movement from a Critical Theory Perspective, Cambridge: MIT Press

257. Buck G. 1969. A Quantitative Analysis of Modernization. El Paso: Texas University at El Paso.

258. Buckley P J, Pass C L, Prescott K. 1988. Measure of International Competitiveness: A Critical Survey. Journal of Marketing Management, 4(2):175—200.

259. Burns E M, et al. 1955. World Civilizations. 6th ed. New York: W W Norton & Company.

260. Buttel, F H. 2000a. Ecological Modernization as Social Theory. Geoforum, 31, 57—65.

261. Buzan B, Little R. 2000. International System in World History-Remaking the Study of International Relations. London:Oxford University Press.

262. Cantril H. 1965. The Patterns of Human Concerns. New Brunswick:Rutgers University Press.

263. Cardoso F H, Faletto E. 1979. Dependency and Development in Latin American. Berkeley:University of California Press.

264. Carleheden M, Jacobsen M H. (eds.) 2002. The Transformation of Modernity:Aspects of the Past, Present and Future of an Era. Burlington VT:Ashgate.

265. Castells M. 2000 [1996]. The Rise of the Network Society, The Information Age:Economy, Society and Culture Vol. I. Cambridge, MA; Oxford, UK:Blackwell.

266. Chalmers A F. 1990. Science and its Fabrication. Milton Keynes:Open University Press.

267. Chenery H B, Syrquin M. 1975. Patterns of Development, 1950—1970. London:Oxford University Press.

268. Christensen D C. (ed.) 1993. European Historiography of Technology:Technology's Role in the Modernization Process. Gylling, Denmark:University Press of Southern Denmark.

269. Christensen D C. (ed.) 1993. European Historiography of Technology:Technology's Role in the Modernization Process. Gylling, Denmark:University Press of Southern Denmark.

270. Christoff P. 1996. Ecological modernisation, ecological modernities. Environmental Politics, 5 (3):476—500.

271. Clark G, Feenstra R. 2001. Technology in the Great Divergence. NBER Working Paper No. 8596. http://www.nber.org/papers/w8596.

272. Clinton W J, Gore A Jr. 1994. Science in the National Interest. Washington, D C:Executive Office of the President. Office of Science and Technology Policy.

273. Coetzee J K et al. (eds.) 2001. Development:Theory, Policy, and Practice. Oxford:University Press.

274. Cohen M J. 1997. Risk Society and Ecological Modernisation:Alternative Visions for Post-industrial Nations. Futures, 29(2):105—119.

275. Cohen M J. 1998. Science and the Environment:Cultural Capacity for Ecological Modernization. Public Understanding of Science, 7(2):149—167.

276. Cohen M J. 2000. Ecological Modernization, Environmental Knowledge, and National Character:a Preliminary Analysis of the Netherlands, Environmental Politics, 9 (1):77—106.

277. Cohen M J. 2006. Ecological Modernization and its Discontents:the American Environmental Movement's Resistance to an Innovation-driven Future. Futures, 38:528—547.

278. Comte A. 2002. The Positive Philosophy of Auguste Comte. Martineatu H. (tr.). New York:Thoemmes Continuum.

279. Comte A. 2003 [1830—1842]. Course of Positive Philosophy (Cours de philosophie positive, 1830—1842). Martineau H. (tr.). Whitefish, MT:Kessinger.

280. Coughenour C M, Stephenson J B. 1972. Measures of Individual Modernity:Review and Commentary. International Journal of Comparative Sociology, 13(2):81—98.

281. Crittenden J. 1967. Dimensions of Modernization in the American States. American Political Sciences Review, 61 (12):989—1001.

282. Crook S, Pakulski J, Waters M. 1992. Post-modernization:Change in Advanced Society. London:Sage.

283. Cuadrado-Roura J R. 2001. Regional Convergence in the European Union:from Hypothesis to the Actual Trends. Ann Regional Science 35:333—356.

284. Cutright P. 1963. National Political Development:Measurement and Analysis. American Sociological Review, 28 (2):253—264.

285. Dahl R. 1998. On Democracy. New Haven, Conn. And London:Yale University Press.

286. David F R. 1997. Concepts of Strategic Management. 6th ed. Englewood Cliffs, NJ:Prentice Hall Inc.

287. Deutsch K. 1961. Social Mobilization and Political Development. American Political Science Review, 55: 493—514.

288. Diamond L. 1992. Economic Development and Democracy Reconsidered. American Behavioral Scientist, 35:450—499.

289. Divale W, Seda A. 2000. Cross-Cultural Codes of Modernization. World Cultures 11(2):152—170.

290. Divale W, Seda A. 2001. Modernization as Changes in Cultural Complexity:New Cross-Cultural Measurements. Cross-Cultural Research, 35(2):127—153.

291. Dogan M, Pelassy D. 1984. How to Compare Nations:Strategies in Comparative Politics. Chatham:Chatham House.

292. Dube S C. 1998. Modernization and Development:in Search for Alternative Paradigms (Unu Studies in Socio-Cultural Development). London:Zed Books.

293. Durkheim E. 1964 [1893]. The Division of Labour in Society. New York:Free Press.

294. Easton D. 1953. The Political System:an Inquiry into the State of Political Science. New York:Alfred A. Knopf.

295. Easton D. 1965. A Systems Analysis of Political Life. New York:Wiley.

296. Eisenstadt S N. 1957. Comparative Analysis of Processes of Agricultural Development and Modernization:Final Report. Agricultural Research Service, European Regional Research Office.

297. Eisenstadt S N. 1966. Modernization, Protest and Change. Englewood Cliffs, NJ:Prentice-Hall.

298. Eisenstadt S N. 1998. Multiple and Changing Modernities in Settings of Globalization, Paper Given at the 34th World Congress of the International of Sociology, Tel Aviv, July 11—15.

299. Eisenstadt S N. 2003. Comparative Civilizations and Multiple Modernities. Leiden:Brill.

300. Ember C R. 1978. Myths About Hunter-Gatherers. Ethnology, 17:439—448.

301. Emes J, Hahn T. 2001. Measuring Development:an Index of Human Progress [R/OL]. Public Policy Sources 36. [http://canstats. org/admin/books/files/MeasuringDevelopmentIHP. pdf]. Oct. 2007.

302. Engerman D C, Gilman N, Haefele M H. (eds.) 2003. Staging Growth:Modernization, Development, and the Global Cold War. Amherst and Boston:University of Massachusetts Press.

303. Estes R J. 1984. The Social Progress of Nation. New York:Praeger.

304. Estes R J. 1988. Trends in World Social Development. New York:Praeger.

305. Evans P B. 1979. Dependent Development:the Alliance of Multinational, State, and Local Capital in Brazil. Princeton, NJ:Princeton University Press.

306. Förster M, Pearson M. 2002. Income Distribution and Poverty in the OECD Area:Trends and Driving Forces. OECD Economic Studies No. 34.

307. Frank A G. 1967. Capitalism and Underdevelopment in Latin America. New York:Monthly Review Press.

308. Gerhards J, Hackenbroch R. 2000. Trends and Causes of Cultural Modernization:an Empirical Study of First Names. International Sociology, 15(3):501—531.

309. Gerhards J. 2005. The Name Game:Cultural Modernization & First Names. New Brunswick, NJ:Transaction Publishers.

310. Germani G. 1981. The Sociology of Modernization. New Brunswick, N J:Transaction Books.

311. Gibbons D S et al. 1980. Agricultural Modernization, Poverty and Inequality:Distributional Impact of the Green Revolution in Regions of Malaysia and Indonesia. Farnborough, Eng:Gower.

312. Giddens A. 1990. The Consequences of Modernity. Stanford:Stanford University Press.

313. Gilman N. 2007. Mandarins of the Future:Modernization Theory in Cold War America. Baltimore and London:The Johns Hopkins University Press.

314. Ginger A. 2007. Cultural modernity and Atlantic Perspectives:Estanislao Del Campo's Fausto (1866) and its

French Contemporaries. Atlantic Studies, 4(1):27—36 (10).

315. Glaeser E L, Kahn M E. 2001. Decentralized Employment and the Transformation of the America City. NBER Working Paper No. 8117. Cambridge, MA: National Bureau of Economic Research.

316. Gobble F G. 1970. The Third Force: The Psychology of Abraham Maslow. New York: Grossman Publishers.

317. Graedel T E, Allenby B R. 2003. Industrial Ecology, 2nd ed. Prentice-Hall.

318. Habermas J. 1981. Modernity versus Postmodernity. New German Critique, 22:3—14.

319. Habermas J. 1987. The Philosophical Discourse of Modernity: Twelve Lecture. Cambridge, Eng.: Cambridge University Press.

320. Hagen E E. 1962. On the Theory of Social Change: How Economic Growth Begins. Homewood, IL: Dorsey.

321. Hague R, Harrop M. 2001. Comparative Government and Politics: An Introduction. New York: Palgrave Macmillan.

322. Hajer M. 1995. The Politics of Environmental Discourse: Ecological Modernization and the Policy Process. New York: Oxford University Press.

323. Harbison F H et al. 1970. Quantitative Analysis of Modernization and Development. Princeton: Princeton University.

324. Harbison F H, Maruhnic J, Resnick J R. 1970. Quantitative Analyses of Modernization and Development. Princeton, NJ: Princeton University.

325. Harrison D. 1988. The Sociology of Modernization and Development. London: Unwin Hyman.

326. Harrison I Q. 1973. Agricultural Modernization and Income Distribution: an Economic Analysis of the Impact of New Seed Varieties on the Crop Production of Large and Small Farms in India. Ann Arbor, Mich.: UMI.

327. Hassan I. 1987. The Postmodern Turn: Essays in Postmodern Theory and Culture. Columbus: Ohio State University Press.

328. Hayami Y, Ruttan V W. 1985. Agricultural Development: An International Perspective. Baltimore: The John Hopkins University Press.

329. He C. (ed.) 2010. China Modernization Report Outlook: 2001—2010. Beijing: Peking University Press.

330. Held J. 1980. The Modernization of Agriculture: Rural Transformation in Hungary, 1848—1975. New York: Columbia University Press.

331. Hiratsuka M. 1978. Modernization of Education in Japan. Tokyo: National Institute for Educational Research.

332. Hobbs F, Stoops N. 2002. U S Census Bureau, Census 2000 Special Reports, Series CENSR-4, Demographic Trends in the 20th Century, Washington D C : U. S. Government Printing Office.

333. Horowitz I L. 1972. Three Worlds of Development: The Theory and Practice of International Stratification. Second Edition. London: Oxford University Press.

334. Hoselitz B. (ed.) 1952. The Progress of Underdeveloped Areas. Chicago, Ill.: Univ. of Chicago Press.

335. Huber J. 1982. Die Verlorene Unschuld der Okologie: Neue Technologien und Superindustrielle Entwicklung (The Lost Innocence of Ecology: New Technologies and Superindustrialized Development). Frankfurt am Main: Fisher Verlag

336. Huber J. 1984. Die Zwei Gesichter der Arbeit: Ungenutzte Moglichkeiten der Dualwirtschaft (The Two Faces of Labour: Unused Possibilities of the Dual Economy). Fisher Verlag, Frankfurt am Main.

337. Huber J. 1985. Die Regenbogengesellschaft: Okologie und Sozialpolitik (The Rainbow Society: Ecology and Social Politics). Frankfurt am Main: Fisher Verlag.

338. Huber J. 2000. Towards Industrial Ecology: Sustainable development as a Concept of Ecological Modernization. Journal of Environmental Policy & Planning, 2, 269—285.

339. Huntington S P. 1968. Political Order in Changing Societies. New Haven, CT: Yale University Press.

340. Huntington S P. 1991. The Third Wave: Democratization in the Late Twentieth Century. Norman: University of

Oklahoma Press.

341. Huntington S P. 1996. The Clash of Civilizations and the Remaking of the World Order. New York: Simon & Schuster.

342. IMD. 2007. The IMD World Competitiveness Yearbook 2007 [R/OL]. [http://www.imd.ch/research/publications/wcy/index.cfm]. Oct. 2008.

343. Inglehart R, Baker W E. 2000. Modernization, Cultural Change and the Persistence of Traditional Values. American Sociological Review, 65(February): 19—51.

344. Inglehart R, Welzel C. 2005. Modernization, Cultural Change, and Democracy: The Human Development Sequence. New York: Cambridge University Press.

345. Inglehart R. 1977. The Silent Revolution. Princeton, NJ: Princeton University Press.

346. Inglehart R. 1997. Modernization and Postmodernization: Cultural, Economic and Political Change in 43 Societies. Princeton: Princeton University Press.

347. Inkeles A, Smith D H. 1974. Becoming Modern: Individual Change in Six Developing Countries. Cambridge: Harvard University Press.

348. Inkeles A. 1966. The Modernization of Man. // Weiner, M. (ed.) Modernization: The Dynamics of Growth. New York: Basic Books.

349. Inkeles A. 1983. Exploring Individual Modernity. New York: Columbia University Press.

350. Iowa State University, Center for Agricultural Economic. 1965. Economic Development of Agriculture: The Modernization of Farming. De O'Heady, Iowa: Iowa State University Press.

351. Irrgang B. 2007. Technology Transfer and Modernization: What can Philosophers of Technology Contribute? ACM Ubiquity. 8 (48): 3—10.

352. ISEI (International Society for Education Information). 1986. The Modernization of Japanese Education. Tokyo: International Society for Education Information.

353. Isin E F, Turner B. (eds.) 2002. Handbook of Citizenship Studies. London: Sage Publications.

354. Janicke M et al. 1989. Economic Structure and Environmental Impacts: East West Comparisons. The Environmentalist, 9 (3): 171—183.

355. Janicke M, Weidner H. (eds.) 1997. National Environmental Policies: a Comparative Study of Capacity-Building. New York: Springer.

356. Janicke M. 1985. Preventive Environmental Policy as Ecological Modernisation and Structural Policy, Discussion Paper Berlin: Berlin Science Center.

357. Jesinghaus J. 1999. A European System of Environmental Pressure Indices. First Volume of the Environmental Pressure Indices Handbook: The Indicators. European Commission, Joint Research Centre; http://esl.jrc.it/envind/theory/handb_.htm

358. Kahl L A. 1968. The Measurement of Modernism: A Study of Values in Brazil and Mexico. Austin: University of Texas Press.

359. Kavolis V. 2006. Modernization, Globality, and Nationalism as Cultural Endeavours. [http://www.eurozine.com/articles/2006-05-26-kavolis-en.html]. Oct. 2008.

360. Kim S, Margo R A. 2003. Historical Perspectives on U S Economic Geography. NBER Working Paper No. 9594.

361. Kirpal P. 1971. Modernization of Education in South Asia: the Search for Quality. International Review of Education, 17(2): 138—150.

362. Kuznets S. 1955. Economic Growth and Income Inequality. American Economic Review, 45(1): 1—28.

363. Kuznets S. 1971. Economic Growth of Nations. Combridge, MA: Harvard University Press.

364. Lach S. 1990. Sociology of Postmodernism. NY: Routledge.

365. Latham M E. 2000. Modernization as Ideology: American Social Science and "Nation Building" in the Kennedy Era. Chapel Hill: The University of North Carolina Press.

366. Leakey R. 1994. The Origin of Humankind. New York, NY: Basic Books.

367. Lee R B. 2004. The Cambridge Encyclopedia of Hunters and Gatherers. Cambridge Univ. Press.

368. Lelas S. 2000. Science and Modernity: Toward an Integral Theory of Science. Dordrecht, Boston: Kluwaer Academic.

369. Lerner D. 1958. The Passing of Traditional Society: Modernizing the Middle East. New York: Free Press.

370. Levy M J. 1966. Modernization and the Structure of Societies. Princeton, NJ: Princeton Univ. Press.

371. Lewis W A. 1955. The Theory of Economic Growth. Homewood, NJ: Richard D. Irvin.

372. Lijphart A. 1999. Patterns of democracy: Government Forms and Performance in Thirty-Six Countries. New Haven: Yale University Press.

373. Lipset S M. 1960. Political Man: The Social Bases of Politics. Garden City: Doubleday.

374. Lubchenco J. 1998. Entering the Century of the Environment. Science, 279 (5350): 491—497.

375. Lyotard Jean-Francois. 1984 [1979]. The Postmodern Condition: A Report on Knowledge. Minneapolis: University of Minnesota.

376. Maddison A. 2001: The World Economy: A Millennial Perspective. OECD Development Centre Studies. Paris: OECD.

377. Malone C C, Shastry B D, Francis T S. 1970. A Guide to Agricultural Modernization. New Delhi, Ford Foundation.

378. Mansell R, When U. 1998. Knowledge Societies: Information Technology for Sustainable Development. New York: United States, Oxford University Press.

379. Martinelli A. 2005. Global Modernization: Rethinking the Project of Modernity. London, Thousand Oaks, New Delhi: Sage Publications.

380. Marx K. 1954 [1867]. Capital, Volume I. London: Lawrence and Wishart.

381. McClelland D C. 1961. The Achieving Society. Princeton, NJ: Van Nostrand.

382. MEA(Millennium Ecosystem Assessment). 2005. Our Human Planet: Summary for Decision-makers. (The Millennium Ecosystem Assessment series; v. 5). Washington, Covelo, London: Island Press

383. Meadows D H et al. 1972. The Limits to Growth. New York: New American Library.

384. Melchior A et al. 2000. Globalisation and Inequality: World Income Distribution and Living Standards, 1960—1998. Report 6B: 2000. Studies on Foreign Policy Issues. Oslo: Royal Norwegian Ministry of Foreign Affair.

385. Merriam-Webster Online Dictionary. 2009a. Merriam-Webster Online Dictionary [DB/OL]. [http://www.merriam-webster.com/dictionary/modern]. Oct. 2010.

386. Merriam-Webster Online Dictionary. 2009b. Merriam-Webster Online Dictionary [DB/OL]. [http://www.merriam-webster.com/dictionary/modernize]. Oct. 2010.

387. Merriam-Webster Online Dictionary. 2009c. Merriam-Webster Online Dictionary [DB/OL]. [http://www.merriam-webster.com/dictionary/modernization]. Oct. 2010.

388. Merriam-Webster Online Dictionary. 2009d. Merriam-Webster Online Dictionary [DB/OL]. [http://www.merriam-webster.com/dictionary/science]. Oct. 2010.

389. Merriam-Webster Online Dictionary. 2009e. Merriam-Webster Online Dictionary [DB/OL]. [http://www.merriam-webster.com/dictionary/knowledge]. Oct. 2010.

390. Merriam-Webster Online Dictionary. 2009f. Merriam-Webster Online Dictionary [DB/OL]. [http://www.merriam-webster.com/dictionary/history]. Oct. 2010.

391. Merriam-Webster Online Dictionary. 2009g. Merriam-Webster Online Dictionary [DB/OL]. [http://www.merriam-webster.com/dictionary/economics]. Oct. 2010.

392. Merriam-Webster Online Dictionary. 2009h. Merriam-Webster Online Dictionary [DB/OL]. [http://www. merriam-webster. com/dictionary/development]. Oct. 2010.

393. Misa T J, Brey P, Feenberg A. 2003. Modernity and Technology. Cambridge, Mass. :MIT Press.

394. Mol A P J, Sonnenfeld D A, Spaargaren G. (eds.) 2009. The Ecological Modernisation Reader:Environmental Reform in Theory and Practice. London:Routledge

395. Mol A P J, Sonnenfeld D A. (eds.) 2000. Ecological Modernization Around the World:Perspectives and Critical Debates. London:Frank Cass.

396. Mol A P J. 1995. The Refinement of Production:Ecological Modernization Theory and the Chemical Industry. Utrecht, Netherlands:Van Arkel.

397. Mol A P J. 1996. Ecological Modernisation and Institutional Reflexivity:Environmental Reform in the Late Modern Age. Environmental Politics, 5(2):302—323.

398. Mol A P J. 2001. Globalization and Environmental Reform:the Ecological Modernization of the Global Economy. Cambridge:MIT Press.

399. Mol A P J. 2003. Globalization and Environmental Reform:the Ecological Modernization of the Global Economy. Cambridge, MA:MIT Press.

400. Moore B. 1966. The Social Origins of Democracy and Dictatorship:Lord and Peasant in the Making of the Modern World. Boston:Beacon Press.

401. Morgan D R, Kickham K. 1997. Modernization among the U S States:Change and Continuity from 1960 to 1990. The Journal of Federalism, 27(3):23—40.

402. Morgan L H. 1964 [1877]. Ancient Society. (White L A, ed.) Cambridge, Mass. :Harvard University Press.

403. Morrissy I D. 1974. Agricultural Modernization through Production Contracting, The Role of the Fruit and Vegetable Processor in Mexico and Central America. New York:Praeger Publishers.

404. Morse E L. 1976. Modernization and the Transformation of International Relations. N Y:The Free Press.

405. Murphy J, Gouldson A. 2000. Environmental Policy and Industrial Innovation:Integrating Environment and Economy through Ecological Modernisation. Geoforum, 31:33—44.

406. Murphy J. 2000. Ecological Modernisation—editorial. Geoforum, 31(1):1—8.

407. Nardo M et al.. 2005. Handbook on Constructing Composite Indicators:Methodology and User Guide. OECD Statistics Working Paper. STD/DOC(2005)3. http://www. oecd. org/std/research.

408. Neumayer E. 2003. Beyond Income:Convergence in Living Standards, Big Time. Structural Change and Economic Dynamics, 14:275—296.

409. Nielsen H K. 1993. Youth Culture and the Completion of Cultural Modernization. Young, 1:16—26.

410. North D C. 1981. Structure and Change in Economic History. New York:W. W. Norton.

411. OECD. 1976. Measuring Social Well-Being:A Progress Report on the Development of Social Indicators. Paris:OECD.

412. OECD. 1996. Science, Technology and Industry Outlook. Paris:OECD.

413. OECD. 2001. OECD Environmental Outlook. Paris:OECD

414. OECD. 2002. Indicators to Measure Decoupling of Environmental Pressure from Economic Growth. Paris:OECD.

415. OECD. 2003. OECD Environmental Indicators, Development, Measurement and Use, Reference Paper. Paris:OECD.

416. OECD. 2005. Society at a Glance 2005:OECD Social Indicators. Paris:OECD.

417. ONS (Office for National Statistics). 2003. Social trends 30—33. [Http://www. statistics. gov. uk]. June 2005.

418. Oqionwo W. 1969. Agricultural Modernization:The Adoption of Agricultural Innovations Among Cocoa, Oilpalm [sic], Rice and Rubber Farmers in Southern Nigeria. Sociologiska Institutionen.

419. O'Rourke K H. 2001. Globalization and Inequality:Historical Trends. NBER Working Paper No. 8339. [http://

www. nber. org/papers/w8339]. Sep. 2004.

420. Palmqvist R. 2006. Having Fun in the Second Modernization. Journal of Drug Education, 36:1—14.

421. Pandey R. 1988. Modernisation and Social Change. New Delhi:Criterion Publications.

422. Parsons T, Shils E. (eds.) 1962. Towards a General Theory of Action. New York:Harper & Row.

423. Parsons T, Smelser N J. 1956. Economy and Society. New York:Free Press.

424. Parsons T. 1951. The Social System. Glencoe, Ill. :Free Press.

425. Parsons T. 1971. The System of Modern Society. Englewood Cliffs, NJ:Prentice-Hall.

426. Pataki G. 2005. Ecological Modernization and its Contradictions:Corporate Greening in Hungary in the 1990s. // In Ketola T. (ed.) Environmental Economy:What Research on Environmentally Economical Business Activities Can Give to Business Know-how. Publications of the Turku School of Economics and Business Administration, Series Research and Reports, KR-4:2005, Turku, 101—132.

427. Pattnayak S R. 1996. Modernization, Dependency, and the Stage in Asia, Africa, and Latin America. International Journal of comparative Sociology, 37(3—4):274—289.

428. Peet J R, Hartwick E. 2009. Theories of Development:Contentions, Arguments, Alternatives. 2nd ed. New York:Guilford Press.

429. Persson J. 1997. Convergence Across the Swedish Counties, 1911—1993. European Economic Review, 41:1835—1852.

430. Peters M A, Besley A C. 2006. Building Knowledge Cultures:Education and Development in the Age of Knowledge Capitalism. Lanham, Md. :Rowman & Littlefield Publishers.

431. Picou J S. 1999. Theoretical Trends in Environmental Sociology:Implications for Resource Management in the Modern World. The Social and Economic Planning Conference, Minerals Management Service, August 24—26, Park City, Utah. U. S. A.

432. Pieterse J N. 2009. Development Theory, Second Edition. London:Sage Publications Ltd.

433. Piketty T, Saez E. 2001. Income Inequality in the United States 1913—1998. NBER Working Paper No. 8467.

434. Poggi G. 1978. The Development of the Modern State:A Sociological Introduction, London:Hutchinson.

435. Porat M U. 1977. The Information Economy. Washington, D C:DOC. GPO.

436. Porter M E, Stern S. 1999. The New Challenge to America's Prosperity:Findings from the Innovation Index. Washington:Council on Competitiveness.

437. Porter M E. 1990. Competitive Advantage of Nations. NY:The Free Press.

438. Postiglione G A. (ed.) 1990. Education and the modernization of science and technology. Chinese Education, 23 (3):1—96.

439. Prebisch R. 1950. The Economic Development of Latin American and its Principal Problems. NY:United Nations.

440. Przeworski A, Limongi F. 1997. Modernization:Theories and Facts. World Politics, 49 (Jan.):155—183.

441. Pye L W, Verba S. (eds.) 1965 [1963]. Political Culture and Political Development. Princeton, NJ:Princeton University Press.

442. Pye L W. (ed.) 1963. Communications and Political Development. Princeton, NJ:Princeton University Press.

443. Ralph P L. 1991. World Civilizations:Their History and Their Culture. NY:W. W. Norton & Company Inc.

444. Roberts J T, Hite A, 2000. From Modernization to Globalization. Malden, Mass. :Blackwell Publishers.

445. Roberts J. 2001. The Failure of Modernization:Globalization and Culture. [http://www. apexart. org/conference/Roberts. htm]. Oct. 2008.

446. Rostow W W. 1960. The Stages of Economic Growth:A Non—Communist Manifesto. Cambridge:Cambridge University Press.

447. Russell C A. 1983. Science and Social Change1700—1900. London:The MacMillan Press Ltd.

448. Samuelson P A, Nordhaus W D. 1992. Economics. Fourteenth Edition. NY:McGraw-Hill, Inc.

449. Saqib G N. 1983. Modernization of Muslim Education in Egypt, Pakistan and Turkey:A Comparative Study. Lahore:Islamic Book Service.

450. Sarton G A L. 1957. The Study of the History of Science. NY:Dover.

451. Sarton G A L. The History of Science and the New Humanism. Cambridge:Harvard University Press

452. Sayer A. 1992. Method in Social Science:A Realist Approach. London:Routledge.

453. Schelkle W et al. (ed.) 2000. Paradigms of Social Change:Modernization, Development, Transformation, Evolution, Campus Verlag, Frankfurt, NY:St. Martin's Press.

454. Schultz T W. 1964. Transforming Traditional Agriculture. New Haven:Yale University Press.

455. Schweitzer P P et al. (eds.) 2000. Hunters and Gatherers in the Modern World. NY, Oxford:Berghahn Books.

456. Seippel ø. 2000. Ecological Modernisation as a Theoretical Device:Strengths and Weaknesses. Journal of Environmental Policy and Planning, 2(4):287—302.

457. Sen A. 2001. Development as Freedom. NY:Alfred Knopf.

458. Servaes N, Carpentier J. 2006. Towards a Sustainable Information Society. Bristol:ECCR Book Series, Intellect.

459. Sieben I, Graaf P M. 2001. Testing the Modernization Hypothesis and the Socialist Ideology Hypothesis:a Comparative Sibling Analysis of Educational Attainment and Occupational Status. British Journal of Sociology, 52(3):441—467.

460. Simonis U. 1988. Beyond Growth:Elements of Sustainable Development. Berlin:Edition Sigma.

461. Simonis U. 1989a. Industrial restructuring for Sustainable Development:Three Points of Departure. Working Paper FS II 89—401, Internationales Institut Fur Umwelt und Gesellschaft, Wissenschaftszentrum Berlin Fur Sozialforschung (WZB).

462. Simonis U. 1989b. Ecological Modernization of Industrial Society:Three Strategic Elements. International Social Science Journal, 121:347—361.

463. Smelser N J, 1959. Social Change in the Industrial Revolution. London:Routledge.

464. So A Y. 1990. Social Change and Development. Newbury Park:Sage Publications.

465. Stavrianos L S. 1982. The World Since 1500:A Global History. Englewood Cliffs, NJ:Prentice-Hall.

466. Suttmeier R P. 1980. Science, Technology, and China's Drive for Modernization. Stanford, Calif.:Hoover Institution Press.

467. Taylor J G, 1979. From Modernization to Modes of Production:A Critique of the Sociologies of Development and Underdevelopment. Atlantic Highlands, NJ:Humanities Press.

468. Tilley C et al. (eds.) 2006. Handbook of Material Culture. London:Sage.

469. Tiryakian E. 1991. Modernization:Exhumetur in Pace (Rethinking Macrosociology in the 1990s'). International Sociology, 6(2):165—180.

470. Toffler A. 1980. The Third Wave. NY:Bantam Books.

471. Tylor E. 1871. Primitive Culture. London:John Murray.

472. UN (United Nations), 2009. World Population Prospects:The 2008 Revision. New York:United Nations.

473. UN (United Nations). 2004. World Population to 2300. NY:United Nations.

474. UN (United Nations). 2008. World Urbanization Prospects, The 2007 Revision. NY:United Nations.

475. UNCTAD. 2005. Developing Countries in International Trade 2005:Trade and Development Index. New York, Geneva:United Nations.

476. UNDP (United Nations Development Programme), UNEP (United Nations Environment Programme), World Bank and WRI (World Resources Institute). 2000. World Resources 2000—2001:People and Ecosystem-The

Fraying Web of Life. Washington, DC:WRI.

477. UNDP(United Nations Development Programme). (various years). Human Development Report. NY:Oxford University Press.
478. UNESCO. 1973. Modernization of Education, Teaching Media and Technology. Prague:SNTL.
479. UNESCO. 2000. World Culture Report 2000:Cultural Diversity, Conflict and Pluralism. Paris:UNESCO.
480. UNESCO. 2003. Measuring and Monitoring the Information and Knowledge Societies: a Statistical Challenge. Paris:UNESCO.
481. UNESCO. 2005. Towards Knowledge Societies. Paris:UNESCO.
482. USCB (U. S. Census Bureau). 2002. Income inequality. http://www.census.gov
483. Vago S. 2005. Social Change. Beijing:Peking University Press.
484. Valenzuela J S, Valenzuela A. 1978. Modernization and dependency:Alternative Perspectives in the Study of Latin American Underdevelopment. Comparative Politics, 10(4):535—557.
485. Van Duijn J. J. 1983. The Long Wave in Economic Life. London:George Allen and Unwin.
486. Venetoulis J, Cobb C. 2004. The Genuine Progress Indicator 1950—2002 (2004 Update). [http://www.rprogress.org/projects/gpi/]. Sep. 2006.
487. Wallerstein I M. 1974. The Modern World-system I: Capitalist Agriculture and the Origins of the European World-Economy in the Sixteenth Century. New York:Academic Press.
488. Wallerstein I. 1976. Modernization:Requiescat in Pace // Coser L, Larse O. (eds.) The Uses of Controversy in Sociology. New York:Wiley.
489. Ward R E, Rustow D A. 1964. Political modernization in Japan and Turkey. Princeton, NJ:Princeton University Press.
490. Ward S C. 2003. Modernizing the Mind:Psychological Knowledge and the Remaking of Society. Westport, CT: Praeger.
491. WCED (World Commission on Environment and Development). 1987. Our Common Future:The World Commission on Environment and Development. Oxford:Oxford University Press.
492. Weber M. 1958 [1904]. The Protestant Ethic and the Spirit of Capitalism. Boston:Allen and Unwin.
493. WEF (World Economic Forum). 2003. The Global Competitiveness Report 2002—2003 [R/OL]. [http://www.weforum.org/en/initiatives/gcp/Global%20Competitiveness%20Report/index.htm]. June 2008.
494. Weiner M. (ed.) 1966. Modernization:The Dynamics of Growth, New York:Basic Books.
495. Welzel C, Inglehart R, Klingemann H-D, 2003. The Theory of Human Development:A Cross-Cultural Analysis. European Journal of Political Research, 42:341—379.
496. Wernic I K et al.. 1997. Materialization and Dematerialization: Measures and Trends. Daedalus, 125(3): 171—198
497. Wikipedia. 2007. Wikipedia. [http://en.wikipedia.org/wiki/Ecological_modernization]. Oct. 2010.
498. Williams R. 1958. Culture and Society 1780—1950. New York:Harper & Row.
499. Williamson J. 1964. Regional Inequality and the Process of National Development:a Description of the Patterns. Economic Development and Cultural Change, 13:3—45.
500. Wilson Center. 1982. China's Scientific and Technological Modernization:Domestic and International Implications. Washington, DC:East Asia Program, Wilson Center.
501. Wilson T W. 1979. Science Technology and Development:Politics of Modernization. NY:Foreign Policy Association.
502. World Bank. (various years). World Development Report. (1978—2009). Washington D C. :World Bank. New York:Oxford University Press.

503. World Bank. 2002—2009. World Development Indicators. CD-ROM. （2002—2009）. Washington DC：World Bank.

504. Young S. （ed. ）2000. The Emergence of Ecological Modernization：Integrating the Environment and the Economy? NY：Routledge.

505. Zapf W. （ed. ）1991. Die Modernisierung Moderner Gesellschaften. Verhandlungen des 25. Deutschen Soziologentages，Frankfurt，NY：Campus.

506. Zapf W. 1999. Modernisierung，Wohlfahrtsentwicklung und Transformation. Berlin：Sigma.

507. Ziehe T. 2000. Engagement and Abstention：Youth and the School in the Second Modernization. European Education，31：6—22.

数据资料来源

本报告的统计数据和资料主要来自世界组织、有关国家和地区的官方统计出版物。如果没有相关世界组织、国家和地区的统计专家和工作人员通过长期的、艰苦的、系统的努力而积累的高质量的统计数据，本报告是无法完成的。特在此向他们表示最诚挚的感谢！

本报告的数据资料来源主要包括：

1. International Labor Office. Yearbook of Labor Statistics，1945～2004. http://www.ilo.org/

2. OECD. 2000. OECD Historical Statistics 1970－1999. Paris：OECD.

3. UNCTAD. World Investment Report，1997～2008. New York and Geneva：United Nations.

4. UNCTAD. 2008. Creative Economy Report 2008. New York and Geneva：United Nations.

5. UNDP. Human Development Report，1990－2009. http://www.undp.org/

6. UNESCO. Statistics Yearbook，1974～1999. http://www.unesco.org/

7. UNESCO Institute for Statistics. 2005. International Flows of Selected Cultural Goods and Services，1994－2003. Montreal，Quebec (Canada)：UNESCO Institute for Statistics.

8. United Nations. Statistics Yearbook，1951～2005. New York：United Nations.

9. World Bank. World Development Indicators，1997～2010. Washington D. C.：World Bank

10. World Bank. World Development Report，1979～2010. Washington D. C.：World Bank.

11. World Resources Institute et al. World Resources 1986－2005. http://www.wri.org/

12. World Trade Organization. International Trade Statistics，2003～2005. Geneva：WTO.

13. 国家统计局. 中国统计年鉴，1982～2010. 北京：中国统计出版社

14. 国家统计局，科技部. 中国科技统计年鉴，1991～2009. 北京：中国统计出版社

15. 国家统计局. 中国能源统计年鉴，1991～2005. 北京：中国统计出版社

16. 国家统计局国民经济综合统计司. 新中国五十年统计资料汇编，1999. 北京：中国统计出版社

附　　录

附录一　世界现代化水平评价的数据集

附表 1-1-1　2008 年世界现代化水平

国家	编号	人口	第一次现代化			第二次现代化			综合现代化		国家	国家
		/100 万	程度	排名[a]	阶段[b]	指数	排名	阶段[c]	指数	排名	阶段[d]	分组[e]
瑞典	1	9	100	1	F4	104	2	S2	94	3	6	1
美国	2	304	100	1	F4	110	1	S2	98	1	6	1
芬兰	3	5	100	1	F4	103	4	S1	92	6	5	1
澳大利亚	4	21	100	1	F4	97	8	S1	91	8	5	1
瑞士	5	8	100	1	F4	94	11	S2	91	7	6	1
挪威	6	5	100	1	F4	99	6	S1	90	13	5	1
日本	7	128	100	1	F4	101	5	S1	94	5	5	1
丹麦	8	5	100	1	F4	103	3	S2	95	2	6	1
德国	9	82	100	1	F4	96	9	S1	94	4	5	1
荷兰	10	16	100	1	F4	94	10	S2	90	11	6	1
加拿大	11	33	100	1	F4	93	14	S1	86	16	5	1
新加坡	12	5	100	1	F4	93	15	S2	85	18	6	1
英国	13	61	100	1	F4	92	17	S2	90	12	6	1
法国	14	62	100	1	F4	94	13	S2	90	10	6	1
比利时	15	11	100	1	F4	94	12	S2	89	14	6	1
奥地利	16	8	100	1	F4	92	16	S1	90	9	5	1
新西兰	17	4	100	1	F4	89	18	S1	84	19	5	1
韩国	18	49	100	1	F4	98	7	S1	86	15	5	1
以色列	19	7	100	1	F4	84	20	S1	83	20	5	1
意大利	20	60	100	1	F4	77	23	S1	81	22	5	2
爱尔兰	21	4	100	1	F4	85	19	S1	85	17	5	1
西班牙	22	46	100	1	F4	82	21	S1	83	21	5	1
爱沙尼亚	23	1	100	1	F4	75	25	S1	70	29	5	2
斯洛文尼亚	24	2	100	39	F4	77	22		75	23	4	2
乌拉圭	25	3	100	1	F3	57	39		66	31	3	2
俄罗斯	26	142	100	40	F4	69	30		63	36	4	2
斯洛伐克	27	5	100	1	F4	66	33		65	35	4	2
希腊	28	11	100	1	F4	75	24	S1	74	24	5	2
匈牙利	29	10	100	1	F4	69	28	S1	70	27	5	2
捷克	30	10	100	1	F4	75	26		70	26	4	2
葡萄牙	31	11	100	1	F4	72	27	S1	72	25	5	2
白俄罗斯	32	10	97	48	F3	60	36		56	44	3	2
拉脱维亚	33	2	100	1	F4	68	32	S1	70	28	5	2
立陶宛	34	3	100	1	F4	69	29	S1	66	32	4	2
格鲁吉亚	35	4	89	70	F2	48	50		47	59	2	3
乌克兰	36	46	94	61	F3	56	40		53	51	3	2
保加利亚	37	8	97	47	F3	58	38		55	45	3	2
黎巴嫩	38	4	99	43	F3	50	47		66	34	3	2
哈萨克斯坦	39	16	96	49	F3	48	53		46	62	3	3
波兰	40	38	100	1	F4	62	35		63	37	4	2
阿根廷	41	40	99	42	F4	59	37		62	38	4	2
巴拿马	42	3	99	44	F3	47	54		58	39	3	3
克罗地亚	43	4	100	1	F3	63	34		66	33	3	2
沙特阿拉伯	44	25	96	50	F4	55	42		52	53	4	2
哥伦比亚	45	45	96	51	F3	44	59		54	48	3	3
科威特	46	3	100	1	F4	68	31		67	30	4	2
智利	47	17	100	1	F4	55	41		58	41	4	2
马其顿	48	2	95	54	F3	48	52		51	54	3	3
阿塞拜疆	49	9	87	73	F3	44	58		42	68	3	3
摩尔多瓦	50	4	89	67	F2	46	57		47	61	2	3
罗马尼亚	51	22	100	1	F3	51	45		54	47	3	2
委内瑞拉	52	28	98	45	F4	51	46		55	46	4	2
乌兹别克斯坦	53	27	79	85	F2	35	76		33	84	2	3
多米尼加	54	10	96	53	F3	40	66		53	50	3	3
亚美尼亚	55	3	87	72	F2	43	61		44	63	2	3
巴拉圭	56	6	90	65	F2	35	77		41	75	2	3
哥斯达黎加	57	5	98	46	F3	46	55		52	52	3	3
巴西	58	192	99	41	F3	52	44		58	40	3	2
墨西哥	59	106	100	1	F4	50	48		57	42	4	2
博茨瓦纳	60	2	84	78	F3	28	87		39	78	3	4
秘鲁	61	29	95	56	F3	39	69		49	55	3	3
牙买加	62	3	95	55	F3	42	63		47	60	3	3
约旦	63	6	94	58	F4	53	43		53	49	4	2
南非	64	49	89	68	F4	40	67		41	71	4	3
土耳其	65	74	100	1	F3	48	51		56	43	3	3
厄瓜多尔	66	13	95	57	F4	42	64		49	56	4	3
伊朗	67	72	94	62	F3	43	62		44	64	3	3
蒙古	68	3	84	77	F2	41	65		42	66	2	3
摩洛哥	69	32	81	82	F2	34	78		41	74	2	3
马来西亚	70	27	96	52	F3	50	49		49	57	3	2

附表 1-1-1　2008 年世界现代化水平　　（续表）

国家	编号	人口/100 万	第一次现代化 程度	排名[a]	阶段[b]	第二次现代化 指数	排名	阶段[c]	综合现代化 指数	排名	国家阶段[d]	国家分组[e]
萨尔瓦多	71	6	94	59	F3	36	73		43	65	3	3
埃及	72	82	89	71	F3	39	68		41	72	3	3
中国	73	1325	89	69	F3	43	60		41	69	3	3
阿尔及利亚	74	34	90	66	F3	36	75		40	77	3	3
土库曼斯坦	75	5	83	79	F2	36	72		33	85	2	3
突尼斯	76	10	94	60	F3	46	56		48	58	3	3
阿尔巴尼亚	77	3	87	74	F2	36	74		42	67	2	3
吉尔吉斯斯坦	78	5	80	83	F2	38	70		41	73	2	3
塔吉克斯坦	79	7	75	88	F2	31	82		31	88	2	3
玻利维亚	80	10	85	76	F2	34	79		41	70	2	3
缅甸	81	50	63	95	F1	19	104		26	102	1	4
菲律宾	82	90	91	63	F2	33	80		40	76	2	3
泰国	83	67	81	81	F2	38	71		36	81	2	3
纳米比亚	84	2	80	84	F3	25	93		35	82	3	4
津巴布韦	85	12	61	97	F2	20	100		27	96	2	4
洪都拉斯	86	7	85	75	F3	29	83		33	83	3	4
尼加拉瓜	87	6	83	80	F3	29	86		32	87	3	4
越南	88	86	70	90	F2	29	84		27	97	2	4
肯尼亚	89	39	55	108	F2	20	96		26	101	2	4
斯里兰卡	90	20	74	89	F2	27	89		30	91	2	4
刚果共和国	91	4	58	102	F2	17	111		26	100	2	4
印度尼西亚	92	227	79	87	F2	28	88		29	92	2	4
赞比亚	93	13	48	116	F1	16	113		18	123	1	4
危地马拉	94	14	90	64	F2	29	85		37	80	2	4
毛里塔尼亚	95	3	57	106	F2	16	115		23	111	2	4
科特迪瓦	96	21	57	103	F2	18	107		25	105	2	4
印度	97	1140	68	91	F2	26	90		28	93	2	4
巴基斯坦	98	166	65	93	F2	26	92		31	89	2	4
莱索托	99	2	59	101	F2	17	112		21	114	2	4
柬埔寨	100	15	56	107	F1	18	105		19	119	1	4
喀麦隆	101	19	62	96	F2	19	103		27	95	2	4
厄立特里亚	102	5	50	114	F1	15	119		21	115	1	4
叙利亚	103	21	79	86	F3	33	81		33	86	3	3
加纳	104	23	57	104	F1	20	102		24	106	1	4
乍得	105	11	43	124	F1	12	130		18	125	1	4
莫桑比克	106	22	45	119	F1	14	121		20	117	1	4
几内亚	107	10	46	117	F1	16	117		21	116	1	4
也门共和国	108	23	65	92	F2	20	98		26	99	2	4
巴布亚新几内亚	109	7	41	125	F1	14	122		17	128	1	4
海地	110	10	61	100	F2	26	91		39	79	2	4
尼泊尔	111	29	53	110	F1	20	101		23	108	1	4
塞内加尔	112	12	63	94	F2	22	94		31	90	2	4
塞拉利昂	113	6	37	130	0	15	120		18	121	0	4
刚果民主共和国	114	64	44	121	F1	16	118		19	118	1	4
老挝	115	6	61	99	F1	20	99		25	104	1	4
马拉维	116	15	43	123	0	14	124		16	131	0	4
多哥	117	6	50	113	F1	18	108		22	112	1	4
马达加斯加	118	19	52	111	F1	18	106		23	110	1	4
马里	119	13	45	118	F1	17	109		23	109	1	4
尼日利亚	120	151	57	105	F2	20	97		26	98	2	4
孟加拉国	121	160	61	98	F2	21	95		28	94	2	4
坦桑尼亚	122	42	44	122	0	12	129		17	126	0	4
贝宁	123	9	51	112	F1	17	110		24	107	1	4
尼日尔	124	15	36	131	0	11	131		17	129	0	4
安哥拉	125	18	55	109	F2	16	116		25	103	2	4
乌干达	126	32	48	115	F1	16	114		21	113	1	4
中非	127	4	41	126	0	12	128		18	124	0	4
布基纳法索	128	15	40	128	0	13	125		19	120	0	4
埃塞俄比亚	129	81	39	129	0	14	123		16	130	0	4
布隆迪	130	8	40	127	0	13	127		17	127	0	4
卢旺达	131	10	44	120	0	13	126		18	122	0	4
高收入国家	132	1069	100		F4	100		S2	100		6	
中等收入国家	133	4652	89		F3	38			40		3	
低收入国家	134	976	58		F2	20			24		2	
世界平均	135	6697	94		F3	50			54		3	

a. 第一次现代化程度达到 100%时，排名不分先后。

b. F4 代表第一次现代化的过渡期，F3 代表成熟期，F2 代表发展期，F1 代表起步期，0 代表传统农业社会。

c. S2 代表第二次现代化的发展期，S1 代表起步期。

d. 国家阶段划分：0 代表传统农业社会，1 代表第一次现代化起步期，2 代表第一次现代化发展期，3 代表第一次现代化成熟期，4 代表第一次现代化过渡期，5 代表第二次现代化起步期，6 代表第二次现代化发展期，7 代表第二次现代化成熟期，8 代表第二次现代化过渡期。

e. 国家分组为根据第二次现代化指数的分组，1 代表发达国家，2 代表中等发达国家，3 代表初等发达国家，4 代表欠发达国家。“—”表示没有数据，后同。

f. 评价指标单位参见技术注释，后同。

附表 1-1-2　2008 年根据第二次现代化指数的国家分组

分组	国家	编号	第二次现代化指数	第一次现代化程度	综合现代化指数	人均 GNI	人类发展指数	国家	编号	第二次现代化指数	第一次现代化程度	综合现代化指数	人均 GNI	人类发展指数
发达国家21个	美国	2	110	100	98	47 930	0.956	比利时	15	94	100	89	44 570	0.953
	瑞典	1	104	100	94	50 910	0.963	法国	14	94	100	90	42 000	0.961
	丹麦	8	103	100	95	58 800	0.955	加拿大	11	93	100	86	43 640	0.966
	芬兰	3	103	100	92	47 600	0.959	新加坡	12	93	100	85	34 760	0.944
	日本	7	101	100	94	38 130	0.960	奥地利	16	92	100	90	45 900	0.955
	挪威	6	99	100	90	87 340	0.971	英国	13	92	100	90	46 040	0.947
	韩国	18	98	100	86	21 530	0.937	新西兰	17	89	100	84	27 830	0.950
	澳大利亚	4	97	100	91	40 240	0.970	爱尔兰	21	85	100	85	49 770	0.965
	德国	9	96	100	94	42 710	0.947	以色列	19	84	100	83	24 720	0.935
	荷兰	10	94	100	90	49 340	0.964	西班牙	22	82	100	83	31 930	0.955
	瑞士	5	94	100	91	55 510	0.960							
中等发达国家28个	斯洛文尼亚	24	77	100	75	24 230	0.929	白俄罗斯	32	60	97	56	5360	0.826
	意大利	20	77	100	81	35 460	0.951	阿根廷	41	59	99	62	7190	0.866
	希腊	28	75	100	74	28 400	0.942	保加利亚	37	58	97	55	5490	0.840
	爱沙尼亚	23	75	100	70	14 570	0.883	乌拉圭	25	57	100	66	8260	0.865
	捷克	30	75	100	70	16 650	0.903	乌克兰	36	56	94	53	3210	0.796
	葡萄牙	31	72	100	72	20 680	0.909	智利	47	55	100	58	9370	0.878
	匈牙利	29	69	100	70	12 810	0.879	沙特阿拉伯	44	55	96	52	17 870	0.843
	立陶宛	34	69	100	66	11 870	0.870	约旦	63	53	94	53	3470	0.770
	俄罗斯	26	69	100	63	9660	0.817	巴西	58	52	99	58	7300	0.813
	科威特	46	68	100	67	43 930	0.916	罗马尼亚	51	51	100	54	8280	0.837
	拉脱维亚	33	68	100	70	11 860	0.866	委内瑞拉	52	51	98	55	9230	0.844
	斯洛伐克	27	66	100	65	16 590	0.880	黎巴嫩	38	50	99	66	6780	0.803
	克罗地亚	43	63	100	66	13 580	0.871	墨西哥	59	50	100	57	9990	0.854
	波兰	40	62	100	63	11 730	0.880	马来西亚	70	50	96	49	7250	0.829
初等发达国家33个	格鲁吉亚	35	48	89	47	2500	0.778	南非	64	40	89	41	5820	0.683
	土耳其	65	48	100	56	9020	0.806	埃及	72	39	89	41	1800	0.703
	马其顿	48	48	95	51	4130	0.817	秘鲁	61	39	95	49	3990	0.806
	哈萨克斯坦	39	48	96	46	6160	0.804	吉尔吉斯斯坦	78	38	80	41	780	0.710
	巴拿马	42	47	99	58	6690	0.840	泰国	83	38	81	36	3670	0.783
	哥斯达黎加	57	46	98	52	6060	0.854	土库曼斯坦	75	36	83	33	2840	0.739
	突尼斯	76	46	94	48	3480	0.769	萨尔瓦多	71	36	94	43	3460	0.747
	摩尔多瓦	50	46	89	47	1500	0.720	阿尔巴尼亚	77	36	87	42	3840	0.818
	阿塞拜疆	49	44	87	42	3830	0.787	阿尔及利亚	74	36	90	40	4190	0.754
	哥伦比亚	45	44	96	54	4620	0.807	乌兹别克斯坦	53	35	79	33	910	0.710
	中国	73	43	89	41	2940	0.772	巴拉圭	56	35	90	41	2110	0.761
	亚美尼亚	55	43	87	44	3350	0.798	摩洛哥	69	34	81	41	2520	0.654
	伊朗	67	43	94	44	3540	0.782	玻利维亚	80	34	85	41	1460	0.729
	牙买加	62	42	95	47	4800	0.766	菲律宾	82	33	91	40	1890	0.751
	厄瓜多尔	66	42	95	49	3690	0.806	叙利亚	103	33	79	33	2160	0.742
	蒙古	68	41	84	42	1670	0.727	塔吉克斯坦	79	31	75	31	600	0.688
	多米尼加	54	40	96	53	4330	0.777							
欠发达国家49个	洪都拉斯	86	29	85	33	1740	0.732	多哥	117	18	50	22	410	0.499
	越南	88	29	70	27	890	0.725	马里	119	17	45	23	580	0.371
	危地马拉	94	29	90	37	2680	0.704	贝宁	123	17	51	24	700	0.492
	尼加拉瓜	87	29	83	32	1080	0.699	刚果共和国	91	17	58	26	1790	0.389
	博茨瓦纳	60	28	84	39	6640	0.694	莱索托	99	17	59	21	1060	0.514
	印度尼西亚	92	28	79	29	1880	0.734	赞比亚	93	16	48	18	950	0.481
	斯里兰卡	90	27	74	30	1780	0.759	乌干达	126	16	48	21	420	0.514
	印度	97	26	68	28	1040	0.612	毛里塔尼亚	95	16	57	23	840	0.520
	海地	110	26	61	39	—	0.532	安哥拉	125	16	55	25	3340	0.564
	巴基斯坦	98	26	65	31	950	0.572	几内亚	107	16	46	21	350	0.435
	纳米比亚	84	25	80	35	4210	0.686	刚果民主共和国	114	16	44	19	150	0.601
	塞内加尔	112	22	63	31	980	0.464	厄立特里亚	102	15	50	21	300	0.472
	孟加拉国	121	21	61	28	520	0.543	塞拉利昂	113	15	37	18	320	0.365
	肯尼亚	89	20	55	26	730	0.541	莫桑比克	106	14	45	20	380	0.402
	尼日利亚	120	20	57	26	1170	0.511	巴布亚新几内亚	109	14	41	17	1040	0.541
	也门共和国	108	20	65	26	960	0.575	埃塞俄比亚	129	14	39	16	280	0.414
	老挝	115	20	61	25	760	0.619	马拉维	116	14	43	16	280	0.493
	津巴布韦	85	20	61	27	360	—	布基纳法索	128	13	40	19	480	0.389
	尼泊尔	111	20	53	23	400	0.553	卢旺达	131	13	44	18	440	0.460
	加纳	104	20	57	24	630	0.526	布隆迪	130	13	40	17	140	0.394
	喀麦隆	101	19	62	27	1150	0.523	中非	127	12	41	18	410	0.369
	缅甸	81	19	63	26	—	0.586	坦桑尼亚	122	12	44	17	440	0.530
	柬埔寨	100	18	56	19	640	0.593	乍得	105	12	43	18	540	0.392
	马达加斯加	118	18	52	23	420	0.543	尼日尔	124	11	36	17	330	0.340
	科特迪瓦	96	18	57	25	980	0.484							
	高收入国家	132	100	100	100	39 688	—							
	中等收入国家	133	38	89	40	3251	—							
	低收入国家	134	20	58	24	523	—							
	世界平均	135	50	94	54	8655	—							

附表 1-1-3 2008 年根据综合现代化指数的国家分组

	国家	编号	2008	2007	2005	2000	1990	1980	国家	编号	2008	2007	2005	2000	1990	1980
发达国家22个	美国	2	98	97	96	95	91	92	英国	13	90	90	90	88	89	88
	丹麦	8	95	95	95	95	98	93	挪威	6	90	89	90	90	91	91
	瑞典	1	94	94	95	98	98	98	比利时	15	89	89	89	86	94	91
	德国	9	94	94	93	95	94	93	韩国	18	86	86	83	79	63	47
	日本	7	94	95	94	94	93	94	加拿大	11	86	85	84	82	85	93
	芬兰	3	92	92	92	89	92	87	爱尔兰	21	85	84	81	75	71	68
	瑞士	5	91	91	91	96	92	89	新加坡	12	85	83	80	88	64	60
	澳大利亚	4	91	87	92	86	88	91	新西兰	17	84	85	85	74	78	87
	奥地利	16	90	90	89	87	92	87	以色列	19	83	79	83	84	81	82
	法国	14	90	89	90	86	90	89	西班牙	22	83	82	80	74	83	73
	荷兰	10	90	90	90	90	96	91	意大利	20	81	83	83	78	85	75
中等发达国家26个	斯洛文尼亚	24	75	75	74	65	71	—	俄罗斯	26	63	61	58	54	56	85
	希腊	28	74	75	71	60	67	69	波兰	40	63	62	60	53	51	65
	葡萄牙	31	72	71	69	69	61	53	阿根廷	41	62	61	60	64	55	67
	捷克	30	70	69	63	57	59	73	巴拿马	42	58	58	55	51	49	56
	匈牙利	29	70	70	66	58	58	63	巴西	58	58	56	52	48	56	51
	拉脱维亚	33	70	70	65	56	57	75	智利	47	58	57	58	54	48	59
	爱沙尼亚	23	70	71	67	62	56	76	墨西哥	59	57	55	53	51	53	57
	科威特	46	67	68	61	54	62	74	土耳其	65	56	57	50	42	45	42
	乌拉圭	25	66	65	59	63	66	64	白俄罗斯	32	56	54	54	47	63	—
	立陶宛	34	66	66	62	54	57	—	保加利亚	37	55	55	52	48	52	63
	克罗地亚	43	66	66	61	49	62	—	委内瑞拉	52	55	53	49	50	52	58
	黎巴嫩	38	66	68	64	57	54	72	罗马尼亚	51	54	52	46	39	40	50
	斯洛伐克	27	65	61	59	53	69	—	哥伦比亚	45	54	53	46	46	51	50
初等发达国家43个	约旦	63	53	56	53	49	56	49	南非	64	41	41	42	36	45	51
	多米尼加	54	53	53	54	60	63	50	埃及	72	41	41	34	40	40	38
	乌克兰	36	53	55	53	46	51	91	吉尔吉斯斯坦	78	41	40	45	36	22	—
	哥斯达黎加	57	52	53	53	47	50	54	摩洛哥	69	41	40	39	37	38	35
	沙特阿拉伯	44	52	54	49	43	56	57	巴拉圭	56	41	40	37	55	40	41
	马其顿	48	51	51	45	47	44	—	菲律宾	82	40	40	39	39	40	40
	秘鲁	61	49	50	50	50	54	47	阿尔及利亚	74	40	39	38	30	40	46
	厄瓜多尔	66	49	47	42	38	43	56	博茨瓦纳	60	39	39	35	37	33	20
	马来西亚	70	49	50	52	43	37	39	海地	110	39	29	27	22	43	24
	突尼斯	76	48	47	48	42	40	41	危地马拉	94	37	37	36	31	37	41
	格鲁吉亚	35	47	45	44	41	48	77	泰国	83	36	36	35	32	37	34
	牙买加	62	47	47	44	42	44	42	纳米比亚	84	35	34	34	31	32	—
	摩尔多瓦	50	47	47	43	40	43	59	洪都拉斯	86	33	33	32	33	38	37
	哈萨克斯坦	39	46	49	46	43	53	—	乌兹别克斯坦	53	33	33	33	29	20	—
	亚美尼亚	55	44	44	41	37	21	—	土库曼斯坦	75	33	34	33	26	—	—
	伊朗	67	44	42	38	33	37	39	叙利亚	103	33	33	33	29	39	45
	萨尔瓦多	71	43	44	46	49	49	43	尼加拉瓜	87	32	32	32	34	37	42
	蒙古	68	42	42	48	35	39	65	塔吉克斯坦	79	31	31	29	30	5	—
	阿尔巴尼亚	77	42	41	37	30	32	35	巴基斯坦	98	31	30	28	31	26	30
	阿塞拜疆	49	42	39	37	38	—	—	塞内加尔	112	31	30	27	24	30	30
	中国	73	41	40	38	31	28	21	斯里兰卡	90	30	30	28	28	35	32
	玻利维亚	80	41	42	54	41	54	33								
欠发达国家40个	印度尼西亚	92	29	30	29	30	27	31	多哥	117	22	22	21	21	34	29
	印度	97	28	28	28	29	27	30	乌干达	126	21	20	21	22	24	21
	孟加拉国	121	28	28	28	24	31	25	莱索托	99	21	20	17	19	45	27
	喀麦隆	101	27	27	25	21	32	34	厄立特里亚	102	21	20	20	20	—	—
	津巴布韦	85	27	27	24	24	26	30	几内亚	107	21	21	21	28	43	14
	越南	88	27	27	26	22	21	—	莫桑比克	106	20	19	19	22	21	18
	尼日利亚	120	26	25	23	19	31	30	刚果民主共和国	114	19	17	14	14	33	35
	也门共和国	108	26	27	26	23	31	13	柬埔寨	100	19	18	21	20	31	—
	刚果共和国	91	26	28	28	25	37	34	布基纳法索	128	19	19	19	19	22	33
	肯尼亚	89	26	26	24	26	27	26	塞拉利昂	113	18	19	17	15	27	27
	缅甸	81	26	26	28	24	30	26	卢旺达	131	18	18	16	16	21	19
	安哥拉	125	25	24	18	15	44	20	赞比亚	93	18	18	19	19	21	30
	老挝	115	25	24	19	18	20	19	中非	127	18	18	16	17	28	27
	科特迪瓦	96	25	26	24	23	50	62	乍得	105	18	17	15	24	26	28
	加纳	104	24	24	23	19	33	34	坦桑尼亚	122	17	17	15	16	23	18
	贝宁	123	24	23	23	21	36	29	布隆迪	130	17	17	17	18	24	25
	尼泊尔	111	23	24	22	17	23	20	巴布亚新几内亚	109	17	16	17	19	24	26
	马里	119	23	24	19	18	22	23	尼日尔	124	17	18	16	17	24	26
	马达加斯加	118	23	24	22	22	28	27	埃塞俄比亚	129	16	16	13	15	24	17
	毛里塔尼亚	95	23	24	23	26	38	33	马拉维	116	16	15	14	19	32	21
	高收入国家	132	100	100	100	100	100	100								
	中等收入国家	133	40	40	41	42	44	52								
	低收入国家	134	24	24	26	24	32	28								
	世界平均	135	54	54	53	50	53	60								

附表 1-2-1 2008 年世界第一次现代化程度

国家	编号	经济指标达标程度[a]				社会指标达标程度						程度/(%)	排名	达标个数
		人均GNI	农业劳动力比例[b]	农业增加值比例[b]	服务业增加值比例[b]	城市人口比例	医生比例[b]	婴儿存活率[c]	预期寿命	成人识字率	大学人学率[b]			
瑞典	1	100	100	100	100	100	100	100	100	100	100	100	1	10
美国	2	100	100	100	100	100	100	100	100	100	100	100	1	10
芬兰	3	100	100	100	100	100	100	100	100	100	100	100	1	10
澳大利亚	4	100	100	100	100	100	100	100	100	100	100	100	1	10
瑞士	5	100	100	100	100	100	100	100	100	100	100	100	1	10
挪威	6	100	100	100	100	100	100	100	100	100	100	100	1	10
日本	7	100	100	100	100	100	100	100	100	100	100	100	1	10
丹麦	8	100	100	100	100	100	100	100	100	100	100	100	1	10
德国	9	100	100	100	100	100	100	100	100	100	100	100	1	10
荷兰	10	100	100	100	100	100	100	100	100	100	100	100	1	10
加拿大	11	100	100	100	100	100	100	100	100	100	100	100	1	10
新加坡	12	100	100	100	100	100	100	100	100	100	100	100	1	10
英国	13	100	100	100	100	100	100	100	100	100	100	100	1	10
法国	14	100	100	100	100	100	100	100	100	100	100	100	1	10
比利时	15	100	100	100	100	100	100	100	100	100	100	100	1	10
奥地利	16	100	100	100	100	100	100	100	100	100	100	100	1	10
新西兰	17	100	100	100	100	100	100	100	100	100	100	100	1	10
韩国	18	100	100	100	100	100	100	100	100	100	100	100	1	10
以色列	19	100	100	—	—	100	100	100	100	100	100	100	1	8
意大利	20	100	100	100	100	100	100	100	100	100	100	100	1	10
爱尔兰	21	100	100	100	100	100	100	100	100	100	100	100	1	10
西班牙	22	100	100	100	100	100	100	100	100	100	100	100	1	10
爱沙尼亚	23	100	100	100	100	100	100	100	100	100	100	100	1	10
斯洛文尼亚	24	100	100	100	100	97	100	100	100	100	100	100	39	9
乌拉圭	25	100	100	100	100	100	100	100	100	100	100	100	1	10
俄罗斯	26	100	100	100	100	100	100	100	97	100	100	100	40	9
斯洛伐克	27	100	100	100	100	100	100	100	100	100	100	100	1	10
希腊	28	100	100	100	100	100	100	100	100	100	100	100	1	10
匈牙利	29	100	100	100	100	100	100	100	100	100	100	100	1	10
捷克	30	100	100	100	100	100	100	100	100	100	100	100	1	10
葡萄牙	31	100	100	100	100	100	100	100	100	100	100	100	1	10
白俄罗斯	32	69	100	100	100	100	100	100	100	100	100	97	48	9
拉脱维亚	33	100	100	100	100	100	100	100	100	100	100	100	1	10
立陶宛	34	100	100	100	100	100	100	100	100	100	100	100	1	10
格鲁吉亚	35	32	56	100	100	100	100	100	100	100	100	89	70	8
乌克兰	36	41	100	100	100	100	100	100	98	100	100	94	61	8
保加利亚	37	70	100	100	100	100	100	100	100	100	100	97	47	9
黎巴嫩	38	87	100	100	100	100	100	100	100	100	100	99	43	9
哈萨克斯坦	39	79	90	100	100	100	100	100	95	100	100	96	49	7
波兰	40	100	100	100	100	100	100	100	100	100	100	100	1	10
阿根廷	41	92	100	100	100	100	100	100	100	100	100	99	42	9
巴拿马	42	86	100	100	100	100	100	100	100	100	100	99	44	9
克罗地亚	43	100	100	100	100	100	100	100	100	100	100	100	1	10
沙特阿拉伯	44	100	100	100	61	100	100	100	100	100	100	96	50	9
哥伦比亚	45	59	100	100	100	100	100	100	100	100	100	96	51	9
科威特	46	100	100	100	100	100	100	100	100	100	100	100	1	10
智利	47	100	100	100	100	100	100	100	100	100	100	100	1	10
马其顿	48	53	100	100	100	100	100	100	100	100	100	95	54	9
阿塞拜疆	49	49	78	100	53	100	100	94	100	100	100	87	73	6
摩尔多瓦	50	19	91	100	100	84	100	100	98	100	100	89	67	6
罗马尼亚	51	100	100	100	100	100	100	100	100	100	100	100	1	10
委内瑞拉	52	100	100	100	85	100	100	100	100	100	100	98	45	9
乌兹别克斯坦	53	12	87	70	100	74	100	89	97	100	66	79	85	3
多米尼加	54	55	100	100	100	100	100	100	100	100	100	96	53	9
亚美尼亚	55	43	65	84	83	100	100	100	100	100	100	87	72	6
巴拉圭	56	27	100	74	100	100	100	100	100	100	100	90	65	8
哥斯达黎加	57	78	100	100	100	100	100	100	100	100	100	98	46	9
巴西	58	93	100	100	100	100	100	100	100	100	100	99	41	9
墨西哥	59	100	100	100	100	100	100	100	100	100	100	100	1	10
博茨瓦纳	60	85	100	100	100	100	40	100	77	100	35	84	78	6
秘鲁	61	51	100	100	100	100	100	100	100	100	100	95	56	9
牙买加	62	61	100	100	100	100	90	100	100	100	100	95	55	8
约旦	63	44	100	100	100	100	100	100	100	100	100	94	58	9
南非	64	74	100	100	100	100	80	63	74	100	100	89	68	6
土耳其	65	100	100	100	100	100	100	100	100	100	100	100	1	10
厄瓜多尔	66	47	100	100	100	100	100	100	100	100	100	95	57	9
伊朗	67	45	100	100	100	100	90	100	100	100	100	94	62	8
蒙古	68	21	74	71	87	100	100	90	95	100	100	84	77	4
摩洛哥	69	32	69	100	100	100	60	93	100	71	82	81	82	4
马来西亚	70	93	100	100	93	100	70	100	100	100	100	96	52	7

附表 1-2-1 2008 年世界第一次现代化程度 （续表）

国家	编号	经济指标达标程度[a]				社会指标达标程度						程度/(%)	排名	达标个数
		人均GNI	农业劳动力比例[b]	农业增加值比例[b]	服务业增加值比例[b]	城市人口比例	医生比例[b]	婴儿存活率[c]	预期寿命	成人识字率	大学入学率[b]			
萨尔瓦多	71	44	100	100	100	100	100	100	100	100	100	94	59	9
埃及	72	23	96	100	100	85	100	100	100	83	100	89	71	6
中国	73	38	76	100	89	86	100	100	100	100	100	89	69	6
阿尔及利亚	74	54	100	100	69	100	100	83	100	91	100	90	66	6
土库曼斯坦	75	36	62	100	76	97	100	70	93	100	100	83	79	4
突尼斯	76	45	100	100	100	100	100	100	100	98	100	94	60	8
阿尔巴尼亚	77	49	52	72	100	93	100	100	100	100	100	87	74	6
吉尔吉斯斯坦	78	10	83	50	100	73	100	90	96	100	100	80	83	4
塔吉克斯坦	79	8	54	83	100	53	100	55	95	100	100	75	88	4
玻利维亚	80	19	76	100	100	100	100	66	94	100	100	85	76	6
缅甸	81	—	48	31	79	65	40	42	88	100	71	63	95	1
菲律宾	82	24	83	100	100	100	100	100	100	100	100	91	63	8
泰国	83	47	72	100	98	67	30	100	98	100	100	81	81	4
纳米比亚	84	54	100	100	100	74	30	96	87	100	59	80	84	4
津巴布韦	85	5	100	79	100	75	20	49	63	100	25	61	97	3
洪都拉斯	86	22	77	100	100	96	60	100	100	100	100	85	75	6
尼加拉瓜	87	14	100	77	100	100	40	100	100	98	100	83	80	6
越南	88	11	52	68	85	56	60	100	100	100	65	70	90	3
肯尼亚	89	9	100	56	100	43	10	37	77	100	20	55	108	3
斯里兰卡	90	23	96	100	100	30	60	100	100	100	35	74	89	5
刚果共和国	91	23	62	100	46	100	10	38	77	100	26	58	102	3
印度尼西亚	92	24	73	100	83	100	10	98	100	100	100	79	87	5
赞比亚	93	12	42	71	72	71	10	33	65	88	16	48	116	0
危地马拉	94	34	90	100	100	97	90	100	100	92	100	90	64	5
毛里塔尼亚	95	11	54	100	90	82	10	40	81	71	25	57	106	1
科特迪瓦	96	13	50	60	100	98	10	37	82	68	56	57	103	1
印度	97	13	45	86	100	59	60	57	91	79	90	68	91	1
巴基斯坦	98	12	69	74	100	72	80	42	95	67	35	65	93	1
莱索托	99	14	75	100	100	51	10	48	64	100	24	59	101	3
柬埔寨	100	8	75	43	92	43	20	43	87	96	47	56	107	0
喀麦隆	101	15	50	77	100	100	20	36	73	95	52	62	96	2
厄立特里亚	102	4	37	62	100	41	10	74	85	82	7	50	114	1
叙利亚	103	28	100	75	100	100	50	100	100	100	38	79	86	6
加纳	104	8	55	45	92	100	10	59	81	82	41	57	104	1
乍得	105	7	36	100	83	53	0	24	70	41	13	43	124	1
莫桑比克	106	5	36	52	100	74	0	33	68	68	10	45	119	1
几内亚	107	4	34	60	64	69	10	33	83	37	61	46	117	0
也门共和国	108	12	55	100	100	61	30	57	90	76	68	65	92	2
巴布亚新几内亚	109	13	41	45	41	25	10	57	87	75	14	41	125	0
海地	110	—	59	54	100	94	16	55	87	76	8	61	100	1
尼泊尔	111	5	46	45	100	34	20	74	95	72	37	53	110	1
塞内加尔	112	13	89	96	100	85	10	53	79	52	53	63	94	1
塞拉利昂	113	4	44	30	58	76	0	24	68	50	13	37	130	0
刚果民主共和国	114	2	44	37	71	68	10	24	68	83	33	44	121	0
老挝	115	10	38	43	82	62	40	63	93	91	89	61	99	0
马拉维	116	4	32	44	100	38	0	46	76	91	3	43	123	1
多哥	117	5	46	34	72	84	10	47	89	81	35	50	113	0
马达加斯加	118	5	37	60	100	59	20	44	86	88	23	52	111	1
马里	119	7	72	41	87	64	10	29	69	33	36	45	118	0
尼日利亚	120	15	70	46	59	97	40	31	68	75	67	57	105	0
孟加拉国	121	7	62	79	100	54	30	70	94	69	47	61	98	1
坦桑尼亚	122	6	40	33	83	51	0	45	79	91	10	44	122	0
贝宁	123	9	47	47	100	82	10	39	88	51	39	51	112	1
尼日尔	124	4	33	38	95	33	0	38	73	36	8	36	131	0
安哥拉	125	43	40	100	57	100	10	23	67	87	19	55	109	2
乌干达	126	5	44	66	100	26	10	36	75	93	25	48	115	1
中非	127	5	37	28	73	77	10	26	67	68	15	41	126	0
布基纳法索	128	6	32	45	99	39	10	33	76	36	21	40	128	0
埃塞俄比亚	129	4	37	34	94	34	0	43	79	45	24	39	129	0
布隆迪	130	2	33	43	100	21	0	29	72	82	17	40	127	1
卢旺达	131	6	33	40	100	37	0	42	72	88	27	44	120	1
高收入国家	132	100	100	100	100	100	100	100	100	100	100	100		10
中等收入国家	133	42	84	100	100	96	100	74	98	100	100	89		5
低收入国家	134	7	53	60	100	57	47	40	84	87	42	58		1
世界平均	135	100	80	100	100	100	100	66	98	100	100	94		6

a. —表示没有数据，后同。

b. 为 2000～2008 年期间最近年的数据。

c. 评价数据为婴儿死亡率，婴儿存活率＝ 1－婴儿死亡率。

附表 1-2-2　2008 年世界第一次现代化评价指标

国家	编号	经济指标[a]				社会指标					
		人均GNI	农业劳动力比例[b]	农业增加值比例[b]	服务业增加值比例[b]	城市人口比例	医生比例[b]	婴儿存活率[c]	预期寿命	成人识字率	大学入学率[b]
瑞典	1	50 910	2	2	71	85	3.6	2	81	100	75
美国	2	47 930	1	1	77	82	2.7	7	78	100	82
芬兰	3	47 600	5	3	65	63	3.3	3	80	100	94
澳大利亚	4	40 240	3	3	68	89	2.5	5	81	100	75
瑞士	5	55 510	4	1	71	74	4.0	4	82	100	47
挪威	6	87 340	3	1	53	78	3.9	3	81	100	76
日本	7	38 130	4	1	69	67	2.1	3	83	100	58
丹麦	8	58 800	3	1	73	87	3.2	4	79	100	80
德国	9	42 710	2	1	69	74	3.5	4	80	100	50
荷兰	10	49 340	3	2	73	82	3.9	4	80	100	60
加拿大	11	43 640	3	2	66	80	1.9	6	81	100	62
新加坡	12	34 760	1	0	72	100	1.5	2	81	95	44
英国	13	46 040	1	1	76	90	2.2	5	80	100	59
法国	14	42 000	3	2	78	77	3.7	3	82	100	55
比利时	15	44 570	2	1	76	97	4.2	4	80	100	62
奥地利	16	45 900	6	2	67	67	3.8	3	80	100	50
新西兰	17	27 830	7	6	68	87	2.2	5	80	100	79
韩国	18	21 530	7	3	60	82	1.7	5	80	100	96
以色列	19	24 720	2	—	—	92	3.6	4	81	100	60
意大利	20	35 460	4	2	71	68	3.7	3	82	99	67
爱尔兰	21	49 770	6	2	64	61	3.1	3	80	100	61
西班牙	22	31 930	4	3	68	77	3.8	4	81	98	69
爱沙尼亚	23	14 570	4	3	68	70	3.3	4	74	100	65
斯洛文尼亚	24	24 230	10	2	63	49	2.4	3	79	100	86
乌拉圭	25	8260	11	11	63	92	4.2	12	76	98	64
俄罗斯	26	9660	9	5	58	73	4.3	12	68	100	75
斯洛伐克	27	16 590	4	3	59	57	3.1	7	75	100	50
希腊	28	28 400	9	3	77	61	5.4	3	80	97	91
匈牙利	29	12 810	5	4	66	68	2.8	5	74	99	67
捷克	30	16 650	3	3	60	74	3.6	3	77	100	54
葡萄牙	31	20 680	12	2	74	60	3.4	3	79	95	57
白俄罗斯	32	5360	22	10	46	74	4.9	11	71	100	73
拉脱维亚	33	11 860	8	3	74	68	3.0	8	72	100	69
立陶宛	34	11 870	8	4	63	67	4.0	6	72	100	76
格鲁吉亚	35	2500	53	10	69	53	4.5	27	72	100	34
乌克兰	36	3210	17	8	55	68	3.1	14	68	100	79
保加利亚	37	5490	8	7	62	71	3.7	9	73	98	50
黎巴嫩	38	6780	7	5	74	87	3.3	12	72	90	52
哈萨克斯坦	39	6160	34	6	51	58	3.9	27	66	100	47
波兰	40	11 730	15	5	65	61	2.0	6	76	100	67
阿根廷	41	7190	1	10	58	92	3.2	15	75	98	68
巴拿马	42	6690	15	6	76	73	1.5	19	76	94	45
克罗地亚	43	13 580	13	6	65	57	2.6	5	76	99	47
沙特阿拉伯	44	17 870	5	2	27	82	1.6	18	73	86	30
哥伦比亚	45	4620	18	9	55	75	1.4	17	73	93	35
科威特	46	43 930	0	1	49	98	1.8	9	78	95	18
智利	47	9370	12	4	52	88	1.3	7	79	99	50
马其顿	48	4130	18	11	55	67	2.6	11	74	97	36
阿塞拜疆	49	3830	39	6	24	52	3.8	32	70	100	16
摩尔多瓦	50	1500	33	11	75	42	2.7	15	68	98	40
罗马尼亚	51	8280	29	7	68	54	1.9	12	73	98	58
委内瑞拉	52	9230	9	4	38	93	1.9	16	74	95	78
乌兹别克斯坦	53	910	34	21	48	37	2.6	34	68	99	10
多米尼加	54	4330	15	7	60	69	1.9	27	73	88	33
亚美尼亚	55	3350	46	18	37	64	3.7	21	74	100	34
巴拉圭	56	2110	30	20	62	60	1.1	24	72	95	26
哥斯达黎加	57	6060	13	7	64	63	1.3	10	79	96	25
巴西	58	7300	19	7	65	86	1.7	18	72	90	30
墨西哥	59	9990	14	4	59	77	2.9	15	75	93	26
博茨瓦纳	60	6640	30	2	45	60	0.4	26	54	83	5
秘鲁	61	3990	9	7	57	71	1.1	22	73	90	35
牙买加	62	4800	18	5	69	53	0.9	26	72	86	19
约旦	63	3470	4	3	63	78	2.6	17	73	92	38
南非	64	5820	9	3	63	61	0.8	48	52	89	15
土耳其	65	9020	26	9	64	69	1.5	20	72	89	37
厄瓜多尔	66	3690	8	7	53	66	1.5	21	75	84	35
伊朗	67	3540	23	10	45	69	0.9	27	71	82	36
蒙古	68	1670	41	21	39	57	2.6	34	67	97	50
摩洛哥	69	2520	43	15	55	56	0.6	32	71	56	12
马来西亚	70	7250	15	10	42	70	0.7	6	74	92	30

附表 1-2-2　2008 年世界第一次现代化评价指标　　　　（续表）

国家	编号	经济指标[a]				社会指标					
		人均 GNI	农业劳动力比例[b]	农业增加值比例[b]	服务业增加值比例[b]	城市人口比例	医生比例[b]	婴儿存活率[c]	预期寿命	成人识字率	大学入学率[b]
萨尔瓦多	71	3460	19	13	58	61	1.5	16	71	84	25
埃及	72	1800	31	13	49	43	2.4	20	70	66	31
中国	73	2940	40	11	40	43	1.5	18	73	94	22
阿尔及利亚	74	4190	21	7	31	65	1.2	36	72	73	24
土库曼斯坦	75	2840	49	12	34	49	2.4	43	65	100	19
突尼斯	76	3480	21	10	58	67	1.3	18	74	78	32
阿尔巴尼亚	77	3840	58	21	60	47	1.1	13	77	99	19
吉尔吉斯斯坦	78	780	36	30	51	36	2.3	33	67	99	52
塔吉克斯坦	79	600	56	18	59	27	2.0	54	67	100	20
玻利维亚	80	1460	40	14	48	66	1.2	46	66	91	38
缅甸	81	—	63	48	35	33	0.4	71	62	92	11
菲律宾	82	1890	36	15	54	65	1.2	26	72	94	28
泰国	83	3670	42	12	44	33	0.3	13	69	94	50
纳米比亚	84	4210	30	9	53	37	0.3	31	61	88	9
津巴布韦	85	360	29	19	57	37	0.2	62	44	91	4
洪都拉斯	86	1740	39	14	55	48	0.6	26	72	84	19
尼加拉瓜	87	1080	29	19	51	57	0.4	23	73	78	18
越南	88	890	58	22	38	28	0.6	12	74	93	10
肯尼亚	89	730	19	27	54	22	0.1	81	54	87	3
斯里兰卡	90	1780	31	13	57	15	0.6	13	74	91	5
刚果共和国	91	1790	49	4	21	61	0.1	80	54	85	4
印度尼西亚	92	1880	41	14	38	52	0.1	31	71	92	18
赞比亚	93	950	72	21	33	35	0.1	92	45	71	2
危地马拉	94	2680	33	12	58	49	0.9	29	70	74	18
毛里塔尼亚	95	840	55	13	41	41	0.1	75	57	57	4
科特迪瓦	96	980	60	25	49	49	0.1	81	57	55	8
印度	97	1040	67	18	54	30	0.6	52	64	63	14
巴基斯坦	98	950	44	20	53	36	0.8	72	67	54	5
莱索托	99	1060	40	7	58	26	0.1	63	45	90	4
柬埔寨	100	640	40	35	42	22	0.2	69	61	77	7
喀麦隆	101	1150	61	20	50	57	0.2	82	51	76	8
厄立特里亚	102	300	81	24	57	21	0.1	41	60	65	1
叙利亚	103	2160	27	20	45	54	0.5	14	74	84	6
加纳	104	630	55	34	41	50	0.1	51	57	66	6
乍得	105	540	83	14	38	27	0.0	124	49	33	2
莫桑比克	106	380	83	29	47	37	0.0	90	48	54	2
几内亚	107	350	87	25	29	34	0.1	90	58	30	9
也门共和国	108	960	54	14	45	31	0.3	53	63	61	10
巴布亚新几内亚	109	1040	72	34	18	13	0.1	53	61	60	2
海地	110	—	51	28	55	47	0.2	54	61	61	1
尼泊尔	111	400	66	34	50	17	0.2	41	67	58	6
塞内加尔	112	980	34	16	63	42	0.1	57	56	42	8
塞拉利昂	113	320	69	50	26	38	0.0	123	48	40	2
刚果民主共和国	114	150	68	40	32	34	0.1	126	48	67	5
老挝	115	760	78	35	37	31	0.4	48	65	73	13
马拉维	116	280	95	34	45	19	0.0	65	53	73	1
多哥	117	410	66	44	32	42	0.1	64	63	65	5
马达加斯加	118	420	82	25	58	30	0.2	68	60	71	3
马里	119	580	42	37	39	32	0.1	103	48	26	5
尼日利亚	120	1170	43	33	27	48	0.4	96	48	60	10
孟加拉国	121	520	48	19	53	27	0.3	43	66	55	7
坦桑尼亚	122	440	75	45	37	26	0.0	67	56	73	2
贝宁	123	700	64	32	54	41	0.1	76	61	41	6
尼日尔	124	330	91	40	43	17	0.0	79	51	29	1
安哥拉	125	3340	75	7	26	57	0.1	130	47	70	3
乌干达	126	420	69	23	52	13	0.1	85	53	75	4
中非	127	410	80	53	33	39	0.1	115	47	55	2
布基纳法索	128	480	92	33	44	20	0.1	92	53	29	3
埃塞俄比亚	129	280	81	45	42	17	0.0	69	55	36	4
布隆迪	130	140	92	35	45	10	0.0	102	50	66	3
卢旺达	131	440	92	37	49	18	0.0	72	50	70	4
高收入国家	132	39 688	3	2	73	78	2.6	6	80	100	69
中等收入国家	133	3251	36	10	54	48	1.3	41	69	83	23
低收入国家	134	523	57	25	47	29	0.5	76	59	69	6
世界平均	135	8655	38	3	69	50	1.4	46	69	82	26
标准值		7814	30	15	45	50	1.0	30	70	80	15

a. —表示没有数据，后同。

b. 为 2000～2008 年期间最近年的数据。

c. 评价数据为婴儿死亡率，婴儿存活率＝1－婴儿死亡率。

附表 1-2-3　2008 年世界第一次现代化发展阶段

国家	编号	产业结构信号				劳动力结构信号				平均值	发展阶段[a]	2008 年程度/(%)
		农业增加产值占GDP比例	赋值	农业增加值/工业增加值	赋值	农业劳动力占总劳动力比例	赋值	农业劳动力/工业劳动力	赋值			
瑞典	1	2	4	0.06	4	2	4	0.10	4	4.0	4	100
美国	2	1	4	0.06	4	1	4	0.07	4	4.0	4	100
芬兰	3	3	4	0.08	4	5	4	0.18	4	4.0	4	100
澳大利亚	4	3	4	0.09	4	3	4	0.16	4	4.0	4	100
瑞士	5	1	4	0.04	4	4	4	0.16	4	4.0	4	100
挪威	6	1	4	0.03	4	3	4	0.13	4	4.0	4	100
日本	7	1	4	0.05	4	4	4	0.15	4	4.0	4	100
丹麦	8	1	4	0.05	4	3	4	0.12	4	4.0	4	100
德国	9	1	4	0.03	4	2	4	0.07	4	4.0	4	100
荷兰	10	2	4	0.07	4	3	4	0.15	4	4.0	4	100
加拿大	11	2	4	0.07	4	3	4	0.12	4	4.0	4	100
新加坡	12	0	4	0.00	4	1	4	0.05	4	4.0	4	100
英国	13	1	4	0.03	4	1	4	0.07	4	4.0	4	100
法国	14	2	4	0.10	4	3	4	0.13	4	4.0	4	100
比利时	15	1	4	0.03	4	2	4	0.07	4	4.0	4	100
奥地利	16	2	4	0.06	4	6	4	0.22	3	3.8	4	100
新西兰	17	6	3	0.25	3	7	4	0.33	3	3.3	4	100
韩国	18	3	4	0.07	4	7	4	0.29	3	3.8	4	100
以色列	19					2	4	0.07	4	4.0	4	100
意大利	20	2	4	0.07	4	4	4	0.13	4	4.0	4	100
爱尔兰	21	2	4	0.05	4	6	4	0.22	3	3.8	4	100
西班牙	22	3	4	0.10	4	4	4	0.15	4	4.0	4	100
爱沙尼亚	23	3	4	0.10	4	4	4	0.10	4	4.0	4	100
斯洛文尼亚	24	2	4	0.07	4	10	3	0.30	3	3.5	4	100
乌拉圭	25	11	3	0.41	3	11	3	0.51	3	3.0	3	100
俄罗斯	26	5	3	0.13	4	9	4	0.31	3	3.5	4	100
斯洛伐克	27	3	4	0.08	4	4	4	0.10	4	4.0	4	100
希腊	28	3	4	0.17	4	9	4	0.52	3	3.8	4	100
匈牙利	29	4	4	0.15	4	5	4	0.14	4	4.0	4	100
捷克	30	3	4	0.07	4	3	4	0.08	4	4.0	4	100
葡萄牙	31	2	4	0.10	4	12	3	0.39	3	3.5	4	100
白俄罗斯	32	10	3	0.22	3	22	3	0.51	3	3.0	3	97
拉脱维亚	33	3	4	0.14	4	8	4	0.27	3	3.8	4	100
立陶宛	34	4	3	0.13	4	8	4	0.25	3	3.5	4	100
格鲁吉亚	35	10	3	0.47	3	53	1	5.13	0	1.8	2	89
乌克兰	36	8	3	0.22	3	17	3	0.70	3	3.0	3	94
保加利亚	37	7	3	0.24	3	8	4	0.21	3	3.3	3	97
黎巴嫩	38	5	3	0.25	3	7	4			3.3	3	99
哈萨克斯坦	39	6	3	0.13	4	34	2	1.93	2	2.8	3	96
波兰	40	5	4	0.15	4	15	3	0.48	3	3.5	4	100
阿根廷	41	10	3	0.30	3	1	4	0.03	4	3.5	4	99
巴拿马	42	6	3	0.37	3	15	3	0.76	3	3.0	3	99
克罗地亚	43	6	3	0.23	3	13	3	0.42	3	3.0	3	100
沙特阿拉伯	44	2	4	0.03	4	5	4	0.24	3	3.8	4	96
哥伦比亚	45	9	3	0.24	3	18	3	0.94	2	2.8	3	96
科威特	46	1	4	0.01	4	0	4	0.00	4	4.0	4	100
智利	47	4	4	0.09	4	12	3	0.53	3	3.5	4	100
马其顿	48	11	3	0.32	3	18	3	0.58	3	3.0	3	95
阿塞拜疆	49	6	3	0.09	4	39	2	3.02	1	2.5	3	87
摩尔多瓦	50	11	2	0.74	3	33	2	1.75	2	2.3	2	89
罗马尼亚	51	7	3	0.28	3	29	3	0.91	2	2.8	3	100
委内瑞拉	52	4	4	0.07	4	9	4	0.37	3	3.8	4	98
乌兹别克斯坦	53	21	2	0.69	3	34	2	1.13	2	2.3	2	79
多米尼加	54	7	3	0.20	3	15	3	0.66	3	3.0	3	96
亚美尼亚	55	18	2	0.40	3	46	2	2.96	1	2.0	2	87
巴拉圭	56	20	2	1.10	2	30	3	1.63	2	2.3	2	90
哥斯达黎加	57	7	3	0.25	3	13	3	0.59	3	3.0	3	98
巴西	58	7	3	0.24	3	19	3	0.90	2	2.8	3	99
墨西哥	59	4	4	0.10	4	14	3	0.52	3	3.5	4	100
博茨瓦纳	60	2	4	0.04	4	30	3	1.97	2	3.3	3	84
秘鲁	61	7	3	0.20	3	9	4	0.22	3	3.3	3	95
牙买加	62	5	3	0.21	3	18	3	1.03	2	2.8	3	95
约旦	63	3	4	0.09	4	4	4	0.17	4	4.0	4	94
南非	64	3	4	0.10	4	9	4	0.34	3	3.8	4	89
土耳其	65	9	3	0.31	3	26	3	1.02	2	2.8	3	100
厄瓜多尔	66	7	3	0.17	4	8	4	0.38	3	3.5	4	95
伊朗	67	10	3	0.23	3	23	3	0.71	3	3.0	3	94
蒙古	68	21	2	0.53	3	41	2	2.67	1	2.0	2	84
摩洛哥	69	15	3	0.48	3	43	2	2.13	1	2.3	2	81
马来西亚	70	10	3	0.21	3	15	3	0.52	3	3.0	3	96

附表 1-2-3　2008 年世界第一次现代化发展阶段　　　　　　（续表）

国家	编号	产业结构信号				劳动力结构信号				平均值	发展阶段[a]	2008 年程度/(%)
		农业增加产值占 GDP 比例	赋值	农业增加值/工业增加值	赋值	农业劳动力占总劳动力比例	赋值	农业劳动力/工业劳动力	赋值			
萨尔瓦多	71	13	3	0.46	3	19	3	0.82	2	2.8	3	94
埃及	72	13	3	0.35	3	31	2	1.42	2	2.5	3	89
中国	73	11	3	0.23	3	40	2	1.46	2	2.5	3	89
阿尔及利亚	74	7	3	0.11	4	21	3	0.80	2	3.0	3	90
土库曼斯坦	75	12	2	0.23	3	49	2			2.3	2	83
突尼斯	76	10	3	0.30	3	21	3	0.60	3	3.0	3	94
阿尔巴尼亚	77	21	2	1.06	2	58	1	4.30	1	1.5	2	87
吉尔吉斯斯坦	78	30	2	1.51	2	36	2	1.87	2	2.0	2	80
塔吉克斯坦	79	18	2	0.79	3	56	1	3.10	1	1.8	2	75
玻利维亚	80	14	3	0.35	3	40	2	2.11	1	2.3	2	85
缅甸	81	48	1	2.99	1	63	1	2.89	1	1.0	1	63
菲律宾	82	15	3	0.47	3	36	2	2.39	1	2.3	2	91
泰国	83	12	3	0.26	3	42	2	2.01	1	2.3	2	81
纳米比亚	84	9	3	0.24	3	30	3	2.02	1	2.5	3	80
津巴布韦	85	19	2	0.80	2	29	3	1.26	2	2.3	2	61
洪都拉斯	86	14	3	0.44	3	39	2	1.88	2	2.5	3	85
尼加拉瓜	87	19	2	0.66	3	29	3	1.51	2	2.5	3	83
越南	88	22	2	0.56	3	58	1	3.33	1	1.8	2	70
肯尼亚	89	27	2	1.44	2	19	3	1.01	2	2.3	2	55
斯里兰卡	90	13	2	0.46	3	31	2	1.18	2	2.3	2	74
刚果共和国	91	4	4	0.05	4	49	2			3.3	2	58
印度尼西亚	92	14	3	0.30	3	41	2	2.19	1	2.3	2	79
赞比亚	93	21	2	0.46	3	72	1	12.34	0	1.5	1	48
危地马拉	94	12	2	0.39	2	33	2	1.46	2	2.0	2	90
毛里塔尼亚	95	13	3	0.27	2	55	1			2.0	2	57
科特迪瓦	96	25	2	0.96	2	60	1			1.7	2	57
印度	97	18	2	0.61	3	67	1	5.13	0	1.5	2	68
巴基斯坦	98	20	2	0.76	3	44	2	2.08	1	2.0	2	65
莱索托	99	7	2	0.21	3	40	2			2.3	2	59
柬埔寨	100	35	1	1.45	2	40	2	11.37	0	1.3	1	56
喀麦隆	101	20	2	0.64	3	61	1	6.66	1	1.8	2	62
厄立特里亚	102	24	2	1.27	2	81	0			1.3	1	50
叙利亚	103	20	2	0.57	3	27	3	1.05	2	2.5	3	79
加纳	104	34	1	1.32	2	55	1	3.96	1	1.3	1	57
乍得	105	14	2	0.28	3	83	0			1.7	1	43
莫桑比克	106	29	2	1.18	2	83	0			1.3	1	45
几内亚	107	25	3	0.53	3	87	0			2.0	1	46
也门共和国	108	14	3	0.35	3	54	1	4.83	1	2.0	2	65
巴布亚新几内亚	109	34	1	0.70	3	72	1	20.08	0	1.3	1	41
海地	110	28	2	1.64	2	51	1	4.73	1	1.5	2	61
尼泊尔	111	34	1	2.02	1	66	1	4.90	1	1.0	1	53
塞内加尔	112	16	2	0.72	3	34	2	2.28		2.3	2	63
塞拉利昂	113	50	0	2.14	1	69	1	10.54	0	0.5	0	37
刚果民主共和国	114	40	1	1.44	2	68	1			1.3	1	44
老挝	115	35	1	1.23	2	78	1			1.3	1	61
马拉维	116	34	1	1.67	2	95	0	19.00	0	0.8	0	43
多哥	117	44	1	1.82	2	66	1			1.3	1	50
马达加斯加	118	25	2	1.46	2	82	0	24.12	0	1.0	1	52
马里	119	37	1	1.51	2	42	2	2.52	1	1.5	1	45
尼日利亚	120	33	2	0.80	2	43	2	6.14	0	1.5	2	57
孟加拉国	121	19	2	0.67	3	48	2	3.32	1	2.0	2	61
坦桑尼亚	122	45	1	2.60	1	75	1	14.92	0	0.8	0	44
贝宁	123	32	1	2.40	1	64	1			1.0	1	51
尼日尔	124	40	1	2.31	1	91	0			0.7	0	36
安哥拉	125	7	3	0.10	4	75	1			2.3	2	55
乌干达	126	23	1	0.88	2	69	1	8.81	0	1.0	1	48
中非	127	53	0	3.73	1	80	0			0.3	0	41
布基纳法索	128	33	1	1.49	2	92	0			1.0	0	40
埃塞俄比亚	129	45	1	3.37	1	81	0	12.21	0	0.5	0	39
布隆迪	130	35	1	1.74	2	92	0			1.0	0	40
卢旺达	131	37	1	2.65	1	92	0			0.7	0	44
高收入国家	132	2	4	0.06	4	3	4	0.13	4	4.0	4	100
中等收入国家	133	10	3	0.26	3	36	2	1.81	2	2.5	3	89
低收入国家	134	25	2	0.88	2	57	1	3.51	1	1.5	2	58
世界平均	135	3	4	0.11	4	38	2	1.35	2	3.0	3	94

a. 4 代表第一次现代化过渡期，3 代表成熟期，2 代表发展期，1 代表起步期，0 代表传统农业社会。

附表 1-2-4 世界第一次现代化程度增长率和预期完成时间

国家	编号	程度/(%) 1980 年	程度/(%) 2008 年	1980～2008 年年均增长率	程度达到100%所需年数
瑞典	1	100	100	0.00	
美国	2	100	100	0.00	
芬兰	3	100	100	0.00	
澳大利亚	4	100	100	0.00	
瑞士	5	100	100	0.00	
挪威	6	100	100	0.00	
日本	7	100	100	0.00	
丹麦	8	100	100	0.00	
德国	9	100	100	0.00	
荷兰	10	100	100	0.00	
加拿大	11	100	100	0.00	
新加坡	12	94	100	0.21	0
英国	13	100	100	0.00	
法国	14	100	100	0.00	
比利时	15	100	100	0.00	
奥地利	16	100	100	0.00	
新西兰	17	100	100	0.00	
韩国	18	87	100	0.52	0
以色列	19	100	100	0.00	
意大利	20	100	100	0.00	
爱尔兰	21	100	100	0.00	
西班牙	22	100	100	0.00	
爱沙尼亚	23	—	100		
斯洛文尼亚	24	—	100		
乌拉圭	25	96	100	0.15	0
俄罗斯	26	—	100		
斯洛伐克	27	—	100		
希腊	28	100	100	0.01	0
匈牙利	29	95	100	0.19	0
捷克	30	96	100	0.15	0
葡萄牙	31	86	100	0.55	0
白俄罗斯	32	—	97		
拉脱维亚	33	97	100	0.09	0
立陶宛	34	—	100		
格鲁吉亚	35	92	89	−0.13	
乌克兰	36	—	94		
保加利亚	37	97	97	0.01	
黎巴嫩	38	93	99	0.22	6
哈萨克斯坦	39	—	96		
波兰	40	100	100	0.00	
阿根廷	41	94	99	0.17	5
巴拿马	42	94	99	0.15	10
克罗地亚	43	—	100		
沙特阿拉伯	44	66	96	1.36	3
哥伦比亚	45	78	96	0.76	6
科威特	46	91	100	0.33	0
智利	47	92	100	0.31	0
马其顿	48	—	95		
阿塞拜疆	49	—	87		
摩尔多瓦	50	—	89		
罗马尼亚	51	90	100	0.36	0
委内瑞拉	52	96	98	0.11	14
乌兹别克斯坦	53	—	79		
多米尼加	54	76	96	0.84	5
亚美尼亚	55	—	87		
巴拉圭	56	68	90	1.02	10
哥斯达黎加	57	90	98	0.31	7
巴西	58	81	99	0.74	1
墨西哥	59	88	100	0.47	0
博茨瓦纳	60	47	84	2.07	9
秘鲁	61	79	95	0.66	8
牙买加	62	81	95	0.59	9
约旦	63	85	94	0.36	16
南非	64	78	89	0.47	25
土耳其	65	61	100	1.79	0
厄瓜多尔	66	82	95	0.53	10
伊朗	67	72	94	0.95	7
蒙古	68	87	84	−0.15	
摩洛哥	69	54	81	1.44	15
马来西亚	70	69	96	1.20	4
萨尔瓦多	71	60	94	1.61	4
埃及	72	71	89	0.78	15
中国	73	54	89	1.80	7
阿尔及利亚	74	72	90	0.79	14
土库曼斯坦	75	—	83		
突尼斯	76	68	94	1.19	5
阿尔巴尼亚	77	58	87	1.42	10
吉尔吉斯斯坦	78	—	80		
塔吉克斯坦	79	—	75		
玻利维亚	80	61	85	1.19	13
缅甸	81	40	63	1.59	30
菲律宾	82	61	91	1.43	7
泰国	83	62	81	0.96	22
纳米比亚	84	—	80		
津巴布韦	85	52	61	0.57	86
洪都拉斯	86	57	85	1.47	11
尼加拉瓜	87	70	83	0.60	31
越南	88	—	70		
肯尼亚	89	42	55	0.98	61
斯里兰卡	90	52	74	1.26	24
刚果共和国	91	62	58	−0.24	
印度尼西亚	92	43	79	2.15	11
赞比亚	93	52	48	−0.28	
危地马拉	94	62	90	1.37	7
毛里塔尼亚	95	44	57	0.91	63
科特迪瓦	96	54	57	0.24	231
印度	97	44	68	1.59	24
巴基斯坦	98	45	65	1.33	33
莱索托	99	49	59	0.61	88
柬埔寨	100	—	56		
喀麦隆	101	48	62	0.91	53
厄立特里亚	102	—	50		
叙利亚	103	75	79	0.21	114
加纳	104	42	57	1.08	52
乍得	105	37	43	0.54	157
莫桑比克	106	23	45	2.33	35
几内亚	107	27	46	1.92	41
也门共和国	108	26	65	3.39	13
巴布亚新几内亚	109	39	41	0.14	652
海地	110	30	61	2.51	20
尼泊尔	111	26	53	2.55	25
塞内加尔	112	47	63	1.09	43
塞拉利昂	113	38	37	−0.14	
刚果民主共和国	114	46	44	−0.16	
老挝	115	34	61	2.15	23
马拉维	116	28	43	1.55	54
多哥	117	42	50	0.67	103
马达加斯加	118	39	52	1.01	65
马里	119	31	45	1.32	61
尼日利亚	120	46	57	0.80	71
孟加拉国	121	32	61	2.33	21
坦桑尼亚	122	39	44	0.42	197
贝宁	123	40	51	0.90	75
尼日尔	124	30	36	0.58	177
安哥拉	125	29	55	2.29	27
乌干达	126	30	48	1.69	44
中非	127	37	41	0.31	289
布基纳法索	128	32	40	0.82	114
埃塞俄比亚	129	26	39	1.46	64
布隆迪	130	27	40	1.34	69
卢旺达	131	29	44	1.55	53
高收入国家	132	100	100	0.00	
中等收入国家	133	84	89	0.22	51
低收入国家	134	45	58	0.89	62
世界平均	135	80	94	0.60	10

附表 1-2-5 1950～2008 年世界第一次现代化程度

国家	编号	1950	1960	1970	1980	1990	2000	2005	2008
瑞典	1	81	96	100	100	100	100	100	100
美国	2	100	100	100	100	100	100	100	100
芬兰	3	61	84	100	100	100	100	100	100
澳大利亚	4	86	99	100	100	100	100	100	100
瑞士	5	84	93	100	100	100	100	100	100
挪威	6	85	91	100	100	100	100	100	100
日本	7	63	88	100	100	100	100	100	100
丹麦	8	84	97	100	100	100	100	100	100
德国	9	75	92	100	100	100	100	100	100
荷兰	10	80	97	100	100	100	100	100	100
加拿大	11	90	100	100	100	100	100	100	100
新加坡	12	55	77	90	94	94	100	100	100
英国	13	84	96	100	100	100	100	100	100
法国	14	76	97	100	100	100	100	100	100
比利时	15	83	95	100	100	100	100	100	100
奥地利	16	73	90	100	100	100	100	100	100
新西兰	17	85	98	100	100	100	100	100	100
韩国	18	35	52	71	87	97	100	100	100
以色列	19	85	95	91	100	100	100	100	100
意大利	20	63	87	100	100	100	100	100	100
爱尔兰	21	65	85	96	100	100	100	100	100
西班牙	22	58	73	95	100	100	100	100	100
爱沙尼亚	23	—	—	—	—	—	95	100	100
斯洛文尼亚	24	—	—	—	—	—	100	100	100
乌拉圭	25	—	81	85	96	94	99	96	100
俄罗斯	26	—	90	—	—	—	91	96	100
斯洛伐克	27	—	—	—	—	—	95	100	100
希腊	28	63	74	92	100	99	100	100	100
匈牙利	29	72	79	92	95	95	97	100	100
捷克	30	—	—	100	96	93	98	100	100
葡萄牙	31	48	60	73	86	95	100	100	100
白俄罗斯	32	—	—	—	—	—	93	94	97
拉脱维亚	33	—	—	—	97	—	95	99	100
立陶宛	34	—	—	—	—	—	95	100	100
格鲁吉亚	35	—	—	—	92	—	82	82	89
乌克兰	36	—	—	—	—	—	90	92	94
保加利亚	37	—	81	95	97	87	92	95	97
黎巴嫩	38	—	77	85	93	—	96	99	99
哈萨克斯坦	39	—	—	—	—	—	90	87	96
波兰	40	50	80	95	100	93	96	100	100
阿根廷	41	81	86	91	94	93	100	96	99
巴拿马	42	48	63	83	94	94	95	96	99
克罗地亚	43	—	—	—	—	—	97	100	100
沙特阿拉伯	44	—	27	52	66	91	99	98	96
哥伦比亚	45	36	54	66	78	87	92	93	96
科威特	46	—	77	88	91	98	100	100	100
智利	47	68	73	77	92	86	97	98	100
马其顿	48	—	—	—	—	—	92	94	95
阿塞拜疆	49	—	—	—	—	—	84	80	87
摩尔多瓦	50	—	—	—	—	—	79	87	89
罗马尼亚	51	—	68	82	90	83	89	95	100
委内瑞拉	52	52	75	89	96	94	96	96	98
乌兹别克斯坦	53	—	—	—	—	—	77	77	79
多米尼加	54	40	48	62	76	82	90	93	96
亚美尼亚	55	—	—	—	—	—	82	84	87
巴拉圭	56	47	56	69	68	73	88	88	90
哥斯达黎加	57	55	58	73	90	92	94	97	98
巴西	58	53	59	72	81	87	94	95	99
墨西哥	59	53	64	79	88	91	98	100	100
博茨瓦纳	60	—	25	29	47	66	70	73	84
秘鲁	61	36	59	72	79	82	92	94	95
牙买加	62	47	68	78	81	83	90	93	95
约旦	63	—	44	55	85	87	92	93	94
南非	64	56	63	76	78	80	80	87	89
土耳其	65	34	45	54	61	79	88	97	100
高收入国家	132	—	100	100	100	100	100	100	100
中等收入国家	133	—	51	—	84	84	93	92	89
低收入国家	134	—	34	33	45	52	58	59	58
世界平均	135	—		68	80	81	89	93	94

国家	编号	1950	1960	1970	1980	1990	2000	2005	2008
厄瓜多尔	66	48	53	65	82	86	91	94	95
伊朗	67	—	42	57	72	65	84	87	94
蒙古	68	—	66	—	87	87	78	83	84
摩洛哥	69	36	41	49	54	66	75	76	81
马来西亚	70	—	46	55	69	77	91	93	96
萨尔瓦多	71	43	47	54	60	81	92	93	94
埃及	72	32	48	60	71	73	84	85	89
中国	73	26	37	40	54	63	76	86	89
阿尔及利亚	74	38	43	54	72	80	85	88	90
土库曼斯坦	75	—	—	—	—	—	72	76	83
突尼斯	76	—	43	54	68	78	89	93	94
阿尔巴尼亚	77	—	48	—	58	—	75	84	87
吉尔吉斯斯坦	78	—	—	—	—	—	71	73	80
塔吉克斯坦	79	—	—	—	—	—	78	72	75
玻利维亚	80	37	45	61	61	72	79	86	85
缅甸	81	—	40	25	40	—	55	61	63
菲律宾	82	43	58	53	61	71	88	90	91
泰国	83	37	41	55	62	73	77	81	81
纳米比亚	84	—	—	—	—	64	65	71	80
津巴布韦	85	—	44	48	52	59	64	59	61
洪都拉斯	86	31	40	52	57	66	82	84	85
尼加拉瓜	87	—	49	65	70	—	76	83	83
越南	88	—	37	—	—	—	66	72	70
肯尼亚	89	24	31	37	42	48	58	54	55
斯里兰卡	90	—	50	54	52	66	72	71	74
刚果共和国	91	—	41	55	62	64	63	63	58
印度尼西亚	92	16	30	41	43	59	68	78	79
赞比亚	93	—	42	47	52	52	50	49	48
危地马拉	94	27	46	46	62	65	78	80	90
毛里塔尼亚	95	—	26	32	44	53	53	52	57
科特迪瓦	96	—	—	37	54	51	51	53	57
印度	97	30	33	39	44	51	59	65	68
巴基斯坦	98	20	34	42	45	49	60	62	65
莱索托	99	—	23	34	49	54	51	51	59
柬埔寨	100	—	25	—	—	—	44	48	56
喀麦隆	101	—	35	35	48	52	52	54	62
厄立特里亚	102	—	—	—	—	—	48	47	50
叙利亚	103	—	48	62	75	79	79	81	79
加纳	104	—	37	39	42	53	55	53	57
乍得	105	—	26	28	37	38	43	35	43
莫桑比克	106	—	24	13	23	36	48	44	45
几内亚	107	—	15	—	27	44	47	43	46
也门共和国	108	—	19	—	26	61	56	60	65
巴布亚新几内亚	109	—	31	36	39	48	46	38	41
海地	110	17	31	30	30	47	53	50	61
尼泊尔	111	—	16	23	26	32	39	47	53
塞内加尔	112	—	34	42	47	48	55	54	63
塞拉利昂	113	—	19	39	38	42	34	37	37
刚果民主共和国	114	—		—	46	—	42	40	44
老挝	115	—	24	25	34	34	38	47	61
马拉维	116	—	26	28	28	37	37	39	43
多哥	117	—	27	34	42	48	46	46	50
马达加斯加	118	—	33	41	39	47	47	50	52
马里	119	—	24	28	31	37	37	37	45
尼日利亚	120	21	25	37	46	48	50	55	57
孟加拉国	121	—	29	—	32	43	51	56	61
坦桑尼亚	122	—	27	35	39	32	42	41	44
贝宁	123	—	30	38	40	55	46	46	51
尼日尔	124	—	21	24	30	35	37	33	36
安哥拉	125	—	30	—	29	59	40	48	55
乌干达	126	—	28	24	30	33	39	44	48
中非	127	—	31	35	37	43	38	36	41
布基纳法索	128	—	—	25	32	32	39	37	40
埃塞俄比亚	129	—	18	26	26	33	33	36	39
布隆迪	130	—	17	21	27	34	31	38	40
卢旺达	131	—	20	24	29	35	34	39	44

附表 1-2-6　1950～2008 年世界第一次现代化程度的排名

国家	编号	1950	1960	1970	1980	1990	2000	2005	2008
瑞典	1	12	9	1	1	1	1	1	1
美国	2	1	1	1	1	1	1	1	1
芬兰	3	23	21	1	1	1	1	1	1
澳大利亚	4	3	3	1	1	1	1	1	1
瑞士	5	8	12	1	1	1	1	1	1
挪威	6	4	14	1	1	1	1	1	1
日本	7	22	17	1	1	1	1	1	1
丹麦	8	7	5	1	1	1	1	1	1
德国	9	15	13	1	1	1	1	1	1
荷兰	10	13	7	1	1	1	1	1	1
加拿大	11	2	1	1	1	1	1	1	1
新加坡	12	27	27	27	31	27	1	1	1
英国	13	9	8	1	1	1	1	1	1
法国	14	14	6	1	1	1	1	1	1
比利时	15	10	11	1	1	1	1	1	1
奥地利	16	16	16	1	1	1	1	1	1
新西兰	17	5	4	1	1	1	1	1	1
韩国	18	46	47	42	40	23	1	1	1
以色列	19	6	10	25	1	1	1	1	1
意大利	20	21	18	1	1	1	1	1	1
爱尔兰	21	19	20	19	1	1	1	1	1
西班牙	22	24	32	20	1	1	1	1	1
爱沙尼亚	23	—	—	—	—	—	39	1	1
斯洛文尼亚	24	—	—	—	—	—	1	1	39
乌拉圭	25	—	23	30	25	26	28	40	1
俄罗斯	26	—	15	—	—	—	52	41	40
斯洛伐克	27	—	—	—	—	—	38	1	1
希腊	28	20	30	24	1	21	1	1	1
匈牙利	29	17	25	23	28	25	32	1	1
捷克	30	—	—	1	26	30	30	1	1
葡萄牙	31	32	39	38	41	24	1	1	1
白俄罗斯	32	—	—	—	—	—	45	49	48
拉脱维亚	33	—	—	—	23	—	41	1	1
立陶宛	34	—	—	—	—	—	40	1	1
格鲁吉亚	35	—	—	—	33	—	68	70	70
乌克兰	36	—	—	—	—	—	57	62	61
保加利亚	37	—	22	22	24	38	47	48	47
黎巴嫩	38	—	26	31	32	—	37	37	43
哈萨克斯坦	39	—	—	—	—	—	55	51	49
波兰	40	31	24	21	1	32	36	1	1
阿根廷	41	11	19	26	29	31	1	43	42
巴拿马	42	33	37	32	30	29	42	44	44
克罗地亚	43	—	—	—	—	—	34	1	1
沙特阿拉伯	44	—	87	63	58	35	29	42	50
哥伦比亚	45	43	45	44	48	36	46	50	51
科威特	46	—	28	29	35	22	1	1	1
智利	47	18	31	36	34	42	33	36	1
马其顿	48	—	—	—	—	—	49	52	54
阿塞拜疆	49	—	—	—	—	—	66	81	73
摩尔多瓦	50	—	—	—	—	—	73	69	67
罗马尼亚	51	—	34	33	36	43	60	47	1
委内瑞拉	52	30	29	28	27	28	35	39	45
乌兹别克斯坦	53	—	—	—	—	—	79	84	85
多米尼加	54	39	52	47	49	46	58	55	53
亚美尼亚	55	—	—	—	—	—	70	72	72
巴拉圭	56	36	44	43	56	56	61	65	65
哥斯达黎加	57	26	43	39	37	33	43	45	46
巴西	58	29	40	40	44	39	44	46	41
墨西哥	59	28	36	34	38	34	31	1	1
博茨瓦纳	60	—	93	88	76	62	87	86	78
秘鲁	61	45	41	41	46	45	50	53	56
牙买加	62	35	33	35	45	44	56	59	55
约旦	63		59	52	42	40	51	58	58
南非	64	25	38	37	47	48	71	67	68
土耳其	65	47	57	60	64	51	62	38	1
厄瓜多尔	66	34	46	46	43	41	53	54	57
伊朗	67	—	64	51	52	63	65	61	62
蒙古	68	—	35	—	39	37	75	76	77
摩洛哥	69	44	67	64	68	61	83	83	82
马来西亚	70	—	55	53	55	53	54	56	52
萨尔瓦多	71	37	54	59	65	47	48	57	59
埃及	72	48	50	50	53	55	67	64	71
中国	73	52	72	72	69	67	80	68	69
阿尔及利亚	74	40	61	57	51	49	64	66	66
土库曼斯坦	75	—	—	—	—	—	85	80	79
突尼斯	76	—	62	56	57	52	59	60	60
阿尔巴尼亚	77	—	51	—	66	—	82	71	74
吉尔吉斯斯坦	78	—	—	—	—	—	86	85	83
塔吉克斯坦	79	—	—	—	—	—	77	88	88
玻利维亚	80	42	58	49	62	57	74	74	76
缅甸	81	—	69	95	87	—	97	93	95
菲律宾	82	38	42	61	63	58	63	63	63
泰国	83	41	66	55	59	54	78	77	81
纳米比亚	84	—	—	—	—	65	90	89	84
津巴布韦	85	—	60	65	72	70	91	95	97
洪都拉斯	86	49	68	62	67	59	69	73	75
尼加拉瓜	87	—	49	45	54	—	81	75	80
越南	88	—	70	—	—	—	89	87	90
肯尼亚	89	53	80	79	85	81	95	102	108
斯里兰卡	90	—	48	58	71	60	84	90	89
刚果共和国	91	—	65	54	60	66	92	97	102
印度尼西亚	92	57	84	71	83	71	88	82	87
赞比亚	93	—	63	66	73	76	106	113	116
危地马拉	94	51	56	67	61	64	76	78	64
毛里塔尼亚	95	—	90	86	81	74	101	100	106
科特迪瓦	96	—	—	78	70	78	103	103	103
印度	97	50	76	75	82	79	94	91	91
巴基斯坦	98	55	75	68	80	80	93	92	93
莱索托	99	—	99	85	74	73	105	104	101
柬埔寨	100	—	95	—	—	—	115	109	107
喀麦隆	101	—	73	81	75	77	102	96	96
厄立特里亚	102	—	—	—	—	—	109	112	114
叙利亚	103	—	53	48	50	50	72	79	86
加纳	104	—	71	74	84	75	98	105	104
乍得	105	—	92	90	94	92	116	130	124
莫桑比克	106	—	96	101	110	95	108	119	119
几内亚	107	—	107	—	106	88	110	114	117
也门共和国	108	—	103	—	109	68	96	94	92
巴布亚新几内亚	109	—	78	80	90	84	114	125	125
海地	110	56	79	87	99	86	100	106	100
尼泊尔	111	—	106	99	108	104	121	111	110
塞内加尔	112	—	74	69	77	85	99	101	94
塞拉利昂	113	—	102	73	92	91	128	128	130
刚果民主共和国	114	—	—	—	78	—	117	122	121
老挝	115	—	97	93	95	99	123	110	99
马拉维	116	—	91	89	104	94	126	121	123
多哥	117	—	88	84	86	82	112	116	113
马达加斯加	118	—	77	70	89	87	111	107	111
马里	119	—	98	91	98	93	125	118	118
尼日利亚	120	54	94	77	79	83	107	99	105
孟加拉国	121	—	85	—	96	89	104	98	98
坦桑尼亚	122	—	89	82	91	102	118	120	122
贝宁	123	—	83	76	88	72	113	115	112
尼日尔	124	—	100	97	100	96	127	131	131
安哥拉	125	—	82	—	102	69	119	108	109
乌干达	126	—	86	96	101	101	120	117	115
中非	127	—	81	83	93	90	124	126	126
布基纳法索	128	—	—	94	97	103	122	129	128
埃塞俄比亚	129	—	104	92	107	100	130	127	129
布隆迪	130	—	105	100	105	98	131	124	127
卢旺达	131	—	101	98	103	97	129	123	120

注：第一次现代化程度达到 100%，排名不分先后。排名为 131 个国家的排名。

附表 1-3-1 2008 年世界第二次现代化指数

国家	编号	知识创新指数	知识传播指数	生活质量指数	经济质量指数	第二次现代化指数	排名
瑞典	1	92	107	111	107	104	2
美国	2	110	106	103	119	110	1
芬兰	3	95	111	108	96	103	4
澳大利亚	4	71	108	108	100	97	8
瑞士	5	77	92	100	105	94	11
挪威	6	74	110	109	103	99	6
日本	7	120	99	93	91	101	5
丹麦	8	88	114	103	107	103	3
德国	9	91	95	102	95	96	9
荷兰	10	53	107	108	108	94	10
加拿大	11	69	100	101	102	93	14
新加坡	12	82	82	102	106	93	15
英国	13	61	99	97	111	92	17
法国	14	68	97	104	104	94	13
比利时	15	57	100	112	106	94	12
奥地利	16	78	94	100	97	92	16
新西兰	17	68	110	98	79	89	18
韩国	18	120	106	95	70	98	7
以色列	19	63	86	103	83	84	20
意大利	20	34	88	97	87	77	23
爱尔兰	21	51	98	97	95	85	19
西班牙	22	45	100	100	84	82	21
爱沙尼亚	23	40	97	100	61	75	25
斯洛文尼亚	24	53	99	88	67	77	22
乌拉圭	25	9	84	81	53	57	39
俄罗斯	26	52	85	87	51	69	30
斯洛伐克	27	28	91	88	57	66	33
希腊	28	26	99	94	80	75	24
匈牙利	29	31	95	90	59	69	28
捷克	30	48	89	103	59	75	26
葡萄牙	31	40	87	92	71	72	27
白俄罗斯	32	36	86	82	35	60	36
拉脱维亚	33	26	101	81	64	68	32
立陶宛	34	33	97	89	55	69	29
格鲁吉亚	35	27	66	63	38	48	50
乌克兰	36	27	81	78	39	56	40
保加利亚	37	21	82	84	45	58	38
黎巴嫩	38	0	72	78	50	50	47
哈萨克斯坦	39	9	68	76	38	48	53
波兰	40	25	92	80	53	62	35
阿根廷	41	15	81	82	58	59	37
巴拿马	42	3	65	59	62	47	54
克罗地亚	43	27	83	85	55	63	34
沙特阿拉伯	44	0	71	82	65	55	42
哥伦比亚	45	4	71	58	42	44	59
科威特	46	3	68	94	109	68	31
智利	47	17	79	76	49	55	41
马其顿	48	8	74	73	38	48	52
阿塞拜疆	49	14	68	64	30	44	58
摩尔多瓦	50	16	65	60	43	46	57
罗马尼亚	51	16	78	64	47	51	45
委内瑞拉	52	4	81	73	47	51	46
乌兹别克斯坦	53	1	56	57	26	35	76
多米尼加	54	0	58	58	44	40	66
亚美尼亚	55	19	58	68	28	43	61
巴拉圭	56	2	51	49	37	35	77
哥斯达黎加	57	7	67	62	49	46	55
巴西	58	20	74	64	48	52	44
墨西哥	59	11	63	75	50	50	48
博茨瓦纳	60	5	27	41	41	28	87
秘鲁	61	3	63	52	37	39	69
牙买加	62	2	68	50	49	42	63
约旦	63	21	70	70	52	53	43
南非	64	17	48	48	48	40	67
土耳其	65	16	71	58	47	48	51
厄瓜多尔	66	3	64	56	45	42	64
伊朗	67	16	64	57	35	43	62
蒙古	68	10	68	59	27	41	65
摩洛哥	69	14	50	42	30	34	78
马来西亚	70	13	72	73	42	50	49
萨尔瓦多	71	1	48	56	40	36	73
埃及	72	8	62	56	31	39	68
中国	73	36	57	53	28	43	60
阿尔及利亚	74	3	57	51	33	36	75
土库曼斯坦	75	0	59	64	22	36	72
突尼斯	76	27	66	55	36	46	56
阿尔巴尼亚	77	0	58	52	34	36	74
吉尔吉斯斯坦	78	9	68	50	28	38	70
塔吉克斯坦	79	2	52	43	28	31	82
玻利维亚	80	5	54	47	29	34	79
缅甸	81	3	17	30	26	19	104
菲律宾	82	2	49	50	32	33	80
泰国	83	6	71	44	31	38	71
纳米比亚	84	0	29	34	37	25	93
津巴布韦	85	0	24	27	30	20	100
洪都拉斯	86	1	44	42	30	29	83
尼加拉瓜	87	0	40	43	31	29	86
越南	88	4	47	43	23	29	84
肯尼亚	89	0	24	23	35	20	96
斯里兰卡	90	4	34	38	31	27	89
刚果共和国	91	0	20	33	15	17	111
印度尼西亚	92	2	45	39	26	28	88
赞比亚	93	0	21	25	20	16	113
危地马拉	94	0	38	43	33	29	85
毛里塔尼亚	95	0	13	34	18	16	115
科特迪瓦	96	1	20	31	20	18	107
印度	97	12	32	32	26	26	90
巴基斯坦	98	11	28	36	27	26	92
莱索托	99	1	16	26	24	17	112
柬埔寨	100	0	27	25	21	18	105
喀麦隆	101	0	19	32	25	19	103
厄立特里亚	102	0	13	24	22	15	119
叙利亚	103	3	51	48	30	33	81
加纳	104	0	24	32	23	20	102
乍得	105	0	7	25	16	12	130
莫桑比克	106	7	8	24	18	14	121
几内亚	107	3	15	32	14	16	117
也门共和国	108	0	27	29	25	20	98
巴布亚新几内亚	109	0	10	27	19	14	122
海地	110	0	18	32	53	26	91
尼泊尔	111	9	21	27	23	20	101
塞内加尔	112	4	25	28	31	22	94
塞拉利昂	113	0	11	28	19	15	120
刚果民主共和国	114	7	19	23	14	16	118
老挝	115	0	27	37	17	20	99
马拉维	116	0	10	25	20	14	124
多哥	117	7	18	31	15	18	108
马达加斯加	118	2	14	32	25	18	106
马里	119	1	17	28	24	17	109
尼日利亚	120	1	23	31	25	20	97
孟加拉国	121	9	20	29	27	21	95
坦桑尼亚	122	0	4	24	21	12	129
贝宁	123	0	18	30	22	17	110
尼日尔	124	0	5	23	17	11	131
安哥拉	125	0	15	30	19	16	116
乌干达	126	6	12	23	24	16	114
中非	127	1	5	29	15	12	128
布基纳法索	128	2	9	25	18	13	125
埃塞俄比亚	129	3	11	21	21	14	123
布隆迪	130	4	9	21	17	13	127
卢旺达	131	1	9	24	19	13	126
高收入国家	132	100	100	101	100	100	
中等收入国家	133	20	54	47	31	38	
低收入国家	134	10	18	29	23	20	
世界平均	135	47	56	51	45	50	

附表 1-3-2　2008 年世界知识创新指数

国家	编号	知识创新指标的实际值			知识创新指标的指数			知识创新指数
		知识创新经费投入[a]	知识创新人员投入[b]	知识创新专利产出[c]	知识创新经费指数	知识创新人员指数	知识创新专利指数	
瑞典	1	3.7	52	3	120	120	37	92
美国	2	2.7	47	8	108	120	102	110
芬兰	3	3.5	74	3	120	120	45	95
澳大利亚	4	2.2	42	1	88	108	17	71
瑞士	5	2.9	34	2	116	88	28	77
挪威	6	1.7	52	3	68	120	35	74
日本	7	3.4	56	26	120	120	120	120
丹麦	8	2.6	54	3	104	120	40	88
德国	9	2.6	35	6	104	89	80	91
荷兰	10	1.8	27	1	72	69	20	53
加拿大	11	2.0	42	2	80	107	20	69
新加坡	12	2.6	61	2	104	120	22	82
英国	13	1.8	29	3	72	74	36	61
法国	14	2.1	34	2	84	88	32	68
比利时	15	1.9	34	1	76	88	7	57
奥地利	16	2.5	38	3	100	97	37	78
新西兰	17	1.3	44	3	52	112	39	68
韩国	18	3.5	46	26	120	119	120	120
以色列	19	4.7	16	2	120	40	28	63
意大利	20	1.1	15	2	44	38	21	34
爱尔兰	21	1.3	28	2	52	73	28	51
西班牙	22	1.3	28	1	52	71	11	45
爱沙尼亚	23	1.1	27	0	44	70	6	40
斯洛文尼亚	24	1.5	31	1	60	80	20	53
乌拉圭	25	0.4	4	0	16	10	1	9
俄罗斯	26	1.1	33	2	44	85	26	52
斯洛伐克	27	0.5	23	0	20	59	4	28
希腊	28	0.5	19	1	20	48	10	26
匈牙利	29	1.0	17	1	40	44	9	31
捷克	30	1.6	27	1	64	70	9	48
葡萄牙	31	1.2	26	0	48	67	5	40
白俄罗斯	32	1.0	20	1	40	50	16	36
拉脱维亚	33	0.6	19	0	24	48	7	26
立陶宛	34	0.8	25	0	32	65	3	33
格鲁吉亚	35	0.2	26	1	8	67	7	27
乌克兰	36	0.9	15	1	36	37	8	27
保加利亚	37	0.5	15	0	20	38	4	21
黎巴嫩	38					0	0	0
哈萨克斯坦	39	0.2	8	0	8	20	0	9
波兰	40	0.6	16	1	24	41	9	25
阿根廷	41	0.5	10	0	20	25	0	15
巴拿马	42	0.2	1	0	8	2	0	3
克罗地亚	43	0.9	14	1	36	35	10	27
沙特阿拉伯	44	0.0		0	0	0	1	0
哥伦比亚	45	0.2	2	0	8	4	0	4
科威特	46	0.1	2		4	4	0	3
智利	47	0.7	8	0	28	21	2	17
马其顿	48	0.2	5	0	8	13	2	8
阿塞拜疆	49	0.2	12	0	8	32	3	14
摩尔多瓦	50	0.5	7	1	20	19	10	16
罗马尼亚	51	0.5	9	0	20	22	6	16
委内瑞拉	52	0.2	1	0	8	2	0	4
乌兹别克斯坦	53			0		0	1	1
多米尼加	54			0		0	0	0
亚美尼亚	55	0.2	15	1	8	39	10	19
巴拉圭	56	0.1	1	0	4	2	0	2
哥斯达黎加	57	0.4	1	0	16	3	1	7
巴西	58	1.0	6	0	40	16	3	20
墨西哥	59	0.5	5	0	20	12	1	11
博茨瓦纳	60	0.4		0	16	0	0	5
秘鲁	61	0.1	2	0	4	6	0	3
牙买加	62	0.1		0	4	0	1	2
约旦	63	0.3	19	0	12	50	1	21
南非	64	1.0	4	0	40	10	0	17
土耳其	65	0.7	7	0	28	17	4	16
厄瓜多尔	66	0.2	1	0	8	2	0	3
伊朗	67	0.7	7	0	28	18	1	16
蒙古	68	0.2	7	0	8	17	5	10
摩洛哥	69	0.6	6	0	24	17	1	14
马来西亚	70	0.6	4	0	24	10	4	13

附表 1-3-2　2008 年世界知识创新指数　　（续表）

国家	编号	知识创新指标的实际值			知识创新指标的指数			知识创新指数
		知识创新经费投入[a]	知识创新人员投入[b]	知识创新专利产出[c]	知识创新经费指数	知识创新人员指数	知识创新专利指数	
萨尔瓦多	71	0.0	0	0	0	1	0	1
埃及	72	0.2	6	0	8	16	1	8
中国	73	1.5	11	1	60	27	20	36
阿尔及利亚	74	0.1	2	0	4	4	0	3
土库曼斯坦	75					0	0	0
突尼斯	76	1.0	16	0	40	41	1	27
阿尔巴尼亚	77			0		0	0	0
吉尔吉斯斯坦	78	0.3	4	0	12	10	3	9
塔吉克斯坦	79	0.1		0	4	0	1	2
玻利维亚	80	0.3	1		12	3	0	5
缅甸	81	0.2	0		8	0	0	3
菲律宾	82	0.1	1	0	4	2	0	2
泰国	83	0.2	3	0	8	8	2	6
纳米比亚	84			0		0	0	0
津巴布韦	85			0		0	0	0
洪都拉斯	86	0.0	1	0	0	2	0	1
尼加拉瓜	87	0.0	0	0	0	1	0	0
越南	88	0.2	1	0	8	3	0	4
肯尼亚	89			0		0	0	0
斯里兰卡	90	0.2	1	0	8	2	1	4
刚果共和国	91		0			1	0	0
印度尼西亚	92	0.0	2	0	0	5	0	2
赞比亚	93	0.0		0	0	0	0	0
危地马拉	94	0.0	0	0	0	1	0	0
毛里塔尼亚	95					0	0	0
科特迪瓦	96		1			2	0	1
印度	97	0.8	1	0	32	4	1	12
巴基斯坦	98	0.7	2	0	28	4	0	11
莱索托	99	0.1	0	0	4	0	0	1
柬埔寨	100	0.0	0		0	0	0	0
喀麦隆	101		0			1	0	0
厄立特里亚	102					0	0	0
叙利亚	103	0.2		0	7	0	1	3
加纳	104			0		0	0	0
乍得	105					0	0	0
莫桑比克	106	0.5		0	20	0	0	7
几内亚	107		3			6	0	3
也门共和国	108			0		0	0	0
巴布亚新几内亚	109			0		0	0	0
海地	110					0	0	0
尼泊尔	111	0.7	1		27	2	0	9
塞内加尔	112	0.1	3		4	7	0	4
塞拉利昂	113			0		0	0	0
刚果民主共和国	114	0.5			20	0	0	7
老挝	115	0.0	0		0	0	0	0
马拉维	116			0		0	0	0
多哥	117	0.5	0		20	1	0	7
马达加斯加	118	0.1	1	0	4	1	0	2
马里	119		0			1	0	1
尼日利亚	120	0.1		0	4	0	0	1
孟加拉国	121	0.6	1	0	25	1	0	9
坦桑尼亚	122			0		0	0	0
贝宁	123	0.0			0	0	0	0
尼日尔	124		0			0	0	0
安哥拉	125					0	0	0
乌干达	126	0.4	0	0	16	1	0	6
中非	127	0.0	0		1	1	0	1
布基纳法索	128	0.1	0	0	4	1	0	2
埃塞俄比亚	129	0.2	0	0	8	1	0	3
布隆迪	130	0.3		0	12	0	0	4
卢旺达	131	0.0		0	2	0	0	1
高收入国家	132	2.5	39	7	100	101	100	100
中等收入国家	133	1.0	6	0	40	16	5	20
低收入国家	134	0.6	3	0	23	7	0	10
世界平均	135	2.2	12.7	2	88	33	20	47
标准值		2.5	39	7				

a. 指 R&D 经费/GDP(%)，其数据为 2000～2007 年间最近年的数据。

b. 指从事研究与发展活动的科学家和工程师全时当量/万人，其数据为 2000～2007 年间最近年的数据。

c. 指居民申请国内发明专利数/万人，其数据为 2000～2008 年间最近年数据。

附表 1-3-3 2008 年世界知识传播指数

国家	编号	知识传播指标的实际值				知识传播指标的指数				知识传播指数
		中学普及率[a]	大学普及率[a]	电视普及率[b]	互联网普及率	中学普及指数	大学普及指数	电视普及指数	互联网普及指数	
瑞典	1	103	75	94	88	103	108	96	120	107
美国	2	94	82	98	76	94	118	100	110	106
芬兰	3	111	94	93	83	111	120	95	120	111
澳大利亚	4	148	75	99	71	120	109	101	103	108
瑞士	5	96	47	94	76	96	68	96	110	92
挪威	6	113	76	95	83	113	110	97	120	110
日本	7	101	58	99	75	101	84	101	109	99
丹麦	8	119	80	98	83	119	116	100	121	114
德国	9	101	50	95	76	101	73	97	109	95
荷兰	10	120	60	98	87	120	87	100	120	107
加拿大	11	101	62	99	75	101	90	101	109	100
新加坡	12	63	44	99	70	63	64	101	101	82
英国	13	97	59	99	76	97	86	101	110	99
法国	14	113	55	97	68	113	79	99	98	97
比利时	15	110	62	99	68	110	90	101	99	100
奥地利	16	100	50	97	71	100	73	99	103	94
新西兰	17	120	79	99	71	120	115	101	103	110
韩国	18	98	96	93	76	98	120	95	110	106
以色列	19	92	60	93	48	92	88	94	69	86
意大利	20	100	67	94	42	100	97	96	61	88
爱尔兰	21	113	61	98	63	113	89	100	91	98
西班牙	22	119	69	100	55	119	99	102	80	100
爱沙尼亚	23	100	65	98	66	100	94	100	96	97
斯洛文尼亚	24	94	86	99	56	94	120	101	81	99
乌拉圭	25	92	64	91	40	92	93	93	58	84
俄罗斯	26	84	75	98	32	84	109	100	46	85
斯洛伐克	27	93	50	99	66	93	73	101	96	91
希腊	28	102	91	100	43	102	132	102	62	99
匈牙利	29	97	67	99	59	97	97	101	85	95
捷克	30	95	54	97	58	95	79	99	84	89
葡萄牙	31	101	57	99	42	101	82	101	61	87
白俄罗斯	32	95	73	93	32	95	106	95	47	86
拉脱维亚	33	115	69	99	60	115	100	101	88	101
立陶宛	34	99	76	98	54	99	110	100	79	97
格鲁吉亚	35	90	34	89	24	90	50	91	34	66
乌克兰	36	94	79	97	11	94	115	99	15	81
保加利亚	37	105	50	98	35	105	72	100	50	82
黎巴嫩	38	82	52	97	23	82	75	99	33	72
哈萨克斯坦	39	92	47	95	11	92	68	96	16	68
波兰	40	100	67	98	49	100	97	100	71	92
阿根廷	41	85	68	97	28	85	99	99	41	81
巴拿马	42	71	45	83	28	71	65	84	40	65
克罗地亚	43	94	47	94	51	94	68	96	73	83
沙特阿拉伯	44	95	30	99	32	95	43	101	46	71
哥伦比亚	45	91	35	85	39	91	51	87	56	71
科威特	46	91	18	100	37	91	26	102	53	68
智利	47	94	50	100	33	94	72	102	47	79
马其顿	48	84	36	99	42	84	51	101	60	74
阿塞拜疆	49	106	16	99	28	106	23	101	41	68
摩尔多瓦	50	83	40	82	23	83	58	84	34	65
罗马尼亚	51	88	58	97	29	88	84	99	42	78
委内瑞拉	52	81	78	92	26	81	113	93	37	81
乌兹别克斯坦	53	102	10	93	9	102	14	94	13	56
多米尼加	54	75	33	77	22	75	48	79	31	58
亚美尼亚	55	88	34	85	6	88	50	86	9	58
巴拉圭	56	66	26	79	14	66	37	81	21	51
哥斯达黎加	57	89	25	94	32	89	37	96	47	67
巴西	58	100	30	97	38	100	43	99	54	74
墨西哥	59	87	26	93	22	87	38	95	32	63
博茨瓦纳	60	80	5	10	6	80	8	10	9	27
秘鲁	61	98	35	69	25	98	50	70	36	63
牙买加	62	90	19	70	57	90	28	71	83	68
约旦	63	86	38	96	27	86	55	98	39	70
南非	64	95	15	59	9	95	22	60	12	48
土耳其	65	82	37	98	34	82	54	100	50	71
厄瓜多尔	66	70	35	90	29	70	51	92	42	64
伊朗	67	80	36	77	32	80	52	78	46	64
蒙古	68	95	50	86	13	95	72	88	18	68
摩洛哥	69	56	12	77	33	56	18	79	48	50
马来西亚	70	69	30	95	56	69	43	97	81	72

附表 1-3-3　2008 年世界知识传播指数　　（续表）

国家	编号	知识传播指标的实际值				知识传播指标的指数				知识传播指数
		中学普及率[a]	大学普及率[a]	电视普及率[b]	互联网普及率	中学普及指数	大学普及指数	电视普及指数	互联网普及指数	
萨尔瓦多	71	64	25	78	11	64	36	79	15	48
埃及	72	79	31	97	17	79	45	98	24	62
中国	73	74	22	89	23	74	32	91	33	57
阿尔及利亚	74	83	24	90	12	83	35	92	17	57
土库曼斯坦	75	112	19	93	2	112	28	95	2	59
突尼斯	76	90	32	89	27	90	46	90	39	66
阿尔巴尼亚	77	78	19	90	24	78	28	92	35	58
吉尔吉斯斯坦	78	85	52	85	16	85	75	87	23	68
塔吉克斯坦	79	84	20	79	9	84	29	81	13	52
玻利维亚	80	82	38	63	11	82	56	64	16	54
缅甸	81	49	11	3	0	49	16	3	0	17
菲律宾	82	81	28	63	6	81	40	64	9	49
泰国	83	84	50	92	24	84	72	94	35	71
纳米比亚	84	66	9	29	5	66	13	30	8	29
津巴布韦	85	41	4	31	11	41	6	32	17	24
洪都拉斯	86	65	19	64	13	65	27	66	19	44
尼加拉瓜	87	68	18	59	3	68	26	61	5	40
越南	88	67	10	70	24	67	14	71	35	47
肯尼亚	89	58	3	19	9	58	4	20	13	24
斯里兰卡	90	87	5	32	6	87	8	33	8	34
刚果共和国	91	43	4	25	4	43	6	26	6	20
印度尼西亚	92	76	18	65	8	76	26	67	11	45
赞比亚	93	52	2	19	6	52	3	19	8	21
危地马拉	94	57	18	50	14	57	26	51	21	38
毛里塔尼亚	95	23	4	22	2	23	6	22	3	13
科特迪瓦	96	26	8	38	3	26	12	39	5	20
印度	97	57	14	46	5	57	20	47	7	32
巴基斯坦	98	33	5	56	11	33	8	57	16	28
莱索托	99	40	4	13	4	40	5	13	5	16
柬埔寨	100	40	7	55	1	40	10	56	1	27
喀麦隆	101	37	8	23	4	37	11	23	6	19
厄立特里亚	102	31	1	13	4	31	1	13	6	13
叙利亚	103	74	6	95	17	74	8	97	25	51
加纳	104	54	6	26	4	54	9	27	6	24
乍得	105	19	2	3	1	19	3	3	2	7
莫桑比克	106	21	2	9	2	21	2	9	2	8
几内亚	107	36	9	11	1	36	13	11	1	15
也门共和国	108	46	10	43	2	46	15	43	2	27
巴布亚新几内亚	109	26	2	10	2	26	3	10	3	10
海地	110	29	1	25	10	29	2	26	15	18
尼泊尔	111	44	6	28	2	44	8	28	2	21
塞内加尔	112	31	8	43	8	31	12	44	12	25
塞拉利昂	113	35	2	7	0	35	3	7	0	11
刚果民主共和国	114	35	5	14	—	35	7	14		19
老挝	115	44	13	30	9	44	19	31	12	27
马拉维	116	29	1	5	2	29	1	5	3	10
多哥	117	41	5	16	5	41	8	16	8	18
马达加斯加	118	30	3	18	2	30	5	18	2	14
马里	119	35	5	22	2	35	8	23	2	17
尼日利亚	120	31	10	25	16	31	15	26	23	23
孟加拉国	121	44	7	23	0	44	10	23	0	20
坦桑尼亚	122	6	2	6	1	6	2	6	2	4
贝宁	123	36	6	23	2	36	8	23	3	18
尼日尔	124	11	1	6	1	11	2	6	1	5
安哥拉	125	17	3	34	3	17	4	35	4	15
乌干达	126	25	4	6	8	25	5	6	11	12
中非	127	12	2	5	0	12	3	5	1	5
布基纳法索	128	18	3	12	1	18	4	12	1	9
埃塞俄比亚	129	33	4	5	0	33	5	5	1	11
布隆迪	130	18	3	14	1	18	4	14	1	9
卢旺达	131	22	4	2	3	22	6	2	4	9
高收入国家	132	100	69	98	69	100	99	100	100	100
中等收入国家	133	67	23	89	17	67	34	91	25	54
低收入国家	134	41	6	16	5	41	9	16	7	18
世界平均	135	66	26	83	24	66	37	85	35	56
标准值		100	69	98	69					

a. 为 2000～2008 年间最近年的数据。中学普及率数据包括职业培训。

b. 为 2000～2007 年间最近年的数据。

附表 1-3-4 2008 年世界生活质量指数

国家	编号	生活质量指标的实际值					生活质量指标的指数					生活质量指数
		城镇人口比例	医生比例[a]	婴儿死亡率[b]	预期寿命	人均能源消费[c]	城镇化指数	医生比例指数	婴儿存活指数	预期寿命指数	能源消费指数	
瑞典	1	85	3.6	2	81	5512	108	120	120	102	104	111
美国	2	82	2.7	7	78	7766	105	104	90	98	120	103
芬兰	3	63	3.3	3	80	6895	81	120	120	100	120	108
澳大利亚	4	89	2.5	5	81	5888	114	96	120	102	111	108
瑞士	5	74	4.0	4	82	3406	94	120	120	103	64	100
挪威	6	78	3.9	3	81	5704	99	120	120	101	107	109
日本	7	67	2.1	3	83	4019	85	81	120	103	76	93
丹麦	8	87	3.2	4	79	3598	111	120	120	98	68	103
德国	9	74	3.5	4	80	4027	94	120	120	100	76	102
荷兰	10	82	3.9	4	80	4909	105	120	120	101	92	108
加拿大	11	80	1.9	6	81	8169	103	73	105	101	120	101
新加坡	12	100	1.5	2	81	5831	120	58	120	101	110	102
英国	13	90	2.2	5	80	3464	115	85	120	100	65	97
法国	14	77	3.7	3	82	4258	99	120	120	102	80	104
比利时	15	97	4.2	4	80	5366	120	120	120	100	101	112
奥地利	16	67	3.8	3	80	3997	86	120	120	101	75	100
新西兰	17	87	2.2	5	80	3966	111	85	120	100	75	98
韩国	18	82	1.7	5	80	4586	104	65	120	100	86	95
以色列	19	92	3.6	4	81	3059	118	120	120	101	57	103
意大利	20	68	3.7	3	82	3001	87	120	120	102	56	97
爱尔兰	21	61	3.1	3	80	3457	79	119	120	100	65	97
西班牙	22	77	3.8	4	81	3208	99	120	120	101	60	100
爱沙尼亚	23	70	3.3	4	74	4199	89	120	120	93	79	100
斯洛文尼亚	24	49	2.4	3	79	3632	62	92	120	99	68	88
乌拉圭	25	92	4.2	12	76	953	118	120	51	95	18	81
俄罗斯	26	73	4.3	12	68	4730	93	120	50	85	89	87
斯洛伐克	27	57	3.1	7	75	3307	73	119	91	94	62	88
希腊	28	61	5.4	3	80	2875	78	120	120	100	54	94
匈牙利	29	68	2.8	5	74	2658	87	108	111	93	50	90
捷克	30	74	3.6	3	77	4428	94	120	120	97	83	103
葡萄牙	31	60	3.4	3	79	2363	76	120	120	99	44	92
白俄罗斯	32	74	4.9	11	71	2891	94	120	53	88	54	82
拉脱维亚	33	68	3.0	8	72	2052	87	115	76	90	39	81
立陶宛	34	67	4.0	6	72	2740	86	120	98	90	51	89
格鲁吉亚	35	53	4.5	27	72	767	68	120	23	89	14	63
乌克兰	36	68	3.1	14	68	2953	87	119	44	85	55	78
保加利亚	37	71	3.7	9	73	2641	91	120	68	92	50	84
黎巴嫩	38	87	3.3	12	72	959	112	120	50	90	18	78
哈萨克斯坦	39	58	3.9	27	66	4292	74	120	22	83	81	76
波兰	40	61	2.0	6	76	2548	79	77	103	94	48	80
阿根廷	41	92	3.2	15	75	1850	118	120	41	94	35	82
巴拿马	42	73	1.5	19	76	845	94	58	31	95	16	59
克罗地亚	43	57	2.6	5	76	2101	73	100	118	95	39	85
沙特阿拉伯	44	82	1.6	18	73	6223	106	62	33	91	117	82
哥伦比亚	45	75	1.4	17	73	655	96	54	36	91	12	58
科威特	46	98	1.8	9	78	9463	120	69	64	98	120	94
智利	47	88	1.3	7	79	1851	113	50	83	98	35	76
马其顿	48	67	2.6	11	74	1483	86	100	57	93	28	73
阿塞拜疆	49	52	3.8	32	70	1388	67	120	19	88	26	64
摩尔多瓦	50	42	2.7	15	68	910	54	104	39	86	17	60
罗马尼亚	51	54	1.9	12	73	1806	69	73	52	92	34	64
委内瑞拉	52	93	1.9	16	74	2319	120	73	38	92	44	73
乌兹别克斯坦	53	37	2.6	34	68	1812	47	100	18	85	34	57
多米尼加	54	69	1.9	27	73	804	88	73	22	91	15	58
亚美尼亚	55	64	3.7	21	74	926	82	120	29	92	17	68
巴拉圭	56	60	1.1	24	72	686	77	42	25	90	13	49
哥斯达黎加	57	63	1.3	10	79	1070	81	50	63	99	20	62
巴西	58	86	1.7	18	72	1239	110	65	33	91	23	64
墨西哥	59	77	2.9	15	75	1750	99	112	39	94	33	75
博茨瓦纳	60	60	0.4	26	54	1069	76	15	23	68	20	41
秘鲁	61	71	1.1	22	73	494	92	41	27	92	9	52
牙买加	62	53	0.9	26	72	1852	68	35	23	90	35	50
约旦	63	78	2.6	17	73	1259	101	100	35	91	24	70
南非	64	61	0.8	48	52	2807	78	31	13	64	53	48
土耳其	65	69	1.5	20	72	1370	88	58	30	90	26	58
厄瓜多尔	66	66	1.5	21	75	885	84	58	28	94	17	56
伊朗	67	69	0.9	27	71	2604	88	35	22	89	49	57
蒙古	68	57	2.6	34	67	1182	73	100	18	83	22	59
摩洛哥	69	56	0.6	32	71	460	72	23	19	89	9	42
马来西亚	70	70	0.7	6	74	2734	90	27	102	93	51	73

附表 1-3-4 2008 年世界生活质量指数 (续表)

国家	编号	生活质量指标的实际值					生活质量指标的指数					生活质量指数
		城镇人口比例	医生比例[a]	婴儿死亡率[b]	预期寿命	人均能源消费[c]	城镇化指数	医生比例指数	婴儿存活指数	预期寿命指数	能源消费指数	
萨尔瓦多	71	61	1.5	16	71	800	78	58	38	89	15	56
埃及	72	43	2.4	20	70	840	55	92	30	88	16	56
中国	73	43	1.5	18	73	1484	55	58	34	91	28	53
阿尔及利亚	74	65	1.2	36	72	1089	84	46	17	91	20	51
土库曼斯坦	75	49	2.4	43	65	3631	62	92	14	81	68	64
突尼斯	76	67	1.3	18	74	864	85	50	33	93	16	55
阿尔巴尼亚	77	47	1.1	13	77	694	60	42	48	96	13	52
吉尔吉斯斯坦	78	36	2.3	33	67	557	47	88	18	84	10	50
塔吉克斯坦	79	27	2.0	54	67	580	34	77	11	83	11	43
玻利维亚	80	66	1.2	46	66	571	84	46	13	82	11	47
缅甸	81	33	0.4	71	62	319	42	15	8	77	6	30
菲律宾	82	65	1.2	26	72	451	83	46	23	90	8	50
泰国	83	33	0.3	13	69	1553	43	12	48	86	29	44
纳米比亚	84	37	0.3	31	61	745	47	12	19	76	14	34
津巴布韦	85	37	0.2	62	44	759	48	8	10	55	14	27
洪都拉斯	86	48	0.6	26	72	661	61	23	23	90	12	42
尼加拉瓜	87	57	0.4	23	73	621	73	15	26	91	12	43
越南	88	28	0.6	12	74	655	36	23	51	93	12	43
肯尼亚	89	22	0.1	81	54	485	28	4	7	68	9	23
斯里兰卡	90	15	0.6	13	74	464	19	23	46	93	9	38
刚果共和国	91	61	0.1	80	54	357	79	4	8	67	7	33
印度尼西亚	92	52	0.1	31	71	849	66	4	20	89	16	39
赞比亚	93	35	0.1	92	45	604	45	4	7	57	11	25
危地马拉	94	49	0.9	29	70	620	62	34	21	88	12	43
毛里塔尼亚	95	41	0.1	75	57	—	53	4	8	71		34
科特迪瓦	96	49	0.1	81	57	496	63	4	7	72	9	31
印度	97	30	0.6	52	64	529	38	23	11	80	10	32
巴基斯坦	98	36	0.8	72	67	512	46	31	8	83	10	36
莱索托	99	26	0.1	63	45	—	33	4	10	56		26
柬埔寨	100	22	0.2	69	61	358	28	8	9	76	7	25
喀麦隆	101	57	0.2	82	51	391	73	8	7	64	7	32
厄立特里亚	102	21	0.1	41	60	151	27	4	15	74	3	24
叙利亚	103	54	0.5	14	74	978	69	19	42	93	18	48
加纳	104	50	0.1	51	57	416	64	4	12	71	8	32
乍得	105	27	0.0	124	49	—	34	0	5	61		25
莫桑比克	106	37	0.0	90	48	418	47	0	7	60	8	24
几内亚	107	34	0.1	90	58	—	44	4	7	72		32
也门共和国	108	31	0.3	53	63	324	39	12	11	79	6	29
巴布亚新几内亚	109	13	0.1	53	61	—	16	4	11	76		27
海地	110	47	0.2	54	61	286	60	6	11	77	5	32
尼泊尔	111	17	0.2	41	67	338	22	8	15	83	6	27
塞内加尔	112	42	0.1	57	56	225	54	4	11	70	4	28
塞拉利昂	113	38	0.0	123	48	—	48	0	5	60		28
刚果民主共和国	114	34	0.1	126	48	289	44	4	5	60	5	23
老挝	115	31	0.4	48	65	—	40	15	13	81		37
马拉维	116	19	0.0	65	53	—	24	0	9	66		25
多哥	117	42	0.1	64	63	390	54	4	9	78	7	31
马达加斯加	118	30	0.2	68	60	—	38	8	9	75		32
马里	119	32	0.1	103	48	—	41	4	6	61		28
尼日利亚	120	48	0.4	96	48	722	62	15	6	60	14	31
孟加拉国	121	27	0.3	43	66	163	35	12	14	83	3	29
坦桑尼亚	122	26	0.0	67	56	443	33	0	9	70	8	24
贝宁	123	41	0.1	76	61	344	53	4	8	77	6	30
尼日尔	124	17	0.0	79	51	—	21	0	8	64		23
安哥拉	125	57	0.1	130	47	606	73	4	5	59	11	30
乌干达	126	13	0.1	85	53	—	17	4	7	66		23
中非	127	39	0.1	115	47	—	49	4	5	59		29
布基纳法索	128	20	0.1	92	53	—	25	4	7	66		25
埃塞俄比亚	129	17	0.0	69	55	290	22	0	9	69	5	21
布隆迪	130	10	0.0	102	50	—	13	0	6	63		21
卢旺达	131	18	0.0	72	50	—	23	0	8	63		24
高收入国家	132	78	2.6	6	80	5321	100	100	103	100	100	101
中等收入国家	133	48	1.3	41	69	1242	62	50	15	86	23	47
低收入国家	134	29	0.5	76	59	423	37	18	8	74	8	29
世界平均	135	50	1.4	46	69	1819	64	56	13	86	34	51
标准值		78	2.6	6	80	5321						

a. 为 2000～2008 年间最近年的数据。

b. 评价数据为婴儿死亡率，婴儿存活率 ＝ 1－婴儿死亡率。

c. 为 2007 年数据。

附表 1-3-5 2008 年世界经济质量指数

国家	编号	经济质量指标的实际值				经济质量指标的指数				经济质量指数
		人均GNI	人均PPP[a]	物质产业增加值比例[b]	物质产业劳动力比例[b]	人均GNI指数	人均PPP指数	物质产业增加值指数	物质产业劳动力指数	
瑞典	1	50 910	37 780	30	24	120	102	92	116	107
美国	2	47 930	46 790	23	22	120	120	118	120	119
芬兰	3	47 600	35 940	35	31	120	97	77	91	96
澳大利亚	4	40 240	37 250	32	25	101	100	86	112	100
瑞士	5	55 510	39 210	29	28	120	105	93	101	105
挪威	6	87 340	59 250	47	24	120	120	57	116	103
日本	7	38 130	35 190	31	33	96	95	89	83	91
丹麦	8	58 800	37 530	27	26	120	101	99	108	107
德国	9	42 710	35 950	31	32	108	97	88	87	95
荷兰	10	49 340	40 620	27	27	120	109	100	103	108
加拿大	11	43 640	38 710	34	24	110	104	80	115	102
新加坡	12	34 760	47 970	28	24	88	120	98	117	106
英国	13	46 040	36 240	24	23	116	97	111	120	111
法国	14	42 000	33 280	22	27	106	89	120	103	104
比利时	15	44 570	35 380	24	27	112	95	114	102	106
奥地利	16	45 900	37 360	33	32	116	100	83	88	97
新西兰	17	27 830	25 200	32	30	70	68	85	94	79
韩国	18	21 530	27 840	40	33	54	75	69	83	70
以色列	19	24 720	27 450	—	24	62	74		114	83
意大利	20	35 460	30 800	29	34	89	83	94	82	87
爱尔兰	21	49 770	35 710	36	32	120	96	76	87	95
西班牙	22	31 930	30 830	32	32	80	83	86	87	84
爱沙尼亚	23	14 570	19 320	32	40	37	52	85	70	61
斯洛文尼亚	24	24 230	27 160	37	45	61	73	74	61	67
乌拉圭	25	8260	12 550	37	33	21	34	73	85	53
俄罗斯	26	9660	15 460	42	38	24	42	64	73	51
斯洛伐克	27	16 590	21 460	41	44	42	58	66	64	57
希腊	28	28 400	28 300	23	50	72	76	118	56	80
匈牙利	29	12 810	18 210	34	37	32	49	80	76	59
捷克	30	16 650	22 890	40	44	42	62	68	63	59
葡萄牙	31	20 680	22 330	26	41	52	60	103	68	71
白俄罗斯	32	5360	12 120	54	64	14	33	50	44	35
拉脱维亚	33	11 860	16 010	26	37	30	43	105	76	64
立陶宛	34	11 870	17 170	37	39	30	46	73	72	55
格鲁吉亚	35	2500	4920	31	64	6	13	87	43	38
乌克兰	36	3210	7210	45	41	8	19	60	68	39
保加利亚	37	5490	11 370	38	43	14	31	72	65	45
黎巴嫩	38	6780	11 750	27	—	17	32	103		50
哈萨克斯坦	39	6160	9720	49	51	16	26	56	55	38
波兰	40	11 730	16 710	35	46	30	45	77	61	53
阿根廷	41	7190	14 000	42	25	18	38	65	112	58
巴拿马	42	6690	12 630	24	34	17	34	115	82	62
克罗地亚	43	13 580	17 050	35	44	34	46	78	64	55
沙特阿拉伯	44	17 870	24 500	73	25	45	66	37	113	65
哥伦比亚	45	4620	8430	45	38	12	23	60	73	42
科威特	46	43 930	53 480	52	18	111	120	53	152	109
智利	47	9370	13 250	48	36	24	36	57	78	49
马其顿	48	4130	9250	45	50	10	25	61	56	38
阿塞拜疆	49	3830	7770	76	52	10	21	36	54	30
摩尔多瓦	50	1500	3270	26	52	4	9	107	54	43
罗马尼亚	51	8280	13 380	32	60	21	36	84	46	47
委内瑞拉	52	9230	12 850	62	32	23	35	44	86	47
乌兹别克斯坦	53	910	2660	52	65	2	7	52	43	26
多米尼加	54	4330	7800	40	37	11	21	68	76	44
亚美尼亚	55	3350	6310	63	62	8	17	43	45	28
巴拉圭	56	2110	4660	39	48	5	13	71	58	37
哥斯达黎加	57	6060	10 960	36	36	15	29	75	78	49
巴西	58	7300	10 080	35	41	18	27	78	68	48
墨西哥	59	9990	14 340	41	40	25	39	67	69	50
博茨瓦纳	60	6640	13 310	55	45	17	36	50	61	41
秘鲁	61	3990	7950	43	51	10	21	63	54	37
牙买加	62	4800	7370	31	36	12	20	89	77	49
约旦	63	3470	5720	37	26	9	15	74	109	52
南非	64	5820	9790	37	35	15	26	74	79	48
土耳其	65	9020	13 420	36	52	23	36	75	54	47
厄瓜多尔	66	3690	7780	47	30	9	21	58	92	45
伊朗	67	3540	10 850	55	55	9	29	50	51	35
蒙古	68	1670	3470	61	56	4	9	45	50	27
摩洛哥	69	2520	4190	45	64	6	11	60	44	30
马来西亚	70	7250	13 740	58	43	18	37	47	64	42

附表 1-3-5　2008 年世界经济质量指数　　（续表）

国家	编号	经济质量指标的实际值				经济质量指标的指数				经济质量指数
		人均 GNI	人均 PPP[a]	物质产业增加值比例[b]	物质产业劳动力比例[b]	人均 GNI 指数	人均 PPP 指数	物质产业增加值指数	物质产业劳动力指数	
萨尔瓦多	71	3460	6630	42	42	9	18	65	67	40
埃及	72	1800	5470	51	53	5	15	54	52	31
中国	73	2940	6010	60	67	7	16	45	42	28
阿尔及利亚	74	4190	7890	69	47	11	21	39	59	33
土库曼斯坦	75	2840	6130	66	—	7	16	41		22
突尼斯	76	3480	7460	43	56	9	20	64	50	36
阿尔巴尼亚	77	3840	7520	40	72	10	20	67	39	34
吉尔吉斯斯坦	78	780	2150	49	56	2	6	55	50	28
塔吉克斯坦	79	600	1870	41	74	2	5	66	38	28
玻利维亚	80	1460	4140	52	59	4	11	53	48	29
缅甸	81	—	1020	65	84		3	42	33	26
菲律宾	82	1890	3900	47	51	5	10	58	54	32
泰国	83	3670	7770	56	63	9	21	49	44	31
纳米比亚	84	4210	6250	47	45	11	17	58	62	37
津巴布韦	85	360	170	43	52	1	0	63	53	30
洪都拉斯	86	1740	3830	45	60	4	10	61	46	30
尼加拉瓜	87	1080	2620	49	49	3	7	56	57	31
越南	88	890	2700	62	75	2	7	44	37	23
肯尼亚	89	730	1560	46	38	2	4	59	73	35
斯里兰卡	90	1780	4460	43	61	4	12	64	45	31
刚果共和国	91	1790	2810	79	—	5	8	34		15
印度尼西亚	92	1880	3600	63	60	5	10	44	46	26
赞比亚	93	950	1230	68	77	2	3	40	36	20
危地马拉	94	2680	4690	42	56	7	13	65	49	33
毛里塔尼亚	95	840	1990	59	—	2	5	46		18
科特迪瓦	96	980	1580	51	—	2	4	53		20
印度	97	1040	2930	46	80	3	8	59	35	26
巴基斯坦	98	950	2590	47	65	2	7	58	43	27
莱索托	99	1060	1970	42	—	3	5	65		24
柬埔寨	100	640	1870	59	91	2	5	46	30	21
喀麦隆	101	1150	2170	50	77	3	6	54	36	25
厄立特里亚	102	300	640	44	—	1	2	63		22
叙利亚	103	2160	4490	55	53	5	12	49	53	30
加纳	104	630	1320	59	69	2	4	46	40	23
乍得	105	540	1070	63	—	1	3	44		16
莫桑比克	106	380	770	53	—	1	2	51		18
几内亚	107	350	970	71	—	1	3	38		14
也门共和国	108	960	2220	55	65	2	6	50	43	25
巴布亚新几内亚	109	1040	2030	82	77	3	5	33	36	19
海地	110	—	—	45	61			61	45	53
尼泊尔	111	400	1120	50	80	1	3	54	35	23
塞内加尔	112	980	1780	37	64	2	5	73	43	31
塞拉利昂	113	320	770	74	75	1	2	37	37	19
刚果民主共和国	114	150	280	68	—	0	1	40		14
老挝	115	760	2050	63	—	2	6	43		17
马拉维	116	280	810	55	100	1	2	50	28	20
多哥	117	410	830	68	—	1	2	40		15
马达加斯加	118	420	1050	43	85	1	3	64	33	25
马里	119	580	1100	61	58	1	3	45	48	24
尼日利亚	120	1170	1980	73	50	3	5	37	56	25
孟加拉国	121	520	1450	48	63	1	4	57	44	27
坦桑尼亚	122	440	1260	63	80	1	3	43	35	21
贝宁	123	700	1470	46	—	2	4	60		22
尼日尔	124	330	680	57	—	1	2	47		17
安哥拉	125	3340	4830	74	—	8	13	37		19
乌干达	126	420	1140	49	77	1	3	56	36	24
中非	127	410	730	67	—	1	2	41		15
布基纳法索	128	480	1160	56	—	1	3	49		18
埃塞俄比亚	129	280	870	58	87	1	2	47	32	21
布隆迪	130	140	380	55	—	0	1	50		17
卢旺达	131	440	1110	52	—	1	3	53		19
高收入国家	132	39 688	37 193	27	28	100	100	100	100	100
中等收入国家	133	3251	6137	47	70	8	17	58	40	31
低收入国家	134	523	1355	54	73	1	4	51	38	23
世界平均	135	8655	10 342	31	65	22	28	89	43	45
标准值		39 688	37 193	27	28					

a. 按购买力平价计算的人均 GNI。

b. 物质产业包括农业和工业，为 2000～2008 年间最近年的数据。

附表 1-3-6 2008 年世界第二次现代化发展阶段

国家	编号	第一次现代化阶段	产业结构信号		劳动力结构信号		平均值	第二次现代化的阶段[a]	第二次现代化指数
			物质产业增加值占GDP比例	赋值	物质产业劳动力占总劳动力比例	赋值			
瑞典	1	F4	29.5	2	24.0	2	2.0	S2	104
美国	2	F4	23.1	2	22.0	2	2.0	S2	110
芬兰	3	F4	35.1	1	30.5	1	1.0	S1	103
澳大利亚	4	F4	31.6	1	24.9	2	1.5	S1	97
瑞士	5	F4	29.2	2	27.6	2	2.0	S2	94
挪威	6	F4	47.4		24.0	2	1.0	S1	99
日本	7	F4	30.7	1	33.3	1	1.0	S1	101
丹麦	8	F4	27.4	2	25.7	2	2.0	S2	103
德国	9	F4	31.0	1	32.0	1	1.0	S1	96
荷兰	10	F4	27.1	2	26.9	2	2.0	S2	94
加拿大	11	F4	33.9	1	24.1	2	1.5	S1	93
新加坡	12	F4	27.8	2	23.8	2	2.0	S2	93
英国	13	F4	24.4	2	23.1	2	2.0	S2	92
法国	14	F4	22.4	2	27.1	2	2.0	S2	94
比利时	15	F4	23.9	2	27.2	2	2.0	S2	94
奥地利	16	F4	32.8	1	31.7	1	1.0	S1	92
新西兰	17	F4	32.0	1	29.5	2	1.5	S1	89
韩国	18	F4	39.7	1	33.4	1	1.0	S1	98
以色列	19	F4			24.4	2	1.0	S1	84
意大利	20	F4	29.0	2	33.7	1	1.5	S1	77
爱尔兰	21	F4	35.6	1	31.9	1	1.0	S1	85
西班牙	22	F4	31.7	1	32.1	1	1.0	S1	82
爱沙尼亚	23	F4	32.0	1	39.7	1	1.0	S1	75
斯洛文尼亚	24	F4	36.7	1	45.3		0.5		77
乌拉圭	25	F3	37.4		32.8				57
俄罗斯	26	F4	42.2		38.2	1	0.5		69
斯洛伐克	27	F4	41.1	1	43.5		0.5		66
希腊	28	F4	23.0	2	49.9		1.0	S1	75
匈牙利	29	F4	33.8	1	36.7	1	1.0	S1	69
捷克	30	F4	40.1		43.9				75
葡萄牙	31	F4	26.3	2	40.8		1.0	S1	72
白俄罗斯	32	F3	54.2		63.9				60
拉脱维亚	33	F4	25.8	2	36.5	1	1.5	S1	68
立陶宛	34	F4	37.2	1	38.7	1	1.0	S1	69
格鲁吉亚	35	F2	31.2		64.0				48
乌克兰	36	F3	45.2		40.6				56
保加利亚	37	F3	37.8		43.1				58
黎巴嫩	38	F3	26.5						50
哈萨克斯坦	39	F3	49.0		50.9				48
波兰	40	F4	35.4	1	45.5		0.5		62
阿根廷	41	F4	42.1		24.8	2	1.0		59
巴拿马	42	F3	23.7		34.1				47
克罗地亚	43	F3	34.9		43.7				63
沙特阿拉伯	44	F4	72.6		24.6	2	1.0		55
哥伦比亚	45	F3	45.1		38.1				44
科威特	46	F4	51.5		18.3	2	1.0		68
智利	47	F4	47.7		35.7	1	0.5		55
马其顿	48	F3	44.9		49.9				48
阿塞拜疆	49	F3	76.2		51.6				44
摩尔多瓦	50	F2	25.5		51.6				46
罗马尼亚	51	F3	32.4		60.2				51
委内瑞拉	52	F4	61.8		32.3	1	0.5		51
乌兹别克斯坦	53	F2	52.1		64.8				35
多米尼加	54	F3	39.9		36.5				40
亚美尼亚	55	F2	62.8		61.8				43
巴拉圭	56	F2	38.5		47.6				35
哥斯达黎加	57	F3	36.3		35.8				46
巴西	58	F3	34.7		40.9				52
墨西哥	59	F4	40.9	1	40.1		0.5		50
博茨瓦纳	60	F3	54.8		45.3				28
秘鲁	61	F3	43.4		51.4				39
牙买加	62	F3	30.7		36.1				42
约旦	63	F4	37.0	1	25.5	2	1.5		53
南非	64	F4	37.0	1	35.1	1	1.0		40
土耳其	65	F3	36.3		51.9				48
厄瓜多尔	66	F4	47.3		30.2	2	1.0		42
伊朗	67	F3	54.7		54.9				43
蒙古	68	F2	60.8		55.8				41
摩洛哥	69	F2	45.0		63.7				34
马来西亚	70	F3	58.0		43.3				50

附表 1-3-6　2008 年世界第二次现代化发展阶段　（续表）

国家	编号	第一次现代化阶段	产业结构信号		劳动力结构信号		平均值	第二次现代化的阶段[a]	第二次现代化指数
			物质产业增加值占GDP比例	赋值	物质产业劳动力占总劳动力比例	赋值			
萨尔瓦多	71	F3	41.6		41.8				36
埃及	72	F3	50.8		53.4				39
中国	73	F3	59.9		66.8				43
阿尔及利亚	74	F3	69.0		47.0				36
土库曼斯坦	75	F2	66.0						36
突尼斯	76	F3	42.5		56.0				46
阿尔巴尼亚	77	F2	40.4		71.6				36
吉尔吉斯斯坦	78	F2	49.4		55.7				38
塔吉克斯坦	79	F2	41.0		73.8				31
玻利维亚	80	F2	51.8		58.5				34
缅甸	81	F1	64.6		84.4				19
菲律宾	82	F2	46.5		51.2				33
泰国	83	F2	55.8		62.6				38
纳米比亚	84	F3	46.6		44.9				25
津巴布韦	85	F2	43.0		52.0				20
洪都拉斯	86	F3	44.6		60.3				29
尼加拉瓜	87	F3	48.9		48.8				29
越南	88	F2	61.8		75.3				29
肯尼亚	89	F2	45.8		38.0				20
斯里兰卡	90	F2	42.7		61.3				27
刚果共和国	91	F3	79.1						17
印度尼西亚	92	F2	62.5		60.1				28
赞比亚	93	F1	67.5		77.4				16
危地马拉	94	F2	41.7		56.3				29
毛里塔尼亚	95	F2	59.3						16
科特迪瓦	96	F2	51.1						18
印度	97	F2	46.3		79.7				26
巴基斯坦	98	F2	47.3		64.6				26
莱索托	99	F2	42.0						17
柬埔寨	100	F1	58.5		91.4				18
喀麦隆	101	F2	50.1		76.9				19
厄立特里亚	102	F1	43.5						15
叙利亚	103	F3	55.0		52.7				33
加纳	104	F1	58.8		68.9				20
乍得	105	F1	62.5						12
莫桑比克	106	F1	52.9						14
几内亚	107	F1	71.2						16
也门共和国	108	F2	54.6		65.3				20
巴布亚新几内亚	109	F1	81.6		77.3				14
海地	110	F2	44.9		61.3				26
尼泊尔	111	F1	50.4		79.9				20
塞内加尔	112	F2	37.4		64.1				22
塞拉利昂	113	0	73.7		75.2				15
刚果民主共和国	114	F1	68.2						16
老挝	115	F1	62.9						20
马拉维	116	0	54.9		100.0				14
多哥	117	F1	67.6						18
马达加斯加	118	F1	42.5		85.4				18
马里	119	F1	60.9		58.1				17
尼日利亚	120	F2	73.4		50.0				20
孟加拉国	121	F2	47.5		62.6				21
坦桑尼亚	122	0	62.7		79.7				12
贝宁	123	F1	45.6						17
尼日尔	124	0	57.3						11
安哥拉	125	F2	74.3						16
乌干达	126	F1	48.5		76.5				16
中非	127	0	67.1						12
布基纳法索	128	0	55.6						13
埃塞俄比亚	129	0	57.6		87.2				14
布隆迪	130	0	54.9						13
卢旺达	131	0	51.5						13
高收入国家	132	F4	27.2	2	27.8	2	2.0	S2	100
中等收入国家	133	F3	46.5		69.8				38
低收入国家	134	F2	53.5		73.2				20
世界平均	135	F3	30.7		65.3				50

a. F4 代表第一次现代化的过渡期，F3 代表成熟期，F2 代表发展期，F1 代表起步期，0 代表传统农业社会。

b. 第一次现代化过渡期时，再判断第二次现代化阶段，并根据第二次现代化指数进行调整（必须大于 60）。S2 代表发展期，S1 代表起步期。

附表 1-3-7　1970～2008 年世界第二次现代化指数和排名

国家	编号	指数[a]							排名						
		1970	1980	1990	2000	2005	2007	2008	1970	1980	1990	2000	2005	2007	2008
瑞典	1	58	75	93	109	105	105	104	7	2	3	1	2	2	2
美国	2	71	79	97	108	109	109	110	1	1	2	2	1	1	1
芬兰	3	49	62	85	103	101	103	103	18	15	10	4	6	4	4
澳大利亚	4	54	61	77	99	98	94	97	13	18	15	7	7	11	8
瑞士	5	51	65	98	99	95	95	94	15	11	1	8	8	8	11
挪威	6	56	65	87	100	101	99	99	8	12	7	6	5	6	6
日本	7	58	72	88	103	102	101	101	6	4	6	3	4	5	5
丹麦	8	54	66	87	102	102	103	103	12	10	8	5	3	3	3
德国	9	56	62	80	97	93	95	96	9	16	12	9	10	9	9
荷兰	10	60	68	85	93	93	93	94	3	7	9	10	9	12	10
加拿大	11	59	69	89	92	91	93	93	4	6	5	12	14	13	14
新加坡	12	41	41	69	76	88	92	93	23	32	18	19	18	16	15
英国	13	54	64	75	92	91	93	92	11	14	16	11	15	14	17
法国	14	48	67	78	90	92	93	94	19	9	13	13	13	15	13
比利时	15	53	74	83	90	92	94	94	14	3	11	14	11	10	12
奥地利	16	44	55	78	82	89	92	92	22	20	14	16	17	17	16
新西兰	17	47	62	69	77	91	91	89	20	17	17	18	16	18	18
韩国	18	25	35	55	84	92	97	98	46	41	26	15	12	7	7
以色列	19	45	64	65	81	84	80	84	21	13	20	17	19	21	20
意大利	20	39	47	66	74	78	79	77	26	29	19	21	22	22	23
爱尔兰	21	38	44	59	76	81	85	85	27	30	25	20	20	19	19
西班牙	22	31	55	62	72	78	81	82	35	21	22	22	21	20	21
爱沙尼亚	23	—	81	—	66	71	74	75	—	—	—	26	24	24	25
斯洛文尼亚	24	—	—	—	67	76	77	77	—	—	—	25	23	23	22
乌拉圭	25	34	48	59	69	54	55	57	31	27	24	23	44	42	39
俄罗斯	26	—	97	—	57	66	67	69	—	—	—	29	29	30	30
斯洛伐克	27	—	—	—	57	63	63	66	—	—	—	30	34	34	33
希腊	28	35	56	52	62	70	74	75	30	19	30	27	25	25	24
匈牙利	29	50	53	51	57	65	69	69	17	24	32	31	31	28	28
捷克	30	66	70	62	60	68	73	75	2	5	23	28	27	26	26
葡萄牙	31	24	28	39	68	68	69	72	51	53	42	24	26	27	27
白俄罗斯	32	—	70	—	51	58	58	60	—	—	—	39	38	38	36
拉脱维亚	33	—	60	—	56	65	68	68	—	—	—	32	32	29	32
立陶宛	34	—	79	—	55	65	67	69	—	—	—	33	30	31	29
格鲁吉亚	35	—	63	—	49	46	47	48	—	—	—	43	54	55	50
乌克兰	36	—	75	—	49	57	58	56	—	—	—	42	39	37	40
保加利亚	37	50	68	63	48	54	57	58	16	8	21	45	43	40	38
黎巴嫩	38	—	52	—	54	64	64	50	—	25	—	34	33	33	47
哈萨克斯坦	39	—	74	—	41	48	50	48	—	—	—	51	49	45	53
波兰	40	55	51	47	51	60	62	62	10	26	34	38	36	36	35
阿根廷	41	36	40	54	54	56	58	59	29	33	27	35	41	39	37
巴拿马	42	41	48	53	52	45	47	47	24	28	28	37	60	52	54
克罗地亚	43	—	—	—	51	59	62	63	—	—	—	40	37	35	34
沙特阿拉伯	44	26	40	52	50	66	54	55	40	34	29	41	28	44	42
哥伦比亚	45	23	27	43	47	39	42	44	55	55	38	46	73	61	59
科威特	46	59	53	90	54	61	67	68	5	23	4	36	35	32	31
智利	47	30	36	38	48	57	54	55	38	37	45	44	40	43	41
马其顿	48	—	—	—	41	43	47	48	—	—	—	52	63	54	52
阿塞拜疆	49	—	65	—	43	40	41	44	—	—	—	48	69	64	58
摩尔多瓦	50	—	61	—	39	41	45	46	—	—	—	61	66	57	57
罗马尼亚	51	36	42	41	42	46	49	51	28	31	40	50	52	47	45
委内瑞拉	52	32	34	39	40	46	48	51	34	42	43	56	53	49	46
乌兹别克斯坦	53	—	60	—	40	46	35	35	—	—	—	53	55	77	76
多米尼加	54	26	35	44	42	53	40	40	42	39	36	49	45	67	66
亚美尼亚	55	—	—	—	36	43	43	43	—	—	—	67	64	59	61
巴拉圭	56	24	22	31	40	34	34	35	50	72	59	55	80	78	77
哥斯达黎加	57	33	31	35	37	45	46	46	32	47	53	65	58	56	55
巴西	58	30	29	43	40	47	50	52	37	50	37	57	50	46	44
墨西哥	59	26	33	46	40	46	47	50	41	43	35	58	51	53	48
博茨瓦纳	60	11	23	28	33	32	29	28	96	71	69	70	84	87	87
秘鲁	61	25	29	37	38	42	40	39	47	51	49	62	65	70	69
牙买加	62	25	39	42	46	40	43	42	45	36	39	47	67	60	63
约旦	63	20	32	50	38	55	56	53	69	45	33	63	42	41	43
南非	64	39	33	38	37	40	40	40	25	44	47	64	68	68	67
土耳其	65	20	25	32	36	43	48	48	65	63	57	66	62	51	51
厄瓜多尔	66	25	40	28	33	36	40	42	48	35	70	71	75	66	64
伊朗	67	21	22	30	33	40	42	43	61	74	62	73	72	62	62
蒙古	68	—	55	52	30	40	41	41	—	22	31	80	70	65	65
摩洛哥	69	23	26	30	33	33	34	34	54	58	61	69	81	79	78
马来西亚	70	25	24	29	39	48	48	50	44	69	65	60	48	50	49

附表 1-3-7　1970～2008 年世界第二次现代化指数和排名　　（续表）

国家	编号	指数[a]							排名						
		1970	1980	1990	2000	2005	2007	2008	1970	1980	1990	2000	2005	2007	2008
萨尔瓦多	71	22	25	29	40	35	36	36	57	62	67	54	77	73	73
埃及	72	25	26	35	40	35	39	39	49	57	54	59	78	71	68
中国	73	21	25	26	31	40	42	43	60	66	73	78	71	63	60
阿尔及利亚	74	19	30	39	33	45	36	36	72	48	44	72	57	74	75
土库曼斯坦	75	—	—	—	35	48	49	36	—	—	—	68	47	48	72
突尼斯	76	20	29	28	33	45	45	46	63	49	68	74	61	58	56
阿尔巴尼亚	77	—	35	—	22	45	35	36	—	38	—	94	59	75	74
吉尔吉斯斯坦	78	—	56	—	32	45	38	38	—	—	—	76	56	72	70
塔吉克斯坦	79	—	—	—	32	38	31	31	—	—	—	75	74	82	82
玻利维亚	80	29	25	36	29	50	35	34	39	65	50	81	46	76	79
缅甸	81	16	21	21	27	21	20	19	82	80	91	84	109	106	104
菲律宾	82	25	26	29	32	34	34	33	43	61	66	77	79	80	80
泰国	83	18	26	24	30	36	40	38	74	60	80	79	76	69	71
纳米比亚	84	—	—	35	28	33	24	25	—	—	51	83	82	95	93
津巴布韦	85	20	21	27	26	26	21	20	64	76	71	86	93	103	100
洪都拉斯	86	17	27	29	28	28	29	29	79	56	64	82	87	83	83
尼加拉瓜	87	22	31	34	25	28	29	29	58	46	56	87	86	86	86
越南	88	—	17	—	22	29	29	29	—	88	—	95	85	85	84
肯尼亚	89	16	15	24	26	25	20	20	80	98	82	85	94	104	96
斯里兰卡	90	22	21	34	24	26	26	27	56	78	55	89	92	90	89
刚果共和国	91	33	28	23	22	22	18	17	33	54	83	97	106	114	111
印度尼西亚	92	19	19	29	22	27	28	28	73	85	63	93	88	88	88
赞比亚	93	15	22	22	20	20	15	16	86	75	88	100	111	120	113
危地马拉	94	17	25	38	22	27	29	29	78	64	48	96	89	84	85
毛里塔尼亚	95	21	21	25	24	22	23	16	59	79	75	91	108	97	115
科特迪瓦	96	9	28	31	20	22	18	18	98	52	60	99	104	112	107
印度	97	17	19	24	21	26	25	26	77	81	81	98	90	92	90
巴基斯坦	98	16	17	18	25	23	24	26	84	90	95	88	102	94	92
莱索托	99	20	24	32	19	14	16	17	67	68	58	104	129	118	112
柬埔寨	100	—	4	—	19	24	18	18	—	110	—	101	100	113	105
喀麦隆	101	16	23	24	19	24	18	19	81	70	78	103	99	111	103
厄立特里亚	102	—	—	—	19	21	19	15	—	—	—	102	110	108	119
叙利亚	103	31	35	38	24	33	33	33	36	40	46	90	83	81	81
加纳	104	18	25	22	18	25	19	20	75	67	87	106	95	107	102
乍得	105	16	26	18	16	14	16	12	83	59	94	113	126	119	130
莫桑比克	106	8	11	18	18	15	15	14	100	108	97	107	123	122	121
几内亚	107	8	14	26	18	20	17	16	99	104	72	109	112	116	117
也门共和国	108	4	14	40	23	26	27	20	103	103	41	92	91	89	98
巴布亚新几内亚	109	13	19	19	19	19	18	14	94	84	93	105	114	110	122
海地	110	14	15	24	17	24	26	26	90	95	79	112	98	91	91
尼泊尔	111	15	13	21	18	20	22	20	88	106	90	110	113	99	101
塞内加尔	112	24	19	25	16	25	22	22	53	83	77	117	97	98	94
塞拉利昂	113	24	19	23	14	17	15	15	52	82	86	126	116	123	120
刚果民主共和国	114	—	17	—	14	14	18	16	—	86	—	127	127	115	118
老挝	115	6	15	17	18	22	25	20	101	100	99	108	103	93	99
马拉维	116	21	15	23	16	16	13	14	62	99	85	118	118	126	124
多哥	117	19	22	23	17	24	21	18	71	73	84	111	101	102	108
马达加斯加	118	18	15	17	16	16	19	18	76	101	100	114	119	109	106
马里	119	20	17	17	16	18	23	17	66	89	101	116	115	96	109
尼日利亚	120	15	16	25	15	25	20	20	87	93	76	123	96	105	97
孟加拉国	121	5	16	21	16	22	21	21	102	92	89	115	105	101	95
坦桑尼亚	122	15	14	17	14	15	12	12	85	105	103	124	122	130	129
贝宁	123	20	21	25	15	22	17	17	68	77	74	120	107	117	110
尼日尔	124	13	16	18	15	14	12	11	92	91	96	119	128	131	131
安哥拉	125	19	16	35	15	17	21	16	70	94	52	121	117	100	116
乌干达	126	11	15	17	14	16	15	16	95	102	102	125	120	121	114
中非	127	13	15	20	12	11	12	12	91	97	92	129	131	129	128
布基纳法索	128	2	17	16	13	14	14	13	104	87	104	128	130	124	125
埃塞俄比亚	129	14	15	18	15	16	14	14	89	96	98	122	121	125	123
布隆迪	130	10	12	16	11	15	13	13	97	107	106	130	124	127	127
卢旺达	131	13	10	16	9	15	12	13	93	109	105	131	125	128	126
高收入国家	132	72	76	89	100	100	100	100							
中等收入国家	133	20	36	33	38	41	38	38							
低收入国家	134	9	20	22	20	22	20	20							
世界平均	135	33	44	47	46	51	50	50							

a. 1970～2000 年是以 2000 年高收入国家平均值为基准值的评价，2001 年以来是以当年高收入国家平均值为基准值的评价。

1970 年和 1990 年没有知识创新和知识传播的数据，评价结果仅供参考。

附表 1-4-1　2008 年世界综合现代化指数

国家	编号	经济发展指数	社会发展指数	知识发展指数	综合现代化指数	排名	国家	编号	经济发展指数	社会发展指数	知识发展指数	综合现代化指数	排名
瑞典	1	99	100	84	94	3	厄瓜多尔	66	50	72	25	49	56
美国	2	100	95	100	98	1	伊朗	67	41	58	32	44	64
芬兰	3	96	94	86	92	6	蒙古	68	32	69	26	42	66
澳大利亚	4	98	97	76	91	8	摩洛哥	69	36	64	23	41	74
瑞士	5	99	99	74	91	7	马来西亚	70	48	61	38	49	57
挪威	6	93	100	76	90	13	萨尔瓦多	71	47	71	13	43	65
日本	7	95	92	96	94	5	埃及	72	38	65	20	41	72
丹麦	8	100	100	85	95	2	中国	73	31	57	36	41	69
德国	9	96	99	88	94	4	阿尔及利亚	74	37	68	14	40	77
荷兰	10	100	100	70	90	11	土库曼斯坦	75	23	61	15	33	85
加拿大	11	98	87	73	86	16	突尼斯	76	42	71	31	48	58
新加坡	12	97	86	71	85	18	阿尔巴尼亚	77	38	67	21	42	67
英国	13	99	96	73	90	12	吉尔吉斯斯坦	78	35	59	29	41	73
法国	14	97	100	73	90	10	塔吉克斯坦	79	31	52	12	31	88
比利时	15	99	100	68	89	14	玻利维亚	80	35	61	28	41	70
奥地利	16	97	97	77	90	9	缅甸	81	24	45	8	26	102
新西兰	17	82	96	73	84	19	菲律宾	82	39	67	13	40	76
韩国	18	76	83	100	86	15	泰国	83	36	43	29	36	81
以色列	19	79	100	71	83	20	纳米比亚	84	44	53	7	35	82
意大利	20	90	97	56	81	22	津巴布韦	85	37	37	8	27	96
爱尔兰	21	95	95	65	85	17	洪都拉斯	86	36	52	12	33	83
西班牙	22	88	100	61	83	21	尼加拉瓜	87	38	51	8	32	87
爱沙尼亚	23	66	84	60	70	29	越南	88	24	42	14	27	97
斯洛文尼亚	24	74	86	65	75	23	肯尼亚	89	42	30	6	26	101
乌拉圭	25	58	99	42	66	31	斯里兰卡	90	37	46	6	30	91
俄罗斯	26	58	76	54	63	36	刚果共和国	91	14	58	6	26	100
斯洛伐克	27	65	83	48	65	35	印度尼西亚	92	30	47	9	29	92
希腊	28	79	95	48	74	24	赞比亚	93	20	32	3	18	123
匈牙利	29	65	88	58	70	27	危地马拉	94	40	60	12	37	80
捷克	30	66	86	59	70	26	毛里塔尼亚	95	21	42	4	23	111
葡萄牙	31	74	94	49	72	25	科特迪瓦	96	25	41	8	25	105
白俄罗斯	32	40	76	51	56	44	印度	97	28	42	15	28	93
拉脱维亚	33	65	91	55	70	28	巴基斯坦	98	33	46	13	31	89
立陶宛	34	62	84	54	66	32	莱索托	99	29	31	4	21	114
格鲁吉亚	35	41	75	25	47	59	柬埔寨	100	19	34	4	19	119
乌克兰	36	46	72	40	53	51	喀麦隆	101	27	46	8	27	95
保加利亚	37	52	77	37	55	45	厄立特里亚	102	27	33	4	21	115
黎巴嫩	38	50	94	54	66	34	叙利亚	103	36	53	10	33	86
哈萨克斯坦	39	45	70	23	46	62	加纳	104	26	40	5	24	106
波兰	40	60	78	50	63	37	乍得	105	19	32	2	18	125
阿根廷	41	59	86	40	62	38	莫桑比克	106	23	30	6	20	117
巴拿马	42	61	85	28	58	39	几内亚	107	14	40	7	21	116
克罗地亚	43	62	89	47	66	33	也门共和国	108	30	43	6	26	99
沙特阿拉伯	44	62	72	22	52	53	巴布亚新几内亚	109	16	32	2	17	128
哥伦比亚	45	49	85	29	54	48	海地	110	65	43	8	39	79
科威特	46	92	82	28	67	30	尼泊尔	111	25	32	12	23	108
智利	47	55	81	37	58	41	塞内加尔	112	36	47	9	31	90
马其顿	48	45	79	30	51	54	塞拉利昂	113	18	36	1	18	121
阿塞拜疆	49	33	73	19	42	68	刚果民主共和国	114	15	29	14	19	118
摩尔多瓦	50	45	64	30	47	61	老挝	115	19	45	11	25	104
罗马尼亚	51	51	74	38	54	47	马拉维	116	16	30	1	16	131
委内瑞拉	52	51	79	36	55	46	多哥	117	16	37	12	22	112
乌兹别克斯坦	53	31	60	10	33	84	马达加斯加	118	26	40	3	23	110
多米尼加	54	51	81	27	53	50	马里	119	29	35	5	23	109
亚美尼亚	55	32	80	19	44	63	尼日利亚	120	29	40	10	26	98
巴拉圭	56	44	62	16	41	75	孟加拉国	121	32	41	9	28	94
哥斯达黎加	57	55	77	25	52	52	坦桑尼亚	122	21	29	1	17	126
巴西	58	54	84	35	58	40	贝宁	123	27	40	4	24	107
墨西哥	59	57	92	23	57	42	尼日尔	124	20	28	1	17	129
博茨瓦纳	60	48	61	8	39	78	安哥拉	125	19	53	4	25	103
秘鲁	61	44	81	22	49	55	乌干达	126	27	29	8	21	113
牙买加	62	54	57	29	47	60	中非	127	16	37	2	18	124
约旦	63	53	81	27	53	49	布基纳法索	128	22	32	2	19	120
南非	64	54	51	19	41	71	埃塞俄比亚	129	20	26	3	16	130
土耳其	65	53	81	34	56	43	布隆迪	130	21	25	4	17	127
							卢旺达	131	24	29	3	18	122
高收入国家	132	100	100	100	100								
中等收入国家	133	35	58	26	40								
低收入国家	134	26	36	10	24								
世界平均	135	48	67	45	54								

附表 1-4-2 2008 年世界经济发展指数

国家	编号	经济发展指标的实际值				经济发展指标的指数				
		人均 GNI	人均 PPP[a]	服务业增加值比例[b]	服务业劳动力比例[b]	人均 GNI	人均 PPP	服务业增加值比例	服务业劳动力比例	经济发展指数
瑞典	1	50 910	37 780	71	76	100	100	97	100	99
美国	2	47 930	46 790	77	78	100	100	100	100	100
芬兰	3	47 600	35 940	65	70	100	97	89	96	96
澳大利亚	4	40 240	37 250	68	75	100	100	94	100	98
瑞士	5	55 510	39 210	71	72	100	100	97	100	99
挪威	6	87 340	59 250	53	76	100	100	72	100	93
日本	7	38 130	35 190	69	67	96	95	95	92	95
丹麦	8	58 800	37 530	73	74	100	100	100	100	100
德国	9	42 710	35 950	69	68	100	97	95	94	96
荷兰	10	49 340	40 620	73	73	100	100	100	100	100
加拿大	11	43 640	38 710	66	76	100	100	91	100	98
新加坡	12	34 760	47 970	72	76	88	100	99	100	97
英国	13	46 040	36 240	76	77	100	97	100	100	99
法国	14	42 000	33 280	78	73	100	89	100	100	97
比利时	15	44 570	35 380	76	73	100	95	100	100	99
奥地利	16	45 900	37 360	67	68	100	100	92	95	97
新西兰	17	27 830	25 200	68	71	70	68	93	98	82
韩国	18	21 530	27 840	60	67	54	75	83	92	76
以色列	19	24 720	27 450	—	76	62	74		100	79
意大利	20	35 460	30 800	71	66	89	83	98	92	90
爱尔兰	21	49 770	35 710	64	68	100	96	88	94	95
西班牙	22	31 930	30 830	68	68	80	83	94	94	88
爱沙尼亚	23	14 570	19 320	68	60	37	52	93	84	66
斯洛文尼亚	24	24 230	27 160	63	55	61	73	87	76	74
乌拉圭	25	8260	12 550	63	67	21	34	86	93	58
俄罗斯	26	9660	15 460	58	62	24	42	79	86	58
斯洛伐克	27	16 590	21 460	59	57	42	58	81	78	65
希腊	28	28 400	28 300	77	50	72	76	100	69	79
匈牙利	29	12 810	18 210	66	63	32	49	91	88	65
捷克	30	16 650	22 890	60	56	42	62	82	78	66
葡萄牙	31	20 680	22 330	74	59	52	60	100	82	74
白俄罗斯	32	5360	12 120	46	36	14	33	63	50	40
拉脱维亚	33	11 860	16 010	74	64	30	43	100	88	65
立陶宛	34	11 870	17 170	63	61	30	46	86	85	62
格鲁吉亚	35	2500	4920	69	36	6	13	95	50	41
乌克兰	36	3210	7210	55	59	8	19	75	82	46
保加利亚	37	5490	11 370	62	57	14	31	85	79	52
黎巴嫩	38	6780	11 750	74	—	17	32	100		50
哈萨克斯坦	39	6160	9720	51	49	16	26	70	68	45
波兰	40	11 730	16 710	65	55	30	45	89	75	60
阿根廷	41	7190	14 000	58	75	18	38	80	100	59
巴拿马	42	6690	12 630	76	66	17	34	100	91	61
克罗地亚	43	13 580	17 050	65	56	34	46	89	78	62
沙特阿拉伯	44	17 870	24 500	27	75	45	66	38	100	62
哥伦比亚	45	4620	8430	55	62	12	23	75	86	49
科威特	46	43 930	53 480	49	82	100	100	67	100	92
智利	47	9370	13 250	52	64	24	36	72	89	55
马其顿	48	4130	9250	55	50	10	25	76	69	45
阿塞拜疆	49	3830	7770	24	48	10	21	33	67	33
摩尔多瓦	50	1500	3270	75	48	4	9	100	67	45
罗马尼亚	51	8280	13 380	68	40	21	36	93	55	51
委内瑞拉	52	9230	12 850	38	68	23	35	52	94	51
乌兹别克斯坦	53	910	2660	48	35	2	7	66	49	31
多米尼加	54	4330	7800	60	64	11	21	83	88	51
亚美尼亚	55	3350	6310	37	38	8	17	51	53	32
巴拉圭	56	2110	4660	62	52	5	13	84	73	44
哥斯达黎加	57	6060	10 960	64	64	15	29	88	89	55
巴西	58	7300	10 080	65	59	18	27	90	82	54
墨西哥	59	9990	14 340	59	60	25	39	81	83	57
博茨瓦纳	60	6640	13 310	45	55	17	36	62	76	48
秘鲁	61	3990	7950	57	49	10	21	78	67	44
牙买加	62	4800	7370	69	64	12	20	95	89	54
约旦	63	3470	5720	63	75	9	15	87	100	53
南非	64	5820	9790	63	65	15	26	87	90	54
土耳其	65	9020	13 420	64	48	23	36	88	67	53
厄瓜多尔	66	3690	7780	53	70	9	21	72	97	50
伊朗	67	3540	10 850	45	45	9	29	62	62	41
蒙古	68	1670	3470	39	44	4	9	54	61	32
摩洛哥	69	2520	4190	55	36	6	11	76	50	36
马来西亚	70	7250	13 740	42	57	18	37	58	79	48

附表 1-4-2　2008 年世界经济发展指数　（续表）

国家	编号	经济发展指标的实际值				经济发展指标的指数				
		人均GNI	人均PPP[a]	服务业增加值比例[b]	服务业劳动力比例[b]	人均GNI	人均PPP	服务业增加值比例	服务业劳动力比例	经济发展指数
萨尔瓦多	71	3460	6630	58	58	9	18	80	81	47
埃及	72	1800	5470	49	47	5	15	68	65	38
中国	73	2940	6010	40	33	7	16	55	46	31
阿尔及利亚	74	4190	7890	31	53	11	21	43	73	37
土库曼斯坦	75	2840	6130	34	—	7	16	47		23
突尼斯	76	3480	7460	58	44	9	20	79	61	42
阿尔巴尼亚	77	3840	7520	60	28	10	20	82	39	38
吉尔吉斯斯坦	78	780	2150	51	44	2	6	70	61	35
塔吉克斯坦	79	600	1870	59	26	2	5	81	36	31
玻利维亚	80	1460	4140	48	42	4	11	66	57	35
缅甸	81	—	1020	35	16		3	49	22	24
菲律宾	82	1890	3900	54	49	5	10	73	68	39
泰国	83	3670	7770	44	37	9	21	61	52	36
纳米比亚	84	4210	6250	53	55	11	17	73	76	44
津巴布韦	85	360	170	57	48	1	0	78	66	37
洪都拉斯	86	1740	3830	55	40	4	10	76	55	36
尼加拉瓜	87	1080	2620	51	51	3	7	70	71	38
越南	88	890	2700	38	25	2	7	52	34	24
肯尼亚	89	730	1560	54	62	2	4	74	86	42
斯里兰卡	90	1780	4460	57	39	4	12	79	54	37
刚果共和国	91	1790	2810	21	—	5	8	29		14
印度尼西亚	92	1880	3600	38	40	5	10	52	55	30
赞比亚	93	950	1230	33	23	2	3	45	31	20
危地马拉	94	2680	4690	58	44	7	13	80	61	40
毛里塔尼亚	95	840	1990	41	—	2	5	56		21
科特迪瓦	96	980	1580	49	—	2	4	67		25
印度	97	1040	2930	54	20	3	8	74	28	28
巴基斯坦	98	950	2590	53	35	2	7	72	49	33
莱索托	99	1060	1970	58	—	3	5	80		29
柬埔寨	100	640	1870	42	9	2	5	57	12	19
喀麦隆	101	1150	2170	50	23	3	6	69	32	27
厄立特里亚	102	300	640	57	—	1	2	78		27
叙利亚	103	2160	4490	45	47	5	12	62	66	36
加纳	104	630	1320	41	31	2	4	57	43	26
乍得	105	540	1070	38	—	1	3	52		19
莫桑比克	106	380	770	47	—	1	2	65		23
几内亚	107	350	970	29	—	1	3	40		14
也门共和国	108	960	2220	45	35	2	6	62	48	30
巴布亚新几内亚	109	1040	2030	18	23	3	5	25	31	16
海地	110	—	—	55	39			76	54	65
尼泊尔	111	400	1120	50	20	1	3	68	28	25
塞内加尔	112	980	1780	63	36	2	5	86	50	36
塞拉利昂	113	320	770	26	25	1	2	36	34	18
刚果民主共和国	114	150	280	32	—	0	1	44		15
老挝	115	760	2050	37	—	2	6	51		19
马拉维	116	280	810	45	0	1	2	62	0	16
多哥	117	410	830	32	—	1	2	45		16
马达加斯加	118	420	1050	58	15	1	3	79	20	26
马里	119	580	1100	39	42	1	3	54	58	29
尼日利亚	120	1170	1980	27	50	3	5	37	69	29
孟加拉国	121	520	1450	53	37	1	4	72	52	32
坦桑尼亚	122	440	1260	37	20	1	3	51	28	21
贝宁	123	700	1470	54	—	2	4	75		27
尼日尔	124	330	680	43	—	1	2	59		20
安哥拉	125	3340	4830	26	—	8	13	35		19
乌干达	126	420	1140	52	24	1	3	71	33	27
中非	127	410	730	33	—	1	2	45		16
布基纳法索	128	480	1160	44	—	1	3	61		22
埃塞俄比亚	129	280	870	42	13	1	2	58	18	20
布隆迪	130	140	380	45	—	0	1	62		21
卢旺达	131	440	1110	49	—	1	3	67		24
高收入国家	132	39 688	37 193	73	72	100	100	100	100	100
中等收入国家	133	3251	6137	54	30	8	17	73	42	35
低收入国家	134	523	1355	47	27	1	4	64	37	26
世界平均	135	8655	10 342	69	35	22	28	95	48	48
参考值		39 688	37 193	73	72					

a. 按购买力平价 PPP 计算的人均 GNI(国际美元)。

b. 为 2000～2008 年期间最近年的数据。

附表 1-4-3　2008 年世界社会发展指数

国家	编号	社会发展指标的实际值				社会发展指标的指数				社会发展指数
		城市人口比例	医生比例[a]	预期寿命	生态效益[b]	城市人口比例	医生比例	预期寿命	生态效益	
瑞典	1	85	3.6	81	9.0	100	100	100	100	100
美国	2	82	2.7	78	5.9	100	100	98	82	95
芬兰	3	63	3.3	80	6.7	81	100	100	94	94
澳大利亚	4	89	2.5	81	6.6	100	96	100	92	97
瑞士	5	74	4.0	82	16.6	94	100	100	100	99
挪威	6	78	3.9	81	14.5	99	100	100	100	100
日本	7	67	2.1	83	8.5	85	81	100	100	92
丹麦	8	87	3.2	79	15.8	100	100	98	100	100
德国	9	74	3.5	80	10.0	94	100	100	100	99
荷兰	10	82	3.9	80	9.7	100	100	100	100	100
加拿大	11	80	1.9	81	5.3	100	73	100	74	87
新加坡	12	100	1.5	81	6.2	100	58	100	87	86
英国	13	90	2.2	80	13.3	100	85	100	100	96
法国	14	77	3.7	82	9.5	99	100	100	100	100
比利时	15	97	4.2	80	8.0	100	100	100	100	100
奥地利	16	67	3.8	80	11.2	86	100	100	100	97
新西兰	17	87	2.2	80	8.0	100	85	100	100	96
韩国	18	82	1.7	80	4.7	100	65	100	66	83
以色列	19	92	3.6	81	7.6	100	100	100	100	100
意大利	20	68	3.7	82	11.9	87	100	100	100	97
爱尔兰	21	61	3.1	80	17.3	79	100	100	100	95
西班牙	22	77	3.8	81	10.0	99	100	100	100	100
爱沙尼亚	23	70	3.3	74	3.8	89	100	93	53	84
斯洛文尼亚	24	49	2.4	79	6.4	62	92	99	89	86
乌拉圭	25	92	4.2	76	7.7	100	100	95	100	99
俄罗斯	26	73	4.3	68	1.9	93	100	85	27	76
斯洛伐克	27	57	3.1	75	4.7	73	100	94	66	83
希腊	28	61	5.4	80	9.7	78	100	100	100	95
匈牙利	29	68	2.8	74	5.2	87	100	93	72	88
捷克	30	74	3.6	77	3.8	94	100	97	53	86
葡萄牙	31	60	3.4	79	8.9	76	100	99	100	94
白俄罗斯	32	74	4.9	71	1.6	94	100	88	22	76
拉脱维亚	33	68	3.0	72	6.2	87	100	90	86	91
立陶宛	34	67	4.0	72	4.2	86	100	90	58	84
格鲁吉亚	35	53	4.5	72	3.0	68	100	89	42	75
乌克兰	36	68	3.1	68	1.0	87	100	85	14	72
保加利亚	37	71	3.7	73	2.0	91	100	92	27	77
黎巴嫩	38	87	3.3	72	6.3	100	100	90	87	94
哈萨克斯坦	39	58	3.9	66	1.6	74	100	83	22	70
波兰	40	61	2.0	76	4.4	79	77	94	61	78
阿根廷	41	92	3.2	75	3.6	100	100	94	50	86
巴拿马	42	73	1.5	76	6.9	94	58	95	96	85
克罗地亚	43	57	2.6	76	6.3	73	100	95	87	89
沙特阿拉伯	44	82	1.6	73	2.6	100	62	91	35	72
哥伦比亚	45	75	1.4	73	7.2	96	54	91	99	85
科威特	46	98	1.8	78	4.6	100	69	98	63	82
智利	47	88	1.3	79	5.3	100	50	98	74	81
马其顿	48	67	2.6	74	2.6	86	100	93	36	79
阿塞拜疆	49	52	3.8	70	2.8	67	100	88	39	73
摩尔多瓦	50	42	2.7	68	1.4	54	100	86	19	64
罗马尼亚	51	54	1.9	73	4.4	69	73	92	60	74
委内瑞拉	52	93	1.9	74	3.6	100	73	92	50	79
乌兹别克斯坦	53	37	2.6	68	0.5	47	100	85	6	60
多米尼加	54	69	1.9	73	5.2	88	73	91	73	81
亚美尼亚	55	64	3.7	74	3.2	82	100	92	45	80
巴拉圭	56	60	1.1	72	2.9	77	42	90	40	62
哥斯达黎加	57	63	1.3	79	5.5	81	50	99	76	77
巴西	58	86	1.7	72	5.7	100	65	91	79	84
墨西哥	59	77	2.9	75	5.6	99	100	94	77	92
博茨瓦纳	60	60	0.4	54	6.1	76	15	68	85	61
秘鲁	61	71	1.1	73	7.6	92	41	92	100	81
牙买加	62	53	0.9	72	2.6	68	35	90	36	57
约旦	63	78	2.6	73	2.4	100	100	91	33	81
南非	64	61	0.8	52	2.1	78	31	64	29	51
土耳其	65	69	1.5	72	6.5	88	58	90	90	81
厄瓜多尔	66	66	1.5	75	3.9	84	58	94	54	72
伊朗	67	69	0.9	71	1.5	88	35	89	21	58
蒙古	68	57	2.6	67	1.3	73	100	83	18	69
摩洛哥	69	56	0.6	71	5.2	72	23	89	72	64
马来西亚	70	70	0.7	74	2.6	90	27	93	36	61

附表 1-4-3　2008 年世界社会发展指数　　（续表）

国家	编号	社会发展指标的实际值				社会发展指标的指数				社会发展指数
		城市人口比例	医生比例[a]	预期寿命	生态效益[b]	城市人口比例	医生比例	预期寿命	生态效益	
萨尔瓦多	71	61	1.5	71	4.2	78	58	89	58	71
埃及	72	43	2.4	70	1.9	55	92	88	27	65
中国	73	43	1.5	73	1.7	55	58	91	24	57
阿尔及利亚	74	65	1.2	72	3.7	84	46	91	51	68
土库曼斯坦	75	49	2.4	65	0.5	62	92	81	7	61
突尼斯	76	67	1.3	74	4.0	85	50	93	55	71
阿尔巴尼亚	77	47	1.1	77	5.0	60	42	96	69	67
吉尔吉斯斯坦	78	36	2.3	67	1.3	47	88	84	18	59
塔吉克斯坦	79	27	2.0	67	1.0	34	77	83	13	52
玻利维亚	80	66	1.2	66	2.4	84	46	82	34	61
缅甸	81	33	0.4	62	—	42	15	77		45
菲律宾	82	65	1.2	72	3.6	83	46	90	50	67
泰国	83	33	0.3	69	2.4	43	12	86	33	43
纳米比亚	84	37	0.3	61	5.7	47	12	76	79	53
津巴布韦	85	37	0.2	44	—	48	8	55		37
洪都拉斯	86	48	0.6	72	2.5	61	23	90	35	52
尼加拉瓜	87	57	0.4	73	1.6	73	15	91	23	51
越南	88	28	0.6	74	1.2	36	23	93	17	42
肯尼亚	89	22	0.1	54	1.5	28	4	68	21	30
斯里兰卡	90	15	0.6	74	3.5	19	23	93	48	46
刚果共和国	91	61	0.1	54	6.0	79	4	67	84	58
印度尼西亚	92	52	0.1	71	2.3	66	4	89	31	47
赞比亚	93	35	0.1	45	1.5	45	4	57	21	32
危地马拉	94	49	0.9	70	4.1	62	34	88	57	60
毛里塔尼亚	95	41	0.1	57	—	53	4	71		42
科特迪瓦	96	49	0.1	57	2.0	63	4	72	28	41
印度	97	30	0.6	64	2.0	38	23	80	27	42
巴基斯坦	98	36	0.8	67	1.7	46	31	83	24	46
莱索托	99	26	0.1	45	—	33	4	56		31
柬埔寨	100	22	0.2	61	1.7	28	8	76	23	34
喀麦隆	101	57	0.2	51	2.8	73	8	64	39	46
厄立特里亚	102	21	0.1	60	1.9	27	4	74	26	33
叙利亚	103	54	0.5	74	2.1	69	19	93	29	53
加纳	104	50	0.1	57	1.6	64	4	71	22	40
乍得	105	27	0.0	49		34	0	61		32
莫桑比克	106	37	0.0	48	0.9	47	0	60	12	30
几内亚	107	34	0.1	58	—	44	4	72		40
也门共和国	108	31	0.3	63	3.0	39	12	79	42	43
巴布亚新几内亚	109	13	0.1	61	—	16	4	76		32
海地	110	47	0.2	61	2.2	60	6	77	31	43
尼泊尔	111	17	0.2	67	1.1	22	8	83	15	32
塞内加尔	112	42	0.1	56	4.2	54	4	70	59	47
塞拉利昂	113	38	0.0	48	—	48	0	60		36
刚果民主共和国	114	34	0.1	48	0.6	44	4	60	8	29
老挝	115	31	0.4	65	—	40	15	81		45
马拉维	116	19	0.0	53	—	24	0	66		30
多哥	117	42	0.1	63	1.0	54	4	78	14	37
马达加斯加	118	30	0.2[a]	60	—	38	8	75		40
马里	119	32	0.1	48	—	41	4	61		35
尼日利亚	120	48	0.4	48	1.6	62	15	60	22	40
孟加拉国	121	27	0.3	66	2.7	35	12	83	37	41
坦桑尼亚	122	26	0.0	56	0.9	33	0	70	13	29
贝宁	123	41	0.1	61	1.9	53	4	77	27	40
尼日尔	124	17	0.0	51	—	21	0	64		28
安哥拉	125	57	0.1	47	5.6	73	4	59	77	53
乌干达	126	13	0.1	53	—	17	4	66		29
中非	127	39	0.1	47	—	49	4	59		37
布基纳法索	128	20	0.1	53	—	25	4	66		32
埃塞俄比亚	129	17	0.0	55	0.8	22	0	69	12	26
布隆迪	130	10	0.0	50	—	13	0	63		25
卢旺达	131	18	0.0	50	—	23	0	63		29
高收入国家	132	78	2.6	80	7.2	100	100	100	100	100
中等收入国家	133	48	1.3	69	2.4	62	50	86	34	58
低收入国家	134	29	0.5	59	1.1	37	18	74	16	36
世界平均	135	50	1.4	69	4.6	64	56	86	64	67
参考值		78	2.6	80	7.2					

a. 为 2000～2008 年期间最近年的数据。

b. 为 2000～2007 年期间最近年的数据。

附表 1-4-4　2008 年世界知识发展指数

国家	编号	知识发展指标的实际值				知识发展指标的指数				知识发展指数
		知识创新经费投入[a]	知识创新专利产出[b]	大学普及率[c]	互联网普及率	知识创新经费投入	知识创新专利产出	大学普及率	互联网普及率	
瑞典	1	3.7	3	75	88	100	37	100	100	84
美国	2	2.7	8	82	76	100	100	100	100	100
芬兰	3	3.5	3	94	83	100	45	100	100	86
澳大利亚	4	2.2	1	75	71	88	17	100	100	76
瑞士	5	2.9	2	47	76	100	28	68	100	74
挪威	6	1.7	3	76	83	68	35	100	100	76
日本	7	3.4	26	58	75	100	100	84	100	96
丹麦	8	2.6	3	80	83	100	40	100	100	85
德国	9	2.6	6	50	76	100	80	73	100	88
荷兰	10	1.8	1	60	87	72	20	87	100	70
加拿大	11	2.0	2	62	75	80	20	90	100	73
新加坡	12	2.6	2	44	70	100	22	64	100	71
英国	13	1.8	3	59	76	72	36	86	100	73
法国	14	2.1	2	55	68	84	32	79	98	73
比利时	15	1.9	1	62	68	76	7	90	99	68
奥地利	16	2.5	3	50	71	100	37	73	100	77
新西兰	17	1.3	3	79	71	52	39	100	100	73
韩国	18	3.5	26	96	76	100	100	100	100	100
以色列	19	4.7	2	60	48	100	28	88	69	71
意大利	20	1.1	2	67	42	44	21	97	61	56
爱尔兰	21	1.3	2	61	63	52	28	89	91	65
西班牙	22	1.3	1	69	55	52	11	99	80	61
爱沙尼亚	23	1.1	0	65	66	44	6	94	96	60
斯洛文尼亚	24	1.5	1	86	56	60	20	100	81	65
乌拉圭	25	0.4	0	64	40	16	1	93	58	42
俄罗斯	26	1.1	2	75	32	44	26	100	46	54
斯洛伐克	27	0.5	0	50	66	20	4	73	96	48
希腊	28	0.5	1	91	43	20	10	100	62	48
匈牙利	29	1.0	1	67	59	40	9	97	85	58
捷克	30	1.6	1	54	58	64	9	79	84	59
葡萄牙	31	1.2	0	57	42	48	5	82	61	49
白俄罗斯	32	1.0	1	73	32	40	16	100	47	51
拉脱维亚	33	0.6	0	69	60	24	7	100	88	55
立陶宛	34	0.8	0	76	54	32	3	100	79	54
格鲁吉亚	35	0.2	1	34	24	8	7	50	34	25
乌克兰	36	0.9	1	79	11	36	8	100	15	40
保加利亚	37	0.5	0	50	35	20	4	72	50	37
黎巴嫩	38	—	—	52	23			75	33	54
哈萨克斯坦	39	0.2	0	47	11	8	0	68	16	23
波兰	40	0.6	1	67	49	24	9	97	71	50
阿根廷	41	0.5	0	68	28	20	0	99	41	40
巴拿马	42	0.2	0	45	28	8	0	65	40	28
克罗地亚	43	0.9	1	47	51	36	10	68	73	47
沙特阿拉伯	44	0.0	0	30	32	0	1	43	46	22
哥伦比亚	45	0.2	0	35	39	8	0	51	56	29
科威特	46	0.1	—	18	37	4		26	53	28
智利	47	0.7	0	50	33	28	2	72	47	37
马其顿	48	0.2	0	36	42	8	2	51	60	30
阿塞拜疆	49	0.2	0	16	28	8	3	23	41	19
摩尔多瓦	50	0.5	1	40	23	20	10	58	34	30
罗马尼亚	51	0.5	0	58	29	20	6	84	42	38
委内瑞拉	52	0.2	0	78	26	8	0	100	37	36
乌兹别克斯坦	53	—	0	10	9		1	14	13	10
多米尼加	54	—	0	33	22		0	48	31	27
亚美尼亚	55	0.2	1	34	6	8	10	50	9	19
巴拉圭	56	0.1	0	26	14	4	0	37	21	16
哥斯达黎加	57	0.4	0	25	32	16	1	37	47	25
巴西	58	1.0	0	30	38	40	3	43	54	35
墨西哥	59	0.5	0	26	22	20	1	38	32	23
博茨瓦纳	60	0.4	0	5	6	16	0	8	9	8
秘鲁	61	0.1	0	35	25	4	0	50	36	22
牙买加	62	0.1	0	19	57	4	1	28	83	29
约旦	63	0.3	0	38	27	12	1	55	39	27
南非	64	1.0	0	15	9	40	0	22	12	19
土耳其	65	0.7	0	37	34	28	4	54	50	34
厄瓜多尔	66	0.2	0	35	29	8	0	51	42	25
伊朗	67	0.7	0	36	32	28	1	52	46	32
蒙古	68	0.2	0	50	13	8	5	72	18	26
摩洛哥	69	0.6	0	12	33	24	1	18	48	23
马来西亚	70	0.6	0	30	56	24	4	43	81	38

附表 1-4-4 2008 年世界知识发展指数

（续表）

国家	编号	知识发展指标的实际值				知识发展指标的指数				知识发展指数
		知识创新经费投入[a]	知识创新专利产出[b]	大学普及率[c]	互联网普及率	知识创新经费投入	知识创新专利产出	大学普及率	互联网普及率	
萨尔瓦多	71	0.0	0	25	11	0	0	36	15	13
埃及	72	0.2	0	31	17	8	1	45	24	20
中国	73	1.5	1	22	23	60	20	32	33	36
阿尔及利亚	74	0.1	0	24	12	4	0	35	17	14
土库曼斯坦	75	—	—	19	2			28	2	15
突尼斯	76	1.0	0	32	27	40	1	46	39	31
阿尔巴尼亚	77	—	0	19	24		0	28	35	21
吉尔吉斯斯坦	78	0.3	0	52	16	12	3	75	23	29
塔吉克斯坦	79	0.1	0	20	9	4	1	29	13	12
玻利维亚	80	0.3	—	38	11	12		56	16	28
缅甸	81	0.2	—	11	0	8		16	0	8
菲律宾	82	0.1	0	28	6	4	0	40	9	13
泰国	83	0.2	0	50	24	8	2	72	35	29
纳米比亚	84	—	0	9	5		0	13	8	7
津巴布韦	85	—	0	4	11		0	6	17	8
洪都拉斯	86	0.0	0	19	13	0	0	27	19	12
尼加拉瓜	87	0.0	0	18	3	0	0	26	5	8
越南	88	0.2	0	10	24	8	0	14	35	14
肯尼亚	89	—	0	3	9		0	4	13	6
斯里兰卡	90	0.2	0	5	6	8	1	8	8	6
刚果共和国	91	—	—	4	4			6	6	6
印度尼西亚	92	0.0	0	18	8	0	0	26	11	9
赞比亚	93	0.0	0	2	6	0	0	3	8	3
危地马拉	94	0.0	0	18	14	0	0	26	21	12
毛里塔尼亚	95	—	—	4	2			6	3	4
科特迪瓦	96	—	—	8	3			12	5	8
印度	97	0.8	0	14	5	32	1	20	7	15
巴基斯坦	98	0.7	0	5	11	28	0	8	16	13
莱索托	99	0.1	0	4	4	4	0	5	5	4
柬埔寨	100	0.0		7	1	0		10	1	4
喀麦隆	101	—	—	8	4			11	6	8
厄立特里亚	102	—	—	1	4			1	6	4
叙利亚	103	0.2	0	6	17	7	1	8	25	10
加纳	104	—	0	6	4		0	9	6	5
乍得	105	—		2	1			3	2	2
莫桑比克	106	0.5	0	2	2	20	0	2	2	6
几内亚	107	—	—	9	1			13	1	7
也门共和国	108	—	0	10	2		0	15	2	6
巴布亚新几内亚	109	—	0	2	2		0	3	3	2
海地	110	—	—	1	10			2	15	8
尼泊尔	111	0.7	—	6	2	27		8	2	12
塞内加尔	112	0.1	—	8	8	4		12	12	9
塞拉利昂	113	—	0	2	0		0	3	0	1
刚果民主共和国	114	0.5	—	5	—	20		7		14
老挝	115	0.0	—	13	9	0		19	12	11
马拉维	116	—	0	1	2		0	1	3	1
多哥	117	0.5	—	5	5	20		8	8	12
马达加斯加	118	0.1	0	3	2	4	0	5	2	3
马里	119	—	—	5	2			8	2	5
尼日利亚	120	0.1	0	10	16	4	0	15	23	10
孟加拉国	121	0.6	0	7	0	25	0	10	0	9
坦桑尼亚	122	—	0	2	1		0	2	2	1
贝宁	123	0.0	—	6	2	0		8	3	4
尼日尔	124	—	—	1	1			2	1	1
安哥拉	125	—	—	3	3			4	4	4
乌干达	126	0.4	0	4	8	16	0	5	11	8
中非	127	0.0	—	2	0	1		3	1	2
布基纳法索	128	0.1	0	3	1	4	0	4	1	2
埃塞俄比亚	129	0.2	0	4	0	8	0	5	1	3
布隆迪	130	0.3	0	3	1	12	0	4	1	4
卢旺达	131	0.0	0	4	3	2	0	6	4	3
高收入国家	132	2.5	7	69	69	100	100	99	100	100
中等收入国家	133	1.0	0	23	17	40	5	34	25	26
低收入国家	134	0.6	0	6	5	23	0	9	7	10
世界平均	135	2.2	2	26	24	88	20	37	35	45
参考值		2.5	7	69	69					

a. 指 R&D 经费/GDP(%)，其数据为 2000～2007 年间最近年的数据。

b. 指居民申请国内发明专利数/万人，其数据为 2000～2008 年间最近年数据。

c. 为 2000～2008 年间最近年的数据。

附表 1-4-5 1980～2008 年世界综合现代化指数和排名

国家	编号	指数						排名					
		1980	1990	2000	2005	2007	2008	1980	1990	2000	2005	2007	2008
瑞典	1	98	98	98	95	94	94	1	1	1	3	4	3
美国	2	92	91	95	96	97	98	6	11	3	1	1	1
芬兰	3	87	92	89	92	92	92	17	9	9	7	6	6
澳大利亚	4	91	88	86	92	87	91	11	14	13	6	14	8
瑞士	5	89	92	96	91	91	91	13	7	2	8	7	7
挪威	6	91	91	90	90	89	90	8	10	7	9	12	13
日本	7	94	93	94	94	95	94	2	6	6	4	2	5
丹麦	8	93	98	95	95	95	95	4	2	4	2	3	2
德国	9	93	94	95	93	94	94	3	5	5	5	5	4
荷兰	10	91	96	90	90	90	90	9	3	8	11	10	11
加拿大	11	93	85	82	84	85	86	5	15	17	16	17	16
新加坡	12	60	64	88	80	83	85	37	25	11	21	20	18
英国	13	88	89	88	90	90	90	14	13	10	10	9	12
法国	14	89	90	86	90	89	90	12	12	15	12	11	10
比利时	15	91	94	86	89	89	89	10	4	14	14	13	14
奥地利	16	87	92	87	89	90	90	16	8	12	13	8	9
新西兰	17	87	78	74	85	85	84	15	19	21	15	16	19
韩国	18	47	63	79	83	86	86	54	27	18	19	15	15
以色列	19	82	81	84	83	79	83	19	18	16	17	22	20
意大利	20	75	85	78	83	83	81	23	16	19	18	19	22
爱尔兰	21	68	71	75	81	84	85	29	20	20	20	18	17
西班牙	22	73	83	74	80	82	83	26	17	22	22	21	21
爱沙尼亚	23	76	56	62	67	71	70	21	38	27	26	25	29
斯洛文尼亚	24	—	71	65	74	75	75	—	21	24	23	23	23
乌拉圭	25	64	66	63	59	65	66	33	24	26	37	34	31
俄罗斯	26	85	56	54	58	61	63	18	36	37	39	37	36
斯洛伐克	27	—	69	53	59	61	65	—	22	40	36	38	35
希腊	28	69	67	60	71	75	74	28	23	28	24	24	24
匈牙利	29	63	58	58	66	70	70	34	33	30	27	28	27
捷克	30	73	59	57	63	69	70	25	32	31	30	29	26
葡萄牙	31	53	61	69	69	71	72	46	31	23	25	26	25
白俄罗斯	32	—	63	47	54	54	56	—	28	52	43	47	44
拉脱维亚	33	75	57	56	65	70	70	22	35	33	28	27	28
立陶宛	34	—	57	54	62	66	66	—	34	38	31	33	32
格鲁吉亚	35	77	48	41	44	45	47	20	56	61	64	62	59
乌克兰	36	91	51	46	53	55	53	7	51	53	45	45	51
保加利亚	37	63	52	48	52	55	55	35	47	48	49	44	45
黎巴嫩	38	72	54	57	64	68	66	27	43	32	29	30	34
哈萨克斯坦	39	—	53	43	46	49	46	—	46	55	58	57	62
波兰	40	65	51	53	60	62	63	32	50	39	35	35	37
阿根廷	41	67	55	64	60	61	62	30	41	25	34	36	38
巴拿马	42	56	49	51	55	58	58	43	54	42	40	39	39
克罗地亚	43	—	62	49	61	66	66	—	29	45	33	32	33
沙特阿拉伯	44	57	56	43	49	54	52	41	40	57	54	48	53
哥伦比亚	45	50	51	46	46	53	54	49	49	54	60	52	48
科威特	46	74	62	54	61	68	67	24	30	36	32	31	30
智利	47	59	48	54	58	57	58	38	57	35	38	40	41
马其顿	48	—	44	47	45	51	51	—	61	50	61	54	54
阿塞拜疆	49	—	—	38	37	39	42	—	—	67	76	78	68
摩尔多瓦	50	59	43	40	43	47	47	39	67	63	65	61	61
罗马尼亚	51	50	40	39	46	52	54	50	69	66	57	53	47
委内瑞拉	52	58	52	50	49	53	55	40	48	43	53	50	46
乌兹别克斯坦	53	—	20	29	33	33	33	—	127	89	84	85	84
多米尼加	54	50	63	60	54	53	53	51	26	29	41	51	50
亚美尼亚	55	—	21	37	41	44	44	—	122	70	68	64	63
巴拉圭	56	41	40	55	37	40	41	61	68	34	75	74	75
哥斯达黎加	57	54	50	47	53	53	52	45	52	51	47	49	52
巴西	58	51	56	48	52	56	58	47	39	49	50	42	40
墨西哥	59	57	53	51	53	55	57	42	45	41	46	46	42
博茨瓦纳	60	20	33	37	35	39	39	106	90	71	79	77	78
秘鲁	61	47	54	50	50	50	49	53	42	44	51	55	55
牙买加	62	42	44	42	44	47	47	60	63	59	63	60	60
约旦	63	49	56	49	53	56	53	52	37	47	44	43	49
南非	64	51	45	36	42	41	41	48	60	73	67	69	71
土耳其	65	42	45	42	50	57	56	59	58	58	52	41	43
厄瓜多尔	66	56	43	38	42	47	49	44	64	68	66	59	56
伊朗	67	39	37	33	38	42	44	66	82	76	73	67	64
蒙古	68	65	39	35	48	42	42	31	75	74	55	65	66
摩洛哥	69	35	38	37	39	40	41	70	76	69	70	71	74
马来西亚	70	39	37	43	52	50	49	65	79	56	48	56	57

附表 1-4-5　1980～2008 年世界综合现代化指数和排名　　（续表）

国家	编号	指数						排名					
		1980	1990	2000	2005	2007	2008	1980	1990	2000	2005	2007	2008
萨尔瓦多	71	43	49	49	46	44	43	57	55	46	59	63	65
埃及	72	38	40	40	34	41	41	67	73	64	80	68	72
中国	73	21	28	31	38	40	41	103	103	79	72	72	69
阿尔及利亚	74	46	40	30	38	39	40	55	71	84	71	76	77
土库曼斯坦	75	—	—	26	33	34	33	—	—	93	82	81	85
突尼斯	76	41	40	42	48	47	48	63	72	60	56	58	58
阿尔巴尼亚	77	35	32	30	37	41	42	71	92	85	74	70	67
吉尔吉斯斯坦	78	—	22	36	45	40	41	—	120	72	62	75	73
塔吉克斯坦	79	—	5	30	29	31	31	—	128	83	87	87	88
玻利维亚	80	33	54	41	54	42	41	77	44	62	42	66	70
缅甸	81	26	30	24	28	26	26	97	100	100	93	100	102
菲律宾	82	40	40	39	39	40	40	64	70	65	69	73	76
泰国	83	34	37	32	35	36	36	73	84	78	78	80	81
纳米比亚	84	—	32	31	34	34	35	—	91	82	81	82	82
津巴布韦	85	30	26	24	24	27	27	81	108	97	101	96	96
洪都拉斯	86	37	38	33	32	33	33	68	77	77	86	84	83
尼加拉瓜	87	42	37	34	32	32	32	58	83	75	85	86	87
越南	88	—	21	22	26	27	27	—	123	104	97	99	97
肯尼亚	89	26	27	26	24	26	26	94	107	92	100	101	101
斯里兰卡	90	32	35	28	28	30	30	79	86	91	92	91	91
刚果共和国	91	34	37	25	28	28	26	75	80	95	94	93	100
印度尼西亚	92	31	27	30	29	30	29	80	106	86	88	88	92
赞比亚	93	30	21	19	19	18	18	86	124	117	116	121	123
危地马拉	94	41	37	31	36	37	37	62	81	81	77	79	80
毛里塔尼亚	95	33	38	26	23	24	23	78	78	94	106	107	111
科特迪瓦	96	62	50	23	24	26	25	36	53	101	102	102	105
印度	97	30	27	29	28	28	28	82	104	87	90	94	93
巴基斯坦	98	30	26	31	28	30	31	84	109	80	91	89	89
莱索托	99	27	45	19	17	20	21	91	59	119	123	115	114
柬埔寨	100	—	31	20	21	18	19	—	96	111	110	120	119
喀麦隆	101	34	32	21	25	27	27	72	94	108	99	97	95
厄立特里亚	102	—	—	20	20	20	21	—	—	112	113	114	115
叙利亚	103	45	39	29	33	33	33	56	74	88	83	83	86
加纳	104	34	33	19	23	24	24	74	89	114	103	105	106
乍得	105	28	26	24	15	17	18	89	110	99	128	127	125
莫桑比克	106	18	21	22	19	19	20	111	125	107	114	118	117
几内亚	107	14	43	28	21	21	21	113	66	90	112	113	116
也门共和国	108	13	31	23	26	27	26	114	97	102	98	98	99
巴布亚新几内亚	109	26	24	19	17	16	17	96	115	115	122	129	128
海地	110	24	43	22	27	29	39	100	65	103	96	92	79
尼泊尔	111	20	23	17	22	24	23	105	116	125	108	106	108
塞内加尔	112	30	30	24	27	30	31	83	99	98	95	90	90
塞拉利昂	113	27	27	15	17	19	18	92	105	128	120	117	121
刚果民主共和国	114	35	33	14	14	17	19	69	88	131	129	125	118
老挝	115	19	20	18	19	24	25	109	126	122	118	108	104
马拉维	116	21	32	19	14	15	16	104	93	113	130	131	131
多哥	117	29	34	21	21	22	22	88	87	109	109	112	112
马达加斯加	118	27	28	22	22	24	23	90	102	105	107	110	110
马里	119	23	22	18	19	24	23	101	119	121	117	109	109
尼日利亚	120	30	31	19	23	25	26	85	98	116	104	103	98
孟加拉国	121	25	31	24	28	28	28	98	95	96	89	95	94
坦桑尼亚	122	18	23	16	15	17	17	110	117	127	127	128	126
贝宁	123	29	36	21	23	23	24	87	85	110	105	111	107
尼日尔	124	26	24	17	16	18	17	95	114	123	124	124	129
安哥拉	125	20	44	15	18	24	25	107	62	130	119	104	103
乌干达	126	21	24	22	21	20	21	102	111	106	111	116	113
中非	127	27	28	17	16	18	18	93	101	124	126	123	124
布基纳法索	128	33	22	19	19	19	19	76	118	118	115	119	120
埃塞俄比亚	129	17	24	15	13	16	16	112	113	129	131	130	130
布隆迪	130	25	24	18	17	17	17	99	112	120	121	126	127
卢旺达	131	19	21	16	16	18	18	108	121	126	125	122	122
高收入国家	132	100	100	100	100	100	100						
中等收入国家	133	52	44	42	41	40	40						
低收入国家	134	28	32	24	26	24	24						
世界平均	135	60	53	50	53	54	54						

附录二　中国地区现代化水平评价的数据集

附表 2-1-1　2009 年中国地区现代化水平

地区	编号	人口/(万)	2009 年第一次现代化				2008 年第二次现代化			2008 年综合现代化	
			程度/(%)	排名	达标个数	发展阶段[a]	指数	排名	发展阶段[b]	指数	排名
北京	1	1755	100	1	10	F4	97	1	S2	83	1
天津	2	1228	100	1	10	F4	79	3		68	3
河北	3	7034	89	17	6	F3	42	18		35	24
山西	4	3427	89	15	6	F3	47	12		39	15
内蒙古	5	2422	92	9	7	F3	43	16		37	17
辽宁	6	4319	95	8	7	F3	57	7		47	7
吉林	7	2740	90	13	7	F2	47	13		41	11
黑龙江	8	3826	89	16	7	F2	49	9		40	13
上海	9	1921	100	1	10	F4	91	2		79	2
江苏	10	7725	97	6	8	F3	58	5		50	6
浙江	11	5180	98	4	8	F3	62	4		54	4
安徽	12	6131	87	20	6	F3	39	22		34	25
福建	13	3627	95	7	8	F3	47	11		42	9
江西	14	4432	86	21	5	F3	37	27		35	22
山东	15	9470	91	12	5	F3	50	8		42	8
河南	16	9487	84	25	6	F3	39	23		31	29
湖北	17	5720	91	10	6	F3	46	14		41	12
湖南	18	6406	88	19	5	F2	40	20		36	18
广东	19	9638	98	5	9	F3	57	6		53	5
广西	20	4856	82	28	4	F3	35	28		31	28
海南	21	864	85	24	6	F2	38	24		37	16
重庆	22	2859	91	11	7	F3	44	15		40	14
四川	23	8185	85	22	5	F2	41	19		35	20
贵州	24	3798	80	29	5	F2	31	30		28	31
云南	25	4571	80	30	3	F2	32	29		30	30
西藏	26	290	79	31	4	F2	30	31		35	21
陕西	27	3772	88	18	6	F3	48	10		42	10
甘肃	28	2635	84	27	6	F2	38	26		33	27
青海	29	557	85	23	4	F3	38	25		33	26
宁夏	30	625	90	14	6	F3	43	17		35	23
新疆	31	2159	84	26	5	F2	39	21		36	19
香港	32	700	100		10	F4	79		S2	78	
澳门	33	54	100		9	F4	79		S2	79	
台湾	34	2312	100		10	F4	89		S1	77	
中国	73	133 474	92		6	F3	45			42	
高收入国家	132						100		S2	100	
中等收入国家	133						38			40	
低收入国家	134						20			24	
世界平均	135						50			54	

a. F 代表第一次现代化，F4 代表过渡期，F3 代表成熟期，F2 代表发展期，F1 代表起步期。

b. S 代表第二次现代化，S2 代表发展期，S1 代表起步期，香港的发展阶段根据第二次现代化指数进行了调整。

附表 2-1-2 2009 年根据第一次现代化程度的地区分组

分组	地区	编号	2009 年		2008 年		
			第一次现代化程度/(%)	人均国民收入[a]	第一次现代化程度/(%)	第二次现代化指数	综合现代化指数
发达地区和中等发达地区 11 个	北京	1	100	10 314	100	97	83
	天津	2	100	9160	98	79	68
	上海	9	100	11 563	100	91	79
	香港	32	100	30 064	100	79	78
	澳门	33	100	38 968	100	79	79
	台湾	34	100	16 969	100	89	77
	浙江	11	98	6535	97	62	54
	广东	19	98	6026	96	57	53
	江苏	10	97	6550	96	58	50
	福建	13	95	4954	94	47	42
	辽宁	6	95	5159	92	57	47
初等发达地区 22 个	内蒙古	5	92	5897	89	43	37
	湖北	17	91	3320	90	46	41
	重庆	22	91	3355	91	44	40
	山东	15	91	5255	91	50	42
	吉林	7	90	3893	89	47	41
	宁夏	30	90	3188	87	43	35
	山西	4	89	3151	88	47	39
	黑龙江	8	89	3286	88	49	40
	河北	3	89	3598	87	42	35
	陕西	27	88	3175	85	48	42
	湖南	18	88	2990	84	40	36
	安徽	12	87	2402	85	39	34
	江西	14	86	2538	84	37	35
	四川	23	85	2538	83	41	35
	青海	29	85	2848	83	38	33
	海南	21	85	2819	82	38	37
	河南	16	84	3015	82	39	31
	新疆	31	84	2919	83	39	36
	甘肃	28	84	1884	83	38	33
	广西	20	82	2349	79	35	31
	贵州	24	81	1509	75	31	28
	云南	25	81	1982	76	32	30
欠发达地区	西藏	26	79	2239	78	30	35
对照	中国	73	92	3744	90	45	42
	高收入国家	132			100	100	100
	中等收入国家	133			89	38	40
	低收入国家	134			58	20	24
	世界平均	135			94	50	54

a. 中国内地地区为人均地区生产总值，单位为美元，后同。

附表 2-1-3　2008 年根据第二次现代化指数的地区分组

分组	地区	编号	第二次现代化指数	第一次现代化程度	综合现代化指数	人均国民收入[a]	阶段[b]
发达地区和中等发达地区 11 个	北京	1	97	100	83	8903	6
	上海	9	91	100	79	10 437	4
	台湾	34	89	100	77	17 542	5
	澳门	33	79	100	79	39 036	6
	香港	32	79	100	78	31 420	6
	天津	2	79	98	68	7775	4
	浙江	11	62	97	54	6038	3
	江苏	10	58	96	50	5681	3
	广东	19	57	96	53	5382	3
	辽宁	6	57	92	47	4489	3
	山东	15	50	91	42	4747	3
初等发达地区 23 个	黑龙江	8	49	88	40	3126	2
	陕西	27	48	85	42	2620	3
	福建	13	47	94	42	4321	3
	山西	4	47	88	39	2927	3
	吉林	7	47	89	41	3381	2
	湖北	17	46	90	41	2855	2
	重庆	22	44	91	40	2583	3
	内蒙古	5	43	89	37	4627	2
	宁夏	30	43	87	35	2559	3
	河北	3	42	87	35	3333	3
	四川	23	41	83	35	2211	2
	湖南	18	40	84	36	2516	2
	新疆	31	39	83	36	2838	2
	安徽	12	39	85	34	2081	2
	河南	16	39	82	31	2809	3
	海南	21	38	82	37	2459	2
	青海	29	38	83	33	2496	3
	甘肃	28	38	83	33	1739	2
	江西	14	37	84	35	2119	2
	广西	20	35	79	31	2143	2
	云南	25	32	76	30	1805	2
	贵州	24	31	75	28	1265	2
	西藏	26	30	78	35	1985	2
对照	中国	73	45	90	42	2940	3
	高收入国家	132	100	100	100	39 688	6
	中等收入国家	133	38	89	40	3251	3
	低收入国家	134	20	58	24	523	2
	世界平均	135	50	94	54	8655	3

a. 中国内地地区为人均地区生产总值，单位为美元，后同。

b. 6 代表第二次现代化发展期，5 代表第二次现代化起步期，4 代表第一次现代化过渡期，3 代表第一次现代化成熟期，2 代表第一次现代化发展期，1 代表第一次现代化起步期。

附表 2-1-4　2008 年根据综合现代化水平的地区分组

分组	地区	编号	2008	2007	2006	2005	2000	1990	1980
发达和中等发达地区7个	北京	1	83	81	78	79	65	52	42
	上海	9	79	77	72	71	62	49	42
	澳门	33	79	79	81	77	65	75	
	香港	32	78	76	77	76	76	77	64
	台湾	34	77	78	78	79	74	78	
	天津	2	68	63	62	62	50	43	36
	浙江	11	54	50	47	46	36	31	23
初等发达地区24个	广东	19	53	49	45	44	37	32	26
	江苏	10	50	47	44	43	35	32	28
	辽宁	6	47	46	45	45	39	38	29
	山东	15	42	39	38	38	32	29	20
	福建	13	42	39	37	37	34	29	24
	陕西	27	42	41	40	40	37	29	27
	吉林	7	41	41	40	40	35	33	28
	湖北	17	41	39	38	38	33	30	25
	黑龙江	8	40	39	38	38	33	34	28
	重庆	22	40	38	37	37	30		
	山西	4	39	36	35	35	32	31	26
	海南	21	37	36	34	34	31	33	
	内蒙古	5	37	36	34	34	30	31	27
	湖南	18	36	34	33	33	30	26	22
	新疆	31	36	34	32	33	30	31	26
	四川	23	35	35	34	34	30	28	21
	西藏	26	35	34	28	28	25	28	27
	江西	14	35	34	33	33	29	26	23
	宁夏	30	35	34	33	33	29	29	25
	河北	3	35	33	32	32	28	29	25
	安徽	12	34	33	32	32	27	24	22
	青海	29	33	31	31	31	29	29	28
	甘肃	28	33	31	31	31	27	26	17
	广西	20	31	30	30	30	28	25	22
	河南	16	31	30	29	28	25	25	19
	云南	25	30	28	27	28	25	24	21
欠发达地区	贵州	24	28	27	27	27	24	23	19
对照	中国	73	42	41	38	38	32	28	23
	高收入国家	132	100	100	100	100	100	100	100
	中等收入国家	133	40	40	42	41	43	48	52
	低收入国家	134	24	24	26	26	24	38	28
	世界平均	135	54	54	53	52	50	59	60

附表 2-2-1 2009 年中国第一次现代化实现程度和排名

地区	编号	经济指标达标程度				社会指标达标程度						程度	排名	达标个数
		人均国民收入[a]	农业劳动力比例	农业增加值比例	服务业增加值比例	城市人口比例	医生比例	婴儿死亡率[b]	预期寿命[c]	成人识字率	大学入学率			
北京	1	100	100	100	100	100	100	100	100	100	100	100	1	10
天津	2	100	100	100	100	100	100	100	100	100	100	100	1	10
河北	3	46	79	100	78	86	100	100	100	100	100	89	17	6
山西	4	40	75	100	87	92	100	100	100	100	100	89	15	6
内蒙古	5	75	61	100	84	100	100	100	100	100	100	92	9	7
辽宁	6	66	95	100	86	100	100	100	100	100	100	95	8	7
吉林	7	49	69	100	84	100	100	100	100	100	100	90	13	7
黑龙江	8	42	65	100	87	100	100	100	100	100	100	89	16	7
上海	9	100	100	100	100	100	100	100	100	100	100	100	1	10
江苏	10	83	100	100	88	100	100	100	100	100	100	97	6	8
浙江	11	83	100	100	96	100	100	100	100	100	100	98	4	8
安徽	12	31	70	100	81	84	100	100	100	100	100	87	20	6
福建	13	63	100	100	92	100	100	100	100	100	100	95	7	8
江西	14	32	76	100	76	86	100	89	100	100	100	86	21	5
山东	15	67	82	100	77	97	100	85	100	100	100	91	12	5
河南	16	38	65	100	65	75	100	100	100	100	100	84	25	6
湖北	17	42	92	100	88	92	100	100	100	100	100	91	10	6
湖南	18	38	62	99	92	86	100	100	100	100	100	88	19	5
广东	19	77	100	100	100	100	100	100	100	100	100	98	5	9
广西	20	30	55	80	84	78	100	100	100	100	93	82	28	4
海南	21	36	57	54	100	98	100	100	100	100	100	85	24	6
重庆	22	43	86	100	84	100	100	100	100	100	100	91	11	7
四川	23	32	69	95	82	77	100	100	100	100	100	85	22	5
贵州	24	19	58	100	100	60	100	100	98	100	65	80	29	5
云南	25	25	49	87	91	68	100	100	97	100	83	80	30	3
西藏	26	28	55	100	100	48	100	100	96	76	87	79	31	4
陕西	27	40	66	100	86	87	100	100	100	100	100	88	18	6
甘肃	28	24	57	100	89	65	100	100	100	100	100	84	27	6
青海	29	36	70	100	82	84	100	100	100	100	78	85	23	4
宁夏	30	41	75	100	93	92	100	100	100	100	100	90	14	6
新疆	31	37	58	84	82	80	100	100	100	100	100	84	26	5
香港[d]	32	100	100	100	100	100	100	100	100	100	100	100		10
澳门[d]	33	100	100	100	100	100	100	100	100	100	100	100		10
台湾	34	100	100	100	100	100	100	100	100	100	100	100		10
中国	73	48	79	100	96	93	100	100	100	100	100	92		6

a. 中国内地地区为人均地区生产总值。

b. 中国内地地区为 2008 年与 2000 年同比计算后的数据。

c. 中国内地地区数据为各地区网络上公布的数据，为 2009 年或最近年的值。

d. 产业结构的数据为 2008 年的值，后同。

附表 2-2-2　2009 年中国第一次现代化评价指标

地区	编号	经济指标				社会指标					
		人均国民收入[a]	农业劳动力比例	农业增加值比例	服务业增加值比例	城市人口比例	医生比例	婴儿死亡率[b]	预期寿命[c]	成人识字率	大学入学率
北京	1	10 314	5	1	76	85	5.0	6.5	80	97	93
天津	2	9160	15	2	45	78	2.8	16.3	80	97	72
河北	3	3598	38	13	35	43	1.7	10.6	74	95	20
山西	4	3151	40	7	39	46	2.4	25.1	73	96	21
内蒙古	5	5897	49	10	38	53	2.8	8.5	71	93	22
辽宁	6	5159	32	9	39	60	2.2	11.9	75	97	35
吉林	7	3893	44	14	38	53	2.2	10.1	74	97	30
黑龙江	8	3286	46	13	39	56	1.9	13.9	73	96	30
上海	9	11 563	5	1	59	89	3.8	8.6	81	96	76
江苏	10	6550	20	7	40	56	1.7	14.4	75	93	33
浙江	11	6535	17	5	43	58	2.4	10.4	77	92	34
安徽	12	2402	43	15	36	42	1.2	12.4	73	87	18
福建	13	4954	29	10	41	51	1.6	11.9	74	92	22
江西	14	2538	39	14	34	43	1.3	33.7	72	95	24
山东	15	5255	37	10	35	48	1.9	35.5	75	93	24
河南	16	3015	46	14	29	38	1.4	22.4	73	93	17
湖北	17	3320	33	14	40	46	1.6	17.2	74	92	26
湖南	18	2990	48	15	41	43	1.5	24.7	72	95	21
广东	19	6026	27	5	46	63	1.9	23.2	75	96	22
广西	20	2349	55	19	38	39	1.3	13.5	74	95	14
海南	21	2819	52	28	45	49	1.6	16.0	74	92	22
重庆	22	3355	35	9	38	52	1.4	1.8	76	93	24
四川	23	2538	44	16	37	39	1.5	3.2	73	91	18
贵州	24	1509	52	14	48	30	1.0	5.8	69	87	10
云南	25	1982	61	17	41	34	1.4	17.8	68	86	12
西藏	26	2239	55	15	55	24	1.6	22.6	67	60	13
陕西	27	3175	46	10	39	44	1.8	17.4	72	93	30
甘肃	28	1884	53	15	40	33	1.4	25.0	71	84	17
青海	29	2848	43	10	37	42	1.9	23.5	70	85	12
宁夏	30	3188	40	9	42	46	1.9	13.7	73	90	17
新疆	31	2919	51	18	37	40	2.2	16.2	72	97	16
香港[d]	32	30 064	0.1	0.1	92	100	1.8	1.7	82	100	34
澳门[d]	33	38 968	0.3	0.0	84	100	2.4	3.2	81	100	57
台湾	34	16 969	5.3	1.6	69	83	1.9	5.78	79	98	82
中国	73	3744	38	10	43	47	1.7	14.9	73	93	27
标准值		7871	30	15	45	50	1.0	30	70	80	15

a. 中国内地地区为人均地区生产总值。

b. 中国内地地区为 2008 年与 2000 年同比计算后的数据。

c. 中国内地地区为 2009 年或最近年的值，为网络上公布的数据。

d. 产业结构的数据为 2008 年的值，后同。

附表 2-2-3　2009 年中国地区第一次现代化发展阶段

地区	编号	产业结构信号：农业增加产值占 GDP 比例	赋值	农业增加值/工业增加值	赋值	劳动力结构信号：农业劳动力占总劳动力比例	赋值	农业劳动力/工业劳动力	赋值	平均值	发展阶段[a]
北京	1	1	4	0.04	4	5	4	0.25	3	3.8	F4
天津	2	2	4	0.03	4	15	3	0.37	3	3.5	F4
河北	3	13	3	0.25	3	38	2	1.22	2	2.5	F3
山西	4	7	3	0.12	4	40	2	1.52	2	2.8	F3
内蒙古	5	10	3	0.18	4	49	2	2.89	1	2.5	F3
辽宁	6	9	3	0.18	4	32	2	1.24	2	2.8	F3
吉林	7	14	3	0.28	3	44	2	2.15	1	2.3	F2
黑龙江	8	13	3	0.28	3	46	2	2.27	1	2.3	F2
上海	9	1	4	0.02	4	5	4	0.14	4	4.0	F4
江苏	10	7	3	0.12	4	20	3	0.44	3	3.3	F3
浙江	11	5	3	0.10	4	17	3	0.37	3	3.3	F3
安徽	12	15	3	0.31	3	43	2	1.52	2	2.5	F3
福建	13	10	3	0.20	3	29	3	0.82	2	2.8	F3
江西	14	14	3	0.28	3	39	2	1.39	2	2.5	F3
山东	15	10	3	0.17	4	37	2	1.15	2	2.8	F3
河南	16	14	3	0.25	3	46	2	1.65	2	2.5	F3
湖北	17	14	3	0.30	3	33	2	1.22	2	2.5	F3
湖南	18	15	2	0.35	3	48	2	2.30	1	2.0	F2
广东	19	5	3	0.10	4	27	3	0.80	3	3.3	F3
广西	20	19	2	0.43	3	55	1	2.68	1	1.8	F3
海南	21	28	2	1.04	2	52	1	4.58	1	1.5	F2
重庆	22	9	3	0.18	4	35	2	1.26	2	2.8	F3
四川	23	16	2	0.33	3	44	2	1.94	2	2.3	F2
贵州	24	14	3	0.37	3	52	1	4.51	1	2.0	F2
云南	25	17	2	0.41	3	61	1	4.73	1	1.8	F2
西藏	26	15	3	0.47	3	55	1	5.07	0	1.8	F2
陕西	27	10	3	0.19	4	46	2	2.03	1	2.5	F3
甘肃	28	15	3	0.33	3	53	1	3.61	1	2.0	F2
青海	29	10	3	0.19	4	43	2	1.95	2	2.8	F3
宁夏	30	9	3	0.19	4	40	2	1.55	2	2.8	F3
新疆	31	18	2	0.39	3	51	1	3.66	1	1.8	F2
香港	32	0.1	4	0.01	4	0.1	4	0.00	4	4.0	F4
澳门	33	0.0	4	0.00	4	0.35	4	0.02	4	4.0	F4
台湾	34	1.6	4	0.05	4	5.3	4	0.15	4	4.0	F4
中国	73	10	3	0.22	3	38	2	1.37	2	2.5	F3

a. F 代表第一次现代化，F4 代表过渡期，F3 代表成熟期，F2 代表发展期，F1 代表起步期。

附表 2-2-4　中国地区第一次现代化程度的增长率和预期完成时间

地区	编号	1980 年程度/(%)	1990 年程度/(%)	2009 年程度/(%)	1990～2009 年均增长率	实现 100 需要的年数(按 1990～2009 年速度)	1980～2009 年均增长率	实现 100 需要的年数(按 1980～2009 年速度)
北京	1	82.9	90.5	100.0	0.53		0.65	
天津	2	77.7	84.2	100.0	0.91		0.87	
河北	3	56.4	62.9	88.9	1.84	6	1.58	8
山西	4	62.5	69.0	89.5	1.38	8	1.24	9
内蒙古	5	58.8	65.3	92.1	1.82	5	1.56	5
辽宁	6	69.5	79.2	94.6	0.94	6	1.07	5
吉林	7	64.7	68.6	90.2	1.45	7	1.16	9
黑龙江	8	63.7	72.0	89.4	1.14	10	1.17	10
上海	9	82.3	89.4	100.0	0.59		0.67	
江苏	10	56.3	64.2	97.1	2.20	1	1.90	2
浙江	11	52.7	66.3	97.9	2.07	1	2.16	1
安徽	12	51.5	56.7	86.6	2.25	6	1.81	8
福建	13	54.8	65.0	95.5	2.04	2	1.93	2
江西	14	51.6	56.2	86.0	2.26	7	1.78	9
山东	15	51.2	63.4	90.7	1.91	5	1.99	5
河南	16	50.5	59.1	84.3	1.89	9	1.78	10
湖北	17	53.8	62.7	91.4	2.00	5	1.84	5
湖南	18	50.8	57.5	87.8	2.25	6	1.91	7
广东	19	59.2	69.2	97.7	1.83	1	1.74	1
广西	20	53.4	56.4	81.9	1.98	10	1.49	13
海南	21	31.3	61.7	84.5	1.67	10	3.49	5
重庆	22	—	—	91.3	—			
四川	23	48.8	57.0	85.5	2.15	7	1.95	8
贵州	24	45.4	51.3	80.9	2.43	9	2.01	11
云南	25	44.1	49.8	80.8	2.57	8	2.11	10
西藏	26	38.4	44.3	79.0	3.09	8	2.52	10
陕西	27	53.5	64.3	87.9	1.66	8	1.73	8
甘肃	28	46.0	59.9	83.6	1.77	10	2.08	9
青海	29	53.1	57.0	85.0	2.13	8	1.64	10
宁夏	30	54.2	61.7	90.1	2.01	5	1.77	6
新疆	31	50.6	60.2	84.2	1.78	10	1.77	10
香港	32		100.0	100.0				
澳门	33		100.0	100.0				
台湾	34		100.0	100.0				
中国	73	54.0	63.0	91.6	1.99	4	1.84	5

附表 2-2-5　1970～2009 年中国地区第一次现代化程度和排名

地区	编号	第一次现代化程度/(%)							排名						
		1970	1980	1990	2000	2005	2008	2009	1970	1980	1990	2000	2005	2008	2009
北京	1	64	83	91	94	98	100	100	3	1	1	2	2	1	1
天津	2	66	78	84	93	95	98	100	2	3	3	3	3	3	1
河北	3	35	56	63	74	84	87	89	19	10	15	16	16	16	17
山西	4	43	62	69	77	86	88	89	9	7	7	13	13	15	15
内蒙古	5	46	59	65	72	86	89	92	8	9	10	20	15	13	9
辽宁	6	60	69	79	87	90	92	95	4	4	4	4	7	8	8
吉林	7	49	65	69	79	86	89	90	6	5	8	10	12	12	13
黑龙江	8	56	64	72	81	86	88	89	5	6	5	8	11	14	16
上海	9	70	82	89	97	99	100	100	1	2	2	1	1	1	1
江苏	10	41	56	64	83	92	96	97	11	11	13	5	5	6	6
浙江	11	36	53	66	83	94	97	98	17	18	9	6	4	4	4
安徽	12	34	52	57	69	82	85	87	22	20	25	24	19	19	20
福建	13	41	55	65	79	89	94	95	13	12	11	11	8	7	7
江西	14	34	52	56	68	79	84	86	21	19	27	25	23	21	21
山东	15	33	51	63	77	87	91	91	24	21	14	14	10	9	12
河南	16	38	51	59	67	78	82	84	15	24	21	27	24	26	25
湖北	17	38	54	63	79	86	90	91	14	14	16	9	14	11	10
湖南	18	32	51	58	73	81	84	88	26	22	22	18	20	20	19
广东	19	42	59	69	81	91	96	98	10	8	6	7	6	5	5
广西	20	33	53	56	68	76	79	82	23	16	26	26	28	28	28
海南	21	—	31	62	70	77	82	85		30	17	22	27	27	24
重庆	22	—	—	—	77	87	91	91				15	9	10	11
四川	23	31	49	57	69	80	83	85	27	25	23	23	21	24	22
贵州	24	34	45	51	60	69	75	81	20	27	28	30	30	31	29
云南	25	33	44	50	61	68	76	81	25	28	29	29	31	30	30
西藏	26	—	38	44	59	69	78	79		29	30	31	29	29	31
陕西	27	37	53	64	78	83	85	88	16	15	12	12	18	18	18
甘肃	28	28	46	60	67	77	83	84	28	26	20	28	26	23	27
青海	29	41	53	57	71	78	83	85	12	17	24	21	25	25	23
宁夏	30	47	54	62	73	84	87	90	7	13	18	17	17	17	14
新疆	31	35	51	60	72	79	83	84	18	23	19	19	22	22	26
香港	32	—	—	100	100	100	100	100							
澳门	33	—	—	100	100	100	100	100							
台湾	34	—	—	100	100	100	100	100							
中国[a]	73	40	54	63	76	86	90	92							
高收入国家	132	100	100	100	100	100	100								
中等收入国家	133	—	84	84	93	92	89								
低收入国家	134	33	45	52	58	59	58								
世界平均	135	68	80	81	89	93	94								

a. 此表中国第一次现代化程度与世界第一次现代化评价结果略有不同。原因是数据来源不同，本表采用中国统计年鉴的数据。

附表 2-3-1　2008 年中国地区第二次现代化指数

地区	编号	知识创新指数	知识传播指数	生活质量指数	经济质量指数	第二现代化指数	排名
北京	1	120.0	101.5	100.1	67.2	97	1
天津	2	91.7	88.1	96.9	37.8	79	3
河北	3	16.2	63.6	62.6	25.8	42	18
山西	4	25.7	64.4	71.2	26.2	47	12
内蒙古	5	13.6	60.2	71.0	29.1	43	16
辽宁	6	40.7	71.1	84.1	30.6	57	7
吉林	7	24.0	65.6	69.6	28.0	47	13
黑龙江	8	28.8	65.4	74.9	26.6	49	9
上海	9	114.6	96.2	105.6	49.6	91	2
江苏	10	60.5	71.0	70.1	32.2	58	5
浙江	11	58.6	76.8	77.3	33.5	62	4
安徽	12	23.7	58.0	48.2	24.4	39	22
福建	13	30.0	70.4	58.4	29.7	47	11
江西	14	19.5	58.5	46.1	24.0	37	27
山东	15	39.7	65.4	67.3	29.1	50	8
河南	16	17.7	60.4	52.2	23.9	39	23
湖北	17	32.0	64.8	60.0	28.3	46	14
湖南	18	23.9	58.5	53.6	25.6	40	20
广东	19	53.3	72.7	69.1	33.2	57	6
广西	20	11.2	55.7	49.8	24.1	35	28
海南	21	6.5	61.7	57.6	26.6	38	24
重庆	22	29.2	62.2	56.6	27.2	44	15
四川	23	28.4	57.1	53.8	24.9	41	19
贵州	24	11.2	47.8	42.0	24.8	31	30
云南	25	12.4	49.9	43.7	23.8	32	29
西藏	26	6.6	44.0	39.9	29.5	30	31
陕西	27	47.1	67.6	53.4	25.3	48	10
甘肃	28	21.5	57.0	47.3	24.7	38	26
青海	29	10.5	55.4	59.6	25.5	38	25
宁夏	30	17.5	60.0	69.2	25.4	43	17
新疆	31	9.6	59.8	61.4	26.2	39	21
香港	32	31.1	82.9	92.0	109.4	79	
澳门	33	7.5	86.8	107.3	114.6	79	
台湾	34	99.6	89.6	96.3	68.8	89	
中国[a]	73	39.7	57.4	53.8	27.6	45	
高收入国家	132	100.4	100.0	100.6	100.0	100	
中等收入国家	133	20.3	54.2	47.1	30.8	38	
低收入国家	134	10.1	18.4	28.9	23.4	20	
世界平均	135	47.0	55.7	50.6	45.2	50	

a. 此表中国第二次现代化指数与世界第二次现代化评价结果略有不同。原因是数据来源不同，这里采用中国统计年鉴的数据。

附表 2-3-2 2008 年中国地区知识创新指数

地区	编号	知识创新指标的实际值			知识创新指标的指数			知识创新指数
		知识创新经费投入[a]	知识创新人员投入[b]	知识创新专利产出[c]	知识创新经费指数	知识创新人员指数	知识创新专利指数	
北京	1	5.2	111.8	16.75	120	120	120	120
天津	2	2.5	41.1	5.34	98	105	72	92
河北	3	0.7	6.6	0.34	27	17	5	16
山西	4	0.9	12.9	0.60	36	33	8	26
内蒙古	5	0.4	7.6	0.29	17	19	4	14
辽宁	6	1.4	17.8	1.50	56	46	20	41
吉林	7	0.8	11.6	0.69	33	30	9	24
黑龙江	8	1.0	13.3	0.80	42	34	11	29
上海	9	2.6	50.4	9.44	104	120	120	115
江苏	10	1.9	25.4	2.94	77	65	40	60
浙江	11	1.6	31.2	2.36	64	80	32	59
安徽	12	1.1	8.1	0.44	44	21	6	24
福建	13	0.9	16.4	0.75	38	42	10	30
江西	14	1.0	6.4	0.23	39	16	3	20
山东	15	1.4	17.0	1.46	56	44	20	40
河南	16	0.7	7.6	0.53	27	19	7	18
湖北	17	1.3	12.7	0.81	53	33	11	32
湖南	18	1.0	7.9	0.84	40	20	11	24
广东	19	1.4	25.0	2.94	56	64	40	53
广西	20	0.5	4.8	0.23	18	12	3	11
海南	21	0.2	2.0	0.39	9	5	5	7
重庆	22	1.2	12.1	0.70	47	31	9	29
四川	23	1.3	10.7	0.50	51	27	7	28
贵州	24	0.6	3.0	0.23	23	8	3	11
云南	25	0.5	4.3	0.32	22	11	4	12
西藏	26	0.3	2.2	0.14	12	6	2	7
陕西	27	2.1	17.2	1.00	84	44	13	47
甘肃	28	1.0	7.7	0.36	40	20	5	22
青海	29	0.4	4.5	0.27	16	12	4	10
宁夏	30	0.7	8.3	0.26	27	21	3	17
新疆	31	0.4	4.1	0.23	15	11	3	10
香港	32	0.7	20.9	0.87	28	54	12	31
澳门	33	0.1	6.3	0.18	4	16	2	8
台湾	34	2.8	62.4	5.06	111	120	68	100
中国	73	1.5	14.8	1.47	61	38	20	40
高收入国家	132	2.5	39.5	7.45	100	101	100	100
中等收入国家	133	1.0	6.2	0.38	40	16	5	20
低收入国家	134	0.6	2.9	0.01	23	7	0	10
世界平均	135	2.2	12.7	1.51	88	33	20	47
基准值		2.5	39.0	7.45				

a. 指 R&D 经费/GDP,单位为%。

b. 指从事研究与发展活动的科学家和工程师全时当量/万人口。

c. 指知识创新活动中的专利产出,数值为居民申请国内发明专利数/万人。

附表 2-3-3 2008 年中国地区知识传播指数

地区	编号	知识传播指标的实际值				知识传播指标的指数				知识传播指数
		中学普及率[a]	大学普及率[b]	电视普及率	互联网普及率	中学普及指数	大学普及指数	电视普及指数	互联网普及率	
北京	1	100	84	100	58	100	120	102	84	101
天津	2	100	63	100	41	100	91	102	60	88
河北	3	100	17	100	19	100	25	102	28	64
山西	4	92	20	100	24	92	29	102	35	64
内蒙古	5	92	18	97	16	92	26	99	23	60
辽宁	6	100	31	100	26	100	44	102	38	71
吉林	7	96	26	100	19	96	37	102	28	66
黑龙江	8	98	26	100	16	98	38	102	23	65
上海	9	100	67	100	59	100	98	102	85	96
江苏	10	100	29	100	27	100	42	102	39	71
浙江	11	100	31	100	41	100	45	102	60	77
安徽	12	91	15	100	12	91	22	102	17	58
福建	13	97	19	100	38	97	28	102	55	70
江西	14	83	21	98	14	83	31	100	20	58
山东	15	100	20	100	21	100	29	102	31	65
河南	16	100	14	100	14	100	20	102	20	60
湖北	17	98	23	100	18	98	33	102	27	65
湖南	18	90	17	94	16	90	25	96	23	59
广东	19	90	20	100	48	90	29	102	69	73
广西	20	85	12	97	15	85	17	99	22	56
海南	21	85	19	95	25	85	28	97	37	62
重庆	22	87	22	97	21	87	31	99	31	62
四川	23	85	16	98	14	85	24	100	20	57
贵州	24	72	9	88	11	72	12	90	17	48
云南	25	72	11	93	12	72	15	94	17	50
西藏	26	63	13	69	16	63	18	71	24	44
陕西	27	100	26	100	21	100	38	102	30	68
甘肃	28	86	15	100	12	86	22	102	18	57
青海	29	73	11	96	23	73	16	98	34	55
宁夏	30	83	15	108	17	83	22	111	24	60
新疆	31	88	14	86	29	88	21	88	43	60
香港	32	83	34	100	67	83	50	102	97	83
澳门	33	92	57	100	49	92	82	102	71	87
台湾	34	99	83	99	26	99	120	101	38	90
中国	73	74	22	89	23	74	32	91	33	57
高收入国家	132	100	69	98	69	100	99	100	100	100
中等收入国家	133	67	23	89	17	67	34	91	25	54
低收入国家	134	41	6	16	5	41	9	16	7	18
世界平均	135	66	26	83	24	66	37	85	35	56
基准值		100	69	98	69					

a. 中国地区为在校中学生占 12～17 岁人口比例，根据在校中学生人数和 2000 年人口普查数据计算。

b. 中国地区为在校大学生占 18～21 岁人口比例，根据在校大学生人数和 2000 年人口普查数据计算。

附表 2-3-4　2008 年中国地区生活质量指数

地区	编号	生活质量指标的实际值					生活质量指标的指数					生活质量指数
		城市人口比例	医生比例	婴儿死亡率[a]	预期寿命[b]	人均能源消费	城镇化指数	医生比例指数	婴儿存活指数	预期寿命指数	能源消费指数	
北京	1	85	4.8	2	80	2731	109	120	120	100	51	100
天津	2	77	2.7	2	79	3411	99	102	120	99	64	97
河北	3	42	1.5	11	74	2667	54	59	57	93	50	63
山西	4	45	2.1	10	73	3464	58	81	61	92	65	71
内蒙古	5	52	2.0	17	71	4628	66	78	35	88	87	71
辽宁	6	60	2.1	6	75	3363	77	82	104	94	63	84
吉林	7	53	2.1	9	74	2262	68	82	63	92	43	70
黑龙江	8	55	1.7	5	73	1868	71	67	111	91	35	75
上海	9	89	3.7	3	81	3873	114	120	120	102	73	106
江苏	10	54	1.6	7	75	2114	70	62	85	94	40	70
浙江	11	58	2.2	7	77	2188	74	84	92	96	41	77
安徽	12	41	1.1	16	73	1037	52	42	37	91	19	48
福建	13	50	1.2	11	74	1688	64	48	57	92	32	58
江西	14	41	1.2	25	72	911	53	46	24	90	17	46
山东	15	48	1.7	8	75	2420	61	65	71	94	45	67
河南	16	36	1.1	12	73	1587	46	44	50	91	30	52
湖北	17	45	1.5	10	74	1738	58	58	60	92	33	60
湖南	18	42	1.4	14	72	1428	54	53	43	91	27	54
广东	19	63	1.7	9	75	1783	81	67	70	94	34	69
广西	20	38	1.2	14	74	1098	49	46	42	92	21	50
海南	21	48	1.5	10	74	997	62	57	58	93	19	58
重庆	22	50	1.2	12	76	1516	64	47	48	95	28	57
四川	23	37	1.4	12	73	1415	48	53	50	91	27	54
贵州	24	29	1.0	34	69	1685	37	37	18	86	32	42
云南	25	33	1.3	35	68	1307	42	50	17	85	25	44
西藏	26	23	1.6	22	67	—	29	60	27	84	0	40
陕西	27	42	1.5	17	72	1555	54	59	35	90	29	53
甘肃	28	32	1.4	25	71	1622	41	52	24	89	30	47
青海	29	41	1.8	23	70	3394	52	68	26	88	64	60
宁夏	30	45	1.8	13	73	4370	58	70	44	91	82	69
新疆	31	40	2.1	16	72	2582	51	80	38	90	49	61
香港	32	100	1.8	1.8	82	2653	120	67	120	103	50	92
澳门	33	100	2.3	3.2	81	—	120	88	120	101		107
台湾	34	83	1.9	5.8	79	5300	106	73	104	99	100	96
中国	73	46	1.5	18	73	1484	59	58	34	91	28	54
高收入国家	132	78	2.6	6	80	5321	100	100	103	100	100	101
中等收入国家	133	48	1.3	41	69	1242	62	50	15	86	23	47
低收入国家	134	29	0.5	76	59	423	37	18	8	74	8	29
世界平均	135	50	1.4	46	69	1819	64	56	13	86	34	51
基准值		78	2.6	6	80	5321						

a. 中国内地地区数据为换算数据，根据 2000 年人口普查和 2008 年中国婴儿死亡率的数据换算。

b. 中国内地地区数据为各地区网络上公布的数据，为 2008 年或最近年的值。

附表 2-3-5　2008 年中国地区经济质量指数

地区	编号	经济质量指标的实际值				经济质量指标的指数				
		人均国民收入[a]	人均购买力[b]	物质产业增加值比例	物质产业劳动力比例	人均国民收入指数	人均购买力指数	物质产业增加值指数	物质产业劳动力指数	经济质量指数
北京	1	8903	16 283	27	27	22	44	101	101	67
天津	2	7775	14 219	62	56	20	38	44	50	38
河北	3	3333	6096	67	73	8	16	41	38	26
山西	4	2927	5354	66	67	7	14	41	42	26
内蒙古	5	4627	8462	67	67	12	23	41	41	29
辽宁	6	4489	8210	66	59	11	22	42	47	31
吉林	7	3381	6183	62	65	9	17	44	43	28
黑龙江	8	3126	5717	66	67	8	15	41	42	27
上海	9	10 437	19 088	46	45	26	51	59	62	50
江苏	10	5681	10 390	62	65	14	28	44	43	32
浙江	11	6038	11 044	59	65	15	30	46	43	34
安徽	12	2081	3807	63	72	5	10	43	39	24
福建	13	4321	7903	61	67	11	21	45	42	30
江西	14	2119	3876	69	68	5	10	39	41	24
山东	15	4747	8683	67	69	12	23	41	40	29
河南	16	2809	5138	71	76	7	14	38	37	24
湖北	17	2855	5221	60	60	7	14	46	46	28
湖南	18	2516	4602	62	70	6	12	44	40	26
广东	19	5382	9843	57	62	14	26	48	45	33
广西	20	2143	3919	63	75	5	11	43	37	24
海南	21	2459	4497	60	65	6	12	45	43	27
重庆	22	2583	4724	59	64	7	13	46	44	27
四川	23	2211	4044	65	67	6	11	42	42	25
贵州	24	1265	2313	59	64	3	6	46	44	25
云南	25	1805	3302	61	75	5	9	45	37	24
西藏	26	1985	3630	45	66	5	10	61	42	29
陕西	27	2620	4793	67	68	7	13	41	41	25
甘肃	28	1739	3180	61	67	4	9	45	41	25
青海	29	2496	4565	66	66	6	12	41	42	25
宁夏	30	2559	4680	64	70	6	13	43	40	25
新疆	31	2838	5191	66	65	7	14	41	43	26
香港	32	31 420	44 000	8	13	79	118	120	120	109
澳门	33	39 036	53 792	18	20	98	120	120	120	115
台湾	34	17 542	28 453	31	42	44	77	88	66	69
中国	73	2940	6010	60	67	7	16	45	42	28
高收入国家	132	39 688	37 193	27	28	100	100	100	100	100
中等收入国家	133	3251	6137	47	70	8	17	58	40	31
低收入国家	134	523	1355	54	73	1	4	51	38	23
世界平均	135	8655	10 342	31	65	22	28	89	43	45
基准值		39 688	37 193	27	28					

a. 中国内地地区数据为人均 GDP 的值(人均居民生产总值),单位为当年价格美元。

b. 中国内地地区数据为按购买力平价计算的人均 GDP,根据世界银行公布的 2008 年中国人民币和 PPP 比例换算,单位为国际美元。

附表 2-3-6 2008 年中国地区第二次现代化发展阶段

地区	编号	第一次现代化的阶段[a]	产业结构信号		劳动力结构信号		平均值	第二次现代化的阶段[b]
			物质产业增加值占GDP比例	赋值	物质产业劳动力占总劳动力比例	赋值		
北京	1	F4	27	2	27	2	2.0	S2
天津	2	F4	62		56			
河北	3	F3	67		73			
山西	4	F3	66		67			
内蒙古	5	F3	67		67			
辽宁	6	F3	66		59			
吉林	7	F2	62		65			
黑龙江	8	F2	66		67			
上海	9	F4	46		45			
江苏	10	F3	62		65			
浙江	11	F3	59		65			
安徽	12	F3	63		72			
福建	13	F3	61		67			
江西	14	F3	69		68			
山东	15	F3	67		69			
河南	16	F3	71		76			
湖北	17	F3	60		60			
湖南	18	F2	62		70			
广东	19	F3	57		62			
广西	20	F3	63		75			
海南	21	F2	60		65			
重庆	22	F3	59		64			
四川	23	F2	65		67			
贵州	24	F2	59		64			
云南	25	F2	61		75			
西藏	26	F2	45		66			
陕西	27	F3	67		68			
甘肃	28	F2	61		67			
青海	29	F3	66		66			
宁夏	30	F3	64		70			
新疆	31	F2	66		65			
香港	32	F4	8	3	13	3	3.0	S2
澳门	33	F4	18	3	20	2	2.5	S2
台湾	34	F4	31	1	42	0	0.5	S1
中国	73	F3	60		67			
高收入国家	132	F4	28	2	28	2	2	S2
中等收入国家	133	F3	47		67			
低收入国家	134	F2	54		73			
世界平均	135	F3	31		65			

a. F代表第一次现代化，F4代表过渡期，F3代表成熟期，F2代表发展期，F1代表起步期。

b. S代表第二次现代化，S2代表发展期，S1代表起步期，香港的发展阶段根据第二次现代化指数进行了调整。

附表 2-3-7 1970～2008 年中国地区第二次现代化指数

地区	编号	指数[a]							排名						
		1970	1980	1990	2000	2005	2007	2008	1970	1980	1990	2000	2005	2007	2008
北京	1	31	44	55	74	90	97	97	3	1	1	1	1	1	1
天津	2	31	40	43	54	70	75	79	2	3	3	3	3	3	3
河北	3	17	29	25	29	37	41	42	23	11	17	16	17	18	18
山西	4	24	36	28	32	39	44	47	9	4	8	12	14	12	12
内蒙古	5	26	31	27	29	37	41	43	6	9	13	17	16	17	16
辽宁	6	28	34	35	40	50	55	57	4	5	4	4	4	6	7
吉林	7	25	34	30	34	42	46	47	8	6	7	9	10	11	13
黑龙江	8	25	33	30	35	43	47	49	7	7	6	7	9	8	9
上海	9	39	44	49	66	80	89	91	1	2	2	2	2	2	2
江苏	10	20	29	32	35	48	55	58	14	12	5	8	6	5	5
浙江	11	17	24	27	35	50	59	62	24	24	10	6	5	4	4
安徽	12	16	25	22	27	33	37	39	26	22	25	21	23	23	22
福建	13	18	26	23	31	40	44	47	18	19	22	14	13	14	11
江西	14	18	25	22	26	33	36	37	20	21	24	26	25	25	27
山东	15	18	26	28	32	42	47	50	17	18	9	11	11	10	8
河南	16	18	27	23	26	32	37	39	16	16	23	25	27	21	23
湖北	17	17	28	27	31	40	44	46	22	14	12	13	12	13	14
湖南	18	17	25	24	28	35	38	40	25	20	21	20	20	20	20
广东	19	22	26	27	34	45	54	57	10	17	11	10	8	7	6
广西	20	17	25	21	25	31	34	35	21	23	27	28	28	28	28
海南	21	—	—	21	26	33	36	38			26	27	26	24	24
重庆	22	—	—	—	27	38	42	44				22	15	16	15
四川	23	—	22	24	30	37	40	41		26	19	15	18	19	19
贵州	24	20	23	19	22	28	30	31	13	25	30	30	31	30	30
云南	25	19	22	20	23	29	31	32	15	27	28	29	29	29	29
西藏	26	—	15	20	22	29	29	30		29	29	31	30	31	31
陕西	27	22	31	26	39	45	47	48	11	8	15	5	7	9	10
甘肃	28	12	22	24	27	34	36	38	27	28	20	23	21	26	26
青海	29	20	28	24	27	34	36	38	12	15	18	24	22	27	25
宁夏	30	26	28	26	29	36	42	43	5	13	16	18	19	15	17
新疆	31	18	30	26	28	33	37	39	19	10	14	19	24	22	21
香港	32	—	—	75	93	93	78	79							
澳门	33	—	—	51	79	93	80	79							
台湾	34	—	—	65	80	88	90	89							
中国[a]	73	22	26	26	31	40	44	45							
高收入国家	132	72	76	89	100	100	100	100							
中等收入国家	133	20	36	32	38	41	38	38							
低收入国家	134	9	20	27	20	22	20	20							
世界平均	135	33	44	47	46	51	50	50							

a. 1970～2000 年是以 2000 年高收入国家平均值为基准值的评价，2001 年以来是以当年高收入国家平均值为基准值的评价。

b. 此表中国第二次现代化指数与世界第二次现代化评价结果略有不同。原因是数据来源不同，这里采用中国统计年鉴的数据。

附表 2-4-1 2008 年中国地区综合现代化水平

地区	编号	经济指数	社会指数	知识指数	综合现代化指数	排名
北京	1	67	86	96	83	1
天津	2	43	82	80	68	3
河北	3	27	56	21	35	24
山西	4	29	61	27	39	15
内蒙古	5	31	62	18	37	17
辽宁	6	34	68	40	47	7
吉林	7	32	66	27	41	11
黑龙江	8	29	63	28	40	13
上海	9	57	84	96	79	2
江苏	10	36	66	49	50	6
浙江	11	38	73	50	54	4
安徽	12	27	53	22	34	25
福建	13	33	60	33	42	9
江西	14	26	56	23	35	22
山东	15	31	62	34	42	8
河南	16	23	51	18	31	29
湖北	17	33	58	31	41	12
湖南	18	28	56	25	36	18
广东	19	38	71	49	53	5
广西	20	25	53	15	31	28
海南	21	30	61	20	37	16
重庆	22	31	57	30	40	14
四川	23	28	53	25	35	20
贵州	24	29	43	14	28	31
云南	25	25	49	15	30	30
西藏	26	34	58	14	35	21
陕西	27	27	57	41	42	10
甘肃	28	28	49	21	33	27
青海	29	28	55	17	33	26
宁夏	30	28	57	19	35	23
新疆	31	29	59	20	36	19
香港	32	95	92	47	78	
澳门	33	100	96	40	79	
台湾	34	74	81	76	77	
中国[a]	73	31	58	36	42	
高收入国家	132	100	100	100	100	
中等收入国家	133	35	58	26	40	
低收入国家	134	26	36	10	24	
世界平均	135	48	67	45	54	

a. 此表中国综合现代化指数与世界综合现代化评价结果略有不同。原因是数据来源不同，这里采用中国统计年鉴的数据。

附表 2-4-2 2008 年中国地区经济指数

地区	编号	经济指标的实际值：人均国民收入[a]	经济指标的实际值：人均购买力[b]	经济指标的实际值：服务业增加值比例	经济指标的实际值：服务业劳动力比例	经济指标的指数：人均国民收入	经济指标的指数：人均购买力	经济指标的指数：服务业增加值比例	经济指标的指数：服务业劳动力比例	经济指数
北京	1	8903	16 283	73	73	22	44	100	100	67
天津	2	7775	14 219	38	44	20	38	52	61	43
河北	3	3333	6096	33	27	8	16	46	37	27
山西	4	2927	5354	34	33	7	14	47	46	29
内蒙古	5	4627	8462	33	33	12	23	46	45	31
辽宁	6	4489	8210	35	41	11	22	47	57	34
吉林	7	3381	6183	38	35	9	17	52	49	32
黑龙江	8	3126	5717	34	33	8	15	47	46	29
上海	9	10 437	19 088	54	55	26	51	74	76	57
江苏	10	5681	10 390	38	35	14	28	52	48	36
浙江	11	6038	11 044	41	35	15	30	56	49	38
安徽	12	2081	3807	37	28	5	10	51	39	27
福建	13	4321	7903	39	33	11	21	54	46	33
江西	14	2119	3876	31	32	5	10	42	44	26
山东	15	4747	8683	33	31	12	23	46	43	31
河南	16	2809	5138	29	24	7	14	39	34	23
湖北	17	2855	5221	41	40	7	14	56	55	33
湖南	18	2516	4602	38	30	6	12	52	42	28
广东	19	5382	9843	43	38	14	26	59	53	38
广西	20	2143	3919	37	25	5	11	51	34	25
海南	21	2459	4497	40	35	6	12	55	48	30
重庆	22	2583	4724	41	36	7	13	56	50	31
四川	23	2211	4044	35	33	6	11	48	46	28
贵州	24	1265	2313	41	36	3	6	57	50	29
云南	25	1805	3302	39	25	5	9	54	35	25
西藏	26	1985	3630	56	34	5	10	76	47	34
陕西	27	2620	4793	33	32	7	13	45	45	27
甘肃	28	1739	3180	39	33	4	9	54	45	28
青海	29	2496	4565	34	34	6	12	47	47	28
宁夏	30	2559	4680	36	30	6	13	50	42	28
新疆	31	2838	5191	34	35	7	14	47	48	29
香港	32	31 420	44 000	92.3	87	79	100	100	100	95
澳门	33	39 036	53 792	82.3	80	98	100	100	100	100
台湾	34	17 542	28 453	69	58	44	77	95	80	74
中国	73	2940	6010	40	33	7	16	55	46	31
高收入国家	132	39 688	37 193	73	72	100	100	100	100	100
中等收入国家	133	3251	6137	54	30	8	17	73	42	35
低收入国家	134	523	1355	47	27	1	4	64	37	26
世界平均	135	8655	10 342	69	35	22	28	95	48	48
参考值		39 688	37 193	73	72					

a. 中国内地地区数据为人均 GDP 的值，单位为当年价格美元。

b. 中国内地地区数据为按购买力平价计算的人均 GDP，根据世界银行公布的 2008 年中国人民币和 PPP 比例换算，单位为国际美元。

附表 2-4-3 2008 年中国地区社会指数

地区	编号	社会指标的实际值				社会指标的指数				社会指数
		城市人口比例	医生比例	预期寿命[a]	生态效益	城市人口比例	医生比例	预期寿命	生态效益	
北京	1	85	4.8	80	3.3	100	100	100	45	86
天津	2	77	2.7	79	2.3	99	100	99	32	82
河北	3	42	1.5	74	1.2	54	59	93	17	56
山西	4	45	2.1	73	0.8	58	81	92	12	61
内蒙古	5	52	2.0	71	1.0	66	78	88	14	62
辽宁	6	60	2.1	75	1.3	77	82	94	19	68
吉林	7	53	2.1	74	1.5	68	82	92	21	66
黑龙江	8	55	1.7	73	1.7	71	67	91	23	63
上海	9	89	3.7	81	2.7	100	100	100	37	84
江苏	10	54	1.6	75	2.7	70	62	94	37	66
浙江	11	58	2.2	77	2.8	74	84	96	38	73
安徽	12	41	1.1	73	2.0	52	42	91	28	53
福建	13	50	1.2	74	2.6	64	48	92	36	60
江西	14	41	1.2	72	2.3	53	46	90	32	56
山东	15	48	1.7	75	2.0	61	65	94	27	62
河南	16	36	1.1	73	1.8	46	44	91	25	51
湖北	17	45	1.5	74	1.6	58	58	92	23	58
湖南	18	42	1.4	72	1.8	54	53	91	24	56
广东	19	63	1.7	75	3.0	81	67	94	42	71
广西	20	38	1.2	74	2.0	49	46	92	27	53
海南	21	48	1.5	74	2.5	62	57	93	34	61
重庆	22	50	1.2	76	1.7	64	47	95	24	57
四川	23	37	1.4	73	1.6	48	53	91	22	53
贵州	24	29	1.0	69	0.8	37	37	86	10	43
云南	25	33	1.3	68	1.4	42	50	85	19	49
西藏	26	23	1.6	67		29	60	84		58
陕西	27	42	1.5	72	1.7	54	59	90	23	57
甘肃	28	32	1.4	71	1.1	41	52	89	15	49
青海	29	41	1.8	70	0.7	52	68	88	10	55
宁夏	30	45	1.8	73	0.6	58	70	91	8	57
新疆	31	40	2.1	72	1.1	51	80	90	15	59
香港	32	100	1.8	82	11.3	100	67	100	100	92
澳门	33	100	2.3	81		100	88	100		96
台湾	34	83	1.9	79	3.3	106	73	99	46	81
中国	73	46	1.5	73	1.7	59	58	91	24	58
高收入国家	132	78	2.6	80	7.2	100	100	100	100	100
中等收入国家	133	48	1.3	69	2.4	62	50	86	34	58
低收入国家	134	29	0.5	59	1.1	37	18	74	16	36
世界平均	135	50	1.4	69	4.6	64	56	86	64	67
参考值		78	2.6	80	7.2					

a. 中国内地地区数据为各地区网络上公布的数据，为 2008 年或最近年的值。

附表 2-4-4　2008 年中国地区知识指数

地区	编号	知识指标的实际值				知识指标的指数				
		知识创新经费投入[a]	知识创新专利产出[b]	大学普及率[c]	互联网普及率	知识创新经费投入	知识创新专利产出	大学普及率	互联网普及率	知识指数
北京	1	5.2	16.75	84	58	100	100	100	84	96
天津	2	2.5	5.34	63	41	98	72	91	60	80
河北	3	0.7	0.34	17	19	27	5	25	28	21
山西	4	0.9	0.60	20	24	36	8	29	35	27
内蒙古	5	0.4	0.29	18	16	17	4	26	23	18
辽宁	6	1.4	1.50	31	26	56	20	44	38	40
吉林	7	0.8	0.69	26	19	33	9	37	28	27
黑龙江	8	1.0	0.80	26	16	42	11	38	23	28
上海	9	2.6	9.44	67	59	100	100	98	85	96
江苏	10	1.9	2.94	29	27	77	40	42	39	49
浙江	11	1.6	2.36	31	41	64	32	45	60	50
安徽	12	1.1	0.44	15	12	44	6	22	17	22
福建	13	0.9	0.75	19	38	38	10	28	55	33
江西	14	1.0	0.23	21	14	39	3	31	20	23
山东	15	1.4	1.46	20	21	56	20	29	31	34
河南	16	0.7	0.53	14	14	27	7	20	20	18
湖北	17	1.3	0.81	23	18	53	11	33	27	31
湖南	18	1.0	0.84	17	16	40	11	25	23	25
广东	19	1.4	2.94	20	48	56	40	29	69	49
广西	20	0.5	0.23	12	15	18	3	17	22	15
海南	21	0.2	0.39	19	25	9	5	28	37	20
重庆	22	1.2	0.70	22	21	47	9	31	31	30
四川	23	1.3	0.50	16	14	51	7	24	20	25
贵州	24	0.6	0.23	9	11	23	3	12	17	14
云南	25	0.5	0.32	11	12	22	4	15	17	15
西藏	26	0.3	0.14	13	16	12	2	18	24	14
陕西	27	2.1	1.00	26	21	84	13	38	30	41
甘肃	28	1.0	0.36	15	12	40	5	22	18	21
青海	29	0.4	0.27	11	23	16	4	16	34	17
宁夏	30	0.7	0.26	15	17	27	3	22	24	19
新疆	31	0.4	0.23	14	29	15	3	21	43	20
香港	32	0.7	0.87	34	67	28	12	50	97	47
澳门	33	0.1	0.18	57	49	4	2	82	71	40
台湾	34	2.8	5.06	83	26	100	68	100	38	76
中国	73	1.5	1.47	22	23	61	20	32	33	36
高收入国家	132	2.5	7.45	69	69	100	100	99	100	100
中等收入国家	133	1.0	0.38	23	17	40	5	34	25	26
低收入国家	134	0.6	0.01	6	5	23	0	9	7	10
世界平均	135	2.2	1.51	26	24	88	20	37	35	45
参考值		2.5	7.45	69	69					

a. 指 R&D 经费/GDP，单位为%。

b. 指知识创新活动中的专利产出，数值为居民申请国内发明专利数/万人。

c. 中国地区为在校大学生占 19～22 岁人口比例，根据在校大学生人数和 2000 年人口普查数据计算。

附表 2-4-5　1980～2008 年中国地区综合现代化指数和排名

地区	编号	指数							排名						
		1980	1990	2000	2005	2006	2007	2008	1980	1990	2000	2005	2006	2007	2008
北京	1	42	52	65	79	78	81	83	1	1	1	1	1	1	1
天津	2	36	43	50	62	62	63	68	3	3	3	3	3	3	3
河北	3	25	29	28	32	32	33	35	16	15	24	23	24	24	24
山西	4	26	31	32	35	35	36	39	12	11	13	15	15	15	15
内蒙古	5	27	31	30	34	34	36	37	9	12	16	17	16	17	17
辽宁	6	29	38	39	45	45	46	47	4	4	4	5	6	7	7
吉林	7	28	33	35	40	40	41	41	5	6	8	9	9	8	11
黑龙江	8	28	34	33	38	38	39	40	6	5	11	11	12	13	13
上海	9	42	49	62	71	72	77	79	2	2	2	2	2	2	2
江苏	10	28	32	35	43	44	47	50	8	8	9	7	7	6	6
浙江	11	23	31	36	46	47	50	54	19	10	7	4	4	4	4
安徽	12	22	24	27	32	32	33	34	22	28	26	24	23	25	25
福建	13	24	29	34	37	37	39	42	18	18	10	13	13	12	9
江西	14	23	26	29	33	33	34	35	20	25	21	22	19	23	22
山东	15	20	29	32	38	38	39	42	26	17	14	12	11	11	8
河南	16	19	25	25	28	29	30	31	28	27	28	28	28	28	29
湖北	17	25	30	33	38	38	39	41	17	14	12	10	10	10	12
湖南	18	22	26	30	33	33	34	36	23	24	20	19	20	19	18
广东	19	26	32	37	44	45	49	53	13	9	5	6	5	5	5
广西	20	22	25	28	30	30	30	31	21	26	25	27	27	29	28
海南	21	—	33	31	34	34	36	37		7	15	18	17	16	16
重庆	22	—	—	30	37	37	38	40			18	14	14	14	14
四川	23	21	28	30	34	34	35	35	24	22	19	16	18	18	20
贵州	24	19	23	24	27	27	27	28	27	30	31	31	31	31	31
云南	25	21	24	25	28	27	28	30	25	29	30	30	30	30	30
西藏	26	27	28	25	28	28	34	35	11	21	29	29	29	21	21
陕西	27	27	29	37	40	40	41	42	10	16	6	8	8	9	10
甘肃	28	17	26	27	31	31	31	33	29	23	27	25	25	26	27
青海	29	28	29	29	31	31	31	33	7	20	22	26	26	27	26
宁夏	30	25	29	29	33	33	34	35	15	19	23	20	21	20	23
新疆	31	26	31	30	33	32	34	36	14	13	17	21	22	22	19
香港	32	64	77	76	76	77	76	78							
澳门	33	—	75	65	77	81	79	79							
台湾	34	—	74	74	79	78	78	77							
中国[a]	73	23	28	32	38	38	41	42							
高收入国家	132	100	100	100	100	100	100	100							
中等收入国家	133	52	48	43	41	42	40	40							
低收入国家	134	28	38	24	26	26	24	24							
世界平均	135	60	59	50	52	53	54	54							

a. 此表中国综合现代化指数与世界综合现代化评价结果略有不同。原因是数据来源不同，这里采用中国统计年鉴的数据。